Swen Harder

Reiter der schwarzen Sonne

MANTIKORE
VERLAG

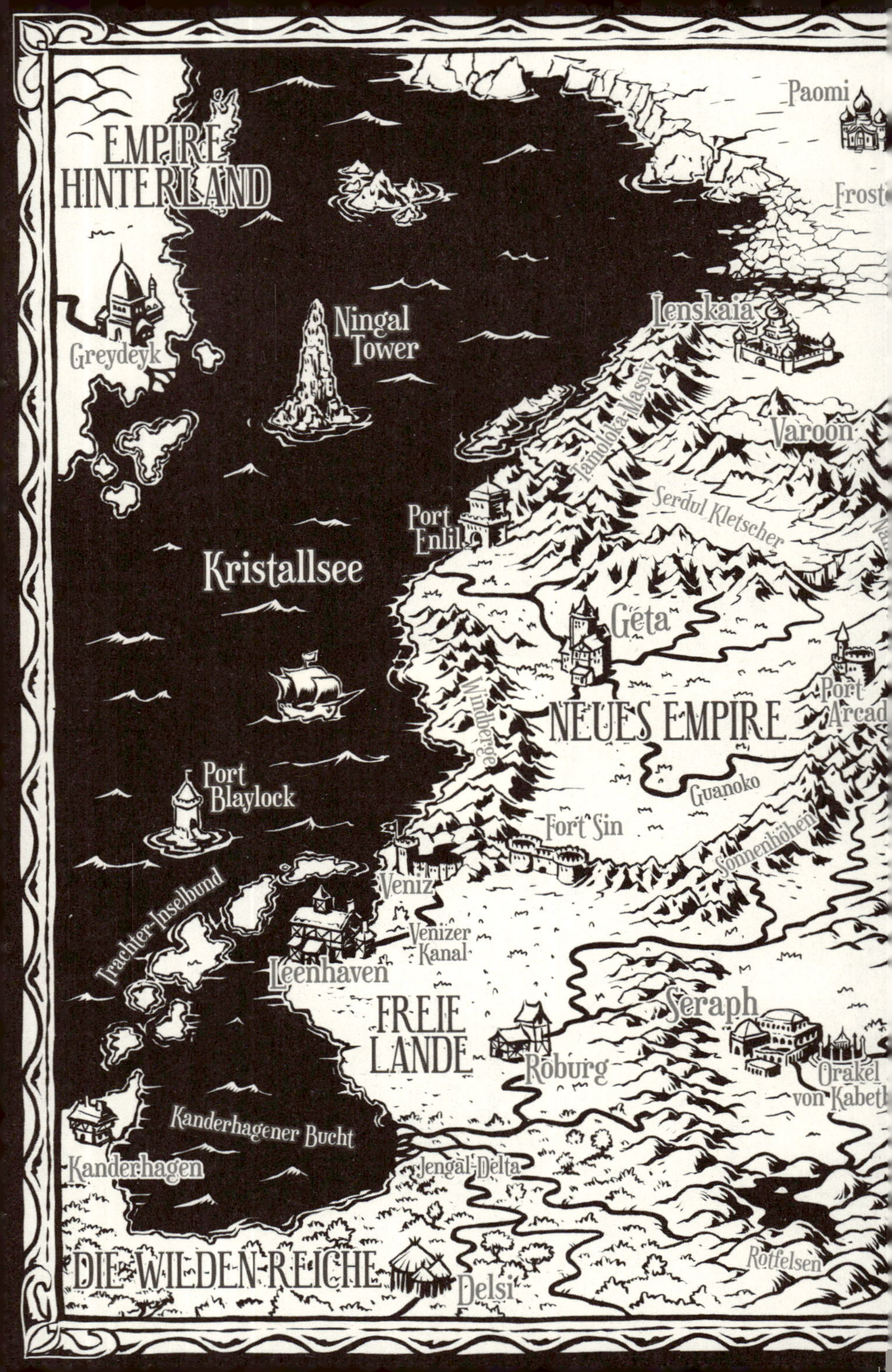

Paomi
EMPIRE HINTERLAND
Frost
Lenskaia
Ningal Tower
Greydeyk
Taimoloka-Massiv
Varoon
Serdul Kletscher
Port Enlil
Kristallsee
Geta
Windberge
NEUES EMPIRE
Port Arcad
Guanoko
Port Blaylock
Fort Sin
Sonnenhöhen
Veniz
Venizer Kanal
Trachter-Inselbund
Leenhaven
FREIE LANDE
Seraph
Roburg
Orakel von Kabet
Kanderhagener Bucht
Kanderhagen
Jengal-Delta
Rotfelsen
DIE WILDEN REICHE
Delsi

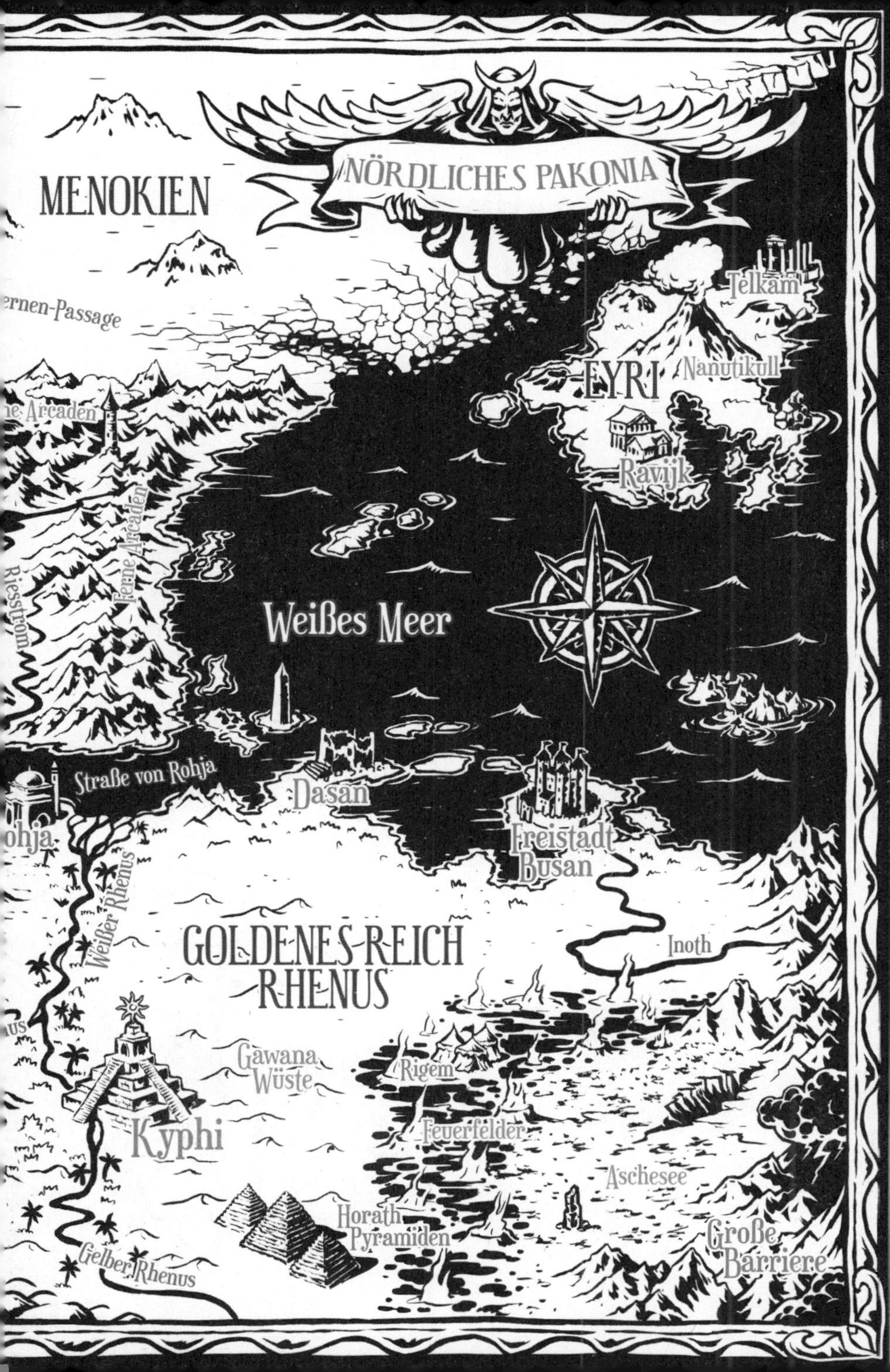
NÖRDLICHES PAKONIA
MENOKIEN
ernen-Passage
Telkam
EYRI
Nanutikull
Ravijk
ne Arcaden
Ferne Arcaden
Riesstrom
Weißes Meer
Straße von Rohja
Dasan
ohja
Freistadt
Busan
Weißer Rhenus
GOLDENES REICH
RHENUS
Inoth
Gawana
Wüste
Rigem
Kyphi
Feuerfelder
Aschesee
Horath
Pyramiden
Große
Barriere
Gelber Rhenus

Über den Autor Swen Harder

Swen Harder (Jahrgang '74) arbeitete ein Jahrzehnt als Redakteur für Computer- und Videospiele bei renommierten Verlagen in Würzburg und Nürnberg. Während seiner Tätigkeit verfasste er hunderte Artikel über Games aller Genres für viele Print- und Online-Magazine, bevor er die Seiten wechselte und als Gametester bei *Nintendo®* anheuerte.

In seiner Freizeit beschäftigt sich der Hesse mit Fantasy und Science Fiction in all seinen Facetten: Pen-and-Paper-Rollenspiele, Brettspiele, Filme, Serien, Games und Bücher. Dabei entstanden Kartensammelspiele, RPG-Abenteuer und -Systeme, sowie etliche Exit-Games der *LandXcape*-Reihe.

Seine Spielbuchprojekte, wie das Bonusabenteuer *Echos des Mondsteins* für den 21. Band der legendären *Einsamer Wolf*-Serie sowie das unkonventionelle *Metal Heroes and the Fate of Rock*, das als Rock-Comedy-Spielbuch ein neues Genre bedient, erfreuen sich unter Fans ebenfalls großer Beliebtheit.

Aktuell liegt sein Fokus auf der Mini-Spielbuch-Serie *Onihatsugo* im feudalen Japan. Natürlich wieder mit besonderem Regelwerk, Kampfsystem und fantastischen Story-Elementen.

Swen Harder im Internet
http://www.playharder.de

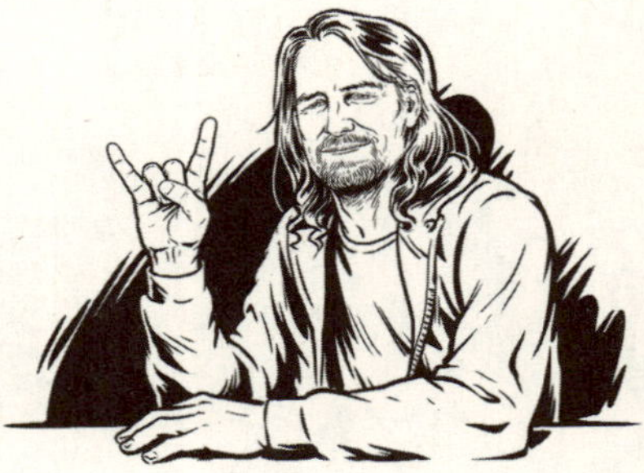

Über den Zeichner Fufu Frauenwahl

Der freischaffende Illustrator aus Berlin ist hauptverantwortlich für alle grafischen Elemente in *Reiter der schwarzen Sonne*. Neben den detaillierten Zeichnungen und Vignetten schuf er das klassische Umlauf-Cover-Artwork.

Fufu wurde 1974 geboren, studierte *Kommunikationsdesign* in Nürnberg und Comics in Angoulême, Frankreich. Seit 2001 betätigt er sich als Illustrator in verschiedenen Bereichen mit Schwerpunkt auf narrative Formate.

Er hat ein ausgesprochenes Faible für das Fantastische, daher machen ihm Illustrationen für Rollenspiele und Spielbücher viel Freude.

Zudem zeichnet Fufu kontinuierlich an seiner surrealen, halbautobiografischen Comicserie *Ray Murphy – Detektiv der Träume*. Seine Comics wurden in mehreren Ländern veröffentlicht und erscheinen derzeit regelmäßig im niederländischen Szenemagazin *PULPMAN*.

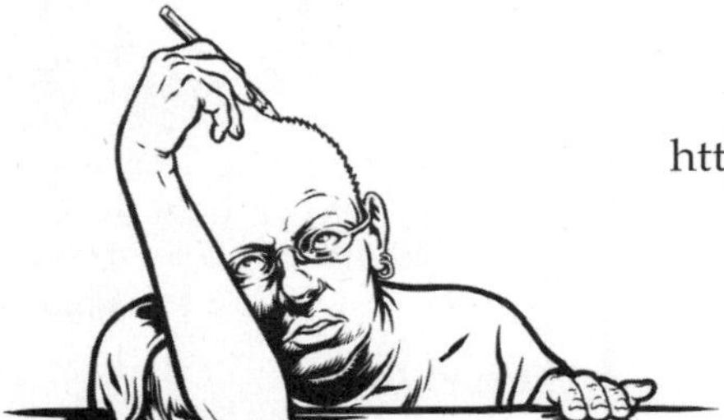

Fufu Frauenwahl im Internet
http://www.fufufrauenwahl.com

Über das Buch

10 Jahre und 10 Auflagen nach seinem Debüt im Oktober 2012 ist es Zeit zu feiern! Denn wer hätte gedacht, dass sich ein deutsches Spielbuch würde so lange halten können? Aber nicht nur das! Reiter der schwarzen Sonne hat unbestritten einen Anteil daran, dass dieses einzigartige Rollenspiel-Genre in Erinnerung blieb. Es fand sogar Leser über den deutschsprachigen Raum hinaus: Neben Englisch ist es zudem in Tschechisch und Italienisch erschienen.

Mein Dank gilt in erster Linie den vielen tausend Spielbuch-Fans, die seit der Erstauflage nicht nur mein Werk erworben haben, sondern ihre Erfahrungen und Kritik mit mir und der Community teilten. So entstand im Laufe der Auflagen ein ausgereiftes und selbst für Anfänger geeignetes Spielerlebnis.

Hinzu kommt die kontinuierliche Überarbeitung: Illustrator Fufu Frauenwahl steuerte weitere Illustrationen bei und ich verfasste ein Bonus-Kapitel mit einer Kämpferin in der Hauptrolle. Hüterin Tarah beschert dem Abenteuer mit ihren Einsichten und magischen Talenten eine neue Facette.

In der nun vorliegenden Jubiläumsausgabe gab es sowohl weitere Anpassungen den Inhalt betreffend, als auch beim Äußeren. Das Format wurde vergrößert und das Papier ist hochwertiger.

Mit allen Änderungen und Ergänzungen schreibt Reiter der schwarzen Sonne mit mehr als 1.400 Sektionen auf 760 Seiten Spielbuch-Geschichte und ich bin gespannt, wie lange uns die Schwingen noch tragen.

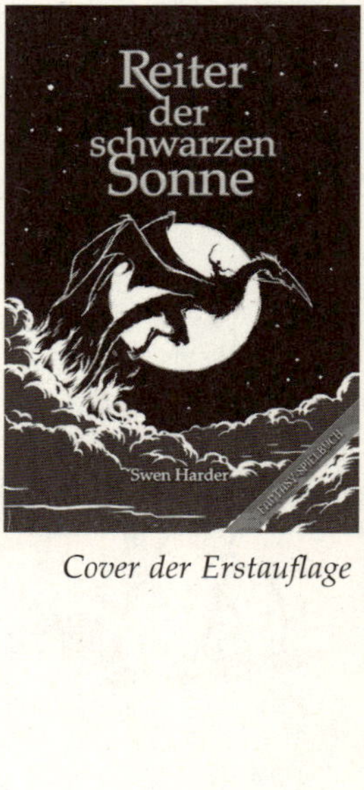

Cover der Erstauflage

*Lies weiter in diesem **Spielbuch**!*

— 10 JAHRE —
JUBILÄUMSAUSGABE

REITER DER SCHWARZEN SONNE

EIN
SWEN HARDER
FANTASY-SPIELBUCH

ILLUSTRATIONEN VON
FUFU FRAUENWAHL

MANTIKORE
VERLAG

Reiter der schwarzen Sonne

Für Ebby

Ein wahrer Freund ist wie ein Schatten.
Er begleitet dich – ein Leben lang.

überarbeitete und erweiterte 12. Auflage
März 2025

Veröffentlicht durch den
MANTIKORE-VERLAG NICOLAI BONCZYK
Frankfurt am Main 2025
www.mantikore-verlag.de

Illustrationen, Karte und Cover: Fufu Frauenwahl

Testing und Gameplay: Eberhard Eschwe
Lektorat Erstauflage: Verena Thrin
Karte, Satz und Layout: Swen Harder

Speziellen Dank an: Angelsnature, Stefan Barthel, Wassilios Dimtsos, Jennys Lesestoff, Reinhard Kotz, Gunnar Lott, Sven Mencke, Christian Neubauer, Dirk Reubold, Max Rohland, Moritz Schnarr, Dennis Schwarz, Daniel Spieker, Mháire Stritter, Oliver Traxel, Stephan Zimmermann

VP: 128-133-44-08-0124 · ISBN: 978-3-96188-080-5

Printed in the EU

Inhalt

ABENTEUERBLATT

Schicksalspunkte

Kreuze hier die gefundenen Schicksalspunkte ab! I

1.	2.	3.	4.	5.	6.	7.	8.	9.	10.	11.	12.	13.	14.
Prolog		Kapitel 1		2	3		4		5	6		7	Finale

Stärke

Macht der Sonnengöttin Kar II

~~1~~	~~2~~	~~3~~	~~4~~	~~5~~	6	7	8	9	10	11	12	13	14	15

Waffen

	aktiv	Trefferbonus	Anmerkung	Angriff II
○1	☐	+		
○2	☐	+		
○3	☐	+	nur Waffe mit max. +2	

Angriffswert für jede Waffe = Stärke + Trefferbonus (+ evtl. Bonus durch Kämpferfähigkeit)

Freiwilliger Verzicht ☆

Besondere Gegenstände

Diese Dinge dürfen nicht abgelegt werden! I

○1 ☐	B1 B17 979	○7	627
○2	B2	○8	758
○3	102 269	○9	729
○4	112 239	○10	812 927
○5	B3	○11	213 969
○6	326 339	○12	957

Utensilien

Du darfst nur maximal 6 Utensilien mit dir führen! I

○1	○4
○2	○5
○3	○6

Kyrnas Packsattel

Der Packsattel bietet Platz für weitere 6 Utensilien! V

○7	○10
○8	○11
○9	○12

REITERDORN	REITERBOGEN	REITERMANTEL	DRACHENHORN

Karma ☯

Die Zuwendung der Götter III

1	2	3	4	5	6	7	8	9	10

Freiwillige Erschwernis ☆

akt. Kapitel/Sektion

Geschick

Macht des Mondgottes Ugar II

~~1~~	~~2~~	~~3~~	~~4~~	~~5~~ ☆	6	7	8	9	10	11	12	13	14	15

Kleidung II

	Schutzbonus		Schutzbonus
○ Kopf	+	○ Rumpf	+
○ Arme	+	○ Beine	+
○ Füße	+	○ Umhang/ Tarnung	

Verteidigung II

Geschick + gesamter Schutzbonus

Vitalität II

Abzüge ☆☆

fit	normal	angeschlagen	verletzt	kritisch	tot
			-1	-2	

Fähigkeiten

Deine besonderen mentalen und körperlichen Fähigkeiten. II

				Bonus
○ 1	B4	○ 7	K98 K99	+
○ 2	302	○ 8	334	
○ 3	302	○ 9	341	
○ 4	302	○ 10	B8	
○ 5	309 318 329	○ 11	566	
○ 6	332	○ 12	791 866 886	

Geld

Dinar

Wut III

1.	2.	3.	4.	5.
		wütend	zornig	rasend

Reiterrang V

~~1.~~	2.	3.	4.	5.
Begleiter	Gefährte	Vertrauter	Freund	Meister

Kyrnas Vitalität V

normal	angeschlagen	verletzt	kritisch	tot

NOTIZEN

Platz für weitere Hinweise und deine eigenen Überlegungen.

SPEZIELLE NOTIZEN

Vermerke hier etwas, wenn du dazu aufgefordert wirst.

Calderel Hinweis

Wagengasse Hinweis

Einsatz Dinar

Handspiegel Hinweis

Beistand Hinweis

Benthos Geheimnisse

Extra-Schaden

+1 +2 +3 +4 +5 +6 +7

1 KR (+1 bis +4) · 2 KR (+5, +6) · 3 KR (+7)

Nephatari

getötet · geopfert · gerettet · gesegnet

Tode des Keşra

Ab Kap. 2: Streiche ein Kästchen ab, solltest du gestorben sein.

Hast du ein ☯-Kästchen abgestrichen, bekommst du sofort die angegebenen Karma-Punkte.

TARAHS NOTIZEN

Platz für Eintragungen aus Tarahs Kapitel.

Funken ✦

1 2 3 4 5 6

Zeit

Pfad der Weisheit

A B C D E

REGELWERK I

GRUNDREGELN

R

Wie du sicher bereits bemerkt hast, hältst du kein normales Buch in Händen, sondern ein interaktives Spielbuch, dessen Geschichte maßgeblich von deinen Entscheidungen abhängt! Bevor jedoch dein ganz eigenes Abenteuer beginnen kann, gilt es noch einige wichtige Dinge zu klären, nämlich die Spielregeln.
Sie sind, wie sämtlicher Regeltext im Buch, *kursiv* geschrieben:

Sektionen *– Wie funktioniert ein interaktives Spielbuch? Ganz einfach: Jeder Abschnitt dieses Buches, auch Sektion genannt, besitzt eine eigene Nummer, die Sektionsnummer. Am Ende einer Sektion wirst du meistens vor die Wahl gestellt, wie es weiter gehen soll.*
Entsprechend deiner Entscheidung liest du bei der angegebenen Sektion weiter. Dabei springst du ständig zwischen den Abschnitten hin und her. Es ist also normal, dass du auch mal zurückblättern musst, obwohl die Geschichte weitergeht!
Der Beginn eines jeden Kapitels ist die Sektion mit der niedrigsten Nummer. Im Prolog ist es die ***1****.*

Abenteuerblatt *– Den Verlauf deiner gefahrvollen Reise vermerkst du auf dem Abenteuerblatt, das du zu Beginn des Buchs findest. Möchtest du mehrmals spielen, mache davon am besten eine Kopie*. Auf dem Abenteuerblatt schreibst du sowohl deine Werte und Fähigkeiten nieder als auch alle Gegenstände und Waffen, die du mit dir führst.*

Notizen *– Es ist wichtig, Notizen aufzuschreiben! Denn oft geben Personen, mit denen du sprichst, Informationen preis, die sich erst viel später als wertvoll erweisen. Für all deine Notizen ist eine weitere Seite direkt nach dem Abenteuerblatt reserviert.*

) Auf der Internetseite des Autors* ***www.playharder.de* *sowie im* ***Daten-Bereich der CD*** *(ein Extra der Eternal Edition) stehen das Abenteuerblatt und weitere hilfreiche Dokumente im PDF-Format zum einfachen Ausdrucken bereit.*

Spieltipp: *Benutze für sämtliche Eintragungen einen weichen Bleistift! Denn du wirst sie regelmäßig mit dem Radiergummi ändern müssen.*

Solltest du einmal unsicher sein, was die Regeln zu einem bestimmten Punkt auf dem Abenteuerblatt betrifft, blättere einfach auf die dort als römische Ziffer vermerkte Spielregelerklärung.
So sind beispielsweise alle Grundregeln, die du hier unter REGELWERK I *liest, mit einem grauen* I*-Symbol versehen.*

Glück *– Gelegentlich entscheidest nicht du über den Fortlauf der Geschichte, sondern das Glück. In einem solchen Fall wirst du aufgefordert, den Mond über dein Schicksal entscheiden zu lassen. Dazu blätterst du zufällig eine Seite der ersten sechs Kapitel auf und schaust auf die dort abgebildete Mondphase am linken unteren Seitenrand (so auch auf dieser Seite zu sehen). Wie sie zu interpretieren ist, steht im kursiv gedruckten Regeltext am Ende der Sektion.*
Zum besseren Verständnis ist bei den ersten acht Mondsymbolen des Buchs angegeben, um welche Phase es sich handelt.*

Utensilien *– Natürlich kannst du hilfreiche Dinge wie Werkzeuge, Tränke oder Artefakte finden. Sollte sich die Gelegenheit dazu ergeben, steht das im Text. Achte darauf, die exakte Bezeichnung (**fett & kursiv** geschrieben) auf das Abenteuerblatt zu übernehmen.*
Aber sei nicht raffgierig! Utensilien können nämlich vollkommen nutzlos oder gar gefährlich sein. Außerdem darfst du nur maximal sechs Utensilien auf einmal mit dir führen. Hast du zu viele, musst du dich für immer von überschüssigen trennen, sprich diese ausradieren.

Besondere Gegenstände *– Manche Fundstücke sind außerordentlich wichtig oder wertvoll. Diese besonderen Gegenstände sind meist klein und werden direkt am Körper (beispielsweise als Ring oder Kette) getragen.*
Ob es sich um einen solchen seltenen Gegenstand handelt, steht in Klammern hinter seiner Bezeichnung. Einmal aufgenommene Besondere Gegenstände darfst du nicht wieder ablegen, es sei denn, dies wird ausdrücklich im Text erwähnt.

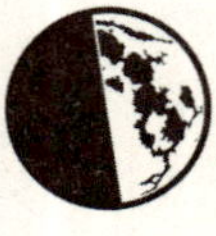

** Halbmond*

Sterben *– Auf deiner abenteuerlichen Reise lauern skrupellose Feinde und tödliche Gefahren. Entsprechend können deine Handlungen zum Tode und somit zum vorzeitigen Ende des Abenteuers führen. Dann heißt es, das Kapitel (nicht das ganze Buch) von Neuem zu beginnen! In einem solchen Fall musst du alle im Kapitel entdeckten Errungenschaften, wie Gegenstände, Fähigkeiten und Boni, wieder streichen …*

Speicherpunkte *– … um dabei nicht unbeabsichtigt die Eintragungen eines vorherigen Kapitels zu streichen, sind alle Kästchen und Felder mit einem kleinen Speicherpunkt versehen.*
Hast du ein Kapitel erfolgreich beendet, füllst du einfach sämtliche Kreise aller aktuellen Eintragungen aus. Solltest du dann im nächsten Kapitel sterben (oder du möchtest es freiwillig wiederholen), radierst du alle neuen Eintragungen aus, die noch ***nicht*** *mit einem ausgefüllten Speicherpunkt markiert sind.*

Rücksetzpunkte *– Bist du gestorben, möchtest allerdings das Kapitel nicht von vorn beginnen, kannst du zur Sektion zurückspringen, die am Ende der Todessektion angegeben ist, um dort erneut einzusteigen, als sei nichts gewesen. Beispiel für einen solchen Verweis:*

Dein Leben endet hier. ***(✝91)*** ■

Ist hingegen keine Zahl angegeben, musst du das Kapitel neu beginnen.

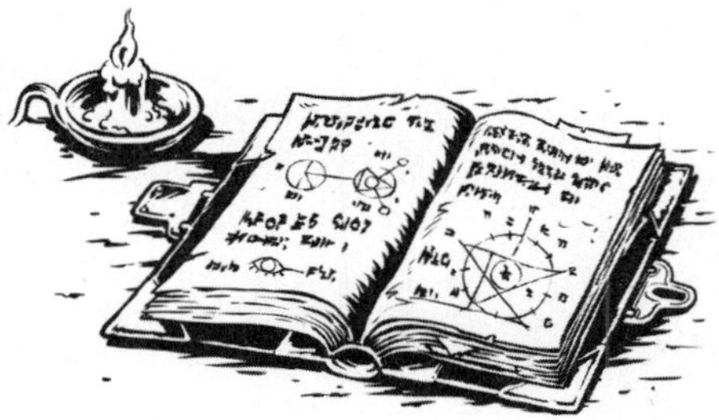

Bonussektionen *– In jedem Kapitel kannst du durch verwegenes, geschicktes oder auch glückliches Vorgehen Bonussektionen entdecken. Sie sind mit speziellen Nummern versehen, die mit einem „*__*B*__*" beginnen, zum Beispiel* ***B10****.*

R

Sie befinden sich am Ende des Buchs und erhalten wiederum Verweise, die dich zurück ins ursprüngliche Kapitel führen.
Wie der Name schon vermuten lässt, findest du in den Bonussektionen außergewöhnliche Gegenstände, Fähigkeiten oder Hinweise.

Schicksalspunkte *– Als weitere Belohnung gibt es in den Bonussektionen die sogenannten* SCHICKSALSPUNKTE. *Sie notierst du – wie alles andere auch – auf dem Abenteuerblatt. Es ist sehr wahrscheinlich, dass du nicht alle* SCHICKSALSPUNKTE *eines Kapitels beim ersten Versuch findest. Das ist aber nicht weiter tragisch, denn du kannst dieses Spielbuch auch ohne sie beenden!*
Hast du jedoch den Ehrgeiz, das perfekte Abenteuer zu erleben (und deine Chancen auf ein gutes Ende erheblich zu erhöhen), solltest du das Kapitel noch einmal spielen und andere Wege versuchen.

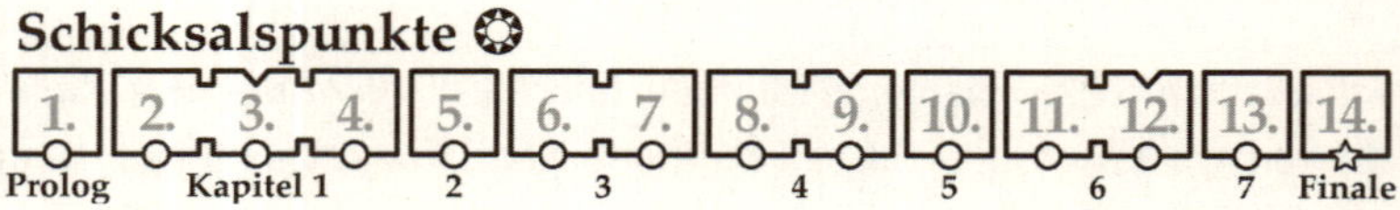

Beachte beim Eintragen auf das Abenteuerblatt, dass alle SCHICKSALSPUNKTE *nummeriert sind, sie also nicht zwingend nacheinander abgestrichen werden. So wird beispielsweise der 5.* SCHICKSALSPUNKT *(im 2. Kapitel versteckt) durch Markieren des Kästchens* 5. *vermerkt.*

Solltest du dich fragen, was all die anderen Dinge auf dem Abenteuerblatt bedeuten, so kann ich dich beruhigen: Dies wird dann erklärt, wenn du es benötigst!

◆◆◆

Jetzt aber genug der Vorreden. Stürze dich ins Abenteuer!

Lies weiter im **PROLOG: „EIN SCHATTEN ERWACHT“** *bei* **1**.

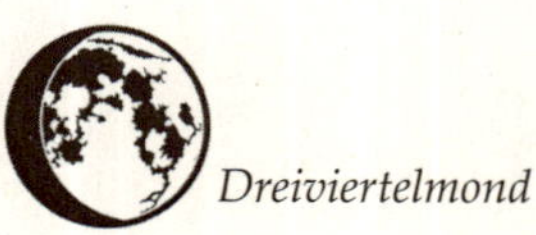

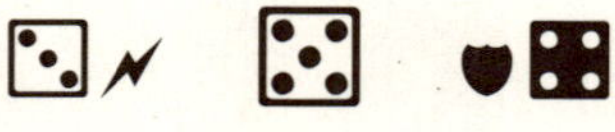

PROLOG

EIN SCHATTEN ERWACHT

HINWEIS: Hast du (oder jemand anderes) dieses Buch bereits gespielt? Falls ja, dann kontrolliere bitte folgende Sektionen: 15, 16, 30, 88, 89, 389, 423, 446, 591, Z3 bis Z7, sowie F2 bis F8, ob dort Bleistiftmarkierungen in den Kreisen ○ hinterlassen wurden. Falls ja, bitte auszuradieren!

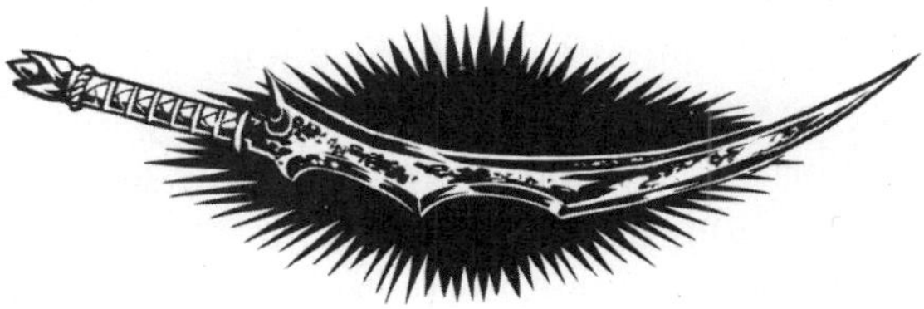

1 › *Argh! Mein Kopf … dieses Licht … ist das der Tod?* ‹
Dein Geist ist verwirrt und es fällt dir schwer, dich zu erheben. Nur verschwommen erkennst du einen spärlich erleuchteten Raum. Das geheiligte Symbol der Göttin Kar ist allgegenwärtig. Überall erblickst du die achtflammige Sonne: geschnitzt ins Holz des Betthimmels, gewoben in die Seide der Wandteppiche und gegossen in Gold der Kunstwerke. Du bist im großzügig ausgestatteten Schlafgemach eines Sonnenpriesters.
Draußen tobt ein heftiges Unwetter. Schwerer Regen peitscht gegen das Bleiglas und für einen Augenblick wird das Zimmer in grelles Weiß getaucht. Da kracht das Fenster zurück. Die Kerzen des Kandelabers auf dem Nachttisch verlöschen.
› *Da ist jemand … ein Schatten!* ‹
Du schnellst herum. Niemand. Dein Herz rast. Unerwartet stürzt du über etwas auf dem Boden und erblickst den alten Körper eines Menschen, gehüllt in die ausladende, goldgelbe Schlafkutte

eines Kar-Priesters. Seine wirren, aschgrauen Haare auf dem Hinterkopf sind von Blut durchtränkt. Er regt sich nicht.

› *Ist er etwa tot!?* ‹

Ähnlich den Gewitterblitzen draußen zucken dir Gedanken durch den Kopf: Du hast weder eine Ahnung, wo du dich befindest, wer vor dir liegt, noch …

› *Wer bin ICH?* ‹

Nur zögerlich und mit einer düsteren Vorahnung wandert dein Blick über das dunkle Gewand, das zerfetzt an deinem Körper herabhängt, und verharrt auf deinen zittrigen schwarzen Klauen: Blut! Das Blut des Mannes zu deinen Füßen!

› *Oh, nein … Was habe ich getan?* ‹

Du willst nur fort von diesem Ort, fort von dieser Tat, als Schrittgeräusche an dein Ohr dringen.

Willst du den Toten auf den Rücken drehen, um sein Gesicht zu sehen, lies weiter bei ***51****.*

Willst du dich in einer dunklen Ecke des Raumes verstecken, lies weiter bei ***41****.*

Willst du das Zimmer sofort verlassen, lies weiter bei ***72****.*

2 Blitzgeschwind läufst du auf die junge Frau zu. Ehe sie sich wehren kann, hast du sie mit einem Schlag in den Nacken betäubt.

Lies weiter bei ***29****.*

3 Nur wenige Schritte zum Tempel. Ein kurzer, gehetzter Blick nach hinten: niemand. Doch du hörst, dass etliche Soldaten über die verschlungenen Kieswege auf dich zukommen. Das Netz der Verfolger wird enger.

Du drückst dich in den Schatten der Wand, da lähmt ein stechender Schmerz deinen linken Oberschenkel! Voller Pein schreist du auf und fällst vornüber.

„Erwischt!“, vermeldet eine Männerstimme triumphierend. Zähnefletschend presst du die Wunde ab. Blut quillt über deine

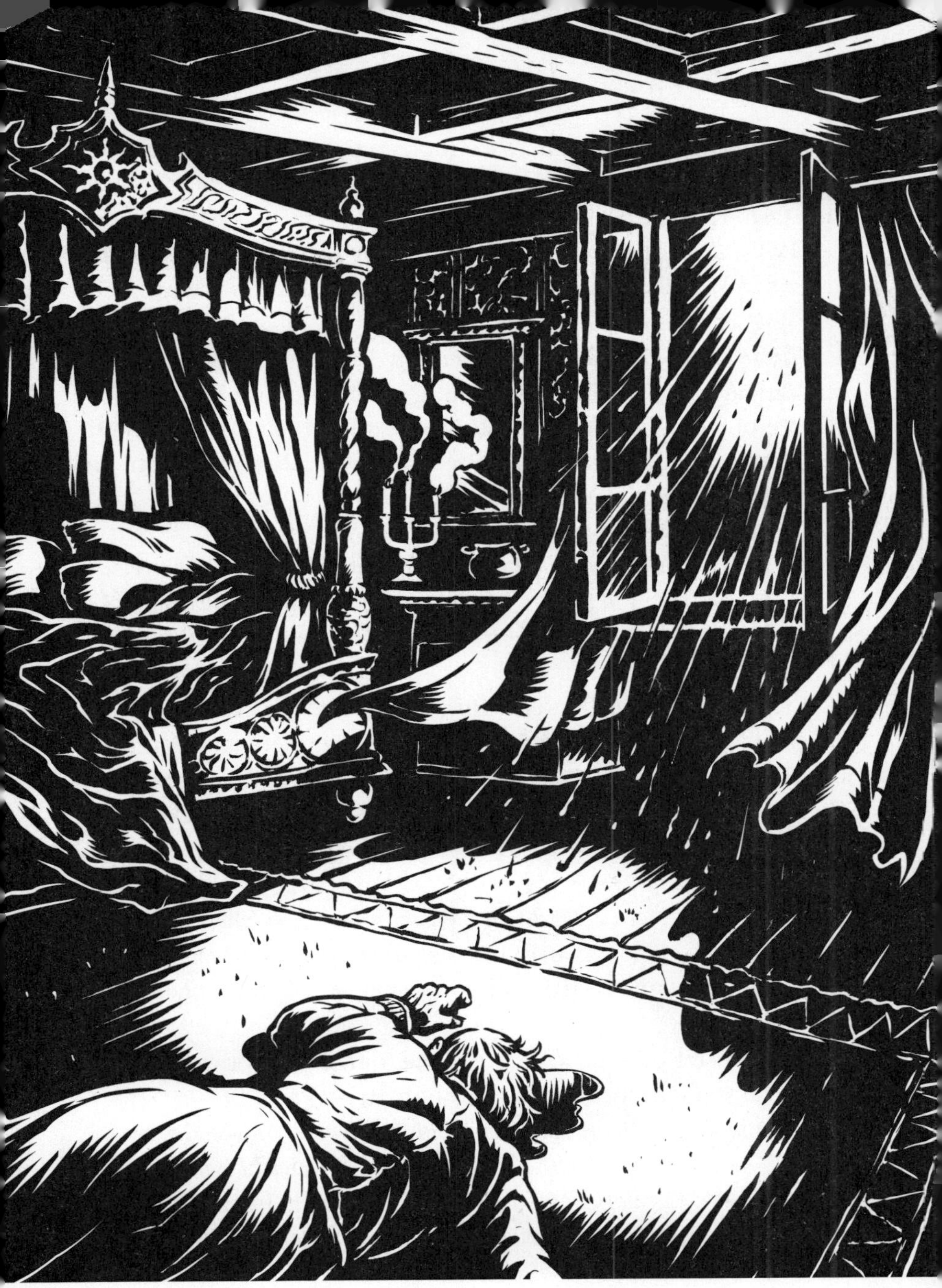

1 *Unerwartet stürzt du über etwas auf dem Boden und erblickst den alten Körper eines Menschen, gehüllt in die ausladende, goldgelbe Schlafkutte eines Kar-Priesters.*

Klauen und du ertastest, dass der Bolzen tief im Fleisch steckt. Zu tief, um ihn auf die Schnelle herauszuziehen. Die Verfolger haben dich fast erreicht.

Willst du dich beim Tempel in eine Hecke rollen, lies weiter bei **15**.

Willst du dich aufrappeln und flüchten, lies weiter bei **52**.

4 Es klopft. Du hältst den Atem an. Eine zarte Frauenstimme fragt zögerlich: „Ist alles in Ordnung, mein Hierarch?"
Nach einigen Sekunden des Schweigens lässt ein erneuter heftiger Windstoß die Fensterscheiben bersten. Klirrend fallen die bunten Bruchstücke auf die Dielen.
„Mein Hierarch Kathum?!", ruft die Frau besorgt.

Willst du deine Stimme verstellen und die Dienerin anweisen, sie soll wieder gehen, lies weiter bei **12**.

Willst du still unter dem Bett bleiben, lies weiter bei **37**.

5 Die Schreie der Dienerin verklingen erst, als du um die zweite Ecke biegst. Doch weitere aufgebrachte Stimmen kämpfen mittlerweile gegen das Getöse des Sturms an. Dein Blick springt von Tür zu Tür, von Fenster zu Fenster. Bei jedem Blitz flackern die gezackten Blätter der knorrigen Raanbäume wie Geister im Innenhof auf.

Willst du ein Fenster öffnen, um einen Sprung in den Innenhof zu riskieren, lies weiter bei **63**.

Willst du hingegen den Gang entlang hetzen, lies weiter bei **92**.

6 Es kostet dich erhebliche Mühe, den bleiernen Sargdeckel wieder in seine ursprüngliche Position zu hieven.

Willst du die Steintreppe hinauf in den Tempel, lies weiter bei **80**.

Willst du durch den Luftschacht hinaus in den Park des Tempeldistrikts klettern, lies weiter bei **98**.

Willst du in der Krypta verweilen, so lange bis die nächste Nacht hereinbricht, lies weiter bei **38**.

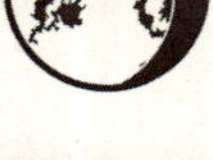

Dreiviertelmond

7 Du besiegst deine Angst, krallst deine blanken Füße in den Stein des Fenstersimses und springst gegen den Wind in die Dunkelheit, den Landepunkt am Baumstamm fest im Blick.

*Lies weiter bei **90**.*

8 Ohne weitere Gedanken zu verschwenden, läufst du hinüber und hüllst deinen nassen, geschundenen Körper in den staubigen Stoff. Prompt wallt Wärme in dir auf und dein Atem beruhigt sich.

*Trage das **Orgellaken** (Kleidung, Umhang) auf dem Abenteuerblatt ein.*

*Lies weiter bei **58**.*

9 Ein schriller Aufschrei hallt durch die Gänge. Die Dienerin hat dich gesehen und ruft panisch um Hilfe.

*Willst du der aufgebrachten Frau den Mund zuhalten, lies weiter bei **30**.*

*Willst du lieber flüchten, lies weiter bei **5**.*

10 Ohne Mühe befreist du die enge Öffnung von Gestrüpp und Unkraut und du erkennst, dass ein Eisengitter den Schacht versperrt. Aber du bist zu weit gekommen, um aufzugeben! Mit letzter Kraft reißt du das verrostete Gitter aus der Verankerung und blickst erschöpft in die Dunkelheit.
Außer einem muffigen, erdigen Geruch nimmst du nichts wahr. Trotzdem kriechst du hinein, und schlängelst dich geschmeidig wie eine Vintaqnatter voran. Nach einigen Armzügen ertastest du schließlich eine Mauerkante. Bedacht lässt du dich herab und kannst wieder aufrecht stehen. Du bist blind ob der absoluten Schwärze.

*Lies weiter bei **46**.*

11 Unter deinen Füßen knirscht der Kies, doch das Tosen von Wind und Regen verschluckt dieses verräterische Geräusch. Mit

langen Schritten hältst du auf den Torbogen zu, musst zuvor jedoch am Kar-Tempel vorbei, der auf halbem Weg im Zentrum des Lustgartens steht.
Mittlerweile haben die Wachleute ihre Suche auf den Park ausgeweitet. Du hörst das bedrohliche Klacken von Armbrustwinden.

Führst du eine ***Öllaterne*** *mit dir, lies weiter bei* ***56****.*

Ohne diesen Gegenstand lies weiter bei ***60****.*

12 Du holst tief Luft und stimmst eine dunkle Tonlage an. Mit einem knappen Kommando schickst du die Bedienstete des Priesterkaisers fort.
„Ja, Hierarch Kathum, wie Ihr wünscht!“, gehorcht die junge Frau verwirrt.
Du wartest, bis ihre Schritte verklungen sind, und kriechst wieder unter dem Bett hervor. Dabei betrachtest du mit Schrecken Kathums erstarrten Leib. Noch immer ist es für dich unbegreiflich, was passiert ist. Kopfschüttelnd gehst du zum zerbrochenen Fenster und blickst hinaus.
Du befindest dich auf der höchsten Ebene, dem Tempelbezirk, der heiligen Stufenpyramide zu Kyphi. Ein Sprung von hier wäre tödlich. Die nächste Stufe der Goldenen Stadt liegt mindestens 60 Fuß unter dir. Daher eilst du zur Tür, öffnest sie und drückst dich hinaus auf den Flur.
Bestimme dein Schicksal selbst!

Glaubst du eher an das Gute im Menschen, lies weiter bei ***85****.*

Glaubst du eher an das Böse im Menschen, lies weiter bei ***27****.*

13 Obwohl nur vereinzelt Lichtstrahlen durch die schmalen Fugen der Steinplatte sowie den langen Luftschacht in dein Versteck fallen, kannst du doch erahnen, wie unbeugsam die Morgensonne an diesem Tage scheint. Der Gedanke daran lässt dich unwillkürlich erschaudern.

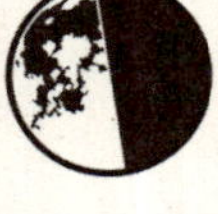

Halbmond

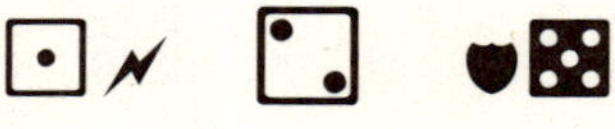

Trotz des spärlichen Lichts überblickst du die Krypta nun in Gänze, als habe jemand eine blutrote Laterne entzündet: In zehn gemauerten Nischen ruhen acht reich verzierte Steinsärge.
Obwohl du nicht imstande bist, sie zu lesen, lassen gemeißelte Symbole darauf schließen, dass Vorfahren der Kar-Priesterschaft in den Sarkophagen liegen. In einer Ecke steht eine wuchtige Holztruhe. Du siehst kein Schloss.

Willst du die Truhe genauer untersuchen, lies weiter bei ***54.***
Willst du dir die Steinsärge ansehen, lies weiter bei ***31.***
Willst du die Steintreppe hinauf und die Krypta hinter dir lassen, lies weiter bei ***80.***
Oder durch den Luftschacht in den Park hinausklettern, lies weiter bei ***98.***
Willst du nichts weiter tun und in der Krypta verweilen, bis die nächste Nacht hereinbricht, lies weiter bei ***38.***

14 Mit einem kurzen Quietschen klappt der schwere Deckel zurück und du greifst ins Ungewisse. In der Truhe ertastest du Überwürfe aus besticktem Leinen, säuberlich zusammengelegt.

Willst du ein ***Leinenhemd*** *(Kleidung, Umhang) überwerfen, dann notiere es dir auf dem Abenteuerblatt.*

Lies weiter bei ***88.***

○ **15** Im letzten Moment rollst du dich in einen der dichten Rosensträucher hinein. Du hast Glück, dass das Gewächs eine Züchtung ohne wehrhafte Dornen ist. Du zwingst dich, den Atem anzuhalten, denn nur wenige Fuß von dir entfernt siehst du an den unteren Ranken vorbei die schweren Lederstiefel zweier Wachmänner der Priesterschaft.
„Verdammt, der Kerl muss hier doch irgendwo sein", flucht einer der beiden.

Ohne Vorwarnung stechen sie wahllos mit ihren Breitschwertern in die dicht gewachsene Hecke. Ein Hieb verfehlt deine Brust um Haaresbreite, als unverhofft ein Kratzen und Schaben ertönt.
„War da was?“, faucht einer der Soldaten.
Dann ein kurzes Poltern, und auf dem Weg zerschellen Ziegel.
„Das Dach! Komm, den schnappen wir uns!“
Du verharrst wie versteinert, bis die beiden Wachmänner wieder fort sind. Dennoch ist die Gefahr nicht gebannt: Immer mehr Palastbewohner laufen im Park umher.
Verzweifelt suchst du nach einem Ausweg und entdeckst das massive Steinfundament des Tempels mit einem zugewucherten Schacht, der womöglich in ein Gewölbe unterhalb des geweihten Kar-Hauses führt.

Lies weiter bei ***10****.*
Markiere bitte den Kreis neben der Sektionsnummer 15 als Vermerk, dass du diesen Abschnitt gelesen hast.

○ **16** Geräuschlos schlüpfst du durch das über und über mit Schnitzereien verzierte Holzportal des Tempels.
Dunkelheit empfängt dich, als das schwere Eisenschloss hinter dir wieder zuschnappt. Einzig grelle Blitze erhellen von Zeit zu Zeit den Raum durch die hohen Bleiglasfenster.
Du bist allein. Nach einigen Schritten an Gebetsbänken vorbei, haben sich deine Augen angepasst und du stehst vor einer großen Bodenplatte aus tiefschwarzem Basalt. Ringsherum separieren Nischen den Raum. In ihnen wachen übergroße Heilige. Ihr unbeugsamer, in Marmor geschlagener Blick flößt dir Respekt ein.
Während du den Tempel untersuchst, hörst du ein Kratzen und Schaben über dir. Dreck rieselt vom Gebälk auf deinen kahlen Schädel und den Steinboden. Kein Zweifel: Jemand ist auf dem Dach! Schindeln lösen sich, rutschen die Schräge hinunter und zerschellen unweit entfernt. Durch das entstandene Loch fällt der Regen. Sicherheitshalber suchst du an einer Säule Deckung.

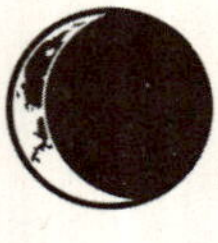

Sichelmond

Ein Blitz! Und für einen flüchtigen Moment erscheint über dir ein diffuser Schatten. Du erstarrst.
› Wo ist er hin? ‹
Außerhalb des Tempels entsteht stimmgewaltiges Durcheinander. Deine Verfolger halten den Fremden auf dem Dach für den Attentäter. Du lauschst angestrengt, doch über dir ist es wieder still. Die Soldaten entfernen sich.
Du atmest auf und blickst dich in aller Ruhe um. Neben der Kirchenorgel, deren längste Pfeifen bis unter die Kuppel reichen, bemerkst du an einer der Säulen, direkt bei der schwarzen Bodenplatte, einen Hebel aus Messing, verziert mit Dutzenden Totenschädeln.

Willst du den Hebel betätigen, lies weiter bei ***75***.
Willst du dir ein ruhiges Plätzchen in diesem Bereich des Tempels suchen, lies weiter bei ***89***.
Markiere bitte den Kreis neben der Sektionsnummer 16 als Vermerk, dass du diesen Abschnitt gelesen hast.

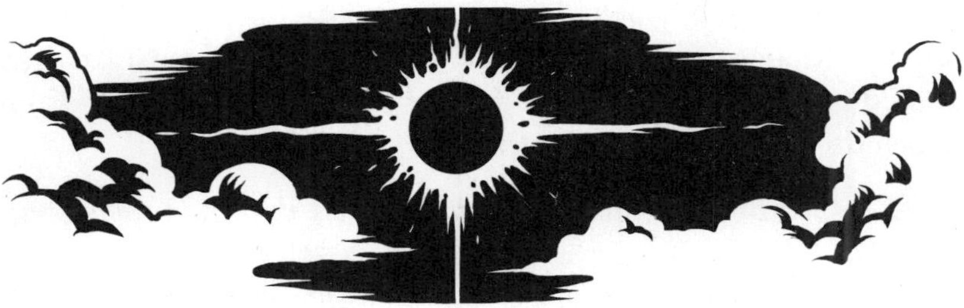

17 Obwohl der brennende Schmerz in deinen Armen dir fast den Verstand raubt, robbst du weiter der Freiheit entgegen und die ersten Sonnenstrahlen treffen dein Gesicht. Du windest dich, doch in der Enge des Schachts gibt es kein Entrinnen.
Bestimme dein Schicksal selbst!

Glaubst du an die Macht des Lichts, lies weiter bei ***62***.
Glaubst du an die Macht der Dunkelheit, lies weiter bei ***93***.

P

18 „Ja, ich vertraue Euch! Ich vermag zwar nicht zu sagen, warum Kar mir dieses Gefühl schenkt, aber ich vertraue Euch." Die Priesterin schnauft befreit auf und fixiert dich mit ihren goldenen Augen, derweil sie sich ihr Amulett wieder um den zarten Hals legt.

Lies weiter bei ***45****.*

19 Mit einer kräftigen Armdrehung schleuderst du die Öllaterne fort. Das Brennglas bricht, das Petroleum spritzt und einen Augenblick später erleuchtet eine Stichflamme das untere Mauerwerk des Palastgebäudes. Entledigt von dieser Zielscheibe läufst du in der Dunkelheit weiter Richtung Kar-Tempel.

Vergiss nicht, die ***Öllaterne*** *vom Abenteuerblatt zu streichen!*

Lies weiter bei ***60****.*

20 Als du erwachst, sind die Leiden der Nacht verflogen. Du tastest nach den Wunden, die noch vor wenigen Stunden deinen Körper gezeichnet haben, doch die Haut ist – bis auf die vernarbte linke Klaue – makellos. Voller Verwunderung stellst du fest, dass die blutverschmierten Scherben und der Armbrustbolzen neben dir auf dem Boden liegen.

Willst du den ***Bolzen*** *(Utensil) behalten, notiere ihn dir auf dem Abenteuerblatt.*

Hast du in der Krypta geschlafen, lies weiter bei ***13****.*
Hast du die Nacht im Tempel verbracht, lies weiter bei ***95****.*
Bist du dir unsicher, kontrolliere, ob du die Markierung bei Sektion 88 (Krypta) oder 89 (Tempel) abgestrichen hast.

21 Ohne zu zögern, läufst du hinunter. Als du die letzte Stufe betrittst, löst die Mechanik erneut aus und die Platte über dir verschließt sich wieder. Du stehst in der Krypta des Kar-Tempels!

Lies weiter bei ***13****.*

Neumond

22 „So, so, ein Bettler also …" Ein verschmitztes Lächeln huscht über ihre blühenden, klaren Gesichtszüge: „Ihr wagt es tatsächlich mich zu belügen? Mich, eine Tochter Kars?"
Es stimmt, Kar-Priester stehen im Ruf, jegliche Lüge entlarven zu können.

Willst du nun doch die Wahrheit über die letzte Nacht erzählen, lies weiter bei ***18****.*

Willst du sie ohnmächtig schlagen, lies weiter bei ***2****.*

23 Du trittst aus deinem Versteck hervor und gehst bedächtig auf die junge Frau zu. Ihre goldenen Augen schimmern vor Trauer.
„Wer seid Ihr?", fragt sie mit versagender Stimme.
Um ihren grazilen Hals trägt sie ein Priesteramulett der Kar. Der Glauben an die Sonnengöttin ist in Rhenus weit verbreitet und umso mehr bei den Bewohnern der Stufenpyramide, der Metropole Kyphi.
Die Priesterin wankt zwei Schritte zurück, bis sie gegen die Tastatur der Orgel rempelt. Ein schräger Akkord erschallt. Erschreckt zuckt ihr beide zusammen.

Trägst du ein ***Leinenhemd****, lies weiter bei* ***57****.*

Ansonsten lies weiter bei ***86****.*

24 Die Nacht war kurz, doch trotz der zahllosen Glasscherben, die deine Waden aufschlitzten, fühlst du dich gesund. Verdutzt entdeckst du die blutverschmierten Splitter, die eigentlich im Fleisch stecken müssten, neben dir auf dem Boden liegen. Dein Körper zeigt keine Verwundungen!

Hast du in der Krypta geschlafen, lies weiter bei ***13****.*

Hast du die Nacht im Tempel verbracht, lies weiter bei ***95****.*

Bist du dir unsicher, kontrolliere, ob du die Markierung bei Sektion 88 (Krypta) oder 89 (Tempel) abgestrichen hast.

25 Wie durch ein Wunder wirst du von allen Geschossen verschont. Allesamt zischen sie knapp an dir vorbei. Dennoch hast du erst den halben Weg durch den Park zurückgelegt.
Vor dir liegt der beschauliche Kar-Tempel eingerahmt von zahlreichen Bäumen. Du weißt nicht warum, aber dieses Gebäude mit seinem steilen Dach aus roten Tonziegeln übt eine gewisse Anziehungskraft auf dich aus.

Willst du den Tempel betreten, lies weiter bei ***16****.*

Willst du gegen dein Gefühl ankämpfen und dem Heiligtum der Sonnengöttin fernbleiben, lies weiter bei ***94****.*

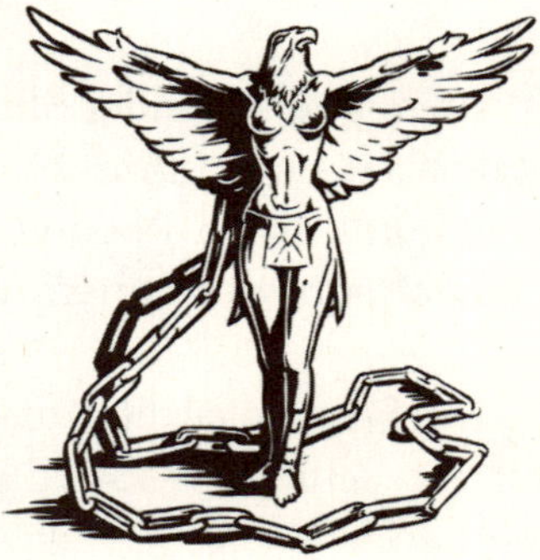

26 Hilflos tapst die junge Frau durch das kaiserliche Schlafzimmer. In Panik dreht sich die Dienerin um und rennt wieder zurück auf den Flur. Ein erneuter Blitz erleuchtet den Gang und sie bleibt abrupt stehen. Mit offenem Mund starrt sie in Richtung deines Verstecks.

Lies weiter bei ***9****.*

27 Gerade hast du den Flur betreten, siehst du den Kerzenschein eines Leuchters um die nächste Ecke verschwinden. Die Dienerin hat dir deine dramatische Imitation abgekauft.

Lies weiter bei ***55****.*

Sichelmond

28 Fest entschlossen, deine Verfolger in einen Kampf zu verwickeln, suchst du den geeigneten Ort für einen Überraschungsangriff.

Führst du ein ***Schwert*** *mit dir, lies weiter bei* ***36****.*
Andernfalls lies weiter bei ***84****.*

29 Ohnmächtig sinkt die junge Frau in deine Arme. Ihr Körper ist weich und warm. Um ihren Hals baumelt das Priesteramulett der Sonnengöttin Kar.
Während du sie betrachtest, geschieht Seltsames: Um dich herum verlangsamen sich sämtliche Bewegungen! Zunächst unwesentlich, doch nach einem weiteren Herzschlag steht alles still.
Verwirrt lässt du von der Frau ab. Ihr zarter Körper fällt aber nicht zu Boden, sondern verweilt in der unnatürlichen Haltung, in der du ihn losgelassen hast. Der Moment scheint wie eingefroren. Du blickst auf. Ein stattlicher, menschenähnlicher schwarzer Schatten steht vor dir.

Lies weiter bei ***100****.*

○ **30** Ehe die Dienerin weiter schreien kann, bist du mit einem gewaltigen Satz zu ihr herübergesprungen. Du drückst sie gegen die Wand und presst ihr den Mund zu. Todesangst verzerrt ihre jugendlichen Gesichtszüge. Über ihre Wangen rinnen Tränen, die gemeinsam mit dem Blut des Priesterkaisers von deiner Klaue ihr Gesicht verschmieren. Von einer Sekunde auf die andere steigt in dir ein unbändiges Gefühl von Macht auf.
› *Ihr Leben liegt in meinen Händen!* ‹
Gleichgültig umfasst du die Kehle der Magd und drückst zu. Ihre Augen verdrehen sich vor Schmerz.

Lies weiter bei ***48****.*
Markiere bitte den Kreis neben der Sektionsnummer 30 als Vermerk, dass du diesen Abschnitt gelesen hast.

31 Alle acht Steinsärge sind meisterlich verarbeitet und erschaffen für die Ewigkeit. Trotz ihres gemeinsamen Zwecks gibt es deutliche Unterschiede in ihrer Beschaffenheit. Darüber hinaus bestimmst du problemlos die Chronologie der Todestage der hier gebetteten Hierarchen.
Nur beim neusten Sarkophag sind keine Zeichen oder Ziffern eingemeißelt. Der älteste ist bemerkenswert: Er ist aus dem gleichen Basalt gefertigt wie die Bodenplatte zur Krypta. Fasziniert streichst du über das ehrwürdige Gestein.

Willst du den schwarzen Sarg öffnen, lies weiter bei ***44****.*

Willst du nichts weiter tun und in der Krypta verweilen, bis die nächste Nacht hereinbricht, lies weiter bei ***38****.*

Willst du die Steinstufen hinauf in den Tempel, lies weiter bei ***80****.*

Willst du durch den Luftschacht in den Park hinausklettern, lies weiter bei ***98****.*

32 Trotz des schwachen Scheins deiner Laterne haben dich die Schützen entdeckt.
„Da unten am Baum! Der Attentäter! Feuer!“, schreit ein Mann aufgeregt aus einem der offenen Fenster gegen den Sturm.
Wieder zischen drei Geschosse in kurzer Abfolge an dir vorbei. Nur knapp neben dir zerbirst die Rinde eines Baumes.

Willst du die ***Öllaterne*** *wegwerfen, lies weiter bei* ***19****.*

Oder renne so schnell du kannst und lies weiter bei ***56****.*

33 Die ganze Nacht hast du mit einem Bolzen im Oberschenkel verbracht. Zumindest glaubst du das. Als du die Verletzung begutachten willst, bemerkst du, dass an der Stelle, wo er im Fleisch stecken sollte, nichts ist. Das Eisengeschoss liegt unweit von dir entfernt auf dem Boden.

Willst du den ***Bolzen*** *(Utensil) behalten, notiere ihn auf dem Abenteuerblatt.*

Hast du in der Krypta geschlafen, lies weiter bei **13**.
Hast du die Nacht im Tempel verbracht, lies weiter bei **95**.
Bist du dir unsicher, kontrolliere, ob du die Markierung bei Sektion 88 (Krypta) oder 89 (Tempel) abgestrichen hast.

P

34 Nach ihrem Gebet steht die junge Frau auf und betrachtet die Orgel. Sie stutzt. Gedankenversunken streicht sie sich über die rötliche Wange und schreitet zum Holzkasten mit den Tasten aus Elfenbein und Ebenholz hinüber. Ungewiss blickt sie sich um. Ihr weißer Teint schimmert makellos im Morgenschein.

Willst du abwarten, was die Frau tut, lies weiter bei **96**.
Willst du dich anschleichen und sie hinterrücks ohnmächtig schlagen, lies weiter bei **2**.

35 Du rennst um eine weitere Ecke des Flurs, da siehst du draußen einen Schatten durch das Fenster spähen. Erschreckt kommst du ins Stolpern und stürzt vornüber mit einem dumpfen Schlag gegen die Wand.
Benommen rappelst du dich wieder auf. Die Gestalt ist verschwunden! Du setzt deine Flucht fort.
Kurze Zeit später schlägt hinter dir eine Tür zurück.
„Halt! Stehen bleiben!“, brüllt eine raue Männerstimme in zackigem Befehlston.
Zugleich vernimmst du das unheilvolle metallische Singen eines Schwertes, das aus seiner Scheide gezogen wird.

Willst du dich umwenden und dich der Gefahr stellen, lies weiter bei **97**.
Willst du lieber Fersengeld geben, lies weiter bei **40**.

36 Zwei Soldaten hasten wenige Schritte entfernt an dir vorbei. Du nutzt die Gelegenheit, springst ihnen in den Rücken und streckst beide mit gezielten Schwerthieben nieder. Behände duckst du dich hinter den nächsten Baum und musst erkennen, dass mittlerweile mindestens acht weitere Feinde durch den Park

streifen. Es scheint, als sei der Tempel der einzig sichere Ort in der näheren Umgebung.
› *Warum ist hier bloß niemand?* ‹

Lies weiter bei **16.**

P

37 Dein Blick schweift immer wieder ungläubig von der Tür zur Leiche des Kar-Priesters und zurück. Du erkennst durch den großzügigen Spalt unter der Tür die nackten Füße einer jungen Frau. Sie öffnet und tapst einige Schritte ins Zimmer. Ein langer, schriller Schrei durchdringt deine Glieder und ein Leuchter fällt scheppernd zu Boden.
Die abgebrochenen Kerzen kullern durch den Raum und setzen sofort den dünnen Stoff des Betthimmels in Brand. Schwarzer, beißender Rauch dringt in dein Versteck, der in dir einen quälenden Hustenreiz aufsteigen lässt.

Willst du die Luft anhalten, lies weiter bei **43.**
Willst du weiter atmen, lies weiter bei **79.**

38 Obwohl dieser Ort eng und finster ist, fühlst du dich hier sicher. Die Nacht soll kommen! Stoisch legst du dich in eine der freien Nischen und sinnierst über deine Lage. Immer wieder stellst du dir dieselben Fragen.
› *Wer bin ich? Warum bin ich hier? Was habe ich getan?* ‹
Du hast keine Antworten. Vor Angst, den Verstand zu verlieren, schließt du die Augen.
Nach einer kurzen, unruhigen Ruhestarre wirst du von einem Schaben und Kratzen aufgeschreckt und hörst, wie die Bodenplatte zur Krypta aufschwingt!
Eine junge Frau mit gelockten, blonden Haaren tritt besonnen die Stufen hinab, indem sie die Kar-Kutte über die Knie ihrer bleichen Beine hebt. Während sie die Grabkammer in der Dunkelheit absucht, erstrahlen ihre goldenen Augen, wie die einer geblendeten Katze: „Bei der heiligen Mutter Kar, ist hier jemand?"

Du drückst dich tiefer in die Nische der Toten, um sich ihrem zauberhaften Blick zu entziehen. Dein Herz überschlägt sich. Welch gottgleiche Schönheit! Gebannt von der Anmut der Priesterin willst du hervortreten, als sie plötzlich auf der letzten Stufe – inmitten ihres Schrittes – verharrt. Es scheint, die Zeit sei auf ewig eingefroren.

› *Was geschieht hier?* ‹

Hinter ihr schält sich ein Schatten aus der Dunkelheit!

Lies weiter bei ***100****.*

39 Mit einem tauben Gefühl in Armen und Beinen schläfst du erschöpft ein. Durch die Verwundungen hast du viel Blut verloren. Zu viel, denn du wachst nicht wieder auf.

*Dein Leben endet hier. (+****67****)* ■

40 Mit eindringlichen Rufen versucht der Soldat, dich zum Stehenbleiben zu bewegen. Glücklicherweise bist du mit den Lumpen am Leib schneller als dein gerüsteter Verfolger.

Du hastest den Gang entlang und drängst dich durch eine Gruppe verdutzter Palastbewohner, geweckt vom Tumult. Allerdings trauen sie sich nicht, dich aufzuhalten. Da taucht ein schlaftrunkener Wächter auf und versperrt dir mit einer Lanze den Weg. Du möchtest umkehren, doch der alte Wachmann hat dich mittlerweile eingeholt und schneidet dir schnaufend den Rückweg ab. Du sitzt in der Falle.

Willst du es mit beiden Soldaten gleichzeitig aufnehmen, lies weiter bei ***59****.*

Willst du deine letzte Fluchtmöglichkeit nutzen und aus dem nächsten Hoffenster springen, lies weiter bei ***71****.*

41 Mit wackligen Knien läufst du an einem Ohrensessel und einem runden Tisch voller Bücher vorbei zur gegenüberliegenden Ecke. Blitzartig wird der Raum erhellt: Die soeben sicher erscheinende Nische entpuppt sich als wenig vertrauenerweckend – der monumentale Wandspiegel dort würde dich sofort entlarven. Gehetzt suchst du das Gemach ab, da schreckt dich ein leises Klopfen auf. Intuitiv springst du mit einem fulminanten Satz zurück und rollst dich in einer geschmeidigen, lautlosen Bewegung unters Bett.

Lies weiter bei ***4****.*

42 Mit einem ansatzlosen, katzenhaften Satz springst du den Sonnen-Soldaten an. Verdutzt von dieser flinken Attacke verliert er das Gleichgewicht. Dabei rudert er mit den Armen, kracht gegen die Wand und rutscht ohnmächtig an ihr hinab. Den Helm ins Gesicht gerutscht, die Waffe entglitten, sitzt er vor dir.

Möchtest du das Schwert samt Scheide aufnehmen, dann schnalle es um und schreibe dir das ***Schwert*** *(Waffe, Treffer +3) auf.*
Willst du die ***Öllaterne*** *(Utensil) an dich nehmen, dann notiere sie dir auf dem Abenteuerblatt.*

Lies weiter bei ***77****.*

43 Mit aufgeblasenen Backen versuchst du eine Ecke mit Frischluft zu finden, doch der Qualm sammelt sich unter dem Bett. Schließlich hältst du es nicht mehr aus und holst tief Luft. Ein schwerer Husten überkommt dich und du rollst unfreiwillig aus deinem Versteck hervor.

Lies weiter bei ***9****.*

44 Der schwere Steindeckel verschließt den Sarg seit unendlich langer Zeit. Erst unter extremem Krafteinsatz gelingt es dir, das vertrocknete Harz, das die Fugen versiegelt, zu brechen. Ein weiterer Ruck und der Deckel fällt, mit einem dumpfen Rumpeln, zwischen Sargflanke und Nischenwand. Der Geruch des Todes steigt empor.

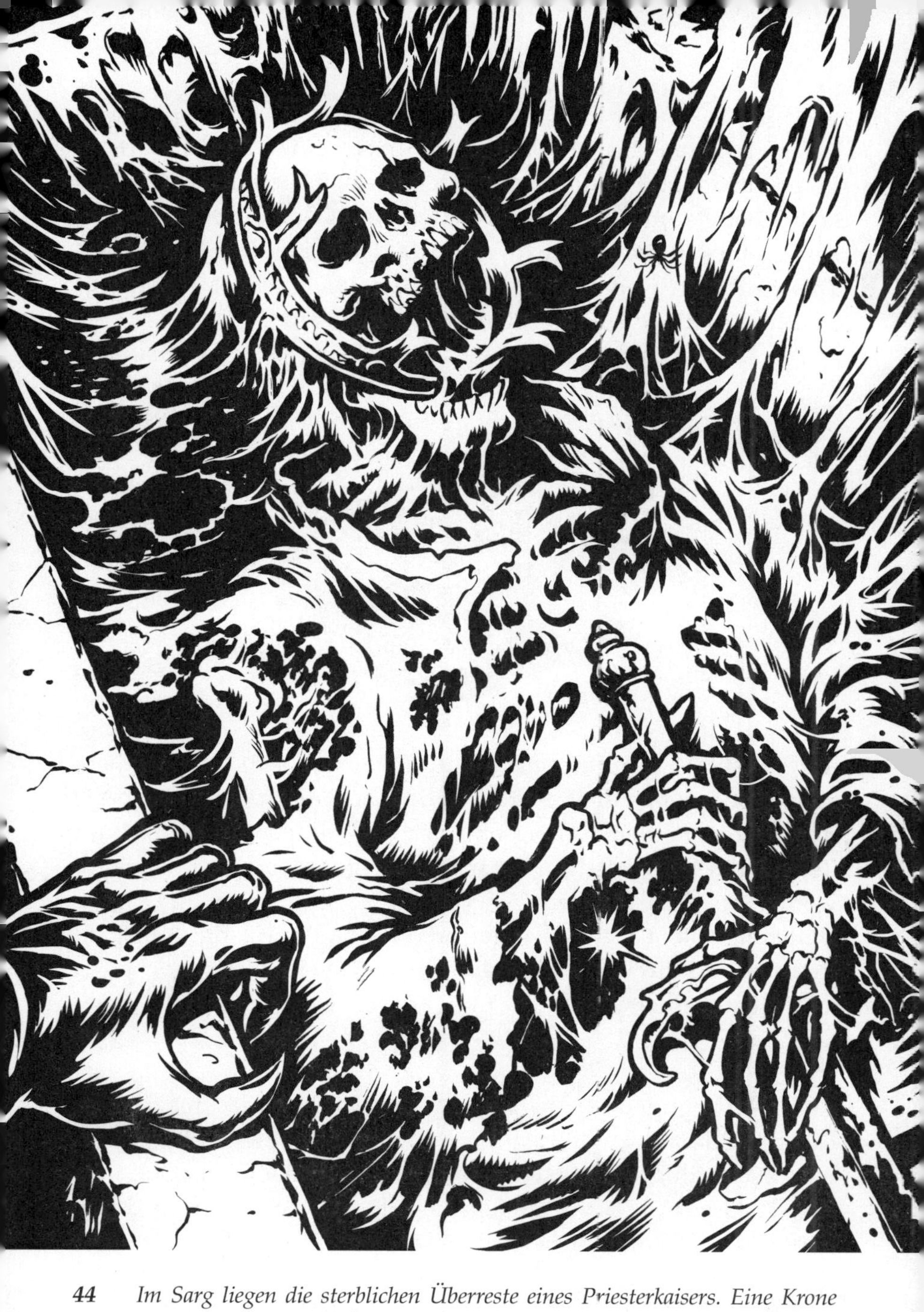

44 *Im Sarg liegen die sterblichen Überreste eines Priesterkaisers. Eine Krone hängt inmitten der aufgerissenen Kiefern seines blanken Schädels und die verschränkten Knochenhände halten den Knauf eines verrotteten Schwertes.*

P

Im Sarg liegen die sterblichen Überreste eines Priesterkaisers. Eine Krone hängt inmitten der aufgerissenen Kiefern seines blanken Schädels und die verschränkten Knochenhände halten den Knauf eines verrotteten Schwertes, das längs auf dem Körper des Toten ruht. In Gedanken malst du dir aus, wie der Kar-Abgesandte die Klinge zu Lebzeiten mit Stolz führte.

Willst du den Leichnam des Hierarchen genauer untersuchen, lies weiter bei ***87****.*

Willst du die Särge nicht weiter untersuchen, lies weiter bei ***6****.*

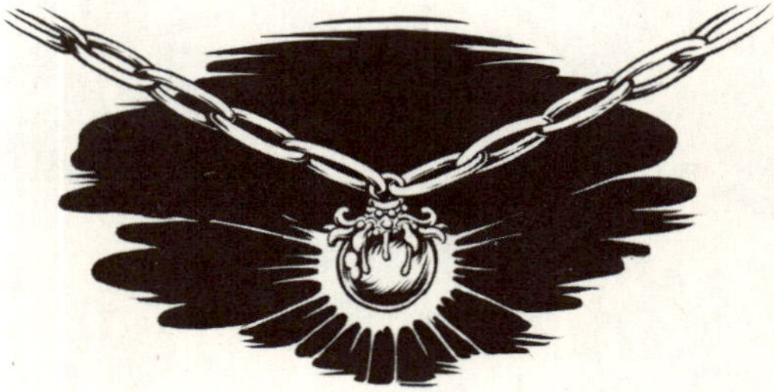

45 Just als die Priesterin Luft holt, um sich vorzustellen, bemerkst du, dass die Realität um dich herum gedehnt wird. Wie durch einen Zauber verlangsamt sich die Zeit und aus dem Mund der jungen Frau entströmt nur ein langgezogenes, immer tiefer werdendes „Ne…phaaa…“
Schließlich steht sie wie eingefroren da. Stille. Hastig drehst du dich um und direkt vor dir manifestiert sich ein finsterer Schatten in der Dunkelheit.

Lies weiter bei ***100****.*

46 Vorsichtig tapst du voran. Unter deinen nackten Sohlen fühlst du den feuchten, schroffen Steinboden eines Kellergewölbes. Die Kühle dieses Ortes lässt dich erschaudern. Doch du hoffst, dass du hier vor deinen Verfolgern, die weiterhin durch den Park streifen, in Sicherheit zu sein.

Nach und nach ertastest du die Umgebung und dir wird klar, dass du dich inmitten einer Krypta mit mehreren Steinsärgen befindest. Trotz der Angst, die Geister der Toten zu erzürnen, setzt du deine Suche fort und stolperst in einer abgelegenen Ecke über eine schwere Holztruhe mit Eisenbeschlägen. Ein Schloss gibt es nicht.

Willst du die Truhe öffnen, lies weiter bei ***14****.*
Willst du sie ignorieren, lies weiter bei ***88****.*

47 „Wie bitte? Ihr seid ein Schatten und wollt Hilfe – von mir?“, fragt sie ungläubig. „Nun gut.“
Die Priesterin greift sich mit zitternd in den Nacken, öffnet den Verschluss ihrer Kette und hält sie dir entgegen. Eine Statuette aus glänzendem Gold baumelt vor deinem Gesicht.

Willst du die kleine Götterfigur an dich nehmen, lies weiter bei ***64****.*
Willst du sie nicht anfassen, lies weiter bei ***81****.*

48 Unaufhörlich presst du das Leben aus deinem Opfer, doch zugleich verliert der Sturm deutlich an Kraft. Die wirren Bewegungen der Äste werden immer träger, bis die Zeit förmlich stillsteht.
Wie eingefroren ist das grelle Licht des letzten Blitzes. In seinem weißblauen Gleißen blickst du in die leeren Augen der Dienerin. Es herrscht Totenstille. Angewidert von dir selbst, nimmst du die Klauen von ihr. Doch wider Erwarten sackt ihr regloser Körper nicht in sich zusammen, sondern verbleibt – wie von Geisterhand fixiert – in ihrer unnatürlichen Haltung. Verstört stolperst du zurück.
Eine hüfthohe Bodenvase steht deinem Rückzug im Weg. Schlagartig setzen sich Blitz und Donner in einer gemeinsamen, mächtigen Explosion fort. Während die Vase vom Sockel kippt und auf dem Marmorboden zerschellt, sackt hinter dir die Dienerin zusammen. Schluchzend kauert sie an der Wand.

Aus den Augenwinkeln bemerkst du einen Schatten in einem der Bäume sitzen. Doch durch die trüben Fenstergläser kannst du nicht erkennen, um wen es sich handelt.

*Willst du das Fenster öffnen, lies weiter bei **63**.*

*Willst du weglaufen, lies weiter bei **92**.*

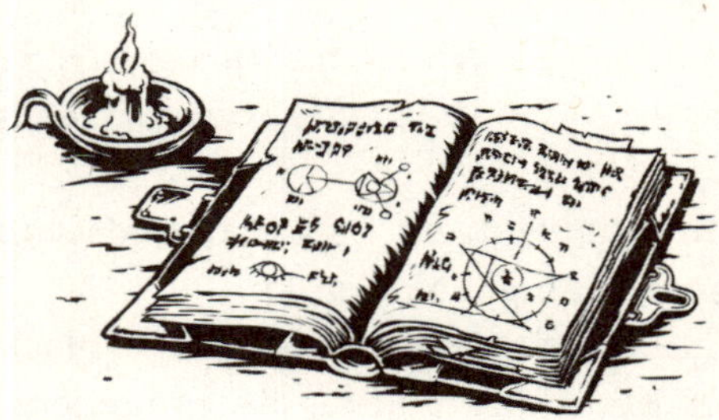

49 Behutsam drückst du das Eingangsportal einen Fingerbreit auf, um zu sehen, ob die Luft rein ist. Da trifft dich das schneidende Licht der Sommersonne! Voller Schmerz schlägst du die Tür zu und verkriechst dich wie eine aufgescheuchte Schabe in die dunkelste Ecke.

Deine Klauen haben sich dort, wo die Sonne sie traf, in aschgrauen Stein verwandelt! Schwerfällig bewegst du die Finger. Auf deinem Gesicht hat sich ebenfalls eine harte Kruste gebildet und dir wird bewusst, was dieses tiefe Unbehagen seit Sonnenaufgang bedeutet: Tageslicht ist Schmerz!

Knapp eine Stunde vergeht, bis sich deine schwarze Haut wieder in ihre natürliche, lederartige Erscheinung zurückverwandelt hat und du beschließt, den Tag im Schutze des Tempels zu verbringen.

*Lies weiter bei **91**.*

50 Du lehnst deinen Kopf gegen die schroffe Rinde des mächtigen Stamms und schnauft befreit, als sich die Muskeln in deinem Nacken entspannen. Für einen kurzen Augenblick vergisst du die Umgebung, deine Lage, doch dann bemerkst du, dass von

der wackelnden Baumkrone ein Schatten auf das steile Dach des Tempels huscht.
Er war zu weit entfernt, um mehr erkennen zu können, aber seine geschmeidigen, sicheren Bewegungen auf den glitschigen Ziegeln waren seltsam unmenschlich. Du überdenkst, wen oder was du gesehen hast, als der Sturm nachlässt und du das mechanische Klacken einer Armbrustwinde aus einem der offenen Fenster hörst. Die Soldaten bereiten sich auf die Jagd nach dem Attentäter vor!

Trägst du eine **Öllaterne** *bei dir, lies weiter bei* **32**.
Hast du diesen Gegenstand nicht, lies weiter bei **83**.

51 Du packst den starren Männerkörper an der Schulter und drehst ihn auf den Rücken. Der gefrorene Blick eines Toten durchdringt dich und treibt Reue in dein Herz: Du hast schon einmal in diese goldenen Augen geblickt.
Vor dir liegt Priesterkaiser Kathum, erhabener Hierarch und Abgesandter der Sonnengöttin Kar. Schockiert torkelst du zurück und setzt dich unfreiwillig auf die Kante des Bettes. Scham und Entsetzen quälen dich. Trotz des tobenden Unwetters hörst du laute, eilige Schritte.

Willst du dich unter dem Bett verstecken, lies weiter bei **4**.
Willst du den Raum doch noch durch die Tür verlassen, lies weiter bei **72**.

52 Unter stechenden Schmerzen erhebst du dich. Aber der Bolzen in deinem Oberschenkel steckt so tief, dass du das Bein nicht belasten kannst.
Du schleppst dich weiter voran, da durchschlägt der nächste Schuss dein Schulterblatt. Kopfüber fällst du in den Matsch. Als dich der finale Schwerthieb eines herangeeilten Soldaten erwischt, empfindest du den Tod wie eine Befreiung.

Dein Leben endet hier. (+3) ■

P

53 Gerade rechtzeitig entrinnst du den gleißenden Sonnenstrahlen und fällst auf den klammen Boden der Krypta. Deine Arme schmerzen, als wären sie in kochendes Wasser getaucht worden. Allerdings ist zu deiner Verwunderung die Haut nicht gerötet, sondern grau und schroff wie Felsgestein. Nur allmählich regeneriert sie sich mit einem leisen Knistern wieder.

*Willst du die Krypta hinter dir lassen und die Steintreppe hinauf in den Tempel, lies weiter bei **80**.*

*Willst du nichts weiter tun und in der Krypta verweilen, bis die nächste Nacht hereinbricht, lies weiter bei **38**.*

54 Mit einem leisen Knarren öffnest du den Deckel. In der Truhe liegen Hemden aus Leinen. Auf der Brust ist eine Sonne aus goldglänzendem Zwirn gestickt. Zudem entdeckst du, von den Stoffen an die Wand gedrückt, ein schlichtes Gebetbuch.

*Wenn du noch kein **Leinenhemd** (Kleidung, Umhang) trägst und dir eines überwerfen möchtest, dann notiere es auf dem Abenteuerblatt. Mach es genauso mit dem **Gebetbuch** (Utensil), wenn du es behalten möchtest.*

*Willst du dir die Sarkophage genauer ansehen, lies weiter bei **31**.*

*Willst du tatenlos in der Krypta verweilen, bis die nächste Nacht hereinbricht, lies weiter bei **38**.*

*Willst du die Krypta hinter dir lassen und die Steintreppe hinauf in den Tempel, lies weiter bei **80**.*

*Oder durch den Luftschacht in den Park hinausklettern, lies weiter bei **98**.*

55 Ein ums andere Mal durchdringen heftige Blitze die Finsternis der Nacht, während du die Gänge des Palasts, an zahllosen Türen, Erkern und Durchgängen vorbei, auf nackten Füßen entlang hastest.

Hektisch schaust du dich um. Das grelle Flackern der Naturgewalten wirft die geisterhaften Schemen von knorrigen Bäumen an die Wand und es scheint, als griffen die sich windenden Äste nach dir. Du blickst durch die bunten Glasstücke der Fenster in den Sturm hinaus. Wieder ein Blitz!
Erschreckt zuckst du zusammen. Inmitten des Kronenlaubs kauert ein Schatten! Fasziniert verharrst du und versuchst durch die Verzerrungen der Scheiben zu erkennen, wen oder was du in der Finsternis gesehen hast.

Willst du das Fenster öffnen, lies weiter bei ***63.***
Willst du weiterlaufen, lies weiter bei ***92.***

56 Im geduckten Sprint hetzt du durch den Regen. Unweit von dir entfernt ragt das steile Dach des Kar-Tempels durch die Baumkronen.
› *Womöglich ein geeignetes Versteck!* ‹
In Furcht eine Zielscheibe für die Armbrustschützen zu sein, rennst du durch Hecken, hechtest über Parkbänke und rollst dich auf dem aufgeweichten Rasen ab. Der Tempel ist nicht mehr fern! Trotz aller Akrobatik entgleitet dir dabei die Öllaterne, deren Petroleum sich in einem kleinen, heftigen Flächenbrand entzündet. Paralysiert blickst du in die Flammen. Eine Mischung aus Faszination und Angst steigt in dir auf. Erst die Schreie deiner Verfolger lassen dich wieder zur Besinnung kommen. Einige von ihnen sind aus den Fenstern der Parterres in den Park gesprungen. Deine Hoffnung auf Flucht schwindet.

Bestimme dein Schicksal anhand des Mondes, nachdem du die ***Öllaterne*** *vom Abenteuerblatt gestrichen hast!*

Bei ***Neumond*** *oder* ***Sichelmond****, lies weiter bei* ***25.***
Bei ***Halbmond*** *bis* ***Vollmond****, lies weiter bei* ***3.***

Um die Mondphase zu ermitteln, schlage irgendeine zufällige Seite dieses Buchs auf und schaue auf den dort abgebildeten Mond.

57 Immer weiter gehst du auf die junge Gläubige zu. Scheinbar möchte sie rufen oder schreien, doch aus ihrer Kehle kommt lediglich ein verzagendes Röcheln.
Wie gebannt starrt sie auf das Leinentuch, in das man Tote hüllt, um sie ins Jenseits zu geleiten. Die Frau verdreht die Augen und sackt zusammen.

Lies weiter bei **29**.

58 Nach knapp einer Stunde nimmst du nichts Beunruhigendes mehr außerhalb des Tempels wahr.

Haben sich Glasscherben durch einen Fenstersprung tief in deinen Körper gebohrt, lies weiter bei **24**.

Hat dich ein Armbrustbolzen getroffen, lies weiter bei **33**.

Bist du gar durch beides, also Scherben und Bolzen, verletzt, lies weiter bei **67**.

Solltest du unverletzt sein, lies weiter bei **70**.

59 Die beiden erfahrenen Recken kreisen dich immer weiter ein, bis du dich in die Ecke gedrängt fühlst. Mit einem animalischen Schrei packst du den jüngeren Soldaten an der Kehle und drückst ihn zu Boden. Da bohrt sich die Lanze seines Kameraden durch deinen Rücken. Du spürst, wie warmes Blut aus deinem Körper quillt.

Dein Leben endet hier. ***(✝40)*** ■

60 Zielsicher schlägst du dich zwischen Büschen und Sträuchern voran, bis du den idyllischen Tempel erreichst. Das massive Gebäude mit seinem steilen Dach aus Tonziegeln liegt inmitten einer Gruppe von meisterlich gestutzten Bäumen. Ringsum zieren duftende Rosenhecken und kunstvolle Statuen den friedvollen Platz.
Du hast die Eingangstür fast erreicht, als gleichzeitig Donner und Blitz die Luft zum Knistern bringen. Im aufflackernden Licht

siehst du, dass deine Verfolger dir bedrohlich nahegekommen sind. Seltsamerweise ist die klerikal verzierte Tür des Tempels bloß angelehnt.

Willst du durch die Tempeltür schlüpfen, lies weiter bei **16**.
Oder dich erst in den Schatten des Tempels drücken, lies weiter bei **94**.
Hast du genug vom Flüchten und willst dich deinen Verfolgern zum Kampf stellen, lies weiter bei **28**.

61 Mit einem sanften Schaben schwingt die schwarze Bodenplatte zur Seite und legt schmale Treppenstufen frei. Muffige, kühle Luft schlägt dir aus der Dunkelheit entgegen.

Willst du hinabsteigen, lies weiter bei **21**.
Willst du nun doch im Tempel abwarten, bis die nächste Nacht hereinbricht, lies weiter bei **91**.
Willst du jetzt gleich durch die Eingangstür des Tempels entkommen, lies weiter bei **49**.

62 Wie Recht du hast! Die unerschöpfliche Kraft der Morgensonne brennt sich dir unerbittlich ins Fleisch. Immer mehr deiner Gliedmaßen werden überzogen von einer harten, grauen Gesteinsschicht. Bevor du etwas dagegen tun kannst, ist dein Körper massiv wie ein Felsen und dein Augenlicht erloschen.

Dein Leben endet hier. (+17) ▪

63 Mit zitternden Klauen greifst du zum Eisenbeschlag und hebst den Haken aus der Öse des Verschlusses. Augenblicklich drückt der Wind beide Flügel zurück und du blickst in den Sturm hinaus. Auf dem Baum vor dir ist nichts zu sehen.

› Hier ist niemand. Bilde ich mir das alles nur ein? ‹

Willst du vom Fenstersims auf den Baum hinüberspringen, um dann auf den Innenhof zu gelangen, lies weiter bei **7**.
Möchtest du das Fenster wieder verschließen und die Flucht durch das Gebäude fortsetzen, lies weiter bei **92**.

64 „Wie kann das sein?“ Verdutzt betrachtet die Priesterin abwechselnd dein Gesicht und das filigrane Abbild der Sonnengöttin Kar in deiner schwarzen Klaue.

„Offensichtlich seid Ihr nicht das, wofür ich Euch hielt.“ Sie blickt dir tief in die Augen. Dir wird heiß und kalt zugleich.

Willst du sie über die letzte Nacht aufklären und bitten, dir zu helfen, lies weiter bei ***18***.

Willst du sie glauben machen, du seist ein armer Bettler, der sich verirrt hat, lies weiter bei ***22***.

Willst du sie ohnmächtig schlagen, lies weiter bei ***2***.

65 Im Schutze des Blätterdachs eines Raanbaumes lässt du den Blick über den Palast des Priesterkaisers schweifen, der ringsum den Innenhof umgibt. Mittlerweile huschen Dutzende Soldaten und Bedienstete an den Fenstern vorbei oder blicken hinaus. Die Nachricht vom Tod des Hierarchen hat sich wie ein Lauffeuer herumgesprochen.

› Finden sie mich, werden sie mich hinrichten! ‹

Bei deiner verzweifelten Suche nach einem Fluchtweg erblickst du auf der gegenüberliegenden Seite des monumentalen Baus einen imposanten Torbogen und dahinter eine abschüssige Rampe. Offenbar die einzige Verbindung von der obersten Ebene der gigantischen Stufenpyramide nach unten.

Der Palasthof selbst ist ein verwinkelter, unübersichtlicher Park aus schmalen Kieswegen, flankiert von bunten Fruchtbäumen, kunstvoll gestutzten Sträuchern und Blumen. In seinem Zentrum steht ein glanzvoller Kar-Tempel.

Willst du dich zunächst unter dem großen Raanbaum verstecken, lies weiter bei ***50***.

Willst du flüchten ohne Zeit zu verlieren, lies weiter bei ***11***.

66 Du hast den Tempel hinter dir gelassen und erkennst am Ende des Hauptweges den Torbogen im Fackelschein. Der breite

Durchgang bietet genügend Platz für eine Droschke, doch rechts und links stehen zwei mit langen Speeren bewaffnete Offiziere, die aufmerksam in deine Richtung starren. An ihnen wird schwer vorbeizukommen sein. Ganz zu schweigen von der Verstärkung, die im Park nach dir sucht.

Willst du immer noch das Tor erreichen, lies weiter bei ***84****.*

Willst du umkehren und in den Tempel flüchten, lies weiter bei ***16****.*

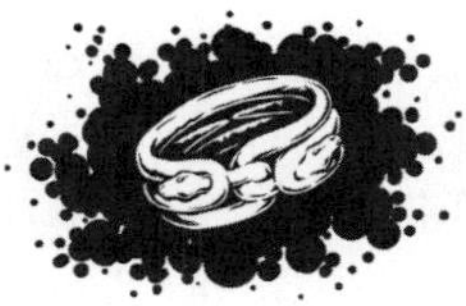

67 Während deiner Flucht hast du durch die zahllosen Schnittwunden und den Bolzentreffer erheblich an Blut verloren, doch in all der Aufregung hast du davon nichts bemerkt.

Bestimme dein Schicksal anhand des Mondes!

Bei ***Neumond*** *oder* ***Sichelmond****, lies weiter bei* ***39****.*

Bei ***Halbmond*** *bis* ***Vollmond****, lies weiter bei* ***20****.*

Um die Mondphase zu ermitteln, schlage irgendeine zufällige Seite dieses Buchs auf und schaue auf den dort abgebildeten Mond.

68 Dichter, wabernder Nebel umgibt dich. Vor dir schwebt ein imposanter Thron aus Edelhölzern, auf dessen rotem Samt Kar-Hierarch Kathum wacht. Du erkennst den Herrscher des freien Rhenus an seinen Insignien, einer goldenen Brünne und einem mächtigen Zweihänder, nicht an seinem Äußeren, denn erst, als du dich näherst, dreht er sein Haupt in deine Richtung.

Du erschrickst. Sein Kopf, auf dem die berühmte achtstrahlige Krone des Priesterkaisers ruht, ist vollkommen gesichtslos!

Und obwohl das maskenhafte Gesicht keine Augen hat, spürst du seinen stechenden Blick: *„Wie konntet ihr nur? War mein Tod etwa der Wille der göttlichen Geschwister?“*

P

Schweißgebadet erwachst du aus diesem eindringlichen Alptraum. Es dauert eine Weile, bis du wieder weißt, in welcher Lage du dich befindest.

Hast du in der Krypta geschlafen, lies weiter bei **13**.
Hast du die Nacht im Tempel verbracht, lies weiter bei **95**.
Bist du dir unsicher, kontrolliere, ob du die Markierung bei Sektion 88 (Krypta) oder 89 (Tempel) abgestrichen hast.

69 Ein flüchtiger Blick aus dem Fenster des Schlafgemachs genügt zu Erkenntnis: Einen Sprung von der Tempelebene überlebt niemand. Du entschließt dich, durch die Gänge zu flüchten.

Willst du der Dienerin in den Gang folgen, lies weiter bei **35**.
Willst du in die andere Richtung laufen, lies weiter bei **55**.

70 Du streichst dir mit den Klauen über Arme und Beine und bist froh, dass du auf deiner Flucht unverletzt geblieben bist. Dennoch steigt in dir ein fatales Gefühl auf:
› Dieser Körper – wie viele Schmerzen musste er schon erdulden? ‹
Tränen der Verzweiflung rinnen dir übers Gesicht. Doch irgendwann überkommt dich eine befreiende Müdigkeit.
Mit welchem Gedanken schläfst du ein?

Glaubst du, den Hierarchen Kathum getötet zu haben, lies weiter bei **68**.
Glaubst du hingegen an deine Unschuld, lies weiter bei **73**.

71 Mit dem Mute der Verzweiflung springst du kopfüber durch das verschlossene Fenster mit seinen dicken Bleiglasscheiben auf das dichte Blätterwerk eines Raanbaums zu. Die spärlichen Fetzen Stoff, die einst deine Kleidung waren, schützen dich nicht vor den zahllosen messerscharfen Scherben, die sich dir dabei ins Fleisch bohren.

Lies weiter bei **90**.

72 Hastig greifst du nach dem Türriegel aus poliertem Messing. Mit all dem Blut an deinen Klauen rutschst du zunächst etwas ab, doch mit dem zweiten Versuch gelingt es dir, die schwere Holztür zu öffnen.
Flackerndes Licht scheint dir entgegen. Geschmeidig, fast katzenartig, drückst du dich durch den schmalen Spalt auf einen langen Gang. Prächtige Rüstungen und Porträts in Öl auf der einen sowie Bleiglasfenster, die bis unter die gewölbte Decke reichen, auf der anderen Seite, flankieren den opulenten Flur.

Lies weiter bei ***76****.*

73 Animalisches Grunzen und Schnauben durchzieht die Finsternis. Du sitzt in der Falle! Der Feind hat dich umzingelt und deine Kräfte schwinden. Doch du bist nicht allein! Du kämpfst Seite an Seite mit Priesterkaiser Kathum, Rhenus' größten Streiter. Schließlich stürzen die Bestien in einem Inferno aus blutrünstigem Geschrei und martialischem Waffenklirren aus der Dunkelheit auf euch ein. Ein flüchtiger Blick und ein kurzes Nicken genügen und ihr zieht gemeinsam die Waffen vor eurer letzten Schlacht …
Mit einem Lächeln auf den Lippen erwachst du. Für einen kurzen Moment bist du orientierungslos, doch du verstehst, dass das soeben Erlebte nur ein Traum war.

Hast du in der Krypta geschlafen, lies weiter bei ***13****.*
Hast du die Nacht im Tempel verbracht, lies weiter bei ***95****.*
Bist du dir unsicher, kontrolliere, ob du die Markierung bei Sektion 88 (Krypta) oder 89 (Tempel) abgestrichen hast.

74 Sie zieht und drückt an einigen weißen Knäufen und beginnt zu spielen. Zu Beginn erklingen unzusammenhängende, leise Töne, aber nach kurzem Einspielen stimmt die Frau ein Trauerlied an.

Die schwere Melodie rollt durch den Tempel, bohrt sich direkt in deinen Schädel. Hämmernde Kopfschmerzen überkommen dich. Der Boden schwankt, die Welt dreht sich.
Vor lauter Schwindel stöhnst du auf und die Musik verstummt.
Die junge Frau fragt zögerlich: „Ist … ist hier jemand?“
Deine Sinne werden wieder klar.

Willst du durch den Eingang entkommen, lies weiter bei **99**.

Willst du dich anschleichen und sie hinterrücks ohnmächtig schlagen, lies weiter bei **2**.

Willst du sie ansprechen und um Hilfe bitten, lies weiter bei **23**.

75 Mit einem kräftigen Ruck ziehst du am Hebel. Daraufhin schwingt die Steinplatte im Boden unter einem kaum zu vernehmenden Schaben zur Seite und gibt schmale, abgetretene Steinstufen in die Tiefe frei. Ein erdiger, feuchter Geruch schlägt dir entgegen.

Willst du den Hebel noch einmal betätigen und doch lieber oben bleiben, lies weiter bei **89**.

Willst du die Treppe hinunter gehen, lies weiter bei **78**.

76 Du drehst dich herum und siehst den fahlen Schein eines Kerzenleuchters. Im letzten Moment versteckst du dich hinter einer großen Bodenvase, als eine Dienerin um die Ecke tritt. Sie schleicht in deine Richtung, verharrt unweit vor dir an der Tür zum kaiserlichen Schlafgemach und klopft zögerlich. Den Kopf auf das Holz gepresst fragt sie: „Ist alles in Ordnung, mein Hierarch?“
Sie wartet. Da lässt ein klirrendes Geräusch sowohl die junge Frau als auch dich zusammenfahren.
„Mein Hierarch?!“
Die Dienerin öffnet die Tür und du nutzt die Gelegenheit, ebenfalls über ihre Schulter hinweg ins Halbdunkel des Zimmers zu

blicken. Nach wenigen Schritten bemerkt sie die Leiche – ein langer, schriller Schrei, und der Leuchter entgleitet ihrer Hand. Die Kerzen kullern durch den Raum und entzünden den dünnen Stoff des Betthimmels.

Willst du weiter in deinem Versteck auf dem Flur verharren, lies weiter bei **26.**

Willst du die Gelegenheit nutzen und durch den Gang entfliehen, lies weiter bei **55.**

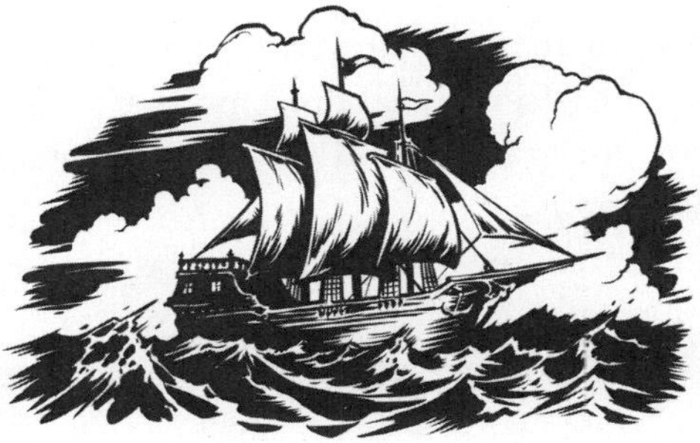

77 Kaum hast du dich vom kurzen Kampf gegen den alten Recken erholt, hörst du die schweren Schritte eines weiteren Wachmanns. Aus Furcht, Verstärkung könnte eintreffen, entschließt du dich, aus dem nächsten Erker zu entkommen.

Geschickt öffnest du ein Fenster zum Innenhof. Die heftige Böe bläst dir die Scheiben scheppernd entgegen und gibt den Blick in die Tiefe frei. Zu hoch für dich! Aber die knorrigen Äste eines in voller Blüte stehenden Raanbaums sind in Sprungweite. Du packst dein Herz in beide Hände und nimmst Anlauf …

Lies weiter bei **7.**

78 Kurzentschlossen gehst du die Treppe hinab. Als du die letzte Stufe betrittst, löst die Mechanik erneut aus und die Bodenplatte schiebt sich wieder zurück. Dunkelheit umgibt dich.

Lies weiter bei **46.**

79 Obwohl immerfort dicke Rauchschwaden unter das Bett ziehen, zwingst du dich, den Hustenreiz zu unterdrücken. Die Dienerin versucht derweil verzweifelt, die verbliebenen brennenden Tuchfetzen auszutreten, lässt dann allerdings davon ab und stürmt schreiend aus dem Zimmer.

Du nutzt die letzte Gelegenheit, ungesehen zu entkommen und schlüpfst aus deinem Versteck.

Lies weiter bei ***69****.*

80 Du trittst auf die unterste Stufe der Treppe und löst eine Mechanik aus. Mit leisem Schaben schwingt die schwarze Steinplatte zur Seite und gibt den Zugang zum Gebetssaal frei. Bedacht läufst du hinauf.

Auch tagsüber ist er Tempel im Herzen des Regentenhofs ein beschaulicher Ort.

› Warum suchen die Bewohner bislang nicht seinen Frieden? ‹

Willst du hier auf die Nacht warten, lies weiter bei ***91****.*

Willst du den Tempel ins Freie verlassen, lies weiter bei ***49****.*

81 „Dachte ich mir doch!“, ruft die Frau und hält die Statuette schützend vor sich. „Weicht vor Kars Macht!“ Mit verkniffenen Augen stimmt sie einen Choral der Sonnengöttin an. Unwohlsein steigt in dir auf.

Willst du aus der Eingangstür entfliehen, lies weiter bei ***99****.*

Willst du die Priesterin ohnmächtig schlagen, lies weiter bei ***2****.*

Willst du ihr die Statuette entreißen, lies weiter bei ***64****.*

82 Nach ihrer kurzen Andacht schreiet sie zur Orgel hinüber, hebt das Schutzlaken von den Tasten, legt es ordentlich zur Seite und rückt sich den Lederhocker unter das Gesäß. Konzentriert korrigiert sie den Sitz ihres Gewands und schnauft. Gebannt verfolgst du jede ihrer sanften Bewegungen.

Lies weiter bei ***74****.*

P

83 Im Schutze der Dunkelheit läufst du einige Bäume weiter. Die verwinkelten Kieswege sowie die zahlreichen Sträucher und Stämme könnten dir genügend Deckung bieten. Erste Bolzen durchschneiden die Luft. Du sprintest los.

Bestimme dein Schicksal anhand des Mondes!

*Bei **Neumond** oder **Sichelmond**, lies weiter bei **3**.*

*Bei **Halbmond** bis **Vollmond**, lies weiter bei **25**.*

Um die Mondphase zu ermitteln, schlage irgendeine zufällige Seite dieses Buchs auf und schaue auf den dort abgebildeten Mond.

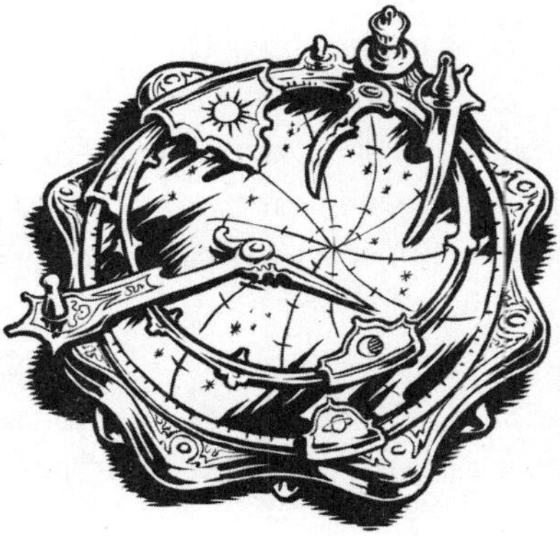

84 Obwohl nur wenige Minuten seit deiner Flucht vergangen sind, tummeln sich mittlerweile Dutzende Soldaten, Bedienstete und sonstige Palastbewohner im Park und an den geöffneten Fenstern.

Du nutzt jedes Versteck, jede Möglichkeit dich an den Torbogen heranzupirschen, doch just vor dem Ziel wirst du von sechs Rhenus-Getreuen umzingelt. Du hebst beide Klauen zum Zeichen der Aufgabe, als ein Bolzen deinen Rücken durchschlägt. Mit schwindenden Sinnen bemerkst du noch, wie jemand versucht, dir zu helfen … leider zu spät.

*Dein Leben endet hier. (**+65**)* ■

85 Mit einem mulmigen Gefühl betrittst du den Flur. Nach einigen Schritten dringt dir der rußige Geruch von gelöschten Kerzen in die Nase. Merkwürdig. Du drehst dich um.

*Lies weiter bei **9**.*

P

86 Von Angst erfüllt greift die Frau nach ihrem Priesteramulett im Ausschnitt ihrer Kutte. Dann faltet sie ihre Hände und flüstert mit zitternder Stimme ein Schutzgebet an die Sonnengöttin Kar.

*Willst du die Priesterin trotz ihrer Reaktion um Hilfe bitten, lies weiter bei **47**.*

*Willst du sie ohnmächtig schlagen, lies weiter bei **2**.*

87 Furchtlos untersuchst du den zerfallenen Körper des alten Priesterkaisers im Staub der Jahrhunderte. Du hältst schon den Deckel in den Klauen, um ihn zurück auf den Sarg zu wuchten, da fällt dir ein Funkeln ins Auge.

*Lies weiter bei **B1**!*

Bemerkenswert, du hast die erste Bonussektion entdeckt! Blättere nun zum Ende des Buchs ins Bonuskapitel, um sie zu lesen.

○ **88** Nach knapp einer Stunde hast du die Untersuchung der Katakombe abgeschlossen. Erschöpft und zitternd vor Kälte, kauerst du dich in einer freien Nische zusammen. Die Stille der Krypta überträgt sich auf deinen Atem. Mit dem Gefühl von Geborgenheit versuchst du Ruhe zu finden.

*Stecken Glasscherben in deinem Körper, lies weiter bei **24**.*

*Hat dich ein Bolzen getroffen, lies weiter bei **33**.*

*Bist du gar durch beides, also Scherben und Bolzen, verletzt, lies weiter bei **67**.*

*Solltest du unverletzt sein, lies weiter bei **70**.*

Markiere bitte den Kreis neben der Sektionsnummer 88 als Vermerk, dass du diesen Abschnitt gelesen hast.

P

○ **89** Zusammengekauert hinter einer der lebensechten Statuen, wartest du gespannt darauf, dass sich der Tumult auf dem Hof legt. Du zitterst. Mit den wenigen, völlig durchnässten Fetzen am Leib, bist du der Kühle des Tempels schutzlos ausgeliefert.
Immer wieder huschen Soldaten an den bunten Fenstern vorbei, doch keiner von ihnen macht Anstalten, im Tempel nachzusehen.
› Seltsam. Warum suchen sie nicht hier nach mir? ‹
In den letzten Minuten hat sich das Gewitter merklich abgeschwächt, und der silberblaue Schein des Vollmonds dringt vereinzelt durch die Wolken. An der Stirnwand des Tempels glänzen die langen Flöten einer Orgel. Ein Laken bedeckt die Tastatur des Instruments.

Willst du dich in das Laken hüllen, lies weiter bei **8**.
Willst du es nicht anrühren, lies weiter bei **58**.
Markiere bitte den Kreis neben der Sektionsnummer 89 als Vermerk, dass du diesen Abschnitt gelesen hast.

90 Zielstrebig wie eine Wantor-Bergkatze auf Beutejagd segelst du im hohen Bogen durch die Luft. Laub raschelt, Äste brechen. Gleichwohl geht der Lärm deines Sturzes durch die dichte Krone des Raanbaums im allgemeinen Getöse des Sturmes unter. Im Angesicht des sicheren Absturzes versuchst du deine Krallen in den ächzenden Stamm zu treiben, doch du kratzt nur an der Rinde und stürzt ab.
Als du wieder erwachst, scheint etwas Zeit vergangen. Benommen starrst du auf deine klauenartigen Hände. Auf dem Rücken der Rechten erkennst du ein Symbol, ähnlich eines Brandmals. Deine Linke ist übersät von runzeligen Narben, grausam entstellt.
› *Dieses Zeichen … ist das Ugar? Der Mond? Was hat das alles bloß zu bedeuten?* ‹
Dir wird wieder bewusst, in welcher Lage du dich befindest.

Lies weiter bei **65**.

91 Die Tag vergeht nur langsam. Ständig kreisen deine Gedanken um die gleichen Fragen:
› *Wer bin ich? Warum bin ich hier? Was habe ich getan?* ‹
Es gibt keine Antworten. Allmählich verlierst du den Verstand.
Stunde um Stunde vergeht, und irgendwann wirst du vom hölzernen Knarren des Tempelportals aufgeschreckt.
Aus deinem sicheren Versteck heraus beobachtest du eine liebreizende, junge Frau, die, in eine weiße Kar-Kutte gehüllt, das Heiligtum betritt. Die traurigen, goldenen Augen gen Boden gerichtet, schreitet sie zwischen den Gebetsbänken entlang und kniet in der ersten Reihe nieder. Dein Herz springt dir bis zum Hals.
Fasziniert von ihrer exotischen Schönheit, kannst du nicht die Augen von ihr lassen. Ihr langes Haar glitzert wie von güldenem Schein erfüllt, während sie ein kurzes Gebet schluchzt: „Wer konnte ihm das nur antun? Erhöre mein Flehen, großmütige Kar, empfange meines Vaters Seele!"

P

Ist dein Körper in ein ***Orgellaken*** *gehüllt, lies weiter bei* **34**.
Andernfalls lies weiter bei **82**.

92 Orientierungslos rennst du durch den Rundgang um den Hof des Palasts. Deine Hoffnung schwindet, jemals aus diesem gigantischen Gebäude zu entfliehen, doch etwas tief in deinem Inneren treibt dich an.

Lies weiter bei **35**.

93 Du spürst die unbändige Kraft der heißen Sonnenstrahlen. In dir keimen gleichzeitig Vorsicht, aber ebenso Ehrfurcht. Unwillkürlich fokussierst du deine Gedanken auf die Macht des Vollmonds und sein wundersam beruhigendes Leuchten. Du kannst dich wieder bewegen!

Lies weiter bei **53**.

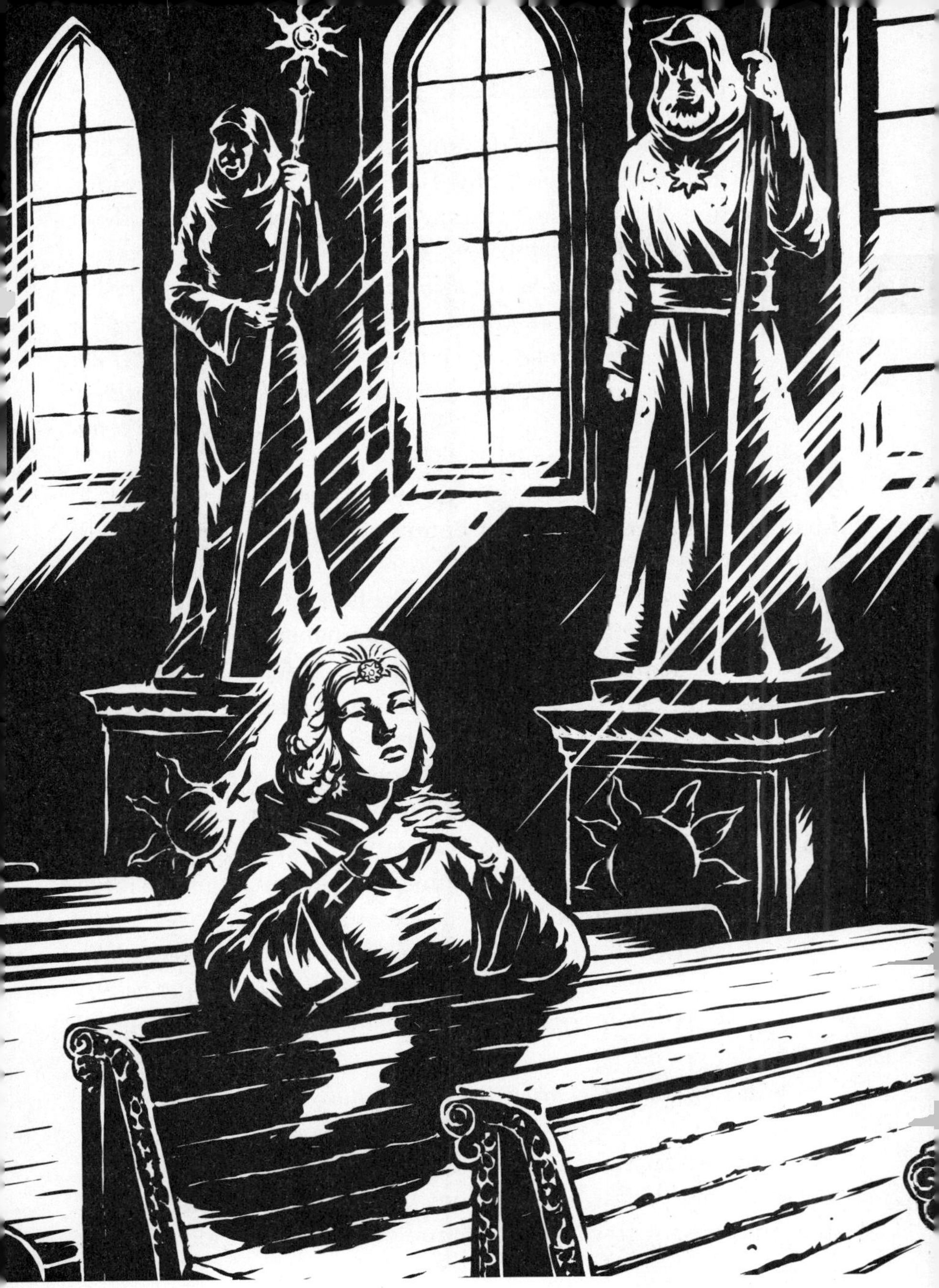

91 *Aus deinem sicheren Versteck heraus beobachtest du eine liebreizende, junge Frau, die ein kurzes Gebet schluchzt: „Wer konnte ihm das nur antun? Erhöre mein Flehen, großmütige Kar, empfange meines Vaters Seele!“*

94 Du blickst erneut auf die angelehnte Tür des Tempels. Ein seltsames Gefühl von Vertrautheit steigt in dir empor. Dennoch wendest du dich ab. Es bleibt kaum Zeit zum Verschnaufen, denn es nähern sich zwei Soldaten.

Willst du dich in den dichten Rosensträuchern verstecken, lies weiter bei ***15****.*

Willst du dich deinen Verfolgern stellen, lies weiter bei ***28****.*

Willst du durch den Torbogen am Ende des Parks flüchten, lies weiter bei ***66****.*

95 Die bunten Scheiben der Fenster färben die Morgensonne, die durch das zittrige Laub der Bäume scheint, in einen skurrilen Lichtertanz.

Jedoch kannst du diesem Schauspiel nichts abgewinnen. Zwar bist du dankbar, die letzte Nacht überlebt zu haben, allerdings nagt die Ungewissheit über dein Ich weiterhin an deinem Verstand. Du zermarterst dir den Kopf, aber keine noch so winzige Erinnerung an dein bisheriges Leben will dir in den Sinn kommen.

Draußen laufen hin und wieder Menschen über die Kieswege vorbei, einige schluchzen und weinen, andere schreien ihre Trauer über den Verlust des Hierarchen heraus, doch niemand betritt das Kar-Heiligtum. Trotzdem verbirgst du dich in einer finsteren Ecke, die nicht von der Tür aus einsehbar ist.

Willst du im Tempel abwarten, bis die nächste Nacht hereinbricht, lies weiter bei ***91****.*

Willst du jetzt gleich durch die Eingangstür entkommen, lies weiter bei ***49****.*

Willst du den Hebel neben der Platte betätigen, lies weiter bei ***61****.*

96 Auf der Suche nach dem Laken schreitet die hinreißende Priesterin das Podest ab, auf dem Orgel und Altar ruhen. Sie stutzt und schaut zu dir hinüber. Ihre großen Augen lodern auf.

Du fühlst dich ertappt.
Zögerlich geht sie auf dein Versteck zu und ruft: „Haltet mich nicht zum Narren und tretet vor!“

Willst du vortreten und dich zu erkennen geben, lies weiter bei **23**.

Willst du dich auf sie stürzen und sie ohnmächtig schlagen, lies weiter bei **2**.

97 Vor dir steht ein Hüne von einem Kerl. Über seiner schweren Rüstung glänzt der Goldene Greif, das Wappentier Rhenus'. Der gestandene Soldat schaut dich trotz etwas verschlafener Augen finster an. In der Rechten hält er ein Schwert, in der Linken Öllaterne und Schwertscheide samt Gürtel. Er konnte seine komplette Ausrüstung wohl nicht mehr rechtzeitig anlegen. Laterne und Scheide legt er langsam – ohne dich aus den Augen zu lassen – neben sich auf den Boden.

Willst du diese Gelegenheit nutzen, um den Wachmann zu attackieren, lies weiter bei **42**.

Willst du mit einem beherzten Sprung aus dem Fenster entkommen, lies weiter bei **71**.

Willst du weiterhin versuchen über den Flur flüchten, lies weiter bei **40**.

98 Ein dosierter Sprung und du erklimmst die Mauerkante zum engen Luftschacht. Mit kurzen Armbewegungen zwängst du dich voran.
Letztlich scheint zwischen den Ranken der Rosen ein Sonnenstrahl hindurch. Du spürst einen stechenden Schmerz auf der Haut und verbleibst regungslos im Schacht. Urängste lassen dich erbeben.

Willst du gegen die Schmerzen ankämpfen und weiter kriechen, lies weiter bei **17**.

Willst du zurück in die schützende Dunkelheit der Krypta, lies weiter bei **53**.

99 Unter dem betäubenden Einfluss der Klänge sprintest du zum Portal und reißt es auf. Die grelle Mittagssonne flutet den Tempeleingang. Sofort durchzucken brennende Schmerzen deinen Leib. Du stöhnst und windest dich.
„Bei Kar, der Allmächtigen!“, ruft die Priesterin in den Tempel. „Mein Vater hatte Recht – es gibt euch tatsächlich!“
Dann stimmt sie eine Lobpreisung der Sonnengöttin an und die treibende Melodie aus den Orgelpfeifen vertreibt den letzten klaren Gedanken in deinem Geist. Ein Aufbäumen, und dein Körper zerbirst in tausende, schwarze Bruchstücke.

Dein Leben endet hier. ***(✝91)*** ■

100 Ehe du reagieren kannst, ist der Schatten auf dich zugehuscht und packt deine Kehle mit steinhartem Griff. Unbarmherzig zieht er dich heran.
Silbern glänzende, pupillenlose Augen durchdringen deinen Geist, deinen Verstand. Du spürst, wie todbringende Kälte in dich strömt. Dein Blut gefriert. Hilflos erstarrst du. Das Letzte, was du wahrnimmst, ist das siegessichere Grinsen auf den versteinerten Gesichtszügen dieses nachtschwarzen Überwesens.

Lies weiter in ***Kapitel 1: „Der Schwarze Turm“****.*

Hast du in diesem Kapitel den 1. Schicksalspunkt gefunden? Wenn nicht, kannst du es erneut versuchen und tiefgehender die Geheimnisse der Ahnen erforschen bei deiner Flucht …

Hinweis: Spielst du zum ersten Mal dieses Buch, solltest du – bevor du im 1. Kapitel weiterliest – die Spielregeln auf den folgenden Seiten durchlesen. Nur so wirst du den vollen Spaß an diesem Spielbuch haben.

REGELWERK II

CHARAKTERWERTE & KAMPF

Glückwunsch, du hast den Auftakt überlebt und das Prinzip eines interaktiven Romans verinnerlicht. Jedoch war dies erst der Beginn deiner abenteuerlichen Reise! Nun ist es an der Zeit, das zu erläutern, was dieses Buch zu einem echten Fantasy-Rollenspielbuch macht: deine Eigenschaftswerte sowie den Ablauf der Kämpfe. Halte zum besseren Verständnis der Regelerklärungen bitte das Abenteuerblatt parat.

EIGENSCHAFTEN

STÄRKE & GESCHICK – *Während deines Abenteuers wirst du nicht nur geistig, sondern auch körperlich gefordert. Hierzu gibt es zwei Werte, die dies beschreiben:* STÄRKE *und* GESCHICK*. Je höher der Wert, desto besser die Eigenschaft.*

- STÄRKE *benötigst du immer dann, wenn dir besondere Kraftanstrengungen abverlangt werden.*
- GESCHICK *ist wichtig, wenn du deinen Körper gewandt oder reaktionsschnell einsetzen musst.*

Der Grundwert von STÄRKE *und* GESCHICK *beträgt jeweils 6 Punkte. Doch dabei wird es nicht bleiben. Während deiner Reise wirst du dich immer weiter verbessern. Kreuze erreichte Werte gleich auf dem Abenteuerblatt ab! So wie jetzt, denn auf dem Blatt sind nämlich je nur 5 Punkte angekreuzt. Es sei denn …*

FÜR EXPERTEN: ***Geringere Grundwerte*** – *… du bist erfahrener Spielbuch-Leser. Dann verschärfe den Schwierigkeitsgrad und starte dein Abenteuer mit nur jeweils 5 Punkten. Diese selbst auferlegte Erschwernis markierst du auf dem Abenteuerblatt, indem du die entsprechenden Dreiecke beim 5. Kästchen sowohl bei* STÄRKE *als auch* GESCHICK *und dem* **leeren Stern** *(☆) darüber ausfüllst.*

R

Angriff & Verteidigung – *Um sich in Auseinandersetzungen zur Wehr setzen zu können, gibt es die Werte* Angriff *und* Verteidigung. *Wie gut deine Chancen stehen, einen Gegner zu treffen, hängt von deinem Wert* Angriff *ab. Er ist die Summe aus deiner* Stärke *und dem Trefferbonus deiner aktiven Waffe.*
Wie gut du Verletzungen durch gegnerische Angriffe vermeiden kannst, hängt von deiner Verteidigung *ab. Dies ist die Summe aus* Geschick *und dem gesamten Schutzbonus deiner Kleidung.*

Vitalität – *Dein allgemeiner Gesundheitszustand wird als* Vitalität *bezeichnet. Verletzungen beeinflussen diesen Wert negativ. Du verlierst sie aber nicht nur im Kampf. Auch ein Sturz von einem Reittier, giftige Gase oder große Kraftanstrengungen können dich schwächen.*

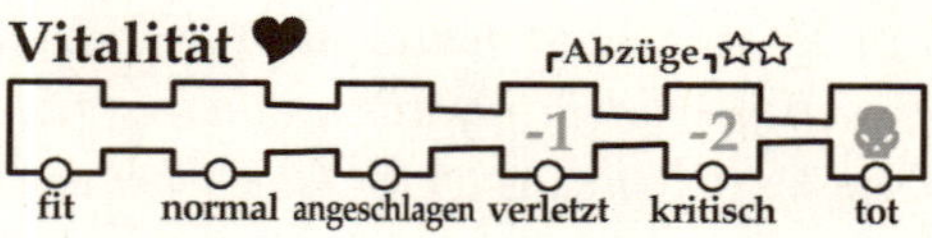

Die Vitalität *ist in sechs Stufen unterteilt:*

fit · normal · angeschlagen · verletzt · kritisch · tot

Für Experten: *Verringerung der Werte* – *Als erfahrener Spielbuch-Leser, kannst du den Schwierigkeitsgrad verschärfen: Durch eine stark verringerte* Vitalität *werden auch deine Werte schlechter! So gibt es ab dem Status* ***verletzt*** *einen pauschalen Abzug von -1 und bei* ***kritisch*** *von -2 auf* Stärke *und* Geschick.

Fülle die beiden ***leeren Sterne*** *(☆☆) neben „Abzüge" auf dem Abenteuerblatt aus als Vermerk, dass du diese Expertenregel anwendest.*

Beispiel: *Beträgt deine* Stärke *9 und dein* Geschick *10 und dein Zustand ist* ***kritisch***, *dann hast du nur noch* Stärke *7 (9 - 2 = 7) und* Geschick *8 (10 - 2 = 8), solange bis sich deine* Vitalität *regeneriert. Folgerichtig gelten diese Abzüge auch für* Angriff *und* Verteidigung.

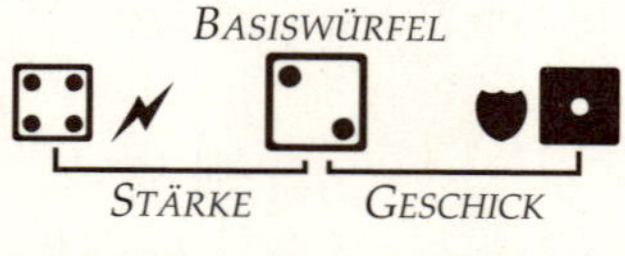

Regeneration und Tod *– Natürlich kann sich deine VITALITÄT auch durch Heilung oder Einsatz diverser Utensilien wieder regenerieren. Wann und wie wird explizit im Text erwähnt.*
Mit welcher VITALITÄT du ein Kapitel beginnst, ist zu dessen Beginn vermerkt. Erreicht deine VITALITÄT gar den Status **tot***, musst du das Kapitel noch einmal von vorne beginnen.*

TESTS

Es gibt gefährliche Situationen, bei denen deine STÄRKE oder dein GESCHICK getestet werden. Ob ein solcher Test gelingt, hängt nicht zuletzt vom Glück, sprich Würfeln, ab.
Würfle, indem du dieses Buch an einer zufälligen Seite aufschlägst. Der dort abgebildete Würfel mit dem Blitz ϟ ist der Eigenschaft STÄRKE zugeordnet und der schwarze mit dem Schild 🛡 deinem GESCHICK.
Addiere den entsprechenden Würfel und den großen Basiswürfel in der Mitte zu deinem aktuellen Eigenschaftswert. Ist das Ergebnis gleich dem oder höher als der geforderte Wert, gilt der Test als bestanden.

Beispiel: *Du hast STÄRKE 7 und der Sektionstext lautet:*
„Teste deine STÄRKE gegen 12!“
Du musst also mindestens eine 5 würfeln, damit du den Test bestehst.
Die zufällig aufgeschlagene Seite zeigt: ⚃ϟ ⚁ 🛡⚀
Dies bedeutet, dass du 6 Punkte (4 vom ϟ-Würfel plus 2 vom Basiswürfel) hinzuzählen darfst. Das Ergebnis ist 13 und der STÄRKE-Test somit bestanden.

FÄHIGKEITEN

Gelegentlich wirst du besondere Fähigkeiten hinzulernen bzw. erfahren. Sie erweitern sowohl deine mentalen als auch körperlichen Kräfte. Du notierst sie auf dem Abenteuerblatt.
Willst du etwas über eine bestimmte Fähigkeit nachlesen, blättere einfach du der Sektionsnummer, die du auf dem Abenteuerblatt hinter dem Eintrag markiert hattest.

AUSRÜSTUNG

Waffen *– Um sich besser im Kampf zur Wehr setzen zu können, gibt es Waffen! Je mächtiger die Waffe, desto größer ist ihr Trefferbonus, der zu deinem* ANGRIFF *hinzuaddiert wird.*
Du darfst maximal drei Waffen gleichzeitig mit dir führen, aber stets nur mit einer kämpfen!

Wichtig: *Nur die aktuell benutzte Waffe gibt einen Bonus für den* ANGRIFF. *Daher ist es ratsam, dass du die „aktive“ Waffe markierst.*

Kleidung *– Auf dem Abenteuerblatt gibt es unter Kleidung sechs unterschiedliche Felder, in die deine aktuelle Bekleidung eingetragen wird. Man unterscheidet zwischen allgemeinen Umhängen oder Tarnungen sowie fünf Körperregionen, die mit speziellen Rüstungsteilen geschützt werden können. So würdest du einen Helm unter „Kopf“ eintragen, eine Leinentunika hingegen unter „Umhang“.*
Welche Kleidung du in welches Feld eintragen musst, wird im Sektionstext erwähnt. Beachte, dass du nur ein Kleidungsstück pro Körperregion tragen darfst.
Jedes Kleidungsstück bietet einen Schutz gegen Verletzungen. Dieser Wert, der Schutzbonus, wird direkt deiner VERTEIDIGUNG *hinzugerechnet. Im Gegensatz zu den Waffen zählt die Summe aller Boni zur* VERTEIDIGUNG, *schließlich trägst du alle Teile gleichzeitig.*

KÄMPFE

Während deines Abenteuers begegnen dir immer wieder Feinde und Monster, die dir nach dem Leben trachten.
Solcher Gefahren erwehrst du dich in Kämpfen. In der Regel werden sie bis zum bitteren Ende ausgefochten. Ausnahmen, wie Fluchtmöglichkeiten, sind an entsprechender Stelle erläutert.

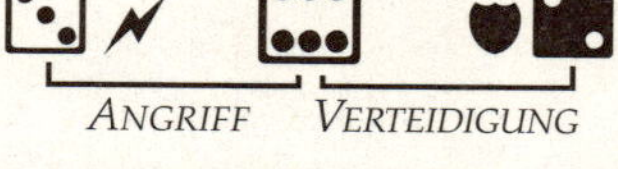

Kampfverlauf – *Kämpfe werden in mehreren Runden nach folgenden, sich stets wiederholenden Schritten, ausgetragen:*

1. *Würfeln!*
   Nutze dazu das Buch, indem du es an einer zufälligen Seite aufschlägst und die dort abgebildeten Würfel akzeptierst.

2. *Eigenen Treffer bestimmen*
   Addiere den Würfel neben dem Blitz ⚡ und den Basiswürfel in der Mitte zu deinem Wert ANGRIFF hinzu. Ist das Ergebnis gleich oder größer als die VERTEIDIGUNG deines Feindes, hast du getroffen und dessen RESISTENZ sinkt um 1.
   Dies machst du kenntlich, indem du einen Kreis ○ in der Zeile mit dem Herz-Symbol ♥ der gegnerischen Werte abstreichst (siehe Beispiel unten). Streiche stets von links nach rechts ab!

3. *Gegner besiegt?*
   Konntest du die RESISTENZ deines Gegners auf null reduzieren (also alle Kreise abgestrichen), hast du den Kampf gewonnen! Du darfst ***sofort*** *deine Reise bei der angegebenen Sektion fortsetzen.*
   Sollte der Gegner indessen noch leben, geht es weiter mit Schritt 4!

4. *Gegnerischen Treffer bestimmen*
   Addiere nun den schwarzen Würfel neben dem Schild 🛡 der bereits aufgeschlagenen Seite und den Basiswürfel in der Mitte zu deiner VERTEIDIGUNG. Ist das Ergebnis gleich oder größer als der ANGRIFF deines Gegners, konntest du es vermeiden getroffen zu werden. Gelingt dir dies nicht, sinkt deine VITALITÄT um eine Stufe!
   Überlebst du diesen Treffer, sprich ist deine VITALITÄT noch nicht auf ***tot*** *gesunken, beginnt die nächste KAMPFRUNDE wieder mit Schritt 1!*

BEISPIELHAFTER GEGNER	*ANGRIFF*	⚡ **10**
	VERTEIDIGUNG	🛡 **8**
	RESISTENZ	♥ ∅ ○ ③

Spieltipp: *Bei allen Würfelproben, egal ob bei Tests oder Kämpfen, gilt: Bei Gleichheit der Werte hast du den Vorteil!*

Nach dem ersten gelungenen ANGRIFF wird zunächst der linke RESISTENZ-Kreis des Gegners abgestrichen.

Endkämpfe *– Gegen Ende einiger Kapitel stellt sich dir ein besonders mächtiger Feind entgegen. Solche Endkämpfe werden im gesonderten Kampfkapitel am Ende des Buches (die Sektionsnummern beginnen mit „**K**“) auf Basis der allgemeinen Kampfregeln ausgetragen.*
Allerdings gibt es innerhalb eines Endkampfes Möglichkeiten durch Taktieren, sowie unter Einsatz gewitzter Manöver oder von Gegenständen, sich einen Vorteil zu verschaffen.

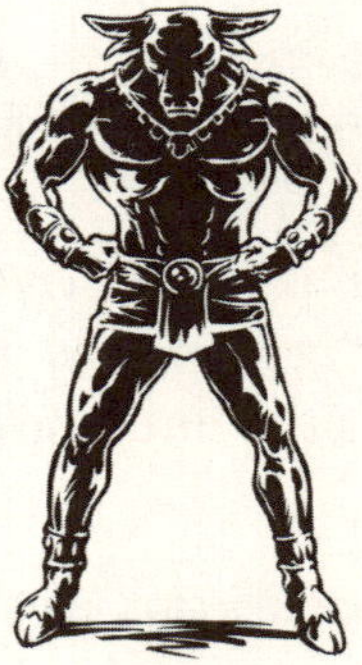

VERBESSERUNG DER EIGENSCHAFTEN

Erhöhen von Stärke & Geschick *– In einigen (oft gut versteckten) Sektionen verbessern sich deine Eigenschaftswerte Stärke und Geschick.*
Eine solche Verbesserung markierst du durch Abkreuzen des nächsten Kästchens unter der entsprechenden Eigenschaft.
Wichtig: In solchen Fällen erhöhen sich natürlich ebenso Angriff bzw. Verteidigung gleichermaßen, da sie als Basis deine Eigenschaftswerte haben.

◆◆◆

Jetzt bist du in puncto grundlegende Kampfregeln und Eigenschaften voll im Bilde. Setze nun deine Reise fort.

Lies weiter im 1. Kapitel bei ***101****.*

KAPITEL 1

DER SCHWARZE TURM

Deine VITALITÄT *ist* ***normal****. Trage dies nun auf dem Abenteuerblatt ein.*

DAS ORAKEL VON KABETH: *„Licht und Dunkelheit, Leben und Tod – die gegenteiligen Facetten der Schöpfung. Sie scheinen unvereinbar, doch ohne das eine wäre das andere nichts …“*

101 Pochender Schmerz lässt dich unsanft erwachen. Dein kahler Schädel brummt und fauliges Stroh klebt dir auf den Lippen. Sämtliche Muskeln brennen, als du dich vom Steinboden erhebst. Du bist in einer feuchten Kerkerzelle. Durch das Eisengitter tanzt spärlicher Fackelschein.
Allmählich kriechen die Geschehnisse der vergangenen Nacht wieder in deine Erinnerung: die Leiche des Hierarchen, deine Flucht in die idyllische Kapelle, der mysteriöse Schatten, der dich verfolgte, um dich hierher zu verschleppen, und natürlich die liebreizende Kar-Priesterin, die du erblicken durftest, bevor die Zeit einfror. Die Erinnerung an sie entflammt dein Herz.
Du musterst die schwarze Haut deines Körpers – den man in ein fleckiges Baumwollgewand gesteckt hat – auf Verletzungen oder sonstige Spuren, die einen Hinweis auf deine Entführung geben könnten, entdeckst aber nichts Außergewöhnliches.
Wie viele Stunden du ohnmächtig warst, kannst du nicht sagen. In diesem trostlosen Gefängnis gibt es keinen Hinweis darauf, ob der Mond strahlt oder die Sonne brennt.
Gewissenhaft tastest du dich ab und durchwühlst das Stroh – von deinen Habseligkeiten keine Spur.

Man hat dir deinen ganzen Besitz (Utensilien, Besondere Gegenstände, Waffen, Kleidung) abgenommen. Markiere daher alle verlorenen Gegen-

stände mit einem Kreuz im Speicherpunkt ⊗, es sei denn, er ist bereits markiert. Vielleicht bekommst du sie zu einem späteren Zeitpunkt wieder. Das Einzige, was du derzeit am Leibe trägst, ist ein ***Gefangenengewand*** *(Kleidung, Umhang). Vermerke alle Änderungen jetzt auf dem Abenteuerblatt.*

Willst du an den Zellenwänden lauschen, lies weiter bei ***119****.*
Willst du vor zum Gitter und dich umsehen, lies weiter bei ***292****.*
Willst du dich ruhig verhalten, lies weiter bei ***149****.*

102 Du verschmilzt mit den Schatten des Raumes. Der Gartak sägt immer noch friedlich, als du dich hinter ihm aufbaust, blitzartig seinen zotteligen Schopf packst und ihn dermaßen auf den Tisch schmetterst, dass die Zinnteller über das fleckige Holz hüpfen und ein Bierkrug seinen Inhalt ergießt.
Als der Schädel des Gartaks zwischen Essensresten und Geschirr zu liegen kommt, blitzt an seinem Hals eine feingliedrige Kette auf. Neugierig untersuchst du das Schmuckstück. An der Kette baumelt eine in Weißgold gefasste Perle. Ungewöhnlich für einen grobschlächtigen Gartak.
Notiere dir die ***Kette des Wachmanns*** *(Besonderer Gegenstand) in Feld 3 auf dem Abenteuerblatt.*

Lies weiter bei ***175****.*

103 Noch ehe der Zarlik ein Wort verlieren kann, hast du dich umgedreht und verschwindest durch die Schutztür wieder in den Gang hinaus.
Du wirfst noch einmal einen Blick über die Schulter und siehst das geheimnisvolle Echsenwesen mit seinen bernsteinfarbenen Schlangenaugen, wie es in der Tür steht und dir mit stark gebrochenem Akzent noch einige verwunderte Worte hinterherruft. Dann macht es kehrt, geht zurück ins Labor und verriegelt das schwere Schloss.

Lies weiter bei ***247****.*

104 Nach der Abwechslung mit dem Pergamentschiff geht dir noch einmal die Möglichkeit zur Flucht durch den Kopf.

Willst du aus der Zelle entfliehen, lies weiter bei ***241****.*

Willst du weiterhin in der Zelle warten, lies weiter bei ***117****.*

105 Vor lauter Anstrengung wird dir schwarz vor Augen, doch der Gedanke daran, in diesem Verlies zu verrotten, setzt übermenschliche Kraft in dir frei. Mit einem lauten Schlag zerspringen die Mauersteine und du hältst das Gitter samt Verankerung in Händen.

Dir ist klar, dass der ohrenbetäubende Lärm im ganzen Gefängnis zu hören war. Daher bereitest du dich auf ungebetenen Besuch vor.

Deine VITALITÄT sinkt um eine Stufe!

Lies weiter im Kampfkapitel bei ***K1****!**

106 Voller Hoffnung, nicht dem unkontrollierbaren Zorn des Krollriesen zum Opfer zu fallen, legst du dich wieder auf die Liege und versteckst dich unter dem Laken. Boden und Wände erzittern, Steinplatten und Möbel bersten unter den mächtigen Hieben des Ungetüms. Vereinzelt purzeln Brocken und Splitter auf dich.

Eine halbe Ewigkeit vergeht, bis endlich einige Gartak-Wächter den Raum stürmen. Neugierig spähst du unter dem Laken hervor: Sechs Soldaten haben den schnaubenden Krollriesen umzingelt und halten ihn mit Speeren und Lanzen auf Distanz.

Doch dann bricht es aus der gigantischen Kreatur heraus: Mit inbrünstigen Schreien schlägt der Riese um sich. Während zwei Gartaks wie Lehmklumpen gegen die Wand fliegen, nutzt du das Kampfgetümmel und machst dich im Schutze des aufgewirbelten Staubs davon.

Lies weiter bei ***178****.*

**) SPIELTIPP: Das Kampfkapitel mit den Registermarken „K" findest du wie andere besondere Kapitel auch, gegen Ende des Buchs.*

107 Die Schränke und Truhen an der Wand haben zwar allesamt kein Schloss, lassen sich trotzdem nicht öffnen.

› Sind sie etwa magisch gesichert? ‹

In einer von leeren Kisten zugestellten Ecke entdeckst du ein mit schneeweißen Fellen eines großen Yamok-Bullen zugedecktes Schreibpult, auf dem einige ordentlich gestapelte Pergamente und eine kleine Silberschatulle liegen. Die Sprache auf den Schriftstücken ist dir ebenso unbekannt wie die alchemistischen Zeichen auf dem Kästchen.

Willst du die Schatulle öffnen, lies weiter bei ***245****.*

Willst du die Pergamente zurücklegen, lies weiter bei ***201****.*

108 Mit jedem Stück, das du in die Tiefe steigst, brennen deine Muskeln mehr. Deine Klauen, Arme und Beine sind übersät von Schnitten und Abschürfungen. Halb besinnungslos greifst du an einem schmalen Felsvorsprung vorbei, verlierst den Halt und stürzt in die Tiefe. Am Fuße des Nachtturms brechen die Wellen, als die See deinen Körper verschlingt.

Dein Leben endet hier. ***(+180)*** ■

109 Gemeinsam lauft ihr in Richtung des Wachraums. Ehe ihr das muffige Gewölbe erreicht, hebt Leonar die Hand und bleibt stehen. Er legt den Zeigefinger auf die gespitzten Lippen und deutet auf einen schnarchenden Gartak.

Willst du dich an den Wachmann heranschleichen und ihn ausschalten, lies weiter bei ***184****.*

Willst du abwarten, lies weiter bei ***146****.*

110 Langsam steigt in dir das ungute Gefühl auf, dass der Gartak einen anderen Weg zurückgegangen sein könnte, doch dann öffnet sich wieder die Tür. Das Fell um das Maul des zurückgekehrten Gartaks ist zerzaust und in seiner Linken hält er einen blauen Kristall. Auf Zehenspitzen folgst du dem Diener, den eine Bierfahne umgibt.

Als er wieder die Silbertür erreicht, steckt er den Kristall in eine kleine Öffnung. Mit einem dezenten metallischen Quietschen geht die Tür auf. Die beiden Gartaks packen die Trage und gehen hindurch.

Willst du einen Fuß in die Tür stellen, um hinter den beiden durchzuschlüpfen, lies weiter bei ***240****.*

Willst du den Turm weiter hinaufsteigen, lies weiter bei ***115****.*

111 Schnuppernd mustert dich der gewaltige Drache, während du in Ehrfurcht erstarrt an der Felskante hängst. Als dich dann die lange, purpurne Zunge durch die Stangen ableckt, ist es um dich geschehen – ein lauter, hysterischer Schrei entfährt deiner Kehle.

„Matty, zurück!“, ruft eine junge Männerstimme energisch.

Wie der Retter in letzter Sekunde taucht Aonus hinter einem Felsen auf und verscheucht den königsblauen Drachen. Dann zieht dich der Kämpfer mit einem Ruck über die Kante: „Er hat es wahrscheinlich auf dein Essen abgesehen.“

Aonus tippt auf die Beulen, die die Äpfel unter deiner Kleidung abzeichnen. Mit weit aufgerissenen Augen und offenem Mund verharrst du in Ehrfurcht, während sich Matty mit gesenktem Haupt zurückzieht.

„Ich hoffe, du hast genug vom Flüchten“, fährt Aonus ruhig fort. „Folge mir nun zu Meister Calderel!“

Verstört wankst du vor dem Elite-Ugarith her, der dich an den aggressiven Gartaks vorbei zurück in den Turm geleitet.

Lies weiter bei ***230****.*

112 Der wunderschöne, filigran gefertigte Silberring besteht aus zwei in sich verschlungenen Schlangen. Du spürst die positive, magische Aura dieses Talismans, als du ihn dir an deinen linken Ringfinger steckst. Für einen kurzen Augenblick hast du das Gefühl, dein Verstand würde sich für den Geist einer anderen Person öffnen.

1 Das Schmuckstück passt perfekt. Zum Dank streichst du Tarus über die Wange, der dich daraufhin irritiert anstarrt, während du dich abwendest, um die Bibliothek zu verlassen.

Notiere den ***Schlangenring*** *(Besonderer Gegenstand) in Feld 4 auf dem Abenteuerblatt.*

Lies weiter bei ***250****.*

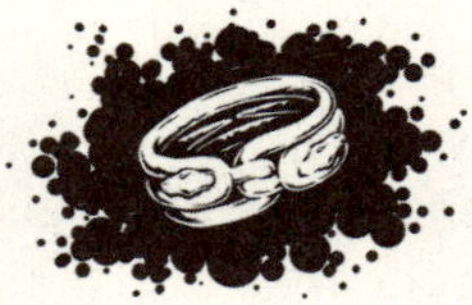

113 Aonus führt dich Stufe um Stufe den Nachtturm hinauf. Nach einigen Minuten erreicht ihr eine übergroße Messingtür mit massiven Eisenverstrebungen, hinter der du zweifelsfrei das Rauschen des Meeres hörst. Der Geruch von Salzwasser ist hier intensiver.

„Dahinter liegen die Seepassage und der Anlegeplatz." Aonus ist sichtlich amüsiert von deiner Neugier: „Zurzeit liegt kein Schiff vor Anker. Die Flotte befindet sich gänzlich im Einsatz."

Willst du Aonus weiterhin folgen, lies weiter bei ***208****.*

Willst du ihn angreifen und versuchen zu entkommen, lies weiter bei ***251****.*

114 Du verfluchst deinen Übermut, dem Nachtturm kletternd entrinnen zu wollen. Doch es gibt keinen Weg zurück. Stück für Stück steigst du weiter hinab.

Schließlich erkennst du nur wenige Meter von dir entfernt eine künstliche Öffnung im Fels. Du dankst den Göttern und hangelst darauf zu.

*Lies weiter bei **148**.*

115 Unzählige Stufen hast du bereits erklommen, viele Türen und Seitengänge hinter dir gelassen und noch immer hast du die Spitze des Turms nicht erreicht. Deine Beine sind schwer wie Blei. Immer wieder musst du eine Verschnaufpause in einer Nische des Aufgangs einlegen, der sich wie ein gigantischer Korkenzieher den Nachtturm hinaufschraubt.
Wie hoch die Bastion ist, kannst du nur schätzen, aber es müssen weit mehr als dreihundert Fuß sein. Selbst der Blick durch eine der wenigen Ausguckröhren gibt dir nur eine vage Vorstellung über die Größe des Bauwerks – im Mondschein wirken selbst die mächtigen Wellen der offenen See aus dieser Höhe wie sanfte Wogen.
Plötzlich erschallt ein schriller Schrei – womöglich eines Greifvogels oder einer Flugechse – außerhalb des Turms.

*Willst du zum letzten Ausguck zurück, durch die Mauerröhre kriechen und dich draußen umsehen, lies weiter bei **128**.*
*Willst du weiter nach oben laufen, lies weiter bei **231**.*

116 Mit schlotternden Knien gehst du vorsichtig rückwärts, doch die hypnotischen Augen in der Dunkelheit haben dich bereits fixiert – der Drache weiß, dass du in seinem Käfig bist! Panik überkommt dich, als das abgrundtiefe Schnaufen des Ungeheuers immer lauter wird und schließlich in ein Inferno aus Flammen und Rauch mündet. Du rennst um dein Leben, doch der vernichtende Drachenodem umzüngelt dich bereits.

*Hast du die Fähigkeit **Resistenz gegen Hitze**, lies weiter bei **182**.*
*Andernfalls lies weiter bei **170**.*

117 Als endlich schwere sowie schlurfende Schritte auf deine Zelle zuhalten, bist du froh über die Abwechslung. Ein Ugarith mit schulterlangem, weißem Haar in prunkvoller Brustplatte und ein alter Gartak statten dir einen Besuch ab. Der Recke macht einen demonstrativ ausladenden Schritt über den toten Wärter und baut sich direkt vor deiner Zelle auf. Seine finsteren Augen, die sich kaum von seiner glatten, schwarzen Haut unterscheiden, durchdringen dich regelrecht. Dann erhebt er die Stimme: „Steht auf! Ich bringe Euch zum ehrenwerten Meister."

Dann dreht er kommentarlos den Leichnam auf den Rücken, reißt ihm den Schlüsselbund vom Gürtel und öffnet das Gitter. Der Gartak schnüffelt derweil an seinem toten Kameraden und wirft dir mit gefletschten Hauern einen verachtenden Blick zu.

„Bring ihn weg!", befiehlt der Ugarith trocken. Woraufhin der Gartak den Toten aus der Rinne zerrt. Dann wendet sich der schwarzhäutige Hüne wieder dir zu: „Diese degenerierten Viecher sind nur schwerlich sinnvoll einzusetzen … Folgt mir!"

Willst du beide angreifen, lies weiter bei **246***.*

Willst du versuchen zu entkommen, lies weiter bei **181***.*

Willst du ihnen ohne Widerrede folgen, lies weiter bei **281***.*

118 Etwas überrascht von deinem Mut, seine Waffe zu packen, verzieht der Gartak seine Fratze. Gleichzeitig zerrt ihr am Speer, doch dann fletscht der Elitesoldat die Zähne und bringt dich mit einem heftigen Ruck aus dem Gleichgewicht. Unweigerlich lässt du den Schaft los. Allerdings hast du bereits den Halt unter deinen Füßen verloren und fällst – unter dem höhnischen Grunzen des Gartaks – in die Tiefe.

Lies weiter bei **233***.*

119 Neugierig presst du dein Ohr an die gewölbte, kalte Mauer und vernimmst ein tiefes Rauschen. Mehrmals klopfst du gegen den unnachgiebigen, schroffen Stein. Nichts. Selbst heftiges Schlagen mit der Faust erzeugt nur ein dumpfes, kaum zu vernehmendes Geräusch. Nach einigen Versuchen lässt du davon ab.

Willst du dich jetzt dem Zellengitter zuwenden, lies weiter bei ***292****.*
Willst du ruhig abwarten, lies weiter bei ***149****.*

120 In weiter Entfernung erblickst du rechts und links von dir durch zwei gigantische Öffnungen im Fels das Glitzern der Wellen im Mondschein. Durch die Passagen fahren vermutlich die Kriegs- und Versorgungsschiffe des Empires hindurch.
Du machst sechs Anlegeplätze aus, doch Schiffe sind nicht zu sehen. Entsprechend unaufmerksam sind die Wachen! Trotzdem streifen gut drei Dutzend Söldner aus aller Herren Länder über die Piere, haben Position hinter Steinwällen bezogen oder schieben vor aufgetürmten Holzkisten Wache.
› An seiner schwächsten Stelle ist der Nachtturm also massiv bewacht. ‹

Willst du zurück und dich weiter nach oben durchschlagen, lies weiter bei ***132****.*
Willst du dich am Anlegeplatz verstecken und auf das nächste Schiff warten, lies weiter bei ***203****.*

121 Das kalte Wasser ist trübe und brackig. Gelegentlich treiben Unrat und Fäkalien vorbei. Dennoch überwindest du deinen Ekel und tastest die Rinne ab. Im Schlamm einer ausgespülten Vertiefung wird deine Suche belohnt: Du findest ein verrostetes Messer.
Wenn du es einstecken willst, notiere es als ***Messer*** *(Waffe, Treffer +1) auf dem Abenteuerblatt.*

Lies weiter bei ***196****.*

122 „Das ist mir bekannt. Aber glaubt Ihr nicht, dass schon längst der ganze Turm auf den Beinen wäre, wenn Euch der Meister misstrauen würde?“
Tarus knetet nachdenklich die Schläfen unter den Locken seines zerzausten Haars und betont auffallend: „Es kommt nicht oft vor, dass ein junger Ugarith dermaßen weit in seiner Entwicklung ist.

Das weckte wohl damals seine Neugier.“
Dann sprichst du Tarus auf dein verlorenes Gedächtnis an.

Lies weiter bei **156**.

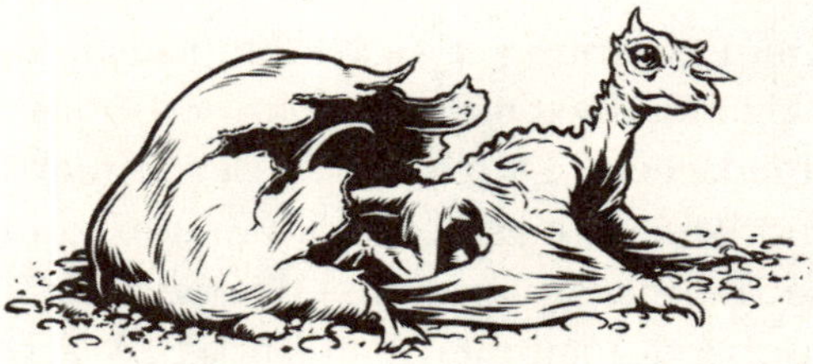

123 Mit einem leisen Knarren drückst du den Deckel zurück. In der Truhe befinden sich einige Tuchbeutel und folgende Gegenstände:

- *Portionen* ***getrocknetes Fleisch*** *(Utensil)*
- *einige* ***Äpfel*** *(Utensil)*
- *eine* ***Flasche Pflaumenschnaps*** *(Utensil)*
- *gut erhaltener* ***Dolch*** *(Waffe, Treffer +1)*
- *graue* ***Wolltunika*** *(Kleidung, Tarnung)*

Du darfst dich beliebig mit diesen Gegenständen ausstatten. Vergiss nicht, die Veränderung deiner Ausrüstung auf dem Abenteuerblatt zu vermerken.

Lies weiter bei **257**.

124 Aonus ist sichtlich amüsiert von deinem Vorhaben, dass du dich gleichzeitig gegen ihn und den Gartak stellst. Schließlich hebt er demonstrativ die Hand und weist den Gartak an, sich zurückzuhalten. Mit einem kehligen Fauchen stellt der sein Fell auf und tritt zur Seite.

Lies weiter bei ***K10****!**

125 Du streckst dich, ziehst den Gartak an das Gitter heran und schnappst dir den Schlüsselbund. Nach einigen Fehlversuchen findest du schließlich den passenden Schlüssel und die Tür schwingt auf. Sicherheitshalber ziehst du den ohnmächtigen Wärter in die Zelle und untersuchst ihn gründlich. Außer seinem Kurzschwert und der abgewetzten Lederrüstung findest du aber nichts. Leider ist die zerbrochene Waffe des Gartak nutzlos.

Notiere dir den ***Schlüsselbund des Wärters*** *(Utensil) auf dem Abenteuerblatt.*

Lies weiter bei ***215****.*

126 Auf dem Tisch stehen zwei Zinnteller und daneben Krüge mit abgestandenem Bier. Dampf steigt vom Fleisch empor. An einem mit stinkenden Fellen verdeckten Wandhalter steht ein alter Speer. Den dilettantischen Verzierungen nach zu urteilen der Besitz eines Gartak-Wachmanns.

Wenn du die Waffe nehmen möchtest, notiere sie als ***Kurzer Speer*** *(Waffe, Treffer +2) auf dem Abenteuerblatt.*

Lies weiter bei ***189****.*

127 Ohne Zeit zu verlieren, kletterst du seitlich an der Felswand entlang. Der Gartak hat mittlerweile vorsichtig seinen Kopf durch das Loch gesteckt und blickt dir hinterher. Er fuchtelt mit seinem Speer und fordert dich ein letztes Mal auf, stehen zu bleiben. Dann wirft er.

Bestimme dein Schicksal anhand des Mondes!

Bei ***Neumond*** *oder* ***Sichelmond****, lies weiter bei* ***290****.*

Bei ***Halbmond*** *bis* ***Vollmond****, lies weiter bei* ***187****.*

**) Spieltipp: Das Kampfkapitel mit den Registermarken „K" findest du wie andere besondere Kapitel auch, gegen Ende des Buchs.*

128 Du tapst wieder ein paar Dutzend Stufen hinab, bis du den letzten Ausguck erreichst. Doch den animalischen Schrei hast du seither nicht mehr vernommen. Dennoch bist du entschlossen, dich draußen umzusehen.

Auf allen vieren kriechst du durch die Röhre der rund zwanzig Fuß dicken Außenmauer des Turms. Du steckst den Kopf durchs
1 Loch und genießt zunächst die frische Brise. Erst als du deinen Blick vom Vollmond, der mit seiner schönen silberblauen Scheibe das gesamte Meer zum Funkeln bringt, löst, erkennst du, dass du dich Hunderte Fuß oberhalb der Wogen befindest. Nur ein furchtloser Kletterer würde sich an der zerklüfteten Felswand versuchen.

Du willst gerade wieder zurück krabbeln, als du die Stimmen zweier Gartaks, die sich über die Treppe nähern, hörst.

Willst du still in der Nische abwarten, lies weiter bei ***188****.*

Willst du aus dem Ausguck hinauskriechen und an der Felswand entlang klettern, lies weiter bei ***190****.*

129 Zwei Stockwerke folgst du dem Gartak die Treppen hinab, bis er vor einer Tür stehen bleibt. Er legt seine Hand auf eine in der Wand eingelassene Steinplatte. Daraufhin schwingt die Tür beiseite. Ein kühler Luftzug streicht dir durch die Beine, als der Gartak in den dunklen Gang tritt.

Willst du hier auf den Gartak warten, lies weiter bei ***110****.*

Willst du hinter ihm durch die Tür schlüpfen, lies weiter bei ***261****.*

Willst du zurück zum wartenden Gartak, lies weiter bei ***218****.*

130 Vorsichtig tippst du dem schlafenden Alten auf die Schulter. Erschrocken zuckt er zusammen und blickt dich verwundert an: „Seid Ihr wahnsinnig?! Ihr könnt doch einen alten Mann nicht so erschrecken."

Er mustert dich.

Lies weiter bei ***133****.*

131 Aufgeregt trittst du an den Tisch, denn noch nie durftest du eine echte Skÿll aus nächster Nähe bewundern. Du erinnerst dich an die Legenden über die Hochrasse, die hinter der Großen Barriere in einem Reich weit im Süden namens Kurnugia leben soll. Als du das Leichentuch zur Seite schlägst, bemerkst du einen Zettel, der an ihrer Fessel festgebunden ist. Darauf sind die Worte „Schwarzes Tor, eilt!" gekritzelt. 1

Ihre makellosen, klaren Gesichtszüge lassen sie sehr jung erscheinen, doch dir ist bewusst, dass sie viele hundert Jahre alt geworden sein kann. Obwohl dir die Kämpferin unbekannt ist, bedauerst du ihren Tod. Du streichst ihr das silberne Haar aus dem Gesicht und verlierst dich dabei in ihren smaragdgrünen, katzenhaften Augen. Selbst im Tod übt ihr Blick eine unglaubliche Faszination aus.

› Ihre Seele ist noch immer ein Teil von ihr! ‹

Als du der Skÿll die Augen schließen willst, um ihr die letzte Ruhe zu gewähren, und deine Hand ihr Gesicht streift, löst sich unvermittelt eine kleine, silbergrell strahlende Lichterscheinung aus ihrem Herzen, flitzt ziellos im Raum umher, um schließlich mit einem grellen Blitz in deiner Brust zu verschwinden! Nach Luft ringend setzt du dich ab.

*Deine VITALITÄT steigt auf **normal**!*

*Lies weiter bei **171**.*

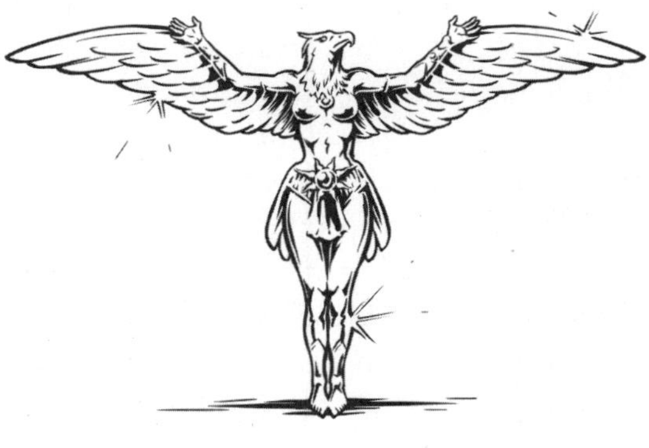

132 Aonus liegt benommen auf der Treppe. Aber er wird nicht lange brauchen, um sich von deinem Genickschlag zu erholen. Der Knauf seines imposanten Breitschwerts blitzt unter dem Umhang hervor.

Willst du die Waffe an dich nehmen, lies weiter bei **229***.*

Besitzt du die ***Karte des Nachtturms*** *und willst sie nun studieren, lies weiter bei* **206***.*

Andernfalls lies weiter bei **216***.*

133 Sein Gesicht liegt in Falten, als er brummt: „Eigentlich sollte ich Euer seltsames Verhalten melden, aber ich denke es geht in Ordnung, wenn Ihr hier auf den Meister wartet."
Du überlegst für einen Augenblick, ob du den gebrechlichen Menschen angreifen sollst, doch eine innere Stimme hält dich davon ab. „Ihr wirkt verwirrt. Ihr wisst nicht, wer ich bin, nicht wahr?", fragt er schlussfolgernd.
› *Dieses Gesicht, diese Stimme – diese Bücher, dieser Raum. All das kenne ich! Ich war schon oft hier...* ‹
„Tarus", sagt er knapp.
Die Miene des Bibliothekars hinter all seinem grauen Gesichtshaar wird ernster, als er bemerkt, dass du dich nicht erinnern kannst. Überdeutlich wiederholt der Alte seinen Namen, ganz so, als wolle er einem Säugling das Sprechen beibringen.

Willst du ihm antworten, dass schon mehrere Stunden seit deinem Erwachen vergangen sind, lies weiter bei **122***.*

Willst du dem Alten sagen, dass du dich nicht mehr an dein vorheriges Leben erinnern kannst, lies weiter bei **156***.*

Willst du die Bibliothek schweigend verlassen, lies weiter bei **263***.*

134 Neugierig schleichst du dich zum Zellengitter und versuchst zu hören, woher das Schnarchen kommt. Offensichtlich aus einer Zelle auf deiner Seite. Daher kannst du nicht sehen, wer darin liegt. Dennoch rüttelst du etwas mit dem Gitter, um deinen

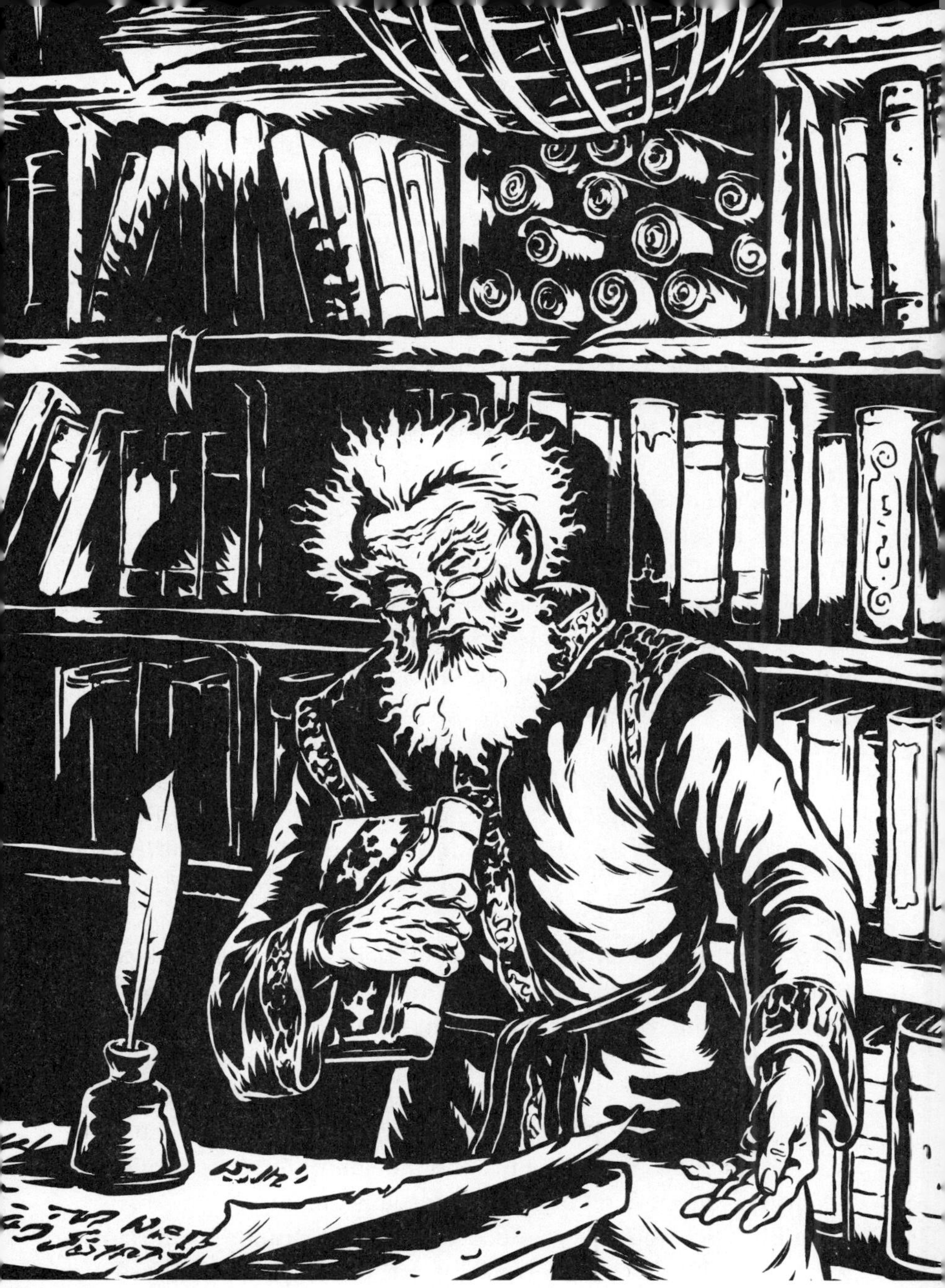

133 *Die Miene des Bibliothekars hinter all seinem grauen Gesichtshaar wird ernster, als er bemerkt, dass du dich nicht erinnern kannst.*

Nachbarn zu wecken. Es dauert eine Weile, bis du endlich die schlaftrunkene Beschwerde eines alten Mannes vernimmst: „He da, aufhör'n! Du lockst noch die Wachen an, Spinner!"

Lies weiter bei ***214****.*

135 Froh, wieder festen Halt zu haben, robbst du voran. Am Ende des langen Schachts befindet sich ein grobes Eisengitter, das du mit Leichtigkeit aus den Angeln hebst. Vorsichtig lässt du dich in den dunklen Raum hinab. Unter deinen Füßen spürst du den flauschigen Stoff eines Teppichs. Ansonsten kannst du weder etwas sehen noch hören.

Zaghaft tastest du dich voran. Neben einigen Schränken und Truhen erfühlst du eine Eisenlaterne auf einem runden Holztisch. Daneben Feuerstein und Zunder.

Als der kleine Raum schließlich erhellt wird, stehst du inmitten eines geheimnisvollen Studierzimmers ohne erkennbaren Zugang. Einzig ein Messinghebel ragt aus der schlichten Vertäfelung heraus.

Willst du den Hebel betätigen, lies weiter bei ***238****.*

Willst du das Zimmer untersuchen, lies weiter bei ***151****.*

Willst du zurück nach draußen und den Turm hinabklettern, lies weiter bei ***153****.*

136 Zwischen den beiden Schwarzpelzen entsteht ein kleiner Streit. Schließlich geht der Gartak an der Tür wieder die Treppen hinab, während der andere kopfschüttelnd zurückbleibt.

Lies weiter bei ***278****.*

137 Nur wenige Schritte hinter dir fällt die große Plattform fast senkrecht in die Tiefe. Ein Schwindelgefühl überkommt dich, als du versuchst, den Fuß des Turmes auszumachen.

Dein Blick schweift übers Meer, das sich ringsum bis zum Horizont erstreckt. Obwohl der Nachtturm eine gigantische Festung aus wildem Fels und Gestein ist, wirkt er doch winzig in den unendlichen Weiten der See. Dir wird klar, dass deine Flucht von vornherein zum Scheitern verurteilt war. Einzig ein seetüchtiges Schiff samt gestandener Besatzung oder eine zahme Flugechse könnten dich von diesem Todesfelsen bringen.

Natürlich wird die Turmspitze gut bewacht. Schließlich wäre das Gebäude einzig mit einem Luftangriff verwundbar. Dann steigt in dir das unbestimmbare Gefühl auf, dass sich etwas unbeschreiblich Mächtiges in der Nähe befinden muss.

Hinter einem der vielen Felspfeiler verschaffst du dir einen Überblick: Mindestens drei Zwei-Mann-Trupps patrouillieren am Rand der Plattform. Auf der gegenüberliegenden Seite ragt eine weitere Felsspitze auf. Darauf steht eine Baracke, in deren Fenster schwaches Licht brennt.

Willst du dich auf der Plattform umsehen, lies weiter bei **236**.
Willst du die Baracke erreichen, lies weiter bei **266**.
Willst du dich den Wachen stellen, lies weiter bei **277**.

138 Mit geneigtem Kopf blickt dich der Zarlik an und beginnt das Gespräch mit einem kaum zu verstehenden Akzent: „Warum sssört Ihr mich bei meinem Tagwerk? Ich bin noch tätig – und esss wird auch nicht sssneller gehen, wenn ich sssändig unterbrochen werde."

Während der Zarlik spricht, schnellt immer wieder seine dünne, gespaltene Zunge zwischen den ledrigen Lippen hervor, was dazu führt, dass er stark lispelt: „Ihr könnt dem Meister ausssrichten, esss wird noch Tage, wenn nicht sssogar Wochen dauern, die Ssseine zu dekontaminieren."

Dann drängt dich der Alchemist mit seinen schuppigen, dürren Händen zum Ausgang. Mit einem dumpfen Schlag fällt die massive Tür ins Schloss.

Lies weiter bei **247**.

139 Der Mann ist in eine purpurne Kutte gehüllt und hantiert konzentriert an einer der Apparaturen. Scheinbar hat er dein Eindringen noch nicht bemerkt, zumindest steht er mit dem Rücken zu dir.

Willst du näher an den Mann heranschleichen, lies weiter bei ***177****.*

Willst du den Raum wieder verlassen und den Gang entlanglaufen, lies weiter bei ***247****.*

140 Mit langsamen, beschwichtigenden Armbewegungen versuchst du den Hünen zu besänftigen, doch sein Blick verfinstert sich immer mehr. Dann versucht er dich unter lautem Gebrüll zu packen. Behände entziehst du dich seinen Pranken, aber der träge Krollriese gibt nicht auf. In seinem Jagdfieber zertrümmert er neben der Eingangstür auch Decke und Wände. Schließlich wirst du von einem Regen aus Schutt und Felsbrocken erschlagen und begraben.

Dein Leben endet hier. (+157) ▪

141 Die Tristesse der Zelle lässt deine Gedanken um die gestrige Nacht kreisen. Immer wieder erscheint der menschliche Schatten aus der Kapelle vor deinem geistigen Auge. An sein versteinertes Gesicht mit den leuchtenden, pupillenlosen Augen kannst du dich – obwohl du es für einige Sekunde gesehen hast – nur vage erinnern. Das Gesicht war schemenhaft, fast so, als würde ein anderes wie ein Schleier darüber liegen.

› Ich kenne dieses Gesicht. Doch woher? ‹

Lies weiter bei ***291****.*

142 Ein solches Ungetüm von Kreatur hast du noch nie zuvor gesehen. Der Krollriese ist gut doppelt so groß wie du und ein einziges Muskelpaket. Er muss von mindestens sechs Männern auf den Tisch gewuchtet worden sein. Wahrscheinlich ist er seiner Einfältigkeit – die allen Krollriesen nachgesagt wird – zum Opfer gefallen. Du lupfst das Laken weiter an und legst teilweise den Rücken frei, der von Peitschenstriemen übersät ist. An beiden Handgelenken trägt er Schutzmanschetten aus glattem Leder mit Nietenbesatz. Vermutlich war er Minensklave.

*Wenn du die **Krollriesen-Manschetten** (Kleidung, Beine, Schutz +2) an dich nehmen willst, dann notiere sie auf dem Abenteuerblatt. Sie werden über die Oberschenkel getragen.*

*Lies weiter bei **171**.*

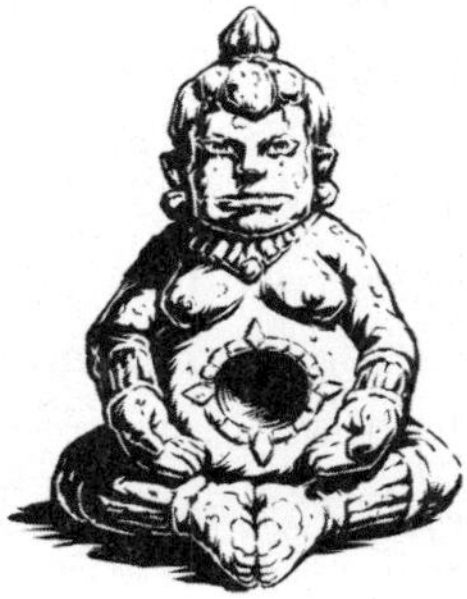

143 Du suchst eine dunkle Nische auf dem Gang und entfaltest das Pergament mit der schematischen Darstellung des Nachtturms. Laut Lageplan muss sich hinter der dicken Schutztür ein Gesteinslabor befinden. Welche Forschungen dort betrieben werden, ist dem Plan allerdings nicht zu entnehmen.

*Willst du versuchen die Tür zu öffnen, lies weiter bei **193**.*
*Willst du den Gang weitergehen, lies weiter bei **247**.*

144 Gleichgültig legst du dich wieder ab. Der Gartak belegt dich noch mit einigen unverständlichen Worten, verschwindet dann aber wieder aus dem Verlies.

„Recht so! Lass den Stinker einfach links liegen“, meldet sich dein Mitgefangener wieder zu Wort.

*Willst du mit dem Alten sprechen, lies weiter bei **154**.*
*Willst du deine Ruhe haben, lies weiter bei **235**.*

145 Du weißt nicht weshalb, aber irgendein Instinkt treibt dich dazu, den Stein zu berühren. Von ihm geht eine unergründliche Macht aus. Zitternd hältst du ihn zwischen Daumen und Zeigefinger.

Lies weiter bei ***B4****!*

1 **146** „Sag mal, hast du die Hosen voll?“, flüstert Leonar im strengen Ton. „Gut, dann mache ich es eben selbst!“
Entschlossen, aber auf wackeligen Beinen nähert sich der alte Soldat dem schlafenden Gartak. Just als er ausholt, öffnet sich die gegenüberliegende Tür und ein stattlicher, junger Ugarith mit schneeweißem, schulterlangem Haar und polierter Brustplatte tritt mit klirrenden Schritten aus dem Schatten.
Leonar erschrickt und verharrt, während der Gartak noch immer friedlich schlummert. „Aonus“, überspielt dein Begleiter sein Tun theatralisch, als könne er sehen, wer vor ihm steht, „welch hoher Besuch!“
„In der Tat, alter Sonnensoldat!“, beginnt der schwarzhäutige Krieger. „Ich hätte es wissen müssen. Dieser weitere Fluchtversuch wird dich wohl deine Ohren kosten!“ Aonus finsteren Augen flackern silbern auf, und er fügt konzentriert hinzu: „Aber deinetwillen bin ich nicht hier.“
Während sich der Ugarith umblickt und mit einem beiläufigen Fausthieb auf die Tischplatte den Gartak aufschreckt, gibt dir Leonar verdeckt Handzeichen, du sollst dich verdrücken.
› *Leonar, du alter Haudegen! Danke.* ‹
Unentdeckt fliehst du in die Dunkelheit des Gangs zurück.

Lies weiter bei **195**.

147 Calderel tritt an deine Seite und legt seine Klaue behutsam auf deine Schulter: *„Es ist nicht das, was du erwartet hattest, nicht wahr?“*
Gebannt starrst du ihn an, als er fortfährt: *„Die Geburt eines Pro-*

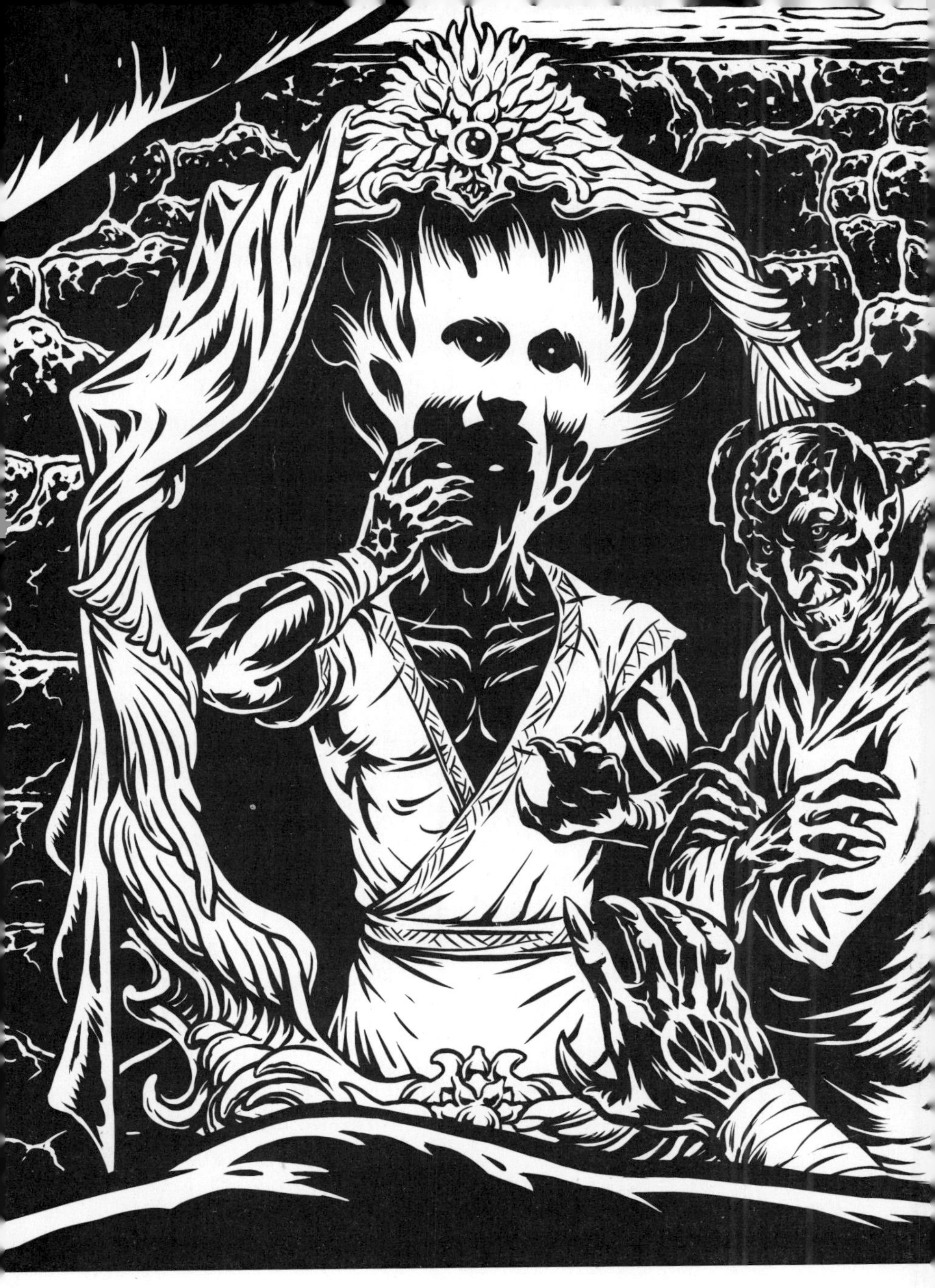

147 *Doch dann zieht sich der Nebel wieder zurück. Der Anblick, der sich dir zeigt, lässt deinen Atem stocken: Vor dir steht ein versteinerter Schatten. Und er starrt dich mit deinen eignen Augen an!*

pheten beeinflusst eben nicht nur den Geist, sondern auch die körperliche Hülle."

Woraufhin er auf das Artefakt deutet, das mit seinem goldenen Rahmen und den kunstvollen Sonnenornamenten gar nicht in das sonstige Mobiliar der Gemächer des Schattenmeisters passen will: *„Sei wachsam, mein Kind! Nur einen kurzen Augenblick und der Spiegel offenbart dir alles!"*

Schweißperlen rinnen dir über die Stirn, als sich das Bild wandelt. Calderel wirkt ebenso angespannt. Deine Silhouette verschwimmt zu einem dichten, schwarzen Nebel.

Du spürst, dass von deinem Ring, den dir Tarus überließ, eine Kraft ausgeht, die dich vor der magischen Macht des Spiegels, aber ebenso vor einem Zauber Calderels schützt. Du bist sicher, dass der Spiegel dir – und vor allen Dingen dem Ugar-Abgesandten – nicht alles offenbart.

Doch dann zieht sich der Nebel wieder zurück. Der Anblick, der sich dir zeigt, lässt deinen Atem stocken: Vor dir steht ein versteinerter Schatten. Und er starrt dich mit deinen eignen Augen an! In diesem Moment wird dir bewusst: Auch du bist ein Ugarith, ein Meister der Nacht! Menschen fürchten sich vor deinesgleichen.

*Lies weiter bei **300**.*

148 Du kannst dein Glück kaum fassen, als du eine weitere Ausguckröhre erreichst. Mit letzter Kraft ziehst du dich hinein. Tränen der Erleichterung rinnen dir über die Wangen. Du benötigst fast eine halbe Stunde, um wieder einigermaßen zu Kräften zu kommen.

*Willst du weiter nach unten klettern, lies weiter bei **153**.*

*Willst du durch den Schacht zurück in den Turm kriechen, lies weiter bei **135**.*

149 Während du im Stroh liegst und den wenigen Geräuschen des Kerkers lauschst, scheint die Zeit stehen zu bleiben. Einzig

das regelmäßige Plätschern der Wassertropfen gibt den Takt der verrinnenden Sekunden an.
Ein Wärter läuft gelegentlich an der Zwischentür des Gefängnistrakts vorbei. Obwohl du von deiner Zelle aus nichts sehen kannst, verrät dir sein Geruch, dass er kein Mensch ist.

Willst du weiter abwarten, lies weiter bei **259**.
Willst du aufstehen und zum Gitter gehen, lies weiter bei **292**.

150 Vorsichtig lässt du die Zwischentür ins Schloss fallen. Du schließt von außen ab und verbiegst den Schlüssel im Schloss – das verschafft dir vielleicht etwas Vorsprung.
Du stehst in einem weitläufigen Rundgang, der von Fackelschein in ein unruhiges Licht getaucht wird. Wassertropfen laufen über das schroffe Mauerwerk. Unweit von dir entfernt, am Ende des rechten Gangstücks befindet sich eine Wachstube. Du hörst das abscheuliche Grunzen eines schlafenden Gartak.

Willst du nach rechts laufen, lies weiter bei **102**.
Willst du nach links laufen, lies weiter bei **217**.

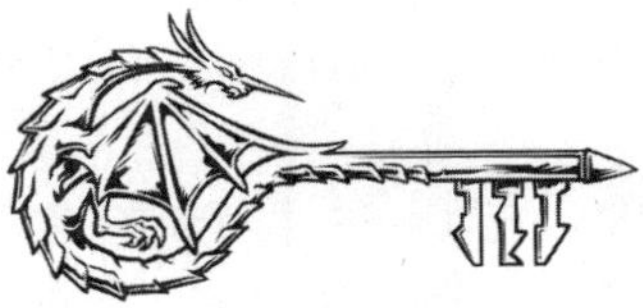

151 In dem engen Raum stehen ein Stuhl und ein kleiner, runder Tisch. Auf seiner Holzplatte liegt eine flache Drachenfigur aus Messing. Die gedrungene Körperhaltung des Drachen wirkt unnatürlich und sein Schwanz hat mehrere nach unten gebogene Dornen. Offensichtlich ein Schlüssel.
Wenn du den ***Drachenschlüssel*** *(Utensil) an dich nehmen willst, notiere ihn auf dem Abenteuerblatt.*

Lies weiter bei **107**.

152 Mit einem mulmigen Gefühl und stets darauf gefasst, in Sicherheit springen zu können, ziehst du langsam das Laken vom Leib über die dichte Mähne des Sandlöwen. Äußerlich hat das wüstengelbe Fell keine Verwundungen. Jedoch entdeckst du Markierungen, die mit einem schwarzen Ölstift um den mächtigen Nacken gezogen wurden.

*Lies weiter bei **171**.*

153 Mittlerweile bist du so weit herabgestiegen, dass du die tosenden Wellen deutlich erkennen kannst. Das Meer wirft sich unaufhörlich gegen die Klippen – es ist unmöglich, schwimmend von hier zu entkommen. Obwohl sich deine Kräfte dem Ende entgegen neigen, entschließt du dich weiter zu klettern.

Deine VITALITÄT sinkt um eine Stufe!

Schließlich steigt ein leichter Verwesungsgeruch in deine Nase. Um zu seinem Ursprung zu gelangen, müsstest du eine etwas gewagtere Kletteraktion über eine Felsklippe meistern.

*Willst du die Quelle des Gestanks untersuchen, lies weiter bei **220**.*

*Willst du weiter nach unten klettern, lies weiter bei **108**.*

154 Der alte Leonar ist Soldat. Er berichtet voller Stolz von seinen etlichen Kampfeinsätzen gegen das Empire. Vor drei Jahren sei er bei einer Erkundungsmission zum Auffinden des Nachtturms vor der Westküste Pakonias in Gefangenschaft geraten.
„Tja, den Tower habe ich gefunden“, fährt der Veteran mit einem zynischen Unterton fort, „doch darüber werde ich wohl keinen Rapport mehr abhalten.“
Die mitreißenden Geschichten, die Leonar zum Besten gibt, sind allesamt von Ehre, Mut und Kameradschaft geprägt. Doch trotz allen Pathos – die Gräuel des Krieges stimmen dich traurig.
Während der Alte eifrig erzählt, blickst du in Gedanken versun-

ken auf das Schloss deiner Zelle. Du weißt nicht wie und warum, doch es schnappt zurück und die Tür schwingt quietschend auf. Überrascht erhebst du dich. Es ist niemand zu sehen außer deinem Mitgefangenen, der dich hastig zu sich herüberwinkt.

Lies weiter bei ***296****.*

155 Du schaust an der Felswand des Nachtturms entlang: Der Weg nach oben ist eindeutig kürzer als nach unten. Deine Knie schlottern. Doch du hast keine Wahl. Wenn du überleben willst, musst du klettern!

Welchen Status hat deine Vitalität?

Ist sie ***normal*** *oder* ***angeschlagen****, lies weiter bei* ***267****.*

Ist sie ***verletzt*** *oder* ***kritisch****, lies weiter bei* ***169****.*

156 „Ganz offensichtlich ... es verwundert mich, dass Ihr fragt."

Nachdenklich stockt der Alte in seinen Erläuterungen und fährt nach einer kurzen Pause fort: „Ich sollte Euch nicht zu viel erzählen – ich will dem Meister nicht vorgreifen."

Schließlich legt dir Tarus die Hand auf die Schulter und meint knapp: „Ich denke, es ist besser, wenn Ihr nun geht."

Lies weiter bei ***263****.*

157 Von einem Moment auf den anderen zerreißt zunächst die Illusion, dann die Nebelgestalt und du hörst hinter dir ein tiefes, brummendes Stöhnen. Der Krollriese erwacht! Geblendet vom grellen Oberlicht ist das schwere Monstrum zunächst etwas orientierungslos, doch dann wälzt es sich mit behäbigen Bewegungen vom Tisch.

Willst du dich auf deiner Liege totstellen, lies weiter bei ***106****.*

Willst du augenblicklich den Raum verlassen, lies weiter bei ***172****.*

Willst du den Krollriesen ansprechen, lies weiter bei ***199****.*

158 Nach wenigen Minuten hört das Gurgeln des Gartak auf. Der Wärter ist im Abwasser des eigenen Kerkers ertrunken – welch Ironie! Zufrieden legst du dich wieder auf das Stroh und lauschst der Stille.

Doch dein kränklicher Zellennachbar spricht dich erneut an: „Da hast du kurzen Prozess gemacht! Recht so! Aber das gibt Ärger.
1 Die Schatten werden sich das nicht gefallen lassen."

Du machst dir schon Sorgen über die Konsequenzen deines Angriffs, als der Alte fortfährt: „Hey, ich bin Leonar und ich hab' was für dich! Vielleicht nutzt es dir, wenn du von hier weggebracht wirst. Achte aufs Wasser!"

Es dauert nicht lange und ein kleines Schiffchen aus Pergament fährt an deiner Zelle vorbei. Schließlich bleibt es an der Leiche des Gartak hängen.

Willst du das Schiff an dich nehmen, lies weiter bei ***224****.*

Willst du es ignorieren, lies weiter bei ***276****.*

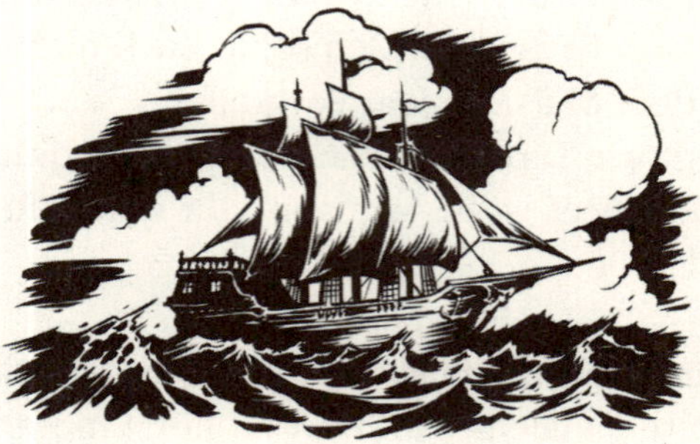

159 Die leichtgläubigen Wachmänner nicken und setzen ihre Patrouille fort. Dennoch sind sie sichtlich irritiert über dein seltsames Verhalten.

Willst du die Treppe hinauf, lies weiter bei ***231****.*

Willst du durch den Felsen aus dem Turm ins Freie kriechen, lies weiter bei ***190****.*

160 Während dich Calderel schweigend durch seine Gemächer führt, fällt dein Blick auf ein mannshohes Möbelstück, das mit einem großen Tuch aus schwarzer Seide verhüllt ist. Der aufmerksame Herrscher bemerkt deine Neugier: *„Dies ist der Spiegel der Offenbarung. Kein Zauber, keine Scharade vermag dieses einzigartige Artefakt zu täuschen! Er zeigt auch Verborgenes. Vielleicht sogar Dinge, von denen du selbst nichts ahnst!"*, flüstert Calderel in deine Gedankenwelt. *„Wagst du den Blick?"*

Willst du in den Spiegel blicken, lies weiter bei ***252****.*

Willst du nicht hineinschauen, lies weiter bei ***284****.*

161 Mit einem Reflex weichst du dem Glaskolben aus, der zwar deine Schulter streift, aber erst zerbricht, als er auf den Boden schlägt. Unter heftigem Dampfen und Zischen ergießt sich sein Inhalt. Der Zarlik blickt dich erbost mit bernsteinfarbenen Schlangenaugen an.

ZARLIK ALCHEMIST	*ANGRIFF*	⚡ **11**
	VERTEIDIGUNG	🛡 **11**
	RESISTENZ	♥ ○ ②

Überlebst du diesen Kampf, lies weiter bei ***283****.*

162 Deine innere Stimme drängt dich geradezu, den rechten Weg einzuschlagen. Ohne dieses Gefühl bewusst zu hinterfragen, kletterst du rechts an der Felsnase vorbei.

Lies weiter bei ***114****.*

163 Wie ein Grimmbär beim Lachsfang wartest du auf den richtigen Moment zuzupacken. Als der Gartak am Rand der Ausguckröhre kniet und mit dem Speer herumfuchtelt, schnappst du dir den Schaft und zerrst daran.

Teste deine STÄRKE gegen 10!

Gelingt der Test, lies weiter bei ***272****.*

Misslingt er, lies weiter bei ***118****.*

164 „Offensichtlich seid Ihr nicht mehr befugt, dieses Portal zu öffnen!“
Wie aus dem Nichts steht der Bibliothekar hinter dir. „Ich sollte Euch zu Calderel bringen.“
In seiner Stimme schwingt die Weisheit der Jahrzehnte, daher wagst du es nicht, ihm zu widersprechen.
1 Bereitwillig folgst du Tarus durch eine in den Regalen versteckte Tür, über eine enge Wendeltreppe hinauf in eine warme, mit Kunstschätzen eingerichtete Empfangshalle. Dann verabschiedet sich der Bibliothekar. Du bist wieder allein.

*Lies weiter bei **260**.*

165 Mit erhobenen Klauen gibst du auf. Daraufhin meint der Recke: „Schön. Es freut mich, dass Ihr zur Besinnung gekommen seid. Ich werde Euch zu unserem Meister führen.“
Er deutet auf die Tür und will sich umwenden, als er noch einmal innehält und meint: „Ach, Leonar, bitte geht zurück in Eure Zelle und erwartet dort eure Strafe.“
„Jawohl“, entgegnet Leonar leise.
Der alte Soldat wirft dir noch einmal einen resignierten Blick zu, bevor er wieder in den düsteren Gang zum Zellentrakt verschwindet.

*Lies weiter bei **113**.*

166 Geschwächt von deiner langen Flucht, unterläuft dir ein folgenschwerer Fehltritt: Just als du dich ins Zwielicht eines Schattens drückst, um den Blicken zweier Wachen zu entgehen, rempelst du gegen eine Kommode. Die Kristallvase, die darauf steht, gerät ins Schlingern und fällt mit einem lauten Klirren zu Boden.
Ehe du dich versiehst, bist du von einem halben Dutzend Gartaks umzingelt. Die Elitesoldaten lassen dir keine Fluchtmöglichkeit. Und nur wenig später steht – sichtlich missgelaunt – Aonus vor dir.

*Lies weiter bei **168**.*

167 „Meister, was machen da?“, fragt der ältere Gartak unsicher in die Röhre hinein.

*Willst du die beiden Soldaten mit scharfem Ton wegschicken, lies weiter bei **286**.*

*Willst du zügig weiter ins Freie kriechen, lies weiter bei **176**.*

*Willst du die beiden Gartaks attackieren, lies weiter bei **191**.*

168 Beschwichtigend breitet Aonus die Arme aus: „Erstaunlich, dass du es bis hierher geschafft hast. Aber dein kleiner Ausflug ist jetzt beendet. Folge mir – Meister Calderel erwartet uns bereits.“

Du siehst ein, dass es keinen Sinn macht, sich weiter zu widersetzen. Mit gesenktem Kopf gehst du die Steinstufen wieder hinunter und unter höhnischen Kommentaren der Gartaks führt dich Aonus durch die wirren Gänge des Nachtturms.

*Lies weiter bei **230**.*

169 Jeder Schritt, jeder Armzug wird zur Qual und immer häufiger unterlaufen dir Fehltritte. Die übermenschliche Belastung benebelt deine Sinne. Es ist nur noch ein kleines Stück bis zur Turmspitze, da bricht der Fels unter deinen Füßen ab.

*Lies weiter bei **233**.*

170 Innerhalb eines Wimpernschlags verzehren die blauen Flammen Kleidung, Ausrüstung und schließlich deinen Leib. Als brennende Fackel stürzt du in die Tiefe.

*Dein Leben endet hier. (✢**236***)* ■

171 Du wendest dich gerade ab, als sich vom Körper der Kämpferin ein bläulich schimmernder Nebel erhebt. Zunächst wabert er wirr durch den Raum, um schließlich direkt vor dir den Körper der Toten zu formen.

**) Spieltipp: Sollte dich dieser Sprung zurück nicht retten können, beginne das Kapitel von vorn und mache dich immun gegen die Flammen oder finde etwas Leckeres für den Drachen!*

Schließlich spricht der schimmernde Geist der Skÿll mit glockenheller Stimme: *„Keşra, hört! Ihr wurdet fehlgeleitet und eure Ausbildung nicht vollendet. Verlasst den Pfad der Finsternis! Erfahrt eure Bestimmung!“*

Lies weiter bei ***B3****!*

1

172 Der Krollriese ist verwirrt und übersieht dich, als du durch die Tür der Leichenhalle schlüpfst. Du pirschst dich in den dunklen Ecken des Ganges voran – Hauptsache weg von diesem Ungetüm! Kurze Zeit später tauchen sechs Gartak-Soldaten auf, die sich vor der Tür positionieren und auf einen Wink des Anführers die Halle stürmen. Du nutzt die Gelegenheit und fliehst.

Lies weiter bei ***178****.*

173 Du bist auf zwei Armlängen an den Mann herangeschlichen, als zwischen seiner Kutte und den Lederhandschuhen die grünblauen Schuppen eines Zarlik hervorblitzen. Diese humanoide Echsenrasse aus den unwirklichen Sümpfen des Südreichs Sal-Mur-Zar ist bekannt für ihre ausgeprägten mentalen Fähigkeiten. Etwas zögerlich schleichst du dich heran und holst aus. Ruckartig senkt der Zarlik seinen Kopf, schnellt herum und schleudert dir einen Glaskolben mit blauer Flüssigkeit entgegen.

Bestimme dein Schicksal anhand des Mondes!

Bei ***Neumond*** *bis* ***Halbmond****, lies weiter bei* ***298****.*

Bei ***Dreiviertelmond*** *oder* ***Vollmond****, lies weiter bei* ***161****.*

174 Etwas angewidert, aber dennoch voller Neugier ziehst du vorsichtig das Laken vom Haupt des Menschen zurück. Seine verschlossenen Augen und seine entspannten Gesichtszüge lassen keine gewaltsame Todesursache vermuten. Auch er trägt die bekannte Tätowierung einer achtstrahligen Sonne der Soldaten aus Rhenus auf der Innenseite seines rechten Unterarms. Um seinen Hals hängt eine einfache Eisenkette samt Plakette – es handelt sich wohl um die persönliche Kennzeichnung eines Regimentsoldaten.

*Wenn du die **Soldatenplakette** (Utensil) nehmen willst, dann notiere sie auf dem Abenteuerblatt.*

*Lies weiter bei **171**.*

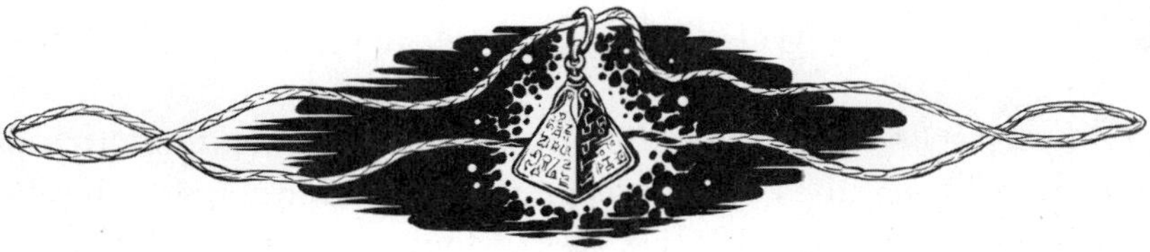

175 Kaum hast du vom ohnmächtigen Gartak abgelassen, hallen wütende Hilferufe durch die Gänge. Aonus und der Wärter haben bemerkt, dass sie eingeschlossen sind. Bald wird es hier von Wachen nur so wimmeln. Hastig wendest du dich der Ausgangstür zu und stürmst davon.

*Besitzt du die **Karte des Nachtturms**, lies weiter bei **206**.*

*Andernfalls lies weiter bei **216**.*

176 Überrascht von deinem Fluchtversuch schreien dir die Gartaks hinterher, doch dann entschließt sich einer, dich durch die enge Röhre zu verfolgen. Der gedrungene Körperbau des Schwarzpelzes lässt ihn zügig vorankommen.

Bevor er mit seinem langen Speer zustoßen kann, gelingt es dir auf die Außenwand des Nachtturms zu klettern. Eine heftige Windböe erfasst dich, als du in die gähnende Tiefe blickst. In Panik krallst du dich am schroffen Felsen fest.

*Lies weiter bei **234**.*

177 Fest entschlossen schreitest du auf den Mann zu, dann jedoch steigt in dir das Gefühl auf, dass es sich nicht um einen Menschen handeln könnte. Die drahtige Statur und vornübergebeugte Haltung wirken fremdartig. Außerdem ragt unterm Saum der Kutte ein grüngeschuppter Schwanz hervor. Du zögerst. Erinnerungen voller Neugier und Respekt flackern auf.

Willst du das Wesen ansprechen, lies weiter bei **297**.

Willst du dich an den Unbekannten heranschleichen und ihn hinterrücks attackieren, lies weiter bei **173**.

Willst du zurück in den Gang, lies weiter bei **247**.

178 Der Boden dieses kühlen Stockwerks ist komplett mit schwarzen Steinfliesen ausgelegt. Selbst Wände und Decken haben eine glatte Oberfläche. Kein Mobiliar, keine Kunstwerke zieren den Rundgang.

Als Beleuchtung dienen keine Fackeln, wie in den anderen Bereichen des Turms, sondern lange Streifen aus milchigem Glas, die in den Wänden eingelassen sind. Viele tausend unstete Lichtpunkte vermischen sich hinter der Scheibe zu einem schwach pulsierenden grünen Leuchten. Ein dumpfes Brummen lässt Wände und Boden vibrieren. Dein Geist wird von finsteren Erinnerungen gestreift.

Du bist etwa ein Viertel des Ganges abgelaufen, als du eine große Tür aus einem dunkelgrauen Metall erreichst.

Willst du dir die Tür genauer ansehen, lies weiter bei **226**.

Willst du den Gang entlanglaufen, lies weiter bei **247**.

179 Durch den dicken Stoff des Lakens siehst du zwar nicht, was mit dir geschieht, doch du spürst, wie die Gartaks die Trage auf ein fahrbares Holzgestell wuchten. Mit quietschenden Rädern wirst du durch einen langen Gang geschoben. Trotz aller Aufregung hältst du krampfhaft den Atem an.

Schließlich wirst du abgestellt. Du machst dich bereit zur Attacke, doch die Gartaks verschwinden. Erst als du nichts mehr hörst, befreist du dich vom ekelhaften Laken und schnaufst durch.

Du befindest dich in einem kahlen, kühl erleuchteten Raum, der

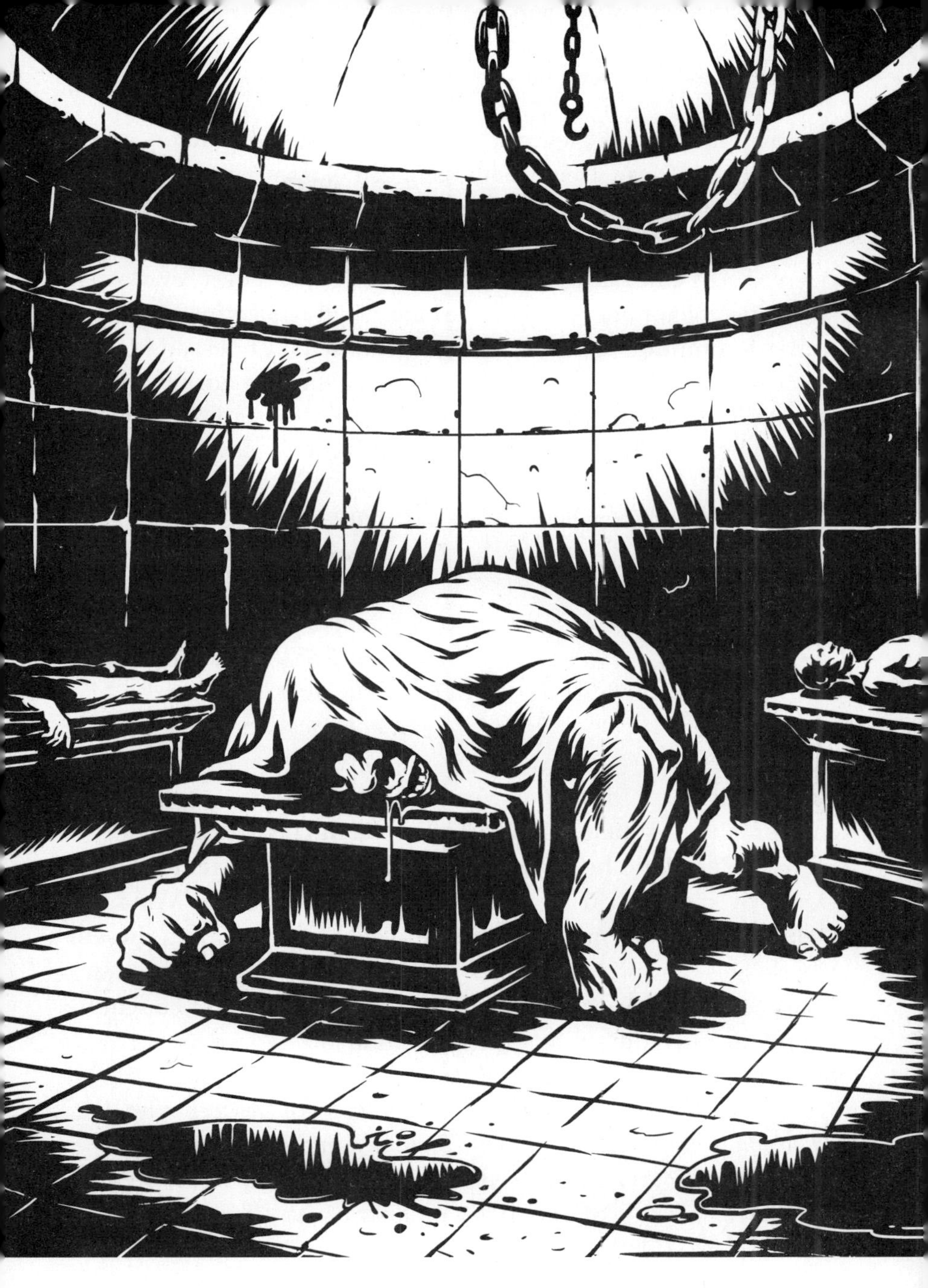

179 *In der Raummitte steht ein übergroßer Tisch, auf dessen Metallplatte ein Krollriese bäuchlings unter mehreren zusammengeflickten Laken liegt. Nur seine muskulösen Extremitäten liegen frei.*

komplett mit weißen Steinplatten verkleidet ist. Verschmiertes Blut klebt an den Fliesen. Deine Liege steht gemeinsam mit vier anderen an der Wand. Auf jeder von ihnen liegt ein lebloser, notdürftig bedeckter Körper. Neben einem Menschen erkennst du zudem die ledrigen Sohlen eines Gartak, die imposante Mähne eines Sandlöwen sowie die vollkommene Silhouette einer Skÿll-Kriegerin.

In der Raummitte steht ein übergroßer Tisch, auf dessen Metallplatte ein Krollriese bäuchlings unter mehreren zusammengeflickten Laken liegt. Nur seine muskulösen Extremitäten liegen frei. Neben der Leiche liegen blutverschmierte Zangen, Messer und Beile.

Welchen der fünf Toten willst du zunächst untersuchen?

Den Menschen, lies weiter bei **174**.

Den Gartak, lies weiter bei **254**.

Den Sandlöwen, lies weiter bei **152**.

Die Skÿll, lies weiter bei **131**.

Den Krollriesen, lies weiter bei **142**.

Oder keinen, lies weiter bei **171**.

180 Mit dem Mute der Verzweiflung beginnst du den beschwerlichen Abstieg an der scharfkantigen Felswand.

Obwohl der Mond hell scheint, trittst du immer wieder ins Leere. Dennoch kämpfst du unermüdlich gegen den böigen Wind an. Deine Muskeln brennen und zittern vor Anstrengung in diesem Überlebenskampf.

Direkt unter dir taucht eine größere Felsnase auf. Sie ist zu scharfkantig, um sich darauf ausruhen zu können.

Deine VITALITÄT sinkt um eine Stufe!

Besitzt du zwei SCHICKSALSPUNKTE, lies weiter bei **162**.

Andernfalls musst du dich für eine Richtung entscheiden:

Willst du rechts an dem Hindernis vorbei, lies weiter bei **114**.

Willst du links vorbei, lies weiter bei **153**.

181 Blitzschnell reißt du dich vom schmierigen Griff des Gartak los und stürzt zur Zwischentür.
Als du das Holzportal erreichst, hörst du das höhnische Grunzen des Wärters – er hat die Tür zuvor wieder verschlossen. Mit verschränkten Armen geht Aonus auf dich zu: „Hört auf! Mein Auftrag lautet, Euch unbeschadet zum Meister zu bringen. Und ich würde nur ungern versagen."

Willst du die beiden angreifen, lies weiter bei **124**.
Willst du dich fügen und mitgehen, lies weiter bei **281**.

182 Lodernde, orangeblaue Flammen umgeben dich und du hast dich von deinem Leben eigentlich schon mit einem lauten Schrei verabschiedet, als sich deine Haut in glänzendes Obsidian verwandelt und so der unvorstellbaren Hitze des glühenden Drachenodems trotzt.

Lies weiter bei **275**.

183 Auf leisen Sohlen läufst du hinunter und erreichst wieder den mittleren Bereich des Turmes. Du schaust dich um und bemerkst wie zwei fluchende Gartaks, in fleckige Kittel gekleidet, eine schwere Trage die Stufen hinauf wuchten. Auf ihr liegt ein steifer Körper, der komplett mit einem weißen Laken bedeckt ist. Noch hast du Zeit, dich hinter einem Wandvorhang zu verbergen.

Willst du dich verstecken, lies weiter bei **200**.
Willst du zügig zurück nach oben und durch die Holztür mit dem Drachenkopf schlüpfen, lies weiter bei **225**.

184 Schleichend näherst du dich dem dösenden Wachmann, dessen wulstiger Schädel auf dem Tisch ruht. Im Maul des Gartak hängt eine abgenagte, speicheltriefende Keule. Du ergreifst den Tonkrug und zertrümmerst ihn auf dem Hinterkopf des Schwarzpelzes. Mit einem leisen Stöhnen rutscht er vom Stuhl.
Triumphierend ballst du die Faust in Richtung Leonar. Der jedoch

steht mit verzerrtem Gesicht da und richtet seinen leeren Blick an dir vorbei zum Ausgang. Mit einem unguten Gefühl drehst du dich um.
Im Türrahmen steht ein Ugarith, mit schulterlangem, weißem Haar. Der Schein der Fackeln tanzt auf seiner polierten Plattenrüstung aus feinstem Stahl, während seine nachtschwarze Haut

und finsteren Augen hingegen jegliches Licht zu verschlucken scheinen. Die scharfen Klauen in die Hüften gestemmt, erhebt er seine feste Stimme: „Unterlasst bitte jeden weiteren Fluchtversuch, bevor mehr zu Bruch geht als dieser schöne Krug und der Schädel eines Gartaks."

Willst du dich ergeben, lies weiter bei **165**.
Willst du ihn attackieren, lies weiter bei **186**.

185 Ruckartig ziehst du an der verwitterten Tür, deren Scharniere zu klemmen scheinen. Doch dann kracht sie zurück und ein Schwall aus Unrat, Essensresten und vergorener Brühe ergießt sich über dich. Voller Ekel schützt du dein Gesicht und kämpfst um dein Gleichgewicht.
Mit Mühe und Not kannst du dich auf den schmalen Kanten der Rinne halten. Du beschließt, in die dunkle Abfallröhre zu kriechen und nach wenigen Minuten erreichst du eine weitere kleine Tür. Benebelt vom Gestank der Röhre und der Kraftanstrengung der letzten Stunden, stößt du sie auf und fällst auf die kalten Tonplatten einer Küche.
Als du wieder zu dir kommst, bist du umringt von einigen tuschelnden Mägden und Köchen sowie finster dreinblickenden Wachen. Alle überragt Aonus, der beide Arme in die Hüften stemmt: „Eure Flucht ist somit beendet! Ihr werdet mir zu Meister Calderel folgen."
Gestützt von einem Gartak folgst du dem weißhaarigen Ugarith durch die Gänge und Treppenhäuser des Nachtturms.

Lies weiter bei **230**.

186 „Lasst ihn in Ruhe!“, fordert Leonar mutig und deutet mit dem Zeigefinger dorthin, wo er Aonus vermutet.
„Geh zurück in deine Zelle, Sonnensoldat, bevor ich dich ins Schwarze Tor werfen lasse“, kontert der Ugarith genervt.
Während sich die beiden Kämpfer gegenüberstehen, machst du dich zum Angriff bereit.

*Lies weiter bei **K10**!**

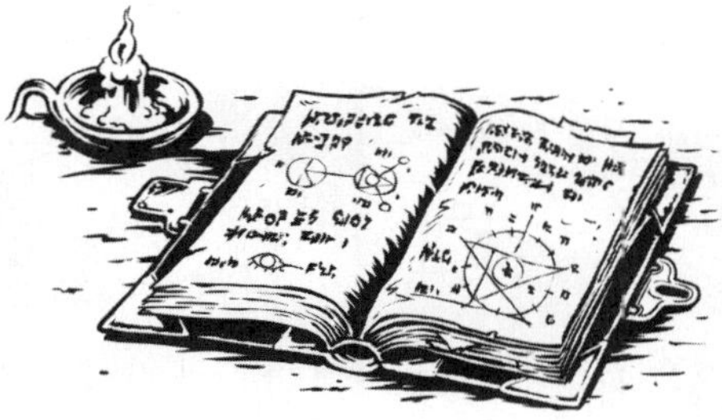

187 Du presst dich eng an den Felsen und nur um Haaresbreite saust die Speerspitze an deiner Schulter vorbei. Der Gartak flucht und schreit seinen Kumpanen an, er möge sofort eine Schusswaffe beschaffen – zumindest konntest du so etwas wie „Armbrust“ durch den böigen Wind verstehen. Dir ist klar, dass er damit wesentlich präziser auf dich schießen könnte.

*Willst du nach oben klettern, lies weiter bei **155**.*
*Willst du nach unten klettern, lies weiter bei **180**.*

188 Dein Herz schlägt dir bis zum Hals, als die beiden Gartak-Wachen an der Ausguckröhre vorbeilaufen. Du drückst dich flach auf den Boden und hoffst, dass du unentdeckt bleibst.
Abrupt reißt die dümmliche Konversation aus Lachen und Grunzen ab.

*Trägst du ein **Gefangenengewand**, lies weiter bei **279**.*
*Trägst du etwas anderes, lies weiter bei **167**.*

*) *Spieltipp: Das Kampfkapitel mit den Registermarken „K“ findest du wie andere besondere Kapitel auch, gegen Ende des Buchs.*

189 Du möchtest den Wachraum hinter dir lassen, als du den Gesang zweier Gartaks jenseits der Turmtür hörst. Obwohl das dilettantische Singspiel von Grunzen und Lachen durchzogen wird, macht dir diese Darbietung schwer zu schaffen. Schmerzen durchziehen deinen Schädel – diese grässliche Musik muss sofort aufhören!

Willst du die Treppe hinauf zur Plattform, lies weiter bei ***285****.*
Willst du die beiden Gartaks bekämpfen, lies weiter bei ***198****.*

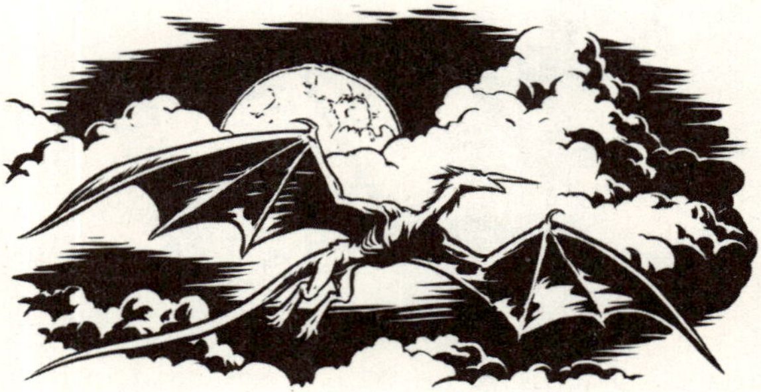

190 Zügig ziehst du dich ins Freie auf die schroffe, natürliche Flanke des Turms. Der kühle Nachtwind pfeift. Über dir funkeln die Sterne und weit, weit unter dir bricht die See lautlos gegen die Klippen. Du fühlst dich klein und unbedeutend im Angesicht der Naturgewalten.

Willst du die Felswand nach oben klettern, lies weiter bei ***155****.*
Willst du nach unten klettern, lies weiter bei ***180****.*

191 In der engen Röhre fällt es dir schwer, dich in eine gute Angriffsposition zu bringen. Du krabbelst den Gartaks entgegen, die zunächst gar nicht mit deiner Attacke rechnen. Doch als du dem ersten in den Waffenarm greifst und ihn in die Röhre ziehst, sticht sein Kamerad mit einem Speer zu. Wie einen wilden Eber spießt er dich auf. Das Letzte, was du spürst, ist das kalte Metall, das sich durch deine Schulter tief in die Lunge bohrt. Schließlich entsorgen die Gartaks deinen regungslosen Körper wie Unrat durch die Ausguckröhre.

Dein Leben endet hier. (+128) ■

192 Hastig läufst du an etlichen leeren Zellen vorbei zur schweren Zwischentür des Kerkers. Nach einigen Versuchen hast du endlich den richtigen Schlüssel parat, als du jenseits der Tür metallische Schrittgeräusche vernimmst.

*Willst du durch die Zwischentür schlüpfen, lies weiter bei **248**.*

*Willst du in einer dunklen Ecke warten, lies weiter bei **282**.*

193 Du ziehst am massiven Eisenring und leichter als erwartet schwingt dir die Schutztür entgegen. Obwohl du das Portal nur einen kleinen Spalt geöffnet hast, spürst du an deinen Beinen einen kurzen, aber heftigen Luftzug und der beißende Gestank von Chemikalien schlägt dir entgegen.
In der Raummitte steht ein mannshoher Dreifuß, in dessen Aufhängung ein Kupferkessel ruht. Ringsherum stehen Arbeitstische aus Holz. Darauf sind wirre alchemistische Konstruktionen aus Glaskolben, Trichtern und Schläuchen aufgebaut, in denen bunte Flüssigkeiten gluckern. Helle Rauchschwaden treiben durch den Raum. Im Nebel zeichnet sich die Silhouette eines Mannes ab.

*Lies weiter bei **139**.*

194 Unbehelligt erreichst du die oberste Tür des gigantischen Treppenhauses. Du hast den Nachtturm erklommen! Voller Ehrfurcht und Stolz schnaufst du noch einmal durch.
Dann öffnest du behutsam die Tür. Du blickst in einen kleinen Aufenthaltsraum mit zwei zerwühlten Pritschen und einem rustikalen Tisch samt Bestuhlung. Außer dir ist niemand hier.
An den Wänden sind Halterungen für militärische Utensilien befestigt. In der Mitte schraubt sich eine offene Wendeltreppe mit schmalen Metallstiegen im engen Radius nach oben. An ihrem

Ende befindet sich eine schwere Luke. Heftige Windböen zerren an ihren Scharnieren. Es muss sich also um einen Ausstieg auf die Spitze des Nachtturms handeln.

Willst du die Wendeltreppe hinauf, die Plattform erreichen, lies weiter bei ***253**.*

Willst du zuerst den Raum untersuchen, lies weiter bei ***126**.*

195 Während deines Rückzugs staucht Aonus den unaufmerksamen Gartak noch einmal lautstark zusammen. Der seinerseits lässt den Ärger an Leonar aus. Mit Peitschenhieben auf den Buckel wird der Alte zurück in seine Zelle getrieben. Du verbirgst dich in einer finsteren Nische. Unter Leonars lautem Keuchhusten gehen die drei Männer an dir vorbei. Als sie außer Sichtweite sind, springst du auf und entkommst durch die Ausgangstür des Wachraums.

Lies weiter bei ***216**.*

196 Du läufst am Gitter auf und ab und versuchst in die entlegenen Ecken des Ganges und der anliegenden Zellen zu spähen doch du kannst nichts Außergewöhnliches entdecken.
Dann vernimmst du eine flüsternde, kratzige Männerstimme aus einer der entfernteren Zellen: „Heda! Bist du wach?“
Du überlegst noch, was du antworten sollst, als der Alte fortfährt: „Mein Name ist Leonar. Warum bist du im Schattenturm?“
Daraufhin kracht die abgelegene Zwischentür zum Gefängnistrakt zurück.

Lies weiter bei ***214**.*

197 Ohne lange zu überlegen, drückst du das massige Ausgangsportal zur Anlegestelle auf. Kühle, feuchte Seeluft schlägt dir entgegen. Etwas tapsig gehst du die ersten Planken der Holztreppe hinab, als dir klar wird, dass du dich in einer riesigen Meereshöhle befindest. Ein ungutes Gefühl steigt in dir auf.

*Willst du umkehren und die Treppen hinauf, lies weiter bei **132**.*
*Willst du weiter in die Höhle hinein, lies weiter bei **120**.*

198 Du hältst dir die Ohren zu, um dem schrägen Liedgut der Wachen zu entgehen, während du dich hastig umschaust. Im überschaubaren Wachraum gibt es kein geeignetes Versteck für einen Überraschungsangriff. So stellst du dich einfach an die rechte Seite der Tür und erwartest die beiden Schwarzpelze. 1
Wie ein ausgehungerter Wolf springst du dem ersten Gartak in die Seite und verpasst ihm eine tiefe Wunde quer über die Brust. Doch dieser Kerl ist zäh! Er packt zu und schleudert dich dermaßen heftig zurück, dass du gegen das Schutzgitter der Wendeltreppe krachst.

Deine VITALITÄT sinkt um eine Stufe!

Nach dieser Kraftanstrengung sackt der Gartak in sich zusammen. Blut quillt aus seiner Brust und ein letztes Mal nickt er seinem Kameraden zu, der schnaubend seinen Kriegshammer zieht und auf dich zu marschiert.

GARTAK ELITEKÄMPFER	*ANGRIFF*	**13**
	VERTEIDIGUNG	**12**
	RESISTENZ	○ ②

*Wenn du überlebst, darfst du den **Kriegshammer** (Waffe, Treffer +3) aufnehmen und auf dem Abenteuerblatt notieren.*

*Lies weiter bei **249**.*

199 Der Krollriese muss selbst in diesem hohen Raum seinen unförmigen Schädel einziehen, um überhaupt stehen zu können. Wütend sucht er die Umgebung ab, bis er dich entdeckt und mit seinen großen, glänzenden Augen fixiert.

*Besitzt du die **Perle der Verständigung**, lies weiter bei **255**.*
*Andernfalls lies weiter bei **140**.*

200 Vollkommen außer Atem erreichen die beiden Gartaks eine Doppeltür aus einem matten, silbernen Metall und stellen – mit einem befreiten Schnauben – die Trage davor ab. Dabei gerät der leblose Körper ins Rutschen.

Aus deinem Versteck heraus erspähst du, wie der linke Arm eines Menschen nun seitlich unter dem Laken hervorschaut. Auf dem
1 bleichen Unterarm ist eine achtstrahlige Sonne tätowiert – das Zeichen des Heeres aus Rhenus!

Während der eine Gartak versucht, das Missgeschick zu kaschieren, wendet sich der andere der Tür zu. Etwas hilflos tastet er seinen Kittel ab und kratzt sich verlegen am Kopf.

Besitzt du die ***Kette des Wachmanns****, lies weiter bei* ***269****.*

Andernfalls lies weiter bei ***136****.*

201 In Gedanken starrst du auf das Kästchen mit seinen merkwürdigen Zeichen. Was wird wohl geschehen, wenn du den Hebel betätigst?

Willst du den Hebel betätigen, lies weiter bei ***238****.*

Willst du zurück nach draußen und den Turm hinabklettern, lies weiter bei ***153****.*

202 Du zückst den seltsamen Drachenschlüssel und suchst nach einer passenden Öffnung am Haupt des Silberdrachen. Schließlich entdeckst du das Schloss und steckst den Schlüssel hinein. Der große Drachenkopf reißt daraufhin das Maul auf und gibt den Türring frei, den du nun ohne Probleme drehen kannst, um die magische Tür zu öffnen. Du lässt die Bibliothek hinter dir und entschließt dich, den Turm weiter hinauf zu laufen.

Streiche den ***Drachenschlüssel*** *vom Abenteuerblatt!*

Lies weiter bei ***194****.*

203 Im Schutze der Nacht schleichst du über die feuchten Planken der Piere an Kisten, Fässern und Schiffsseilen vorbei zu

einer kleinen Holzbaracke. Flink drückst du dich durch den Verschlag. Überall riecht es nach Teer.
Du willst es dir gerade in dem muffigen Versteck bequem machen, als ein bestialisches Knurren direkt neben dir deinen Atem stocken lässt. In der nächsten Sekunde wirst du von einem ausgehungerten Sogukant, einem monströsen Bluthund, zerfleischt.

*Dein Leben endet hier. (✝**120**)* ▪

204 Ansatzlos lässt du deine Klaue durch das Gitter zucken, fixierst damit den Kopf des überraschten Gartaks und schmetterst ihn zwei-, dreimal gegen das unnachgiebige Metall. Während der Schwarzpelz hilflos mit seinem Kurzschwert herumfuchtelt, verkantet sich die Klinge im Gitter und zerbricht. Nach dem vierten Ruck rutscht der Gartak endlich mit einem leisen Stöhnen an den Stangen herunter und bleibt vornüber in der Wasserrinne liegen.

Willst du den Schlüsselbund nehmen und dich befreien, lies weiter bei ***125****.*

Willst du den regungslosen Gartak liegen lassen und abwarten, lies weiter bei ***158****.*

205 Gebannt erwartest du den Empfänger der Speisen und tatsächlich öffnet sich alsbald die Tür. Ein alter Mensch mit zotteligen weißen Haaren und Rauschebart kniet sich zittrig nieder und hebt die Tabletts vom Boden. Er hat dich nicht bemerkt. Dennoch drückst du dich tiefer in dein Versteck und bist dir sicher, den Bibliothekar gefunden zu haben.
Als er dir den Rücken zukehrt, springst du entschlossen zur Tür und stellst deinen Fuß hinein. Erst jetzt bemerkst du, dass den Drachenkopf ein schwaches magisches Leuchten umgibt. Das Maul weit geöffnet, liegt der ringförmige Öffner nun frei. Als du keine Schritte mehr vom Alten hörst, drückst du dich hindurch.

Lies weiter bei ***225****.*

206 Konzentriert vergleichst du die Karte des Nachtturms mit deiner Umgebung. Du bist sicher, dass die Tür zu deiner Rechten in ein Treppenhaus führt, das die mittleren Stockwerke miteinander verbindet.

Auf Zehenspitzen schleichst du die Stufen der beiden untersten Stockwerke hinauf, als sich irgendwo unter dir eine Tür öffnet und Aonus' markante Stimme erschallt: „Stell' dich! Vom Ningal-Tower gibt es kein Entrinnen!"

Wie versteinert harrst du der Dinge, denn der weißhaarige Ugarith scheint nicht zu wissen, wo du dich befindest. Erst als er fluchend verschwindet, setzt du deine Flucht fort.

Du blickst erneut auf die Karte und stellst fest, dass drei Bereiche für dich interessant sind. Wohin willst du?

In den Labortrakt, lies weiter bei ***221****.*
In die Bibliothek, lies weiter bei ***295****.*
Auf die Aussichtsplattform, lies weiter bei ***115****.*

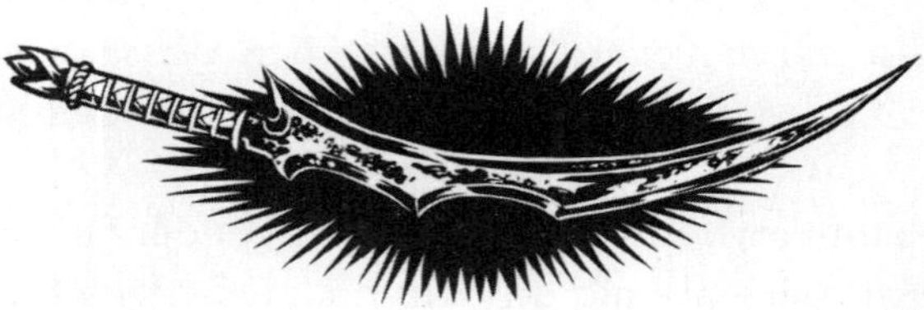

207 Die Gartaks schauen sich an. Nach kurzem Überlegen schüttelt der ältere den Kopf.

„Du kommen her!", fordert der jüngere.

Willst du nach draußen entkommen, lies weiter bei ***176****.*
Willst du die beiden Gartaks attackieren, lies weiter bei ***191****.*

208 Ohne viele Worte zu verlieren, geleitet dich Aonus weiter durch den tristen Aufgang. Gelegentlich lauft ihr an Ausgucke vorbei, die waagrecht durch die meterdicke Außenwand des Turms getrieben wurden und somit eher an Röhren erinnern. In

der Schwärze der Nacht kannst du nichts entdecken, außer silbrig funkelnde Wogen in weiter Ferne. Es scheint, als würde der Nachtturm inmitten der offenen See stehen.
› *Faszinierend! Aber diese Bastion kann unmöglich von Menschenhand geschaffen worden sein.* ‹

Willst du Aonus attackieren und versuchen, über die Treppen und Gänge des Nachtturms zu entkommen, lies weiter bei ***262****.*

Willst du immer noch hinter ihm herlaufen, lies weiter bei ***289****.*

209 Geplagt von Ungewissheit über die Räumlichkeiten und der Angst gefasst zu werden, drückst du dich von einer dunklen Nische zur nächsten. Du bist etwa auf halber Höhe des Turms, als direkt über dir eine Tür ins Schloss fällt.
Aus deinem Versteck heraus beobachtest du zwei in schmutzige Kittel gehüllte Gartaks. Sie schleppen eine Trage die Treppen hinauf. Darauf liegt ein lebloser Körper, der von einem weißen Laken bedeckt ist. In sicherem Abstand bleibst du den beiden auf den Fersen.

Lies weiter bei ***200****.*

210 Langsam kehren deine Sinne wieder zurück. Frischer Wind streicht dir durch die Haare, während du auf dem Rücken liegend in die Sterne blickst.
› *Ich hab's geschafft!* ‹
Du bist auf der Spitze des Nachtturms – eine kleine Unendlichkeit über dem Meer. Als du wieder einigermaßen bei Kräften bist, rappelst du dich vom Steinboden auf und blickst dich auf der großen, glatten Plattform um.

Lies weiter bei ***137****.*

211 Mit einem Ruck schlägst du das dicke Baumwolllaken zur Seite. Die leeren Augen eines toten Menschen blicken dich an. Der junge Mann ist gezeichnet von tiefen Schnittwunden, die ihm offensichtlich mit einem Schwert oder einer ähnlich scharfen Waffe beigebracht wurden. Seine Uniform ist zerrissen und übersät von dunklen Blutflecken.

Willst du deine Spuren verwischen und dich wieder verstecken, lies weiter bei ***222****.*

Willst du die Leiche verstecken und dich selbst auf die Bahre legen, lies weiter bei ***293****.*

212 Du stapfst irritiert am Rande der Plattform weiter, während dein Blick über den Sternenhimmel schweift. Plötzlich wirst du heftig in den Rücken gestoßen und fällst vornüber. Während Steine in die Tiefe klappern, kannst du dich nur noch mit einem beherzten Griff an die Felskante vor dem Absturz retten.
Panisch blickst du über die Kante hinweg, hilflos hängend, und starrst in die türkisfarbenen Augen eines Drachen! Mit seinem aufgerissenen Maul faucht er dich dermaßen laut an, dass du fast den Halt verlierst. Dabei spritzt dir eisiger Speichel von seinen unterarmlangen Reißzähnen ins Gesicht.

Trägst du ***Äpfel*** *bei dir, lies weiter bei* ***111****.*

Andernfalls lies weiter bei ***280****.*

213 „Gar nicht so schwierig, oder?“, muntert dich das Mädchen auf. – „Aber wenn ich das Damals ändere“, grübelst du besorgt, „was wird dann aus dem Jetzt?“
„Nichts“, meint der Junge gleichgültig. „Das Jetzt wird zu Nichts.“
„Aber was geschieht, sollte ich die Vergangenheit maßgeblich beeinflussen? Würde dies nicht Alles für jeden verändern?“
Seren scheinen deine Bedenken zu amüsieren: „Ist es nicht erstaunlich, dass euer Herz – mit jedem Schritt der Erkenntnis ewiglich zu sein – umso stärker für die Sterblichen schlägt?“
Du schnaubst: „Soll das etwa die Antwort auf meine Frage sein?!“
„Verzeiht mir. Aber es ist die dem Keşra anvertraute Macht, über unser aller Schicksal zu entscheiden.“ Seren hält kurz inne, neigt

den Schopf. „Die Konsequenzen jeder eurer Handlungen sind bloß ein Strudel in einem Seitenarm des Weltenflusses."
„Sollte ich Kathum das Leben schenken", denkst du laut nach, „wäre dies sicherlich ein Wendepunkt in diesem Krieg."
„Da habt ihr recht", schaltet sich der Knabe wieder in das Gespräch ein. „Deshalb empfangt diese Gabe …"
Der Junge überreicht dir ein schlichtes Tongefäß, etwa faustgroß, auf dessen Deckel kryptische Schriftzeichen eingebrannt sind.
„Dies ist eine Seelenurne. Mit ihr könnt ihr Kathums Seele nicht nur vorm Gang in die Unterwelt bewahren, sondern sie auch vom Damals ins Jetzt überführen."

*Notiere dir die **Seelenurne** (Besonderer Gegenstand) in Feld 11 auf dem Abenteuerblatt.*

„Eine Frage bleibt", wendest du dich noch einmal nachdenklich an die Kinder. – „Dann fragt!", ermuntert dich der Junge.
„Ist es mir gestattet jederzeit in die Vergangenheit zu reisen?"
Die Stimme des Jungen verfällt in einen hallenden Singsang wie aus zwei Kehlen vorgetragen: „Wir gewähren des Keşras Körper dieses Privileg einzig zur Begradigung des Weltenflusses."
Seren neigt ihren Silberschopf und haucht: „Beruhigt euch das?"
Vor Kurzem hätte dich dieser Kommentar zur Weißglut gebracht, doch mittlerweile verstehst du Serens Art. Deine Gefühle gehen sogar tiefer: Diese Kinder verhelfen dir zu deinem inneren Selbst. Es ist eine Ebene deiner Existenz, die du bisher nicht kanntest. Es kommt dir so vor, als würde sich Serens Geist in ihm manifestieren. Dieses beruhigende und zugleich motivierende Gefühl ergreift dein Herz.

*Deine VITALITÄT steigt auf **fit**!*

Beflügelt von unbändigem Mut, verabschiedest du dich von den vier Kindern und schwingst dich auf den Sattel deines Drachen in der unerschütterlichen Absicht, dein Schicksal in der Goldenen

Stadt Kyphi in die eigenen Hände zu nehmen. Serens Gesicht zeigt ein Lächeln der Zufriedenheit, als sie sich mit ihren Geschwistern zugleich verneigt.

Hast du REITER DER SCHWARZEN SONNE *bereits einmal beendet, also ein "**ENDE**"-Abschnitt im* FINALE *"*MÄCHTE DER SCHWARZEN SONNE*" erreicht und du besitzt aktuell einen* ***Goldklumpen****, lies weiter bei* ***911****.*

1

Andernfalls lies weiter bei ***900****.*

214 Ein durchdringender Ruf erschallt: „Schluss! Nix reden hier!“ Eindeutig der gebrochene Akzent eines Gartak – jetzt ist klar, warum es hier so stinkt! Mit diesen gezüchteten Kreaturen ist nicht zu spaßen. Besonders dann, wenn ihre Gebieter, die Magier aus Tul-Sar-Mar, der archaischen Echsenfestung, in der Nähe sind.
Wenig später steht der gedrungene Gartak mit gezücktem Kurzschwert vor deiner Zelle und mustert dich. Sein schmieriges Borstenfell riecht nach gammligem Fisch. An seinem Gürtel rasselt ein Schlüsselbund. Offenbar ist er der Gefängniswärter. Sein breites, dümmliches Grinsen in Kombination mit seinen widerwärtigen braunen Hauern lässt Wut in dir aufsteigen.

Willst du den Gartak packen und gegen das Gitter schlagen, lies weiter bei ***204****.*

Willst du ihn fragen, warum du hier bist, lies weiter bei ***287****.*

Willst du ihn ignorieren, lies weiter bei ***144****.*

215 „Beeindruckend! Diese Gartaks sind ziemlich zäh, nicht wahr?“, kommentiert eine kratzige Stimme aus einer der Zellen. Als du dich umdrehst, siehst du einen verhärmten Mann mit zotteligem grauen Haar und Vollbart hinter einem der Zellengitter stehen. Militärisch korrekt salutiert er dir zu: „Komm mal rüber, lass uns reden!“ Heftiges Husten bringt ihn aus der Haltung.

Willst du mit dem Alten sprechen, lies weiter bei ***296****.*

Willst du durch die Zwischentür entkommen, lies weiter bei ***192****.*

216 Planlos vor Aufregung stürzt du zunächst die Stufen des Treppenaufgangs nach oben und gehst durch eine der zahlreichen Türen. Du springst von Stufe zu Stufe, von Tür zu Tür und hoffst, dass du das Richtige tust. Schließlich erreichst du einen markanten Verbindungsgang.
Du hast zwar keine Ahnung, wo du dich innerhalb des Turms befindest, doch der dunkle Korridor mit seinen vielen Durchgängen und Nischen scheint für eine Flucht besonders geeignet. Blindlings schlüpfst du durch eine der Türen.
Bestimme dein Schicksal anhand des Mondes!

Bei ***Neumond****, lies weiter bei* **268***.*
Bei ***Sichelmond****, lies weiter bei* **237***.*
Bei ***Halbmond, Dreiviertelmond*** *oder* ***Vollmond****, lies weiter bei* **209***.*

217 Du rennst schon einige Zeit durch den Rundgang. Immer wieder kommst du an Türen vorbei, die der Zwischentür zu deinem Gefängnistrakt ähneln. Hinter ihnen ist das Jammern und Stöhnen weiterer Gefangener zu hören. Es muss sich also um einen großen Komplex für Hunderte Insassen handeln.
Unbeirrt läufst du weiter, bis du eine unscheinbare Nische erreichst, in der Umhänge aus dunklem Yamok-Fell an der Wand hängen. Dem Gestank nach zu urteilen die Kleidung der Gartak-Wärter – also nicht deine Kragenweite. Darunter steht eine einfache Holztruhe.

Willst du die Truhe öffnen, lies weiter bei **123***.*
Willst du sofort weiterlaufen, lies weiter bei **257***.*

218 Nach einiger Zeit wird der Gartak unruhig und läuft auf und ab. Dabei verzieht er sein schiefes Maul, flucht über die Trödelei seinen Kameraden und kneift sich immer wieder in den Schritt. Woraufhin er zügig die Treppe hinaufwatschelt.

Willst du den Körper auf der Pritsche anschauen, lies weiter bei **211***.*
Willst du abwarten, lies weiter bei **222***.*

219 Obwohl Leonar noch leise protestiert, entriegelst du das Gitter seiner Zelle. Zunächst ziert er sich etwas, doch dann entschließt sich der blinde Gefangene ebenfalls zur Flucht.

„Warte, ich muss noch etwas mitnehmen“, murmelt er in seinen zerzausten Bart, als er das Stroh unter seiner Pritsche abtastet, eine der Bodenplatten lüftet und einen Lederbeutel hervorholt.

1 „Du hast Recht. Ein Krieger sollte seinem Kameraden stets beistehen. Egal in welcher Gefahr!“

Etwas unsicher tapst er hinter dir her, direkt zur schweren Zwischentür des Gefängnistrakts.

Lies weiter bei **227**.

220 Du mobilisierst deine letzten Reserven und ziehst dich über einen Felsgrat hinweg in eine Nische. Zum ersten Mal seit deinem Abstieg zerrt kein Wind an deinem Körper, deiner Kleidung. Du schnaufst durch. Doch dann erfasst dich eine Böe von Gestank. Voller Ekel musst du husten.

Etwas unter dir ist eine kleine Holztür in den Felsen eingelassen. Dort muss die Quelle des penetranten Geruchs sein. Du versuchst, die Gedanken von Verwesung und Tod zu verdrängen und kletterst auf die Tür zu.

Nur knapp darunter entdeckst du eine Rinne. Sie ist direkt aus dem verwitterten Felsgestein geschlagen, glatt poliert und windet sich wie ein Korkenzieher nach unten. Breitbeinig stellst du dich auf die Flanken der Rinne und bist froh, wieder einen einigermaßen festen Stand zu haben.

Willst du die Tür öffnen, lies weiter bei **185**.
Willst du die Rinne hinab rutschen, lies weiter bei **294**.

221 Mit Hilfe der Karte bahnst du dir sicher den Weg durch den Schattenturm. Was dich wohl in den Gängen und Räumen des Labortrakts erwartet?

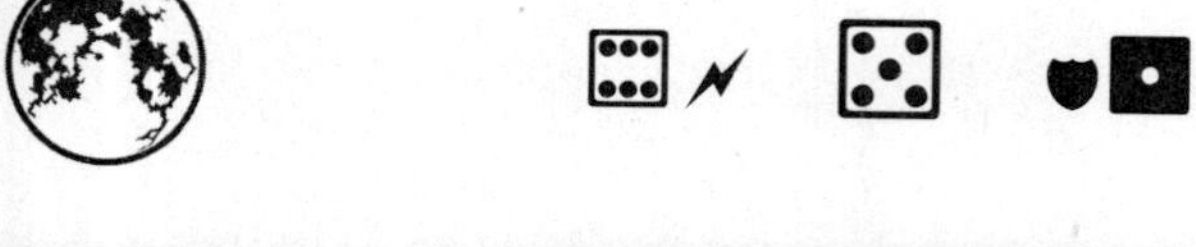

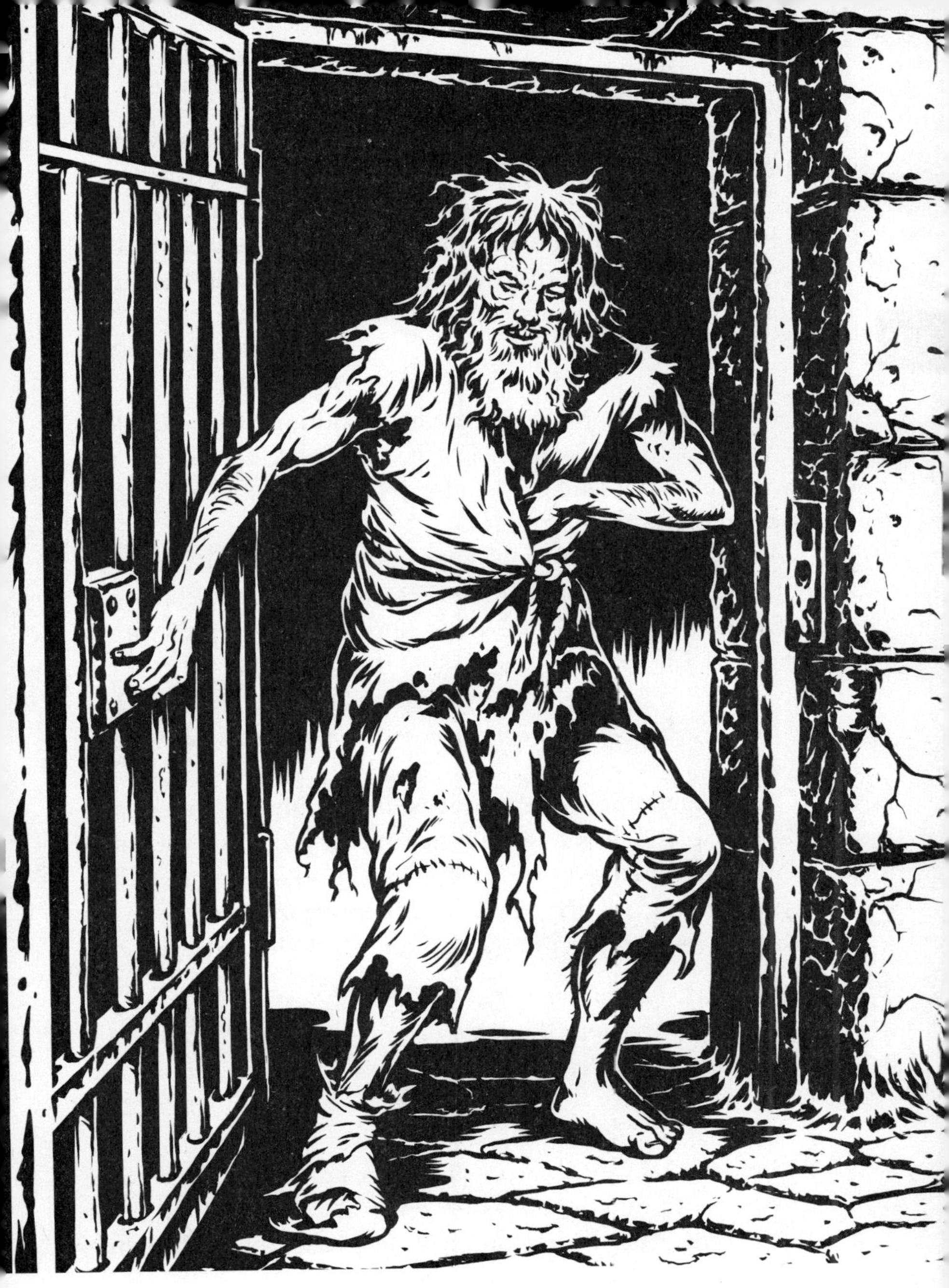

219 *Obwohl Leonar noch leise protestiert, entriegelst du das Gitter seiner Zelle. Zunächst ziert er sich etwas, doch dann entschließt sich der blinde Gefangene ebenfalls zur Flucht.*

Du bist fast eine Viertelstunde Treppen gestiegen, als nur wenige Schritte unter dir eine Tür geöffnet wird. Geschmeidig drückst du dich in den Schatten eines schweren Wandvorhangs und beobachtest zwei in fleckigen Kitteln gekleidete Gartaks, die eine Trage hinauf schleppen. Auf ihr liegt ein regungsloser humanoider Körper, der mit einem weißen Laken bedeckt ist.

Lies weiter bei ***200***.

222 Nach einigen Minuten tauchen beide Gartaks fast zeitgleich wieder auf. Der eine sichtlich erleichtert, der andere mit einem funkelnden blauen Kristall in Händen und einer bemerkenswerten Bierfahne im Atem.
Der Kristall passt exakt in eine kleine Öffnung in der Tür. Ein kurzes Poltern und leises metallisches Singen und die Tür schiebt zur Seite. Die Gartaks packen die Trage und laufen durch die große silberne Tür.

Willst du ihnen folgen, lies weiter bei ***240***.
Willst du den Turm erklimmen, lies weiter bei ***115***.

223 Mit zugekniffenen Augen legst du behutsam deine Klaue auf die Steinplatte. Zunächst tut sich nichts, doch als du einen leichten Druck ausübst, erfüllt ein knisterndes Geräusch den Gang und ein unglaublicher Schmerz durchzieht deinen Arm, bis dein Körper verkrampft und du zuckend zu Boden sinkst.

Deine Vitalität sinkt um eine Stufe!
Willst du zurück zum Gartak vor der Silbertür, lies weiter bei ***218***.
Willst du dich erneut verstecken und auf den Gartak warten, lies weiter bei ***110***.

224 Du streckst deinen Arm die Eisenstangen hindurch und fischst das Schiff aus dem Wasser. Voller Neugier entfaltest du das Pergament. Aber leider musst du feststellen, dass die Tinte auf dem Schriftstück fast zur Unkenntlichkeit verwischt wurde. Es sieht so aus, als wäre es der Lageplan des Turmes gewesen. Einzig der Name des Gebäudes ist noch erkennbar: „Ningal-Tower“. Ansonsten ist damit kaum mehr etwas anzufangen.

*Wenn du dennoch den **Verschmierten Plan** (Utensil) an dich nehmen willst, notiere ihn auf dem Abenteuerblatt.*

*Lies weiter bei **104**.*

225 Kaum bist du durch die magische Tür gegangen, schnappt das Maul des Drachen wieder zu. Der Kopf leuchtet nicht mehr. Du drückst und ziehst, doch der Ausweg in diese Richtung ist dir nun verwehrt.

Neugierig widmest du dich deiner neuen Umgebung: Du stehst inmitten einer riesigen Bibliothek, die sich über das komplette Stockwerk erstreckt. Dutzende Regale vollgestopft mit dicken und dünnen Folianten, Papyrus-Bündel und Pergamentrollen bilden ein kleines Labyrinth aus schmalen Gängen. Erleuchtet wird der Raum von etlichen Öllaternen. In einem entfernten Kamin knistert Holz.

*Willst du zum Kamin gehen, lies weiter bei **242**.*

*Willst du die Bücherregale untersuchen, lies weiter bei **258**.*

226 Hinter der bulligen Metalltür hörst du dumpfe, gurgelnde Geräusche. Außerdem steigen dir zahllose, undefinierbare Gerüche in die Nase. Allerdings bist du unsicher, ob sie von einem Lebewesen stammen. Der handtellergroße Eisenring zum Öffnen der Tür zeigt bereits deutliche Gebrauchsspuren.

*Willst du versuchen, die Tür zu öffnen, lies weiter bei **193**.*

*Willst du weitergehen, lies weiter bei **247**.*

*Besitzt du die **Karte des Nachtturms** und willst sie nun zu Rate ziehen, lies weiter bei **143**.*

227 So leise wie möglich verschließt du die Zwischentür hinter dir und deinem Begleiter. Du stehst gemeinsam mit Leonar in einem gebogenen Gang. Neben dem Knistern von brennenden Fackeln vernimmst du das unappetitliche Schnarchen eines Gartak. Vermutlich ist er im Wachraum, der sich am Ende des rechten Gangs befindet, eingeschlafen.

Du wendest dich nach links, doch Leonar hält dich zurück: „Das hat keinen Sinn – es ist ein Rundgang! Früher oder später müssen wir an dem Stinker vorbei."

Du nickst zustimmend und gemeinsam wendet ihr euch nach rechts.

Lies weiter bei ***109***.

228 Mit brummendem Schädel erwachst du wieder. Eiskaltes Wasser wird dir ins Gesicht geschüttet. Du hörst eine feste Stimme: „Jetzt hört mal gut zu! Wenn Ihr Euch nicht helfen lassen wollt, dann ist das Eure Sache. Ich werde aber nicht ständig hinter Euch herlaufen wie eine Zofe. Also kommt jetzt mit oder verrottet hier!"

Aonus hievt dich mit beiden Klauen am Kragen wieder auf die Beine.

Lies weiter bei ***281***.

229 Vorsichtig beugst du dich über den benommenen Ugarith und greifst unter den Umhang nach seiner prächtigen Waffe. Der blank polierte, kalte Knauf weckt Erinnerungen.

› *Ich kenne dieses Breitschwert! Ich durfte es selbst führen!* ‹

Weitere Bilder und Sprachfetzen aus der Vergangenheit durchzucken deinen Geist.

› *Ich war schon einmal hier – mit Aonus!* ‹

Du spürst eine Bewegung. Der Ugarith erwacht!

Lies weiter bei ***216***.

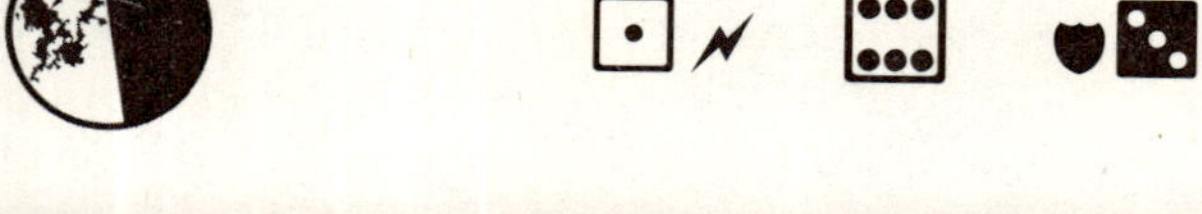

230 Aonus führt dich durch die oberen Stockwerke bis zu einer kunstvollen Holztür mit einem markanten silbernen Drachenkopf, in dessen Maul ein Ring fixiert ist. Das ist bereits die fünfte Tür in diesem Stil, die du siehst. Sie scheinen die wichtigen Bereiche des oberen Turmes zu schützen.
Der muskulöse Ugarith zieht einen Schlüssel in Form eines Drachen aus dem Umhang, aktiviert damit einen magischen Mechanismus: „Geh' rein und warte! Meister Calderel wird dich sicher bald empfangen."
Das Maul des Drachenkopfes, der nun rötlich leuchtet, öffnet sich und gibt den Ring frei. Eine kleine Drehung an ihm genügt und prompt öffnet sich die Tür zur Bibliothek des Schattenturms. Mit einer angedeuteten Verbeugung weist dich Aonus hinein und schließt die Tür hinter dir.

Trägst du einen ***Siegelring*** *oder einen* ***Schlangenring****,*
lies weiter bei ***164****.*
Andernfalls lies weiter bei ***225****.*

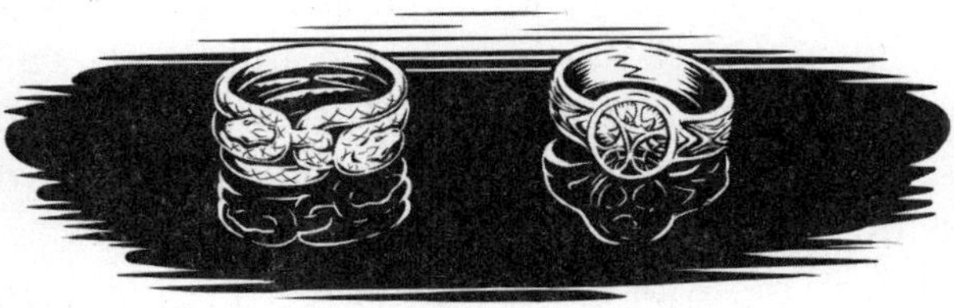

231 Bei deinem langen Aufstieg gehen dir viele Gedanken durch den Kopf. Obwohl du seit Ewigkeiten durch den Turm läufst, bist du dir im Klaren darüber, dass du bisher nur einen Bruchteil des gigantischen Gebäudes gesehen hast. Es ist dir ein Rätsel, wie seine Versorgung mit Nahrung und Wärme bewerkstelligt wird. Doch noch mehr machst du dir Gedanken darüber, wieso deine Flucht noch keine intensivere Suche heraufbeschworen hat.
› *Bin ich nicht wichtig genug?* ‹
Offensichtlich sind die oberen Stockwerke für die Führer des

Empires reserviert. Immer wieder kommst du an schön verzierten Türen, kunstvollem Mobiliar und beeindruckenden Gemälden vorbei. Außerdem patrouillieren in diesem elitären Bereich deutlich mehr Wachen.

Bestimme dein Schicksal anhand des Mondes!

*Bei **Neumond** oder **Sichelmond**, lies weiter bei **166**.*

*Bei **Halbmond** bis **Vollmond**, lies weiter bei **194**.*

232 Das Fragen in den Augen des Zarliks weicht zunächst Verwirrung und schließlich wilder Entschlossenheit, als er deinen Angriff bemerkt.

ZARLIK ALCHEMIST		
	ANGRIFF	**11**
	VERTEIDIGUNG	**11**
	RESISTENZ	○ ②

*Überlebst du diesen Kampf, lies weiter bei **283**.*

233 Mit rudernden Armbewegungen versuchst du dein Gleichgewicht zu halten, doch du verlierst den Halt, schlägst mit dem Kinn gegen den Felsen und stürzt benommen in die Tiefe. Du spürst, wie die Luft immer schneller an dir vorbeistreicht und dich die Schwerkraft gleichermaßen verlässt.

Über dir strahlt der Mond wie ein ruhiger Fixpunkt im Strudel deines Falls. Trotz der Gewissheit des sicheren Todes fühlst du entspannte Zufriedenheit. Du schließt die Augen und wartest auf den Beginn der Ewigkeit.

Da packt dich etwas an Hüften und Schultern und beendet schlagartig deinen Sturz. Der Ohnmacht nahe, siehst du den geschuppten, dunklen Körper einer riesigen Kreatur, die dich mit ausgebreiteten Schwingen über das Meer trägt. Dann schwinden dir die die Sinne.

Deine VITALITÄT sinkt um eine Stufe!

*Lies weiter bei **210**.*

234 Dein Stand neben dem Ausguckloch ist alles andere als fest, da zuckt auch schon die Speerspitze deines Verfolgers heraus. Der Gartak stochert ziellos ins Leere.

Willst du den Speer packen und dem Gartak entreißen, lies weiter bei ***163****.*

Willst du sofort losklettern, lies weiter bei ***127****.*

235 Wie viele Stunden du bereits einsitzt, vermagst du nicht zu sagen. Mittlerweile kennst du jeden salzverkrusteten Stein, jede Fuge deiner Zelle. Und noch immer verspürst du weder Durst noch Hunger.

Plötzlich hörst du, wie die Zwischentür geöffnet wird. Ein beeindruckender Ugarith wird vom Gefängniswärter hereingelassen. Der edle Recke baut sich in seinem funkelnden Brustpanzer vor deiner Zelle auf und schaut dich ernst an. Seine Augen sind ebenso unergründlich schwarz wie seine Haut. Unter seinem Umhang zeichnet sich der Schaft eines Breitschwerts ab.

Nach kurzem Zögern gibt er dem Wärter einen Wink und deutet auf das Schloss. Während der Gartak nervös mit den Schlüsseln hantiert, streicht sich der Kämpfer eine lange Strähne seines weißen, schulterlagen Haares aus dem kantigen Gesicht: „Erinnert Ihr Euch? Ich bin Aonus. Adjutant des ehrwürdigen Calderel." Das Gitter schwingt auf. „Nein? Nun denn, ich werde Euch dennoch zum Meister führen."

Vermerke dir auf der dritten Seite des Abenteuerblatts unter Spezielle Notizen neben dem Begriff ***Calderel*** *die Zahl 100.*

Willst du beide angreifen, lies weiter bei ***246****.*

Willst du entkommen, lies weiter bei ***181****.*

Willst du ihnen ohne Widerrede folgen, lies weiter bei ***281****.*

236 In geduckter Haltung läufst du von Fels zu Fels und entgehst so den unaufmerksamen Wachen. Sie scheinen mehr mit ihrer Müdigkeit beschäftigt als mit ihrer Pflicht. Du hast fast die halbe Plattform umrundet und kannst sogar die Rückseite der Baracke sehen, da durchzieht ein animalischer Schrei gefolgt von einem lauten Schaben die Dunkelheit. Unwillkürlich zuckst du zusammen. In deiner unmittelbaren Nähe muss sich eine Kreatur befinden!

Willst du nach oben schauen, lies weiter bei ***212****.*
Willst du eilig weiter gehen, lies weiter bei ***270****.*

237 In den wirren Gängen, Treppen und Erkern des Nachtturms verlierst du die Orientierung. Immer wieder hörst du schallende Schritte und Stimmen in der Ferne, doch mit Glück und Geschick kannst du dich vor Aonus und den Bewohnern der gigantischen Festung verbergen. Eine innere Stimme sagt dir, weiter nach oben laufen zu müssen, auch wenn dich die unzähligen Stufen förmlich zermürben.

Lies weiter bei ***115****.*

238 Mit einem leisen Surren verschwindet die Holzwand im Boden und gibt den Blick auf einen von Öllaternen erleuchteten Raum, zugestellt mit Bücherregalen, frei. In einer entfernten Ecke knistert ein Kaminfeuer.
In dir steigt das Gefühl auf, dass du nicht alleine bist.
› In der Bibliothek ist jemand! ‹

Willst du zum Kamin gehen, lies weiter bei ***242****.*
Willst du die Regale in Augenschein nehmen, lies weiter bei ***258****.*

239 Es handelt sich um einen massiven Siegelring aus gebürstetem Silber. Du bemerkst die positive, magische Kraft dieses Talismans, während du ihn dir an den Ringfinger der linken Klaue steckst. Für einen flüchtigen Moment glaubst du den Geist einer anderen Person empfangen zu können.

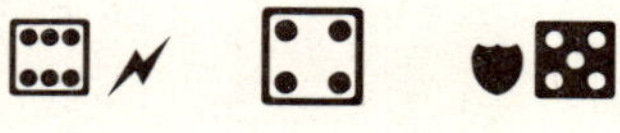

Du bewunderst noch einmal das Schmuckstück, das wie angegossen passt, als du Tarus die Klaue zum Abschied reichst.
*Notiere dir den **Siegelring** (Besonderer Gegenstand) in Feld 4 auf dem Abenteuerblatt.*

*Lies weiter bei **250**.*

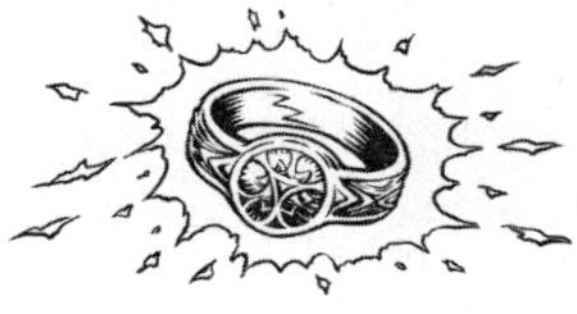

240 In sicherem Abstand schleichst du den Gartaks hinterher. Vor Anstrengung bemerken die beiden nicht, wie du dich geschmeidig in den Korridor drückst und mit dem Schatten verschmilzt. Die Eingangstür schiebt sich wieder zurück.

*Lies weiter bei **178**.*

241 Entschlossen, endlich aus dem Verlies zu entkommen, greifst du dir den Schlüsselbund und entriegelst das Schloss.
Hastig gehst du zur Zelle deines Mitgefangenen und erschrickst: Der verwahrloste Alte starrt dich aus zwei vernarbten Augenhöhlen an. Ihm wurde offenbar das Augenlicht mit glühendem Eisen aus dem Gesicht gebrannt.
*Notiere dir den **Schlüsselbund des Wärters** (Utensil) auf dem Abenteuerblatt.*

*Willst du Leonar dennoch befreien, lies weiter bei **219**.*
*Willst du ohne ihn fliehen, lies weiter bei **192**.*

242 Holz knistert und knackt, Schatten tanzen an den Wänden, als du dich vorsichtig dem Kamin der Bibliothek näherst. Dank des flauschigen Teppichs unter deinen Füßen schleichst du lautlos heran. Vor der ausladenden Feuerstelle ist ein flacher

Tisch. Darauf stehen ein Turm gestapelter Bücher und daneben ein Becher Rotwein sowie zwei Platten mit Essensresten.
Zum Kamin gewandt befindet sich ein gemütlicher Ohrensessel, in dem ein ergrauter Mensch mit langem Bart sitzt. Seine tiefen Falten zeugen von Lebenserfahrung und Weisheit. Er döst vor dem offenen Feuer. Auf seinem rundlichen Bauch balanciert ein aufgeschlagenes Buch.

Willst du den Bibliothekar ansprechen, lies weiter bei **130***.*
Willst du die Regale untersuchen, lies weiter bei **258***.*

243 Schließlich erreicht ihr eine reich verzierte Tür aus Edelhölzern. Der Öffner ist ein stilisierter Drachenkopf aus Silber, in dessen Maul sich ein großer Ring befindet.
„Tritt ein! Meister Calderel wird sicher in Kürze erscheinen."
Mit diesen Worten zückt Aonus einen Schlüssel in Form eines Drachen, steckt ihn ins Maul der Portalverzierung und aktiviert somit einen Mechanismus. Der Drachenkopf glimmt in magischem Rot, öffnet sein Maul und gibt den Ring frei. Aonus stößt die Tür auf und verlässt dich wortlos nach oben.

Willst du durch die Tür gehen, lies weiter bei **225***.*
Willst du nach unten zur letzten Tür, lies weiter bei **183***.*

244 Angespannt vor Erregung presst du dich gegen die Außenwand des Turmes. Wie ein Raubtier pirschst du dich an dein Opfer, den wartenden Gartak, heran. Doch bevor du ihn erreicht hast, bemerkt er die Gefahr, schreit laut auf und rollt sich zur Seite. Mit einem Satz springst du auf ihn – es beginnt ein Ringen auf Leben und Tod.
Du willst dem Gartak gerade den letzten Schlag verpassen, als

durch die silberne Tür fünf weitere Helfer in das Treppenhaus stürmen und dich überwältigen. Einer von ihnen zückt mit gekonntem Griff aus einem Ledersack eine Calora, befreit sie vom Maulkorb und presst sie gegen deinen Hals. Du spürst, wie ihre Giftzähne in deine Haut eindringen. Nur Augenblicke später bleibt dein Herz stehen.

Dein Leben endet hier. (✢278) ▪

245 Etwas zittrig klappst du den Deckel zurück. In der Mitte des kunstvollen Kästchens, das mit schwarzem Samt ausgekleidet ist, liegt ein glatt polierter Obsidianstein. Du glaubst ein schwaches, rötliches Glimmen in seiner Mitte zu erkennen.
Neugierig beugst du den Kopf nach vorne und erschrickst, als dir aus dem Stein eine kleine Feuerlanze entgegenschlägt. Doch deine Faszination für das Kleinod ist ungebrochen.

Willst du die Schatulle samt Stein einstecken, lies weiter bei ***145****.*
Willst du alles wieder zurücklegen, lies weiter bei ***201****.*

246 Offensichtlich rechnet Aonus nicht mit einem Ausfall, denn für einen kurzen Augenblick dreht er dir den Rücken zu. Gekonnt nutzt du seine Unachtsamkeit und zerrst ihn mit einer Bewegung in deine Zelle, schlägst die Tür zu, drehst den Schlüssel um und brichst ihn ab.
„Nicht schlecht, Schattenkind! Fast schon wieder der Alte."
Aonus steht mit einer gekonnten Drehung um die eigene Achse auf und klopft sich das Stroh vom Leder seiner Hose. Der Gartak, der eigentlich schon auf dem Rückzug war, hat noch gar nicht realisiert, was soeben geschehen ist. Mit einem Satz springst du zu ihm hinüber und ziehst ihm eins über, so dass er benommen in die Rinne fällt.
Wenn du dem Gartak die Waffe abnehmen möchtest, notiere dir das ***Kurzschwert*** *(Waffe, Treffer +2) auf dem Abenteuerblatt.*

Lies weiter bei ***K10****!**

**) Spieltipp: Das Kampfkapitel mit den Registermarken „K" findest du wie andere besondere Kapitel auch, gegen Ende des Buchs.*

247 Mit langen Schritten lässt du die sterilen Gänge dieses Stockwerks hinter dir. Erleichtert erreichst du eine Tür zu einem unscheinbaren Aufgang. Dein Weg führt dich weiter nach oben und schließlich wieder in das dir bereits bekannte große Treppenhaus.

*Lies weiter bei **115**.*

248 Der Gefängnisrundgang hat weder Nischen noch Türen und da hörst du die gellenden Rufe eines Gartak. Du nimmst die Beine in die Hand und läufst in die andere Richtung davon. Nach nur wenigen Schritten schneidet dir ein anderer Schwarzpelz mit gezücktem Streitkolben den Weg ab. Er zieht an einem Hebel und aus zahllosen Düsen in der Wand strömt ein hellgrüner Dunst. Du versuchst die Luft anzuhalten, doch schließlich musst du das Gas einatmen. Deine Muskeln verkrampfen und du fällst vornüber. Das Letzte, was du wahrnimmst, ist das arrogante Grunzen des Gartak, der dir den Gnadenstoß gibt.

*Dein Leben endet hier. (**÷192**)* ■

249 Gezeichnet durch die Anstrengungen der vergangenen Stunden und den Kampf gegen den Elitekämpfer wankst du die Wendeltreppe hinauf. Du hoffst, dass niemand auf den Kampflärm aufmerksam wurde. Mit schwindender Kraft drückst du die Luke auf und rollst dich zur Seite. Das Letzte, was du verspürst, bevor dich die Ohnmacht übermannt, ist eine frische Brise.

*Lies weiter bei **210**.*

250 Du gehst an den Wandregalen der Bibliothek entlang, bis du schließlich die massive Ausgangstür erreichst. Das Holzportal mit seinem großen Drachenkopf aus Silber ist verschlossen.

*Besitzt du einen **Drachenschlüssel**, lies weiter bei **202**.*

*Andernfalls lies weiter bei **164**.*

251 Wie ein Schmiedehammer trifft deine Faust Aonus' Genick. Benommen sackt der Recke zusammen und poltert einige Stufen die Treppe hinunter.

Doch du ahnst: Trotz der Wucht deines Schlages wird er nicht lange brauchen, um sich zu erholen. Gehetzt blickst du dich in dem gigantischen Aufgang mit seinen feuchtkalten Stufen um.

Willst du durch die massive Holztür zur Anlegestelle entkommen, lies weiter bei ***197****.*

Willst du die Treppe nach oben flüchten, lies weiter bei ***132****.*

252 Calderel positioniert dich direkt vor dem Spiegel, stellt sich neben ihn und schaut dir fest in die Augen. Dann reißt er mit einem Ruck das Tuch beiseite. Aber ehe du etwas erkennst, blendet dich ein greller Lichtschein.

Trägst du einen ***Siegelring****, lies weiter bei* ***288****.*

Trägst du einen ***Schlangenring****, lies weiter bei* ***265****.*

Hast du keines dieser Besonderen Gegenstände, lies weiter bei ***299****.*

253 Du bist dir sicher, dass in einem solchen schmierigen Loch nichts Wertvolles sein kann. Schnurstracks springst du zur gewundenen Metalltreppe, als du von unten den schiefen Gesang zweier Gartaks vernimmst.

Lies weiter bei ***285****.*

254 Der Geruch von verkohltem Fleisch schlägt dir entgegen, als du das weiße Stofflaken zurückschlägst. Der entsetzte Blick eines Gartak und der tellergroße, schwarze Fleck auf seiner Brust legen ein jähes Ende durch eine Feuerlanze nahe. Wahrscheinlich hat der Krieger sein ungebührendes Verhalten gegenüber seinen Meistern mit dem Tod bezahlen müssen.

Lies weiter bei ***171****.*

255 Unsicherheit schwingt in deiner Stimme, als du dem Krollriesen erklärst, dass du, wie er, ein Gefangener im Nachtturm bist. Er ist sichtlich irritiert, dass du seine Sprache sprichst. Dann aber weicht die Wut in seinem zerfurchten Gesicht einer tiefen Traurigkeit.

„Gobal heim!“, entfährt es ihm.

Du stellst dir vor, wie der mächtige Krollriese dir helfen könnte, von hier zu entkommen, doch dann wird dir klar, dass er weder durch die engen Türen passen würde, geschweige denn sich leise fortbewegen könnte. Er wäre dir nur eine Last.

Trotzdem weist du ihm die Tür und erklärst ihm den groben Aufbau des Turmes, soweit du ihn bislang verstanden hast. Der Krollriese hört dir mit weit aufgerissenen Augen zu, doch am Ende deiner Rede kratzt er sich fragend am Hinterkopf. Er hat nichts von alledem verstanden. Du resignierst, wünschst ihm viel Glück und verschwindest, bevor die ersten Wachen auftauchen.

Lies weiter bei ***178.***

256 Du fokussierst deine wahrhaft übermenschliche Kraft über deine Klauen auf das Metall. Beim dritten Ruck rieselt feiner Steinstaub an der Verankerung, bis schließlich Steine zu Boden poltern. Das Gitter liegt frei! Übereilte Schritte dringen in dein Ohr.

Lies weiter im Kampfkapitel bei ***K1!*****

257 Dein Orientierungssinn sagt dir, dass du gleich das komplette Rund abgelaufen sein musst. Es dauert auch nicht lange, bis das sonore Schnarchen des Gartak wieder durch den Gang schallt. Du hast erneut den Wachraum erreicht – diesmal von der anderen Seite.

Lies weiter bei ***102.***

258 Wahllos ziehst du Bücher aus dem Regal und schlägst sie auf. Sie sind alle in einer dir unverständlichen Sprache verfasst.

Doch die Zeichen der Keilschrift kommen dir befremdlich bekannt vor. So schaust du dir die zahlreichen bunten Bilder an, die die meisten Pergamentseiten illustrieren.
„Sucht Ihr ein bestimmtes Werk?“
Ertappt zuckst du zurück. Neben dir steht der alte Bibliothekar. Nachdem du ihm eine Antwort schuldig bleibst, nimmt er dir das Buch aus den verkrampften Klauen, stellt es wieder an seinen Platz und mustert dich dabei aus den Augenwinkeln.

*Lies weiter bei **133**.*

259 Du achtest eigentlich nicht mehr auf die Geräusche im Kerker, doch dann hörst du etwas Neues. Ein Schnauben oder Schnarchen aus einer der anderen, etwas entfernteren Zellen.

*Willst du dich weiterhin ruhig verhalten, lies weiter bei **141**.*
*Willst du vor zum Gitter und nachsehen, wer mit dir im Kerker steckt, lies weiter bei **134**.*

260 Du gehst an einer mit Obst und Blumen dekorierten Tafel vorbei und schaust dich neugierig um. Die einzelnen Wohnräume in diesem Stockwerk sind nicht mit Türen, sondern mit ausladenden Durchgängen untereinander verbunden. So kannst du beiläufig von der Empfangshalle in die angrenzenden Zimmer spähen. Alle sind ausgestattet mit prunkvollem Mobiliar, Kunstwerken und Kostbarkeiten aus Ländereien beider Kontinente. Stilgerecht bedecken Teppiche den Boden und Felle die Wände. Sämtliche Räume sind erfüllt von gleichmäßigem, schwachem Licht, doch Fackeln oder Laternen entdeckst du nicht.

**) Spieltipp: Das Kampfkapitel mit den Registermarkern „K“ findest du wie andere besondere Kapitel auch, gegen Ende des Buchs.*

In einer Ecke, ausgelegt mit glasierten Fliesen, ist eine exquisite Waffensammlung ausgestellt. Du stutzt, denn es handelt sich dabei um die meisterlichen Klingen der Menoken. Die begnadeten Schmiede dieses legendären Kriegerstamms kennzeichnen ihre perfekten Arbeiten stets mit dem heraldischen Symbol ihres Reiches: dem gefallenen Stern.

1 Voller Ehrfurcht hebst du den größten Zweihänder aus dem Ständer. Der glatt polierte, makellose Schaft funkelt bläulich kalt, wie das Ewige Eis der Frostöde – der lebensfeindlichen Heimat der Menoken.

Die meisterliche Klinge selbst schimmert in unregelmäßigen Wellen, die durch das unzählige Falten des edlen Stahls entstehen. Da erkennst du auf dem spiegelnden Metall eine Gestalt hinter dir …

„Benthos, der Sturmbrecher. Ein bemerkenswertes Stück, nicht wahr?“

Du starrst in die lodernden, pupillenlosen Augen eines alten Ugarith, dessen kahler, schwarzer Kopf von Narben und Falten zerfurcht ist. Erschrocken entgleitet dir der Zweihänder.

„Schön, dass du den Weg zu mir gefunden hast. Wie mir zu Ohren kam, gab es ein kleines Missverständnis.“

Unsicher verharrt dein Blick auf den lächelnden dünnen Lippen des entstellten, aber einnehmend charismatischen Mannes. Als er seine Stimme erneut erhebt, bemerkst du, dass seine Worte nicht durch die Luft schwingen, sondern direkt in deinem Geist entstehen: *„Ich bin Calderel, Abgesandter Ugars, Führer des Empires.“*

Er hält inne in Erwartung einer Reaktion. Doch du verharrst in Ehrfurcht und starrst den alten Ugarith verstört an. Seine Aura verschlingt dich regelrecht.

„Solltest du Fragen haben, werde ich sie ausräumen“, fährt er mit der ungebrochenen Selbstsicherheit eines Herrschers fort, ergreift den Zweihänder und stellt ihn zurück. *„Aber nun schau dich erst einmal um. Vielleicht findest du so wieder zu dir.“*

*Lies weiter bei **160**.*

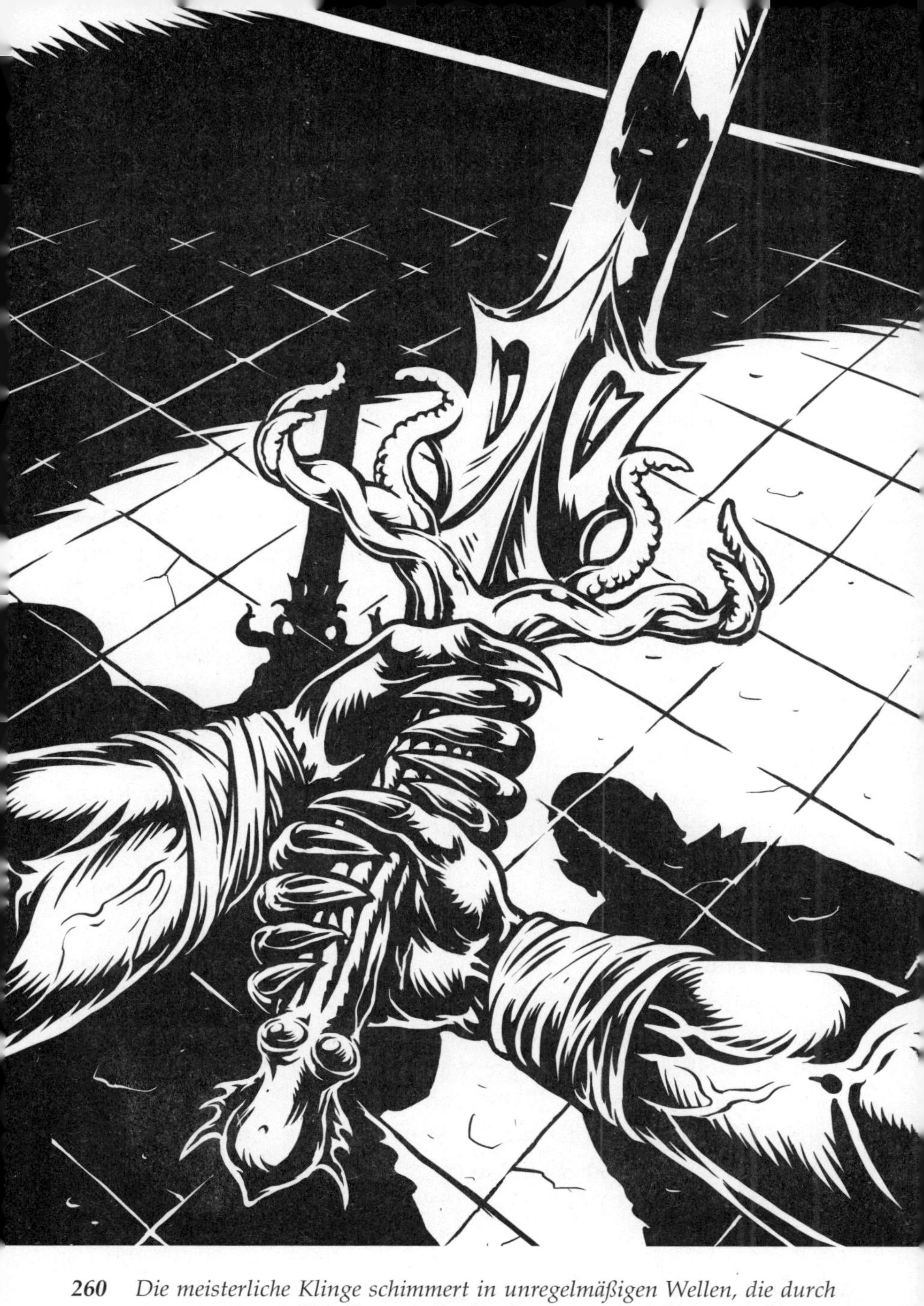

260 *Die meisterliche Klinge schimmert in unregelmäßigen Wellen, die durch das unzählige Falten des edlen Stahls entstehen. Da erkennst du auf dem spiegelnden Metall eine Gestalt hinter dir.*

261 Wieselflink wie ein Nagnag springst du zur Tür, doch es reicht nicht: Mit einem dumpfen Schlag fällt sie ins Schloss. Immerhin kannst du noch deinen Arm aus dem Rahmen zurückziehen, bevor er zerquetscht wird. Dein Blick fällt auf die Plakette mit dem Öffnungsmechanismus.

Willst du deine Klaue auf die Steinplatte legen, lies weiter bei ***223****.*

Willst du dich erneut verstecken und auf den Gartak warten, lies weiter bei ***110****.*

Willst du zurück nach oben zum wartenden Gartak an der Silbertür, lies weiter bei ***218****.*

262 Aonus ist ein stolzer Kämpfer. Doch sein Stolz wird begleitet von Übermut und Leichtsinn, zumindest schenkt er dir nur wenig Beachtung. Als er dir wieder einmal den Rücken zukehrt, nutzt du die Gelegenheit und fliehst.

Besitzt du die ***Karte des Nachtturms****, lies weiter bei* ***206****.*

Andernfalls lies weiter bei ***216****.*

263 „Wartet!“, ruft Tarus dir hastig hinterher. „Ich habe noch etwas für Euch.“ In seiner ausgestreckten Hand liegt ein Ring. „Tragt ihn bitte, er wird Euch Glück bringen!“

Bist du weiblich, lies weiter bei* ***112****.*

Oder männlich, lies weiter bei* ***239****.*

264 Während dich einer der beiden Kämpfer mit gezückter Waffe in Schach hält, läuft der andere die Treppen hinauf und kehrt wenig später mit Aonus zurück. Der Ugarith wirft sich die glatten, weißen Haare in den Nacken: „Schön Euch wiederzusehen“, meint er ironisch. „Gehen wir!“
Ohne Widerrede stapfst du die Stufen hinauf. Aonus lässt dich für keine Sekunde aus den Augen.

Lies weiter bei ***230****.*

265 Nach einigen Augenblicken erkennst du wieder etwas. Als schließlich dein Spiegelbild immer deutlicher wird, bist du geschockt: Vor dir steht ein fremder Ugarith. Zögerlich tastest du über die bleichen Wangen des kantigen Gesichts des jungen Mannes und glaubst dennoch in seinen klaren Zügen etwas Bekanntes, etwas Weibliches, erkennen zu können.

Lies weiter bei ***147****.*

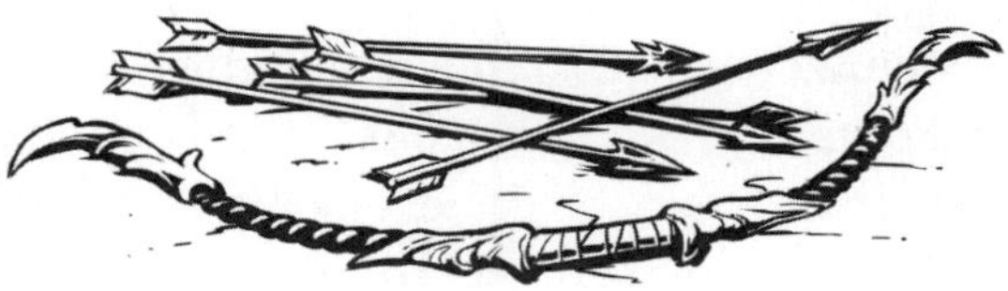

266 Du passt einen günstigen Augenblick ab und läufst mit eingezogenem Kopf zur Felsspitze hinüber. Die Stufen zur Baracke sind direkt in den Stein geschlagen und etwas feucht von der Seeluft.

Du bist fast oben angekommen, als du Aonus' Stimme vernimmst. Der Ugarith steht an der Luke am Rande der Plattform und winkt die Wachtrupps zu sich heran. Du kannst zwar nicht verstehen, was er sagt, doch seinen Gesten entnimmst du, dass er die Wachleute über deine Flucht informiert und sie anweist, die Umgebung abzusuchen.

Willst du dich den Wachen stellen, lies weiter bei ***277****.*

Willst du dich in der Baracke verstecken, lies weiter bei ***274****.*

267 Mit letzter Kraft ziehst du deinen schmerzenden Körper über die Kante der Aussichtsplattform. Vollkommen erschöpft rollst du dich ab und bleibst auf dem Rücken liegen. Sterne funkeln vor deinen Augen.

Vor Anstrengung verlierst du das Bewusstsein.

Deine Vitalität sinkt um eine Stufe!

Lies weiter bei ***210****.*

Aufgepasst! Diese Frage bezieht sich einzig und allein auf* ***dein* *Geschlecht, liebe Leserin bzw. lieber Leser! Nicht auf deinen Wunsch, welches Geschlecht der Held dieser Geschichte haben könnte. Der Ugarith ist nämlich definitiv männlich.*

268 Obwohl du planlos durch die Treppenhäuser des Nachtturms irrst, bleibst du unentdeckt. Immer wenn sich Stimmen und Schritte nähern, verbirgst du dich im Schatten. Dir gelingt es sogar, zwei Südländerinnen zu belauschen, die ein üppiges Mahl auf edlen Silberplatten nach oben tragen. Die beiden dunkelgebräunten Netani lästern und spotten über Vorgesetzte und bemerken daher nicht, wie du ihnen in sicherem Abstand folgst.

Endlich verharren die beiden Dienerinnen vor einer Holztür mit kunstvollen Schnitzereien und einem silbernen Klopfer in Form eines Drachenkopfes. Sie platzieren das Essen vor der Tür, klopfen und eilen die Treppe hinab, ohne eine Reaktion abzuwarten. Währenddessen hast du dich rechtzeitig in eine der Ausguckröhren verkrochen, so dass dich die Frauen nicht bemerken, als sie nur knapp an dir vorbeihuschen.

Willst du zurück zur Tür, lies weiter bei **205***.*
Willst du den Schacht weiter hinauskriechen und dich außen am Turm umschauen, lies weiter bei **190***.*

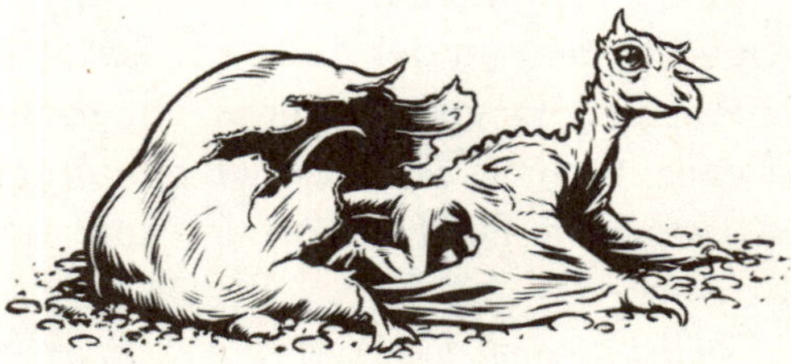

269 „Verdammt, ich hab' den Schlüssel im Wachraum vergessen", gesteht der Gartak an der Tür und tastet über seine Weste.

„Dann hol' ihn!", entgegnet der andere aggressiv.

Schnaubend stapft der erste Gartak die ersten Stufen hinab und der andere ruft ihm hinterher: „Und mach hin, die Giftschlange ist sicher wieder mies drauf!"

Du wunderst dich, warum du das Gespräch der Gartaks verstehen kannst, schließlich bist du ihrer gegrunzten Sprache nicht

mächtig. Außerdem passen die Bewegungen ihrer triefenden Mäuler nicht mit den Worten überein, die du hörst.
Verwirrt hältst du dir die Ohren zu und schüttelst den Kopf, da fällt dir die Perle ins Auge, die du dem Gartak in der Wachstube des Kerkers abgenommen hast: Eine weiß glimmende, magische Aura umgibt das Schmuckstück.
› Sie ist also der Grund, warum ich die Gartaks verstehe! ‹
Überrascht brichst du die Perle aus der Fassung und versteckst sie im Innenfutter deiner Kleidung. Den Rest der Kette lässt du in einer Fuge des Mauerwerks verschwinden.

*Ändere nun den Abenteuerblatt-Eintrag **Kette des Wachmanns** in **Perle der Verständigung** (Besonderer Gegenstand) in Feld 3!*

*Lies weiter bei **278**.*

270 Hinter dem nächsten Felsvorsprung entdeckst du eine große Höhle, deren Decke am Rand von faustdicken Eisenstangen gestützt wird. Sie stehen jedoch weit genug auseinander, so dass du bequem hindurchlaufen kannst. Unmengen Stroh sind auf dem Boden der Höhle verteilt.
Du schaust dich weiter um, als unweit von dir zwei große türkisfarbene Augen aufblitzen. Erst jetzt erkennst du den riesigen geschuppten Leib eines tiefblauen Echsenwesens, das fast perfekt getarnt am Rande der Höhle ruht. Du bist soeben in einen gigantischen Käfig eines Drachen gestapft!

*Lies weiter bei **116**.*

271 Du atmest tief ein und konzentrierst dich auf die Kraft deines Körpers. Dann zerrst du mit einem vor Anstrengung unterdrückten Schrei am Gitter.
Teste deine STÄRKE gegen 14!

*Gelingt der Test, lies weiter bei **256**.*
*Misslingt er, lies weiter bei **105**.*

272 Mit einem mächtigen Ruck reißt du den Soldaten aus dem Loch, dessen rechte Hand sich in der Lederschlaufe des Speeres verfangen hat. Im Gefühl der Genugtuung lässt du ihn noch etwas in der Luft zappeln, bevor du loslässt. Der lang gezogene Todesschrei des Gartak verstummt abrupt, als sein Körper gegen die Felswand prallt und im weiten Bogen von ihr weggeschleudert wird.

Willst du den Turm nach oben klettern, lies weiter bei ***155****.*

Willst du nach unten steigen, lies weiter bei ***180****.*

273 „Nimm's mir bitte nicht übel, aber ich wäre dir nur eine Last gewesen“, erklärt sich der gebrechliche Soldat mit gesenktem Haupt. Dann durchfährt ihn ein Geistesblitz: „Warte! Ich habe etwas für dich.“

Fieberhaft tastet er unter seiner Liege im Stroh, hebt eine lose Bodenplatte an und zieht eine etwas mitgenommene Pergamentrolle hervor.

Lies weiter bei ***B2****!*

274 Du wirfst noch einmal einen flüchtigen Blick auf deine Verfolger, bevor du die Barackentür öffnest. Das Licht einer Blendlaterne strahlt dir entgegen und wirft deinen Schatten über die gesamte Plattform. Sofort schreit einer der Gartaks seine Kameraden herbei.

Blindlings rennst du in die Baracke und prallst auf einen schmierigen Gartak, von dessen Wanst du zurückprallst. Der Soldat lacht höhnisch und stößt dich durch die Tür. Vollkommen aus dem Gleichgewicht stürzt du über das einfache Eisengeländer der Außentreppe hinunter auf die Plattform.

Das Letzte, was du vernimmst, ist der erzürnte Aonus, der die versammelten Wachen zusammenstaucht: „Ihr Idioten! Ihr habt des Meisters liebstes Kind auf dem Gewissen …“

Dein Leben endet hier. (✝137) ▪

275 „Matty, Schluss damit – na rosch, na rosch!", befiehlt Aonus energisch.
Der Drache gehorcht augenblicklich und schnaubt nur noch feinen Rauch durch die Nüstern. Langsam löst sich deine Starre. Von deiner Kleidung sind nur noch wenige verkohlte Fetzen übrig. Der Ugarith-Krieger mustert dich eindringlich, als er dir aufhilft: „Erstaunlich, dass du das überlebt hast. Deine Kräfte scheinen tatsächlich ungebrochen."
Mit herrischer Geste deutet er zur anderen Seite des Käfigs, woraufhin sich der königsblaue Matty majestätisch zurückzieht.
„Ich hoffe, wir lassen nun diese Spielchen und du folgst mir zu Meister Calderel", schlägt dir Aonus vor.
Du bist noch immer dermaßen perplex, dass du dem Kämpfer widerstandslos zurück in den Turm folgst.

Streiche die bisherige allgemeine Kleidung und alle Utensilien, die du darin getragen hast (nicht aber die Besonderen Gegenstände!) vom Abenteuerblatt.

Lies weiter bei ***230****.*

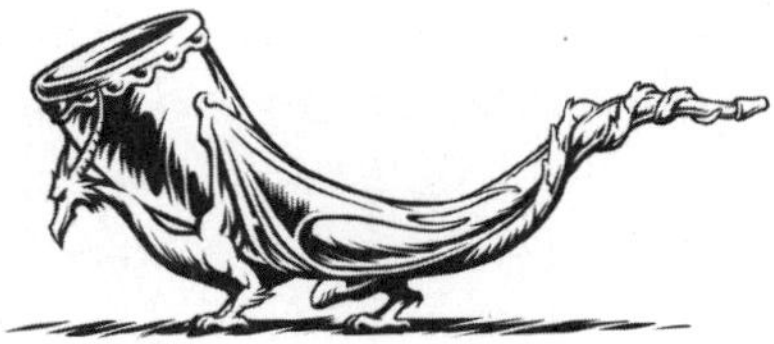

276 Langsam saugt sich das Papierschiff mit Wasser voll, bis es Schlagseite bekommt und versinkt.
„Hast du's genommen?", fragt dich dein Zellennachbar.
Du verneinst genervt.
„Du Narr! Dieses Pergament war mein ganzer Stolz!", ereifert sich dein Zellennachbar. „Was stimmt nicht mit dir?"
Eisiges Schweigen legt sich über das Gefängnis.

Lies weiter bei ***117****.*

277 Unter den wachhabenden Gartaks macht sich Aufregung breit, als du mit erhobenen Klauen deine Aufgabe erklärst. Sie umringen dich mit ihren Waffen im Anschlag und blicken sich fragend an.

Plötzlich taucht Aonus hinter einem Felsen auf: „Gut, dass Ihr Euch dazu durchgerungen habt. Bitte folgt mir. Ich werde Euch zu Meister Calderel bringen."

Die Gartaks grunzen höhnisch, während dich Aonus über das Treppenhaus wieder nach unten führt.

Lies weiter bei ***230****.*

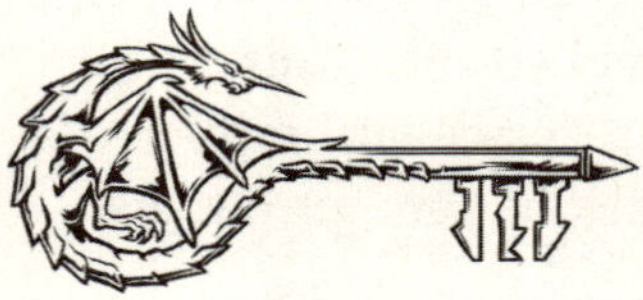

278 Kurze Zeit später ist auch das letzte Knarren der Holzstufen verstummt. Der zurückgelassene Gartak setzt sich gegen die Wand und wartet auf seinen Kameraden.

Willst du dem verschwundenen Gartak folgen, lies weiter bei ***129****.*

Willst du den wartenden Gartak attackieren, lies weiter bei ***244****.*

Willst du abwarten, lies weiter bei ***218****.*

Willst du den Turm weiter hinauf, lies weiter bei ***115****.*

279 „Schau, Lamtog! Flüchtling!" Einer der Gartaks steckt den Kopf in die Röhre und zeigt mit seinem Breitschwert auf dich: „Du, komm' her!"

Er ist zu weit entfernt, um dich mit der Waffe verletzen zu können. Aber noch macht er keine Anstalten, dir in den Ausguck zu folgen.

Willst du sofort nach draußen klettern, lies weiter bei ***176****.*

Willst du aufgeben und dich stellen, lies weiter bei ***264****.*

Willst du gegen die beiden Gartaks kämpfen, lies weiter bei ***191****.*

280 Der Drache bläht seine Nüstern auf und schnuppert, während du hilflos an der Felskante baumelst. Dann holt das magische Ungeheuer tief Luft und spuckt dir ein Inferno aus Feuer und Glut entgegen.

Besitzt du ***Resistenz gegen Hitze****, lies weiter bei* ***182****.*
Andernfalls lies weiter bei ***170****.*

281 Bereitwillig streckst du Aonus beide Klauen entgegen als Zeichen, dich anstandslos abführen zu lassen.
„Das ist sehr anständig von Euch, aber ich denke, das wird nicht nötig sein", meint der Ugarith besonnen.
Aonus wartet bis du ihm folgst, und so verlasst ihr den Zellentrakt durch die Zwischentür in einen weiten Rundgang, der etliche weitere Gefängnisbereiche miteinander verbindet. Überall ist Schluchzen und Wehklagen zu hören. Als ihr den Aufenthaltsraum der Wächter erreicht, entlässt Aonus den Gartak, der dich noch einmal mit einem keifenden Fauchen belegt.
Der Gestank des Gartak liegt noch in der Luft, da ändert Aonus sein distanziertes Auftreten dir gegenüber und meint fast emphatisch: „Du weißt ja, Bruder, der Aufstieg wird länger dauern."
Mit diesen Worten öffnet er eine schwere Eisentür, die in einen weiträumigen Treppenaufgang mit zahllosen Steinstufen führt.

Lies weiter bei ***113****.*

282 Aus deinem Versteck hörst du, wie die zwei Personen vor der Zwischentür verharren. Als die Tür zur Seite schwingt, stapft zunächst ein Gartak-Wärter die zwei Stufen herunter. Direkt hinter ihm schreitet ein Ugarith-Kämpfer mit weißem, schulterlangem Haar in prunkvoller Brustplatte. Seine makellose Haut ist ebenso schwarz wie deine.
„Meister Aonus", beginnt der Gartak unterwürfig, „alles gut hier."
„Sicher", entgegnet der Recke unterkühlt, ohne den Wärter eines Blickes mit seinen schwarzen Augen zu würdigen.

Als die beiden auf halbem Wege zu deiner ehemaligen Zelle sind, nimmst du allen Mut zusammen und schlüpfst durch die Zwischentür. Es bleibt dir nur wenig Zeit, bis die beiden deine Flucht bemerken werden.

Lies weiter bei **150**.

1 **283** Nur noch ein wehklagendes Fauchen entfleucht dem Zarlik, als er zu Boden sinkt. Du nutzt die Gelegenheit und tastest die Echse ab und findest eine kleine Holzdose.

Wenn du möchtest, notiere dir das Döschen mit ***Qik-Speichel*** *(Utensil) auf dem Abenteuerblatt. Das Gift wird auf die Waffe gestrichen und reduziert den* ANGRIFF *des Gegners* ***nach*** *dem ersten eigenen Treffer um 2! Seine Wirkung hält nur einen Kampf an.*

Du willst gerade von ihm ablassen, als er unerwartet wieder zu atmen beginnt. Zudem verschließen sich seine Wunden von selbst! Du hastest in den Gang zurück und flüchtest.

Lies weiter bei **247**.

284 *„Es wird Zeit, deine Existenz zu ergründen!"* Zwar versucht Calderel dich zu beruhigen, doch auf einmal stürzen die letzten Geschehnisse wieder auf dich ein: Mächtige Bilder und hallende Gesprächsfetzen vermischen sich gemeinsam mit den ersten Erinnerungen aus deinem früheren Leben zu einem unverständlichen Wirrwarr.

In schmerzvoller Verwirrung stöhnst du auf, sinkst auf die Knie und hältst dir den Schädel.

„Einzig der Spiegel vermag dir zu helfen! Er besitzt die Macht, dich von dieser quälenden Ungewissheit zu befreien", flüstert Calderel dir ein. *„Steh' auf und stelle dich!"*

Lies weiter bei **252**.

285 Eilig erklimmst du die Stiegen der engen Wendeltreppe. Oben angekommen, drückst du mit dem Rücken die Luke auf. Heller Mondschein scheint dir ins Gesicht.
Im letzten Moment schlüpfst du ins Freie auf eine riesige Plattform, als unter dir der Gesang der beiden Gartaks deutlicher wird. So sanft wie möglich verschließt du wieder die Luke.

Lies weiter bei **137**.

286 Äußerst streng stauchst du die beiden Wachleute zusammen, du würdest die Röhre auf Sauberkeit inspizieren wollen. Verdutzt schauen sich die Gartaks an.
„Namen von Meister Ugar?“, erhebt der ältere schließlich mutig seine Stimme.

Kennst du den Namen des Meisters? Dann nutze deine Aufzeichnung unter Spezielle Notizen auf dem Abenteuerblatt, addiere zu dieser Zahl 59 hinzu und lies bei der errechneten Sektion weiter.

Andernfalls lies weiter bei **207**.

287 „Warum hier?“ Der Gartak spuckt Speichel vor Lachen: „Du Verräter! Du sterben hier!“
Dann stellt er dir eine verbeulte Blechschale mit einer dürftigen Suppe vor das Gitter. Trotzig stößt du die Schale mit der Fußspitze um, so dass sich die dünne Brühe in die Rinne ergießt.
„Ke'n Hunger, eh?“, raunt der Gartak verächtlich. „Ah, Ugarith, nicht essen, ja.“

Willst du den Gartak packen und gegen das Gitter schmettern, lies weiter bei **204**.

Willst du ihn nicht weiter beachten, lies weiter bei **144**.

288 Es dauert einen Moment, bis du dein Spiegelbild klar siehst. Dann der Schock: Vor dir steht nicht die Person, die du erwartet hast! Du schaust dir tief in die unbekannten Augen und gehst auf den Spiegel zu. Ungläubig tastest du dein Gesicht ab.

Es wirkt befremdend auf dich, doch hinter den markanten Zügen eines kräftigen, jungen Ugarith kannst du entfernt Bekanntes erkennen.

Lies weiter bei ***147****.*

1

289 Bei eurem unaufhörlichen Aufstieg habt ihr sicher hunderte Stufen erklommen und Dutzende Türen hinter euch gelassen. Aonus lässt sich die Anstrengung aber nicht anmerken: „Nun bevor du dem Meister gegenübertrittst, solltest du dich waschen und angemessene Kleidung bekommen!“

Er führt dich in eine kleine Kammer und überlässt dir neue Kleidung aus feinsten Stoffen.

Notiere dir das ***Edelgewand*** *(Kleidung, Umhang) anstelle deiner bisherigen Kluft auf dem Abenteuerblatt.*

Lies weiter bei ***243****.*

290 Du drückst dich gegen den schroffen Stein, doch der Speer trifft deine Schulter. Schmerz durchzieht dich, doch du hältst dich eisern fest. Wütend schreit der Gartak seinen Kollegen an, eine Armbrust oder dergleichen zu besorgen. Du zögerst keine Sekunde und kletterst los.

Deine VITALITÄT sinkt um eine Stufe!

Willst du den Nachtturm nach oben erklimmen, lies weiter bei ***155****.*

Willst du die Felswand hinabsteigen, lies weiter bei ***180****.*

291 Etliche, ereignislose Stunden sind vergangen. Mittlerweile kennst du jeden Winkel deiner Zelle. Obwohl die Luft salzig ist, verspürst du weder Durst noch Hunger. Da erfüllt das hallende Rasseln eines Schlüsselbundes das Gefängnis – die Zwischentür wird geöffnet.

Der Wärter, ein schmieriger Gartak, tritt in den Zellentrakt. Seine schwarzen Augen funkeln aufmerksam durch das dichte Fell seines gedrungenen Körpers. Obwohl er noch in der Tür steht, weht

bereits eine penetrante Gestankswolke heran, die diese Kreatur verströmt.
Die dumpfe Kreatur bleckt seine braunen Hauer zu einem breiten Grinsen und führt einen Ugarith mittleren Alters herein, der sichtlich angewidert Abstand von ihm hält.
Schneeweißes, glattes Haar fällt dem edlen Recken über die Schulterplatte seines funkelnden Brustpanzers. Es steht im Kontrast zu seiner tiefschwarzen, glatten Haut, die makellos im Fackelschein schimmert.
Selbstsicher baut er sich vor deiner Zelle auf und schaut dich mit seinen gänzlich schwarzen Augen durchdringend an, während seine rechte Klaue auf dem Knauf seines Breitschwerts ruht. Dann deutet er auf das Schloss.
„Könnt Ihr Euch erinnern?", beginnt der Ugarith selbstsicher, während der Gartak nervös das Türschloss entriegelt.
„Mein Name ist Aonus. Adjutant des ehrwürdigen Calderel." Das Gitter schwingt auf. „Nein? Nun denn, ich werde Euch dennoch zum Meister führen."
Vermerke dir unter Spezielle Notizen auf der dritten Seite des Abenteuerblatts neben dem Begriff ***Calderel*** *die Zahl 100.*

Willst du beide angreifen, lies weiter bei ***246****.*
Willst du versuchen zu entkommen, lies weiter bei ***181****.*
Willst du ihnen ohne Widerrede folgen, lies weiter bei ***281****.*

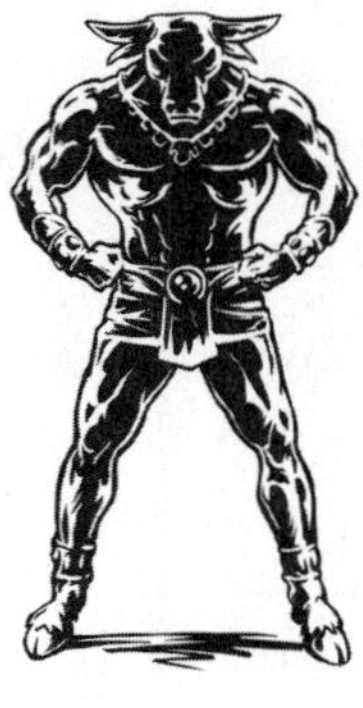

292 Das Gitter zeigt deutliche Rostflecken, macht dennoch einen robusten Eindruck. Ohne nachzudenken packst du eine der Querstangen und rüttelst. Fest.
Nur eine Armlänge vom Gitter entfernt fließt Abwasser durch eine verkrustete Rinne im Steinboden. Auch aus deiner Zelle entspringt ein solches Rinnsal aus einem winzigen Loch.

Willst du alle Kraft mobilisieren und versuchen, das Gitter aus der Verankerung zu reißen, lies weiter bei ***271****.*
Willst du ins Wasser fassen, lies weiter bei ***121****.*
Willst du zunächst beobachten, lies weiter bei ***196****.*

293 Mit einem stillen Gebet an die Götter hebst du die starre Leiche von der Bahre, entkleidest sie rasch und schiebst sie durch eine der Ausguckröhren ins Freie. Übelkeit steigt in dir auf, als du die Kluft des toten Kämpfers anlegst, dich auf die Trage legst und das Laken über Körper und Gesicht ziehst. Der Stoff ist durchdrungen von süßlichem Gestank.
Zum ersten Mal bist du froh, die Stimmen der beiden Gartaks zu hören, die sich fast zeitgleich wieder einfinden. Dein Herz pocht dir in den Ohren, denn du weißt, dass du den beiden schutzlos ausgeliefert bist, sollten sie Verdacht schöpfen. Du hältst den Atem an. Dann ein metallisches Schaben und du wirst mit einem kräftigen Ruck angehoben.
Vergiss nicht, die ***Soldatenuniform*** *(Kleidung, Rumpf, Schutz +1) auf dem Abenteuerblatt zu notieren und eventuell ein anderes Kleidungsstück zu streichen, wenn du deine Erscheinung ändern möchtest.*
Lies weiter bei ***179****.*

294 Obwohl du nicht weißt, wohin die Rinne führt, legst du dich der Länge nach hinein. Mit einem kleinen Schubs rutschst du los und saust den Nachtturm hinab. Unrat und Fäkalien kleben an dir, als du unaufhaltsam das Ende der Rinne erreichst. Im freien Fall fällst du der schwarzen See entgegen.

Dein lang gezogener Schrei verstummt abrupt, als du ins salzige Nass stürzt. Angetrieben von purem Überlebenswillen kämpfst du gegen die hohen Wellen. Schließlich erblickst du eine Fregatte, die etwa eine Meile von dir vor Anker liegt. Im fahlen Licht der Nacht weht die Flagge des weißen Mondes auf schwarzem Grund – das Hoheitszeichen des Empires. In der Hoffnung, den Todesfelsen hinter dir zu lassen, schwimmst du los.
Mit letzter Kraft ziehst du dich an der mächtigen Ankerkette an Bord, springt über eine Geschützluke ins Schiffsinnere und versteckst dich im Laderaum. Die nächsten Wochen verbringst du als blinder Passagier auf dem Ugarith-Kriegsschiff und reist anderen Abenteuern entgegen.

Der Sinn deiner Existenz endet hier. (**∻220**) ■

295 Nach nur wenigen Stockwerken stehst du vor einer großen Tür mit einem Drachenschädel aus Silber. In seinem Maul ruht ein Metallring. Doch so sehr du auch an dem Ring ziehst und rüttelst, die Tür rührt sich nicht. Nach einiger Zeit entschließt du dich, woanders dein Glück zu versuchen.

Willst du in den Labortrakt, lies weiter bei **221**.

Willst du hinauf auf die oberste Plattform, lies weiter bei **115**.

296 Mit seinen faltigen Händen klammert sich der verhärmte Alte an den Stäben fest, ganz so, als würde er sonst umfallen. Sein Blick ist gesenkt und du erkennst mit Schrecken, dass er auf beiden Augen geblendet wurde. Brandnarben verzerren sein Gesicht.
„Gut, sehr gut! Habe schon lange keinen Kameraden mehr aus Kyphi getroffen." Er verharrt einen Moment und fragt dann unsicher: „Du kommst doch aus Kyphi, oder?" Seine dünne Stimme bricht unter schlimmen Keuchhusten, doch er presst eine weitere Frage hervor: „Sag, hat man dich auch an der Front kassiert?"
Ehe du antworten kannst, dringen verdächtige Geräusche jenseits der Zwischentür an dein Ohr.

„Vorsicht, Besuch!“, warnt dein Mitgefangener. Während er sich wieder auf den Boden ablegt, stellt er flüsternd klar: „Hey, komm‘ bloß nicht auf die fixe Idee, den blinden Leonar zu befreien! Ich schaff‘ es eh nicht von diesem Todesfelsen.“

Besitzt du den **Schlüsselbund des Wärters** *und willst den Gefangenen dennoch befreien, lies weiter bei* **219**.

Willst du seiner Bitte nachkommen und ihn in der Zelle lassen oder besitzt du keinen Schlüssel, lies weiter bei **273**.

297 Du trittst vor und möchtest den Unbekannten ansprechen, doch vor Unsicherheit bleiben dir die Worte im Hals stecken und du gibst nur ein armseliges Räuspern von dir.
Das Wesen dreht sich um und du blickst in die faszinierenden, bernsteinfarbenen Schlangenaugen eines Zarlik. Seine Haut besteht aus unzähligen Schuppen, die blaugrün im fahlen Licht des Labors schimmern.

Willst du deine Unsicherheit überspielen und das Gespräch mit dem Zarlik suchen, lies weiter bei **138**.

Willst du ihn attackieren, lies weiter bei **232**.

Willst du in den Gang hinaus flüchten, lies weiter bei **103**.

298 Blitzartig drehst du dich zur Seite. Dennoch zerbirst der Glaskolben an deiner Schulter. Und von einem Moment auf den anderen frisst sich die blaue Flüssigkeit durch den Stoff in deine Haut. Ein stechender Schmerz durchdringt dich und unwillkürlich versuchst du die Säure abzuwischen, doch nun dampfen auch deine Klauen!

Deine Vitalität sinkt um eine Stufe!

Erleichtert bemerkst du, dass an den verwundenden Stellen wieder eine steinerne Schutzschicht entsteht und der Schmerz nachlässt. Dein Ugarith-Erbe rettet dich einmal mehr vor schwerwiegenden Verletzungen.

Verblüfft blickt dich der Zarlik mit seinen tiefgründigen, bernsteinfarbenen Echsenaugen an.

Zarlik Alchemist	*Angriff*	**11**
(in Deckung)	*Verteidigung*	**12**
	Resistenz	○ ②

Überlebst du diesen Kampf, lies weiter bei ***283****.*

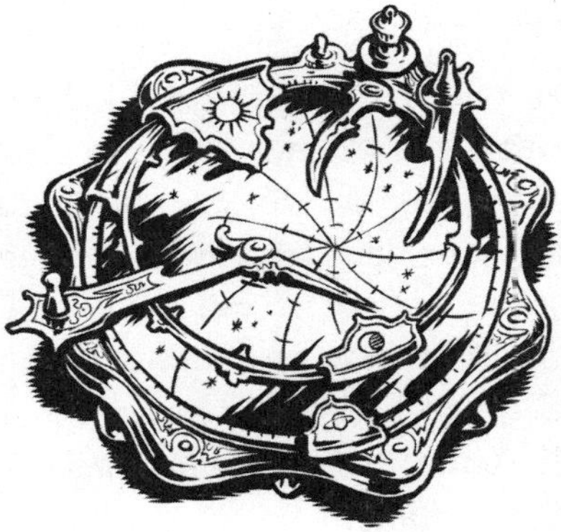

299 Calderels Blick wird eisig: „Ich wusste doch, dass du mir etwas verheimlichen wolltest!" Seine Stimme überschlägt sich, als er schreit: „Verflucht seien das Keşra und die himmlichen Geschwister!"

Noch ehe du verstehst, was er meint, verwandelt sich Calderels Gestalt. Von einem Moment auf den nächsten erwächst ein schwarzer Schatten in Form eines riesigen Stiers mit mächtigem Gehörn vor dir, in dem sich sämtliches Licht und Wärme der Umgebung verliert.

Plötzlich trifft dich ein Schlag des Wesens wie ein Blitz. Als dein Körper mitsamt dem Mörtel von der Wand fällt, umgibt dich bereits ewige Finsternis.

*Dein Leben endet hier. (+****101*****)* ■

**) Spieltipp: Beginne das Kapitel von vorn und mache den Bibliothekar hinter einer verschlossenen Tür ausfindig!*

300 Wie aus dem Urgrund deines Geistes hörst du Calderel fragen: *„Spürst du die Macht Ugars, die dich durchströmt?“*
Du nickst benommen, denn du kannst und willst dich nicht länger verleugnen!
„Sehr schön!“, krächzt Calderel zum ersten Mal hörbar aus seiner faltigen Kehle und verhüllt dabei den Spiegel wieder mit dem
 Tuch aus schwarzer Seide. Sofort verblasst der güldene Schein.

Deine STÄRKE und dein GESCHICK steigen jeweils um einen Punkt!

Es fällt dir schwer, wieder einen klaren Gedanken zu fassen. Du weißt nicht, was mit dir geschehen ist, doch eines ist sicher: Noch vor wenigen Stunden hast du den Herrscher dieses Todesfelsen verflucht und jetzt ist er dein Herr und Gebieter! Du bist davon überzeugt, dass er die Antworten auf all deine Fragen kennt und dir helfen wird, dein Schicksal zu erfüllen.
Als hätte Calderel deine Gedanken vernommen, schließt er dich in seine knochigen Arme: *„Ich werde dir helfen, deine wahre Bestimmung zu erkennen, mein Kind!“*

Lies weiter in **KAPITEL 2: „DER SCHATTENMEISTER“**.

❂❂❂

Hast du die drei SCHICKSALSPUNKTE (den 2., 3. und 4.) in diesem Kapitel gefunden? Wenn nicht, hast du offensichtlich noch nicht alle Geheimnisse von den Klippen bis zur Spitze des Ningal-Towers ergründet.

In diesem Fall steht es dir frei, das Kapitel erneut zu versuchen. Dann solltest du dem Wunsch eines Mitgefangenen nachkommen, zwei Gartaks im Treppenaufgang deinen Tod vortäuschen und ein Geheimnis des Turms über seine schroffe Außenseite lüften.

REGELWERK III

SPEZIELLE WERTE

Die Welt wird durchdrungen und beherrscht von göttlichen Mächten. Oft scheinen die Taten von Kar und Ugar unverständlich und grausam. Und als Teil dieser Welt unterliegst auch du ihrer Willkür!
Wie sehr die Götter dein Schicksal begleiten und beeinflussen, wird über zwei spezielle Werte dargestellt: KARMA und WUT.

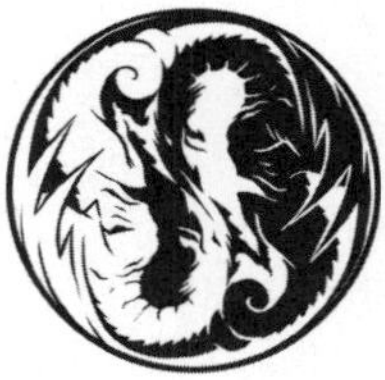

KARMA
Gelegentlich bekommst du, meistens zu Beginn eines Kapitels, aber auch durch heroische Taten, KARMA. Diese Punkte bezeichnen die göttliche Zuwendung.
Du kannst sie einsetzen, um STÄRKE- oder GESCHICK-Tests automatisch gelingen zu lassen, und dass obwohl die Würfel bereits gefallen sind! In diesem Fall streiche dir 1 KARMA-Punkt vom Abenteuerblatt und tue so, als sei dir der Würfelwurf zuvor gelungen.

***Wichtig:** Dies gilt **nicht** für die beiden Kampfaktionen ANGRIFF und VERTEIDIGUNG! (Es sei denn, du entdeckst irgendwann Waffen oder Kleidung, die dies ermöglichen.)*

*FÜR EXPERTEN: **Erschwerte Anwendung** – Als erfahrener Spielbuch-Leser musst du dich **vor** einem Test entscheiden KARMA einzusetzen!*
*Notiere dir diese „freiwillige Erschwernis", indem du auf dem Abenteuerblatt den **leeren Stern** (☆) hinter dem entsprechenden Vermerk ausfüllst.*

***KARMA-Vorrat** – Du beginnst mit einem KARMA-Wert von 1. Das Maximum ist 10. Punkte, die über dieses Limit hinausgehen, verfallen.*

***Spieltipp:** Nutze KARMA sparsam! Später wirst du nämlich von weiteren Einsatzmöglichkeiten, die über die Manipulation von Tests hinausgehen, erfahren.*

FÜR EXPERTEN: *Verringerung des Vorrats* *– Als erfahrener Spielbuch-Leser kannst du den Schwierigkeitsgrad verschärfen, indem du den maximalen KARMA-Wert auf 8 reduzierst.*
Die selbst auferlegte Obergrenze markierst du auf dem Abenteuerblatt, indem du das entsprechende Dreieck und den **leeren Stern** *(☆) darunter ausfüllst.*

***KARMA & Tod** – Immer dann, wenn dich fortan der Tod ereilt, egal, ob während eines Kampfes oder am Ende einer Sektion, streiche ein Kästchen unter „Tode des Keşra" (Spezielle Notizen) ab.*
Enthält dieses Kästchen ein oder mehrere ☯-Symbole, erhältst du sofort die entsprechende Anzahl KARMA-Punkte in deinen Vorrat.

WUT

Dieser Wert beschreibt deinen Gemütszustand. Denn allzu oft wird das Schicksal dir oder den Menschen, denen du Sympathie entgegenbringst, nicht wohlgesonnen sein. Welche Rolle die WUT spielt, erfährst du später, aber wie du weißt, kann sie sich ebenso positiv wie negativ auswirken …

◆◆◆

Jetzt bist du in puncto grundlegende Kampfregeln und Eigenschaften voll im Bilde. Setze nun deine Reise fort.

Lies weiter im 2. Kapitel bei ***301**.*

KAPITEL 2

DER SCHATTENMEISTER

Fülle nun die kleinen Speicherpunkte auf dem Abenteuerblatt aus, um den aktuellen Stand deiner Reise festzuhalten.
Übernehme die VITALITÄT vom vorherigen Kapitel!

2

DAS ORAKEL VON KABETH: „In naher Zukunft werden dem Schattenkind weitreichende Entscheidungen abverlangt. Sie werden diese Welt zutiefst prägen." ✸

301 Die Umarmung des ehrwürdigen Meisters ist dir vertraut. Es ist nicht das erste Mal, dass dich der Ugar-Abgesandte in die Arme schließt: Ein warmes Gefühl familiärer Zuneigung entflammt dein Herz.

„Gut, dass du zurück bist, mein Kind", bricht Calderel das Schweigen. Sein eingefallenes Gesicht strahlt vor Stolz, als er auf einer detaillierten Landkarte auf Kyphi, die Hauptstadt des verfeindeten Goldenen Reiches, deutet: „Deine Mission, Kathum zu vernichten, war erfolgreich! Doch wie ich sehe, kannst du dich noch immer nicht erinnern." Aonus, der mit finsterer Miene neben der Tür steht und euer Gespräch verfolgt, nickt zustimmend.

☾ „Dein unfreiwilliger Aufenthalt im Kerker war ein Missverständnis. Die Wärter hielten dich wohl für einen Kriegsverbrecher." Mit einem leisen Räuspern legt dir der Priester seine zerfurchte Klaue auf die Schulter und fährt süffisant fort: „Ich hoffe jedoch, du bist nicht dermaßen nachtragend deinem Vater gegenüber, wie ich dem Wärter meinerseits." ☽

Willst du Meister Calderel fragen, warum du dein Gedächtnis verloren hast, lies weiter bei **313**.

Willst du wissen, was es mit deinem Auftrag auf sich hat, lies weiter bei **325**.

302 Deine knappe Ausbildungszeit neigt sich dem Ende entgegen.

Deine VITALITÄT regeneriert sich auf ***normal****.*

Obwohl du in aller Kürze enorm viel gelernt und wieder aufgefrischt hast, konnten dir die Lehrer nur einen Bruchteil deiner außergewöhnlichen körperlichen sowie mentalen Möglichkeiten aufzeigen.

Daher musst du dich nun für ***drei*** *Fähigkeiten aus der folgenden Liste entscheiden, in denen du besonders geschult wurdest:*

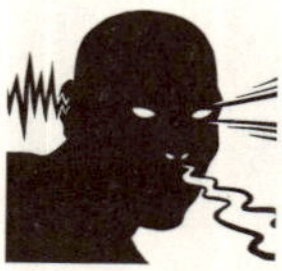

Geschärfte Sinne *– Deine ohnehin herausragenden fünf Sinne wurden von Lehrmeister Tarus weiter geschärft. Dein Seh-, Hör-, Tast-, Geschmacks- und Geruchssinn sind phänomenal und mit den Sinnesorganen von Tieren vergleichbar. Deine geschärften Sinne musst du allerdings willentlich einsetzen, indem du dich konzentrierst. Daher kann dich dein gutes Gehör beispielsweise nicht davor bewahren, in einen Hinterhalt zu geraten, wenn du ruhst.*

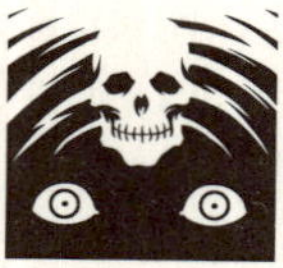

Vorahnung *– Mit dieser Fähigkeit kannst du Situationen besser einschätzen. Über diesen sechsten Sinn besitzt du allerdings keine Kontrolle. Daher solltest du dich nicht zu sehr auf ihn verlassen. Vielleicht fühlst du nur ein Kribbeln oder Unwohlsein, wenn Gefahr in Verzug ist. Echte Warnungen in Form von Eingebungen oder gar Visionen können verstörend sein.*

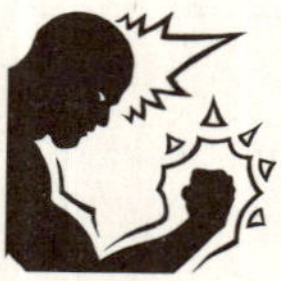

Geist über Körper *– Durch mentales Training hast du die Fähigkeit erlangt, deine körperliche Leistungsfähigkeit durch Geisteskraft für kurze Zeit zu verbessern. So darfst du jederzeit – auch in einem Kampf – einmalig einen Punkt deiner VITALITÄT in zwei Punkte umwandeln, die du frei auf STÄRKE und GESCHICK verteilen darfst. Diese Fähigkeit kannst du aber nur einsetzen,*

wenn dein Kopf klar ist. Daher darf sich deine VITALITÄT *nicht auf* ***verletzt*** *oder* ***kritisch*** *befinden. Nach der Sektion bzw. Kampf musst du die zwei Bonuspunkte wieder streichen, der Verlust deiner* VITALITÄT *bleibt aber bestehen, bis du dich wieder heilen oder regenerieren kannst.*

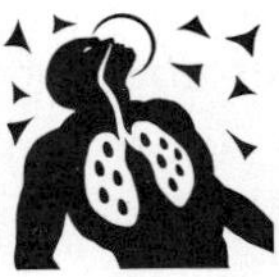

Atemfreiheit *– Mit dieser Fähigkeit kannst du über mehrere Minuten hinweg die Luft anhalten ohne jegliche körperliche Einschränkungen. Egal ob du kämpfst, längere Distanzen unter Wasser schwimmst oder durch giftige Gase läufst – dank Atemfreiheit unterliegst du nicht dem Atemreflex und erleidest keine Einbußen.*

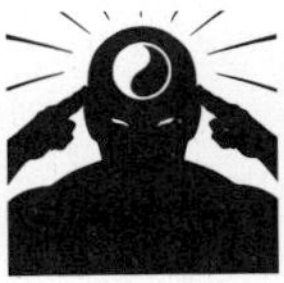

Mentaler Fokus *– In brenzligen Situationen ist es manchmal schwer, die Nerven zu behalten. Hierbei hilft dir der Mentale Fokus. Wählst du diese Fähigkeit, bist du in der Lage, deinen Willen vollkommen auf eine bestimmte Handlung oder Geistesleistung zu konzentrieren. Voraussetzung ist allerdings genügend Zeit, das Problem zu erfassen.*

Hast du deine Wahl getroffen, notiere dir die drei gewählten Fähigkeiten auf dem Abenteuerblatt in den Feldern 2, 3 & 4 mit den Zahlen 302. Dies ist die Sektionsnummer bei der du nachschlagen kannst, solltest du einmal die Hinweise zur entsprechenden Eigenschaft vergessen haben.

Die letzten Nächte, bevor Ugar sein Gesicht voll der Welt zuwendet, verbringst du regelmäßig auf der schroffen Spitze des Ningal-Towers. Dort bringen dir Schwingenmeister Logath und seine Gehilfen zunächst den grundlegenden Umgang mit den Reitdrachen näher.
Als Anschauungsobjekte führt der Hüter zwei bemerkenswerte Drachen über den Exerzierplatz. Zunächst ein sattgrünes Exemplar, bullig, kompakt mit zahllosen Dornen und Hörnern unterschiedlicher Größe bewehrt. Seine mächtigen roten Hornplatten an Stirn und Kinn erinnern dich an einen streitlustigen Hahn.

„Das ist Maulun“, stellt Logath den Drachen vor. Mit ausgefalteten Flügeln und einem bedrohlichen Schnauben durch die Nüstern begrüßt euch der grüne Koloss, ganz so, als hätte er den Hüter verstanden, der seinem Schützling kräftig auf die Halsplatte klopft.
Im Gegensatz zu Maulun wirkt der zweite Drache agiler und aufmerksamer. Sein schwarzer, geschuppter Leib, der nur von einem Beinpaar getragen wird, schimmert würdevoll im Mondschein. Am Ende seines schwanenartigen Halses ruht ein schlanker Kopf, an dessen Stirnplatte ein einzelnes, kräftiges Horn blitzt. Er ist nicht so muskulös wie sein grüner Artgenosse, dafür größer.
Logath erklärt, dass sich die Spannweite eines ausgewachsenen Drachen, abhängig von Rasse und Geschlecht, zwischen 40 und 60 Fuß bewegt und fügt hinzu: „Kyrna ist ein Weibchen und hat ihre Stärken im Luftkampf. Maulun hingegen kann hervorragend auf Grund eingesetzt werden.“
Während der Schwingenmeister unbeirrt seinen Vortrag hält, haben seine Helfer Schwierigkeiten, die Reitkreaturen in Zaum zu halten – offenbar verstehen sich die Drachen nicht besonders. Ständig fauchen sie sich an und schnappen nach dem Hals des anderen, ohne sich aber ernsthaft zu verletzen.

Willst du dir den grünen Drachen ansehen, lies weiter bei ***323****.*

Willst du den schwarzen Drachen in Augenschein nehmen, lies weiter bei ***340****.*

303 Ein süßlicher Geruch steigt dir in die Nase, als der Zarlik, der sich um die Leichen der Gefallenen kümmert, die schwere Metalltür zur Leichenkammer aufstößt. Die vielen Toten wurden entkleidet und liegen nach Rasse sortiert auf schlichten Holzbahren. Während die Ugarith bereits in ihre Steinstarre gefallen sind und die Wolkenjäger der Baronyaks ihre zeremonielle Totenbemalung erhalten haben, zucken die beiden festgezurrten Zarliks auf ihren Bahren. Auch wenn du es nie zuvor mit eigenen

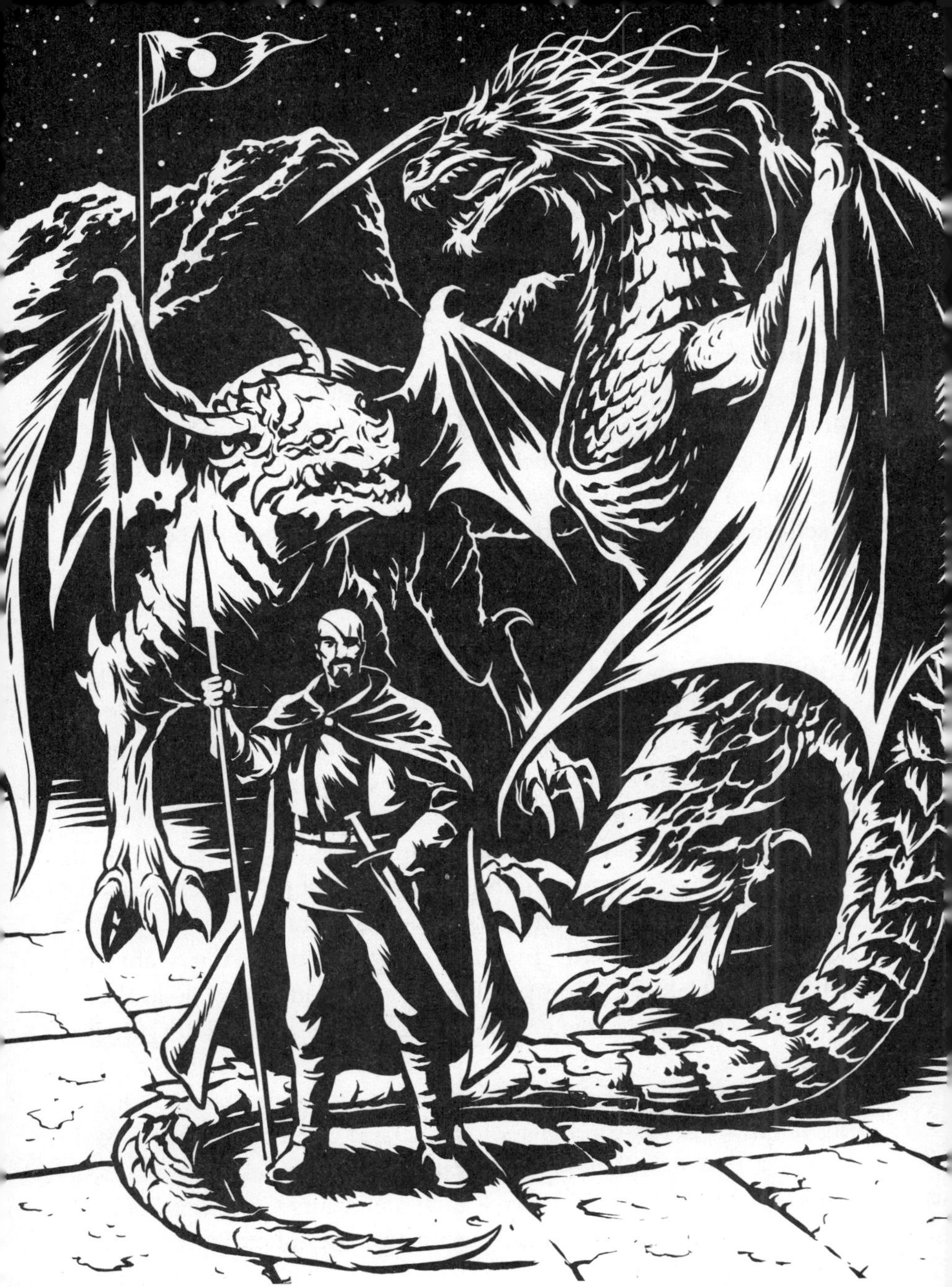

302 *Im Gegensatz zu Maulun wirkt der zweite Drache agiler und aufmerksamer. Sein schwarzer, geschuppter Leib, der nur von einem Beinpaar getragen wird, schimmert würdevoll im Mondschein.*

Augen gesehen hast, weißt du, dass sich die Echsenwesen über eine Woche nach ihrem Tod bewegen, als würden sie träumen. Gespenstisch.

„Erssst wenn das Tar-Mar-Sssol gewichen issst, können wir ihre Körper den Flammen übergeben", erklärt der Bestatter. „Alle anderen werden in den kommenden Monden in ihre Heimat verbracht oder erhalten ein Ssseebegräbnisss."

2 Der Anblick der Reihen von Toten und das Wissen, dass viele weitere auf dem Meeresgrund verrotten, schnüren dir die Kehle zu.

› Ich muss diesen Krieg so bald wie möglich beenden! Es dürfen nicht noch mehr Unschuldige fallen. ‹

Erschüttert kehrst du in die oberen Stockwerke des Nachtturms zurück.

Lies weiter bei ***319****.*

304 Energisch alarmierst du die Wachen und deutest auf den unbekannten Eindringling. Dabei rempelst du unbeabsichtigt Meister Calderel zur Seite, der ebenfalls den Ernst der Lage erkennt: „Überwältigt den Fremden!"

Ertappt stößt der Südländer die Umstehenden weg und greift in seinen Umhang, als wolle er eine Waffe ziehen. Da haben sich auch schon die ersten Soldaten auf ihn gestürzt und unter sich begraben. Nach einem kurzen Tumult herrscht angespannte Ruhe.

Zwei der Gardisten verdrehen dem Angreifer die Arme, während sich Meister Calderel triumphierend vor ihm aufbaut. Die krallenartigen Finger des Meisters bohren sich bis zum Kiefer in die Wangen des Attentäters.

„Ach, welch Überraschung. Du hättest es fast geschafft, kleine Nephatari", zischt Calderel spöttisch. Dann greift er in den Kragen des Gefangenen und zieht ein einfaches Holzamulett hervor. „Was haben wir denn hier?" Blauer Rauch steigt aus Calderels Klauen empor, als er seinem vor Angst erstarrten Gegenüber das Schmuckstück vom Hals reißt.

In diesem Moment fällt der Illusionszauber ab, der den Attentäter schützte und jeden im Saal täuschte: Es ist kein Mann aus der Gawana, sondern eine junge Frau mit blondem Haar und goldenen Augen – die Kar-Priesterin aus Rhenus' geheiligter Hauptstadt, der Sonnenstadt Kyphi! Ein Aufschrei der Empörung gellt durch den Saal. Doch du stehst nur steif da und betrachtest sie.
› *Sie ist es! Es ist die Priesterin aus dem Tempel …* ‹
Feine, blauweiße Blitze züngeln über Calderels Klaue, in der sich das Holzamulett in seine ursprüngliche Form, einer Kar-Statue aus purem Gold, zurückverwandelt hat. Du spürst Calderels Erregung. Er will Nephatari auf der Stelle töten.

Willst du der Frau nicht helfen, lies weiter bei ***314****.* ♦
Willst du ihn aufhalten, lies weiter bei ***326****.* ¤

305 Calderels Blick wird leer, als du ihm mit deinen Zweifeln an der Wahrhaftigkeit seiner Worte konfrontierst: „Offenbar ist der Fluch des Goldenen mächtiger als erwartet. Bedauerlich." Er gibt seinem Helfer einen Wink. „Wie es scheint, werter Aonus, wart Ihr im Recht." Daraufhin wendet er sich ab und starrt aus dem Fenster: „Schafft mir dieses verwirrte Kind vom Leib!"
Als dich der harte Griff des Dieners packt, lähmt dich eine Macht, die du bereits im Kar-Tempel in Kyphi ertragen musstest. Wenig später findest du dich in einer Einzelzelle wieder. Deine Kräfte sind verblasst.
Irgendwann während der dritten Woche deiner Inhaftierung wird der Tower des Empires angegriffen. Jedoch bekommst du in deinem Loch außer massiven Erschütterungen nicht viel mit. Der Kampf dauert nur wenige Stunden. Daraufhin musst du tagelang die Feierlaune der Gartakwärter über dich ergehen lassen: Die Ugarith haben bei der Schlacht um ihren Stützpunkt die Oberhand behalten und die alliierte Flotte vernichtet. Seither hoffst du auf Befreiung. Vergeblich.

Der Sinn deiner Existenz endet hier. (✢348) ▪

306 Aonus führt dich durch zahlreiche Zimmer und Gänge der oberen Stockwerke des Nachtturms. Endlich erreicht ihr eine schwere Holztür, die mit Schnitzereien des Mondes in all seinen Phasen verziert ist.

Dahinter verbirgt sich im unsteten Schein der Fackeln des Gangs ein üppig ausgestattetes Zimmer mit großem Bett und einem Pult, auf dem etliche Bücher und Pergamente liegen. Davor steht ein gepolsterter Stuhl. Du schließt die Augen. Vertraute Gerüche steigen dir in die Nase – Erinnerungen streifen dich.

› *Mein Zimmer … hier habe ich all die Jahre gelebt und studiert.* ‹

Hattest du in den letzten Stunden noch Zweifel, ob du bereits in diesem Turm warst, sind sie jetzt wie fortgeblasen. Aonus steht mit in die Hüfte gestemmten Armen in der Tür. Er bemerkt deine Unruhe: „Du erkennst es also? Gut! Dann ist deine Seele vielleicht doch noch nicht verloren."

Der Elitekämpfer wartet, bis du eingetreten bist. Dann flackert unvermittelt die Laterne am Deckenbalken auf. Ihr spärliches Licht genügt, um das Zimmer für deine Augen taghell zu erleuchten. „Vergiss nicht, mein Blick ruht weiterhin auf dir!" Mit dieser doppeldeutigen Ansage lässt dich Aonus allein.

Geistesabwesend blätterst du in den Büchern und Pergamenten. Zum ersten Mal erlebst du die Vergangenheit bewusst, denn jedes Wort, jedes Bild auf den vergilbten Seiten hast du bereits schon einmal gesehen.

Im Schrank hängt neben Stapeln aus Tüchern, Hosen und feinen Hemden eine makellose Uniform eines Empire-Soldaten. Eine Litze aus Silberzwirn schimmert auf jeder Schulterklappe. Du bist also ein Rekrut der 3. Garnison. Stolz streichst du das Sakko aus dicker schwarzer Wolle glatt über die Brust. Es passt perfekt.

*Notiere dir die **Empire-Uniform** (Kleidung, Rumpf, Schutz +1) sowie die **Soldatenstiefel** (Kleidung, Füße, Schutz +1) auf dem Abenteuerblatt. Streiche dafür deine bisherige Kleidung auf diesen Feldern.*

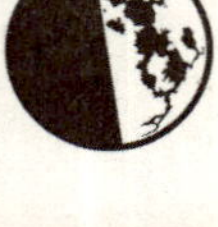

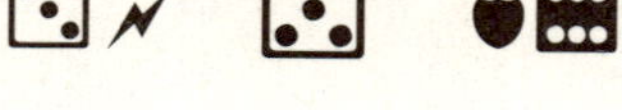

Trotz der spannenden Lektüre der Lehrbücher* verfällst du binnen weniger Dutzend Seiten ob der Erlebnisse der letzten Stunden in Ruhestarre.

Hegst du noch immer Zweifel, ein Soldat des Empires zu sein, lies weiter bei ***328****.*

Hast du dein Ugarith-Erbe akzeptiert, lies weiter bei ***312****.*

307 Dein frisch geschärfter Instinkt lässt dich zweifeln ob deines Vorhabens. Der Kar-Priester versteckt etwas Gefährliches unter seiner Kleidung.

Willst du den Priester trotzdem überwältigen, lies weiter bei ***349****.*

Willst du deinen Angriff abbrechen, lies weiter bei ***339****.*

Oder die nahestehenden Wachen auf ihn hetzen, lies weiter bei ***304****.*

308 Meister Calderel steht gemächlich auf und schreitet langsam auf dich zu: „Darf ich vorstellen, dieser junge Kämpfer, seit seiner Geburt in meiner Obhut, ist der Abgesandte."

Sichtlich beeindruckt beäugen dich die Ratsmitglieder. „Ugars Fleisch wird, wie es die Heilige Schrift vorhersagt, uns in diesem Kampf zur Seite stehen!", betont der Meister und wendet sich dir zu. „Geh nun, Schattenkind. Es hat unsere Gäste sicher gefreut, dich kennenzulernen. Ich werde dich bald aufsuchen."

Calderels eiskalter Blick lässt keine Widerrede zu und du verabschiedest dich mit einer respektvollen Verbeugung vom Hohen Rat des Empires.

Lies weiter bei ***343****.*

*) *Nutze nun das Glossar (Kapitel „G") am Ende des Buches, um die Hintergründe zu folgenden Begriffen zu erfahren:*
Ugarith · Ugar · Calderel · Ningal-Tower · Empire
Kar · Kathum · Kyphi · Stadtpyramide zu Kyphi · Allianz

309 Tarus ist hoch erfreut, als er erfährt, dass du dich für die Kunst der Diplomatie interessierst. Er überlässt dir Standardwerke der Philosophie sowie zahlreiche Bücher über Politik, Verhandlungstechniken und Verhaltensregeln.

Jede freie Minute arbeitest du dich durch den Stoff. Dazu musst du dich über brisante Themen in zahlreichen Debattierstunden mit Tarus auseinandersetzen. Du scheinst ein besonderes Talent dafür zu besitzen, dich in die Position deines Gegenübers hineinzuversetzen.

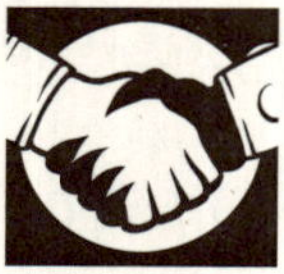

Notiere die Fähigkeit ***Diplomatie*** *in Feld 5 auf dem Abenteuerblatt. Umkreise dort zudem die Zahl 309, die Nummer dieser Sektion, damit du bei Bedarf etwas nachlesen kannst.*

Lies weiter bei ***324****.*

310 Ohne ein weiteres Wort verlässt du des Meisters Räume und ziehst dich in dein Zimmer zurück. Deine abwägenden Gedanken kreisen einzig um die kommende Nacht. Die Weihe wäre sowohl Ehre als auch Bürde.

› *Bin ich bereit, die Ordination zu erhalten? – Was ist, wenn ich tatsächlich von Kathum verflucht wurde, wie alle sagen? – Straft mich Ugar dafür? – Werde ich etwa zu einer Marionette des Glaubens?* ‹

Inmitten deiner galoppierenden Gedanken stattet dir Lehrmeister Tarus einen unerwarteten Besuch ab. Gemächlich nimmt der alte Mensch auf der Bettkante neben dir Platz.

„Dir fällt es sicher schwer", beginnt er, als wüsste er bereits, was dich bewegt, „die eigene Rolle in diesem Spiel zu akzeptieren, nicht wahr?"

Tarus blickt zu deinem Lesepult mit den zahllosen Büchern hinüber: „Du kannst alle Historiker gelesen, sämtliche Philosophen studiert und jeden Priester gehört haben – bei der Frage, die dich derzeit bewegt, würden sie ebenso verzweifeln."

Gemeinsam schweigt ihr eine Weile, bis dir der Lehrmeister einen aufmunternden Klaps auf den Schenkel verpasst: „Nun, ich kenne weder deine Ziele noch die des ehrwürdigen Meisters. Aber eines weiß ich sicher: Sollte Ugar, der Allmächtige, dich für unwürdig halten, so wird er dir die Weihe verweigern."
Tarus steht auf, schnauft und schaut dir fest in die Augen: „Wie du letztendlich die göttliche Macht einsetzt, die dir gegeben, liegt einzig in deinen Händen."
Als du wieder allein im Zimmer bist, fasst du den Entschluss – trotz aller Zweifel und Ängste – die Weihe zu empfangen.

Lies weiter bei ***347****.*

311 Der Gartakwächter führt dich stolz durch sein Reich: die Kerker des Nachtturms. Du beäugst ihn argwöhnisch, denn du bist unsicher, ob er einer der Wärter war, die dich einst im Kerker festhielten.
› *Diese Stinkpelze sehen irgendwie alle gleich aus …* ‹
Stöhnen und Wehklagen erfüllt die stickige Luft des wirren Gewölbes. Auch wenn nur ein Bruchteil der alliierten Seeleute die Schlacht überlebt hat, ist das Verlies hoffnungslos überfüllt. Hunger und Durst werden dieses logistische Problem für das Empire gewiss bald lösen.
Mitgenommen blickst du in zahllose hohlwangige Gesichter von jungen Männern und Frauen aus aller Herren Länder. Deine stille Hoffnung, vielleicht einen Bekannten darunter zu entdecken, zerschlägt sich rasch.
Einige der Gefangenen flehen um Gnade, andere beschimpfen und bespucken dich. Was sie auch tun, es genügt, um vom keifenden Gartak unter Peitschenhieben in die Ecke ihrer Zelle zurückgetrieben zu werden.
› *Welch Elend! Dieser Krieg muss enden – koste es, was es wolle!* ‹
Schockiert ziehst du dich wieder in die Turmspitze zurück.

Lies weiter bei ***319****.*

312 Eine klare, kalte Nacht. Du stehst auf einem sanften, grünen Hügel. Um dich herum erstreckt sich ein dichter Wald bis zum Horizont. Sanft wiegen die Wipfel im Wind. Ihre Blätter funkeln im silbernen Schein der vollen Ugar-Scheibe.
Zufrieden setzt du dich ins saftige Gras, als sich dein Körper plötzlich versteinert. Verstört bemerkst du, wie deine Veränderung auch auf die Umgebung ausstrahlt: Zunächst verwandelt sich das Gras unter deinen Füßen zu Fels, dann der Hügel, bis schließlich der ganze Wald in fahlem Grau erstarrt. Jegliches Leben ist vergangen.

Hast du bereits einen Kampf ausfechten müssen, lies weiter bei ***335****.*
Ansonsten, lies weiter im Kampfkapitel bei ***K0****!**

313 Meister Calderels nachtschwarzes Gesicht bekommt tiefe Sorgenfalten: „Der Sonnenpriester verfluchte deinen Geist, kurz bevor er starb." In väterlicher Sorge legt er dir den Arm um die Schulter: „Keine Angst, ich werde dir beistehen, deine Amnesie zu überwinden – wie lange dies auch dauern sollte."
Dann lenkst du das Gespräch auf deinen Auftrag.

Lies weiter bei ***325****.*

314 Die Priesterin windet sich hilflos, will sich befreien, doch da zucken auch schon grelle Blitze aus Calderels Klaue, die sich wie tausend kleine Nadeln in ihren zierlichen Schädel bohren. Ein kurzes Zucken und die junge Frau sinkt zu Boden.
› Ein schneller Tod. ‹
Während die Leiche der jungen Priesterin von Wachen genauer untersucht wird, genießt der Ugar-Abgesandte den hetzenden Jubel der Massen: „So hat Nephatari, einzige Tochter Kathums, ferner ihr Ende gefunden!"
Verachtungsvoll wirft er den verformten Klumpen, der einst ihr Amulett war, in die Ecke und verschwindet durch einen Vorhang hinter dem Altar. Gedankenverloren starrst du auf den toten Körper der jungen Frau vor deinen Füßen.

*Vermerke dir den **Goldklumpen** (Besonderer Gegenstand) in Feld 6 auf dem Abenteuerblatt. Notiere zudem unter Spezielle Notizen, dass sich **Nephatari geopfert** hat, indem du das entsprechende Kästchen ankreuzt.*

*Lies weiter bei **350**.*

315 „Dieser junge Mann ist der Abgesandte – Ugars Sohn!", offenbart Meister Calderel der erstaunten Gesellschaft. „Seit seiner Geburt habe ich ihn begleitet und unseren Glauben gelehrt. Schon bald ist seine Ausbildung abgeschlossen und er wird uns in diesem Kampf beiseite stehen – so wie es die Heilige Schrift weissagt."
Calderel legt seinen Arm um dich und ein eiskalter Schauer der Macht durchläuft deinen Körper: „Unsere Gäste kennen dich nun, Schattenkind. Das soll für das Erste genügen. Geh nun in dein Zimmer und warte auf mich!" Du gehorchst ohne Widerrede.

*Lies weiter bei **343**.*

2

316 Zwei Tage lang planst du einen Angriff gegen den Führer der Schatten. Dabei nimmst du keine Rücksicht darauf, was mit dir geschieht, denn von Reue getrieben, empfindest du es als deine heilige Pflicht, diesen Tyrannen zu beseitigen. Nervös hast du für die kommende Nacht um eine Audienz gebeten.
Schließlich kommt es zum schicksalhaften Moment: Die Diener haben sich gerade zurückgezogen, als Meister Calderel gedankenversunken ein Kunstwerk betrachtet und dir den Rücken zukehrt. Du zückst einen Dolch und stichst befreit zu. Das zerfurchte Gesicht des alten Priesters verzerrt sich vor Schmerzen.
Doch plötzlich verwandelt sich der gebrechliche Greis zu einem hünenhaften Schatten eines Stiers. Seine verbitterte Stimme ist laut und hohl und lässt die Schätze auf den Regalen erzittern: „Aonus hatte Recht. Wie töricht ich war, zu glauben dich beherrschen zu können!"
Zornig schleudert dich der übermächtige Ugarith gegen die Wand. Du willst aufstehen, doch kraftlos brichst du zusammen.

**) Spieltipp: Das Kampfkapitel mit den Registermarken „K" findest du wie andere besondere Kapitel auch, gegen Ende des Buchs. „K0" ist die erste Sektion.*

Calderel spottet: „Du Narr! So kannst du und deinesgleichen mich nicht töten!“
Berauscht von deinen Schmerzensschreien tritt er unaufhörlich auf dich ein, bis deine Welt in ewiger Dunkelheit versinkt.

*Dein Leben endet hier. (†**348**)* ■

317 „Aonus besitzt nicht deine Fähigkeiten. Er wäre nicht im Stande gewesen, diesen Auftrag zu einem Erfolg zu führen“, erklärt Meister Calderel ohne Rücksicht auf die Gefühle des Kriegers. „In Kürze wird ihr Vergeltungsschlag den Ningal-Tower treffen. Doch sei unbesorgt! Auf ihre Flotte sind wir vorbereitet.“
Arglos fragst du nach dem Grund des Krieges.

*Lies weiter bei **333**.*

318 Ernüchtert erfährst du, dass man die Kunst des Zauberns nur erlernen kann, wenn man den magischen Funken in sich trägt. Einzig bestimmte Rassen, beispielsweise die Echsenrasse der Zarlik, sowie wenige Individuen sind mit ihm gesegnet.
Trotz dieser Enttäuschung lehrt dich Tarus in deiner Freizeit viel über Zauberei im Allgemeinen, beispielsweise über ihre Erscheinungsformen, Auswirkungen, Eigenheiten und Grenzen. Solltest du jemals einem Wesen mit dem magischen Funken begegnen, wirst du womöglich in der Lage sein, besonnener zu reagieren.

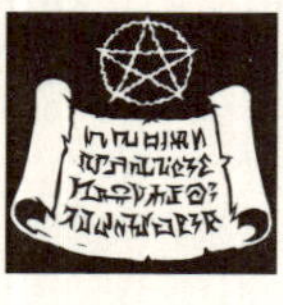

*Notiere die Fähigkeit **Magiekenntnis** in Feld 5 auf dem Abenteuerblatt.* [-1-] *Umkreise dort zudem die Zahl 318, die Nummer dieser Sektion, damit du bei Bedarf etwas nachlesen kannst.*

*Lies weiter bei **324**.*

319 Am Ende einer warmen Sommernacht – etliche anspruchsvolle und ermüdende Übungsstunden mit Urgoz, dem

berühmten Waffenveteranen der Ugarith, liegen hinter dir – schlenderst du durch die Gänge des Oberturms Richtung Küche, um dich zu erfrischen.
Auf halbem Wege begegnest du einer jungen Ugarith, die einen Säugling trägt. Beide haben ebenso schwarze Haut wie du. Während du an ihnen vorbeigehst und grüßt, drückt sie ihr Baby an die Brust und blickt dich argwöhnisch an. Sie sagt kein Wort.
In der Küche angelangt, triffst du auf eine zierliche Netani, die gerade ein Tablett Weinkaraffen für den Hohenpriester und seine Berater zusammenstellt. Spontan fasst du den Entschluss, ihr diese Aufgabe abzunehmen und Meister Calderel einen Besuch abzustatten, in der Hoffnung, weitere Hinweise zu erlagen. Die unterwürfige Sklavin mit dem karamellfarbenen Teint wagt nicht zu widersprechen.
Du trittst vor das Portal des Konferenzsaals, das von zwei Wachoffizieren flankiert wird, als du ein Wirrwarr unbekannter Stimmen vernimmst. Unüberhörbar tagt der Kriegsrat des Empires. Unter anderem erkennst du die unverwechselbaren Akzente der Zarlik, Menoken und Dvorak heraus. Die Atmosphäre unter den Herrschaften ist gereizt.

Willst du das Tablett abstellen und so tun, als wolltest du dich zurückziehen, um den Rat aus einem Versteck heraus zu belauschen, lies weiter bei ***338.***

Willst du anklopfen und eintreten, lies weiter bei ***327.***

Willst du dich respektvoll zurückziehen, lies weiter bei ***336.***

320 Eine innere Stimme sagt dir, dass du keine andere Möglichkeit hast, als zu versuchen, den Schattenmeister zu täuschen. Wenn du diesen Krieg begreifen willst, musst du zunächst Calderels Motive verstehen und seine Schwächen aufdecken. Alleine wärst du chancenlos, ihn und das Empire aufzuhalten. So beschließt du, zunächst gute Miene zum bösen Spiel zu machen.

Lies weiter bei ***337.***

321 Blitzartig reißt du dich von der zeremoniellen Umarmung des Abgesandten los und springst – unter dem Aufschrei der Menge – vom Podest des Altars.

Besitzt du die Fähigkeit ***Vorahnung****, lies weiter bei* ***307****.*

Andernfalls lies weiter bei ***349****.*

322 Meister Calderel bemerkt deine Vorfreude, und seine Stimme ertönt bedeutungsschwer in deinem Kopf, als wolle er dir die Konsequenzen und Chancen der Ordination vor Augen führen: *„In dir schlummern mächtige, göttliche Kräfte und ich bin bereit, sie gemeinsam mit dir zu ergründen!"*

Dann durchdringt sein verschleierter Blick deinen Geist. Für einen kurzen Moment glaubst du, der Hohepriester vermag die Tiefen deiner Seele zu ergründen: *„Um Mitternacht wirst du mit einem besonderen Sternenstein geweiht. Und es ist wahrlich nicht übertrieben, wenn ich sage, dass viele für ihn töten würden."*

Der alte Priester schickt dich wieder aufs Zimmer und wünscht dir eine entspannte Ruhe.

Lies weiter bei ***347****.*

323 Du näherst dich dem massigen Maulun, dessen dunkle, faustgroße Augen dich aufmerksam verfolgen. Seine Schuppen reflektieren den Mondschein in den unterschiedlichsten Grüntönen und würden den Drachen in Wäldern und auf Wiesen perfekt tarnen.

Sein tonnenschwerer Körper ruht auf vier gleich langen, stämmigen Beinen mit breiten Tatzen, die problemlos einen Mann umfassen könnten. Bei jedem seiner Atemzüge durchdringt dich ein respekteinflößendes Brummen.

Lies weiter bei ***K20****!*

324 Am siebzehnten Tag deiner Ausbildung schreckst du aus der Ruhestarre. Wirre Kommandos und Schreie schallen durch die Gänge. Der Turm befindet sich im Alarmzustand – die Allianz greift an!

Keine Überraschung, schließlich hat Calderel in letzter Zeit von nichts anderem gesprochen als von einem Vergeltungsschlag für den Tod Kathums. Nun ist es soweit! Eilig machst du dich kampfbereit, zwängst dich in Stiefel und Uniform und stürzt durch die Gänge.

Im allgemeinen Trubel begegnest du Aonus, der einen Trupp Elite-Gartaks befehligt. „He, Schattenkind", schnauzt er und packt dich am Arm, „lasst gut sein. Es ist helllichter Tag. Also nicht Eure Zeit!"

Zerknirscht beschränkst du dich darauf, die Ugarith zu unterstützen, die die oberen Stockwerke verteidigen, doch bis zur Spitze des Ningal-Towers dringen die Feinde nicht vor. Außer heftigen Erschütterungen bekommst du nichts mit.

Das Empire gewinnt die Seeschlacht und versenkt fast die gesamte alliierte Flotte. Die Feierlaune der Gartaks und Söldner hält fast eine Woche vor, doch derweil kursieren auch Gerüchte, der Schiffsverband des Empires hätte unerwartet hohe Verluste hinnehmen müssen.

Willst du unbeirrt deine Ausbildung fortsetzen, lies weiter bei **319**.

Willst du derweil das Gefängnis besuchen, lies weiter bei **311**.

Oder willst du in die Leichenkammer gehen und den Soldaten des Empires die letzte Ehre erweisen, lies weiter bei **303**.

325 „Den Hierarchen zu töten war keine leichte Aufgabe… Dennoch, du hast es vollbracht!" Calderels leere Augen blitzen auf, als er triumphierend lacht: „Endlich ist den Ketzern in Kyphi Gerechtigkeit widerfahren!"

Willst du fragen, wer der Schatten war, der dich aus der Kapelle verschleppte, lies weiter bei **342**.

Willst du wissen, weshalb Krieg zwischen Empire und Alliierten herrscht, lies weiter bei **333**.

326 Todesangst ist der zierlichen Frau ins Gesicht geschrieben, als der Ugar-Priester ihr beide Klauen auf die Schläfen drückt. Aber ehe er vollstrecken kann, greifst du ihm beschwichtigend in den Arm und er hält inne. Der Wahnsinn in Calderels Gesicht weicht einem bitteren Lächeln und er flüstert dir ein: *„Du hast Recht, Kind! Nephatari könnte mir noch von Nutzen sein. Vielleicht im Austausch für dein verlorenes Geschenk …"*

Daraufhin dreht er sich um, schmettert das strahlende Kar-Amulett demonstrativ vor den Altar und tönt verachtungsvoll: „Spannt sie über das Schwarze Tor!" Ein Raunen aus Zustimmung und Bedauern geht durch die Menge.

Du schaust der jungen Frau, abgeführt durch die Leibgarde, hinterher. Lethargisch starrt sie zu Boden.

› Ob sie weiß, welches Schicksal ihr bevorsteht? ‹

Während alle Augen im Saal auf die Attentäterin gerichtet sind, nutzt du die Gelegenheit und hebst das goldene Amulett auf. Es ist eine klassische, stilisierte Kar-Darstellung, wie man sie oft in Kyphi antrifft: eine nackte Frau mit Adlerkopf und ausgebreiteten Schwingen. Fasziniert steckst du das makellose Artefakt ein.

*Notiere das **Amulett der Kar** (Besonderer Gegenstand) in Feld 6 auf dem Abenteuerblatt! (Sollte dort bereits ein anderer Besonderer Gegenstand vermerkt sein, wird dieser nun durch das Amulett ersetzt.)* ♦

*Lies weiter bei **350**.*

327 Du klopfst und betrittst den Konferenzsaal mit einer langen, vollbesetzten Tafel, an deren Spitze Meister Calderel thront. Ihm zur Seite steht, mit verkniffenem Mund, Aonus. Die sechs übrigen Anwesenden, eine illustre Versammlung aller Rassen und Völker, die dem Empire dienen, starren dich an. Die Botschafter und Militärs haben wohl einen Diener erwartet, nicht eine Uniform.

Du hast die Anwesenden gestern am Pier des Ningal-Towers gemeinsam mit Tarus beobachtet, als sie mit einem Kriegsschiff unter allen militärischen Ehren eintrafen, denn dein Lehrer war der Mei-

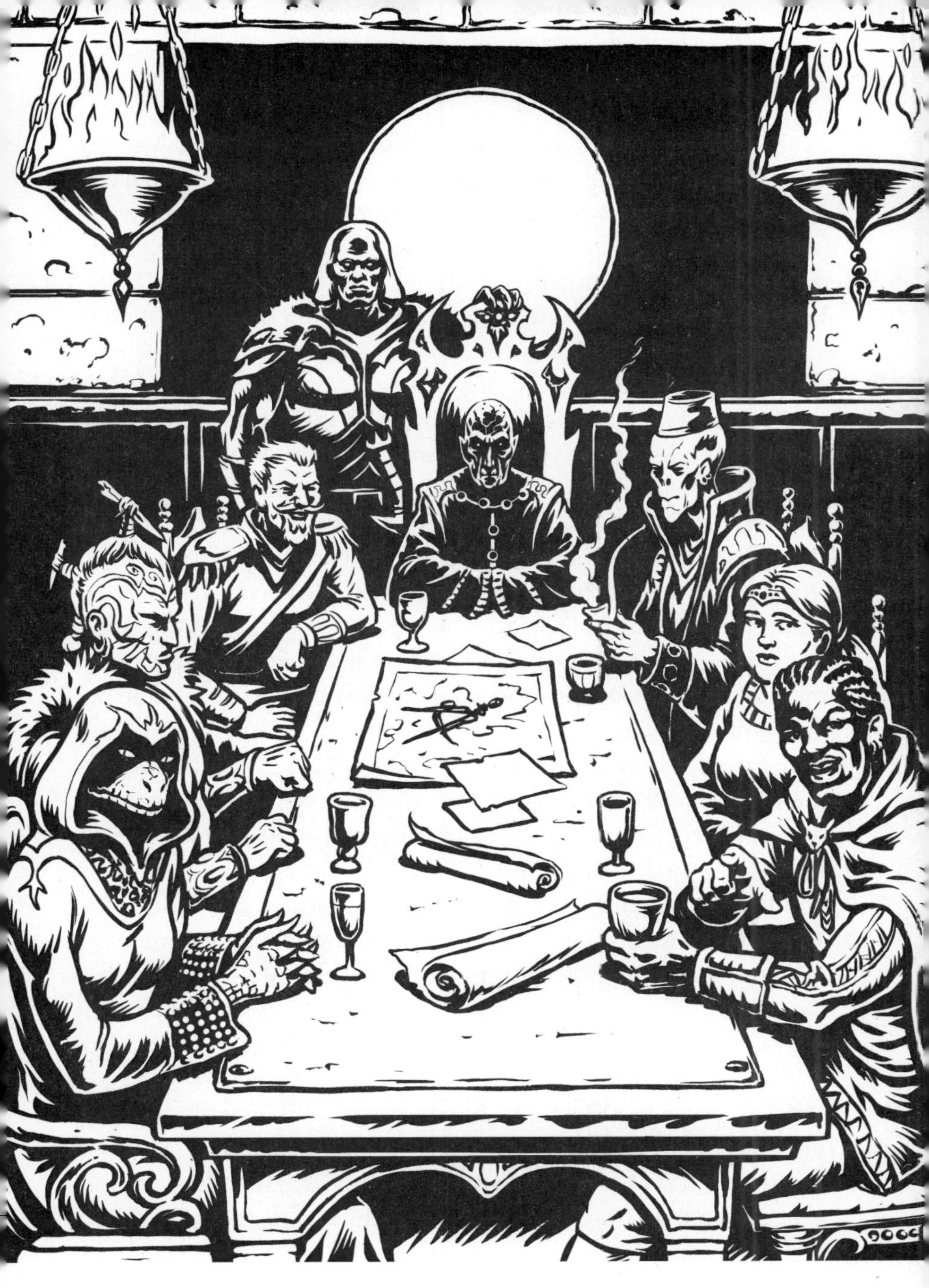

327 *Die sechs übrigen Anwesenden, eine illustre Versammlung aller Rassen und Völker, die dem Empire dienen, starren dich an. Die Botschafter und Militärs haben wohl einen Diener erwartet, nicht eine Uniform.*

nung, es sei von Vorteil, die Würdenträger des Empires zu kennen. Senator Cez, ein hagerer Dvorak-Stratege mit totenschädelartigem, kreidebleichem Kopf kommentiert belustigt: „Seit wann tischen Eure Soldaten Getränke auf? Sind Euch etwa die Sklavinnen davongeschwommen?"

„Wir sollten den wilden Reichen einen erneuten Besuch abstatten, um das Personal etwas aufzustocken", vollendet sein Gegenüber, der stringente Colonel Mari, den Scherz.

2 Spöttisches Gelächter bricht aus. Einzig der Führer des Empires an der Kopfseite des Tisches scheint wenig amüsiert. Er wirft dir einen vernichtenden Blick zu, während er telepathisch in deinen Geist eindringt: *„Du hast hier nichts verloren. Serviere und verschwinde!"*

Hastig beginnst du die Getränke zu verteilen, als dich der Vertreter der Baronyak, Zar Zorgan, mustert und hochtrabend in die Runde spricht: „Es gibt Gerüchte, ein Schattenkind sei unter uns." Woraufhin der Ugar-Priester dem Mann aus dem Empire-Hinterland überlegt antwortet: „Korrekt. Und sehr bald wird es seine Bestimmung erfüllen."

Mit breitem Grinsen streicht sich Zar Zorgan über die geflochtenen Haare und begutachtet das Mal auf dem Rücken deiner rechten Klaue. Ertappt zuckst du zurück und verschüttest einen Becher Rotwein.

„Wollt Ihr unsss nicht bekanntmachen?", fordert die mysteriöse Magisterin der Zarlik erwartungsvoll, während sie beiläufig den Wein von ihren Dokumenten tupft.

Trägst du einen ***Siegelring****, lies weiter bei* ***308****.*
Trägst du einen ***Schlangenring****, lies weiter bei* ***315****.*

328 Eine weite Ödnis. Die Sonne brennt. Pflanzen verdorren, Tiere verenden. Du schleppst dich über eine staubige, trostlose Landschaft. Kein Leben. Meilenlang. Du blickst zum Himmel und hebst die linke Klaue schützend, um nicht von der Sonne geblendet zu werden.

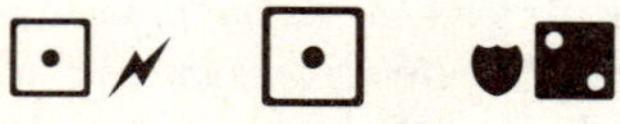

Dann wagst du das Unmögliche: Du nimmst die brennende Scheibe zwischen Daumen und Zeigefinger, pflückst sie vom Himmel und lässt sie einige Male über die Handflächen kullern! Wie den Saft einer reifen Orange quetscht du schließlich das Sonnenlicht aus ihr heraus. Absolute Schwärze umgibt dich. Es wird bitterkalt. Du zitterst.

Hast du bereits einen Kampf ausfechten müssen, lies weiter bei **335***.*

Ansonsten, lies weiter im Kampfkapitel bei **K0***!**

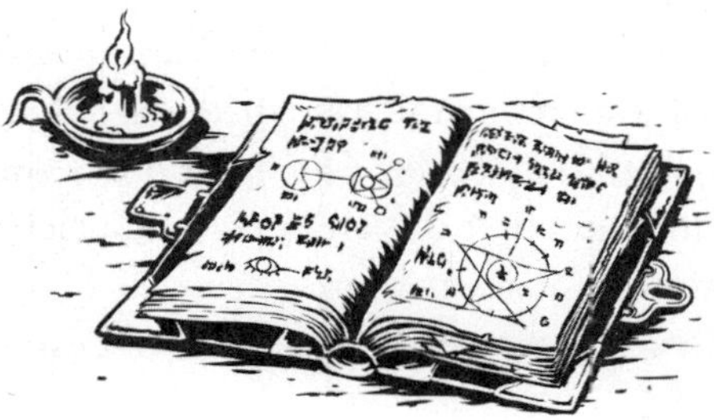

329 Tarus' besorgte Miene offenbart deutlich, was der Bibliothekar davon hält, dass du mehr über Kriegsführung erfahren willst. Doch er respektiert deinen Wunsch und überstellt dich Urgoz, dem Waffenmeister, einem Mann, gestählt durch unzählige Schlachten. Ohne Frage der perfekte Ansprechpartner.

Urgoz lädt dich in seine Räume, schildert dir zwischen zahllosen Waffen, exotischer Kriegsbeute und Überlassenschaften gefallener Kameraden unermüdlich und voller Stolz Nacht für Nacht Anekdoten aus seinem bewegten Soldatenleben. An ihm ist ein wahrer Erzähler verlorengegangen, so plastisch und faszinierend sind seine Ausführungen über Strategie und Taktik, Moral und Ehre.

Notiere die Fähigkeit **Kriegsführung** *in Feld 5 auf dem Abenteuerblatt. Umkreise dort zudem die Zahl 329, die Nummer dieser Sektion, damit du bei Bedarf etwas nachlesen kannst.*

Lies weiter bei **324***.*

*) *Spieltipp: Das Kampfkapitel mit den Registermarken „K" findest du wie andere besondere Kapitel auch, gegen Ende des Buchs. „K0" ist die erste Sektion.*

330 Du machst eine ablehnende Bewegung mit der Klaue, woraufhin sich Calderels Laune augenblicklich abkühlt: „Wie kannst du solch ein großzügiges Geschenk ausschlagen?"
Entrüstet schreitet er zur Tür. „Vielleicht sollte ich dich in Zukunft von meinen Gedanken ausschließen." Und die Tür fällt krachend ins Schloss. Du genießt das erhebende Gefühl, dem Willen des Schattenmeisters getrotzt zu haben.

*Lies weiter bei **345**.*

331 Du lässt dich von der Weisheit eines anderen Lebens führen, folgst dem göttlichen Pfad und beendest den Sprung durch Raum und Zeit am Tag deiner Ordination. Es muss dir einfach gelingen, die Sonnentochter davon abzuhalten sich zu opfern.
Weder am Himmel noch auf der Spitze des Ningal-Towers sind Wachen zu sehen. Offenbar wohnen alle der Zeremonie im Ugar-Tempel bei.
Kyrna landet zielsicher auf der Plattform vor ihrer alten Höhle. Sie erwidert das Fauchen aus der Dunkelheit mit einem sonoren Knurren. Während du in einer Felsnische in Meditation versinkst, tauschen sich deine Kyrna der Gegenwart und Aonus' Kyrna der Vergangenheit aus. Du hingegen fokussierst dich auf dein vergangenes Ich und erreichst tatsächlich seinen noch ungefestigten Geist auf dem Weg in die heiligen Hallen Ugars.
Es ist, als wärst du selbst dort. Das Flüstern der Anwesenden hallt dumpf durch den Stierkopf, den dir die Akolythen zu Beginn der Zeremonie aufsetzten. Und Ugars Haupt, ruht schwer auf deinen Schultern. Intuitiv willst du die Reliquie davor bewahren abzurutschen, da wird dir klar, dass du sie willentlich berührt hast. Du bist tatsächlich im Körper deines vergangenen Ichs!

*Lies nun weiter bei **341** und versuche Nephatari zu retten! (Folge dabei dem Pfad des Lichts ¤ bis du am Ende einer Sektion zu diesem Symbol ♦ gelangst.) Hast du den Weltenfluss begradigt, kehre dann bei **900** in die Gegenwart zurück.*

332 „Zu wissen, woher man kommt, heißt zu wissen, wohin man geht." Mit diesem tiefgründigen Satz klopft dir Tarus stolz auf die Schulter.

Eifrig sammelt er einige Geschichtsbücher aus den Regalen und stapelt sie auf deinen ausgestreckten Armen. Darunter auch einige Werke, die er bislang unter Verschluss hielt, da sie nicht dem Ugar-Glauben folgen. „Ich vertraue dir, dass du sie niemandem zeigst ..." In nur zwei Nächten hast du die Bücher durch. Ihr Inhalt ist dir scheinbar bereits bekannt.

Notiere die Fähigkeit ***Geschichtswissen*** *in Feld 6 auf dem Abenteuerblatt. Umkreise dort zudem die Zahl 332, die Nummer dieser Sektion, damit du bei Bedarf etwas nachlesen kannst.*

„Dein Lerntempo ist enorm", bemerkt Tarus beeindruckt, als du die Bücher* zum Einbruch der nächsten Nacht auf seinen Tisch wuchtest. „Dann bleibt dir wohl Zeit für etwas mehr?"

Für welches der drei verbliebenen Lehrpfade interessierst du dich zudem?

Diplomatie, lies weiter bei ***309****.*

Kriegsführung, lies weiter bei ***329****.*

Zauberkunst, lies weiter bei ***318****.*

333 „Eine Erklärung für diesen Krieg?", höhnt der Priester voller Unverständnis ob deiner Frage. „Seit Generationen wird unser Volk verfolgt und getötet – einzig um uns auszulöschen!"

Calderel berichtet dir beispielhaft von barbarischen Gräueltaten: das Massaker von Ravijk, die Schlacht um Greydeyk oder das Blutbad am Venizer See. Dann treffen dich Erinnerungen wie ein Schlag: Klirren von Waffen, spritzendes Blut, verzweifelte Schreie, die leeren Blicke unzähliger Leichen.

› Wie ist das möglich? Alle Ereignisse liegen etliche Jahrzehnte zurück! Ich kann diese niemals erlebt haben ... ‹

**) Wenn du möchtest, nutze nun das Glossar (Kapitel „G") am Ende des Buches, um die Hintergründe zu folgenden Begriffen zu erfahren:*
Große Barriere · Horath Pyramiden · Skÿll

„… damit ist nun Schluss!“, hebt Calderel noch einmal die Stimme, um seine Erzählung zu beenden. „Es war und ist meine heilige Pflicht als Anführer des Empires und Abgesandter Ugars, den Kampf gegen die Unterdrückung zu führen und unseren standesgemäßen Platz zu behaupten.“ Dann legt er deine Klauenhand in die seine: „Stehe an meiner Seite und wir werden diese Welt befrieden!“ Du schweigst.

› *Krieg führen um des Friedens willen? Worin liegt da der Sinn?* ‹

Calderel beendet das Gespräch mit verkniffener Miene und beordert den ebenfalls finster dreinblickenden Aonus, dich zurück in dein Zimmer zu bringen.

*Lies weiter bei **306**.*

334 Deine Klauen zittern unwillkürlich ob der göttlichen Aura, die dem Sternenstein innewohnt. Calderel betrachtet dich aufgeregt, während du das mächtige Artefakt in den Mund steckst: *„Ja, Schattenkind! Auserwählt von Ugar, dem allmächtigen Gott der Nacht und des Todes. Deine Aufgabe ist es, an meiner Seite das Volk zu führen und all jenes zu vernichten, das seinem göttlichen Willen entgegensteht.“*

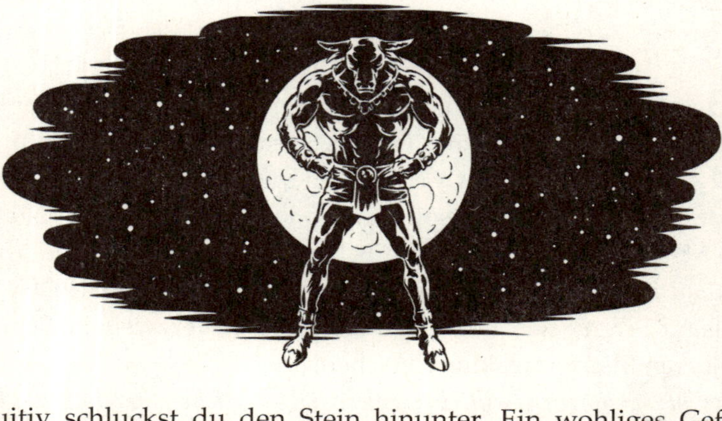

Intuitiv schluckst du den Stein hinunter. Ein wohliges Gefühl breitet sich in deinem Körper aus.

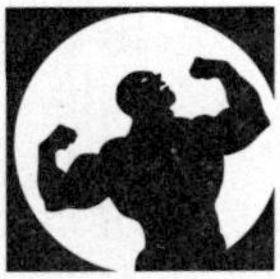

*Notiere die Fähigkeit **Macht des Vollmonds** in Feld 8 auf dem Abenteuerblatt. Umkreise dort zudem die Zahl 334, die Nummer dieser Sektion, damit du bei Bedarf etwas nachlesen kannst.*

*Regel: Immer dann, wenn du bei der Ermittlung eines Würfels, egal ob bei einem Test oder Kampf, den **Vollmond** aufschlägst (damit ist das Piktogramm links unten gemeint), hast du automatisch den Test bestanden bzw. einen Treffer erzielt sowie dich gleichzeitig verteidigt.*

*Lies weiter bei **345**.*

335 Du schreckst hoch. Heftiges Pochen unterbricht deinen intensiven Traum. Die Bilder lassen dich nicht los. Sie wecken alte Erinnerungen. An Vergehen und Tod, an unzählige blutige Schlachten. Erneut klopft es an der Tür.

„Ist diese Welt noch zu retten?“, resümierst du deine Gedanken laut vor dich hin, während ein stinkender Wächter, der dir irgendwie bekannt vorkommt, ungebeten hereinstapft.

Verwirrt kratzt sich der Gartak den Wildschweinschädel und entleert einen Reiterrucksack mit Dingen, die du zuletzt in der Kapelle besessen hast, sowie neue Sachen auf dein Bett. Argwöhnisch betrachtest du den Haufen. Dabei fällt dir sofort ein edles Kurzschwert ins Auge. Gekonnt wirbelst du es umher und bewunderst den kühlen Stahl aus der Esse eines menokischen Meisters.

*Du schnallst das **menokische Kurzschwert** (Waffe, Treffer +3) um (eventuell musst du dich von einer anderen Waffe trennen).*

*Besitzt du den **Schlüsselbund des Wärters**? Falls ja, fordert der Gartak seinen alten Besitz mit gefletschten Hauern wieder ein. Streiche den Gegenstand vom Abenteuerblatt!*

Als Nächstes untersuchst du einen Lederbeutel gefüllt mit etlichen Silbermünzen. Dein erster Sold.

*Du befestigst den Geldbeutel samt Inhalt am Gürtel. Schreibe dir nun **13 Dinar** in die Spalte Geld auf das Abenteuerblatt.*

Die restlichen Dinge haben augenscheinlich keinen Wert mehr für dich. Dennoch untersuchst du sie noch einmal.

Du darfst alle Utensilien, die du im Prolog gefunden hast (sie sollten mit einem Kreuz im Speicherpunkt ⊗ markiert sein) wieder an dich nehmen. In diesem Fall radiere einfach das Kreuz aus. Soll der Gartak einen Gegenstand entsorgen, radiere ihn ganz aus.
Sollte ein Besonderer Gegenstand dabei sein, der mit einem Kreuz im
2 *Quadrat ⊠ markiert ist, so bleibt dieser auch nach genauerer Suche verschwunden! Lasse diesen Eintrag unverändert.*

Beim Betrachten der Dinge überkommen dich wieder die düsteren Erinnerungen an den Hierarchen Kathum, den du auf der Stadtpyramide zu Kyphi getötet hast. Die quälenden Fragen und Zweifel kehren wieder zurück. Geistesabwesend schickst du den noch immer wartenden Gartak wieder fort.

Zweifelst du an Calderels Motiven, lies weiter bei **348**.
Bist du hingegen davon überzeugt, dass er das Richtige tut, lies weiter bei **337**.

336 Die Tagung des Rates mit allen Verbündeten ist ein schlechtes Zeichen. Auch wenn immer wieder kolportiert wird, der Krieg stehe vor der Entscheidung, muss dies nicht so sein, schließlich versprach das Empire dem Volk bereits vor Jahren einen schnellen Sieg. Egal in welcher Phase sich der Konflikt befindet, in dir reift die Überzeugung: Du spielst eine entscheidende Rolle!
Entschlossen, die letzten Wochen deiner Ausbildung konsequent zu nutzen, willst du noch konzentrierter lernen und trainieren.

Lies weiter bei **302**.

☾ **337** In der nächsten Nacht, noch bevor du zum ersten Unterricht mit Tarus verabredet bist, platzt Meister Calderel sichtlich gut gelaunt in dein Zimmer: „Hast du es schon vernommen? Die Orakel-Priester haben den Hierarchen bereits bestattet.“

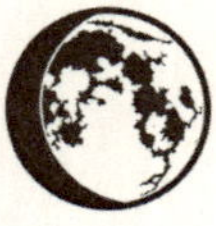

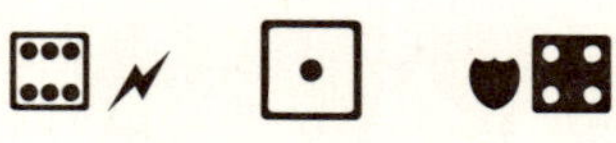

Der Schattenmeister wartet einen kurzen Moment, in Erwartung einer überschwänglichen Reaktion von dir, fährt dann aber kopfschüttelnd fort: „Es waren erst zwei Tage nach seinem Tod vergangen …“ Doch du verstehst immer noch nicht und zuckst verlegen mit den Achseln.

„Normalerweise hätte die Priesterschaft exakt acht Sonnenläufe beten müssen, um das Sefech-Bestattungsritual ausreichend vorbereiten zu können. Ich vermute, Mireth hat ihm den Zugang zur Unterwelt absichtlich verwehrt!“ ☽

Calderel schreitet auf dich zu und umfasst voller Stolz deine Schultern mit seinen Krallen.

„Das hätte ich niemals zu träumen gewagt! Als Geschenk zu diesem Freudentag möchte ich dir dies überreichen, mein Kind.“

Der Hohepriester holt eine wallnussgroße, silbrig glänzende Kugel aus seinem Umhang und hält sie dir entgegen: *„Dies ist eine Gabe Ugars – ein Sternenstein. Wunderschön, nicht wahr?“*

Du erinnerst dich an fantastische Geschichten aus deiner Kindheit: Die heiligen Steine Ugars fallen in sternenklaren Nächten vom Himmel, um seinen Dienern göttliche Kraft zu verleihen. Sie sind sehr selten und allein der Priesterkaste vorbehalten.

Willst du das Geschenk annehmen, lies weiter bei **334**.
Willst du die Kugel ablehnen, lies weiter bei **330**.

338 Du entschuldigst dich bei den Wachen, du würdest ungern stören, stellst das Tablett ab und verdrückst dich in eine dunkle Ecke des Ganges. Neugierig presst du das Ohr gegen die Wand zum Konferenzsaal. Neben den bekannten Stimmen Calderels und Aonus‘ hörst du mindestens sechs weitere heraus.

Eine Frau mit leicht lispelnder Aussprache – offensichtlich eine Zarlik – ergreift das Wort: „Werte Ratsmitglieder! Es ist ein offenes Geheimnis: Der Krieg verläuft schlechter als erwartet.“ Zustimmendes Gemurmel untermalt ihre weiteren Ausführungen: „Das Machtvakuum, das durch den Tod des Hierarchen entstehen sollte, führte nicht zum Zwist der Alliierten, sondern ließ sie noch enger zusammenrücken. Kathum war ein religiöser Zankapfel, der sie nun nicht mehr trennt …“ – „Sei es wie es sei“, fällt Calderel dem Ratsmitglied zerknirscht ins Wort, „die Vorbereitungen für den Endschlag sind bereits in vollem Gange!“

Eine raue Männerstimme wirft ein: „Ihr plant also den letzten alliierten Seestützpunkt Leenhaven zu vernichten, ehrwürdiger Meister?“

„Richtig“, bestätigt der Ugar-Priester kühl, „zunächst werden wir ihre Versorgung kappen, um den Invasionsstreitkräften aus Fort Sin den Weg zu bahnen. Wenn Ugars Antlitz erstrahlt, greifen wir an – mit allem, was wir haben!“

Fäuste trommeln rhythmisch auf den Tisch und es scheint, als würden bereits die ersten Truppen aufmarschieren. Die Sitzung ist beendet. Unentdeckt huschst du in dein Zimmer.

Lies weiter bei **336**.

339 Binnen weniger Herzschläge erreicht der Kar-Priester die vordere Reihe der Gäste und greift – nur einige Schritte von dir und Calderel entfernt – in seinen Umhang. Da gibt es eine markerschütternde Explosion! Die Druckwelle schleudert dich rücklings gegen den Altar. Steine, schwelende Splitter und verkohltes Fleisch regnen auf dich hinab. Menschen schreien. Deine Ohren sirren und Funken tanzen in deinem Blick. Du kämpfst, um nicht das Bewusstsein zu verlieren.

Deine VITALITÄT *sinkt auf* ***kritisch**!*

Mühsam gelingt es der Garde eine Panik zu verhindern. Zwei der mächtigen Marmorsäulen, die einst den heiligen Saal flankierten, sind bis auf Stümpfe an Decke und Boden Schutt. Mindestens zwei Dutzend der Gäste sind tot, unzählige schwer verletzt.

Planlos taumelst du durch die Schwaden aus Staub und Rauch, bis du zufällig in einer Nische unter einem scharfkantigen Marmorbrocken die zerfetzten Überreste des Attentäters entdeckst. Der Moment der Explosion scheint in seinem leeren Blick festgehalten. Doch da erkennst du sie wieder … Diese Augen aus Gold! Vor dir liegt kein Mann – es ist die junge Priesterin aus Kyphi! Die versengten blonden Locken verklebt mit den blutverschmierten Wangen. Es zerreißt dir das Herz, sie dermaßen entstellt zu sehen. „Nephatari!" Calderels krächzende Stimme schreckt dich auf. „Die Kleine wollte wohl Rache für ihres Vaters Tod. Tja, mit dieser netten Illusion wäre es ihr beinahe gelungen." ☽

Während sich der Schattenmeister mit heiserem Lachen abwendet, entdeckst du neben Nephataris Leiche einen Klumpen Gold, die Überreste ihres Kar-Amuletts. Verbittert steckst du das noch heiße Metall ein. Erst nach Stunden ist das Chaos überstanden. Alle Verwundeten wurden versorgt und die Toten geborgen.

*Vermerke dir den **Goldklumpen** (Besonderer Gegenstand) in Feld 6 auf dem Abenteuerblatt. Notiere zudem unter Spezielle Notizen, dass **Nephatari getötet** wurde, indem du das entsprechende Kästchen ankreuzt.*
Deine WUT steigt um eine Stufe!
Schreibe dir zudem die Nummer dieser Sektion 339 an das Kästchen der WUT-Skala auf dem Abenteuerblatt.

*Lies weiter bei **350**.*

340 Fasziniert gehst du auf die schwarze Kyrna zu. „Das ist Aonus' Gefährtin", erläutert einer der Stallburschen stolz, wobei er ihr über die ledrige linke Fessel streicht. „Sie ist eine der gehorsamsten und intelligentesten Drachen im Luftverband – zudem ein einzigartiges Exemplar."
Als wolle die Drachendame diese Angaben unterstreichen, lässt sie ein tiefes, langgezogenes Knurren ertönen, das den gesamten Steinboden der Plattform in Schwingung versetzt.
Obwohl du inmitten der Rekrutengruppe stehst, reckt sich Kyrna dir entgegen und starrt dich mit ihren handtellergroßen Echsen-

augen an. Ihr schwefliger Atem ist so heiß, dass die Luft, die zwischen ihren Reißzähnen aus dem Rachen strömt, flirrt.
Während die anderen Rekruten bereits einige Schritte zurückgetreten sind, kommt sie dir in ihrer Wissbegier bedrohlich nahe. Einer der Stallburschen will den Drachen mit einem langen Holzstab schon zurücktreiben, da fällt ihm Logath in den Arm: „Warte! Sie ist nur neugierig."
2 Mittlerweile trennt deinen Kopf und Kyrnas Schädel nicht einmal mehr eine Armlänge. Im Gold ihrer geschlitzten Pupillen erkennst du dein eigenes Gesicht. Du glaubst den gleichmäßigen Schlag zweier Herzen zu hören.
„Nun ist aber gut, Kyrna! Gash, gash!", ruft der Hüter mit rudernden Armen, woraufhin die schwarze Drachendame den Kopf schnaubend zurückzieht.

Lies weiter bei ***K20***!

341 Gesenkten Hauptes trittst du Calderel gegenüber und sinkst auf die Knie, bereit die Weihe zu empfangen. Der Schattenmeister hebt stolz die Arme und stimmt ein Gebet an. Sein tiefer, schallender Gesang raubt dir die Sinne. Da schält sich ein nebulöser Leib aus der Ugar-Statue!
Der unstete, schwarze Rauch verdichtet sich zu einer hünenhaften Gestalt, deren düstere Aura dich umschließt. Zwei Augen wie gleißende Diamanten starren dich nieder. Ihr Feuer entzündet Zweifel, verbrennt Lügen. Das Wesen scheint zu ahnen, dass deine Ambitionen größer sind, als du vorgibst.
„Ein leibhaftiger Halret!", entfährt es einem der Priester. Angsterfüllte Schreie gehen durch die Halle.
Stumm überreicht der Bote der Unterwelt Calderel den für dich bestimmten Sternenstein. Du öffnest den Mund und nimmst ehrfürchtig die Gabe entgegen, die dir der Ugar-Priester auf die Zunge legt. Es ergreift dich pure Macht, als er deine linke Klaue mit seinen schroffen Krallen umfasst. Du schluckst den Stein.

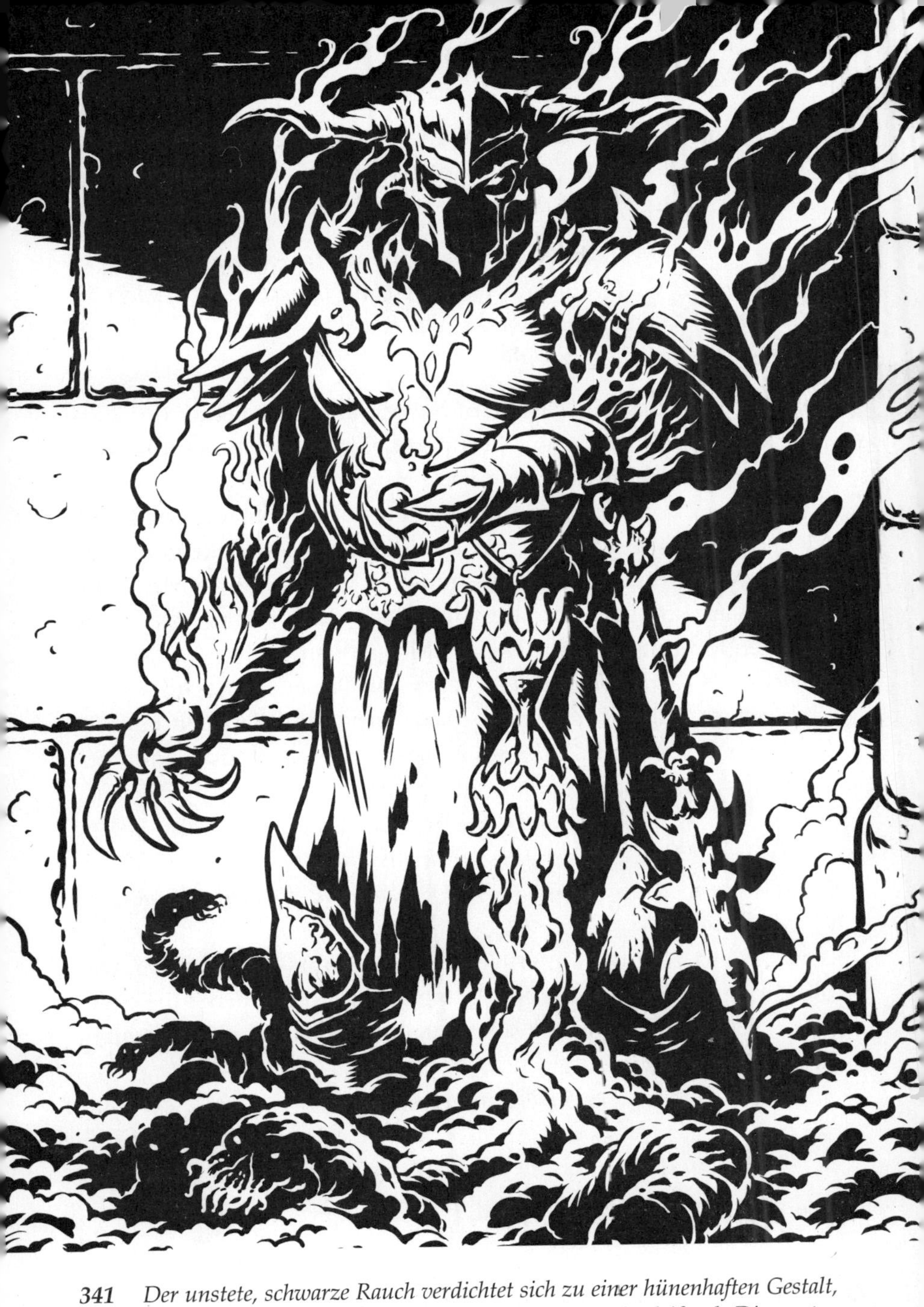

341 *Der unstete, schwarze Rauch verdichtet sich zu einer hünenhaften Gestalt, deren düstere Aura dich umschließt. Zwei Augen wie gleißende Diamanten starren dich an. „Ein leibhaftiger Halret!“, entfährt es einem der Priester.*

Dein Körper bebt. Für einen kurzen schicksalhaften Moment überkommt dich das eisige Gefühl der Unsterblichkeit, das sich von der Klaue übers Herz bis in deinen Geist ausbreitet.

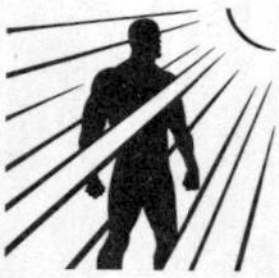

*Notiere dir die Fähigkeit **Immunität gegen Sonnenlicht** in Feld 9 auf dem Abenteuerblatt. Umkreise dort zudem die Zahl 341, die Nummer dieser Sektion, damit du bei Bedarf etwas nachlesen kannst.*

Erfüllt von Selbstbewusstsein blickst du in die Gesichter der Gäste und deiner Kameraden. In ihnen spiegelt sich Bewunderung, Faszination und Ehrfurcht wider.

☾ Unter dem Publikum entdeckst du einen älteren Mann – wohl ein Mensch südländischer Herkunft – der sich geschickt vom Eingangsportal durch die Menschenmenge windet. Für einen Wimpernschlag kreuzen und erwidern sich eure Blicke und seine Pupillen lodern dabei auf wie die Morgensonne.
› *Augen aus Gold! Dieser Glanz … ein Kar-Diener aus Kyphi?* ‹
Unbeachtet drängelt er weiter nach vorne, die Wand entlang, in Richtung Altar und Ehrengäste. Seine Augen sind wieder unscheinbar schwarz. In dir brodelt es. ☽

Willst du den Mann enttarnen, lies weiter bei ***304***. ¤
Willst du ihn persönlich aufhalten, lies weiter bei ***321***. ♠
Willst du nicht eingreifen und nur beobachten, lies weiter bei ***339***. ✦

342 Calderel blickt anerkennend zu Aonus herüber: „Er war die ganze Zeit an deiner Seite. Ohne ihn wärst du nicht zurückgekehrt, schließlich ist es ein sehr potenter Fluch. Das Empire steht tief in Aonus' Schuld."

Willst du wissen, weshalb dann nicht Aonus den Auftrag erledigte, lies weiter bei ***317***.
Willst du eine Erklärung für den Krieg zwischen dem Empire und den Alliierten Reichen, lies weiter bei ***333***.

343 Du bist gerade wieder in deinem Zimmer angekommen, da kracht die Tür zurück.
„Wie kannst du es wagen, in solch eine Sitzung hineinzuplatzen?“, tobt der Hohepriester mit schriller Stimme. Vollkommen eingeschüchtert wagst du nicht, auch nur einen Mucks von dir zu geben. „Nun ist deine Existenz dem Rat bekannt! Bald wird das ganze Empire vom wiedergeborenen Schattenkind faseln.“
Schameshitze steigt dir ins Gesicht. Calderel überlegt kurz und zieht dann eine kleine Holzschatulle hervor. Er entnimmt ihr eine weiße Steinkugel und befielt: „Mach‘ den Mund auf!“

Lies weiter bei ***B5****!*

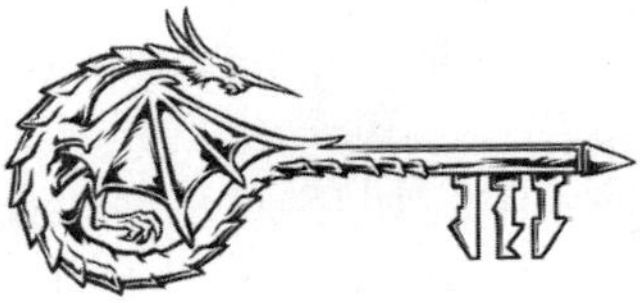

344 Das Tuscheln aus Unverständnis nimmt mit jeder Sekunde deines Zögerns zu. Du schaust verlegen zum Altar hinüber und erkennst einen Anflug von Wut in Calderels starren Augen. Da drängelt sich Aonus durch die engstehenden Gäste. Todernst zischt er dir ins Ohr: „Was ist, Schattenkind? Hast du deinen Glauben verloren? Oder sollte ich recht behalten und du hast ihn nie besessen?“
Aonus erwartet deine Reaktion, doch du bringst vor Aufregung kein Wort hervor. Da setzt der Hüne nach: „Ich mache es dir leicht“, keift er durch die weißen Strähnen seines Haars. „Entweder du gehst zum Altar und beweist, dass du würdig bist, oder du wirst diese Halle nicht lebend verlassen!“
Dann wendet er sich demonstrativ den Gästen zu und ruft: „Entschuldigen Sie die kleine Verzögerung, aber das Schattenkind ist nur etwas aufgeregt.“ Daraufhin packt er deinen Arm und schiebt dich mit unsanftem Druck voran.

Lies weiter bei ***341****.*

345 Erst nach dem Gong erreichst du den Unterrichtssaal und blickst in die amüsierten, hellhäutigen Gesichter deiner Kameraden. Auch dein Pultnachbar Mirek, ein junger, ehrgeiziger Menoke mit feuerroten Haaren zeigt dir sein breitestes Grinsen.

Tarus, der geachtete Lehrmeister, quittiert deine Unpünktlichkeit mit einem ihm typischen Rümpfen der Hakennase. Die Koryphäe betreut persönlich deine Ausbildung. Eine Ehre, wie du von anderen Rekruten in einer der Unterrichtspausen erfährst. Angespornt von ihrem Neid willst du dich umso mehr beweisen.

Bei der Fortsetzung deiner Ausbildung legt Tarus zunächst besonderen Wert darauf, dein Bewusstsein über die natürlichen Stärken und Schwächen der Ugarith aufzufrischen. Er überlässt dir ein Buch aus seiner persönlichen Sammlung mit dem klangvollen Titel „*Vom Wesen der Ugarith*“ mit der Auflage, Stillschweigen darüber zu bewahren. Und wirklich: In den nächsten Nächten lüftet der wuchtige Foliant das ein oder andere Geheimnis.

Auch wenn der alte Mensch sich Mühe gibt, den Unterricht abwechslungsreich und spannend zu gestalten, sind dir etliche Inhalte des Lehrstoffs bereits bekannt. Dir ist zwar nicht mehr bewusst, wann und wo du die entsprechenden Bücher gelesen hast, doch oft erfasst du den Sinn des Satzes bereits, noch ehe du ihn vollendet hast. Du brauchst die Bücher nicht, um zu lernen, sondern einzig um das vorhandene Wissen wieder aus den Tiefen deines Geistes heraufzuholen. So lernst du in einem enormen Tempo, das deine Kameraden neidisch zurücklässt.

Sogar am Ende einer anstrengenden, zwölfstündigen Unterrichtsnacht nimmst du Folianten und Berge aus Pergamentrollen* aufs Zimmer, um deinen Wissensdurst zu stillen.

Für welches der folgenden Wissensgebiete interessierst du dich besonders?

Diplomatie, lies weiter bei ***309****.*

Kriegsführung, lies weiter bei ***329****.*

Zauberkunst, lies weiter bei ***318****.*

Geschichte, lies weiter bei ***332****.*

346 Seit der letzten Ratssitzung spitzt sich die Lage zusehends zu. Calderel wurde einige Nächte nicht mehr gesehen, doch verängstigte Bedienstete tuscheln, der finale Angriff stehe kurz bevor. Als der Schattenmeister dich in der letzten Nacht vor Vollmond zu sich ruft, hast du bereits eine dunkle Vorahnung.
Du versuchst deine Unsicherheit zu überspielen, als du vor ihn trittst.
„Die kommende Nacht wird das Schattenkind mit offenen Armen empfangen“, eröffnet er dir telepathisch. *„Ugar wird den Ningal-Tower voll bescheinen. Der perfekte Zeitpunkt für deine Ordination.“*
Calderel gesteht dir mit ernster Miene, dass es aus den Reihen des Rates kritische Worte gab, ob man dir, einem offensichtlich mit einem Fluch belegten Jüngling, überhaupt trauen könne: *„Aber dein Verhalten und Einsatzwille in den letzten Wochen waren vorbildlich. Damit hast du deine Loyalität bewiesen.“*

Zweifelst du, ob du die Weihe empfangen sollst, lies weiter bei ***310****.*
Bist du hingegen bereit für die Weihe, lies weiter bei ***322****.*

2

347 Die Stunden vor dem Weiheritual hast du mit Nachdenken und Grübeln verbracht. Langeweile und Aufregung lassen die Zeit fast zum Stillstand kommen. Endlich klopft es an der Tür.
Sieben junge Akolythen des Ugar-Ordens überreichen dir – unter ständigem Flüstern von Gebeten – eine schwarze Robe bestickt mit Mondphasen und Runen aus Silbergarn. Du begutachtest ihren Sitz im Spiegel, als hinter dir die berühmteste Reliquie des Tempels hereingetragen wird: das Haupt Ugars! Zwei Diener heben den blanken Stierschädel an seinem mächtigen Gehörn an und setzen ihn dir über den Kopf auf die Schultern. Die Zeremonie beginnt!
Eingerahmt von den Gottesdienern betrittst du die prächtige Ningal-Halle und du meinst, die Last des Glaubens würde dich erdrücken. Alle Bewohner des Nachtturms, vom ranghöchsten Krieger bis zum jämmerlichsten Sklaven, haben sich im Ugar-Tempel eingefunden, um die Ordination des Schattenkindes mitzuerleben.

**) Sollte dir der Sinn nach ausführlichen Informationen über die Welt, ihre Völker oder weiteren Geheimnissen stehen, nutze nun oder zu jedem späteren Zeitpunkt gerne das Glossar (Kapitel „G“) am Ende des Buches.*

Hunderte Zuschauer drängen sich auf engstem Raum, doch als dich die Gäste am Eingangsportal bemerken, bildet sich rasch ein Spalier bis hin zur Stirnseite des Tempels mit seiner beeindruckenden Marmorstatue des Totengottes. Vor der überdimensionalen Abbildung eines schwarzen Mannes mit Stierkopf wartet, in einer pompösen Priesterrobe gehüllt, Calderel.

„Komm, Schattenkind, empfange Ugars Segen!“, heißt er dich überschwänglich willkommen.

Ein Raunen geht durch den Saal, bis ein blecherner Gong erklingt. Zögerlich gehst du auf den dunklen Priester zu, der dich am wuchtigen Basaltquader, dem Altar, empfängt.

Bist du bereit, Ugars Segen zu empfangen, lies weiter bei ***341****.*

Andernfalls lies weiter bei ***344****.*

348 Calderels Worte, aber auch seine Taten nähren dein Misstrauen. Selbst wenn du in den letzten Jahren an seiner Seite gestanden haben solltest, dies kann nicht richtig sein! Calderel ist ein Verbrecher, der unter dem Deckmantel des Ugar-Glaubens Krieg führt.

Diese Erkenntnis lässt dir Schauer über den Rücken laufen. Denn das bedeutet, dass dich der mächtige Hohepriester für seine Zwecke missbrauchte, indem er dich den heiligen Führer Kyphis hat töten lassen.

› Wie konnte ich das tun? Welch' Schuld habe ich auf mich geladen? ‹ Wie willst du dich von nun an verhalten? Und du ahnst, es bleibt eigentlich nur eine Entscheidung.

Willst du ab sofort so tun, du würdest weiterhin auf Calderels Seite stehen, lies weiter bei ***320****.*

Willst du ihn zur Rede stellen, lies weiter bei ***305****.*

Willst du ihn bei günstiger Gelegenheit töten, lies weiter bei ***316****.*

349 Mit einem gewaltigen Satz reißt du den Mann um und stürzt mit ihm auf zwei Dienerinnen, die kreischend ihre Servierplatten fallen lassen. Problemlos gelingt es dir, den erstaunlich schwachen Mann zu überwältigen. Obwohl du ihn fest im Griff hast, scheint er weiter unter seinem Umhang zu hantieren. Irritiert lockerst du deinen Würgegriff, als die schwarzen Augen erneut gülden aufflackern.

„Vor einem Monat hast du meinen Vater getötet", röchelt eine weibliche Stimme aus dem Mund deines Gegners, „und heute wird Kar dich richten!" Dann schließt er die Augen und haucht dir seine letzten Worte entgegen: „Mein Licht vergehe …"

Und nur ein Herzschlag später werden eure Körper von einer Explosion zerrissen.

Dein Leben endet hier. ***(✝341)*** ▪

350 Meister Calderel ist außer sich ob der dilettantischen Sicherheitsvorkehrungen während der Zeremonie. Das Empire wurde bis ins Mark erschüttert, doch Ugars Priesterschaft lebt! Der ultimative Schlag blieb der Allianz versagt, denn der Anschlag, initiiert von den Templern aus Kyphi, war einfach nicht präzise genug.

Bereits vier Stunden später tagt erneut der Generalstab des Empires. Die Sitzung selbst dauert nur wenige Minuten, dann steht fest: Alle Verbündeten machen mobil für den finalen Angriff! Schon in der kommenden Nacht werden die gesamten Streitkräfte entsendet, um Leenhaven, die letzte Küstenstadt der Allianz, dem Erdboden gleichzumachen.

Lies weiter in ***Kapitel 3: „Bruderkrieg"****.*

Hast du den einen SCHICKSALSPUNKT *(den 5.) in diesem Kapitel gefunden? Wenn nicht, darfst du es noch einmal versuchen, solltest dann jedoch den Konsultationen des Kriegsrats persönlich beiwohnen.*

REGELWERK IV

R

ERWEITERTE KAMPFREGELN

Die grundlegenden Kampfregeln solltest du nun kennen, denn wahrscheinlich hast du den einen oder anderen Gegner aus dem Weg räumen müssen. An dieser Stelle werden nun zwei weitere Regeln eingeführt, die den Kampf auf Zeit sowie gegen mehrere Gegner gleichzeitig behandeln.

Rundenbasierte Kämpfe

Bislang spielte es keine Rolle, wie viel Zeit während der Kämpfe verstrich – es wurde stets bis zum bitteren Ende gekämpft.

Ab sofort kann die Dauer einer Auseinandersetzung allerdings zum entscheidenden Faktor werden. Beispielsweise könnte dem Wachmann nach vier KAMPFRUNDEN Verstärkung zur Hilfe eilen oder nach sechs Runden lässt die Ausdauer (sprich Kampfwerte) deines Gegners nach. Zudem bergen manche Konfrontationen nach einer bestimmten Anzahl von Kampfrunden Überraschungen. Sollte die Zeit relevant sein, ist eine zusätzliche Zeile „KAMPFRUNDE ↻" mit der entsprechenden Rundenanzahl in Form von Kreisen angegeben. Beispiel:

STARKER KÄMPFER	*ANGRIFF*	⚡ **15**
	VERTEIDIGUNG	🛡 **16**
	RESISTENZ	♥ ○ ②
	KAMPFRUNDE	↻ ○ ○ ○ ❹ ···

Bevor du würfelst, streiche den ersten linken Kreis ab. Führe nun wie gewohnt die Prozedur durch (siehe Seite 67). Geht der Kampf in die nächste Runde, streichst du den zweiten Kreis ab usw.

Hast du einen Kreis mit einer Zahl durchgestrichen (hier ❹), ist das ein Hinweis darauf, dass etwas in dieser Runde passiert. Was genau, ist im Text angegeben.

Die drei kleinen Punkte (•••) nach dem letzten Kreis zeigen an, dass der Kampf keine Rundenbegrenzung hat, also dann bis zum bitteren Ende ausgetragen wird.

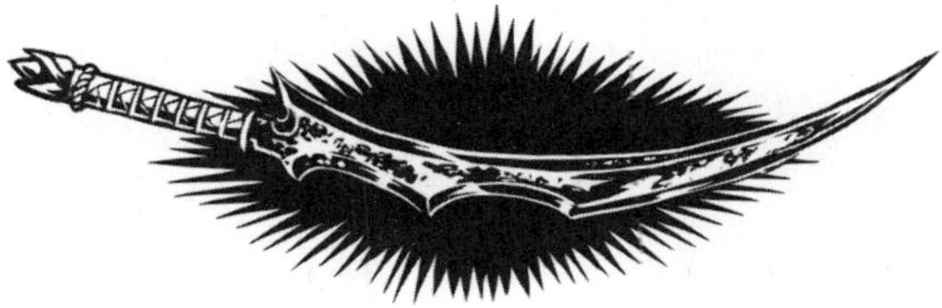

Kämpfe gegen mehrere Gegner

Geht es um Leben und Tod, gibt es keine Fairness. Rechne von nun an damit, dass sich dir eine Übermacht Feinde entgegenstellen kann! Dazu gelten verschärfte Kampfregeln.
Betrachte dazu folgendes Beispiel:

KAMPFGRUPPE (3 GEGNER)					
	ANGRIFF	**12**	**+1**	**+1**	**+1**
	VERTEIDIGUNG	**10**	**+1**	**+1**	**+1**
	RESISTENZ	♥○○③		○○③	○②

Hier greifen dich gleich drei Gegner auf einmal an. Zwei haben eine RESISTENZ von jeweils 3, der dritte von 2.
Zu dritt haben sie einen ANGRIFF von 15 (12 + 1 + 1 + 1) sowie eine VERTEIDIGUNG von 13 (10 + 1 + 1 + 1).

In jeder KAMPFRUNDE musst du dir aussuchen, wen der drei Gegner du attackieren möchtest, denn du hast pro Runde weiterhin nur einen Angriff. Konntest du einen Gegner unschädlich machen (du hast also all seine RESISTENZ-Kreise abgestrichen), hätten die beiden verbleibenden nur noch ANGRIFF 14 und VERTEIDIGUNG 12.

Wichtig: *Wie sonst üblich würfelst du nur einmal pro KAMPFRUNDE für deine Gegner. Somit kannst du auch nur einmal pro Runde getroffen werden.*

***Waffenwechsel** – Willst du während eines Kampfes deine aktive Waffe wechseln, darfst du dies nur tun, wenn du in einer KAMPFRUNDE auf deinen ANGRIFF verzichtest.*

*Es sei denn, du besitzt die Fähigkeit **Meisterlicher Kämpfer**. In diesem Fall darfst du trotz Waffenwechsel sofort weiterkämpfen!*

◆◆◆

Jetzt bist du über alle Kampfregeln informiert.

*Lies weiter im 3. Kapitel bei **351**.*

KAPITEL 3

BRUDERKRIEG

HINWEIS: Spielst du dieses Kapitel erneut, stelle sicher, dass die Kreise ○ bei Sektionsnummer 389, 423 und 446 nicht markiert sind.

Deine VITALITÄT steigt um zwei Stufen, aber höchstens auf ***normal****.*
Die Auffrischung deines unterdrückten Wissens und die Inkarnation als Schattenkind bringen dir die erste göttliche Zuwendung in Form von 2 KARMA-Punkten.
Setze zudem die Speicherpunkte auf dem Abenteuerblatt!

DAS ORAKEL VON KABETH: „Der Pfad des Krieges ist steinig und verwunden. Nur wer offenen und versteckten Widerstand erkennen, Feind von Freund zu unterscheiden weiß, wird ihm sicher folgen.“

351 Du liegst in deinem Bett und blätterst ungeduldig in einem Buch. Seit Stunden dringen Geräusche der Aufräumarbeiten in dein Zimmer. Du kannst dich nicht konzentrieren.
Alleine die Weihung zum religiösen Befreier und Hoffnungsträger der Ugarith wäre Grund für eine Sinnkrise. Hinzu kommt das Attentat der Allianz, dem du nur knapp entronnen bist. Und zu guter Letzt wirst du bereits am nächsten Tag zur Invasionsarmee des Empires gehören!
› *Wird mein neues Leben beendet sein, bevor es begonnen hat?* ‹
Gedankenversunken knetest du deinen linken Klauenrücken, um die brennenden Narbenschmerzen zu lindern. Seit gestern sind sie stärker geworden. Allerdings sorgst du dich über etwas anderes, nämlich über eine Aussage Calderels bei eurem letzten Treffen: „Mit der Ordination durch den Sternenstein bist du in der

Lage, unter Tageslicht zu existieren. Du bist nun unsere stärkste Waffe! Niemand wird vermuten, dass du während Kars Wanderungen unter ihnen weilst."

*Besitzt du die Fähigkeit **Geschichtswissen**, lies weiter bei **511**.*
*Andernfalls lies weiter bei **519**.*

352 Mit Leichtigkeit übertölpelst du die beiden schwächlichen Soldaten. Geschickt tauchst du unter dem ersten Hieb ab, packst den Kerl am Schwertarm und schleuderst ihn auf seinen Kameraden. Bevor die beiden begreifen, was geschieht, bist du in eine düstere Seitengasse gerannt.

*Lies weiter bei **403**.*

353 Überrascht streckt der Magier seine zittrigen, zartgliedrigen Hände nach der Feige aus und schnuppert zunächst ungläubig an ihr, um sie dann mit einem Happs zu verschlingen. Genüsslich leckt er sich das spitze Maul mit seiner schmalen, gespaltenen Zunge ab. Der Farbwechsel in seinem Gesicht kommt schließlich bei einem kräftigen Waldgrün zum Stillstand.

*Streiche die **Feige aus Rohja** vom Abenteuerblatt!*

Überschwänglich bedankt er sich. Doch dann stockt er. Das Mondmal auf deiner Klaue interessiert ihn ebenso wie die Narben auf dem Rücken der linken. „Ihr tragt", beginnt der Zarlik zögerlich, „ein Sssiegel!"
Ohne wirklich zu wissen, was der Echsenmagier meint, zuckst du mit den Schultern.
„Sssoll ich esss brechen?", fragt der Zarlik. „Immerhin habt auch Ihr mir geholfen."

*Willst du den Zarlik gewähren lassen, lies weiter bei **425**.*
*Willst du nicht zulassen, dass er das Zaubersiegel bricht, lies weiter bei **514**.*

354 „Schaut Euch ruhig um“, meint der Händler freundlich und zeigt dir die Ladenauslagen. Nach ausführlicher Begutachtung scheinen dir folgende Gegenstände interessant oder hilfreich:

· ***Schwert*** *(Waffe, Treffer +3)*
· ***Dolch*** *(Waffe, Treffer +1)*
· ***Wolldecke*** *(Utensil)*
· ***Beinflöte*** *(Utensil)*
· ***Reparaturset*** *(Utensil)*
· ***Verbandsmaterial*** *(Utensil, heilt eine Stufe VITALITÄT, aber höchstens bis **normal**)*

Zudem zeigt er dir ein Stück, das er unter der Theke verborgen hält:

· ***Kampfstab*** *(Waffe, Treffer +3, Spezial: verursacht bei Kämpfen gegen mehrere Gegner gleichzeitig pro KAMPFRUNDE einen Abzug von 2 RESISTENZ-Punkten, der allerdings auf zwei Gegner verteilt werden muss)*

Es steht dir frei, dich mit den genannten Dingen auszustatten. Nimm entsprechende Änderungen auf dem Abenteuerblatt vor.

*Lies weiter bei **412**.*

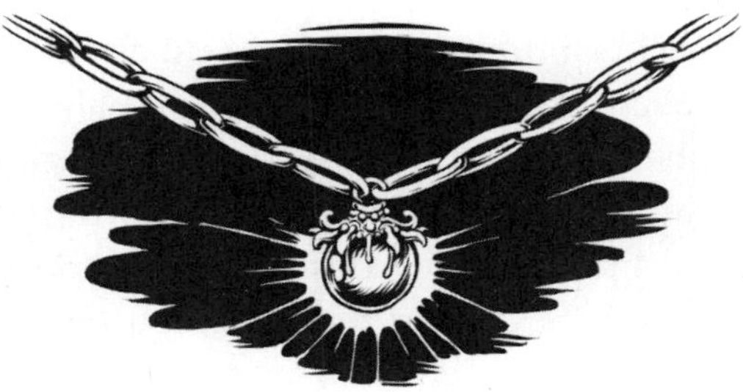

355 Nach knapp einer Minute wird der Anführer ungeduldig und schaut dem Schlösserknacker über die Schultern. Da schnappt der Mechanismus zurück, woraufhin der Mann mit dem Dietrich sich scherzhaft verbeugt und die aufschwingende Tür präsentiert.

*Besitzt du die **Perle der Verständigung**, lies weiter bei **533**.*
*Andernfalls lies weiter bei **437**.*

356 Die Niederlage der Flotte ist für das Empire fürchterlich, doch wie sich die taktische Situation derzeit darstellt, wird dies ihren endgültigen Triumph nicht verhindern, sondern nur hinauszögern.
Über Veniz, dein nächstes Ziel, ist dir kaum etwas bekannt: Obwohl in der südlichsten vom Empire besetzten Siedlung nur wenige Menschen leben, ist sie strategisch von entscheidender Bedeutung. Dort steht nämlich ein riesiger Staudamm, an dessen Fuß ein künstlicher, fast 50 Meilen langer Kanal beginnt, der in Leenhaven in die Kanderhagener Bucht mündet. Das Empire nutzt ihn, um die Küstenmetropole fast gänzlich vom Trinkwasser abzuschneiden.
Man muss kein Militärstratege sein, um zu erkennen, dass – sollte die Allianz eine Gegenoffensive planen – Veniz und sein Damm eines der ersten Ziele sein würde. Nur so können sie die dauerhafte Versorgung Leenhavens gewährleisten.

Lies weiter bei ***468****.*

357 Die Schlacht ist im vollen Gange und es ist immer schwieriger, die Übermacht der Gegner in Schach zu halten, da schwingt auf der gegenüberliegenden Schiffsseite die Tür zu den Kajüten auf: Mit unsicheren Schritten schwankt der Bordmagier an Deck. Obwohl das schuppige Gesicht des Zarlik in sämtlichen Regenbogenfarben pulsiert, beginnt er seltsame Figuren mit seinen dürren Armen in die Luft zu zeichnen. Du spürst die Spannung unter den Männern der Nargus, denn jeder weiß, dass ein einziger gelungener Zauber der Echse das Blatt wenden könnte.
Da bemerkst du einen Menoken mit einer zerzausten Fellweste, der sich durch die Reling an Deck windet. Du schreist dem Zarlik eine Warnung zu, doch der ist dermaßen fokussiert, dass er erst realisiert, was geschieht, als das Entermesser des Menoken bereits aus seiner Bauchdecke hervorblitzt.

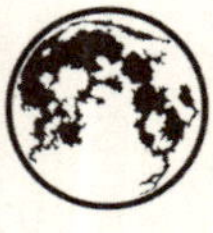

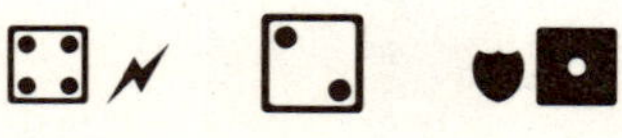

Triumphierend stellt der Krieger ein Bein auf die Brust des toten Zarlik und schreit inbrünstig aufs Meer hinaus. Seine Kameraden erwidern den Kampfruf mit einem infernalen Echo. Die Lage scheint aussichtslos.

Willst du dich an Backbord den Feinden stellen, lies weiter bei ***453****.*

Willst du lieber an Steuerbord kämpfen, lies weiter bei ***540****.*

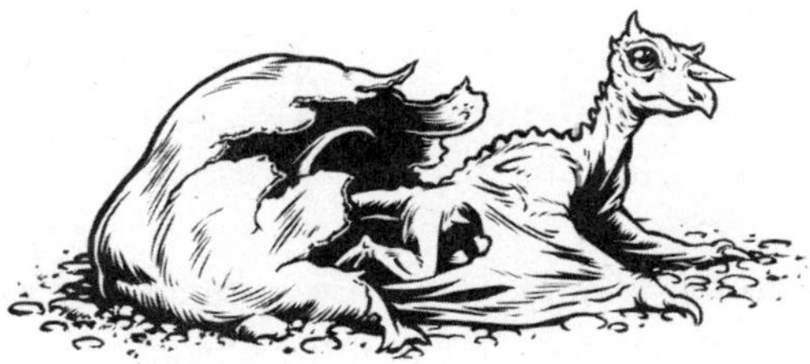

358 Du weißt, dass du die Arbeiter ablenken musst, willst du die Mechanik manipulieren. Deshalb lockst du die Männer mit lauten Schlägen gegen die Wand zu den ohnmächtigen Spionen herüber. Als die Arbeiter die reglosen Körper sehen und forteilen, um Hilfe zu holen, hast du dich bereits in den Schatten der Schleuse verdrückt.

Lies weiter bei ***457****.*

359 Langsam dreht sich die junge Dame um die eigene Achse. Es scheint fast so, als wolle sie mit ihrem starren Blick die umliegenden Häuser durchdringen. Obwohl ihr Gesicht hinter der Kapuze verborgen ist, bist du dir sicher, dieser Frau niemals zuvor begegnet zu sein.

Dann starrt sie in deine Richtung, verharrt einen Moment und geht einige Schritte auf dein Versteck zu. „Tretet vor", flüstert sie. „Lasst Euch helfen."

Willst du die seltsame Frau angreifen, lies weiter bei ***409****.*

Willst du hervortreten und sie um eine Erklärung bitten, lies weiter bei ***423****.*

360 Während der rund 50 Meilen lange Kanal ein monumentales Beispiel für unermesslichen körperlichen Einsatz ist, steht der Damm für imposante Baukunst. Der rund 300 Fuß umspannende, in den Stausee hineingewölbte Damm fällt auf der seeabgewandten Seite fast senkrecht in die Tiefe. An seinem Fuß schlängelt sich der Kanal, an dessen Seite du hierher gelangt bist, nach Südwesten Richtung Leenhaven.
Ein Soldat des Empires, der deine neugierigen Blicke von seinem Wachposten auf dem Damm bemerkt hat, geht direkt auf dich zu.

*Willst du abwarten, um zu erfahren, was der Soldat von dir will, lies weiter bei **431**.*

*Willst du umkehren und einen günstigeren Moment abwarten, um dich auf dem Damm umzuschauen, lies weiter bei **534**.*

*Willst du wieder zum Kanal hinabsteigen und dich dort auf die Lauer legen, lies weiter bei **404**.*

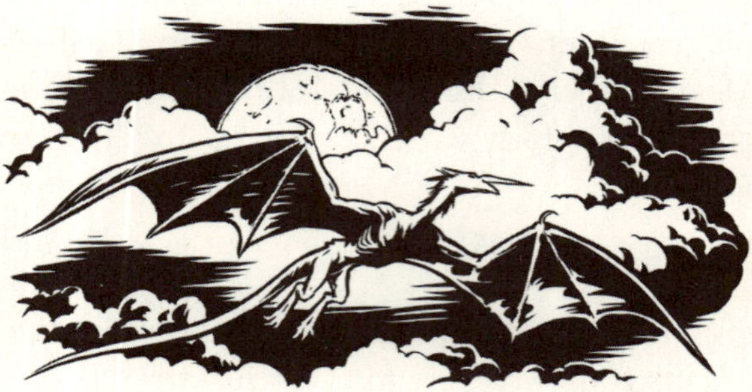

361 Erneut dreht sich das Rad. Und jeder am Spieltisch ersehnt seine Zahl. Doch dann ertönt unerwartet ein heftiges Quietschen und Knarren, gefolgt von einem leisen Fluchen unterhalb des Tisches. Ruckartig stoppt die Holzscheibe.
„Hier stimmt was nicht!“, knurrt einer der spielenden Gartaks. Eine alte Söldnerin, die einen prüfenden Blick unter die Tischplatte geworfen hat, schreit: „Beschiss! Der Tisch ist getürkt. Ich will meine Kohle zurück!“

Wie aufs Stichwort grabschen alle Umstehenden nach ihren Einsätzen. Dank deiner übermenschlichen Reflexe gehörst du zu den Ersten, die ihre Hände am Geld haben. Wahllos ergreifst du die Münzen. Doch neben deinem Einsatz hast du unbeabsichtigt weitere ergattert. Du willst dich gerade nach dem rechtmäßigen Besitzer erkundigen, da gibt es schon die ersten Handgreiflichkeiten.

Willst du das ergatterte Geld nicht zurücklegen, sondern behalten, ermittle eine Zufallszahl per Basiswürfel.

Ist dein Geschick 7 oder höher, addiere noch einmal 3 hinzu.

Die gefundene Zahl entspricht der Anzahl der überschüssigen Münzen in deiner Klaue. Notiere deinen neuen Reichtum auf dem Abenteuerblatt.

Lies weiter bei ***405***.

362 Beschädigt vom zerschellten Wrack des menokischen Schiffs, aber weiterhin seetauglich hält die Nargus unbeirrt auf Leenhaven zu. Flankiert wird sie dabei von vier Fregatten, die zum Admiralsschiff aufschließen konnten.

Der Hinterhalt der Menoken hat den Angriffsplan des Empires durchkreuzt. Einzig die gelungene Zauberattacke des Zarlik hat die Flotte vor der Vernichtung bewahrt.

Admiral Grobrig scheint entschlossener denn je, die Befehle des Kriegsrats umzusetzen. Er treibt die verbliebenden kampffähigen Matrosen an, sich auf den Angriff des Hafens vorzubereiten. Aber es ist noch ein weiter Weg. Knapp eine Stunde verstreicht, bis aus dem Dunst der Küste die schemenhafte Silhouette Leenhavens auftaucht: Über der einstigen Perle der Kanderhagener Bucht zieht dunkler Rauch. Zahlreiche Feuer wüten in der Stadt.

› Ob die Bodentruppen des Empires ihren Angriff vom Festland begonnen haben? ‹

Besitzt du die Fähigkeit ***Geschärfte Sinne****, lies weiter bei* ***365***.

Andernfalls lies weiter bei ***447***.

363 Hastig watest du durch das knöcheltiefe Wasser. Die drei Kisten stehen unbeschädigt in der hintersten Ecke des Frachtraumes. Vorsichtig legst du deine Klaue auf das dunkle, von Teer klebrige Holz und verspürst ein unheilvolles Vibrieren. Eindeutig: Im Inneren der Kiste befindet sich eine mächtige Kreatur.

Willst du die Kiste öffnen, lies weiter bei **482**.
Willst du den Frachtraum verlassen, lies weiter bei **378**.

364 Mit angedeuteten Wangenküssen verabschieden sich die vier Spione voneinander. Während sich das schmächtige Schlösserknacker-Paar in den Damm verdrückt, ziehen sich die beiden kräftigen Südländer wieder über die Palisade der Staumauer zurück. Dabei blickt der Anführer laufend über die Schulter in deine Richtung, als ahne er, dass seine Kameraden unter Beobachtung stehen.

Erst als die beiden Kämpfer außer Sicht sind, traust du dich, zur Tür herüberzuschleichen. Du lauschst, ob dahinter etwas geschieht – doch außer einem dumpfen Grollen, das die gesamte Mauer erfüllt, ist nichts zu hören. Entschlossen reißt du die Tür zurück und schlüpfst hindurch.

Lies weiter bei **387**.

365 Obwohl dunkler Rauch über Stadt und Hafen liegt, kannst du beunruhigende taktische Erkenntnisse sammeln: Im Hafen selbst sind nur wenige unbedeutende Handelsschiffe vertäut, doch etwa 200 Fuß vor den Stadtmauern, die bis in die flache See hineinragen, kreuzen mindestens drei Kriegsschiffe – ein nahezu unüberwindbares Hindernis für die havarierte Nargus.

Lies weiter bei **447**.

366 Du weißt nicht, wie lange du ohne Bewusstsein warst. Du fühlst dich elend – dein Kopf pocht im Takt deines Herzschlages.

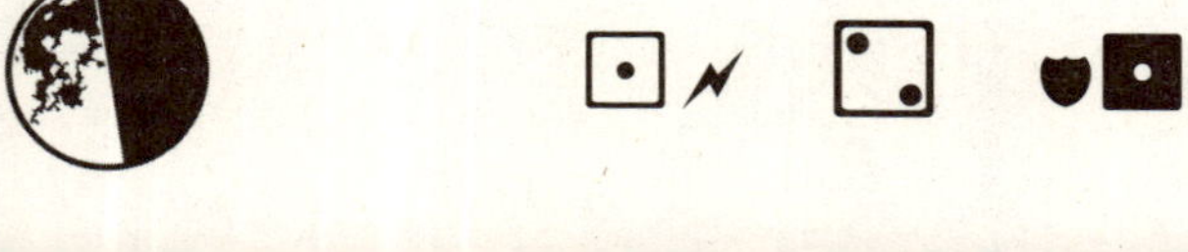

Doch offensichtlich hat man dich und deine Kleidung gewaschen und alle Wunden gesäubert.
Du sitzt an einem einfachen Tisch mit vier Stühlen inmitten eines kleinen Raumes, der nur von einer rostigen Öllampe erhellt wird. Die Luft riecht erdig. An den Wänden hängen Seekarten der Bucht sowie Skizzen der Stadt und Umgebung.
„Na, aufgewacht?", murrt ein kräftiger Kerl, der die einzige Tür bewacht. Er mustert dich misstrauisch.
Deine VITALITÄT steigt um eine Stufe, aber höchstens auf ***normal*.**

Lies weiter bei ***500*.**

367 Geschmeidig pirschst du dich im Halbschatten der Dammpalisade voran, umgehst geschickt die wenigen patrouillierenden Wachleute, bis du schließlich dort ankommst, wo du die verdächtigen Gestalten gesichtet hast: ein fensterloser Vorbau aus Stein mitten auf dem Damm. Darin ist eine massive Tür mit der Aufschrift „Innerer Dammkörper" eingelassen.
Du presst dein Ohr gegen das kühle Metall, kannst aber außer einem undefinierbaren Rauschen nichts hören. Vorsichtig schiebst du den Riegel zurück.

Lies weiter bei ***387*.**

368 Der Geruch von Asche und Fleisch liegt in der Luft. Die Küste ist eingehüllt in finsterem Qualm. Ein Flammenmeer auf See und über Leenhaven lässt den Nachthimmel in unheilvollem, blutigem Rot erglühen.
Beide Flotten treiben brennend in der Bucht und die Schlacht der Bodentruppen vor den Stadttoren scheint noch immer in vollem Gange: Gelegentlich trägt der Wind Kampfgeschrei und das Getöse von Kriegsmaschinen heran.
Mit zitternden Muskeln stemmst du dich wieder auf die Beine, als ein riesiger Schatten über dich hinweg rast und all den Rauch um dich herum in einem gewaltigen Sog mitreißt.

Erschrocken blickst du dem Ungetüm bis zu seinem Verschwinden über dem Hafen nach. Dann durchschneidet eine grelle Feuerlanze die Dunkelheit und frisst sich durch die Dächer der Lagerhallen und Handelshäuser. Binnen eines Augenblicks brennen die Gebäude lichterloh.

› Ein Drache! Das Empire beginnt also mit seinem Luftangriff … ‹

Fasziniert starrst du auf das Inferno und bewunderst die Macht der Flammen. Dir wird wieder bewusst, dass dies womöglich die entscheidende Schlacht des Krieges ist. Du fasst allen Mut zusammen und läufst den Kampfschreien entgegen.

Im Schutze der Nacht ist es für dich ein Leichtes, Wachposten und Absperrungen zu umgehen. Teilweise trennt dich und die Soldaten nur eine Armlänge, während du dich im Schatten an ihnen vorbeistiehlst.

Die Luft im Hafenviertel ist erfüllt von Hitze und Rauch. Das Atmen fällt dir schwer und es bleibt dir fast das Herz stehen, als du über etwas stolperst: Eigentlich hast du den verkohlten Haufen zu deinen Füßen für verbranntes Holz gehalten, doch es handelt sich um die Überreste eines Menschen!

› Beide Seiten, Allianz wie Empire, werden in dieser historischen Schlacht schwere Verluste erleiden. ‹

Du konzentrierst dich darauf, nicht in die Flammen zu blicken, und läufst in geduckter Haltung weiter in die Stadt hinein. Je näher du dich dem Zentrum mit dem berühmten Marktplatz näherst, umso mehr wirst du mit Tod und Zerstörung konfrontiert. Dachstühle bersten. Menschen schreien.

Besitzt du entweder die Fähigkeit ***Atemfreiheit*** *oder* ***Resistenz gegen Hitze****, lies weiter bei* **548**.
Besitzt du keine davon, lies weiter bei **495**.

369 Die Beschreibung der Alten führt dich auf direktem Weg in die Wagengasse. Zügigen Schrittes, ohne besonders auffällig zu wirken, läufst du die verdreckte Straße hinauf bis zu einem

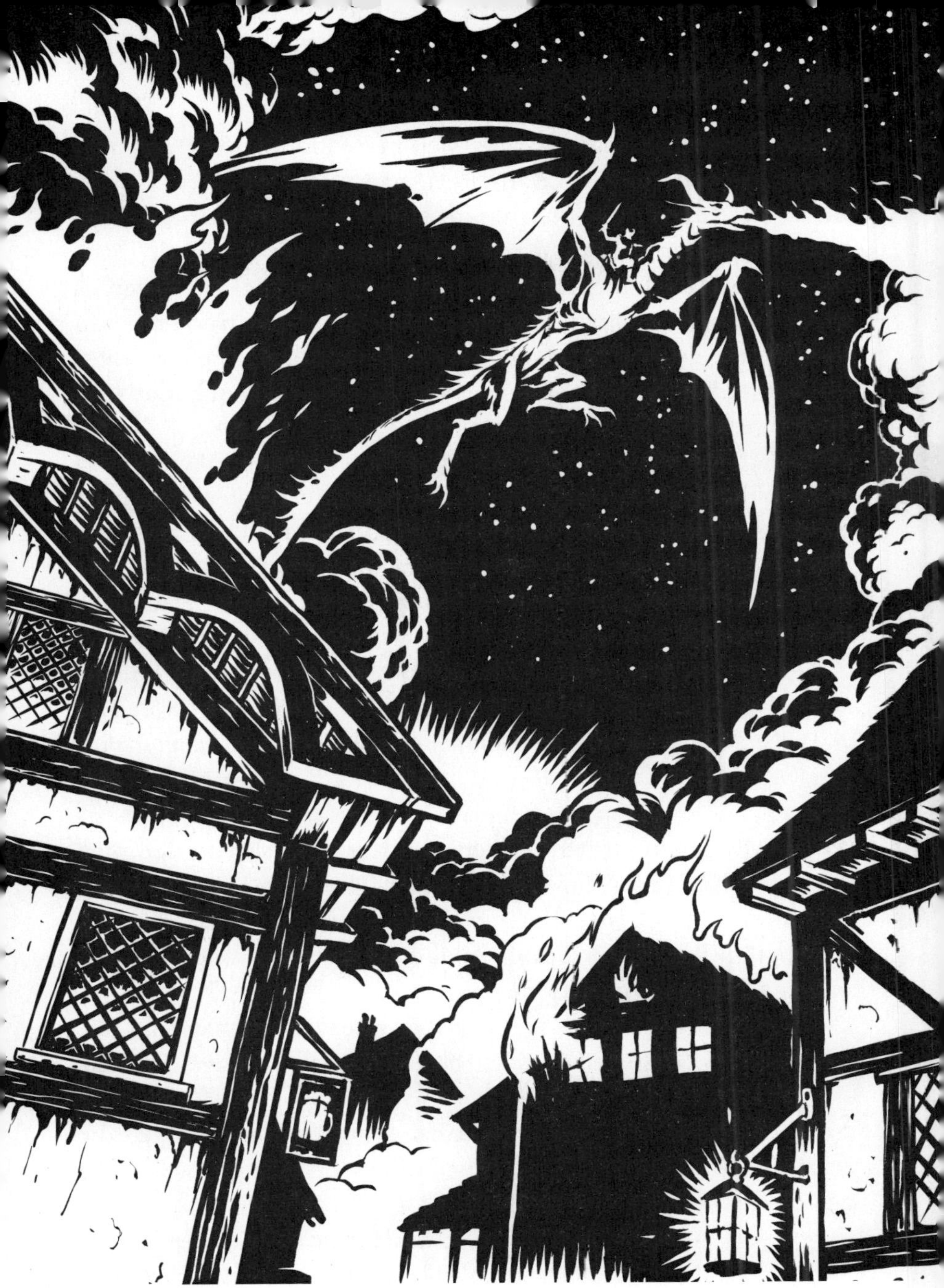

368 *Eine grelle Feuerlanze durchschneidet die Dunkelheit und frisst sich durch etliche Dächer der Lagerhallen und Handelshäuser. Binnen eines Augenblicks brennen die Gebäude lichterloh.*

Haus, dessen Tür ein prächtiges Messingschild mit der Aufschrift *„Tabak Spezialitäten – Inh. K. Reensen“* ziert.

Aus den Ritzen der verschlossenen Fensterläden dringt kein Licht. Neugierig drückst du die Klinke hinunter.

Als die schwere Ladentür zurückschwingt, erklingt ein dezentes Glockenspiel. Doch in dem düsteren, beengten Raum erkennst du niemanden, der auf dieses Signal reagieren könnte. Selbst hinter der Verkaufstheke steht kein Händler. Du gehst in den Laden und schließt leise die Tür.

3 Die Gerüche von Tabak, Edelhölzern und fremdländischen Alkoholika wabern durch die Regale und Schaukästen. Während du dich in dem Geschäft umschaust und Kuriositäten aus aller Herren Länder bestaunst, überkommt dich das Gefühl, dass du beobachtet wirst. Kein Zweifel: Jemand verbirgt sich hinter dem Fellvorhang!

*Willst du den Laden sofort verlassen, lies weiter bei **488**.*

*Willst du abwarten, lies weiter bei **478**.*

*Willst du dich an den Unbekannten anschleichen und ihn angreifen, lies weiter bei **469**.*

370 Mit einem kurzen Nicken wendest du dich von der alten Stadtbewohnerin ab, deren Blick dich noch einige Zeit verfolgt. Gerade in eine offene Straße eingebogen, erspähst du eine der wehrhaften Barrikaden. Zwei Soldaten haben dich entdeckt und schauen dich verwundert an.

*Willst du flüchten, lies weiter bei **403**.*

*Willst du die beiden Soldaten grüßen, lies weiter bei **426**.*

371 Fokussiert hält die mysteriöse Frau die Hände gegen die Schläfen. Sie wendet offensichtlich einen Zauber an, steht aber gerade mit dem Rücken zu dir.

*Willst du die Unbekannte angreifen, lies weiter bei **409**.*

*Willst du tatenlos abwarten, lies weiter bei **359**.*

372 In weiter Ferne hörst du Stimmen wild durcheinander sprechen. Du weißt nicht, wo du bist. Deine Augenlider sind verklebt und es fällt dir schwer, sie zu öffnen. Schließlich erkennst du gegen das grelle Sonnenlicht das Gesicht des Admirals und seiner Matrosen.
„Bei allem, was mir heilig ist, wie ist das möglich?"
Ungläubiges Raunen geht durch die Mannschaft, als du dich langsam aufrichtest. Du sitzt an Deck der schwer verwüsteten Nargus, neben dir das klatschnasse und zerrissene Ersatzsegel, in dem du gefangen warst.
„Was gibt's da zu glotzen?", mault Grobrig in die Menge, ohne jedoch seine Freude über dein Überleben verbergen zu können. „Welch Ehre, Euch an Bord zu haben ...", flüstert er geheimnisvoll, als er dich hochzieht, „... Schattenkind."

Lies weiter bei ***443***.

3

373 Hastig schüttest du der regungslosen Alten den Alkohol durch die fauligen Zähne in den Mund.

Streiche, je nachdem welches Utensil du verwendet hast, die Flasche ***Branntwein*** *oder* ***Pflaumenschnaps*** *vom Abenteuerblatt! Wenn du die leere Flasche behalten möchtest, notiere sie dir als* ***Bronzeflasche***.

Du hast die Hoffnung fast aufgegeben, das Gesöff würde etwas bewirken, als sich die Frau in deinen Armen aufbäumt. Der Alkohol wirkt! Ein Schaudern läuft dir über den Rücken, als sie mit hervorquellenden Augäpfeln und fester Stimme spricht: „Keşra, du tust gut daran, den Unschuldigen zur Seite zu stehen."
Da merkst du, dass die Worte zwar dem Mund der Alten, nicht aber ihrem Geist entspringen. „Erhebe dich. Erkenne! Durchbreche den Schein des Unterschieds ... Wir sind eins. Du bist alles."
Vollkommen durcheinander legst du die alte Frau, die nun wieder friedlich schlummert, auf den Stufen der Kellertreppe ab.

Ohne wirklich zu wissen, was du tust, rennst du zunächst einige Häuser weiter und stürzt über einen Berg aus Holz und Schutt. Es ist fast unbegreiflich, aber wieder hat dich göttliche Weisheit gestreift.

Die Minuten verrinnen wie durch ein Stundenglas gepresst. Benebelt wankst du weiter durch die Straßen Leenhavens, folgst deinen Instinkten und entrinnst nur knapp der Kontrolle zweier Soldaten, indem du in einen Hinterhof flüchtest. Versteckt im Schatten einiger Kisten kauerst du dich zusammen wie ein hilfloser Hundewelpe.

Lies weiter bei ***529.***

374 Etwas abseits der Laufrouten der Wachmänner legst du die Kleider ab und lässt dich sanft ins kalte Wasser des Hafenbeckens gleiten. Der Gestank von Unrat und modrigem Tang strapaziert deine Nase, als du mit geschmeidigen Schwimmzügen auf die Nargus zuhältst.

Du hast dich schon auf etwa 40 Fuß dem imposanten Rumpf des Kriegsschiffes genähert, da ruft einer der Wachen direkt vor dir auf einem der Beiboote: „Hey, da schwimmt was!“ Das Stichwort für dich sofort abzutauchen.

Besitzt du die Fähigkeit **Atemfreiheit***, lies weiter bei* ***428.***

Besitzt du diese Fähigkeit nicht oder willst sie jetzt nicht einsetzen, lies weiter bei ***421.***

375 Nach den ersten Atemzügen auf offener Straße wird dir bewusst, wie schlecht die Luft in der Kneipe war. Du blickst zu den funkelnden Sternen und genießt die Brise, als du einen Tierlaut – den Ruf einer Eule – vernimmst.

› Merkwürdig, ein Samtkauz auf einer Insel? ‹

Willst du deine Waffe ziehen, lies weiter bei ***408.***

Willst du lossprinten, um sofort zur Mexez zurückzukehren, lies weiter bei ***461.***

376 Du konzentrierst dich auf die Beflaggung des bulligen Schiffes und erkennst mit deinen scharfen Augen den gefallenen Stern auf blutrotem Grund. Die Menoken!

Du brauchst einen Moment, um zu realisieren, dass du soeben Zeuge des Hochverrats am Empire wirst: Das Nordvolk ist übergelaufen und kämpft nun Seite an Seite mit der Leenhavener Flotte!

*Willst du den Admiral über deine Entdeckung informieren, lies weiter bei **432**.*

*Willst du dein Wissen für dich behalten, lies weiter bei **467**.*

377 Während alle anderen Schiffe sanft die Bewegungen der Wogen im Hafenbecken von Port Baylock mitgehen, scheint die große Nargus majestätisch in sich selbst zu ruhen. Still und starr liegt sie am größten Pier vor Anker.

Als du dich näherst, bemerkst du, dass trotz fortgeschrittener Stunde Licht aus der Offiziersmesse unterhalb der Brücke dringt. Du nimmst vereinzelte Bewegungen und Stimmen hinter den Fenstern wahr.

Der Admiral hält wohl in der Nacht vor der großen Schlacht noch eine Lagebesprechung mit seinen Offizieren ab. Mindestens ein Dutzend Seeleute schiebt Wache und sorgt dafür, dass dem Flaggschiff der Empireflotte nichts geschieht. Es gibt sogar zwei zu Wasser gelassene Beiboote, die die Nargus von der Wasserseite aus gegen Übergriffe schützen sollen.

*Willst du dich heranschleichen und versuchen, die Gespräche zu belauschen, lies weiter bei **381**.*

*Willst du über die Wasserseite nah genug an die Nargus herankommen, lies weiter bei **374**.*

*Willst du eine Wache ansprechen und darum bitten, als neues Besatzungsmitglied dem Admiral vorgestellt zu werden, lies weiter bei **418**.*

378 An Deck des nunmehr schwer beschädigten Flaggschiffs des Empires herrscht eine blindwütige Schlacht auf Leben und Tod. Du kämpfst wie ein Löwe und versuchst deine Gegner so schnell wie möglich kampfunfähig zu machen oder über Bord zu werfen.

Als ein weiterer Eiskrieger vor dir zu Boden sinkt, bleibt dir endlich etwas Zeit, dich zu sammeln: Dein Blick wandert über die drei aneinander vertäuten Schiffe, auf deren Decks unzählige Verletzte und Tote liegen.

3 › *Dieses sinnlose Gefecht muss ein Ende finden!* ‹

Dann entdeckst du den Menoken-Kapitän, der mit verschränkten Armen breitbeinig auf der Brücke steht. Ein arrogantes Grinsen blitzt durch seinen verfilzten Bart, als er deinen Blick erwidert.

Wenn du den Kampfeswillen der Menoken brechen willst, um diese Schlacht vorzeitig zu beenden, musst du dich diesem Zweikampf stellen.

Lies weiter bei ***K30****!*

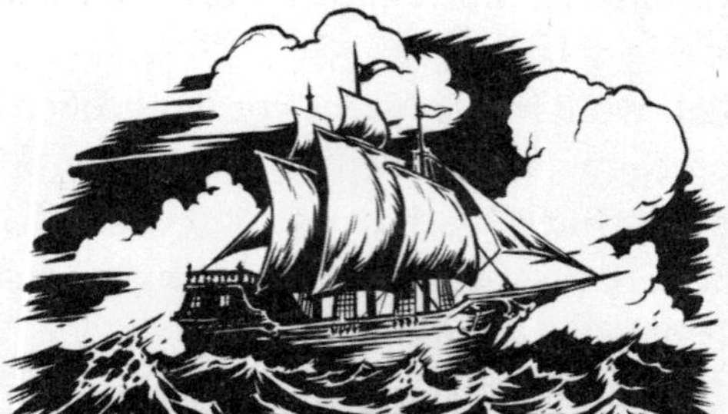

379 Du erwachst aus einer kurzen, erholsamen Starre. Ein süßlicher Geschmack verklebt deinen Mund. Dir wird augenblicklich bewusst, dass dir dein Helfer die heilige Feige einverleibt hat, die dir Calderel bei der Abreise vom Ningal-Tower überließ.

Du befreist dich von wahllos auf dir geschichteten Brettern. Vom Ugarith, der dich wohl darunter versteckte, fehlt jede Spur. Beherzt rappelst du dich wieder auf, dankst deinem unbekannten Retter und läufst weiter in die Stadt hinein.
*Streiche die **Feige aus Rohja** vom Abenteuerblatt.*
*Deine VITALITÄT steigt auf **fit**.*

*Lies weiter bei **446**.*

380 Noch bevor der Feind in Reichweite ist, hast du dich durch die Falltür ins schützende Schiffsinnere verdrückt. Die Kampfschreie der Menoken werden lauter und wenig später übertönen sie sogar das Rauschen der See und das Knarzen des Schiffs.
Dann hörst du das sich verlangsamende metallische Klacken von großen Seilwinden, die bis zum Anschlag gespannt werden. Getrieben suchst du zwischen Proviant und Werkzeugen nach einem Versteck, als der Zarlik überraschend aus seiner Kajüte tritt und in gebeugter Haltung zur Luke wankt. Ein ungutes Gefühl brodelt in deiner Magengrube.
Ein ohrenbetäubender Knall! Die Planken des Schiffsrumpfs zersplittern durch die Wucht massiver Eisengeschosse.
Bestimme dein Schicksal anhand des Mondes!

*Bei **Neumond** oder **Sichelmond**, lies weiter bei **430**.*
*Bei **Halbmond** bis **Vollmond**, lies weiter bei **531**.*

381 Auf Zehenspitzen schleichst du dich an die Nargus heran. Leider gibt es auf dem schmalen Pier nur wenig Deckung, die du ausnützen könntest, um sicher näherzukommen. Dennoch bist du entschlossen, die Gespräche der Offiziere zu belauschen.
Teste dein GESCHICK gegen 13!

*Gelingt der Test, lies weiter bei **428**.*
*Misslingt er, lies weiter bei **490**.*

382 Etwas genervt vom gierigen Verhalten der Alten gehst du ihr entgegen, greifst in deinen Mantel und holst die Geldbörse hervor. Dabei entgeht dir, dass du für einen kurzen Moment deine Empire-Uniform entblößt.

Die alte Frau wird plötzlich bleich. Starr vor Angst entgleitet ihr die Kiste und die Kartoffeln kullern über die Stufen. Es gelingt dir gerade noch, die ohnmächtige Alte vor einem Sturz auf den Stein zu bewahren.

Besitzt du ***Branntwein*** *oder* ***Pflaumenschnaps*** *und willst der alten Frau etwas davon einflößen, lies weiter bei* ***373****.*

Andernfalls lies weiter bei ***448****.*

383 Fest entschlossen, das Kind zu retten, stürzt du die schiefe Treppe ins Dachgeschoss hinauf. Hier oben tobt die Hölle. Selbst deine übermenschlichen Ugarith-Kräfte schützen dich nur unzureichend vor der sengenden Hitze. Mit letztem Einsatz trittst du eine Tür nach der anderen auf. Jedoch ohne Erfolg: Das Kind bleibt unauffindbar.

☾ Das Knarren und Knacken des instabilen Gebälks wird immer heftiger, und als die ersten Dachbalken nur knapp neben dir den Boden durchschlagen, fällst du den Entschluss, dich mit einem Sprung auf das Dach eines niedrigeren Nachbarhauses in Sicherheit zu bringen.

Keuchend beobachtest du aus dem Hinterhof, wie das Haus schließlich in sich zusammenstürzt. Selbst durch das laute Getöse hörst du die verzweifelten Schreie der Mutter von der anderen Seite zu dir herüberdringen. Erfüllt vor Scham wagst du es nicht, ihr unter die Augen zu treten, und läufst fort von diesem schrecklichen Ort. ☽

Deine Wut steigt um eine Stufe!

Schreibe dir zudem die Nummer dieser Sektion 383 an das Kästchen der Wut-Skala auf dem Abenteuerblatt.

Lies weiter bei ***446****.*

384 Angetrieben von dem Gedanken, Leenhaven möglichst sofort hinter dir zu lassen, läufst du ohne Unterlass durch den engen Geheimgang. Er ist dermaßen niedrig in den Lehm getrieben, dass du teilweise nur auf allen vieren vorankommst.
Du hast das Gefühl, es sei bereits eine halbe Ewigkeit vergangen, da bemerkst du seltsame, rund geformte Erdhaufen auf dem Boden. Die Wände sind hier auch nicht mehr so glatt wie noch einige Schritte zuvor. Vorsichtig tastest du dich weiter, bis du unerwartet vor einer Gabelung stehst.

Willst du in den linken Gang mit seinen glatten, abgerundeten Ecken, lies weiter bei ***484***.

Willst du nach rechts in den schroffen Gang, lies weiter bei ***523***.

385 „Ich muss Sie bitten, mein Geschäft wieder zu verlassen – oder wollen Sie etwas kaufen?“, fordert dich der Ladenbesitzer zögernd auf.
Du beschließt, dass dich neu auszurüsten durchaus Sinn machen würde, und bittest den Händler, dich herumzuführen. Der jedoch scheint deinen Kaufabsichten nicht zu trauen und verfolgt all deine Bewegungen mit misstrauischem Blick.
Folgende Gegenstände wären eine Investition wert:

- ***Schwert*** *(Waffe, Treffer +3), 12 Dinar*
- ***Dolch*** *(Waffe, Treffer +1), 7 Dinar*
- ***Wolldecke*** *(Utensil), 1 Dinar*
- ***Beinflöte*** *(Utensil), 4 Dinar*
- ***Reparaturset*** *(Utensil), 2 Dinar*
- ***Verbandsmaterial*** *(Utensil, heilt eine Stufe* VITALITÄT, *aber höchstens bis* ***normal****), 3 Dinar*

Beim Handel kannst du auch Dinge aus deinem Besitz zu Geld machen.
Jedes Utensil, das du abgibst, ist 3 Dinar wert.
Wichtig: Besondere Gegenstände sind nicht verkäuflich!
Nehme alle Änderungen auf dem Abenteuerblatt vor.

Nach dem Handel verabschiedest du dich knapp und verlässt den Laden.

Lies weiter bei ***488****.*

386 Dem Zarlik wurde als einem der wenigen Passagiere an Bord eine eigene Kajüte zugeteilt. Erst nach mehrmaligem Klopfen erhältst du eine gequälte Reaktion: „Es issst offen!“

Vor dir liegt in der Enge einer mit allerlei fremdartigen Alchemistenkram vollgestopften Kajüte ein Echsenwesen in violetter Kampftracht. Der Geruch von Erbrochenem strömt aus dem Ledereimer unter seiner Hängematte. Zudem pulsieren über Gesicht und Arme des Zarlik-Magiers bunte Farben – ein eindeutiges Symptom der Seekrankheit. Du kannst deine Belustigung ob der witzigen Farbspielchen nicht unterdrücken.

„Wasss wollt Ihr?“, stöhnt der Zarlik genervt. Woraufhin dir unerwartet eine verkorkte Trinkflasche vom Seegang bewegt vor die Füße kullert.

Willst du die Flasche aufheben und dem Zarlik reichen, lies weiter bei ***414****.*

Willst du dich verabschieden, lies weiter bei ***535****.*

387 Behände schlüpfst du durch die Tür aus der grellen Mittagssonne in die Finsternis des Damms. Sogleich haben sich deine Augen an die Dunkelheit gewöhnt. Das fahle Licht hier genügt, damit du dich orientieren kannst. Irgendwo unter dir vernimmst du nur dumpfe Geräusche, ganz so, als würde ein Schmied sein Eisen in weiter Ferne schlagen. Du stehst auf einem rostigen Gitter, einer kleinen Plattform aus Metallstreben an der seeabgewandten Dammmauer, an deren Seite eine Leiter in die Tiefe führt.

Der feuchte Dunst, der nach faulem Wasser und verwesendem Getier stinkt, hat sich als glitschiger Algenfilm auf alles innerhalb des Damms gelegt. So auch auf die Metallsprossen einer in die Wand getriebenen Leiter, die zu einer weiteren Plattform hinabführt. Sie bildet etwa 20 Fuß unter dir die nächste Ebene. Darauf bedacht, keine verräterischen Geräusche zu machen, steigst du hinab.

Beim Abstieg siehst du im diffusen Licht am Fuße des Damms eine haushohe Schleuse aus Metall schimmern, die offensichtlich das Wasser des Stausees reguliert. Zurzeit fließt nur ein kleines Rinnsal durch den trichterförmigen Abflusskanal.

Von der zweiten Plattform ragt ein schmaler Steg rund 30 Fuß in die Leere zwischen den beiden Staumauern. Dort hängt eine mächtige Eisenkette von der Decke bis zum Boden des Damms. Sie muss mindestens 150 Fuß lang sein! An ihrem Ende baumelt ein gigantisches, spitzzulaufendes Senkblei.

Fasziniert verfolgst du die handgroßen Glieder der Kette hinauf zur Decke. Dort wird das andere Ende über eine riesige Umlenkrolle wieder nach unten geführt. An ihrem kurzen Ende – das knapp unterhalb der Einstiegsplattform endet – hängt das Gegengewicht des Senkbleis, ein mächtiger Eisenzylinder. Eine atemberaubende und zugleich seltsame Konstruktion, die dich entfernt an eine riesenhafte Standuhr erinnert.

Neugierig schreitest du auf den glänzenden Steg zu, um das Lot noch besser betrachten zu können, da entdeckst du eine Metallkiste, die in einer dunklen Ecke der Plattform steht.

A ⇥ *Willst du die Kiste untersuchen, lies weiter bei* ***449****.*

Willst du sofort die Leiter hinabsteigen, um die nächste Plattform unter dir zu erreichen, lies weiter bei ***504****.*

Willst du vorsichtig über den Steg gehen, um das Lot zu untersuchen, lies weiter bei ***541****.*

388 Fest entschlossen, endlich die wenigen Schritte zur Luke in den sicheren Rumpf des Schiffes hinüber zu wagen, lässt du los und wankst voran. Doch da bricht erneut eine Welle über dir zusammen. Ihre Wucht holt dich von den Beinen und spült dich quer über das gesamte Deck.

⇥ *Solltest du Tarahs Kapitel gespielt haben, dann überprüfe jetzt das Kästchen „A“ unter „Pfad der Weisheit“ auf der dritten Seite des Abenteuerblatts. Eventuell erhältst du dort einen Hinweis darauf, was hier zu tun ist.*

Hilflos versuchst du, dich irgendwo oder an irgendetwas festzuhalten, doch erst im letzten Augenblick gelingt es dir, ein Stück des Ersatzsegels zu packen. Durch die Wucht zerrst du es regelrecht aus der Kiste heraus, wo es nur schlampig verstaut wurde, und fliegst – verheddert in Leinen und Seilen – über die Reling. Wasser umgibt dich und du willst dich unverzüglich aus diesem Kokon befreien, doch je mehr du dich bewegst, desto enger wird dein Stoffgefängnis.

*Besitzt du die Fähigkeit **Atemfreiheit**, lies weiter bei **458**.*
*Andernfalls lies weiter bei **456**.*

3

○ **389** Lautlos näherst du dich den beiden Spionen, die weiterhin intensiv die Arbeiter beobachten – dich deinerseits jedoch noch nicht bemerkt haben. Erst als du dich langsam hinter ihnen aufbaust, schreckt der kleinere herum und starrt dich an. Bevor er nach seiner Waffe greifen kann, hast du seinen Kiefer mit den Klauen fixiert und ihn per Kopfstoß betäubt. Zwei Sekunden später sinkt auch sein Kamerad darnieder.
Aus den Fingern des größeren Spions kullert eine faustgroße Kugel über den Boden, die dir bekannt vorkommt: Es ist eine Sprengkapsel, wie du sie bereits auf der Mexez gesehen hast, wenn auch schwerer. Du stößt einen Seufzer aus, als der passende Splint aus der Hand des Spions kullert.

*Wenn du den **schweren Sprengsatz** (Utensil) an dich nehmen willst, notiere ihn auf dem Abenteuerblatt. Außerdem findest du Münzen im Wert von **7 Dinar** (Geld).*

Es ist nun an dir, was mit dem Damm geschieht. Entweder du zerstörst den Schleusenkanal oder kümmerst dich um die Mechanik.

B⮐ *Willst du sofort für eine Explosion sorgen, lies weiter bei **497**.*
*Willst du zunächst die Mechanik begutachten, lies weiter bei **450**.*
Markiere bitte den Kreis neben der Sektionsnummer 389 als Vermerk, dass du diesen Abschnitt gelesen hast.

390 Wie gebannt bewunderst du das Rot der Wolken am Horizont aus einem geschützten Versteck heraus, denn schon jetzt verspürst du die göttliche Macht der Kar-Scheibe, obwohl sie sich bisher nicht zeigt.
Doch dann durchbricht der erste Strahl den Morgendunst und bescheint dein Gesicht. Instinktiv zuckst du zusammen, aber ehe du dich schützen kannst, durchdringt wohlige Wärme deine Haut.
Du schließt die Augen – welch Gefühl! Ein Schwall Licht überflutet dich. All deine Sorgen und Ängste sind in diesem Moment wie fortgeblasen.
› *Die Macht Kars … so … schön.* ‹
Du schwelgst in Emotionen, während du den Aufstieg der Sonne verfolgst, die wie ein flammendes Versprechen emporsteigt und erschrickst, als du bemerkst, dass dich einige Matrosen irritiert anstarren. Sie können nicht glauben, dass ein Ugarith der mächtigen Kar zu trotzen vermag. Wortlos stiehlst du dich unter Deck, um dich ihrer Aufmerksamkeit zu entziehen.
Deine STÄRKE steigt um einen Punkt!

Lies weiter bei ***396***.

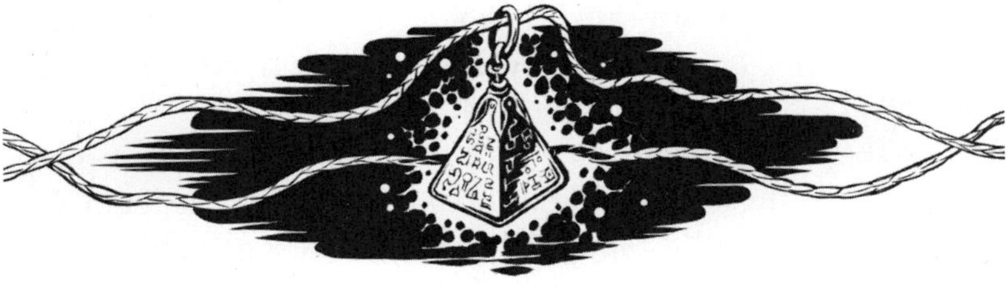

391 Erleichtert, die todbringende Bombe endlich loszuwerden, schleuderst du die Kugel im hohen Bogen auf die Vandagaal. Zunächst hüpft sie zwei-, dreimal unter dumpfen Schlägen auf den Planken des Decks und kullert schließlich zwischen einigen Kisten aus deinem Blickfeld.

⮐ *Solltest du Tarahs Kapitel gespielt haben, dann überprüfe jetzt das Kästchen „B“ unter „Pfad der Weisheit“ auf der dritten Seite des Abenteuerblatts. Eventuell erhältst du dort einen Hinweis darauf, was hier zu tun ist.*

Quälend lange Sekunden vergehen, bis schließlich ein greller Lichtblitz, gefolgt von einer Druckwelle aus Feuer und gesplitterten Holz, über das Schiff rast.
Erst als sich der Rauch etwas gelichtet hat, erkennst du das Ausmaß der Zerstörung: Die Explosion hat das halbe Deck verwüstet und die unteren Segel zerrissen, etliche Matrosen stürzen sich mit brennenden Haaren und Kleidern in die See. Die Vandagaal ist manövrierunfähig.
Da taucht in den schwelenden Überresten der Brücke der Kapitän
3 des menokischen Flaggschiffs auf und du fühlst, dass das Ende dieser Schlacht zum Greifen nah ist.

Für die Rettung der Nargus erhältst du 2 Karma-Punkte.

Lies weiter bei ***K30****!*

392 Durch deinen Ausfall wirbelt der Fischersmantel auf und lässt für einen kurzen Augenblick deine Empire-Uniform durchblitzen. Doch die aufmerksamen Soldaten haben wohl mit etwas dergleichen gerechnet und ziehen ihre schartigen Schwerter aus der Scheide.
„Gib auf, Empire-Schwein!“, befiehlt einer der Männer scharf. Währenddessen hat sich sein Kamerad seitlich zu dir positioniert, um deine Flucht zu verhindern.
„Schau dir diese Pranken an“, ruft er seinem Kameraden verängstigt zu, „das ist doch ein Ugarith!“ – „Mach dich nicht ein! Das sind bloß Märchen …“, spottet der Angesprochene zurück, dann aber ob der Möglichkeit ins Grübeln kommt, mit dem Kopf schüttelt und meint: „Kann gar nicht sein am helllichten Tag!“
Mit beschwichtigenden Armbewegungen wähnst du die Wachen in Sicherheit, drehst dich beiläufig zur Seite, um dann ansatzlos mit einem Wirbeltritt den ersten Soldaten von den Füßen zu holen. Der stürzt benommen gegen die Hauswand, doch sein Kamerad nutzt die Gelegenheit, dich mit seinem Speer zu attackieren.

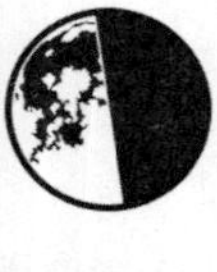

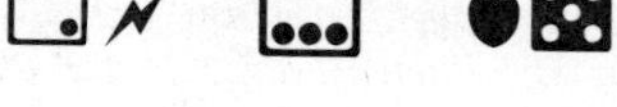

LEENHAVENER SOLDAT	ANGRIFF	14
	VERTEIDIGUNG	16
	RESISTENZ	○②
	KAMPFRUNDE	○○❸❹

Gewinnst du binnen der ersten 3 KAMPFRUNDEN, lies weiter bei ***473.***

Geht es hingegen in Kampfrunde ❹, lies sofort weiter bei ***460.***

393 Die Wachen des Damms sind in heller Aufregung und du siehst, dass sie sich bereits am Rande der Dammkrone formiert haben, um dich zu stellen. Dir bleibt keine andere Wahl, als gegen sie zu kämpfen.

Du willst ihnen gerade entgegenlaufen, als du hinter dir eine bekannte Stimme hörst: „Wohin so eilig, Schattenkind?"

› *Aonus!* ‹

Du drehst dich langsam um und erblickst den imposanten Ugarith, wie er in voller Montur auf den Ziegeln des Steingebäudes im Schneidersitz ruht, aus dem du eben herausgestürzt bist. Es hat den Anschein, als hätte der Krieger die ganze Zeit auf dich gewartet.

› *Woher wusste er, dass ich hier bin?* ‹

Voller Hass blitzen Aonus' Augen auf, als er den Helm abnimmt: „Wie sehr habe ich diesen Augenblick herbeigesehnt …"

Genüsslich öffnet er den Schutzriemen der runenverzierten Scheide und zieht sein schwarzes Breitschwert, den legendären Schattenschnitter.

Bevor du reagieren kannst, springt dir der Ugarith-Champion mit einem gewaltigen Satz vom Dach entgegen, rollt sich elegant ab und baut sich nur wenige Schritte vor dir auf.

Seine prunkvolle, dunkle Rüstung schimmert unheilvoll in Schwarz und Blau. Ein schicksalsvoller Kampf hat begonnen und du kannst ihm nicht entrinnen!

Lies weiter bei ***K40****!*

394 Mutig springst du auf, weichst herumrollenden Fässern aus und triffst mit einem gekonnten Schlag das Seil genau an der Öse der Harpune. Funken stieben auf, doch das silberglänzende Geflecht gibt keinen Fingerbreit nach. Einzig eine große Kerbe in der Klinge deiner Waffe zeugt von deinem gescheiterten Versuch.

Deine Waffe verliert wegen der schweren Beschädigung einen Punkt Trefferbonus! Hatte deine Waffe ursprünglich nur einen Punkt, ist sie nun zerstört und du musst sie streichen. Nehme die entsprechende Änderung auf dem Abenteuerblatt vor.

Bevor die nächsten Bolzen die Bordwand durchschlagen, rollst du dich wieder in Deckung.

Lies weiter bei ***487****.*

395 Du spürst, dass das Kind noch lebt. Doch vor Angst und Schmerzen kann es nicht weglaufen. Vor deinem geistigen Auge erscheint ein Kamin oder Ofen in einem Inferno aus Feuer und Rauch, davor, zusammengekauert, ein weinender Junge.

Willst du dich ins brennende Haus stürzen und dem Kind zur Hilfe eilen, lies weiter bei ***532****.*

Willst du kein Risiko eingehen und diesen Ort verlassen, lies weiter bei ***446****.*

396 Zunächst verbirgst du dich noch unter Deck, doch schon am Tag darauf, traust du dich unter die Sonne und findest während der kommenden Schichten mehr und mehr Anschluss zur Besatzung. Egal, wem du zur Hand gehst, die Anspannung im Angesicht der bevorstehenden Schlacht ist den Männern ins Gesicht geschrieben.

Erschöpft von der anstrengenden Arbeit legst du dich in die schwingende Hängematte deiner Kajüte. Ein Luxus, den nur wenige an Bord genießen. Die Müdigkeit hat dich fast übermannt, als jemand gegen die Tür hämmert.

„He, Ugar-Kämpfer, der Kapitän will dich sehen“, brummt ein Seemann durch den dünnen Verschlag. Schlaftrunken rappelst du dich auf und gehst durch den Frachtraum nach Achtern, zu Towaks Quartier. Er scheint mit jemanden zu sprechen, doch wegen des ächzenden Holzes verstehst du nur wenige Wortfetzen. Du klopfst und meldest dich wie befohlen.

Kapitän Towak bittet dich herein und zeigt auf einen massiven, mit dem Boden verschraubten Tisch voller Karten und nautischen Instrumenten: „Der Schattenmeister wünscht Euch zu sprechen.“ Er tippt auf einen faustgroßen, weißen Kristall, der in einer reichverzierten Schatulle inmitten des Tisches ruht, woraufhin ein geisterhaftes Abbild Calderels aufflackert. Du könntest fast glauben, der ehrfurchterregende Ugar-Abgesandte stünde leibhaftig vor dir, doch die Erscheinung hat nur die Höhe eines Kleinkindes und ist von schimmernden, violett-schwarzen Nebelschwaden durchzogen.

„Towak“, schallt die heisere Stimme des Schattenmeisters wie durch ein langes Rohr gesprochen, „lasst uns allein!“ Woraufhin dieser die Kajüte mit einer tiefen Verbeugung verlässt.

„Mein Kind“, eröffnet Calderel das Gespräch besorgt, „wie unsere Späher berichten, hält sich in Leenhaven eine Gruppe Spione aus Kyphi versteckt.“ Der Ugar-Meister vermutet, dass die kleine Elite-Truppe das Attentat auf den Ningal-Tower organisierte.

„Du hast schon einmal bewiesen, wie geschickt du dich in Feindesland bewegst. Daher erhältst du folgenden Auftrag: Finde und liquidiere diese Kar-Bande! Der Preis und mögliche Konsequenzen spielen keine Rolle.“

Dann bricht die Verbindung ab und der Kapitän tritt wieder in den Raum. Er hält dir eine faustgroße Eisenkugel unter die Nase: „Dieser alchemistische Sprengkörper wird Eure Mission vereinfachen. Im Umkreis von 30 Fuß legt er alles in Schutt und Asche. Aber wenn Ihr absolut sicher gehen wollt, sorgt dafür, dass die Ziele in einem engen Raum sind.“

Towak zückt mit ernster Miene einen Grafitstab aus seiner Uniform: „Wenn Ihr diesen Splint in die Kugel steckt, verbleiben Euch vielleicht zwei Minuten, um Euch in Sicherheit zu bringen…“ Mit rudernden Armen und aufgeblasenen Backen ahmt der Seebär eine Explosion nach.
Ansonsten ist das Gespräch beendet und du verabschiedest dich aus dem Quartier des Kapitäns.

*Wenn du den **Sprengsatz** (Utensil) einstecken willst, dann notiere ihn auf dem Abenteuerblatt.*

*Lies weiter bei **416**.*

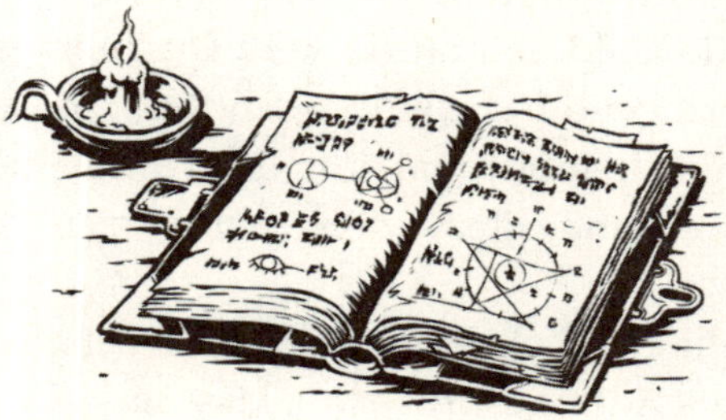

397 Die Kriegerin lacht lauthals über deinen plumpen Angriffsversuch und befördert dich mit einem deftigen Tritt unters Kinn zurück in den überfluteten Frachtraum.
Benommen versuchst du dich wieder aufzurappeln, bis du in die dämonischen Augäpfel des Sogukant starrst, dessen Maul überschäumt vor faulem Speichel. Du wehrst dich nach Leibeskräften, aber schließlich zerfetzt das Biest deine Kehle.

Dein Leben endet hier. (+363) ■

398 Die holprige Fahrt dauert knapp eine Stunde. Schließlich hörst du, wie der Karren fort von der Straße in eine große Halle gezogen wird. Scharniere quietschen, Bohlen knarren. Man stellt dich wieder auf die Füße und führt dich – noch immer mit dem Sack über dem Kopf – etliche Stufen hinab durch muffige, unter-

irdische Gänge. Du hast keinen Schimmer, wo du bist, als dich ein kräftiger Menschen-Mann vom Sack befreit. Er scheint verstört, als er dein Gesicht erblickt.
Du befindest dich in einem kleinen Raum, der nur von einer rostigen Öllampe erhellt wird. In seiner Mitte steht ein einfacher Tisch. Um ihn herum vier Stühle. An den Wänden hängen Seekarten der Bucht sowie Skizzen der Stadt und Umgebung.
„Setz dich!", befiehlt dein Aufpasser knapp und versorgt deine Wunden mit Verbänden und Salben.
Dann verlässt er wortlos den Raum.

*Deine VITALITÄT steigt um zwei Stufen, aber höchstens auf **normal**.*

*Lies weiter bei **500**.*

399 „Sicher kenne ich das", krächzt das zittrige Weib. „Ist nicht weit von hier!" Es entsteht eine längere Pause, woraufhin sie gerissen anfügt: „Aber ganz so einfach ist es dann doch nicht – besonders wenn man eigentlich gar nicht auf der Straße sein dürfte…" Mit diesen Worten wendet sie sich provokativ ab und tut so, als wolle sie wieder den Keller betreten. Ohne eine kleine Spende ist sie wohl nicht willens, dir zu helfen.

*Besitzt du Geld und willst ihr einige Dinar überlassen, um zu erfahren, wo sich das Tabakgeschäft befindet, lies weiter bei **382**.*

*Besitzt du eine Flasche **Branntwein** oder **Pflaumenschnaps** und willst sie der Frau anbieten, lies weiter bei **442**.*

*Willst du hingegen wieder gehen, lies weiter bei **370**.*

400 Das Licht der Öllaternen spiegelt sich in den großen Wasserlachen, die das herabrinnende Kondenswasser am Sockel des Damms gebildet hat. Um die Pfützen herum sind etliche frische Fußspuren kreuz und quer über den Boden verstreut. Direkt vor dir baumelt das mannshohe Senkblei nur eine Handbreit über dem Boden und schwingt dabei – kaum merklich – hin und her.

Unter der Spitze des Eisenkegels ist eine Skala in den Stein gemeißelt, die die Wasserlast auf den Damm anzeigt. Soweit du es beurteilen kannst, befindet sich der Druck auf einem sehr kritischen Niveau.

Wieder durchdringt dich der unregelmäßige Hammerschlag, den du bereits an der Eingangstür gehört hast – diesmal jedoch ohrenbetäubend laut. Der Mechaniker verrichtet offensichtlich im Zentrum des Damms seine schwere Arbeit.

Du würdest dich gerne dort umschauen, doch es wäre unklug,
3 offen im Damm herumzulaufen, solange du nicht weißt, wo sich die Spione aufhalten. Eine innere Stimme sagt dir, dass sie sich ebenfalls für die Schleuse interessieren, deshalb legst du dich in Sichtweite auf die Lauer.

Und dein Instinkt täuscht dich nicht: In einer dunklen Nische, nur wenige Schritte von der Schleuse entfernt, bemerkst du zwei schlanke Silhouetten. Zweifelsfrei die Spione, die du bereits auf der Palisade der Dammkrone gesehen hast.

Willst du die Spione angreifen, lies weiter bei **389**.
Willst du abwarten, was die Spione tun, lies weiter bei **455**.

401 Es braucht nur einen Befehl und die gesamte Mannschaft versammelt sich an Deck der Nargus. Wenig später gehen die ersten feindlichen Schiffe längsseits und ihre Besatzungen bekommen ein Gesicht: Zahlreiche Männer, bis an die Zähne bewaffnet, warten darauf, die Nargus und den Rest der Empire-Flotte zu vernichten. Du machst dich bereit für eine blutige Schlacht.

Hast du den 6. SCHICKSALSPUNKT gefunden, lies weiter bei **538**.
Andernfalls lies weiter bei **357**.

402 Mit frischer Kraft und neuem Mut verlässt du sofort das Fischerboot und drückst dich möglichst unauffällig durch die schäbigen Gassen des Hafenviertels. Du siehst dabei nur wenige

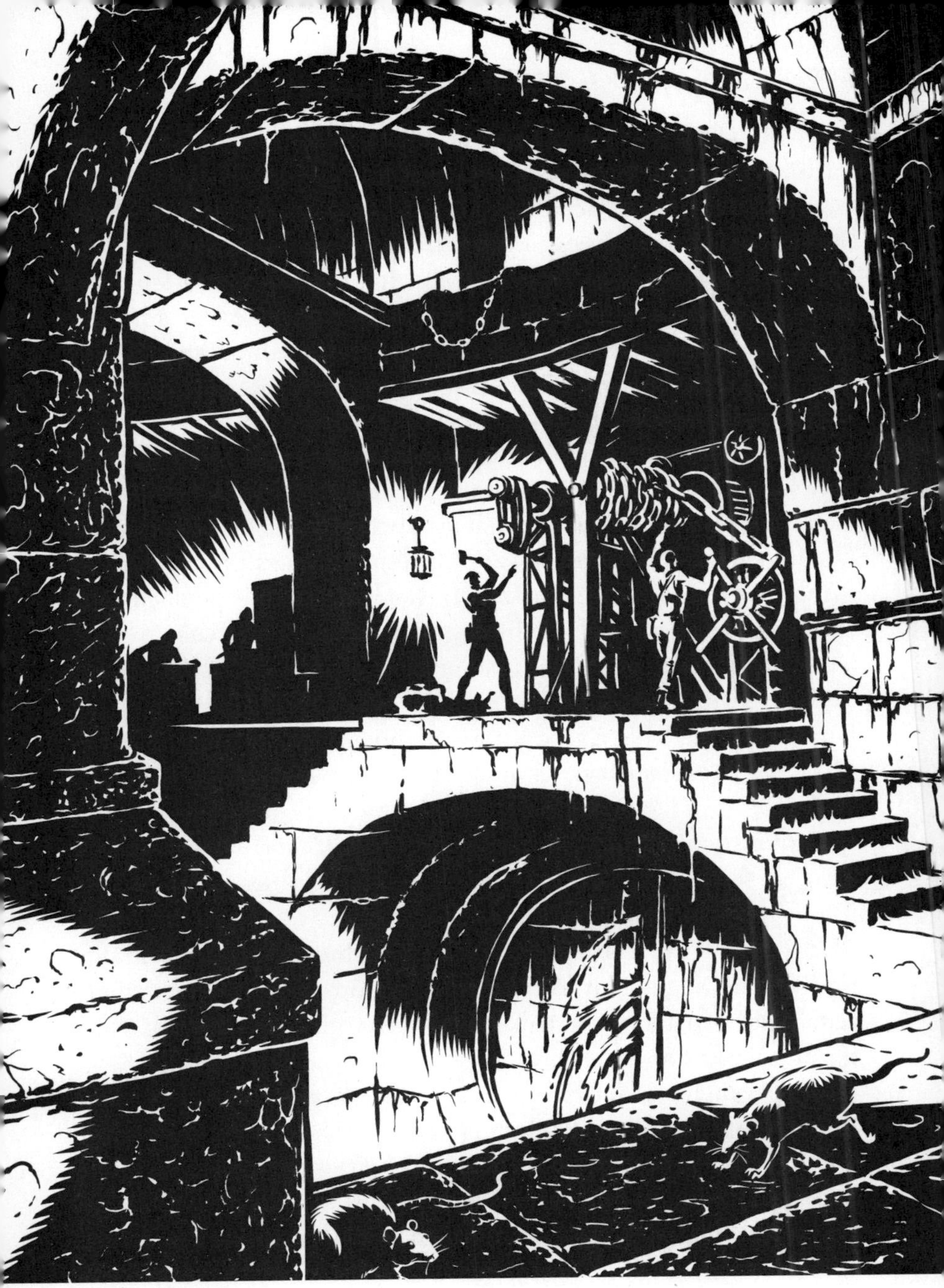

400 *In einer dunklen Nische, nur wenige Schritte von der Schleuse entfernt, bemerkst du zwei schlanke Silhouetten. Zweifelsfrei die Spione, die du bereits auf der Palisade der Dammkrone gesehen hast.*

normale Bürger – viele Fenster und Türen sind mit Brettern verbarrikadiert. Zudem hat die Armee zahlreiche Straßensperren aus Schutt und Holz auf den strategisch wichtigsten Wegen errichtet. Sie sollen den Vorstoß der Empiretruppen erschweren.

Die einzigen Menschen, die sich auf den Straßen aufhalten, sind patrouillierende Soldaten. Ihre Uniformen und Körper sind geschunden, doch in ihren Augen funkelt Zuversicht: Natürlich hat sich die Kunde vom Sieg über die Empireflotte wie ein Lauffeuer in der Stadt verbreitet.

Von Feierstimmung nach der gewonnenen Schlacht auf See scheinen sie jedoch noch weit entfernt, schließlich wissen sie um die Gefahren, die sowohl am Boden als auch aus der Luft drohen.

Du hörst das Glockenspiel zur dritten Mittagsstunde, das der Wind vom entfernten Marktplatz heranträgt. Die Schlacht um Leenhaven müsste eigentlich schon längst entbrannt sein.

› *Ob das Empire nach der Niederlage der Flotte seine Bodentruppen zurückgezogen hat? Sie warten sicher auf die Nacht.* ‹

Du spürst eine trügerische Ruhe, die über der Stadt liegt.

Willst du weiterhin versuchen, das Hafenviertel durch die engen Seitengassen zu verlassen, lies weiter bei ***510.***

Willst du es offensichtlich über die breite Hauptstraße versuchen, lies weiter bei ***518.***

403 Hinter dir verhallen die aufgebrachten Rufe der Soldaten und der herangeeilten Verstärkung, als du dich in irgendeinem schäbigen Hinterhof versteckst. Dummerweise hast du die Orientierung verloren.

Bevor du dich wieder hervortraust, wartest du lieber ab, bis die Rufe deiner Verfolger verklungen sind. Doch da hörst du langsame Schritte aus Richtung des Torbogens dringen, durch den du in den Hinterhof gerannt bist.

Du presst deinen Körper in den Schatten der Häuserwand und spähst zum einzigen Zugang zur Straße. Aus dem Torbogen tritt die Gestalt einer Menschenfrau. Ihr Körper und Kopf sind verhüllt von einem grauen, schmucklosen Kapuzenmantel. Achtsam schreitet die Unbekannte zur Mitte des Hofs, stemmt die Arme in die Hüften und blickt sich konzentriert um.

*Besitzt du die Fähigkeit **Magiekenntnis**, lies weiter bei **371**.*
*Andernfalls kannst du abwarten, lies weiter bei **359**.*
*Oder die Frau angreifen, lies weiter bei **409**.*

404 Aus einem Versteck am Rande des Kanals in sicherer Entfernung beobachtest du den imposanten Damm mit seinen zahlreichen Schutztürmen und Wachhäusern.

Da fällt dir eine verdächtige Bewegung auf dem Wehrgang der Dammkrone ins Auge. Du bist dir nicht sicher, aber es könnte sich um eine kleine Gruppe Menschen handeln.

*Besitzt du die Fähigkeit **Geschärfte Sinne** und willst sie nun einsetzen, lies weiter bei **522**.*
*Willst du weiterhin am Kanal warten, lies weiter bei **549**.*
*Willst du zurück zum Damm und die unbekannte Gruppe begutachten, lies weiter bei **367**.*

405 Sofort herrscht eine aggressive Stimmung in der Spelunke: Erst werden ein paar Schimpfworte gewechselt, dann fliegen bereits Flaschen und Stühle durch die Luft. Eine derbe Kneipenschlägerei entbrennt.

Trotz deiner herausragenden Fähigkeiten kämpfst du dich nur mühsam zur Tür vor. Dabei trifft dich im allgemeinen Trubel der ein oder andere Schlag.

*Deine Vitalität sinkt um eine Stufe, aber minimal auf **verletzt**!*
*Lies weiter bei **375**.*

406 Die vier Schläger haben dich umstellt. Vorsichtig tastest du dich rückwärts an eine Hauswand – und behältst alle Gegner im Blick. Der hagere Kerl tritt selbstsicher vor und deutet mit der

Eisenstange auf dich, wobei er den anderen Arm unter einem zerlumpten Lodenmantel versteckt hält. Doch ehe er eine Drohung an dich richten konnte, hast du ihm auch schon einen heftigen Schwinger in seine schmierige Visage verpasst. Die zwei anderen Typen schauen dich perplex an, während ihr Anführer in sich zusammensackt. Zögerlich ziehen sie ihre Waffen.

SCHLÄGERTRUPP	*ANGRIFF*	**12 +1**	**+1**	**+1**
(3 GEGNER)	*VERTEIDIGUNG*	**14 +1**	**+1**	
	RESISTENZ	♥ ○②	○②	○②

Dies ist ein Kampf gegen mehrere Gegner gleichzeitig! Denke daran, dass hier besondere Regeln gelten (siehe Erklärung zu Beginn des Kapitels).

*Sollte es dir zu brenzlig werden, kannst du jederzeit den Kampf zu Beginn einer KAMPFRUNDE abbrechen und in die nahegelegene Kneipe flüchten (lies weiter bei **459**).*

*Gewinnst du den Kampf, lies sofort weiter bei **547**.*

407 Du vollendest den Hechtsprung auf die zweithöchste Plattform mit einer eleganten Rolle und landest direkt neben der Metallkiste, die dir bereits beim Abstieg aufgefallen ist.

Solltest du beim Einstieg in den Damm Gegenstände an der Kiste zurückgelassen haben, darfst du sie nun wieder aufnehmen.
Radiere dazu das Kreuz im Speicherpunkt ⊗ bei den Dingen aus, die du wieder mitnehmen möchtest. Gegenstände, die du zurücklassen willst, musst du ganz streichen. Nimm die entsprechenden Änderungen auf dem Abenteuerblatt vor.

Durch die Lücken des Eisenrosts bemerkst du einen Empireoffizier, der sich wundert, was über ihm passiert.
„Stehenbleiben!", kommandiert er nach oben und läuft zur Leiter hinüber. Du lässt dich auf keine Spielchen ein und flüchtest zur Ausgangstür.

*Lies weiter bei **479**.*

408 Offensichtlich haben die Raufbolde noch immer nicht genug. „So Freundchen, jetzt werden wir dir eine Lektion erteilen!", hörst du den Anführer mit der verschlagenen Visage aus dem Zwielicht der engen Häuser keifen.
Ein Dutzend Kerle haben dich umzingelt und ziehen fast zeitgleich ihre Schwerter, Säbel und Entermesser. Schreiend stürzt du dich auf die ersten vier Gegner und streckst zwei von ihnen mit gezielten Hieben nieder. Doch binnen weniger Augenblicke bist du inmitten eines entfesselt angreifenden Mobs.

SCHLÄGERBANDE	*ANGRIFF*	**14**
	VERTEIDIGUNG	–*
	KAMPFRUNDE	○ ○ ❸ ❹

*Lebst du zu Beginn von KAMPFRUNDE ❹ (bzw. bei ❸, wenn du die Fähigkeit **Meisterlicher Kämpfer** besitzt) dieses aussichtslosen Kampfes, lies sofort weiter bei **461**.*

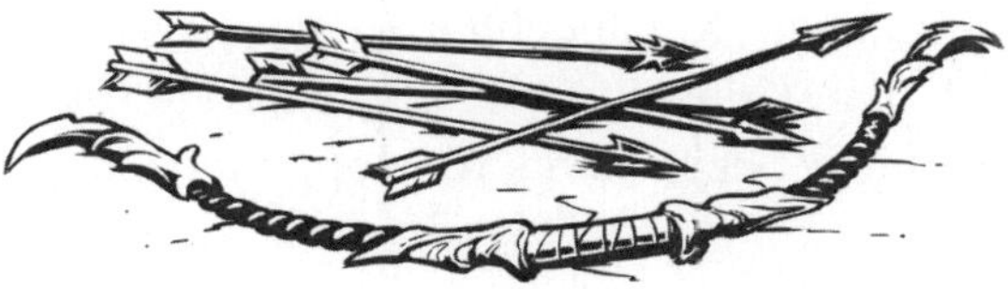

409 Erstaunt von deinem Ausfall zuckt die Unbekannte zusammen, weicht deiner Attacke aber außerordentlich behände aus und dir wird klar, dass sie keine normale Gegnerin ist.
„Hört auf damit!", ruft sie verärgert, als sie sich gelenkig über deine Schultern abrollt und in sicherer Distanz in gehockter Kampfpose verharrt. Eine strahlende rote Haarlocke funkelt unter ihrer Kapuze hervor. „Es gibt keinen Grund zu kämpfen", versucht sie die Situation zu beruhigen.

*Traust du der Frau nicht und willst sie ein weiteres Mal attackieren, lies weiter bei **515**.*

*Glaubst du ihr, lies weiter bei **423**.*

*) *Da du es einzig darum geht, 4 bzw. 3 Kampfrunden gegen die Schlägerbande zu überleben, wird ihre Verteidigung bzw. dein Angriff in diesem Kampf ignoriert.*

410 Ein erdiger Geschmack in deinem Mund lässt dich aufschrecken. Bretter, die deinen Körper bedeckten, klappern auf das Pflaster. Dann fällt dir wieder ein, dass dich ein Ugarith aus dem dichten Qualm befreite. Offensichtlich hat er dir eine Medizin verabreicht. Zumindest fühlst du dich etwas besser. Du dankst dem unbekannten Helfer und läufst weiter in die Stadt hinein.
Deine VITALITÄT steigt um eine Stufe, aber höchstens auf ***normal****.*

Lies weiter bei ***446****.*

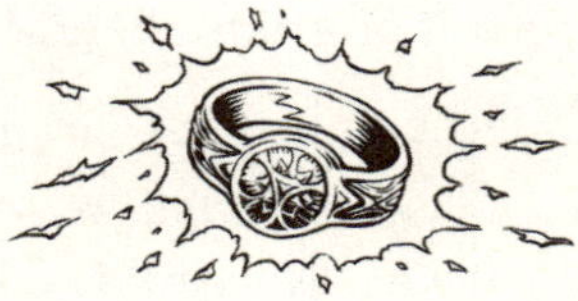

411 Dein Herz klopft, als du an den Tisch herantrittst und dein ganzes Geld aus den Taschen ziehst. „Hey, maximaler Einsatz zehn Dinar“, raunt dir der stämmige Spielleiter durch einen ungepflegten Vollbart entgegen. Mit feuchten Klauen überprüfst du deine Barschaft und planst den Einsatz. Du entscheidest dich für eine weniger risikoreiche Setzvariante für doppelten Gewinn.

Notiere nun deinen ***Einsatz*** *(max. 10 Dinar) und die Zahl, der du dein Glück anvertrauen möchtest (1, 3, 5 – ungerade oder 2, 4, 6 – gerade), unter Spezielle Notizen auf der dritten Seite des Abenteuerblatts.*

Dann versetzt der Spielleiter das Rad mit einem heftigen Schwung in Rotation: „Nicht mehr setzen!“
Nach einigen Runden trudelt die Scheibe aus.

Besitzt du die Fähigkeit ***Vorahnung****, liegst du automatisch richtig. Andernfalls musst du anhand eines zufälligen Basiswürfels ermitteln, wo das Glücksrad stehen geblieben ist. War dein Tipp richtig, also eine gerade oder ungerade Zahl, verdopple deinen Einsatz. Ansonsten streiche ihn.*

Willst du noch eine Runde spielen, lies weiter bei ***361****.*
Willst du die Kneipe verlassen, lies weiter bei ***375****.*

412 Der Händler kratzt sich am Kopf und meint: „Derzeit besitze ich leider keine Möglichkeit, Euch aus der Stadt zu bringen. Ich fürchte, Ihr seid auf Euch gestellt." Sein schlechtes Gewissen und die Angst, einen Ugarith zu beleidigen, bringen ihn dazu, dir einen Heiltrank zu überlassen.

*Wenn du den **einfachen Heiltrank** (Utensil, regeneriert sofort zwei Stufen VITALITÄT, eventuell sogar auf **fit**), einstecken möchtest, notiere ihn auf dem Abenteuerblatt.*

*Lies weiter bei **488**.*

413 Der gebrechliche Alte greift zitternd nach deiner vernarbten linken Klaue: „Die Bewahrer kennen deine Bestimmung und wollen dich unterstützen, sie zu erfüllen." Im Moment, als dich die runzeligen Finger des seltsam charismatischen Mannes berühren, spürst du wieder diesen instinktiven Drang, diese treibende göttliche Kraft, die sich offenbar tief in deiner Seele verbirgt.

In diesen kurzen, unbeschreiblichen Moment der Selbsterkenntnis platzt der alte Bewahrer mit seinen weiteren Ausführungen: „… übrigens, dein Mentor Tarus folgt ebenfalls unserem Codex! Er kannte dich bereits als kleiner Junge. Seitdem ist er nicht von deiner Seite gewichen und verfolgte jeden deiner Schritte. Doch leider konnte selbst er nicht verhindern, dass Calderel dich manipulierte und für seine Zwecke missbrauchte."

Die rothaarige Bewahrerin, die aufmerksam folgt, ergänzt aufgebracht: „Der Schattenmeister macht Euch etwas vor! Weder seid Ihr das Schattenkind der Ugarith noch irgendein Heilsbringer. Ihr seid ein Abgesandter. Ihr …"

„Genug!", erhebt der Alte unerwartet schroff die Stimme. „Wir haben geschworen den göttlichen Weg nicht zu beeinflussen!"

*Lies weiter bei **B19**!*

414 Der Zarlik setzt sich etwas schwerfällig in der Hängematte auf und greift nach der Flasche: „Sssehr freundlich!" Dann spitzt

er seine ledrigen Lippen und versucht, die Flüssigkeit vorsichtig in seinen Rachen zu bugsieren, was ihm aber wegen der unruhigen See nur leidlich gelingt. In dir steigt erneut ein Lacher auf, den du gerade noch als lautes Räuspern durch die Nase entweichen lässt. „Ich bin wohl kein besonders sssöner Anblick …“
Du schüttelst den Kopf.
Jetzt wird dir klar, warum die Zarlik nicht allzu erpicht darauf waren, der Flotte zugeteilt zu werden. Offensichtlich sind sie nicht für die See geschaffen, doch ihre magischen Fähigkeiten sind für das Empire eben unverzichtbar.

*Besitzt du eine **Feige aus Rohja** und willst sie dem Zarlik überlassen, lies weiter bei **353**.*
*Wenn du dich zurückziehen willst, lies weiter bei **535**.*

415 „Der Wasserdruck ist mittlerweile extrem hoch. Die Reparatur erfolgte gerade noch rechtzeitig“, erklärt der Arbeiter auf dem Weg zur Schleuse mit unsicherer Stimme.
Mit dem Gefühl beobachtet zu werden, blickst du dich unauffällig um, doch im fahlen Schein der Laternen kannst du nichts Außergewöhnliches ausmachen und reibst dir irritiert vom Glitzern der feuchten Wände die Augen.
Als ihr schließlich die Hauptschleuse erreicht, erkennst du nun auch den Ursprung der nun ohrenbetäubenden Metallschläge, die im Damm dröhnen: Zwei Kerle mit großen Vorschlaghämmern treiben mit abwechselnden Hieben einen armdicken Eisenkeil in den Boden. Ihre Gesichter sind hinter einem schmierigen Film aus Öl und Schweiß verborgen.
„Einige Zähne waren gebrochen“, brüllt der Arbeiter gegen den Lärm an und deutet auf das komplizierte Räderwerk neben der Schleuse. „Sollte jetzt wieder gehen! … Aufmachen?“

*Lässt du den Arbeiter die Schleuse öffnen, lies weiter bei **481**.*
*Willst du ihm untersagen, sie zu öffnen, lies weiter bei **506**.*

416 Mit den letzten Sonnenstrahlen des vierten Tages erreicht die Mexez schließlich Port Baylock, die größte Siedlung auf Votracht. Erst seit wenigen Monaten steht die Hafen- und Handelsstadt – damals noch als Reedhaven bekannt – an der Nordküste der kleinen Insel mit seinen knapp 500 Seelen unter der Herrschaft des Empires und wird seither unter enormen Anstrengungen zu einem Militärstützpunkt ausgebaut. Doch die Besatzer sind nicht erst seit den blutigen Kämpfen verhasst.
Am nächsten Tag wird deine Reise nicht auf der Mexez weitergehen, sondern auf dem Admiralsschiff, der Nargus, wie dir Kapitän Towak knapp mitteilt: „Werdet morgen früh bei Admiral Grobrig vorstellig. Befehl von oben!“
Das Flaggschiff des Empires ist dir bereits beim Einlaufen in den Hafen aufgefallen: Der beeindruckende Fünfmaster mit seinem imposanten Deck und der erhöhten Brücke ist wahrlich ein Prunkstück.
Die Nacht ist noch jung und bis zum Auslaufen im Morgengrauen bleibt dir genügend Zeit für einen ausgedehnten Landgang. Denn obwohl die Überfahrt fordernd und interessant war, bist du froh, endlich wieder festen Boden unter den Füßen zu haben!

Willst du das Hafenviertel mit seinen Schenken und Kneipen unsicher machen, lies weiter bei ***502****.*

Willst du einfach alleine am Ufer entlang durch die Nacht schlendern, lies weiter bei ***491****.*

Willst du sofort zur Nargus und dich bei Admiral Grobrig melden, lies weiter bei ***377****.*

417 Jetzt ist der richtige Zeitpunkt zum Werfen des Sprengsatzes gekommen. Oder doch nicht?
› Ugar, steh‘ mir bei! ‹

Willst du nun werfen, lies weiter bei ***391****.*

Willst du noch länger warten, lies weiter bei ***445****.*

3

418 „Was? Du spinnst wohl“, schnauzt dich der Seemann an, der den Steg bewacht. „Mach, dass du Land gewinnst!“
Höhnisches Gelächter macht sich unter den Wachen breit, als die Kunde vom übereifrigen Neuen die Runde macht. „Komm morgen früh wieder…“, höhnt die Menge hinter dir her. Genervt ziehst du ab.

Willst du zurück zur Mexez, lies weiter bei ***543****.*

Willst du nun doch ins Hafenviertel, um einen draufzumachen, lies weiter bei ***502****.*

419 Die Vorfreude darauf, den Ningal-Tower hinter dir zu lassen und neue Erfahrungen sammeln zu können, setzt in dir überschwängliche Gefühle frei. Mit einem beachtlichen Satz springst du auf das Deck der Mexez und bringst dabei fast einen Seemann zu Fall, der an der Reling stand, um das Schiff zu vertäuen.
„He, was soll das!?“, schnauzt dich der Kapitän an. „Runter von meinem Schiff!“ Gesenkten Hauptes wirst du über die gerade ausgelegte Planke zurück auf den Pier geleitet, als dir der Kapitän zuruft: „Erst auf meinen Befehl geht's an Bord!“
Einige der Seeleute und Soldaten können sich ihr Lachen nicht verkneifen, doch es bleibt ihnen jäh im Halse stecken, als der Schattenmeister deutlich ungehalten auf die Situation reagiert: „Genug!“ Seine Stimme und Gesicht zittern und du spürst seinen Zorn gegenüber der Missbilligung des Schattenkindes, aber auch seine Enttäuschung über dein peinliches Verhalten. Beschämt senkst du den Blick und stellst dich an den Rand des Piers, um den Männern nicht im Wege zu stehen, die nun alle übereifrig weiterarbeiten.

Lies weiter bei ***476****.*

420 Trotz seines entschlossenen Auftritts ist dieser Knabe keine Gefahr für dich. Als er die erste Attacke führt, greifst du ihm in den Arm, fixierst seine Klinge und betäubst ihn mit einem kurzen, dosierten Hieb in den Nacken. Regungslos sinkt der Junge auf die Planken.

› Nicht zu glauben, dass die Völker mittlerweile sogar ihre Bengel in den Krieg schicken! Wie verzweifelt sind sie bloß? ‹

In der Hoffnung, dass er unbeschadet das Gefecht übersteht, rollst du ihn eilig in ein Segeltuch ein.

*Lies weiter bei **378**.*

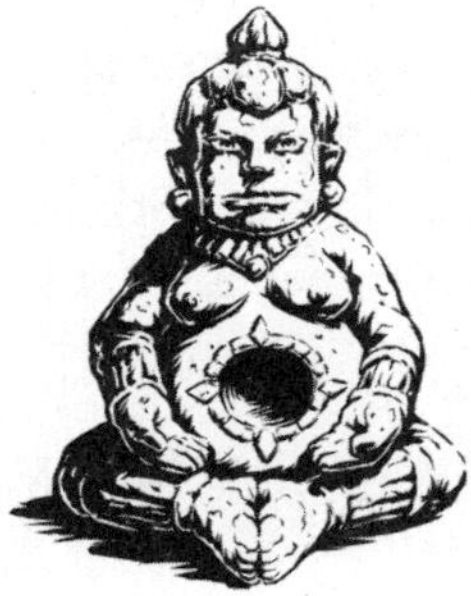

421 Mit langen Armzügen schwimmst du von der Nargus weg, doch die Wachen nehmen dich sofort unter Beschuss. Die ersten Geschosse verfehlen dich nur knapp, da durchzieht dich ein heftiger Schmerz – ein Bolzen hat das Fleisch deines rechten Oberarms durchschlagen.

Ungeachtet der tiefen Wunde rettest du dich an den Steg, raffst deine Sachen zusammen und entkommst in die Nacht.

Deine Vitalität sinkt um eine Stufe!

*Willst du zurück zur Mexez, lies weiter bei **543**.*

*Willst du trotz deiner schmerzlichen Erfahrung ins Nachtleben von Port Baylock abtauchen, lies weiter bei **502**.*

422 Überraschung und Entsetzen spiegelt sich in den Augen der beiden Kerle wider, als du dich aus der Dunkelheit auf sie stürzt. Mit voller Wucht saust deine erste Attacke exakt auf den Hals des Anführers. Doch der Hieb prallt ab und Funken stieben,

als hättest du gegen einen unnachgiebigen Metallpfosten geschlagen – nur mit Mühe hältst du das Gleichgewicht. Aus den Augenwinkeln siehst du, dass das Artefakt, das den Anführer schützte, nun in Fragmenten auf den Steinboden regnet. Immerhin – der Schutzzauber ist gebrochen!
Zunächst verdutzt, dann entschlossen zücken die beiden Spione ihre Dolche und stürzen durch die Tür, um ihrem Kameraden beizustehen. Doch eine kurze, ablehnende Geste des Anführers genügt, und schon kümmern sie sich wieder um den Eingang.
3 Er ist offensichtlich der Meinung, dass zwei Kämpfer reichen, um einen einzigen Empire-Soldaten in Schach zu halten. Mit finsterer Miene ziehen sie ihre Krummsäbel aus den Gürteln.

Spion Duo	*Angriff*	⚡ **12** **+2**	**+1**
(2 Gegner)	*Verteidigung*	🛡 **14** **+1**	**+2**
	Resistenz	♥ ○②	○②

Überlebst du den Kampf gegen beide Spione, lies weiter bei **536**.

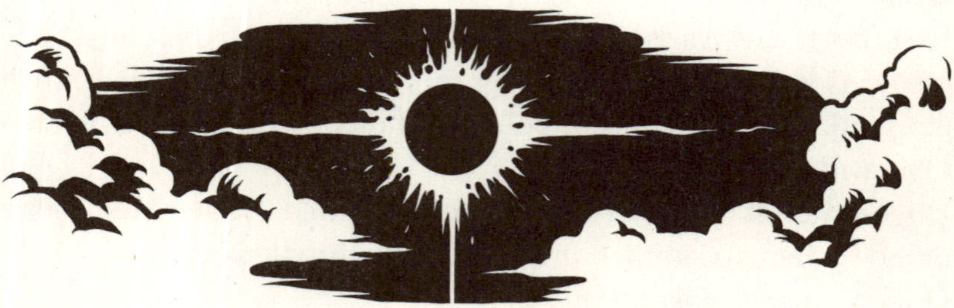

○ **423** Trotz ihrer menschlichen Züge spürst du, dass die junge Frau kein normaler Mensch ist. „Ich stehe auf Eurer Seite“, beginnt sie vorsichtig das Gespräch, „auch wenn Ihr es vielleicht noch nicht wisst.“ Misstrauisch beäugst du jede ihrer Bewegungen. „Bitte folgt mir. Wir müssen runter von der Straße, bevor wir noch mehr Aufmerksamkeit erregen. Außerdem kann der Luftangriff jeden Moment beginnen.“

⚅3 ⚡ ⚃ 🛡⚁

› *Ich weiß nicht weshalb, aber ich vertraue ihr.* ‹
Zustimmend nickst du ihr zu, woraufhin sie dich in die nächste Seitengasse geleitet, wo zwei Männer und ein einfacher Karren im Schatten warten. Dort zückt sie einen Sack und stülpt ihn dir grob über den Kopf: „Entschuldigt, aber es ist zu unser aller Sicherheit." Schließlich wirst du auf die Ladefläche des Karrens gehoben und unter einer Decke versteckt. Sodann beginnt die Reise ins Ungewisse.

Lies weiter bei ***398****.*

Markiere bitte den Kreis neben der Sektionsnummer 423 als Vermerk, dass du diesen Abschnitt gelesen hast.

424 Du siehst keine andere Möglichkeit, als die Flucht über die zahllosen Leitersprossen in Angriff zu nehmen. Den sicheren Tod vor Augen überwindest du mit übermenschlichen Sprüngen die erste Hälfte jeder Leiter, bevor du den Rest katzengleich hinaufkletterst. In weniger als einer Minute hast du bereits die mittlere Plattform erreicht. Von hier kannst du die Ausgangstür schimmern sehen, als direkt vor dir ein gestandener Empire-Offizier die Leiter hinuntersteigt.
„Was macht Ihr hier, Soldat?", erkundigt er sich provokant. In panischer Ungeduld stürzt du dich dem alten Offizier mit gezückter Waffe entgegen.

EMPIRE OFFIZIER	*ANGRIFF*	13	15
	VERTEIDIGUNG	15	17
	RESISTENZ	○ ②	
	KAMPFRUNDE	○ ○ ❸ ❹	

Ab KAMPFRUNDE ❸ erhöht sich ANGRIFF und VERTEIDIGUNG des Offiziers um jeweils 2 Punkte, da er sich von deiner überraschenden Attacke erholen kann.

Gewinnst du binnen der ersten 3 KAMPFRUNDEN, lies weiter bei ***521****.*

Geht es jedoch in Kampfrunde ❹, lies sofort weiter bei ***474****.*

425 Mit gemischten Gefühlen beobachtest du, wie der Zarlik sein magisches Ritual beginnt. Er ergreift deine vernarbte linke Klaue, knetet sie fest und murmelt unverständliche Worte, die er in einem fort wiederholt.

In ihrer Innenseite spürst du zunächst ein warmes Kribbeln, dann ein Brennen und schließlich stechenden Schmerz, als wolle sich dein Körper von den Narben befreien. Du beißt die Zähne zusammen, da entlädt sich ein gleißender Blitz von deiner Klaue. Zuckend fällt der Zarlik zurück und verheddert sich dabei in seiner Hängematte.

Regungslos starrt er zu Boden. Seine Kleidung ist fast gänzlich von der magischen Entladung verkohlt. Du eilst ihm zu Hilfe und stellst erleichtert fest, dass er noch lebt.

„Keine gute Idee“, drückt er schwach über die Lippen und versucht dabei zu lächeln, gefolgt von schwerem Husten. „Dieses Misssgeschick bleibt unter unsss“, bittet dich der Zarlik und verdreht dabei die Augen, als wolle er sagen, wie schwer es ihm fällt, mit Menschen auszukommen.

Du verweilst noch eine Weile in der Kajüte des sympathischen Magiers, bis er eingeschlafen ist.

Lies weiter bei **535**.

426 „He, solltest du nicht zu Hause sein?“, fragt dich eine der Wachen. „Der Präfekt sieht es nicht gerne, wenn man seine Ausgangssperre missachtet“, ergänzt der andere. Beide beäugen dich misstrauisch. Offensichtlich hegen sie einen Verdacht. Du siehst eben nicht besonders südländisch aus.

Willst du flüchten, lies weiter bei **352**.

Willst du die beiden Wachmänner attackieren, lies weiter bei **392**.

427 Admiral Grobrig schüttelt resignierend den Kopf, als er sieht, dass du dich für den Kampf rüstest. Doch er wagt es nicht, dich davon abzuhalten. Zwei feindliche Schiffe sind bereits in

Schussreichweite und die Brise trägt das unheilvolle, rhythmische Klacken der Enterwinden heran.
In den Gesichtern deiner Kameraden zeichnen sich Anspannung und beim jungen Matrosen zu deiner Rechten echte Todesangst ab. Dein aufmunterndes Nicken quittiert er mit einem gequälten Lächeln.
Im Moment, als sich die beiden Feindschiffe längsseits begegnen, zischen auch schon schwere Metallbolzen aus ihren Geschützklappen. Planken bersten. Wasser zischt. Der Rumpf der Nargus wird regelrecht perforiert. Unter rhythmischen Schreien ziehen die Menoken ihr Schiff mit den Harpunen, die sich irgendwo im Frachtraum verhakt haben, an die Nargus heran. Nur noch wenige Fuß und sie sind nah genug, um herüberzuspringen.
Während Bogenschützen an Bord der Nargus die Krieger aus dem Ewigen Eis mit Pfeilen eindecken, teilen sich die restlichen Kämpfer des Empires auf, um die zu erwartenden Enterversuche der Menoken zurückzuschlagen.

Willst du dich an Backbord begeben, lies weiter bei **453**.
Willst du dich an Steuerbord den Feinden gegenüberstellen, lies weiter bei **540**.

428 Dank deiner außergewöhnlichen Fähigkeiten kommst du ungesehen an den Wachen vorbei. Zunächst kannst du wegen all der Nebengeräusche des Hafens nur bruchstückhaft verstehen, was in der Offiziersmesse besprochen wird. Doch als du dein Ohr gegen den Rumpf presst, hörst du dumpf, aber verständlich Stimmen.
„… die Aufklärer sagen uns eine leichte Übermacht voraus, allerdings scheint der Feind bereits gewarnt. Es wird schwierig, bis zum Eintreffen des Luftverbandes nach Leenhaven vorzudringen, denn die Untiefen der Kanderhagener Bucht lassen nur wenig Raum zum Manövrieren."
Der Gesprächsleiter beschließt die Sitzung mit einer ernsten

Mahnung: „Wir werden morgen einen besonderen Gast an Bord nehmen. Der ehrwürdige Calderel hat uns auferlegt, das heilige Schattenkind nach Leenhaven zu führen. Ich muss wohl nicht erwähnen, wie wichtig es ist, das Kind lebend und in einem Stück ans Festland zu bringen. Ansonsten brauchen wir uns keine Gedanken mehr über den Ausgang der Schlacht zu machen. Dies unterliegt höchster Geheimhaltung!"
Du willst es nicht länger riskieren, beim Spionieren erwischt zu werden, und verschwindest in die Dunkelheit.

*Willst du zurück zur Mexez, lies weiter bei **543**.*
*Willst du ins Hafenviertel und Spaß haben, lies weiter bei **502**.*

429 Seit einer Minute verharrst du vollkommen verkrampft in deinem Versteck und starrst abwechselnd auf die Kugel und die nahende Vandagaal. Oder sind bereits zwei Minuten verstrichen? Im Getümmel der Seeschlacht hat dich das Zeitgefühl verlassen.

*Wirfst du nun den **Sprengsatz**, lies weiter bei **471**.*
*Hältst du die Kugel weiterhin fest, lies weiter bei **417**.*

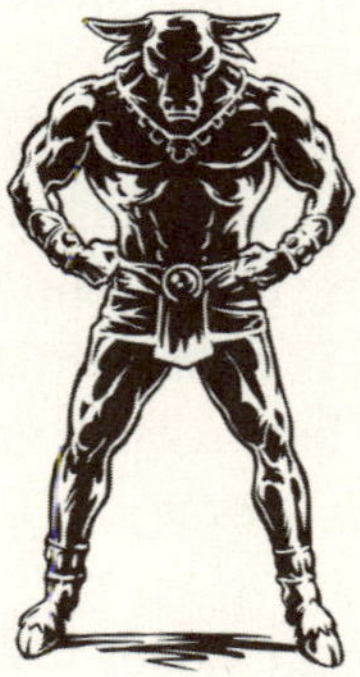

430 Noch bevor dir überhaupt klar wird, was geschieht, durchschlägt auch schon die zweite Salve den Rumpf der Nargus. Einer der gigantischen Bolzen zerfetzt dabei deinen Unterleib.

Dein Leben endet hier. (+539) ▪

431 „Ihr gehört wohl zur Vorhut aus Fort Sin?“, fragt der Soldat forsch. Du nickst und blickst über den glitzernden Stausee.
„Der See“, erklärt der Soldat besorgt, „ist wieder randvoll, denn die Schneeschmelze war heftiger als erwartet. Wir werden die Schleuse öffnen müssen, um den Druck vom Damm zu nehmen.“ Der Soldat deutet auf eine schmale Skala aus Bronze, die hochkant an den Damm geschlagen ist. Wenn du sie richtig interpretierst, hat der Wasserstand eigentlich schon längst den kritischen Punkt überschritten. „Die Mechaniker jedoch“, verrät der Wachposten flüsternd, „haben einige Probleme.“ 3
Du verabschiedest dich vom Soldaten, der offensichtlich nur ein wenig plaudern wollte.

Willst du ins Innere des Damms, lies weiter bei **534**.
Willst du wieder zum Kanal hinabsteigen und dich dort auf die Lauer legen, lies weiter bei **404**.

432 „Diese Bastarde!“, raunt Grobrig in seinen Bart, „wir müssen uns neu formieren. Denn wo ein Verräter ist, sind auch weitere.“ Garstig gibt er das Signal zum vollen Kehrt, woraufhin die Matrosen sofort die Segel einholen und die Nargus mit Hilfsrudern wenden.
Die anderen Schiffe der Flotte versuchen ebenso, gegen Wind und Wellen ihren neuen Kurs gen Norden aufzunehmen. Doch dann ertönt, vom böigen Wind herangetragen, ein Hornsignal von einem der folgenden Schiffe. „Feindkontakt, Feindkontakt!“, kreischt der Matrose im Ausguck ständig.
„Sie haben uns eingekreist!“, kommt es unentwegt aus den Mündern der Besatzung.
„Alle sofort Maul halten!“, verliert der Admiral die Fassung, um dann mit der Entschlossenheit eines Veteranen seine Mannen aufzufordern: „Klar machen zum Kampf!“
Erschreckt stellst du fest, dass die Flotte der Allianz, die eben noch tatenlos im Wasser lag, fast zeitgleich Segel setzt, um euch

nachzustellen. Die Falle der Menoken ist zugeschnappt und die Flotte des Empires eingeschlossen!

Lies weiter bei **539**.

433 Gebrüllte Befehle, knarrendes Holz und rumpelnde Kisten begleiten deinen Dämmerzustand in der Ruhestarre. Unterbewusst hörst du, wie die Besatzung der Mexez letzte Vorkehrungen vor dem Auslaufen trifft.

Deine VITALITÄT steigt um eine Stufe, aber höchstens auf ***normal***.

3 Du schreckst auf!
› *Verdammt, ich muss zur Nargus und mich bei Admiral Grobrig vorstellen!* ‹
Mit schlechtem Gewissen raffst du deine Sachen zusammen, stürzt aufs Deck und verabschiedest dich knapp bei einigen Kameraden und Kapitän Towak, der sich wundert, dass du noch immer an Bord bist: „Ihr solltet Euch beeilen, die Nargus hat bereits das Ein-Stunden-Signal gegeben."
Du bedankst dich noch einmal beim Kapitän für eine spannende und lehrreiche Überfahrt und hastest – unter dem Gelächter der Seeleute – den Pier hinunter Richtung Nargus.
Das edle Schiff erscheint im Lichte des Tages noch imposanter: Sein Deck überragt die der anderen Kriegsschiffe bei Weitem und der Ausguck am Ende des Hauptmasts befindet sich gut und gerne in 60 Fuß Höhe. Brücke und Reling sind aus robusten Edelhölzern gefertigt.
„Mach' Platz, du Nichtsnutz", meckert ein Seemann, der gerade ein Fass übers Deck rollt, „wir arbeiten hier!"
Erst jetzt wird dir klar, welch jämmerlichen Anblick du abgibst: Vollkommen zerzaust und mit einem unordentlichem Bündel deiner Habseligkeiten stehst du vor dem Steg zwischen Kisten, Säcken und Fässern.

„Ihr kommt spät!“, durchdringt eine tiefe Stimme den allgemeinen Arbeitslärm. Abgestützt auf seine muskulösen Arme steht ein Mann an der Reling. Sein langes, silbrig glänzendes Haar ist streng zu einem Pferdeschwanz gezurrt. An seiner edlen Uniform funkeln neben dem Hoheitszeichen des Empires zudem die vier Sterne eines Admirals. Schließlich winkt er dich unter den verdutzten Blicken seiner Leute an Bord.
Mit herbem Lachen klopft er dir auf die Schulter: „Lange Nacht gehabt, was?“
Einige umstehende Seeleute johlen mit, ohne zu wissen, was Sache ist. „Maat, bringt unseren Gast unter Deck und weist ihm eine Kajüte zu!“ 3
Wenige Minuten später bist du in deiner beengten Schlafkammer allein und kannst deine Ausrüstung, und vor allen Dingen dich selbst, sortieren.
Wieder an Deck entschuldigst du dich für dein Zuspätkommen, doch Grobrig ist zu beschäftigt, deinen Worten Aufmerksamkeit zu schenken. Der Seebär und ehemalige Freibeuter begutachtet Besatzung, Bewaffnung und Ladung mit finsterer Miene.
Wortlos deutet er auf Schiffsteile und verlangt vom jeweiligen Verantwortlichen, dass das Problem sofort behoben wird. Ohne Murren gehorchen die Matrosen, denn des Admirals Perfektionismus ist todernst: Dies könnte schließlich die letzte Fahrt der Nargus und der Empire-Flotte sein …

Lies weiter bei **475**.

434 „Wir nennen uns die Bewahrer“, eröffnet dir der alte Mann bedacht. „Wir sind ein loser Bund von Eingeweihten aller Rassen, der es sich zur Aufgabe gemacht hat, das Wissen und die Kultur der Ahnen zu wahren. Leider wurde unsere Organisation stets verfolgt, da die Herrscher sich seit jeher vor der Wahrheit und dem damit einhergehenden Verlust ihrer Macht fürchteten.“

Lies weiter bei **413**.

435 Schlitternd rutschst du in den Lauf der Sprengkugel und schnappst sie dir. Du spürst aus ihrem Inneren heftige Vibrationen, als würde sich ein gewaltiger Druck aufbauen. Ohne längere Überlegung wirfst du die Bombe – unter dem Fluchen der Spione – in die Abflussrinne.

Allerdings hat einer der Arbeiter deine Rettungsaktion beobachtet und läutet schreiend die Alarmglocke. Du beschließt, sofort den Damm über die Leiter wieder zu verlassen, bevor es hier vor Soldaten nur so wimmelt.

3 *Solltest du beim Einstieg in den Damm Gegenstände an der Kiste zurückgelassen haben, darfst du sie nun wieder aufnehmen. Radiere dazu das Kreuz im Speicherpunkt ⊗ bei den Dingen aus, die du wieder mitnehmen möchtest. Gegenstände, die du zurücklassen willst, musst du ganz streichen. Nimm die entsprechenden Änderungen auf dem Abenteuerblatt vor.*

Lies weiter bei **393***.*

436 Du konzentrierst dich auf das Rad und nimmst – dank deiner geschulten Sinne – die Drehbewegung verlangsamt wahr. Dir fällt auf, dass sich die Scheibe immer dann, wenn ein leises Quietschen zu hören ist, seltsam verhält. Allerdings scheint dies niemanden zu stören.

Unter dem Tisch befindet sich nichts Auffälliges außer einem massiven Holzsockel von rund fünf Fuß Durchmesser. Auch du musst schon genau hinsehen, um die eingelassene Tür zu erkennen, die gerade groß genug ist, dass sich ein Kind hindurchzwängen könnte.

Willst du den Wirt zur Rede stellen, lies weiter bei **544**.
Willst du die Tür im Tischsockel öffnen, lies weiter bei **528**.
Willst du trotzdem ein Spielchen wagen, lies weiter bei **411**.
Oder du verlässt einfach die Kneipe bei **375**.

437 Stolz klopft der Anführer dem Schlossknacker auf die Schulter und sagt einige Worte zu ihm. Jedoch verstehst du die melodiöse Sprache nicht. Vermutlich handelt es sich um einen Rhelih-Dialekt, der nur im östlichen Wüstenreich gesprochen wird.

Lies weiter bei **364**.

438 Endlich erreichst du das Ende des Geheimganges. Schmale Steinstufen führen nach oben. Du zwängst dich durch etliche große Felsbrocken, die hier wie zufällig ineinander verkeilt stehen, um schließlich wieder an der frischen Luft zu sein.

Solltest du noch einen **Fischersmantel** *(Tarnung) tragen, so legst du ihn nun ab. Streiche ihn vom Abenteuerblatt.*

Befreit von der beschwerlichen, geduckten Haltung streckst du deine Glieder, klopfst den Schmutz von der Empire-Uniform und stellst fest, dass du inmitten eines erhöhten Waldhains etwa drei Meilen vor den Mauern Leenhavens stehst.
Es ist noch mitten in der Nacht, doch die Stadt selbst scheint bereits taghell erleuchtet: Weite Teile Leenhavens brennen lichterloh – ein Drache zieht feuerspeiend seine Kreise über dem Hafen. Vor der äußeren Stadtmauer haben sich die kampferprobten Bodentruppen des Empires in Stellung gebracht und nehmen die Trutzburgen mit Katapulten unter Beschuss.
› *Schrecklich. Aber ich kann hier nichts mehr tun. Weiter nach Veniz!* ‹
Resigniert wendest du dich ab von der barbarischen Schlacht um Leenhaven.

Besitzt du die Fähigkeit **Kriegsführung**, *lies weiter bei* **356**.
Andernfalls lies weiter bei **468**.

439 Du kommst nur einen Schritt zu spät, da kracht der Sprengsatz direkt vor deinen Füßen durch eine der Planken der Nargus. Etwas unschlüssig starrst du noch in das entstandene kopfgroße Loch, bevor dir bewusst wird, dass das Schiff verloren ist. Mit einer letzten geschrienen Warnung an die Besatzung springst du von Bord.

Lies weiter bei **498**.

440 Erneut bäumt sich die Nargus gegen eine haushohe Welle, die sich aus dem Nichts auftürmt. Du spürst, wie das Schiff rasch an Höhe gewinnt, doch dann brechen die Wassermassen über euch zusammen und reißen dich mit. Hilflos wirst du gegen den Hauptmast geschleudert und regungslos von Bord gespült.

3

Dein Leben endet hier. (†**475**) ■

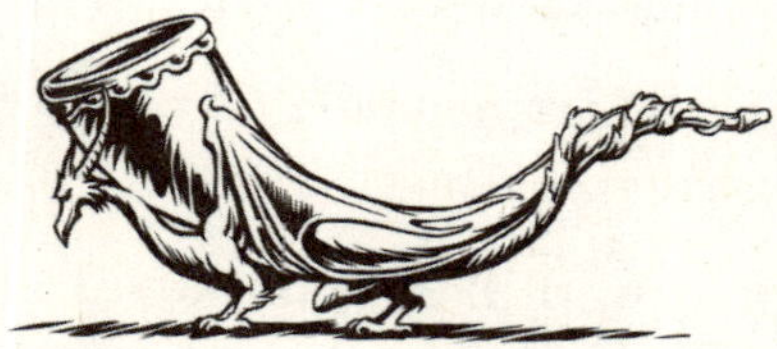

441 Der unglaubliche Wettbetrug geht dir gehörig gegen den Strich. Wer weiß, wie viel Geld sich der Wirt mit diesem Trick jeden Abend erschleicht. Zornig zerrst du den Mungol aus seinem Versteck hervor und präsentierst ihn den Spielern. Ihre Verwunderung wandelt sich sofort in Wut und selbst die spontan gestammelten, großzügigen Freibier-Angebote des Wirts bleiben wirkungslos.

Lies weiter bei **405**.

442 Mit großer Freude greift sie nach der Flasche, bedankt sich, während sie den Inhalt prüft, und erklärt dir mit knappen Worten, wo du das Geschäft findest. „Nun, ich hätte es Euch sicher für weniger verraten, nicht wahr?", kichert sie heiser. Du ringst dir ein gequältes Lächeln ab und machst dich auf den Weg in die Wagengasse.

*Lies weiter bei **369**.*

443 Der vergangene Sturm hat die Nargus schwer beschädigt. Ihr Kreuzmast ist auf halber Höhe gebrochen und hat das Oberdeck beim Herabstürzen in Mitleidenschaft gezogen, doch die Besatzung ist bereits mit den Reparaturen beschäftigt. Admiral Grobrig begutachtet sein ramponiertes Schiff und die angeschlagene Flotte in Sichtweite mit ernster Miene: „Es wird verdammt schwer, in diesem Zustand die Blockade zu durchbrechen."

Trotzdem lässt er keinen Zweifel daran, den geplanten Angriff in die Tat umsetzen zu wollen.

Knapp zwei Stunden später kommt es zum Feindkontakt: Die Schiffe der alliierten Flotte kreuzen in den Meerengen zwischen den sechs Trachter Inseln und bilden eine massive Seeblockade vor Leenhaven.

„Was ist das für ein Schiff?", murmelt Admiral Grobrig seinem Maat zu und deutet auf einen großen Dreimaster aus auffallend hellem Holz im Dunst des Horizonts. Aber selbst der Mann im Ausguck kann die Identität des Schiffs nicht bestimmen. „Zu weit entfernt!", schreit er hinab.

*Besitzt du die Fähigkeit **Geschärfte Sinne** und willst sie nun einsetzen, lies weiter bei **376**.*

*Andernfalls lies weiter bei **467**.*

444 Schließlich entdeckst du den Knaben, wie er zusammengekauert hinter dem Paravent des Küchenofens liegt. All seine Haare sind bis auf paar gekräuselte Stoppeln verbrannt. Aber er lebt! Du wirfst dir den Jungen über die Schulter und durchschlägst die Eingangstür mit einem kräftigen Satz.

Die Mutter schreit vor Glück und schließt ihr Kind schluchzend in die Arme. Selbst über dein rußverschmiertes Gesicht rollt eine Träne, als du der Frau zur Beruhigung die Klaue auf die Schulter legst.

Erst jetzt scheint sie zu ahnen, welch Wesen vor ihr steht, und starrt dich ebenso ungläubig wie furchtsam an. Da stürzt das Haus in sich zusammen! Geistesgegenwärtig nutzt du die Gelegenheit, ohne weiteres Aufsehen zu verschwinden.

Für diese selbstlose Heldentat erhältst du 1 Karma-Punkt.

Lies weiter bei ***446***.

445 Die Eisenkugel bebt – der perfekte Zeitpunkt! Du holst aus und schleuderst den Sprengsatz fort. Aber just in dem Moment, als die Kugel deine Klaue verlässt, explodiert sie. Binnen eines Wimpernschlags wirst du von der magischen Druckwelle zerrissen.

Dein Leben endet hier. (✝524) ■

○ **446** Ganz Leenhaven brennt. Und noch immer fegen Drachen über die Gassen der Hafenstadt hinweg und speien ihr Feuer. Vereinzelt dringen Schreie und Wehklagen durch den Qualm, doch du versuchst, das Leid der Menschen zu ignorieren.

Betäubt von Rauch, Hitze und den Strapazen der Schlacht kämpfst du dich durchs Chaos der Flammen und hoffst, die Stadtmauer im Osten unversehrt zu erreichen. Doch du weißt, dass dich dort noch Schlimmeres erwartet: Das Gefecht zwischen den Mannen des Empires und der Allianz, das dort bereits seit Stunden tobt.

Da sticht vollkommen unerwartet die dunkelrote Silhouette eines Drachen durch die pulsierenden Wolken aus Flammen und Funken. Mit seinen riesigen Pranken zerreißt das Ungetüm den Dachstuhl des Hauses vor dir. Zersplittertes Holz und Schindeln prasseln herab, und die brennende Fassade stürzt in sich zusammen. Instinktiv willst du der glühenden Aschewolke entkommen, doch deine Beine sind taub und dein Blick getrübt. Einzig dein unbändiger Wille hält dich am Leben.

Nur im Unterbewusstsein spürst du den zupackenden Griff an deiner Schulter. Die runenverzierte Hand einer Menschenfrau schleift dich am Kragen deiner Uniform aus dem Inferno. Im dichten Rauch erspähst du die lodernde Locke eines roten Haarschopfes, bevor du einen Sack über den Kopf gezogen bekommst und dich ein Betäubungszauber besiegt.

Lies weiter bei ***366****.*

Markiere bitte den Kreis neben der Sektionsnummer 446 als Vermerk, dass du diesen Abschnitt gelesen hast.

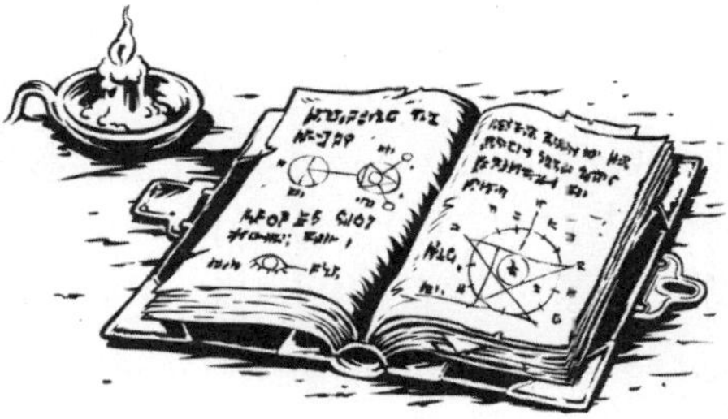

447 Die Nargus hat die Küste fast erreicht, da sticht eine mächtige Fregatte aus dem dunklen Qualm: die Vandagaal! Das weiße Flaggschiff der Menoken-Flotte nimmt direkten Kurs auf die Nargus! An Steuerbord eine wendige Korvette als Geleit.

Selbst der stahlharte Blick des Admirals verliert in diesem Moment an Zuversicht. „Gut, das war's wohl", spricht er dich unerwartet ruhig an. „Das Schattenkind sollte das Schiff nun verlassen."

Besitzt du einen ***Sprengsatz*** *und möchtest ihn gegen die Vandagaal einsetzen, lies weiter bei* ***524****.*

Willst du auf den Admiral hören und sofort in die Fluten springen, um schwimmend das Ufer zu erreichen, lies weiter bei ***451****.*

448 Du bist schockiert darüber, dass die alte Frau dermaßen Angst vor dir verspürte, dass sie wegen deiner Uniform tot zusammenbrach.
› *Was muss diese Frau Schreckliches erlebt haben, dass sie sich vor mir zu Tode ängstigte?* ‹

Deine Wut steigt um eine Stufe!

Dir fällt es schwer, dich von deinen Schuldgefühlen zu lösen, doch deine Mission muss weiter gehen! Vollkommen in Gedanken läufst du zwei Wachmännern in die Arme, die dich verwundert anstarren. Sie haben wohl nicht mit einem Empire-Offizier innerhalb der Stadtmauern gerechnet. Du nutzt ihre Verwirrung, stößt sie zurück und flüchtest in eine dunkle Seitengasse.

Lies weiter bei **403**.

449 Es handelt sich um die wenig spektakuläre Werkzeugkiste eines Mechanikers, der hier sein Tagwerk verrichtet. Diese Gegenstände aus ihrem Inhalt scheinen interessant:

· ***Fäustel*** *(Utensil, ein stumpfer, schwerer Hammer)*
· ***Bolzenlöser*** *(Utensil)* · ***Zange*** *(Utensil)*
· ***Reparaturset*** *(Utensil)* · ***2 Dinar*** *(Geld)*

Sollte deine Traglast überschritten sein, musst du eventuell andere Gegenstände hier zurücklassen (markiere sie zunächst nur als abgelegt mit einem Kreuz im Speicherpunkt ⊗, schließlich kann es sein, dass du sie auf dem Rückweg wieder aufnehmen kannst).

Willst du nun den Stieg hinaus zur Metallkette gehen, lies weiter bei **541**.
Willst du die Leiter weiter hinabsteigen, lies weiter bei **504**.

450 Aus deinem sicheren Versteck heraus verfolgst du die Vorbereitungen zweier Arbeiter, um das Schleusenschott mit langen Stangen zu öffnen. Offensichtlich ist es unmöglich, sie ohne das nötige Gerät sowie Fachkenntnis zu betätigen. Während deiner Beobachtung, kämpfst du gegen eine düstere Eingebung in deinem Kopf.

› Wird mein Eingreifen unzähligen Unschuldigen das Leben kosten? Oder gar das Leben retten? ‹

Oder ist es etwa dein Zögern? Du könntest einfach fortgehen, als ginge es dich alles nichts an. Doch du bist sowohl *das* Zahnrad in der Mechanik der Sphären als auch *die* Schleuse, die den Weltenfluss kontrolliert!

› Ja, ich stehe hier! … und die Götter erhalten meine Entscheidung! ‹

C⮐ *Willst du warten, bis die Arbeiter die Schleuse geöffnet haben, bevor du die Mechanik lahmlegst, lies weiter bei* ***481****.*

Willst du sofort mit der Sabotage beginnen, lies weiter bei ***358****.*

451 Das Wasser ist eisig. Bei jedem Schwimmzug wird dein Überlebenswille auf die Probe gestellt. Du glaubst, dein Körper sei mit Blei beschwert. Doch mit Willen und göttlichem Beistand entrinnst du der Schlacht und der ablandigen Strömung.

Trotz der Strapazen der vergangenen Stunden schöpfst du neuen Mut, als du endlich die Molen der Kanderhagener Bucht erblickst. Die seichten Wellen treiben dich unweigerlich ins Hafenbecken hinein.

Lies weiter bei ***462****.*

452 Mit der Schulter voran rammst du die Tür. Ein dumpfer Schmerz durchzieht deinen Körper, als du abprallst wie ein Wassertropfen von einem Stein. Fluchend hältst du dir die geprellte Schulter.

Deine Vitalität sinkt um eine Stufe, aber minimal auf ***angeschlagen****!*

Willst du dich nun verstecken und abwarten, lies weiter bei ***546****.*

Willst du dem Damm den Rücken kehren und nach Leenhaven gehen, lies weiter bei ***404****.*

⮐ *Solltest du Tarahs Kapitel gespielt haben, dann überprüfe jetzt das Kästchen „C“ unter „Pfad der Weisheit“ auf der dritten Seite des Abenteuerblatts. Eventuell erhältst du dort einen Hinweis darauf, was hier zu tun ist.*

453 Ein tiefes Grollen erschüttert die Nargus, als die hölzernen Rümpfe der drei Schiffe fast zeitgleich aufeinanderprallen. Geschickt nutzen die Menokenkrieger den heftigen Ruck und springen mit lautem Kampfgeschrei auf die torkelnden Empire-Seeleute. Auch auf dich hat es ein bleicher Kämpfer abgesehen, zwischen den Zähnen ein unterarmlanges Entermesser. Doch du behältst das Gleichgewicht, weichst zurück, packst ihn – noch in der Luft – am Gürtel und beförderst ihn ins Meer zwischen die beiden Schiffe.

3

Von dem Kerl bleibt nur weißer Schaum zwischen den Wellen, doch der nächste fixiert dich bereits mit todernster Miene: Ein kahlrasierter Hüne mit blutunterlaufenen Augen deutet dich aus allen möglichen Gegnern heraus, indem er mit seinem rostigen Säbel auf dich zeigt.

MENOKENVETERAN	*ANGRIFF*	**15**
	VERTEIDIGUNG	**16**
	RESISTENZ	○②

Überlebst du den Kampf, lies weiter bei ***378****.*

454 Der knappe Monat deiner Ausbildung verging wie im Fluge und du zweifelst, ob er ausreichte, dich auf die herannahenden Aufgaben vorzubereiten. Trotzdem bist du derweil zu einem angesehenen Mitglied des Empires geworden, auch wenn dies in erster Linie auf Calderels Zuspruch zurückzuführen sein mag. Es passt ins Bild, dass du nicht inmitten der einfachen Kämpfer auf dem Pier stehst, sondern als einziger bunter Fleck Schulter an Schulter mit fünf Dutzend nachtschwarzen Ugarith-Elitesoldaten. Ihr erwartet die Ankunft der Mexez, einer wendigen Korvette, die euch schnellstmöglich nach Votracht bringen soll.

In Gedanken an die bevorstehende Schlacht starrst du über die mondbeschienene Gischt am Fuße des Nachtturms und wunderst dich über das plötzliche Raunen der Menge: Calderel schreitet,

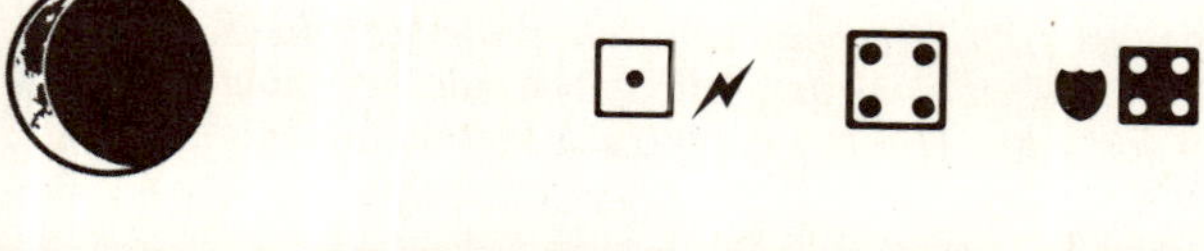

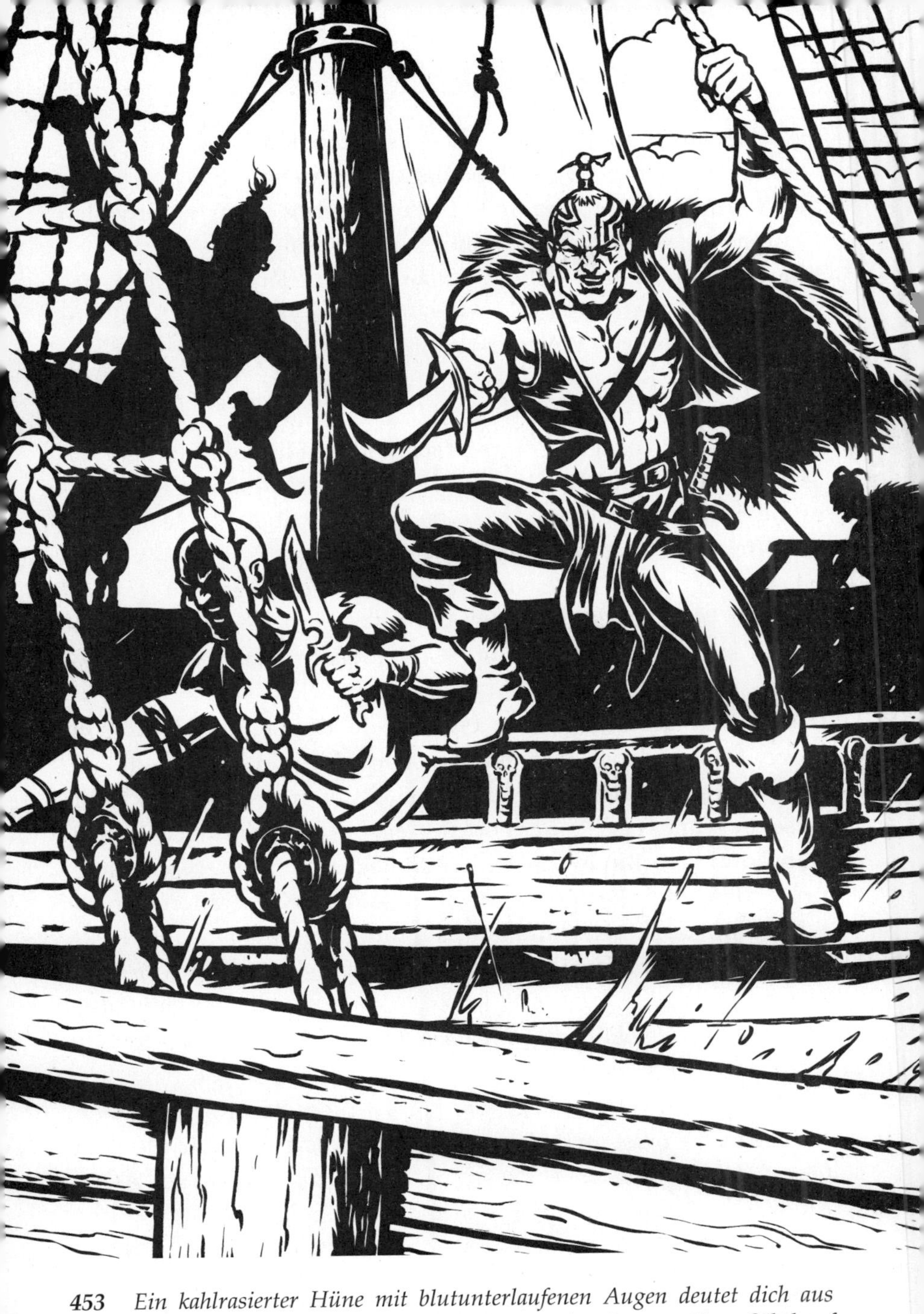

453 *Ein kahlrasierter Hüne mit blutunterlaufenen Augen deutet dich aus allen möglichen Gegnern heraus, indem er mit seinem rostigen Säbel auf dich zeigt.*

gestützt von zwei Priestern, die nassen Stufen zum Pier hinab. Seine schimmernde Ugar-Robe flattert würdevoll im Wind, als er die Stimme erhebt und mit großem Pathos allen ehrenvollen Kämpfern eine glorreiche Heimreise prophezeit.
Ein wohliger Schauer schüttelt dich: Es ist die Kraft des Glaubens, der in diesem Moment alle Anwesenden ergreift. Des Schattenmeisters gesungene Worte lassen all deine Leiden vergessen!

*Deine VITALITÄT steigt um **drei** Stufen, eventuell sogar auf **fit**!*

3 Und als sei es vorherbestimmt, taucht just in diesem Moment die Mexez hinter den Klippen auf und hält direkt – unter dem aufbrandenden Jubel der Soldaten – auf die gewaltige Höhle im Fuße des Ningal-Towers zu.

*Willst du sofort an Deck der Mexez springen und den einfachen Matrosen zur Hand gehen, lies weiter bei **419**.*
*Oder standesgemäß in Reih und Glied ausharren, lies weiter bei **503**.*

455 Aus sicherer Distanz behältst du die beiden Männer im Auge. Minutenlang verhalten sie sich ruhig, doch dann, als die Arbeiter eine kurze Pause einlegen, läuft der große Spion los, greift in seine Manteltasche, hantiert mit einem kugelförmigen Gegenstand und lässt ihn in die Schleusenmechanik fallen. Nach einem prüfenden Blick hastet er sofort zu seinem Kameraden zurück, woraufhin sie gemeinsam zum Leiteraufgang flüchten.

*Willst du kontrollieren, was der Spion in die Mechanik geworfen hat, lies weiter bei **492**.*
*Willst du mit den Spionen davonlaufen, lies weiter bei **530**.*

456 Deine Kraft versiegt. Du kannst nicht mehr schwimmen. Während du tiefer und tiefer sinkst, verblasst über dir die helle Oberfläche des Meeres. Panisch kämpfst du gegen den Atemreflex. Du ertrinkst qualvoll.

Dein Leben endet hier. (✝475) ■

457 Ohne zu zögern nutzt du die Gelegenheit, schnappst dir aus dem Berg voller Werkzeug zwei lange Eisenstangen und legst sie so zwischen die Messingzahnräder, dass sie sich zwangsläufig verkeilen müssen, sollte die Schleusenmechanik in Gang gesetzt werden. In den Wirren der Achsen, Riemen und Räder fallen die Stangen gar nicht auf.
Unbemerkt ziehst du dich zurück und wartest einige Minuten, bis die Arbeiter zurückkehren. Verwirrt blicken sie sich um, bevor einer der Vorarbeiter zum Schleusenhebel hinübergeht und ihn hinunterdrückt.
Lautes Rattern und Schnarren dröhnt die Staumauer entlang und die Arbeiter klopfen sich stolz auf die Schultern, bis Metall quietscht und kreischt. Ehe die verdutzten Mechaniker eingreifen können, bersten die ersten Zahnräder. Amüsiert verfolgst du, wie Messingteile über den Boden hüpfen und kullern, während die Arbeiter sich in Sicherheit bringen.
Blättere nun zu Sektion 389.
Ist der Kreis neben der Sektionsnummer markiert?

Falls ja, lies weiter bei ***516****.*

Andernfalls lies weiter bei ***463****.*

458 Wie ein im Netz verfangener Fisch wirst du durchs Meer gezogen. Dabei schlägt dich die Strömung ständig gegen den unnachgiebigen Rumpf der Nargus. Deine Kräfte schwinden. Es wird Nacht um dich.
Deine Vitalität sinkt um ***zwei*** *Stufen!*

Solltest du noch leben, lies weiter bei ***372****.*

459 Die Eingangstür der Kneipe schwingt auf und es schlägt dir eine sinnesbetäubende Mischung entgegen. Während deine Ohren versuchen, aus einem Wirrwarr von Stimmen, Schreien und Gegröle etwas herauszuhören, wird deine Nase mit einem scharfen Dunst aus Tabak, Alkohol und Schweiß malträtiert.

Dutzende Matrosen, Soldaten und leichte Mädchen füllen den Schankraum. Niemand nimmt Notiz von dir, als du dich durch die Masse drückst. Dann steht unvermittelt der verschlagene, hagere Anführer der Schlägerbande in der Eingangstür. Die Augen verkniffenen späht er über die zahllosen Köpfe der Kneipengänger hinweg, schlägt frustriert gegen den Türrahmen und zieht wieder ab.

Mühsam kämpfst du dich durch den Schankraum zu einer johlenden Menschenmenge, die sich um einen runden Spieltisch ver-
3 sammelt hat. Offenbar betreibt der Wirt illegales Glücksspiel.

Auf dem Spieltisch befindet sich eine drehbare grüne Holzplatte. Der Rand des Glücksrades, wie es der Spielleiter nennt, ist durch lange Metallnägel in nummerierte Felder unterteilt. Dreht der Spielleiter das Gerät, schlagen die Nägel gegen eine feste Lederlamelle, die das Rad abbremst. Wer vorhersagt, auf welchem Feld das Rad zum Stehen kommt, erhält ein Vielfaches seines Einsatzes. Alle anderen gehen leer aus.

*Willst du dein Glück versuchen, lies weiter bei **411**.*
*Willst du nur zusehen, lies weiter bei **513**.*

460 Dein Gegner erweist sich als widerstandsfähiger Recke. Unglücklicherweise rappelt sich sein benommener Kamerad ebenfalls zügig wieder auf. Du entschließt dich, dein Heil lieber in der Flucht zu suchen.

*Lies weiter bei **403**.*

461 Du überlegst nicht lange und rennst los. Sofort springen die verbliebenen Schläger aus ihrer Deckung hervor, um dir nachzustellen. Doch in der Dunkelheit der engen Hafengasse bist du im Vorteil und stößt zwei verdutzte Kerle zur Seite, bevor du mit einem mächtigen Satz die Dachkante eines Lagerhauses ergreifst, dich gekonnt hinaufziehst und deine Flucht über die Zinnen von Port Baylock fortsetzt. Nach nur wenigen Sprüngen von Dach zu

Dach hast du die Verfolger abgeschüttelt und erreichst sicher den Pier mit der Mexez.

*Lies weiter bei **543**.*

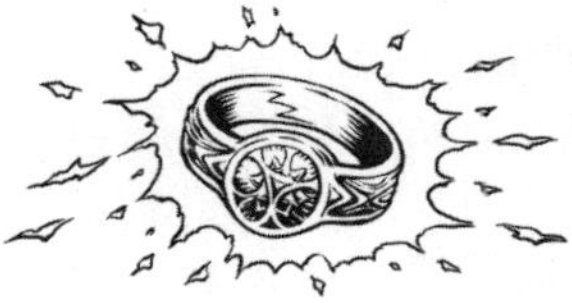

462 Die Kar-Scheibe steht hoch am Himmel, doch bislang hat dich niemand zwischen all dem Unrat und Treibgut entdeckt. Es gelingt dir sogar, dich auf ein altes, verwaistes Fischerboot zu ziehen, das friedlich an einem der kleinen Piere vertäut ist. An Bord findest du neben allerlei Fischergerätschaften auch ein Bündel mit verschlissenen, aber noch tragbaren Mänteln.
Um einigermaßen ungeschoren durch die Straßen Leenhavens zu kommen, bleibt dir nichts anderes übrig, als dir einen der Sturmmäntel über deine verräterische Uniform zu ziehen.

*Notiere dir den **Fischersmantel** (Kleidung, Tarnung) auf dem Abenteuerblatt. Des Weiteren findest du hier:*
*· rostiges **Filetiermesser** (Waffe, Treffer +1)*
*· **Weidenkorb** (Utensil, wird wie ein Rucksack mit Riemen auf dem Rücken geschnallt)*
*· Flasche **Branntwein** (Utensil)*

*Willst du dich auf dem Boot ausruhen und den Einbruch der Dunkelheit abwarten, lies weiter bei **368**.*
*Willst du sofort aufbrechen, lies weiter bei **402**.*

463 Während du genüsslich die Schleusenmechanik betrachtest, die nun mehr einem Trümmerhaufen gleicht, bemerkst du aus den Augenwinkeln zwei finstere Gestalten, die sich bislang in einer Nische der Schleuse versteckt gehalten haben.

› Die beiden Spione! ‹
Der eine, etwas größer als der andere, springt auf und wirft eine faustgroße Metallkugel in deine Richtung offensichtlich mit dem Ziel, sie zur Schleuse rollen zu lassen. Es ist eine Sprengkapsel!

Willst du den Sprengsatz rollen lassen und flüchten, lies weiter bei ***530****.*

Willst du die Kugel aufhalten, lies weiter bei ***435****.*

464 „Halsabschneider“, murmelt der versiffte Wirt vor sich hin, als er 20 Silbermünzen in deine Klaue abzählt.

3 Du verabschiedest dich und verlässt die Kneipe.

Schreibe dir ***20 Dinar*** *(Geld) auf dem Abenteuerblatt gut.*

Lies weiter bei ***375****.*

465 Geschickt verschränkst du deine Beine um die Kette und regulierst so die Geschwindigkeit des Hinabgleitens. Nahezu geräuschlos rutschst du an fünf weiteren Plattformen vorbei in die Tiefe. Der schmale Eisenstieg ist längst in der Dunkelheit verschwunden, als du endlich von der abgeflachten Seite des Senkbleis auf den Boden des Damms springst.

Lies weiter bei ***400****.*

466 Mit einem übermenschlichen Satz springst du am gesamten Lot empor und ergreifst die Eisenkette. Hastig untersuchst du das Verbindungsstück: Der tonnenschwere Metallkegel und die Kette sind durch einen unterarmdicken Bolzen miteinander verbunden. Du zweifelst daran, die massive Verbindung mit purer Muskelkraft lösen zu können.

Teste deine Stärke gegen 16!

Führst du einen ***Fäustel*** *mit dir, erhöht sich deine Stärke um 3.*

Hast du einen ***Bolzenlöser*** *dabei, steigt deine Stärke um 2.*

Besitzt du gar ***beide*** *Gegenstände, schaffst du den Test automatisch!*

Gelingt der Test, lies weiter bei ***542****.*

Misslingt er, lies weiter bei ***424****.*

467 Unbeirrt hält die Flotte mit der Nargus an der Spitze auf den Verteidigungsring der Allianz zwischen den Inseln Grostracht und Beentracht zu. Plötzlich schreit der Mann im Ausguck: „Menoken-Schiffe! An den Flanken der Leenhavener Flotte. Aber sie kämpfen nicht!"
Admiral Grobrigs Blick wird leer. „Sind die übergelaufen?", murmelt er ungläubig in seinen silbergrauen Vollbart.
In Windeseile macht die Entdeckung des Ausgucks unter den Seeleuten die Runde und der Admiral muss brüllend für Ruhe sorgen, bevor er sich dir zuwenden kann: „Diese Verräter haben uns in eine Falle gelockt. Aber jetzt ist es zu spät – wir müssen kämpfen!" Und dir wird bewusst, dass die entscheidende Schlacht bevorsteht.

Lies weiter bei ***401***.

468 Du freust dich, wieder ein klares Ziel zu haben, und läufst los. Veniz ist knapp drei Tagesreisen entfernt und es muss dir gelingen, den Vorsprung der Spione aus Kyphi wettzumachen. Daher gönnst du dir nur kurze Pausen und läufst den Tag und die Nacht hindurch.
Du orientierst dich bei deinem Gewaltmarsch an dem berühmten Kanal, der Leenhaven mit dem riesigen Venizer Staudamm verbindet. Er wurde zur Versorgung Leenhavens mit Frischwasser erbaut. Doch derzeit wuchern in seinem künstlichen Flussbett nur noch Gräser und Sträucher.
Bei deinem Marsch musst du gelegentlich einen Bogen um verstreute Allianz-Einheiten machen, die in dieser Steppenlandschaft patrouillieren. Auffällig, wie sie sind, kannst du sie allerdings unbemerkt umgehen. Dabei stößt du auf eine kürzlich verlassene Lagerstätte.
Eine kleine Gruppe muss hier gerastet haben und du entdeckst neben dem verkohlten Feuerholz, ein kleines Ledersäckchen mit Tabak und eine in den Sand geritzte Darstellung des Venizer

Damms. Du glaubst Türen sowie eine Treppe in den Linien zu erkennen, und es scheint, als haben sich mindestens zwei Personen über sein Inneres ausgetauscht. Die Hinweise der Bewahrer kommen dir wieder ins Gedächtnis.

Möchtest du deine Erinnerung auffrischen, tue dies bei Sektion 500. Lies den Text zwischen den Monden ☾…☽ und daraufhin hier weiter (lege dazu den Finger in diese Seite).

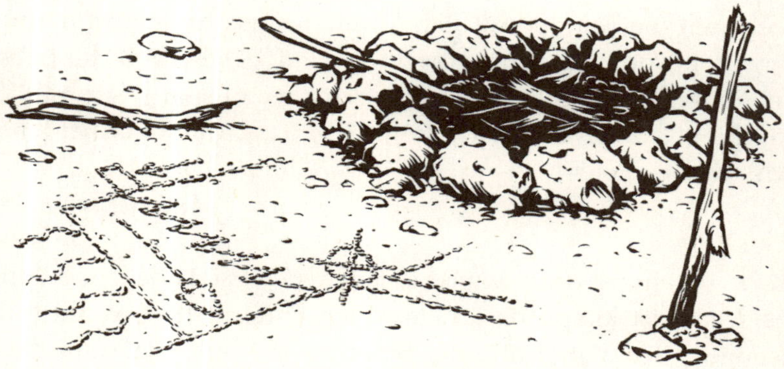

Wenn du den ***Tabak aus Kyphi*** *(Utensil) an dich nehmen möchtest, notiere ihn auf dem Abenteuerblatt.*

Gegen Mittag des zweiten Tages ändert sich die Natur. Saftige grüne Hügel und dichte Wälder säumen deinen Weg. Schließlich erreichst du das idyllische Veniz, das geschützt am Fuße der schneebedeckten Windberge liegt. Doch selbst dieser schönen Landschaft hat das Empire seinen Stempel aufgedrückt: Die steilaufragenden Weinberge sind durchsetzt von Zeltlagern der Armee, über der Stadt kräuselt schwarzer Rauch von der Kriegsmaschinerie und auf dem Damm flattern schwarze Banner.

Willst du offen als Empire-Soldat auf die Dammkrone marschieren, um dich dort umzuschauen, lies weiter bei ***360****.*

Willst du versuchen, den Damm ungesehen zu betreten, lies weiter bei ***534****.*

469 Lautlos näherst du dich dem Vorhang zum Nebenzimmer. Der aufgeregte Atem des Mannes verrät dir genau, wo er steht. Mutig springst du auf das Fell und versuchst deinen Gegner zu überwältigen. Doch du spürst keinen menschlichen Körper zwischen deinen Klauen, sondern eine kalte Klinge in deiner Brust.

Dein Leben endet hier. (+369) ■

470 „Bringt eure Einsätze! Maximum zehn Dinar", ruft der Spielleiter in die Runde. Hastig kramst du zehn Münzen hervor und platzierst sie auf der Drei. „Nichts mehr setzen!"
Hoffnungsvoll beobachtest du das rotierende Holzrad, während unterhalb des Tisches etwas quietscht und schabt. Als das Rad zum Stehen kommt, stellt der Spielleiter etwas verwirrt fest: „Die Fünf … die Fünf gewinnt!"
Wutentbrannt kletterst du unter den Tisch, reißt die kleine Tür auf und blickst in den leeren Hohlraum unter dem Rad. Die Eisenseile baumeln herrenlos über einer winzigen Luke im Boden. Als du sie öffnest, kommt ein leises Kichern aus der Dunkelheit. Der Winzling hat dich reingelegt! Verärgert über den Mungol und dich selbst kehrst du auf die Gasse zurück.
*Streiche deinen Einsatz von **10 Dinar** vom Abenteuerblatt.*

*Lies weiter bei **375**.*

471 Etwas überhastet schleuderst du die Eisenkugel zur Vandagaal. Dumpf poltert sie über Deck, prallt an einigen vertäuten Fässern ab und fällt schließlich über die Reling ins Wasser zwischen die Rümpfe der beiden Schiffe.
Ein dumpfer Schlag ist zu hören und nur eine Sekunde später taucht eine mächtige Kugelwelle auf, die beide Schiffe dermaßen schwanken lässt, dass einige Matrosen aus der Takelage fallen.
Etliche tote Fische, die auf dem weißen Schaum treiben, zeugen von der mächtigen Explosion unter Wasser. Ungerührt davon halten die Nargus und die Vandagaal weiterhin aufeinander zu.

*Lies weiter bei **453**.*

472 Dank Urgoz' ausführlicher Beschreibungen des Kriegsverlaufs bist du hervorragend informiert, wie sich die strategische Lage derzeit darstellt: Das Empire konnte in den letzten drei Jahren fast den gesamten Norden besetzen bzw. mit Verträgen an sich binden, darunter die meisten Stämme der Frostöde und das barbarische Seefahrervolk der Menoken.
Vor zwei Monaten gelang es den schwarzen Truppen sogar, bis Veniz vorzustoßen und die Versorgungsstadt des Trachter-Inselbunds mit seinem gigantischen Staudamm unter ihre Kontrolle
3 zu bringen. Außerdem wurde im Handstreich die nördlichste Insel, Votracht, besetzt. Seither wird diese als wichtiger Seestützpunkt genutzt. Im Osten leistet das Ewige Reich weiterhin erbitterten Widerstand und hält bislang das Tor zu seinem Hinterland, die Wissens- und Kulturstadt Seraph.
Allzu weit nach Süden hat sich das Empire bislang nicht gewagt. Solange Leenhaven und der Trachter Inselbund sich dem Empire widersetzen und die Ostfront Unterstützung benötigt, werden in die Waldgebiete der Wilden Reiche nur vereinzelt Späher geschickt, um über dortige Aktivitäten informiert zu sein.

Die Karte bei 519 gibt die aktuellen militärischen Verhältnisse wieder. Das Empire hält mit der Guanoko-Ebene und den ehemaligen nördlichen Freien Landen weite Teile Pakonias unter Kontrolle. Das Wüstenreich Rhenus hat im Gegenzug die Stellungen der Goldenen Armee bei Seraph befestigt und versucht so die aggressive Expansionspolitik und militärischen Übergriffe des Empires zu verhindern.

Lies weiter bei **454**.

473 Mit zwei, drei blitzartigen Angriffen hast du den Soldaten unschädlich gemacht. Während er ohnmächtig auf das nasse Kopfsteinpflaster sinkt, rappelt sich sein Kamerad gerade wieder auf. Zur Sicherheit schickst du ihn mit einem platzierten Schwinger noch einmal zu Boden.

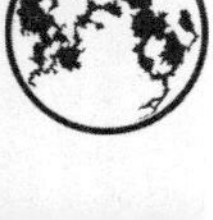

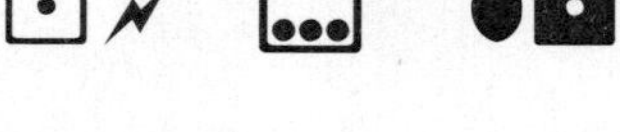

*Wenn du den **Speer des Soldaten** (Waffe, Treffer +3) an dich nehmen möchtest, ändere das Abenteuerblatt entsprechend.*
*Des Weiteren entdeckst du an seinem Gürtel ein Geldsäckchen gefüllt mit **4 Dinar** (Geld), die du ebenfalls einstecken darfst.*

Da bemerkst du hinter einem Fenster auf der gegenüberliegenden Seite der Gasse neugierige Blicke. Für weitere Untersuchungen bleibt also keine Zeit.

*Lies weiter bei **403**.*

474 Für den Bruchteil einer Sekunde wird die gesamte innere Staumauer von einem grellen Lichtblitz erleuchtet, gefolgt von einem ohrenzerfetzenden Donnerschlag.
Angsterfüllt starrst du hinunter und musst zusehen, wie eine gigantische Druckwelle aus Staub und Rauch auf dich zurast und dich von der Plattform schleudert.

*Dein Leben endet hier. (**+530**)* ▪

475 Als sich die heißen Strahlen der Mittagssonne über das Deck ergießen, liegt Port Baylock bereits etliche Seemeilen hinter euch. Die unerträgliche Hitze macht den Männern zu schaffen, doch keiner will Schwäche zeigen. Du selbst bist – was dir ein wenig peinlich ist – auf Geheiß des Admirals von jeglichen Pflichten entbunden. So verbringst du die Stunden im Halbschatten der Brücke und beobachtest die Mannschaft bei ihrer Knochenarbeit.
Am Abend des zweiten Tages auf hoher See stehst du neben Admiral Grobrig und dem Steuermann.
„Sir, schwere Winde ziehen auf", flüstert der Mann am Ruder mit einem düsteren Unterton.
„Ich weiß", brummt Grobrig, den Blick fest gen Himmel gerichtet, und zerrt dabei nervös an seinem silberglänzenden Ohrring. „Wahnsinn – einfach Wahnsinn zu dieser Jahreszeit ..."

Schließlich wendet sich dir der Admiral mit aufgesetztem Lächeln zu und meint sarkastisch: „Aber Befehle sind Befehle, nicht wahr?“
Dann geht alles ganz schnell: In Windeseile trifft die Besatzung Vorbereitungen für das drohende Unwetter. Grobrig weist den Rest der Flotte an, einen größeren Abstand einzuhalten, um Kollisionen bei hohem Wellengang zu vermeiden. Nebenbei ruft er dir zu: „Geht unter Deck! Ich habe keine Lust, den einzigen Ugarith an Bord an die kalte See zu verlieren.“

Willst du der Bitte des Admirals nachkommen und den Sturm unter Deck abwarten, lies weiter bei **485**.
Willst du dich während des Sturms in den Dienst der Mannschaft stellen, lies weiter bei **545**.

476 Die Mexez wurde vertäut und schon marschiert der Ugarith-Trupp stramm auf das schmale Deck in Erwartung weiterer Befehle.
Einige Seeleute verfrachteten derweil neun Holzkisten, groß wie Schränke, aus den Katakomben des Ningal-Towers an Bord. Aus ihrem Inneren hörst du neben bestialischem Knurren auch immer wieder unbändige, dumpfe Schläge, die die schweren Behälter über das Deck tanzen lassen. Du wunderst dich, dass sämtliche Fugen und Astlöcher großzügig mit zähem Teer zugeschmiert wurden.
Dann ist es endlich soweit: Die Segel der Mexez spannen sich im aufkommenden Wind. Die Reise beginnt! Kapitän Towak, ein stämmiger Seebär mit schütterem, ergrautem Haar schickt die Ugarith nach einer kurzen Inspektion ins Schiffsinnere, um sie nicht grundlos der Gefahr der Sonnenstrahlen auszusetzen. Als die Schattenkrieger unter Deck marschieren, gehen ihnen die Matrosen tunlichst aus dem Weg.

Willst du ebenfalls unter Deck gehen, lies weiter bei **396**.
Willst du oben bleiben, lies weiter bei **496**.

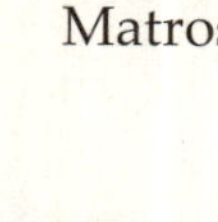

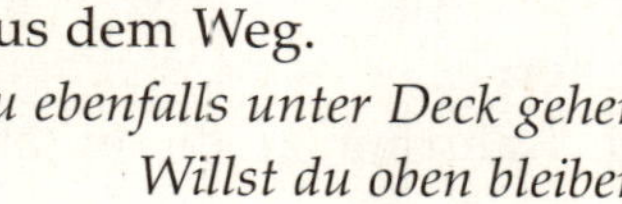

477 Leichtfüßig sprintest du über das Deck, ohne den Blick von der Flugbahn der Sprengkugel zu lassen. Dir bleiben nur wenige Herzschläge, sie zu fangen und springst ihr entgegen …
Teste dein GESCHICK gegen 13!

Gelingt der Test, lies weiter bei ***512****.*
Misslingt er, lies weiter bei ***439****.*

478 Ruckartig wird der Vorhang zurückgeschlagen und ein älterer Herr mit der edlen Kleidung eines wohlhabenden Geschäftsmannes tritt hinter die Theke. „Wir haben geschlossen", meint er trocken und kratzt sich dabei ungewöhnlich oft mit dem Daumen und Ringfinger an der Nase.

Besitzt du die Fähigkeit ***Diplomatie****, lies weiter bei* ***486****.*
Andernfalls lies weiter bei ***385****.*

479 Du stößt die Ausgangstür auf, als es einen ohrenbetäubenden Donnerschlag gibt und dich die Druckwelle der Explosion im hohen Bogen auf die Dammkrone hinausschleudert.
Deine VITALITÄT sinkt um eine Stufe, aber minimal auf ***verletzt****!*

Lies weiter bei ***393****.*

480 Die Miene des Wirts wird finster: „Wie Ihr wollt …" Dann schaut er an dir vorbei und schreit in die Menge: „Hört mal, wir haben hier einen Zechpreller!" Verdutzt versuchst du den angetrunkenen Matrosen um dich herum klar zu machen, dass der Spieltisch manipuliert sei, doch sie sind nicht in der Stimmung, dir Glauben zu schenken.

Lies weiter bei ***405****.*

481 In aller Ruhe beobachtest du die drei Arbeiter, wie sie die Schleusenmechanik in Gang setzen. Abrupt baut sich ein enormer Wasserdruck auf, der sich zunächst als brummende Vibration im gesamten Damm ankündigt und sich dann als haushohe Fontäne unter ohrenbetäubendem Getöse in die Abflussrinne Bahn bricht. Sichtlich stolz betrachten die Arbeiter minutenlang den reißenden Strom, bevor sie sich mit geschmettertem Kanderhagener Liedgut in den wohlverdienten Feierabend verabschieden.

*Lies weiter bei **B7**!*

482 Entschlossen greifst du nach einem Brecheisen, setzt es in der Fuge am Deckel der großen Kiste an und hebelst einen Nagel nach dem anderen heraus, bis schließlich der Deckel zur Seite wegrutscht. Trotz des tosenden Kampflärms um dich herum hast du den Eindruck, die Welt stehe still, als du vorsichtig über den Rand ins Innere der Kiste lugst.

Nach einem Moment der Ungewissheit überkommt dich primitive Furcht. Zwei blutrote, unheilvolle Rubine erglühen in der Finsternis. Du erstarrst.

Mit einem gewaltigen Satz springt das dämonische Wesen über dich hinweg aus seinem Gefängnis. Du schnellst herum, die Waffe im Anschlag, um dich deiner Haut zu erwehren, denn dir ist klar, dass es sich um einen Sogukant handelt – einen Dämonenhund aus der Unterwelt.

*Besitzt du die Fähigkeit **Magiekenntnis**, lies weiter bei **537**.*
Ansonsten musst du ohne dieses Wissen den Dämon bekämpfen:

SOGUKANT	ANGRIFF	18
	VERTEIDIGUNG	?
	KAMPFRUNDE	○ ❷ ❸

*Solltest du zu Beginn von KAMPFRUNDE ❸ noch leben, (bzw. ❷, wenn du ein **Meisterlicher Kämpfer** bist), lies sofort weiter bei **509**.*

483 „Euch bleibt nur wenig Zeit, wenn Ihr die Verfolgung der Kyphiser aufnehmen wollt“, reißt dich die rothaarige Frau aus deinen Gedanken. „Ich zeige Euch, wie Ihr Leenhaven auf schnellstem Wege verlassen könnt.“

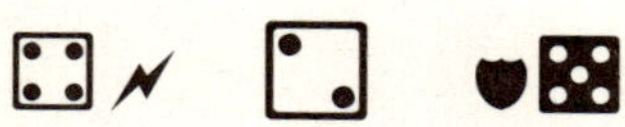

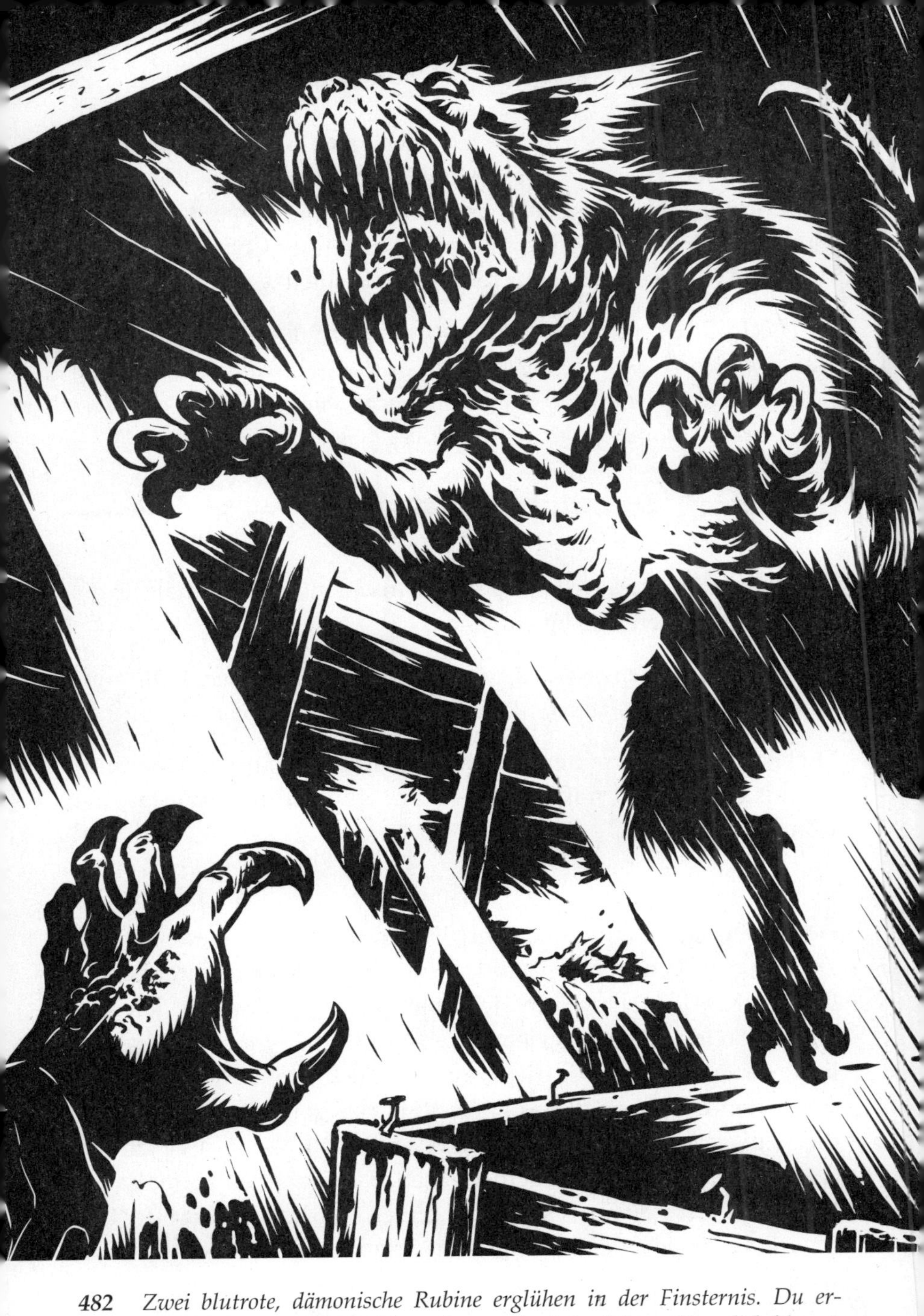

482 *Zwei blutrote, dämonische Rubine erglühen in der Finsternis. Du erstarrst. Mit einem gewaltigen Satz springt das Wesen über dich hinweg aus seinem Gefängnis.*

Daraufhin führt sie dich durch die wirren Gänge des unterirdischen Verstecks, schiebt in einer dunklen Ecke mehrere Kisten zur Seite und legt eine unscheinbare Luke frei. Die junge Bewahrerin überreicht dir eine Laterne und erklärt: „Dieser Gang führt Euch unter die Ostmauern Leenhavens in die Freiheit …“

*ACHTUNG! Hast du Reiter der schwarzen Sonne mindestens einmal erfolgreich beendet, also einen „**Ende**“-Abschnitt im Finale „Mächte der schwarzen Sonne“ erreicht, dann ignoriere den Rest dieser Sektion und beginne sofort in Tarahs Kapitel bei **T1**!*

Gekonnt schnallt sie sich ihre roten Armschienen ab und hält sie dir mit einem kurzen Nicken entgegen.

*Wenn du die **Schienen der Bewahrerin** (Kleidung, Arme, Schutz +1) annehmen möchtest, notiere sie dir auf dem Abenteuerblatt.*

Du bedankst dich bei der Bewahrerin mit dem feurigen Haar und Gemüt und stapfst mit eingezogenem Kopf in die erdig-feuchte Röhre.

*Lies weiter bei **384**.*

484 Du läufst einige hundert Fuß in den linken Gang hinein. Da hörst du schabende Geräusche vor dir und ein ohrenbetäubendes Kratzen schrillt in deinem Schädel, als würde jemand scharfe Steine über Glas ziehen.

Reflexartig hältst du dir die Ohren zu, doch da erkennst du auch schon den Ursprung dieses Lärms: Ein riesiger Erdegel walzt auf dich zu! Sein weißer, gallertartiger Leib füllt fast den gesamten Gang aus. Zwischen seinen metallischen Reißzähnen zermalmt er kopfgroße Gesteinsbrocken, die dieses markerschütternde Geräusch verursachen. Er hat dich gewittert und greift an.

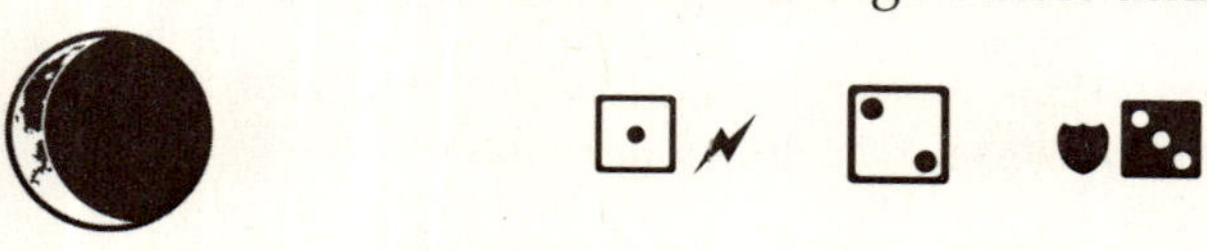

GIGANTISCHER ERDEGEL			
	ANGRIFF	✗ **16**	**14**
	VERTEIDIGUNG	● **14**	**15**
	RESISTENZ	♥ ○○③④	

Besitzt du die Fähigkeit **Geschärfte Sinne**, *verlierst du während diesem Kampf Aufgrund der betäubenden Geräuschkulisse jeweils 1 Punkt* ANGRIFF *und* VERTEIDIGUNG!
Nach Verlust des 3. RESISTENZ*-Punkts wird das Kampfverhalten des Erdegels defensiver.*

Überlebst du diesen Kampf, lies weiter bei **438**.

485 Unsicher kletterst du die Stufen ins Unterdeck der Nargus hinab. Die See ist merklich rauer als noch vor wenigen Minuten. Du stützt dich an den Türrahmen deiner Kajüte, blickst in den schmalen Gang hinein und erinnerst dich an die Lagebesprechung im Ningal-Tower, wo festgelegt wurde, dass jedem wichtigen Schiff der Flotte ein Zarlik angehören muss.
Jedoch hast du bisher an Bord keinen der mysteriösen Sumpfechsen gesehen. Kurzerhand sprichst du einen Matrosen darauf an. „Der Zarlik?", fragt der junge Seemann amüsiert zurück. „Der haust in der Kajüte hinten – kein schöner Anblick."

Willst du den Zarlik besuchen, lies weiter bei **386**.
Ist dir der Magier egal, lies weiter bei **535**.

486 Zunächst ist dir nicht bewusst, dass dir der Händler ein heimliches Signal gibt, doch dann erinnerst du dich wieder an die Lehrstunden bei Meister Tarus und das Buch über Erkennungszinken, in dem geheime Zeichen von Geheimbünden und Gilden abgebildet waren.

Willst du geheimnisvoll zurückgrüßen, lies weiter bei **527**.
Willst du dich als ein Soldat des Empires zu erkennen geben, lies weiter bei **494**.
Willst du dich bedeckt halten, lies weiter bei **385**.

487 Erst als die dritte Salve Enterbolzen über dich hinweg gesaust ist, traust du dich wieder, deinen Kopf zu heben. Die Bordwand ist vollkommen zerschlagen, überall dringt Wasser ein und die Seitenwände scheinen auch nicht mehr robust. Das entfernte Eck des Lagerraums, dort wo die mit Teer abgedichteten Holzkisten stehen, ist unbeschadet geblieben. Vom Oberdeck hörst du martialisches Geschrei und Waffengeklirre. Der Kampf ist in vollem Gange.

Willst du zu den Kisten hinüber und sie öffnen, bevor das Schiff sinkt, lies weiter bei ***363****.*
Andernfalls musst du den Frachtraum verlassen, wenn du nicht ertrinken willst, lies weiter bei ***378****.*

488 Froh, den Laden wieder zu verlassen, drückst du dich zurück in die enge Passage. Gehetzt von den Blicken der Einwohner hinter den Fensterläden, die jeden deiner Schritte zu verfolgen scheinen, läufst du die Gassen entlang, bis du schließlich inmitten zweier Straßenbarrikaden auf dem Hauptweg stehst. Sofort sind zwei Leenhavener Soldaten auf dich aufmerksam geworden. Doch ehe sie dich kontrollieren können, nimmst du Reißaus in den Durchgang gegenüber.

Lies weiter bei ***403****.*

489 Mit dem Mute der Verzweiflung, aber blitzartig wie eine Wildkatze packst du die Kriegerin am Waffenarm und schleuderst sie über deine Schultern hinweg die Stufen zum Frachtraum hinunter. Sie flucht benommen, als du die Luke hinter dir verschließt.

Dann hörst du einen entsetzten Aufschrei, Holz splittert und der Boden unter deinen Füßen erzittert. Mit Schaudern malst du dir aus, was gerade wenige Fuß unter dir geschieht und wirfst dich ins Getümmel an Deck der Nargus.

Lies weiter bei ***378****.*

490 „Halt!", schnauzt einer der Wachen im scharfen Befehlston. „Sperrzone – stehen bleiben oder wir feuern!"
Sofort stehst du inmitten der Lichtkegel zweier Blendlaternen. Obwohl du gegen das grelle Licht keine Wachen ausmachen kannst, hörst du das signifikante metallische Rattern von Armbrüsten. Verunsichert hebst du beide Arme als Zeichen der Aufgabe.

Willst du dich zu erkennen geben und nach Admiral Grobrig fragen, lies weiter bei ***418****.*

Willst du ins Hafenbecken springen und versuchen, schwimmend zu fliehen, lies weiter bei ***421****.*

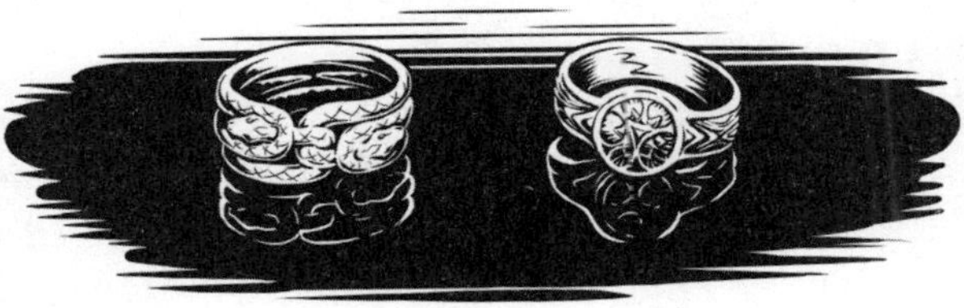

491 Es ist eine wundervolle Nacht und dir ist es gelungen, ein einsames Plätzchen unter Palmen am Rande des Sandstrands zu finden. Die Ugar-Scheibe strahlt nahezu ungehindert von Wolken über den Votrachter Hafen und lässt die seichte Brandung idyllisch funkeln.
Überall zappeln Empirebanner im Wind: an den Mästen der Schiffe, den Häusern und, ja, gar an der Hafenkapelle, die ursprünglich der Göttin Kar geweiht war. Die Sonnenuhr, die sich einst über dem Eingangsportal befand, wurde offensichtlich mit roher Gewalt aus dem Kalkstein geschlagen.
› *Sie wollen es nicht verstehen …* ‹
Du schüttelst den Kopf und versuchst, den Krieg für einen Moment zu vergessen, indem du sämtliche finsteren Gedanken beiseiteschiebst. Du befreist deinen Geist und spürst, wie dich die Umgebung umarmt, dich durchdringt. Du bist eins mit der Welt,

ihren Geschöpfen und der Zeit. Dein Körper versteinert. Mit offenen Armen erwartest du ein Zeichen, eine Erleuchtung.

Da beginnen Sterne und Mond vor deinen Augen über den Himmel zu wandern! Erst verstehst du nicht, was dies bedeuten soll, doch dann wird dir klar:

› Die Zeit vergeht schneller! ‹

Minuten ziehen an dir in Sekunden vorbei. Fast hast du das Gefühl, diesen Zustand kontrollieren zu können, als ein betrunkener Matrose flink wie ein überdrehtes Metallspielzeug über den Strand torkelt, dich aus der Konzentration reißt und deine meditative Versteinerung beendet. Verärgert stößt du ihn in den Sand und stapfst zurück zum Hafen.

Du erhältst 1 Karma-Punkt!

Willst du zurück zu deiner Kajüte auf der Mexez, um in Ruhe die Nacht zu verbringen, lies weiter bei ***543****.*

Willst du nun doch ins Hafenviertel, einen draufmachen, lies weiter bei ***502****.*

Willst du gleich zur Nargus und bei Admiral Grobrig vorstellig werden, lies weiter bei ***377****.*

492 In geduckter Haltung läufst du zur Schleuse hinüber und wirfst einen Blick in die Mechanik. Zunächst kannst du zwischen all den blinkenden Messingrädern, Spindeln und Achsen nicht sehen, wo sich das Objekt befindet. Doch da! Zwischen zwei Zahnrädern eingeklemmt erspähst du die Sprengsatzkugel. Der Splint ist gesteckt – es bleibt nur noch wenig Zeit.

Mit deinen Armen kannst du die Kugel nicht erreichen. Zudem ist es zu eng, um hinunterzuklettern. Gehetzt schaust du dich um. Dein Blick fällt auf die vier Eisenstangen, die die Arbeiter für Wartungsarbeiten benutzen.

Willst du versuchen, den Sprengsatz mit einer der Stangen zu entfernen, lies weiter bei ***499****.*

Willst du sofort abhauen, lies weiter bei ***530****.*

493 Trotz aller Anspannung konzentrierst du dich auf dein Innerstes und blendest alle negativen Gedanken aus. Du fühlst den Druck, der sich langsam in der Eisenkugel aufbaut. Mutig wartest du ab. Sekunde um Sekunde verrinnt …

Lies weiter bei ***417****.*

494 „Entweder seid Ihr schrecklich naiv, dumm oder verzweifelt", schüttelt der Händler den Kopf. „Wenn nicht sogar alles gleichzeitig."
Du berichtest ihm von der Überfahrt und der Seeschlacht, wobei er sich sichtlich erschüttert über den schlechten Ausgang für das Empire zeigt. Deine Menschenkenntnis sagt dir, dass seine Gefühlsausbrüche aufrichtig sind.
„Es ist mir eine Ehre, Euch, einem Ugarith, zu helfen."

Er überlässt dir eine ***Menokische Glefe*** *(Waffe, Treffer +4). Wenn du diese imposante Stangenwaffe annehmen möchtest, notiere sie auf dem Abenteuerblatt.*

Lies weiter bei ***412****.*

3

495 Auf dem Weg zur Stadtmitte kracht – direkt vor dir – ein zweistöckiges Holzhaus in sich zusammen. Geistesgegenwärtig hechtest du in eine Seitengasse, bevor dich die Druckwelle aus heißer Asche und giftigem Rauch erfasst.
Du hältst den Atem an und robbst mit letzter Kraft über das feuchte Pflaster. Der Rauch kratzt und brennt in deiner Brust und dich überkommt ein heftiger Husten.
Du hast bereits mit deinem Leben abgeschlossen, als du mit eisernem Griff aus der Gasse gezerrt wirst. Der Ohnmacht nahe, erblickst du einen der Ugarith-Elitekämpfer der Mexez, ehe Dunkelheit über dich fällt.

Besitzt du eine ***Feige aus Rohja****, lies weiter bei* ***379****.*
Andernfalls lies weiter bei ***410****.*

496 Während die Seeleute emsig den wendigen Zweimaster auf die lange Reise nach Votracht trimmen, starrst du von Achtern regungslos auf den sich immer weiter entfernenden Ningal-Tower. Nach und nach schrumpft die gigantische Felsnadel zu einem dürren Zeigefinger, der mahnend aus der tosenden See ragt.

Kapitän Towak sieht großzügig über deine fehlende Einsatzbereitschaft hinweg – wohlwissend, dass er einen besonderen Passagier aufs Festland überführt.

So vergeht die Nacht. Doch mit jeder Stunde, die verrinnt, spürst du, wie eine immer stärker werdende Unruhe in dir überhandnimmt. In gewohnter Ehrfurcht malst du dir aus, was geschieht, wenn die aufsteigende Kar-Scheibe ihre feurigen Strahlen über dich ergießt.

Willst du lieber rasch unter Deck gehen, lies weiter bei ***396****.*

Willst du deiner Angst trotzen und den Sonnenaufgang abwarten, lies weiter bei ***390****.*

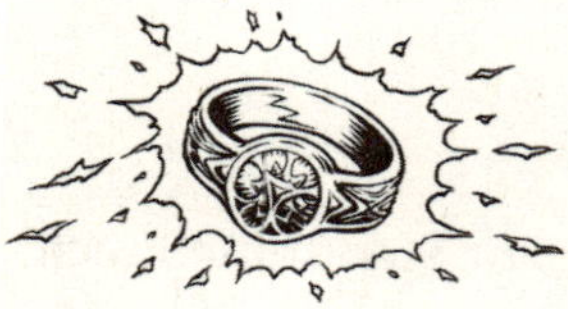

497 Du wartest die nächste Pause der Arbeiter ab und drückst dich im Schlagschatten der Laternen zum Schleusenschott. Etwas zittrig steckst du den Splint in die Sprengkugel und platzierst sie in eine Spalte des Wasserkanals.

Lies weiter bei ***530****.*

498 In höchster Not springst du in die raue See. Obwohl du mehrere Fuß unter Wasser tauchst, erfasst dich die dumpfe Druckwelle einer Explosion. Mit langen Armzügen tauchst du weg, um nicht in den Sog des untergehenden Schiffes zu geraten.

Lies weiter bei ***451****.*

499 Vorsichtig führst du die Stange durch das komplizierte Räderwerk. Es dauert eine gefühlte Ewigkeit, bis du endlich die Kugel an den Rand der Konstruktion und somit in die Reichweite deiner Finger bugsierst.
Gerade hast du die Kugel zu fassen bekommen, da schrillt plötzlich eine Alarmglocke und ein Wachmann taucht auf. „He, was macht Ihr da?“, blafft er dich an.
Mit wenigen Worten versuchst du der Wache zu erklären, dass eigentlich keine Zeit für Erklärungen bleibt, wenn ihm sein Leben lieb sei. Doch erst als eine gigantische Explosion eure beiden Leiber zerfetzt, wird dem dumpfen Wachmann für einen Moment bewusst, was du ihm eigentlich sagen wolltest.

*Dein Leben endet hier. (**+400**)* ▪

500 Neugierig studierst du die militärischen Karten, als die Tür langsam zurückschwingt und ein greiser Mann in weiter Robe in den Raum schlurft.
Hinter dem gebrechlichen Menschen läuft die Frau, deren ruppige Bekanntschaft du vor Kurzem gemacht hast. Du erkennst sie an ihrem unscheinbaren Umhang und dem unverwechselbaren Rot ihrer Haare. Sie lächelt selbstsicher.
„Wir grüßen dich, Schattenkind!“, eröffnet der ehrwürdige Herr mit rauer Stimme und setzt sich schwer atmend an den Tisch. „Deine Ankunft erfüllt uns mit Sorge, doch – und das mag schizophren klingen – zugleich mit Hoffnung.“
„… und wir wissen um Eure Mission – von der wir Euch nicht abbringen wollen. Aber Ihr musstet von der Straße“, ergänzt die Frau.
Der ergraute Mann blickt zur Wand und spricht kraftlos weiter: „Allerdings halten sich die Herrschaften aus Kyphi, die du suchst, nicht mehr in der Stadt auf. Laut den Berichten unserer Späher verließen sie Leenhaven, kurz nachdem die Seeschlacht entschieden war.“

☾ „Ihr nächstes Ziel sei Veniz“, führt die junge Frau den Bericht fort, während sich der Greis erholt. „Uns ist unbekannt, was sie dort wollen. Vielleicht planen sie erneut ein Attentat auf dort stationierte hohe Empire-Offiziere.“

„Es könnte aber ebenso sein, dass sie den Damm in ihrem Sinne nutzen wollen …“, ergänzt der Alte. ☽

Mit diesen wertvollen Informationen erscheint es dir sinnvoll, den Spionen aus Kyphi weiterhin zu folgen. Schließlich liegt Veniz nicht weit entfernt und eventuell kannst du mehr über ihre Motive erfahren.

3

*Willst du fragen, zu welcher Seite der alte Mann und die Rothaarige gehören, lies weiter bei **434**.*

*Willst du erfahren, warum sie dich in ihr Versteck gebracht haben, lies weiter bei **413**.*

501 Feuchter, salziger Sand klebt dir im Gesicht. Bibbernd richtest du dich auf und erkennst in der Dunkelheit der Nacht, dass du ans Ufer der Leenhavener Bucht gespült wurdest.

Es muss ein halber Tag seit der Seeschlacht vergangen sein und du warst diese ganze Zeit ohne Bewusstsein.

*Deine Vitalität ist **kritisch**!*

*Lies weiter bei **368**.*

502 Mit einem beklemmenden Gefühl läufst du durch die schäbigen Gassen des Hafenviertels. Zum einen ist es das erste Mal seit deiner Ordination, dass du auf dich allein gestellt unter Fremden bist, und zum anderen, spürst du die finsteren und vorwurfsvollen Blicke, die dir die gebeutelten Bewohner zuwerfen. In ihnen spiegelt sich der Zorn um die blutige Schlacht vor gut sechs Monaten wider. Aber sie erkennen dich nicht als Ugarith – für sie sind das Wesen aus Legenden oder Schauermärchen. Im Hier und Jetzt bist du für sie ein feindlicher, dunkelhäutiger Söldner aus den Wilden Reichen.

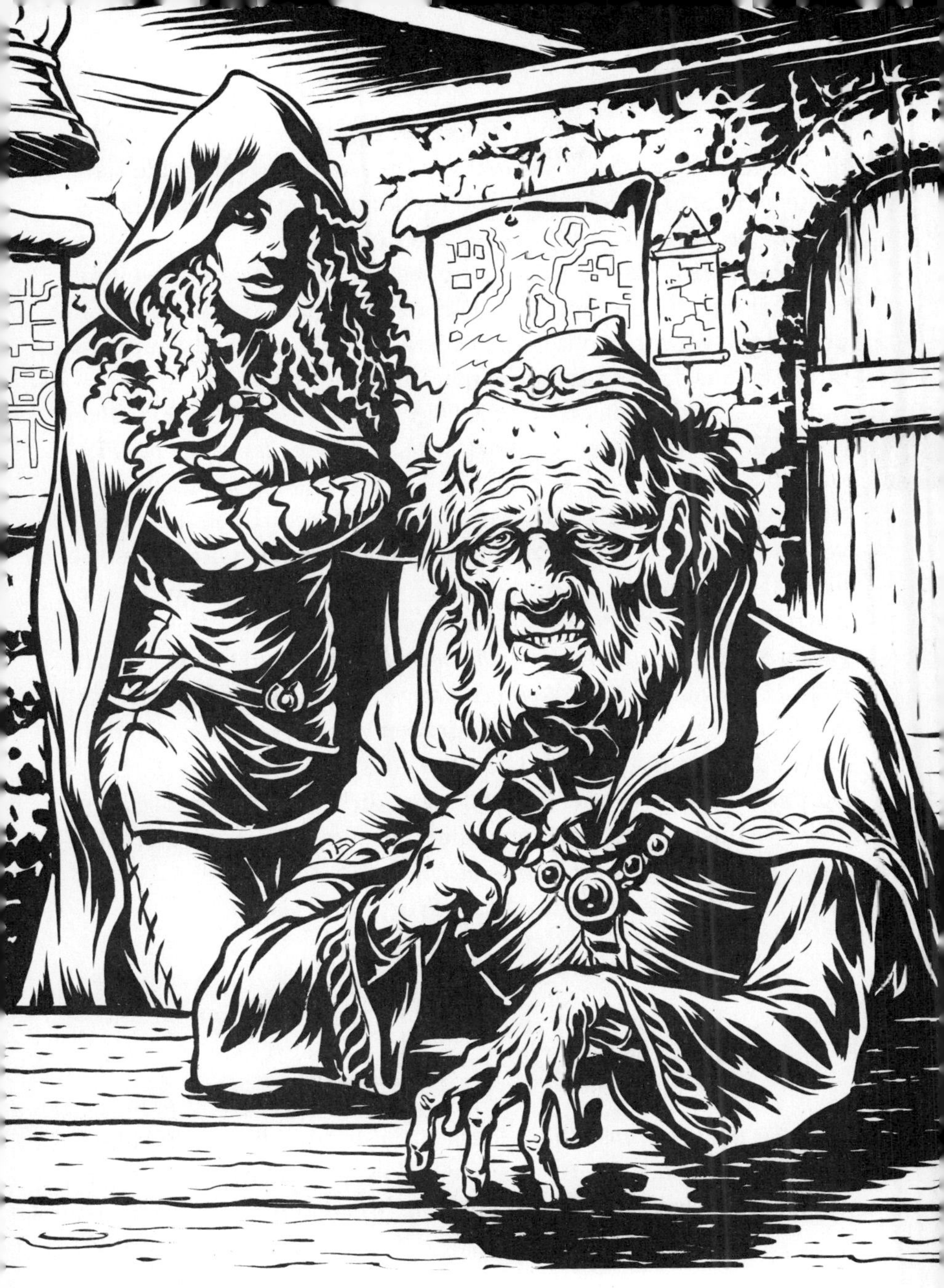

500 *„Wir grüßen dich, Schattenkind!“, eröffnet der ehrwürdige Herr mit rauer Stimme und setzt sich schwer atmend an den Tisch. „Deine Ankunft erfüllt uns mit Sorge …“*

Du drückst dich durch eine finstere Seitengasse an einer zwielichtigen Spelunke vorbei, als direkt vor dir zwei wettergegerbte Kerle aus dem Schatten eines heruntergekommenen Lagerhauses treten. Ihr provokantes Grinsen bedeutet Ärger.

Im Glanz des nassen Kopfsteinpflasters tauchen zwei weitere Schläger auf, die dir den Weg abschneiden. Einer von ihnen, groß und hager, wischt sich mit einer rostigen Eisenstange die fettigen Strähnen aus seiner geschundenen Visage.

Willst du dich dem Schlägertrupp stellen, lies weiter ***406****.*

Willst du versuchen, ins Wirtshaus zu fliehen, lies weiter bei ***459****.*

503 In der Zeit, da das beeindruckende Schiff beladen wird, verabschiedet der Schattenmeister jeden seiner Ugarith persönlich. Als du schließlich an der Reihe bist, streckt er auch dir die runzelige Klaue zum Abschied entgegen.

„Mein Kind, auch wenn du es selbst nicht ahnst, so wirst du mit Ugars Hilfe das Angesicht dieser Welt verändern!“, weissagt dir Calderel in den Geist. Abgelenkt von diesen großen Worten erwiderst du den Händedruck nur aus Gewohnheit.

Da packt Calderel fester zu und zieht dich zu sich heran. *„Hier, nimm!“*, flüstert dir der Herrscher des Empires mit väterliche Sorge ein: *„Iss sie, wenn es dir schlecht geht!“*

Er hat dir eine kleine, getrocknete Frucht überlassen.

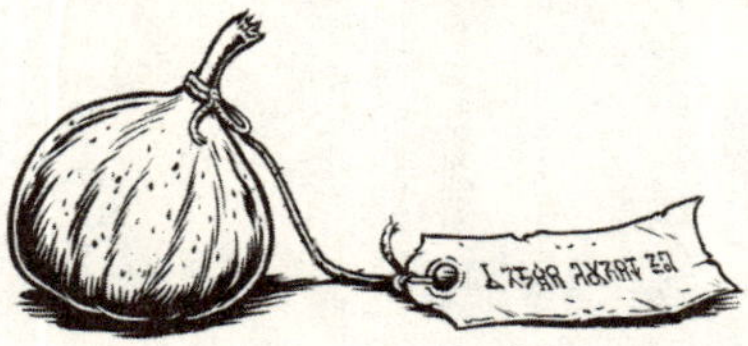

Wenn du die ***Feige aus Rohja*** *(Utensil) einstecken willst, dann notiere sie auf dem Abenteuerblatt. Vermerke zudem, dass die magische Frucht nach der Einnahme die* V*ITALITÄT sofort auf* ***fit*** *anhebt!*

Lies weiter bei ***476****.*

504 Der Abstieg über die rostige Leiterkonstruktion führt dich über fünf weitere identische Plattformen, bis du schließlich die letzte Leiter zum Dammsockel erreichst.
Du bist die ersten Sprossen hinabgestiegen, da bemerkst du einen penetranten Uringeruch sowie eine Bewegung in einer Nische direkt vor dir: Zwischen den gestapelten Kisten tritt ein Mann in fleckiger Arbeitskleidung mit rußgeschwärztem Gesicht und öligen Händen hervor. Er pfeift gelöst ein Lied.
Überrascht glotzt er zu dir herüber, nimmt Haltung an und salutiert etwas stümperhaft: „Wir haben es geschafft, Sir! Die Schleuse ist wieder einsatzbereit, Sir." 3
Du überspielst die eigene Verunsicherung mit einem Nicken. Die entstehende Pause ist dem Arbeiter erkennbar unangenehm: „… ja, äh, Sir, wollt Ihr unsere Arbeit in Augenschein nehmen?"

A⮐ *Willst du ablehnen und dich alleine umschauen, lies weiter bei* ***400****.*
Willst du dem Arbeiter zur Schleuse folgen, lies weiter bei ***415****.*

505 Welche Wahl bleibt dir, wenn der Knabe seine Waffe gegen dich erhebt? Somit ist sein Schicksal besiegelt!

Junger Menokenkrieger	*Angriff*	**13**
	Verteidigung	**15**
	Resistenz	○ ②

Überlebst du den Kampf, lies weiter bei ***378****.*

506 Bedeutungsschwer machst du den drei Arbeitern klar, dass du zunächst einmal ihr Werk kontrollieren möchtest, und schickst sie in eine Pause. Achselzuckend, aber folgsam ziehen sie ab.

Besitzt du einen ***Sprengsatz*** *und willst ihn an der Schleuse platzieren, lies weiter bei* ***497****.*
Willst du nur die Mechanik ruinieren, lies weiter bei ***457****.*
Oder auf die Rückkehr der Arbeiter warten und sie doch lieber die Schleuse öffnen lassen, lies weiter bei ***481****.*

⮐ *Solltest du Tarahs Kapitel gespielt haben, dann überprüfe jetzt das Kästchen „A" unter „Pfad der Weisheit" auf der dritten Seite des Abenteuerblatts. Eventuell erhältst du dort einen Hinweis darauf, was hier zu tun ist.*

507 Mit aller Kraft schleuderst du den vibrierenden Sprengsatz aufs erhöhte Deck der Vandagaal. Polternd rollt die Eisenkugel zwischen Fässern und Kisten umher, bis sie schließlich von einem Matrosen aufgehoben wird. Du erkennst an seinem verwirrten Gesichtsausdruck, dass er sich nicht sicher ist, was er in Händen hält. Schließlich entschließt er sich, die Kugel im hohen Bogen zurückzuwerfen.

Willst du dich sofort mit einem Sprung in die Fluten in Sicherheit bringen, lies weiter bei ***498****.*

Willst du die Kugel wiedererlangen, lies weiter bei ***477****.*

508 Du blickst dem verschlagenen Wirt tief in die Augen und forderst 25 Dinar. „Nun gut“, knurrt er widerwillig, „hier, nehmt und haut ab!“

Mit einem Seemannsgruß samt breitem Grinsen verabschiedest du dich und gehst hinaus auf die Gasse.

Schreibe dir ***25 Dinar*** *(Geld) auf dem Abenteuerblatt gut.*

Lies weiter bei ***375****.*

509 Gegen dieses Wesen aus den Niederungen der Hölle hast du keine Chance. Deine Waffe ist wirkungslos und es bleibt dir nur die Flucht. In Panik stürzt du die Treppe zur Falltür empor. Hinter dir bleckt der Sogukant seine scharfen Fänge. Rasend schnellt er von Schatten zu Schatten.

Du möchtest gerade die Falltür aufstoßen, als dir eine Menokenkriegerin zuvorkommt, die offensichtlich den Frachtraum nach weiteren Gegnern durchsuchen will. Breit grinsend hält sie dir ihr blutverschmiertes Entermesser an die Kehle und deutet dir, dass du die letzten Treppenstufen heraufkommen sollst.

Teste dein Geschick gegen 14!

Gelingt der Test, lies weiter bei ***489****.*

Misslingt er, lies weiter bei ***397****.*

510 Geschmeidig wie eine Raubkatze pirschst du dich von Hauswand zu Hauswand, von Kiste zu Kiste, von Schatten zu Schatten. Du kommst erstaunlich gut voran, wirst aber immer unvorsichtiger bei der Auswahl deiner Verstecke. Als du dich gerade in einem Treppenabgang verbirgst, tritt unerwartet eine gebrechliche Frau aus der Kellertür des Hauses.
„Huch! Was wollt Ihr denn hier?", fragt dich die Alte vorwurfsvoll und umklammert zitternd eine Kiste voller Kartoffeln. „Verschwindet, junger Mann, ich mag keinen Ärger!"

*Willst du die Frau auf den Hinweis ansprechen, den dir Admiral Grobrig anvertraute, dann schaue bei deinen Notizen auf dem Abenteuerblatt unter **Wagengasse**, erhöhe die angegebene Zahl um 99 und lies beim errechneten Abschnitt weiter.*

*Hast du keinen solchen Hinweis oder du willst einfach weiter gehen, lies weiter bei **370**.*

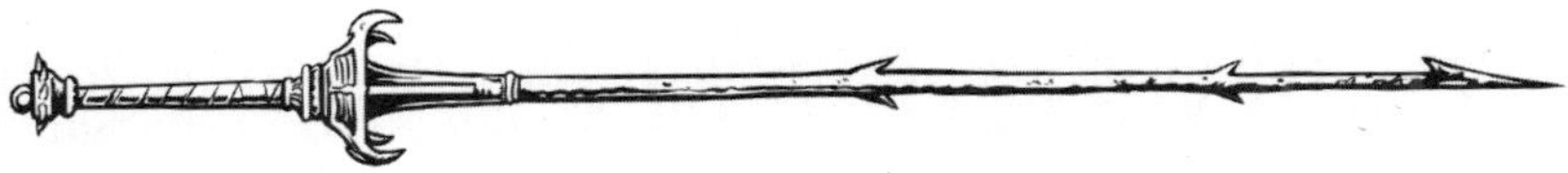

511 Die Möglichkeit, unter den gefährlichen Sonnenstrahlen existieren zu können, erfüllt dich mit Machtgedanken. Dennoch weißt du, dass es zahlreiche weitere Ugarith gibt, wie Aonus, die diese Fähigkeit besitzen.

*Lies weiter bei **519**.*

512 Mit einem Hechtsprung schaffst du es, die Sprengkugel zu fangen, obwohl die anschließende Landung in einem Stapel Weinfässer alles andere als sanft ist.
Du verdrängst die Schmerzen, rappelst dich auf und schleuderst umgehend die stark zitternde Kugel zurück.
*Deine VITALITÄT sinkt um eine Stufe, aber minimal auf **verletzt**!*

*Lies weiter bei **391**.*

513 Interessiert beobachtest du die verschlagenen Gäste, wie sie einen Dinar nach dem anderen am Glücksrad verlieren. Zwar gewinnt ab und zu jemand, doch unterm Strich streicht das Haus deutlich mehr Geld ein. Es wundert dich, dass meistens solche Zahlen gewinnen, auf die am wenigsten platziert wurde.

*Besitzt du die Fähigkeit **Geschärfte Sinne** und willst sie jetzt einsetzen, lies weiter bei **436**.*
*Wenn nicht, kannst du dich entscheiden, ob du nun doch dein Glück versuchen willst (weiter bei **411**) oder lieber die Kneipe verlässt (weiter bei **375**).*

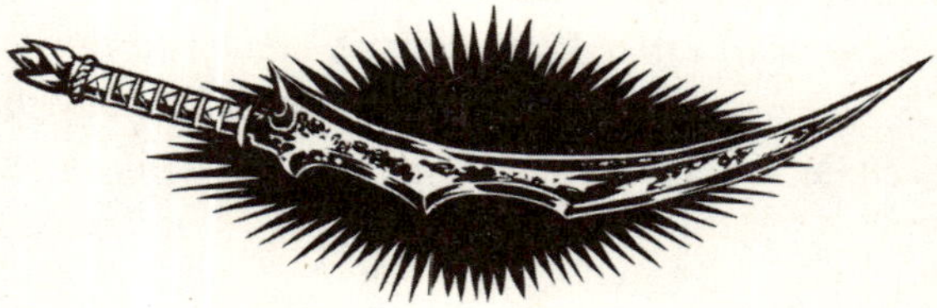

514 Tief in deinem Inneren nagt die Neugier. Wie gerne würdest du erfahren, was es mit dem Siegel auf sich hat.

› *Hätte mir der Zarlik vielleicht helfen können? – Moment, tat er es denn nicht schon einmal? Oder doch nicht?* ‹

Du erlebst gerade ein Déjà-vu, also das Gefühl, genau diese Situation bereits erlebt zu haben. Der Zarlik hat dir diese Frage schon einmal gestellt und du hast dich anders entschieden – oder etwa nicht? Du glaubst den Widerhall eines anderen Lebens in deinem Geist zu hören. Vollkommen verwirrt stützt du dich an der dünnen Kajütenwand ab.

*Lies weiter bei **B6**!*

515 Wie ein Blitz stürzt du dich auf die Unbekannte. Doch wieder kann sie sich mit einer geschmeidigen Drehbewegung aus deiner Attacke herauswinden. Während du deinen missglückten Schlag noch ausbalancierst, treibt dir die verhüllte Frau bereits

ihren Lederstiefelabsatz in die Hüfte. Dir bleibt die Luft weg und stürzt.
Ehe du dich wieder aufrappeln kannst, übertölpeln dich zwei dunkle Gestalten. Es gelingt dir nicht, dich aus ihrem festen Griff zu befreien. Du wirst gefesselt und geknebelt und dir wird zudem ein Sack über den Kopf gestülpt.
„Mach keinen Ärger!“, raunt dir die Frau verärgert ins Ohr. „Es wird für alle Beteiligten angenehmer sein, wenn du dich von nun an still verhältst.“
Deine VITALITÄT sinkt um eine Stufe, aber nur minimal auf ***verletzt****!* 3

Lies weiter bei ***398****.*

516 Zufrieden begutachtest du deine Tat: Die Mechaniker des Empires werden Wochen benötigen, den Schaden zu reparieren. Als die Alarmglocken erschallen, bist du bereits über die Eisenstiegen auf dem Weg nach oben.

Solltest du beim Einstieg in den Damm Gegenstände an der Kiste zurückgelassen haben, darfst du sie nun wieder aufnehmen. Radiere dazu das Kreuz im Speicherpunkt ⊗ bei den Gegenständen aus, die du wieder mitnehmen möchtest. Gegenstände, die du zurücklassen willst, musst du ganz streichen. Nimm die entsprechenden Änderungen auf dem Abenteuerblatt vor.

Lies weiter bei ***393****.*

517 Du umfasst die großen Kettenglieder und lässt dich Stück für Stück an ihnen hinab. Doch bereits nach wenigen Handgriffen fällt es dir immer schwerer, an der glitschigen Kette Halt zu finden. Du willst schon kehrtmachen, als sich abrupt die Krallen deiner linken Klaue verklemmen.
Brennende Schmerzen lassen deinen Arm verkrampfen. Hilflos versuchst du dich zu befreien, rutschst ab und fällst schreiend in die Tiefe.

Dein Leben endet hier. ***(+541)*** ■

518 Du verdrängst das Risiko, auf offener Straße von Soldaten entdeckt zu werden, und läufst zügig die Hauptstraße entlang Richtung Marktplatz. Dort kannst du vielleicht mehr erfahren oder zumindest den Weg zur östlichen Stadtmauer einschlagen, um die Stadt zu verlassen.

Selbst auf der wichtigsten Straße liegen bestialisch stinkender Unrat und Dreck. Die einst blühende Handelsstadt ist unter der Last des Krieges zu einem Moloch für seine Bürger geworden. Immer wieder musst du über verendete Haustiere steigen und
3 dich mit Hunderten Fliegen herumplagen, die du in diesem Moment aufscheuchst.

Da biegen unvermittelt zwei Stadtwachen um die Ecke. Sie sind ebenso überrascht wie du.

Willst du sie knapp begrüßen, lies weiter bei ***426****.*

Willst du abhauen, lies weiter bei ***352****.*

Willst du die beiden Wachmänner attackieren, lies weiter bei ***392****.*

519 Am Nachmittag wirst du in den Ratssaal beordert, wo sich die großen Offiziere des Empires versammelt haben, um Pläne für die kommende Schlacht zu schmieden. An der Besprechung nehmen Vertreter aller Verbündeten teil: Zarlik, Baronyaks, Dvorak und Menoken.*

Calderel selbst hat sich entschuldigen lassen. An seiner statt führt Aonus, der bereits seine beeindruckende Reitermontur trägt, die Gespräche.

Müde versuchst du die Worte der Strategen nachzuvollziehen, die allesamt um eine magische Karte der Leenhavener Küstenregion stehen und dabei angespannt diskutieren. Die plastische, fast schon reale Darstellung aus der Drachenperspektive vereinnahmt mehr deiner Aufmerksamkeit als Aonus' Ausführungen.

Wenn du den Erläuterungen zur Lage folgen möchtest, ziehe die Karte auf der rechten Seite zu Rate!

Die Angriffsstreitkräfte setzen sich aus drei taktischen Einheiten zusammen: Die Hauptflotte besteht aus den beiden Verbänden des Ningal-Towers und Port Enlils. Insgesamt 26 Schiffe werden sich um Votracht, dem südlichsten Seestützpunkt des Empires, sammeln und zu Sonnenaufgang Beentracht östlich und westlich passieren.
Die Menoken ihrerseits bilden mit ihren neun Schiffen die nördliche Flanke und stoßen zwischen Obtracht und der Küste zur Hauptflotte. Laut Schlachtplan erreicht die Streitmacht Leenhaven zu Sonnenuntergang.

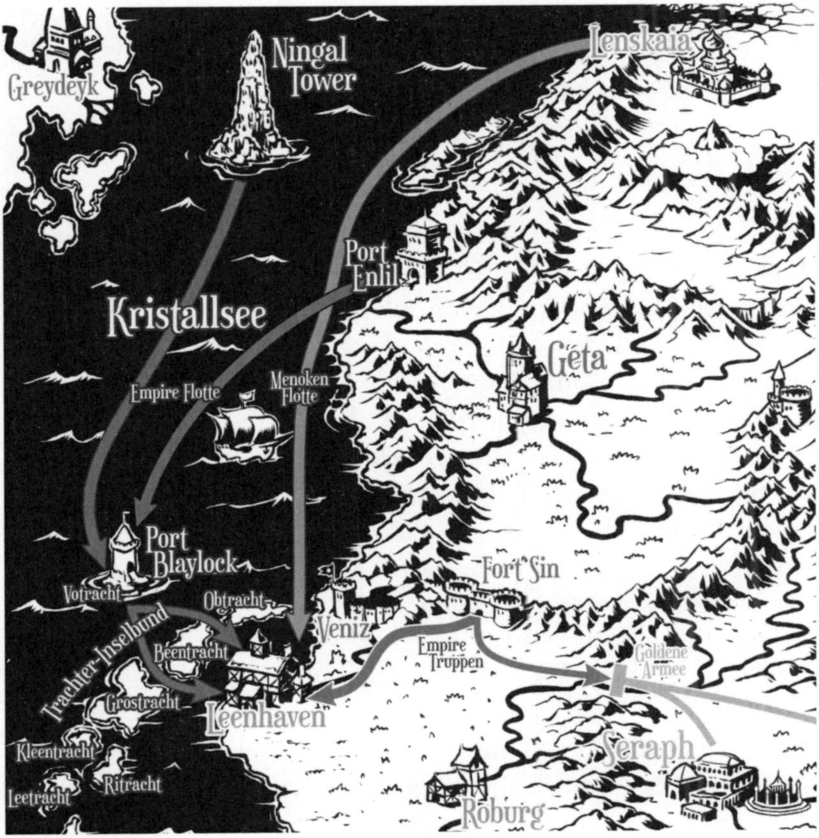

519 **) Frische dein Wissen über diese Rassen auf, indem du sie im Glossar nachschlägst. Du findest das Schlagwortverzeichnis als Teil des Anhangs am Ende des Buches.*

Zeitgleich wird sie von der Landarmee, die sich bereits seit Wochen um Fort Sin sammelt, unterstützt. Über 1.600 Mann aller verbündeten Völker werden für das Empire ins Gefecht um Leenhaven ziehen.
Eine Stunde vor Sonnenuntergang wird Aonus die wenigen Drachenreiter von den Windbergen nach Leenhaven führen und die Bodenstreitkräfte aus der Luft unterstützen. Außerdem sollen mit Einbruch der Nacht die letzten rund 60 Elite-Ugarith an stark umkämpften Punkten eingreifen.

Die Kampfverbände um Seraph lassen bis auf weiteres die Waffen ruhen. Allerdings verbleiben die Soldaten vor Rhenus' westlichster Siedlung, um eine Unterstützung Leenhavens durch Kyphis' Goldene Armee zu unterbinden.

*Besitzt du die Fähigkeit **Kriegsführung**, lies weiter bei **472**.*
*Andernfalls lies weiter bei **454**.*

520 Du versuchst, in der salzigen Gischt etwas zu erkennen, doch nur die vereinzelt aufflackernden Blitze geben dir für einen flüchtigen Augenblick einen Eindruck der verzweifelten Lage an Deck. Du willst dich gerade ins Schiffsinnere zurückziehen, da erblickst du aus den Augenwinkeln einen Matrosen, der von einer Welle mitgerissen wird. Erst als die Wassermassen wieder abgelaufen sind, siehst du den armen Kerl wieder, wie er sich krampfhaft an einen Pfosten der Reling klammert. Sein Brüllen um Hilfe durchdringt sogar das Tosen des Sturms. Unsicher wankst du zu ihm hinüber, packst ihn am Arm und ziehst ihn wieder auf die glitschigen Planken der Nargus.
Du erhältst 1 Karma-Punkt.

*Lies weiter bei **535**.*

521 Mit aller Kraft drängst du den Empire-Offizier ans Geländer der Plattform, rammst ihm dein Knie in den Unterleib und stößt ihn in die Tiefe. Er prallt direkt neben der Schleuse auf den

Boden des Damms. Dir bleiben nur noch wenige Atemzüge, um dich in Sicherheit zu bringen.

Solltest du beim Einstieg in den Damm einige Gegenstände in einer Kiste zurückgelassen haben und sie nun wieder aufnehmen wollen, lies weiter bei **474**.

Andernfalls lies weiter bei **479**.

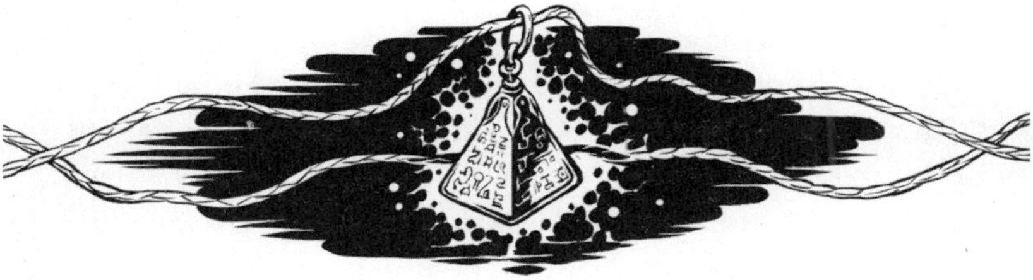

522 Du konzentrierst dich allein auf dein Augenlicht und vergrößerst die ganze Szenerie in deinem Geist. Jetzt erkennst du, dass sich die vierköpfige Gruppe merkwürdig verhält. Die Männer drücken sich an der Wand entlang und machen sich schließlich an einer Tür zu schaffen, die offensichtlich ins Innere des Damms führt.

Willst du zurück zum Damm und die Gruppe verfolgen, lies weiter bei **367**.

Willst du die Gruppe ignorieren und hier unten am Kanal warten, lies weiter bei **549**.

523 Nach einigen hundert Fuß im rechten Gang wird dir bewusst, dass irgendetwas nicht stimmt. Und als unerwartet der Boden unter deinen Füßen erzittert, überkommt dich die Angst und du stürzt weiter den Gang hinein.

Im zappelnden Schein der Laterne blickst du hinter dir in das runde Maul eines weißen, wurmartigen Monsters. Obwohl es fast den gesamten Gang ausfüllt, walzt es unfassbar geschmeidig hinter dir her. Du rennst um dein Leben und schleuderst schließlich

in höchster Not die Laterne auf den pulsierenden Kopf des Erdegels. Das Öl entzündet sich und ein schriller Schrei bohrt sich in deinen Kopf.
Die Flammen töten das Monster zwar nicht, halten es aber lange genug auf, dass du dieser Gefahr entrinnen kannst.

Lies weiter bei **438**.

524 Fest entschlossen, das feindliche Flaggschiff im Handstreich zu versenken, holst du die unscheinbare Sprengkugel hervor. Als du den Splint in die Kugel steckst, fühlst du, wie sich das Eisen erhitzt.
Du hast eine unaufhaltsame Reaktion in Gang gesetzt. Zitternd hältst du den Sprengsatz in der Klaue und betest zu Ugar, dass du die richtige Entscheidung triffst.
Streiche den ***Sprengsatz*** *vom Abenteuerblatt!*

Willst du sofort werfen, lies weiter bei **507**.
Willst du noch etwas warten, lies weiter bei **429**.
Besitzt du die Fähigkeit ***Mentaler Fokus*** *und willst dieser nun vertrauen, lies weiter bei* **493**.

525 Du bekommst die feuchte Kette kaum zu fassen. Trotzdem bist du entschlossen, dich an ihr hinab zu lassen.
Teste deine STÄRKE *gegen 13 und dein* GESCHICK *gegen 12!*

Gelingen beide Tests, lies weiter bei **465**.
Andernfalls lies weiter bei **517**.

526 Mit aller Kraft drückst du dich vom tonnenschweren Lot Richtung Metallplattform ab. Doch dein Timing ist schlecht – du verfehlst die Kante um eine Handbreite und stürzt ab.
Glücklicherweise krachst du ein Stockwerk tiefer auf das unnachgiebige Eisengitter der dritthöchsten Ebene.

Deine VITALITÄT *sinkt um eine Stufe, aber minimal auf* ***verletzt***.

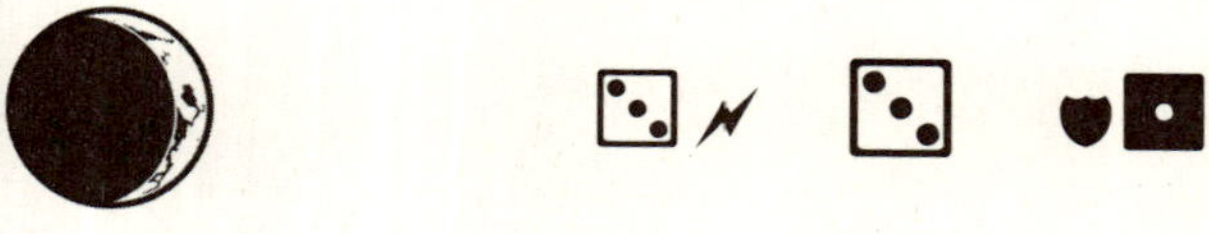

Unter Schmerzen humpelst du zur Leiter hinüber, an deren oberen Ende sich ein Empire-Offizier kampfbereit macht, der offenbar dein Fluchtmanöver bemerkt hat.
Du weißt, dass dir nur wenig Zeit bleibt, bis der Sprengsatz detoniert. Eilig kletterst du die Metallstiegen empor. Auf der vorletzten Plattform erwartet dich schließlich der Offizier in reich dekorierter Empire-Uniform.
Provokant stellt er sich vor die letzten Stiegen zur Freiheit. „Soldat, erklärt Euch! Was geht hier vor?", erkundigt er sich scharf. In panischer Ungeduld zückst du deine Waffe und greifst ihn an.

EMPIRE-OFFIZIER	*ANGRIFF*	**16**
	VERTEIDIGUNG	**15**
	RESISTENZ	○ ②
	KAMPFRUNDE	○○○○ ❺

Gewinnst du den Kampf binnen vier Runden, lies weiter bei **521**.
Geht er jedoch in KAMPFRUNDE ❺, *lies sofort weiter bei* **474**.

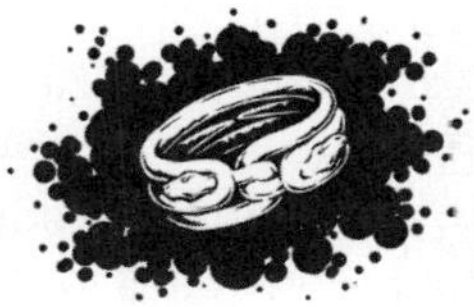

527 Der Händler lässt sich nichts anmerken, als du ihm mit einem Streichen des gekreuzten Mittel- und Zeigefinger über den Mund zeigst, dass du sein geheimes Handzeichen registriert hast. „Es ist gefährlich, in diesen Tagen fort von zu Hause zu sein", beginnt der undurchsichtige Händler zweideutig. „Aber ich helfe gern, wenn Ihr Euch verirrt habt!"

Willst du dich nach dem „schnellsten Weg nach Hause" erkundigen, lies weiter bei **412**.

Willst du ihn zuvor fragen, ob er dich mit „allem Nötigen" ausstatten kann, lies weiter bei **354**.

528 Geschmeidig gleitest du unter den Tisch und ziehst am winzigen Messingknauf. Zwei große, katzenhafte Augen starren dich an. Vor dir sitzt eingepfercht in den hohlen Tischsockel ein zierlicher Mungol.

Seine vier Händchen halten feine Eisenketten, mit denen er offenbar das Glücksrad manipulieren kann. Das Entsetzen seiner Entdeckung steht dem Winzling ins blattgrüne Gesicht geschrieben. Als du ihn am Kragen packst, fleht er mit schrill unterdrückter Stimme: „Bitte, bitte, lasst ab von mir!"

 Mit allen Sechsen versucht er vergeblich, deinen Griff zu mildern. Dann unterbreitet er dir ein Angebot: „Gut, Ihr habt mich erwischt. Wenn Ihr mich gehen lasst, verrate ich Euch die nächste Zahl – die Drei!"

Willst du die Gelegenheit am Schopfe packen und auf die Drei setzen, lies weiter bei ***470****.*

Willst du den Schwindel aufdecken, lies weiter bei ***441****.*

Willst du die Tür wieder verschließen und die Kneipe verlassen, lies weiter bei ***375****.*

529 Unwillkürlich zuckst du zusammen, als plötzlich eine menschliche, mit Runen verzierte Hand deine Schulter packt.

„Ich bin froh, Euch endlich gefunden zu haben", flüstert dir eine raue Frauenstimme zu. Die Unbekannte trägt einen unscheinbaren, schwarzen Umhang, dessen Kapuze ihr Gesicht bis auf einige rote Locken verbirgt. Es ist dir ein Rätsel, wie sie sich so unerwartet an dich heranschleichen konnte.

Willst du die Frau angreifen, lies weiter bei ***409****.*

Willst du das Gespräch suchen, lies weiter bei ***423****.*

530 Dir ist bewusst, dass dir nur zwei, bestenfalls drei Minuten bleiben, das Innere des Damms zu verlassen. Sorgenvoll blickst du die fast 200 Fuß steile Staumauer hinauf: Irgendwo dort oben im Dunkeln liegt der Ausgang. Da ertönt eine schrille

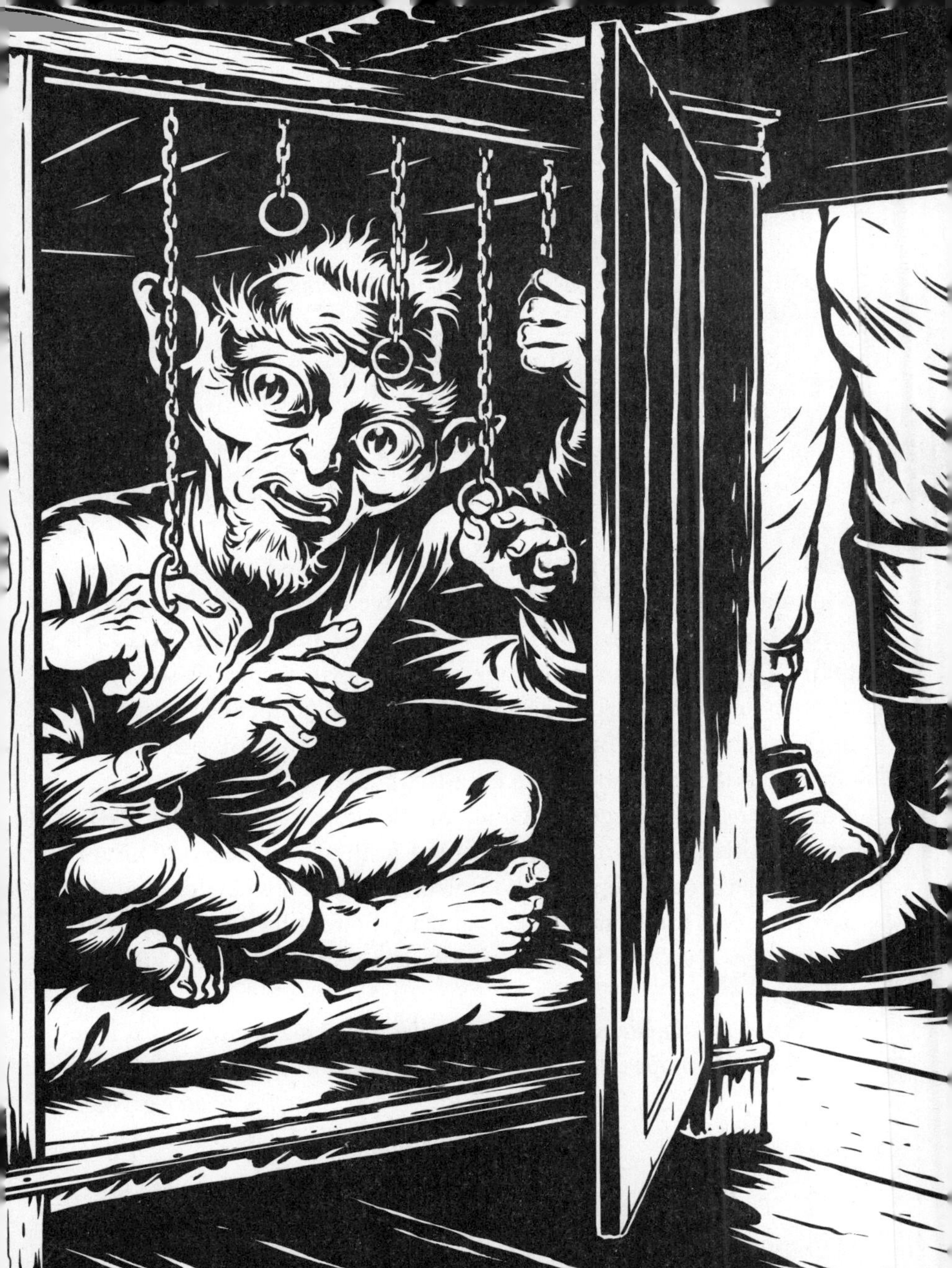

528 *Zwei große, katzenhafte Augen starren dich an. Vor dir sitzt eingepfercht in den hohlen Tischsockel ein zierlicher Mungol. Seine vier Händchen halten feine Eisenketten, mit denen er offenbar das Glücksrad manipulieren kann.*

Glocke! Ein Wachmann, der dich offenbar beobachtet hat, schlägt Alarm.

Willst du versuchen, über die Leitern der Plattformen zu entkommen, lies weiter bei ***424****.*

Willst du über das große Senkblei flüchten, lies weiter bei ***466****.*

531 Du wirfst dich auf den Boden und siehst aus den Augenwinkeln, wie ein Bolzen der zweiten Salve nicht nur die Bordwand zertrümmert, sondern auch den vor Angst erstarrten Zarlik durchbohrt. Die Wucht des armlangen Metalldorns ist dabei so heftig, dass er den Oberkörper des Echsenmagiers einfach durchschlägt und ungebremst weiter durch den Frachtraum zischt, um dann in einem Haufen Kartoffelsäcke einzuschlagen.

Angewidert wendest du dich ab, als der zerfetzte Leib des Zarlik an dir vorbeigezogen wird und eine orangerote Blutspur hinterlässt. Da erkennst du, dass die Bolzen mit silbrigen Seilen verbunden sind. Mit ihnen soll die Nargus an die feindlichen Schiffe herangezogen werden. Wieder ertönt das unheilvolle Klacken der Winden.

Besitzt du irgendeine Waffe und willst damit versuchen, das Seil zu kappen, an dem der Zarlik durch den Frachtraum geschleift wird, lies weiter bei ***394****.*

Willst du in Deckung bleiben, lies weiter bei ***487****.*

532 Du überwindest deine Angst, ignorierst die Hitze der Flammen, schließt die Augen und springst durch ein Fenster ins Parterre. Um dich herum brennt es lichterloh. Einzig deine stei-

nerne Haut verhindert, dass du binnen weniger Augenblicke vom Feuer verzehrt wirst.
Hastig bahnst du dir deinen Weg durch die Räume des Erdgeschosses mit dem unheilvollen Gefühl, das Haus könnte jeden Moment einstürzen.

Willst du die Treppe hinauf ins Dachgeschoss, lies weiter bei ***383****.*

Willst du das Erdgeschoss noch einmal genauer absuchen, lies weiter bei ***444****.*

533 Anerkennend klopft der Anführer dem Schlossknacker auf die Schulter und flüstert: „Gut gemacht! Aber jetzt bringt es zu Ende! Damit die Siegeshymnen über Leenhaven endlich durch Rhenus' Hand verstummen."
Erst jetzt wird dir bewusst, dass du diese kleine Ansprache nur dank deines Artefakts verfolgen konntest. Eigentlich hättest du kein Wort Rhelih, das im östlichen Wüstenreich gesprochen wird, verstanden.

Lies weiter bei ***364****.*

3

534 Mit scharfem Blick bemerkst du einen kleinen Steinbau mittig auf der Krone des Damms. Sie scheint der einzige Zugang ins Innere des gigantischen Bauwerks zu sein. Ringsherum türmen sich allerlei Werkzeuge und Baumaterialien.
Wie eine Raubkatze auf Beutejagd pirschst du dich im Halbschatten der Schutzmauer entlang, bis du schließlich den Vorbau mit seiner massiven Zugangstür mit der Aufschrift *„Innerer Dammkörper"* erreichst. Das Schloss wirkt ebenso robust wie der Türrahmen.

Willst du versuchen, die Tür gewaltsam aufzubrechen, lies weiter bei ***452****.*

Willst du dich verstecken und abwarten, ob sich eine andere Gelegenheit bietet, durch die Tür zu gelangen, lies weiter bei ***546****.*

Willst du nicht mehr in den Damm vordringen und den Kanal Richtung Leenhaven betreten, lies weiter bei ***404****.*

535 Das Schwanken des Schiffs und das Knarren des Holzes werden immer heftiger und lassen finstere Gedanken über den Untergang des Schiffes in dir aufkommen. Du entschließt dich, den Sturm unter Deck abzuwarten, und verkriechst dich in deine Koje. Doch als einer der Mäste bricht und Teile des Decks bersten lässt, ist es mit deiner Ruhe vorbei. Du erbittest die Gnade Ugars, er möge barmherzig zur Besatzung der Nargus sein.

Lies weiter bei ***443****.*

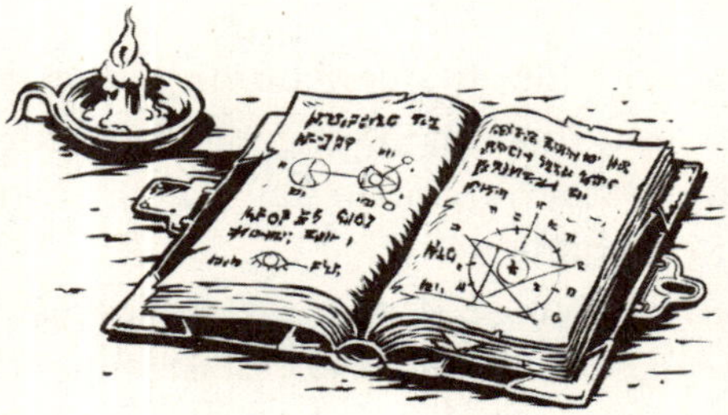

536 Röchelnd sinkt der Anführer an der Dammmauer zu Boden. Mit letzter Kraft versucht er, seinen beiden verbliebenen Kameraden etwas zuzurufen, doch einzig ein Schwall Blut quillt aus seinem Mund. Während du die Körper der Südländer zur Seite schaffst, tastest du ihre Umhänge ab und findest folgende Gegenstände:

· ***Krummsäbel*** *(Waffe, Treffer +3)*
· *Lederbeutel mit* ***9 Dinar*** *(Geld)*
· ***Rote Gebetskerze*** *(Utensil)*

Notiere die Dinge, die du einstecken willst, auf dem Abenteuerblatt.

Während du dich gegen die südländischen Spione hast behaupten müssen, konnten ihre beiden Kameraden das Schloss knacken und durch die Tür hindurchschlüpfen. Erschöpft, aber entschlossen, sie noch zu erwischen, nimmst du ihre Verfolgung auf.

Lies weiter bei ***387****.*

537 Sogukanti sind extrem mächtige Wesen aus der Unterwelt, die einzig mit magischen oder den Göttern geweihten Waffen verletzt werden können. Ihre Macht ist allerdings auf die Nacht beschränkt. Sonnenstrahlen verletzen sie schwer bis zum Tod.

Lies weiter bei ***509***.

538 Auf einmal herrscht Unruhe unter den Menoken. Du blickst dich um und siehst den wiedergenesenen Echsenmagier, wie er übers Deck der Nargus zur Brücke wankt.

„Kommodore, ein Zarlik!“, kreischt einer der verfeindeten Eiskrieger.

Während sich der Magier neben Admiral Grobrig eingefunden hat, beobachtest du den Anführer des menokischen Schiffs: Er stößt seinen Steuermann zur Seite und lässt das Ruder mehrmals rotieren.

Pure Konzentration funkelt in den geschlitzten Augen des Zarlik. Die Luft knistert, als sich die Macht der Magie in ihm sammelt. Das Menoken-Schiff ist nur noch ein Steinwurf entfernt und zum Entern bereit.

Da entfesselt der Echsenmagier aus dem Nichts seiner Handflächen einen gigantischen Feuerball, der mit der Geschwindigkeit eines herabstürzenden Felsens den Rumpf des menokischen Schiffs durchschlägt.

Brennende Splitter und Körperteile wirbeln durch die Luft, Männer springen schreiend ins Meer. Selbst du spürst die sengende Hitze der Feuerlanze.

Jubel brandet auf, als das feindliche Schiff Schlagseite bekommt. Einzig und allein durch den Handstreich eines Zarlik! Doch allmählich wandelt sich das Gejohle in Panik, denn die Trägheit lässt das Schiff weiterhin auf die Nargus zutreiben!

› *Der Kommodore schlug also absichtlich einen Kollisionskurs ein!* ‹

Das Holz unzähliger Bäume ächzt unter der Wucht des Zusammenpralls. Als sich der Rumpf der Nargus über das feindliche

Wrack schiebt, kannst du dich nicht mehr auf den Beinen halten. Zufällig bekommst du ein herabhängendes Seil der Takelage zu fassen, bevor du von Deck stürzt.

Willst du von Bord springen, bevor es zu spät ist, und die Stadt schwimmend erreichen, lies weiter bei **451**.

Willst du an Bord der Nargus bleiben, lies weiter bei **362**.

539 Der kräftige Wind bläht die Segel der Nargus bis zum Zerreißen. „Wir haben nur eine Chance! Wir müssen raus aus der Bucht und uns am Stützpunkt neu formieren“, erläutert Admiral Grobrig seine Befehle. „Die Menokenschiffe sind kleiner und haben wenig Tiefgang. Sie würden uns in den Untiefen zwischen den Inseln ausmanövrieren und uns ausnehmen wie 'nen Hering!“

Die feindlichen Schiffe, zwölf an der Zahl, ziehen ihr Netz immer enger. Es scheint, als hätten sie sogar mit dem Fluchtmanöver des Empires gerechnet.

Wenige Minuten später sind aus den schemenhaften Umrissen am Horizont schwer bewaffnete Schiffe samt Besatzung geworden. Männer und Frauen, vernarbt und entstellt von blutigen Schlachten, auf den Gesichtern die Farben und Symbole der menokischen Kriegerkaste, stehen bereit, um die Nargus zu entern. In ihren Augen blitzt pure Entschlossenheit.

„Geht unter Deck und betet!“, ruft dir Admiral Grobrig in scharfem Befehlston zu.

Willst du gehorchen, lies weiter bei **380**.

Willst du dich dem Kampf stellen, lies weiter bei **427**.

540 Mit einem markerschütternden Schaben donnern die Rümpfe der drei Schiffe aufeinander. Nur mühsam hältst du die Balance, musst aber zusehen, wie zwei Mann der Nargus über Bord gehen.

Da das Deck des Menokenschiffs an Steuerbord etwa sieben Fuß unter dem Niveau des Empireschiffes liegt, schwingen sich die Gegner mutig an Seilen hinüber. Mittlerweile haben mindestens 20 Krieger den Satz gewagt. Weitere drei Dutzend hängen in der Takelage und warten auf den richtigen Moment zum Absprung. Dann bemerkst du hinter dir eine Bewegung und duckst dich ab. Vor dir steht ein junger Menoke, gerade den Kinderschuhen entwachsen, sein Schwert zum Schlag erhoben.

Wenn du den jungen Krieger bekämpfen willst, lies weiter bei **505**.
Wenn du ihn unblutig ausschalten möchtest, lies weiter bei **420**.

541 Eigentlich bist du frei von Höhenangst, doch der Blick an den feuchten Staumauern hinunter lässt deine Knie weich werden. Unsicher setzt du einen Fuß vor den anderen, bis du schließlich die massige Kette erreichst. Neugierig musterst du sie. Ihre Glieder sind bereits etwas angerostet, tragen aber die tonnenschwere Last noch immer problemlos. Überrascht bemerkst du, dass sich die Kette leicht bewegt.

Willst du an der Kette zum Fuße des Damms hinabrutschen, lies weiter bei **525**.
Willst du zurück und die Leiter benutzen, lies weiter bei **504**.

542 Voller Erleichterung blickst du dem Bolzen hinterher, wie er mit einem dumpfen Schlag zu Boden poltert. Sogleich ruckt das Lot unter deinen Füßen und löst sich von der Kette. Geistesgegenwärtig krallst du dich an den Gliedern fest – denn schon wirst du dermaßen heftig nach oben katapultiert, dass sich dir der Magen umdreht. Schneller und schneller rast du nach oben. Der Gegenwind treibt dir Tränen in die Augen. Dennoch siehst du, wie das massive Gegengewicht dir auf dem Weg zur Decke entgegenkommt.
Doch dann – im Moment der größten Panik – überkommt dich eine vollkommene innere Ruhe. Obwohl dieser Zustand der perfekten Konzentration für einen Außenstehenden nur ein flüchti-

ger Augenblick wäre, scheint für dich die Zeit fast still zu stehen. Jetzt rattern die Kettenglieder ganz langsam, eines nach dem anderen, durch das Umlenkrad über dir. Außerdem schätzt du erleichtert, dass das Gegengewicht zwar knapp, aber ohne Kollision an dir vorbeifallen wird.

Du wartest auf den richtigen Moment zum Absprung.

*Teste dein Geschick gegen 17! Besitzt du jedoch die Fähigkeit **Mentaler Fokus**, teste dein Geschick nur gegen 14.*

*Gelingt der Test, lies weiter bei **407**.*

*Misslingt er, lies weiter bei **526**.*

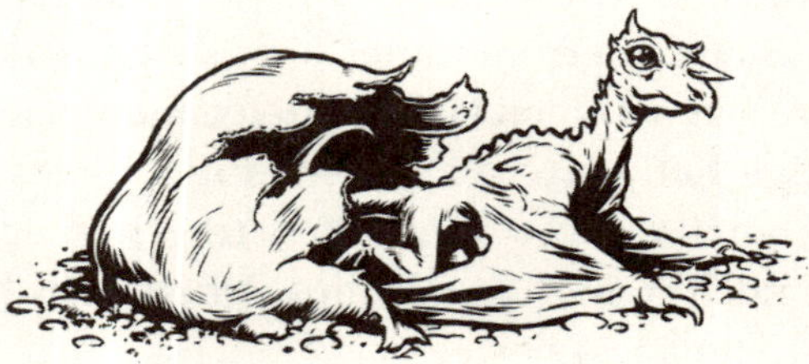

543 Du bist froh, wieder in deiner engen Kajüte an Bord der Mexez zu sein und genießt ihre Ruhe. Besonders in Anbetracht der Tatsache, dass in den nächsten Tagen womöglich die entscheidende Schlacht um den Ausgang des Krieges ausgefochten wird. Du ziehst es vor, dich in den verbleibenden Nachtstunden auszuruhen.

*Lies weiter bei **433**.*

544 Der stämmige Wirt hinter dem Tresen bekommt auffallend rote Ohren, als du ihm deine Erkenntnisse vom manipulierten Spieltisch zuflüsterst. „Was kostet mich Euer Schweigen?“, fragt er verunsichert.

*Willst du 20 Dinar, lies weiter bei **464**.*

*Willst du 30, lies weiter bei **480**.*

*Besitzt du die Fähigkeit **Diplomatie**, lies weiter bei **508**.*

545 Zunächst scheint das Meer friedlich zu bleiben, doch von einem Moment auf den anderen peitschen dir die ersten heftigen Böen das salzige Wasser ins Gesicht. Wenige Minuten später hat euch die schwarze Wolkenwand erreicht und die Nargus ist nur noch ein Spielball des Sturms.

Admiral Grobrig brüllt seine Befehle so laut er kann, doch viele seiner Anweisungen gehen im Tosen der Wellen und dem Ächzen des Schiffes unter. Du erschrickst, als du im grellen Blitzlicht erkennst, wie stark sich das Holz des Hauptmasts verbiegt.

› Wäre ich doch nur unter Deck gegangen! ‹

Gnadenlos peitscht der Sturm einen Brecher nach dem anderen übers Deck. Längst hat die Besatzung aufgehört, gegen die Urgewalten anzukämpfen. Die Segel sind eingeholt und die Ladung gesichert. Krampfhaft klammerst du dich an einem Seil fest, das auch nur mehr schlecht als recht mit der Reling verknotet ist.

Teste deine STÄRKE gegen 14 und dein GESCHICK gegen 15!

Gelingen beide Tests, lies weiter bei **520**.

Gelingt nur einer, lies weiter bei **388**.

Misslingen beide, lies weiter bei **440**.

546 Selbst im Schatten deines Verstecks ist es unerträglich heiß. Der Schweiß rinnt dir bereits aus den Ärmeln deiner Uniform. Mit einem langgezogenen Seufzer blickst du zur Sonne – in wenigen Minuten hat sie ihren Zenit erreicht.

Auf einmal hörst du leise Schritte. Eine vierköpfige Gruppe schleicht sich heran. Alle verbergen ihre Gesichter hinter dunklem Tuch und drücken sich mit gezückten Säbeln an der Schutzmauer entlang. Von der Klinge des Anführers tropft Blut. Angespannt drückst du dich tiefer in den Schatten.

Nur wenige Schritte von dir entferntx bringen sich die vermummten Gestalten schließlich vor der Metalltür in Stellung. Alle tragen typische Venizer Kleidung, doch die abgewetzten Stiefel des hünenhaften Anführers mit ihrer grauen Tarnfärbung verraten dir, dass er wahrscheinlich aus dem Wüstenreich stammt – denn nur dort gibt es das Leder der Aijamu-Flusspferde.

Eingespielt geht der Trupp ans Werk: Während die beiden kleineren Männer das Schloss inspizieren, halten ihnen der Anführer und sein nicht minder kräftiger Kollege den Rücken frei. Obwohl du perfekt getarnt bist, hältst du den Atem an.

Willst du die Truppe angreifen, lies weiter bei ***422****.*

Willst du in deinem Versteck abwarten, lies weiter bei ***355****.*

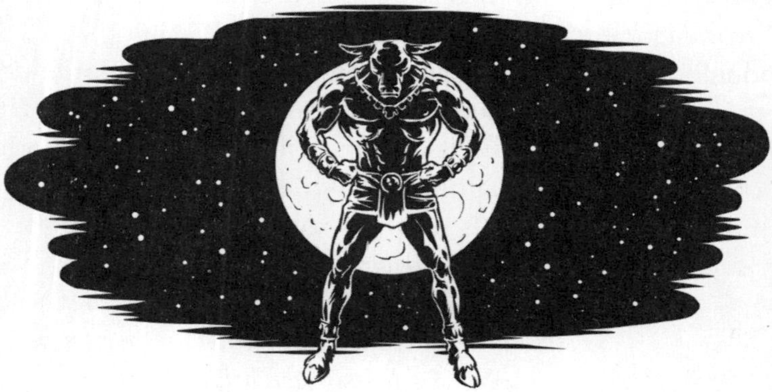

547 Gekonnt weichst du der ungestümen Attacke des letzten noch stehenden Räubers aus, fällst ihm in den Arm, packst sein Genick und schleuderst ihn quer über die Gasse in einen Stapel Obstkisten, die krachend über ihn hereinstürzen. Als sich niemand mehr rührt, untersuchst du den Anführer, der gerade wieder zu Bewusstsein kommt.

Wenn du ihm sein Geld abknöpfen willst, dann notiere ***6 Dinar*** *(Geld) auf dem Abenteuerblatt.*

Bevor du weiteren Ärger bekommst, verdrückst du dich lieber in den Schankraum der Kneipe.

Lies weiter bei ***459****.*

548 Überrascht vom jähen Einsturz des Hauses bringst du dich hinter einer Mauer in Sicherheit und wartest ab, bis die erste Druckwelle glühender Asche und schwarzen Qualms an dir vorbeigezogen ist.
Du willst gerade den zehrenden Flammen den Rücken zukehren, da vernimmst du das hysterische Schreien einer jungen Frau. Von Funken und Feuer umgeben fleht sie nach ihrem Sohn, der sich wohl noch immer im brennenden Haus befindet.

Willst du dich abwenden und deinen Weg zur Stadtmitte fortsetzen, lies weiter bei ***446****.*

Willst du der Mutter helfen und ihr Kind suchen, lies weiter bei ***532****.*

Besitzt du die Fähigkeit ***Vorahnung****, lies weiter bei* ***395****.*

549 Seit knapp einer Stunde verharrst du im ausgetrockneten Kanalbett, das sich wie eine Schlange durch das Tal nach Leenhaven schlängelt, als du eine Erschütterung wahrnimmst. Zunächst kaum spürbar, dann immer heftiger werdend, um schließlich in ein ohrenbetäubendes Tosen zu münden. Der Damm bricht! Instinktiv stürmst du die Böschung hinauf, blickst zurück und erstarrst: Hinter dir türmt sich eine riesige Flutwelle auf, auf deren Krone bereits zahllose entwurzelte Bäume reiten. Nur wenige Augenblicke später erschlägt dich die Welle.
Während dein toter Körper von den Wassermassen mitgerissen wird, wissen die Bewohner Leenhavens noch nicht, dass sie bald dasselbe Schicksal ereilen wird.

*Dein Leben endet hier. (**✢468**)* ▪

550 Während unter dir der Venizer Damm kleiner und kleiner wird, versuchst du zu verarbeiten, was in den letzten Minuten geschah: Aonus ist tot, sein Drache hat dich vor dem sicheren Untergang bewahrt und nun fliegst du auf dessen Rücken vor dem imposanten Panorama der Windberge und den enormen Wassermassen des Stausees.

Krampfhaft hältst du dich an den Zügelketten fest und drückst die Schenkel fest gegen die Polster des Ledersattels, aus Angst, sonst in die Tiefe stürzen zu müssen. Ungeachtet dessen steigt Kyrna weiter auf, bis ihr die dichte Wolkendecke erreicht und nach ein paar weiteren kräftigen Flügelschlägen sogar durchbrecht.

› *Was für ein Anblick!* ‹

In Ehrfurcht reibst du dir die Augen – welch atemberaubender Ausblick! Die Kar-Scheibe ergießt ihr himmlisches Feuer über die
3 Wolken, die euch wie ein unendliches Meer aus Baumwolle umgeben.

Erst Kyrnas langgezogener Ruf und eine dumpfe Stimme aus den Packtaschen des Reitersattels beenden deine Träume. Zitternd vor Anstrengung und Kälte holst du einen leuchtenden Kontaktquarz hervor und die Stimme wird verständlich: „Aonus, wo steckt Ihr!? Meldet Euch!"

Sofort erkennst du die schrill-heisere Stimme des Schattenmeisters. Dir wird heiß und kalt zugleich und du weißt anfangs nicht, wie du dich verhalten sollst. Doch nach einer kurzen Schrecksekunde nutzt du die Gelegenheit und grüßt Calderel mit verstellter, tiefer Stimme.

„Aonus!? Endlich!", zischt der Ugarith-Abgesandte ungeduldig. „Wie ist die Lage? Auftrag erfolgreich durchgeführt?"

Du bejahst.

„Und der Verräter?"

Du zögerst: „… tot!"

Erneut entsteht eine Pause. Du zweifelst, ob deine Antwort weise gewählt war. Doch dann fährt Calderel nüchtern fort: „Gut, Aonus, gut. Kehrt augenblicklich nach Fort Sin zurück und erwartet dort weitere Befehle!"

Der Kristall erlischt. Unter einem befreienden Schrei schleuderst du ihn in die Wolken und wischst dir den kalten Schweiß von der Stirn. Die Todesangst steckt dir noch immer in den Gliedern.

Entkräftet legst du dich auf dem Rücken des Drachen ab. Du spürst die rauen Schuppen aus schwarzem Horn, wie sie auf deiner Haut scheuern. Selbst Kyrnas Atmung, ihren Herzschlag nimmst du wahr.

Du sortierst deine Gedanken. Calderel hat Aonus also entsandt, um dich zu eliminieren. Aber woher wusste der Schattenmeister von deinem falschen Spiel?

› *Tarus!* ‹

Es ist nicht abwegig, dass Calderel den Bewahrer entlarven konnte, nachdem er seine Tarnung für dich aufgab. Mit gemischten Gefühlen holst du Tarus' Brief hervor und entfaltest das feine Büttenpapier.

*Solltest du dich nicht mehr an Tarus' Brief erinnern können, dann blättere nach **B18**, frische dein Gedächtnis auf und lies anschließend hier weiter!*

Du machst dir bittere Vorwürfe und entschließt dich, der Aufforderung deines Lehrmeisters nachzukommen und den Varoon im Tamoloka-Massiv anzusteuern.

*Lies weiter in **KAPITEL 4: „IM HERZEN DER FINSTERNIS“**.*

✪ ✪

Hast du die zwei SCHICKSALSPUNKTE (den 6. und 7.) in diesem Kapitel gefunden? Falls nicht, kannst du es erneut versuchen.

Heile zum einen den Zarlik während des Sturms, indem du ihn mit einer magischen Frucht erweckst und rette zum anderen die Bevölkerung Leenhavens, indem du den zerstörerischen Druck vom Venizer Damm nimmst.

REGELWERK V

KYRNAS WERTE

Mit der schwarzen Drachendame Kyrna steht nun eine starke Verbündete an deiner Seite! Sie wird dir helfen, wo sie kann, doch es ist zumeist deine Entscheidung, ob und wie sie dies tut.
Kyrnas Mächtigkeit und Verfassung beschreiben die folgende Werte auf dem Abenteuerblatt: REITERRANG *und* KYRNAS VITALITÄT.

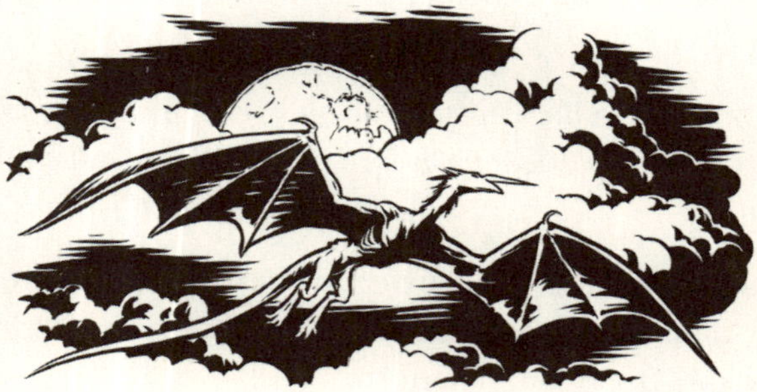

REITERRANG

Zwischen dir und Kyrna besteht eine besondere Beziehung und es wird Gelegenheiten geben, dass sich diese Bande weiter festigt. Der REITERRANG *beschreibt diese Verbundenheit.*

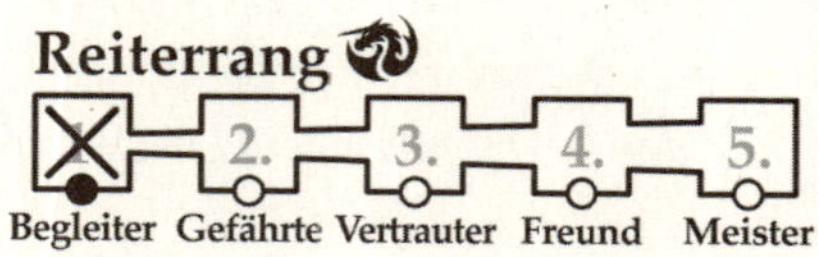

Er ist unterteilt in fünf Stufen:

Begleiter · Gefährte · Vertrauter · Freund · Meister

Du beginnst als **Drachenbegleiter**. *Dies ist der 1.* REITERRANG. *Er ist bereits auf dem Abenteuerblatt angekreuzt.*

Je höher du die Stufenleiter erklimmst, desto inniger ist die Bindung zwischen Kyrna und dir. Vergiss nicht, erlangte Ränge anzukreuzen, wenn du dazu aufgefordert wirst!

Kyrnas Vitalität

Selbst ein riesiger Drache wie Kyrna ist ein Lebewesen aus Fleisch und Blut. Auch sie kann verletzt werden und sogar sterben. Sollte dies geschehen, während du auf ihrem Rücken sitzt, bedeutet dies ebenso für dich den Tod, unabhängig davon, wie hoch deine Vitalität *in diesem Moment ist!*

Ihr körperlicher Zustand wird mit dem Wert Kyrnas Vitalität *auf dem Abenteuerblatt dokumentiert.*

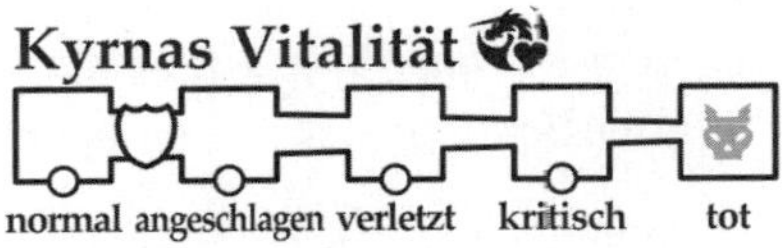

Übrigens: Der Schild zwischen **normal** *und* **angeschlagen** *kommt eventuell später zum Tragen und ist jetzt zu ignorieren. Die dazugehörige Regel wird erst erläutert, sollte sie benötigt werden.*

Kyrnas Packsattel

Auf Kyrnas Rücken ist ein großer Packsattel festgezurrt, in dessen Ledertaschen du Utensilien und Waffen verstauen darfst, die du nicht am Körper oder in deinen Taschen transportieren kannst oder willst.
Ein Austausch zwischen deinem Besitz und Kyrnas Packsattel ist in jeder Sektion erlaubt, in der du a) in Kontakt zu deinem Drachen stehst und b) in keinen Kampf verwickelt bist.
Seine Kapazität ist ebenfalls auf sechs Gegenstände begrenzt. Daher wirst du dich früher oder später entscheiden müssen, Dinge zurückzulassen, sprich für immer zu streichen.

◆ ◆ ◆

Überstanden – dies waren die letzten Spielregeln!

Lies weiter im 4. Kapitel bei **551***.*

KAPITEL 4

IM HERZEN DER FINSTERNIS

Die Schlacht um Leenhaven und gegen einen alten Widersacher haben dein Wesen verändert. Du erhältst 1 KARMA-Punkt.
Ab jetzt darfst du überschüssige Gegenstände auch in Kyrnas Packsattel verstauen. Denke aber daran, dass du – solltest du auf dich allein gestellt sein – trotzdem nur auf die Dinge zurückgreifen darfst, die du selbst mit dir führst.

4

Bei der Durchsuchung von Kyrnas Packsattel hast du übrigens folgende Dinge entdeckt, die offensichtlich zuvor Aonus gehörten:

· ***Reiterdorn*** *(Lanze aus schwarzem Stahl, der mit einer langen Kette am Packsattel befestigt ist – daher nicht transportabel)*
· ***Reiterbogen*** *(meisterhafte Fernkampfwaffe, inklusive Köcher)*
· ***Reitermantel*** *mit angenähten Fäustlingen (wärmendes aber unbequemes Kleidungsstück, das du nur trägst, wenn du auf Kyrna reitest oder anderweitig extremer Kälte ausgesetzt bist)*
· ***Drachenhorn*** *(Rufsignal für Kyrna, trägst du stets bei dir)*

Die vier oben aufgeführten Gegenstände gehören zu deiner festen Drachenausrüstung und stehen bereits auf dem Abenteuerblatt unten!

· ***starker Obsidiantrank*** *(Utensil, spendet nach der Einnahme augenblicklich drei Stufen VITALITÄT, eventuell sogar auf* ***fit****)*
· ***9 Dinar*** *(Geld)*
· ***Laterne*** *(Utensil)* · *20 Fuß* ***Seil*** *aus Latukhaar (Utensil)*

In weiser Voraussicht steckst du die beiden zuletzt genannten Utensilien in den Rucksack. Vielleicht musst du dafür andere Dinge herausnehmen und im Packsattel verstauen oder dich gar für immer von ihnen trennen. Nimm nun alle Veränderungen sorgfältig auf dem Abenteuerblatt vor!

GEHEIME VERWEISE

Ab diesem Kapitel gibt es gelegentlich Sektionsverweise, die in sich einen alternativen Fortgang der Geschichte verbergen. Solche Zahlen sind mit einem Kreuzchen markiert (Beispiel: **557+** *anstelle* **557***).*

Diese Verweise sind mit einem Trick anzupassen. Meistens sind es kreative Zahlenspielereien, bei denen du Ziffern suchst, vertauschst oder anderweitig manipulierst. Hast du jedoch keine Ahnung, was zu tun ist, kannst du natürlich ganz normal bei der angegebenen Sektionsnummer weiterlesen.

Deine VITALITÄT steigt um ***zwei*** *Stufen, aber höchstens auf* ***normal****.*
Vergiss nicht, die Speicherpunkte zu Beginn dieses Kapitels auf dem Abenteuerblatt zu setzen!

DAS ORAKEL VON KABETH: „Der Aufstieg wird zum Abstieg und führt selbst den Abgesandten in Versuchung. Vermag er die Abgründe seines schattenhaften Seins zu überwinden und im Zwielicht der Geschwister den auserkorenen Weg zu finden?"

551 Kyrnas sanftes Brummen folgt dir, als du das Felsplateau Richtung Großer Spalt verlässt. Dahinter, so hat es Tarus in seinem Brief beschrieben, führt ein Pfad zum schneebedeckten Gipfel des Varoon und dem verborgenen Ugar-Tempel.

Du schlägst die Kapuze des Reitermantels zurück und bewunderst die majestätischen Bergriesen, über denen sich die ersten Sterne am Abendhimmel andeuten. Bisher war kein Hinweis auf das Heiligtum zu entdecken. Trotzdem vertraust du sowohl Tarus' Worten als auch dem Orientierungssinn deines Drachen.

Du atmest pure Freiheit. Zum ersten Mal seit Wochen fühlst du dich befreit von allen Problemen, von jeglichem Leid. Dann klingen dir wieder Tarus' Mahnungen in den Ohren und du fokussierst dich auf deine heilige Pflicht, die Pflicht des Schattenkindes.

Die erste Wegstrecke bereitet dir keine größeren Probleme. Festen Schrittes stapfst du durch den Schnee, der in diesen Höhen lückenlos den Fels bedeckt. Die dünne Luft lässt weder Bäume noch Sträucher gedeihen. Doch so kalt und karg die Umgebung auch sein mag, sie hat eine beruhigende, spirituelle Wirkung auf dich.

Lies weiter bei ***561****.*

552 Es mag eine kluge Entscheidung sein, nicht die steile Westwand erklimmen zu wollen. Trotzdem ist der vergleichsweise sichere Pfad nicht zu unterschätzen. Nur langsam kommst du voran. Immer wieder werfen Klippen ihre langen, bedrohlichen Schatten auf den unbefestigten Pfad.

Hast du eine ***Laterne*** *und willst sie entfachen, lies weiter bei* ***668****.*
Ansonsten musst du im Dunkeln laufen, lies weiter bei ***598****.*

553 Verwundert stellst du fest, dass der intensive Lichtstrahl deiner Blendlaterne nicht so reflektiert wird, wie es sein sollte. Ein Teil des Lichts bohrt sich förmlich in den Spiegel und verschwindet darin. Du näherst dich vorsichtig, um dieses Phänomen zu untersuchen, als der Spiegel zerbricht. Reflexartig wendest du dich ab und entkommst so den Splittern, die zu Tausenden zu Boden regnen.

Lies weiter bei ***679****.*

554 Das Geschöpf im Fels entfaltet träge Arme und Beine, als hätte es eine Ewigkeit im Schneidersitz verharrt und nur auf dich gewartet. Der Koloss besteht jedoch nicht aus Fleisch, Haut und Haaren, vielmehr aus Granit, Basalt und Obsidian. In seinen Adern, die sich auf seinen steinharten Muskeln abzeichnen, pulsiert kein Blut – sondern Quecksilber! Wer auch immer dieses Ungetüm erschuf, er verstand sein diabolisches Handwerk.
Vor dir thront ein mächtiger Golem, wie er in Schauergeschichten beschrieben wird. Seine Statur ist entfernt menschlich. Faust-

große Diamanten funkeln in einem mundlosen Schädel, wo ein sterbliches Geschöpf normalerweise seine Augäpfel hätte.
*Du vertraust zum ersten Mal auf die heiligen Kräfte deiner neuen Waffe und ziehst die **Mondsichel**!*

*Lies weiter bei **653**◗!*

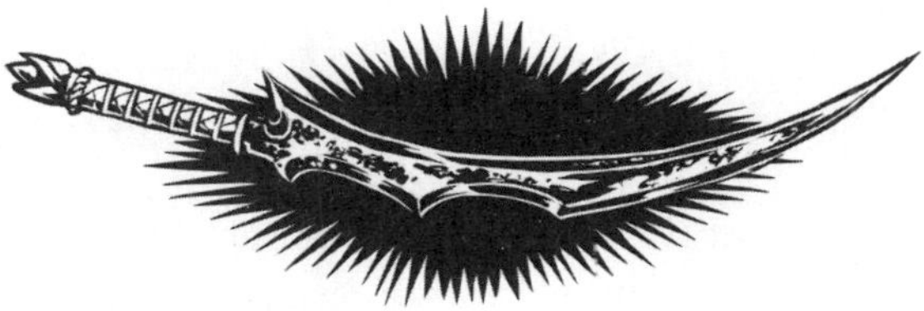

555 Der Eingang des Spiegelkabinetts.
In welche Richtung willst du gehen?

*Nach Osten, lies weiter bei **579**.*
*Nach Westen, lies weiter bei **628**.*

556 Es ist ein großes Risiko, das andere Ufer über die Platten erreichen zu wollen. Aber du vertraust Ugar und deinen Fähigkeiten. Mit einem riesigen Satz springst du los. Die ersten Sprünge meisterst du ohne Probleme. Wie eine Bergziege hüpfst du von Plattform zu Plattform. Auf halbem Weg jedoch bricht der Stein unter deiner Last und die Felsplatte kippt zur Seite. Erfolglos versuchst du das Gleichgewicht zu halten und rutschst ab.

*Besitzt du **Resistenz gegen Hitze**, lies weiter bei **581**.*
*Andernfalls lies weiter bei **678**.*

557 Mit aller Kraft stemmst du dich gegen die Felsbrocken. Erst bewegt sich nichts, doch dann kommen die Steine ins Rutschen. Frische Luft dringt in dein Gefängnis ein und du steckst den Arm durch den Spalt, als erneut Steine poltern. Du bist eingeklemmt. Trotz der Schmerzen bleibst du ruhig.

*Lies weiter bei **677**.*

Solltest du bislang dieses Symbol ◗ noch nicht gesehen haben, ignoriere es einfach.

558 Du sprintest in die Dunkelheit. Hinter dir schreit der Dämon. Du kannst nicht anders – du musst einfach zurückschauen und erblickst eine monströse Fratze, die dich mit sieben irren Augen anstarrt. Doch du trotzt ihrer Hypnose, rennst weiter und entkommst mit einem verzweifelten Hechtsprung durch den Felsspalt. Während du dich in Sicherheit bringst, wütet hinter dir der schwarze Tentakel, bis der Gang letztendlich einstürzt.

Lies weiter bei ***667****.*

559 Mit stoischer Ruhe geht der Mönch voran. Neugierig
musterst du sowohl seine schwarze Kutte und lange Stütze als
4 auch das leuchtende Mondzeichen auf seiner Stirn – er hingegen
würdigt dich keines Blickes.

› Ein seltsamer Kauz. Sollte ein Priester des Ugar das Schattenkind nicht mit größerer Euphorie empfangen? ‹

Willst du Ugar-Vin ob seines merkwürdigen Verhaltens zur Rede stellen, lies weiter bei ***674****.*

Willst du ihm wortlos folgen, lies weiter bei ***607****.*

560 Hier ist das Zentrum des Spiegelkabinetts.

In welche Richtung willst du gehen?

Nach Norden, lies weiter bei ***596****.*

Nach Osten, lies weiter bei ***696****.*

Nach Süden, lies weiter bei ***579****.*

Nach Westen, lies weiter bei ***676****.*

561 Nach knapp einer Stunde Fußmarsch ist Kyrna nur noch ein kleiner dunkler Punkt am Fuße des Berges. Obwohl sie bereits Meilen entfernt ist, spürst du ihre Nähe.

Als wolle auch dein Drachenweibchen ein Zeichen des Abschieds geben, schlägt sie so heftig mit ihren mächtigen Schwingen, dass der eisige Schnee aufwirbelt. Ein prächtiges Farbspiel von Rot bis Violett zeigt sich in der Abendsonne.

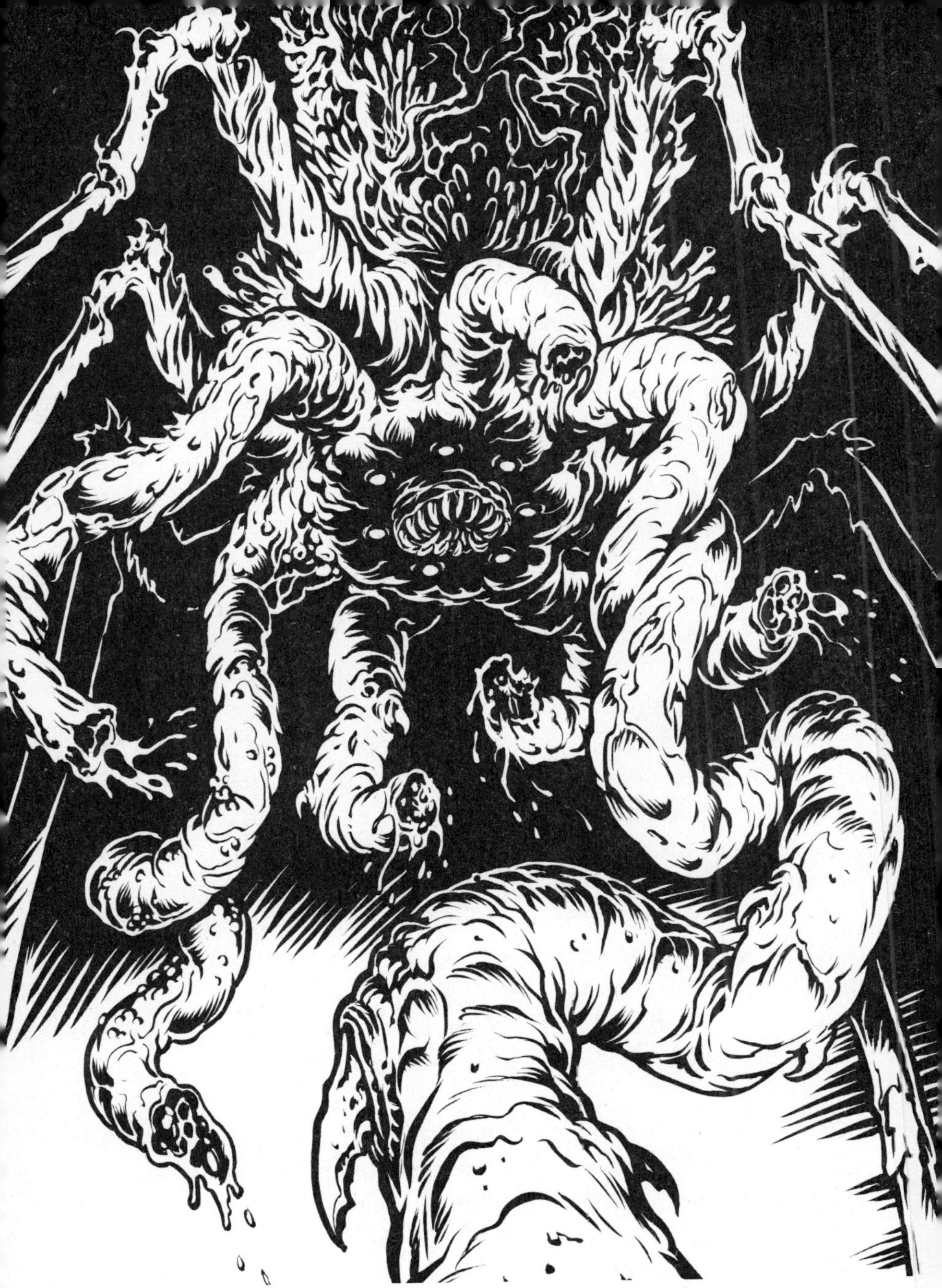

558 *Du sprintest in die Dunkelheit. Hinter dir schreit der Dämon. Du kannst nicht anders – du musst einfach zurückschauen und erblickst eine monströse Fratze, die dich mit sieben irren Augen anstarrt.*

› Diese Farben … so wunderschön … so sieht also ein Regenbogen aus … danke, Kyrna! ‹ ☽

Vor dir liegt der Eingang des Großen Spalts, ein schmaler Weg oder besser ein Riss im Felsmassiv des Varoon. Der Legende nach soll der geschützte Zugang zum heiligen Gipfel von den ersten Ugarith geschlagen worden sein und dich streckenweise unter das ewige Eis des Gletschers führen. Beklemmung und Ehrfurcht gleichermaßen begleiten dich beim Durchqueren der Klamm.

*Besitzt du die Fähigkeit **Vorahnung**, lies weiter bei **675**.*

*Andernfalls lies weiter bei **610**.*

4 **562** Dunkle Basaltstufen führen dich an mächtigen Säulen vorbei zu einem gigantischen Torbogen, der die Vorhalle vom eigentlichen Tempelbau trennt. Die Statuen der Ugarith-Heiligen, die deinen Weg auf hohen Sockeln flankieren, verfolgen dich mit leeren Steinaugen.

Beschämt blickst du auf den Steinboden und bemerkst, dass die silbrigen Einschlüsse, die den schwarzen Marmor durchziehen, förmlich unter deinen Füßen erglühen. Du ziehst dadurch eine Leuchtspur hinter dir her, die erst nach und nach vergeht.

„Eure erste Aufgabe liegt direkt vor dir, Schattenkind." Mit einer theatralischen Geste macht dich Ugar-Vin auf einen riesigen Mondkalender aufmerksam. Das meisterliche Mosaik erstreckt sich über den gesamten Bereich des inneren Tempels und zeigt den Verlauf der Mondphasen.

*Besitzt du den **Stern von Feymar**, lies weiter bei **694**.*

*Andernfalls lies weiter bei **641**.*

563 Zögerlich machst du einen Schritt weg von der Mondkugel. Der Boden zittert. Und mit jedem weiteren Schritt werden die Erschütterungen zorniger, bis die Spiegel um dich herum mit einem Schlag zersplittern.

Die Scherben fallen aber nicht zu Boden! Sie verharren in der

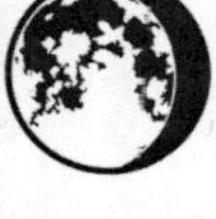

Luft, richten dann – wie auf Kommando – ihre scharfen Kanten aus und rasen auf dich zu. Binnen weniger Atemzüge sackst du blutüberströmt zusammen.

Dein Leben endet hier. (✢594) ■

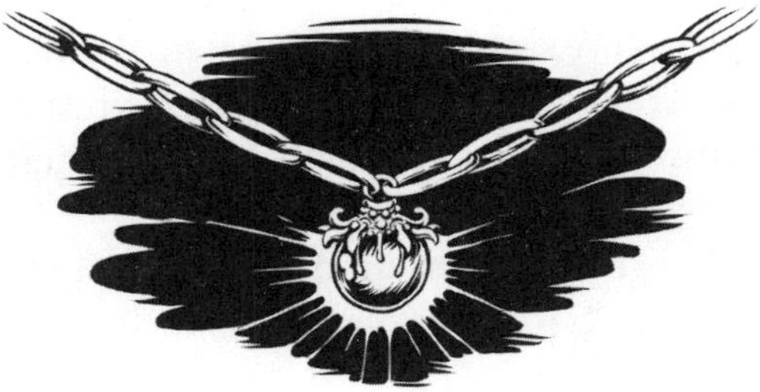

564 Im Zentrum der riesigen Höhle ragt eine interessante Felsformation auf. Sie ist erheblich größer als die anderen und schimmert feucht.
Als du dich dem merkwürdigen Felsen näherst, glaubst du eine Bewegung erkannt zu haben. Aber nicht irgendetwas auf oder vor dem Felsen hat sich bewegt, sondern der ganze Fels selbst!
Nur einen Steinwurf entfernt verharrst du, denn so etwas hast du noch nicht gesehen: Der Felsen richtet sich langsam auf!

Lies weiter bei ***554****.*

565 Du gerätst ins Straucheln und versuchst dich irgendwo festzuhalten – doch dein hilfloser Griff geht ins Leere und du rutschst an der Felskante des Pfads ab. Das Echo deines Todesschreis verhallt in den Bergen.

Dein Leben endet hier. (✢552) ■

566 So bugsierst du den Xorox direkt vor eine Felswand, während du weiterhin frei inmitten des Ganges stehst. Wie ein Schattenboxer schlägst du ins Leere, doch das Spiegelwesen attackiert die unnachgiebige Wand. Mit jedem imitierten Schlag splittern

Scherben vom Körper dieses Monstrums ab. Es funktioniert! Du steigerst deine imaginären Angriffe immer weiter, bis du schließlich den Glasschädel des Monsters mit einem heftigen Nicken am Fels zerbrechen lässt.

Unter schrillem Klirren fallen die Scherben zu Boden und verblassen. Du hast das Xorox mit seinen eigenen Waffen geschlagen! Aus dem Scherbenhaufen rollt dir ein silberner Sternenstein vor die Füße. Fasziniert hebst du ihn auf und verschlingst ihn ohne zu zögern.

Eine neue Macht breitet sich in dir aus. Du weißt zwar nicht, um welche Fähigkeit du bereichert wurdest, doch es ist etwas ganz
4 Besonderes.

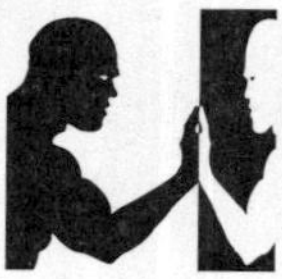

*Notiere dir die Fähigkeit **Macht des Xorox** in Feld 11 auf dem Abenteuerblatt. Umkreise dort zudem die Zahl 566, die Nummer dieser Sektion, damit du bei Bedarf etwas nachlesen kannst.*

*Lies weiter bei **612**.*

567 Du tastest den Boden vor dir ab und packst schließlich einen Basaltstein. Größe und Gewicht sind perfekt. Dann wirfst du ihn in die Dunkelheit – ein heftiges Klirren ertönt, fast so, als hätte jemand ein Dutzend Vasen mit einem Streich zerschlagen. Dann kehrt wieder Stille ein. Was hat das nur zu bedeuten?

*Besitzt du eine **Laterne** oder **Blendlaterne** und willst sie entfachen, lies weiter bei **587**.*

*Willst oder musst du im Dunkeln weitergehen, lies weiter bei **681**.*

568 Es sind nur noch wenige Meter bis zum Rand der Höhle. Ein enger Ausgang – dort würde der Dämon niemals hindurchpassen – liegt direkt vor dir. Daneben, in einer Nische der Katakombe, entdeckst du einen großen Berg Knochen und Schädel.

*Willst du den Knochenhaufen untersuchen, lies weiter bei **684**.*

*Willst du deinen Weg fortsetzen, lies weiter bei **577**.*

569 Nach nur wenigen Schritten im Spiegelkabinett ist klar, dass es sich um ein Labyrinth handelt. Du bist angespannt und nervös, doch lässt eine unsichtbare Kraft deinen Körper beben. Irgendwer oder irgendwas Machtvolles muss sich in diesen Gängen befinden!

Lies weiter bei ***555****.*

570 Nichts geschieht. Enttäuscht setzt du dich ab und das Leuchten unter deinen Füßen verglimmt. „Offensichtlich seid Ihr nicht würdig, das Heiligtum zu betreten, Schattenkind." Ugar-Vin nimmt dich tröstend in den Arm.

Der Sinn deiner Existenz endet hier. ***(+641)*** ■

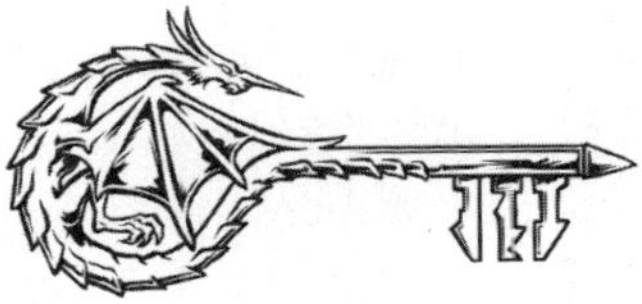

571 Die feinen Goldzeichen auf dem Torbogen geben dir Rätsel auf. Unsicher, ob es sich um einen Segen oder Fluch handelt, trittst du schließlich durch das Portal.

Lies weiter bei ***629****.*

572 Kaum hat sie ihre Worte ausgesprochen, erhebt sie die Arme und beginnt, mit ausladenden Bewegungen die Schattenschwaden zu formen und zu gestalten. Die Segel des Geisterschiffs blähen sich auf und sein Kurs ändert sich. Du willst fliehen, als du bemerkst, dass der Dreimaster direkt auf dich zuhält, doch der dunkle Nebel, der zwischen deinen Füßen und Knien streift, ist plötzlich zäh wie Brei. Hilflos stapfst du voran, doch das Schiff wird dich gleich erfassen.

Willst du dich in den Nebel werfen, lies weiter bei ***663****.*
Willst du dem Schiff laufend ausweichen, lies weiter bei ***649****.*

573 Ruhig gleitet das Floß über das zähflüssige Gestein. Gasnebel kräuseln sich über die Planken und entzünden sich. Der unheimliche Fährmann stakst schweigend weiter. Er würdigt dich keines Blickes.

In der Floßmitte ragt ein kleiner Mast ohne Segel empor. Daran sind sechs Goldmünzen genagelt, die funkeln, als wären sie erst gestern geprägt worden.

*Trägst du die **Dublone des Kapitäns** bei dir, lies weiter bei **611**.*

*Wenn nicht, lies weiter bei **693**.*

574 Nach einigen Meilen hast du den Fuß der Westwand er-
4 reicht. Hier liegt nur eine dünne Schneedecke. Jedoch wirkt dein Vorhaben, den Varoon kletternd bezwingen zu wollen, aus der Nähe betrachtet, wie kindischer Übermut. Aber du vertraust deinen Fähigkeiten und beginnst den beschwerlichen Aufstieg.

Die Kombination aus Selbstüberschätzung und klauenartigen Händen, die sich wie von selbst in den Fels bohren, mag gefährlich sein, doch du kämpfst dich Stück für Stück die Steilwand empor.

*Lies weiter bei **635**.*

575 Sicheren Schrittes gehst du über die Himmelsscheibe auf den zunehmenden Halbmond im Marmorboden zu.

Blättere nun zum MONDKALENDER bei Sektion 600.

*Ist dort der **zunehmende Halbmond** angekreuzt?*

*Wenn ja, lies weiter bei **639**.*

*Andernfalls lies weiter bei **570**.*

576 Unsanftes Rütteln an deiner Schulter weckt dich. Die letzten Erlebnisse, das Schattenschiff im Nebel und der Kampf gegen Kapitän Sian waren also nur ein schlimmer Alptraum.

Setze nun deine VITALITÄT wieder auf die Stufe vor der Begegnung mit der Alten und Kapitän Sian zurück.

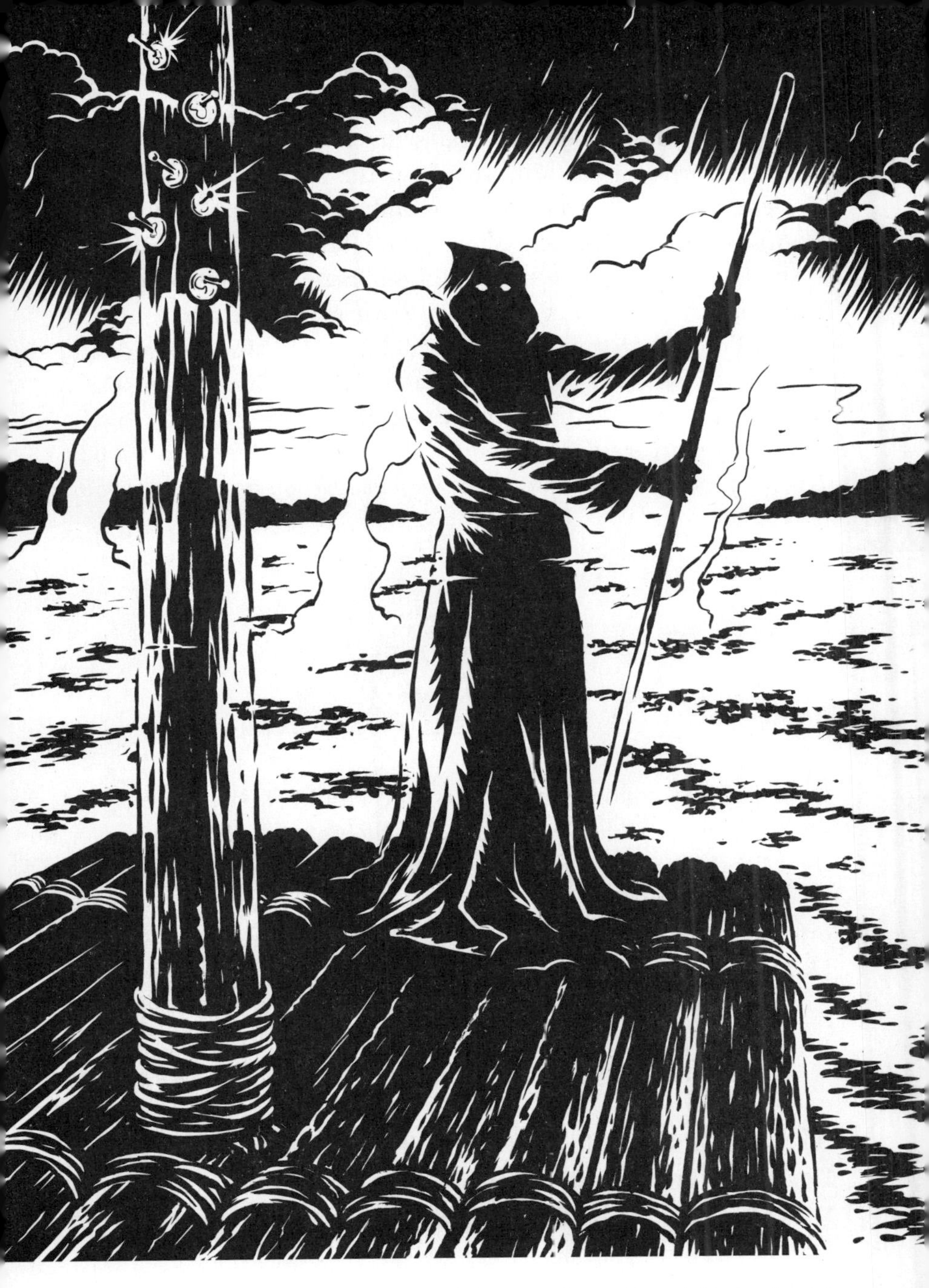

573 *Ruhig gleitet das Floß über den zähflüssigen Stein. Gasnebel kräuseln sich über die Planken und entzünden sich. Der Fährmann stakst schweigend weiter. Er würdigt dich keines Blickes.*

Du schlägst die Augen auf und schreckst zurück. „Bemerkenswert!“, haucht dir die schrumpelige Alte mit fauligem Atem ins Gesicht. „Nur selten überlebt jemand die Begegnung mit Sians Schiff der Toten. Einerseits schade, andererseits herzhaft erfrischend!“ Lacht sie hysterisch. „Dafür gebührt Euch eine Belohnung, nicht wahr?“ Woraufhin sie in ihre Kutte greift und ein Goldstück zückt. Erstaunlich fingerfertig lässt sie es über ihre rechte Hand tanzen, während du gebannt dem metallischen Glanz folgst. Dann schnickt dir die Alte die Dublone entgegen.

Willst du die Dublone fangen, lies weiter bei ***627****.*

Willst du sie in den Nebel fallen lassen, lies weiter bei ***592****.*

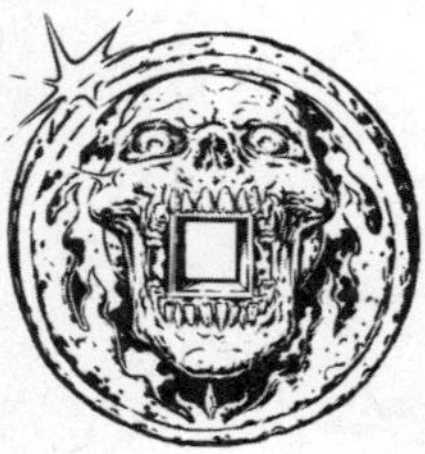

577 Deine ersten Schritte aus der Höhle in den Gang sind getan, da erlischt das Licht der Kristalle hinter dir und der Speer, der dir eben noch das Leben rettete, zerfällt zwischen deinen Klauen zu Staub. Der Gang erzittert! Das unheilvolle Schaben ertönt erneut. Lauter und lauter. Da, eine Bewegung … Bei Ugar! Der Dämon ist wieder erwacht!

Hast du alle Waffen beim Betreten des Heiligtums dem Mönch Ugar-Vin überlassen, lies weiter bei ***558****.*

Hast du sie gegen seinen Rat mitgenommen, lies weiter bei ***699****.*

578 Obwohl zahllose bizarre Felsen emporragen und an der Decke fünf große Kristalle funkeln – ohne Farben wirkt die Höhle trist. Mit einer inneren Beklemmung erreichst du schließlich einen Felsgrat, der die Höhle auf seiner ganzen Breite teilt.

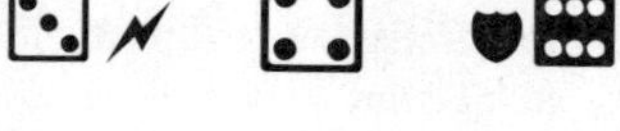

Vorsichtig gehst du an den Abgrund heran und erkennst eine große Plattform weit unter dir. Der Schein deiner Laterne ist allerdings nicht ausreichend, um Genaueres in der Ferne zu erhellen. Dann erfasst dich ein heftiges Zittern, das mit einem lauten Schaben einhergeht. Instinktiv gehst du in die Knie und schützt deinen Kopf vor den Gesteinsbrocken, die in der ganzen Höhle herunterprasseln.

*Besitzt du eine **Blendlaterne**, lies weiter bei **599**.*

*Hast du keine oder willst sie nicht einsetzen, lies weiter bei **682**.*

579 Unzählige Spiegelbilder verwirren dich.

In welche Richtung willst du gehen?

*Nach Norden, lies weiter bei **560**.*

*Nach Osten, lies weiter bei **696**.*

*Nach Westen, lies weiter bei **555**.*

580 Auch der zweite Schlag erzeugt Wirkung! Wieder erschallt ein bestialisches Stöhnen und die Arme zucken zurück. Du blickst zur Höhlendecke und prompt erstrahlt auch der zweite Kristall. Diesmal in Gelb. Aber wie zuvor dauert es nur wenige Sekunden und die Tentakel kehren zurück und machen erneut Jagd auf dich. Wieder ist es einer weniger, obwohl du eine andere matte Farbe ausmachen kannst.

Welchen Tentakel willst du attackieren?

*Den schwarzen, lies weiter bei **699**.*

*Den grünen, lies weiter bei **623**.*

*Den blauen, lies weiter bei **601**.*

*Den orangefarbenen, lies weiter bei **669**.*

*Den violetten, lies weiter bei **584**.*

581 Lava schwappt dir über Arme und Beine, während du versuchst, dich krampfhaft an der Plattform festzuhalten. Doch deine Ugarith-Fähigkeit bewahrt dich zunächst vor der Gluthitze,

indem sich deine Haut mit einer schützenden Steinschicht überzieht. Die dünne Felsscheibe allerdings, auf der du jetzt treibst wie ein Krimmbär auf der Eisscholle, wird der Lava nicht lange widerstehen können.
Hilflos blickst du dich um und traust deinen Augen nicht: Unweit von dir entfernt fährt ein Floß über den Lavasee! Durch die flirrende Luft meinst du einen Mann zu erkennen, der mit einer Stake das Floß steuert. Er hat dich noch nicht gesehen.

*Willst du auf dich aufmerksam machen, lies weiter bei **687**.*
*Willst du abwarten, lies weiter bei **678**.*

582 Unerbittlich dringt der zähe Nebel in Mund, Nase, Ohren ein. Panik überkommt dich. Du kannst nicht mehr atmen. Schließlich verlierst du das Bewusstsein. Der dichte Nebel türmt sich noch einmal zu einer haushohen Welle auf, als er deinen regungslosen Körper verschlingt.

Dein Leben endet hier. (✢572) ■

583 Fasziniert von der Schönheit der Schätze folgst du weiter dem Gang. Die Handwerkskunst der ausgestellten Kunstschätze wird immer archaischer. Sie müssen Jahrtausende alt sein.
Neben den Hauptmotiven, dem Mond und der Sonne, siehst du nun auch etliche Darstellungen von Drachen, die majestätisch vor den Gestirnen fliegen, ihnen dienen und für sie kämpfen. Trotz aller Kunstfertigkeit ist dir bewusst, dass dieser Ort sowohl dem Leben als auch dem Tod huldigt.
Für einen kurzen Moment fallen dir die Augen zu und du verlierst die Orientierung. Der Gang hat sich verändert – die Statuen sind verschwunden und du stehst inmitten einer Kaverne! Zahllose Felsspitzen ragen wie Reißzähne vom Boden und Decke in die Höhle hinein. Prüfend tippst du auf eine der Kanten, um zu sehen, ob sie real sind, und pikst dir prompt in den Zeigefinger. Ein Blutstropfen quillt hervor.

Du blickst zurück und stellst mit Erschrecken fest, dass der Gang verschwunden ist. Kalter Fels ist dort, wo du eben noch marschiert bist. So bleibt dir nichts anderes übrig, als weiter in die Höhle hineinzugehen.
Der gesamte Boden der Halle ist bedeckt von einem dichten, schimmernden Nebel. Die Szenerie wirkt unnatürlich auf dich, fast schon wie ein böser Traum, aus dem es kein Erwachen gibt. Dann fällt der Schein deiner Laterne auf eine Gestalt zwischen den Schwaden.
Du blickst in das runzelige Gesicht einer Greisin, gehüllt in den viel zu großen Umhang eines Ugar-Mönchs. „Kommt näher, ich will Euch eine kleine Geschichte erzählen!“, krächzt sie schrill während der gespenstische Nebel ihr wie ein alter Kater um die Beine streicht.
Hinter ihr taucht – wie aus dem Nichts – ein großes, gespenstisch leuchtendes Segelschiff auf. Es kreuzt in sicherer Entfernung durch die Felsnadeln der Höhle.

Willst du dich der Greisin nähern und ihrer Erzählung lauschen, lies weiter bei ***659****.*

Willst du einfach weitergehen, lies weiter bei ***618****.*

Willst du sie attackieren, lies weiter bei ***625****.*

584 Du wirbelst mit dem Speer herum und treibst mit der Spitze eine klaffende Wunde in den violetten Tentakel. Doch anstatt Blut schießen unzählige Dornen hervor.
Du beißt die Zähne zusammen, als du dir die glimmenden Nadeln aus dem Fleisch ziehst. Ihre außergewöhnliche purpurne Farbe erweckt eine frische Erinnerung …
› *Ob mir Kyrna nach der Landung am Fuße des Varoons etwas mitteilen wollte?* ‹

Möchtest du deine Erinnerung auffrischen, kannst du dies bei Sektion 561 tun. Lies den Text zwischen den Monden ☾…☽ und anschließend hier weiter (lege dazu den Finger in diese Seite).

Dann zeigen sich wieder die sieben Tentakel und dein Kampf gegen das Ungetüm beginnt von vorne.

Deine VITALITÄT *sinkt um eine Stufe, schlimmstenfalls auf* ***verletzt****!*

Lies weiter bei ***683****.*

585 Eine Ewigkeit vergeht, doch nichts geschieht. Ungeduldig wagst du den ersten Schritt in diesem Nervenspiel.

Willst du dich im Schutze der Dunkelheit heranpirschen, lies weiter bei ***660****.*

Willst du einen Stein in Richtung deines Gegners schleudern, um eine Reaktion zu provozieren, lies weiter bei ***567****.*

586 Minutenlang tastest du mit deiner Klaue immer wieder ins Leere und willst schon aufgeben, als du endlich den Knauf des geheimnisvollen Schwerts zu fassen bekommst. Euphorisch ziehst du die Klinge heraus und kannst dein Glück kaum fassen: Du führst fortan die legendäre Mondsichel, die heilige Waffe der Ugarith!

Dein GESCHICK *steigt um einen Punkt!*

Notiere dir ***Ugars Mondsichel*** *(Waffe, Treffer +4, Spezial: Die heilige Klinge verleiht dir die Gabe, während Kämpfen deinen* ANGRIFF *automatisch gelingen zu lassen. Dies kostet 1* KARMA*-Punkt vor jeder* KAMPFRUNDE*, in der du diese Gabe einsetzt).*

Lies weiter bei ***626****.*

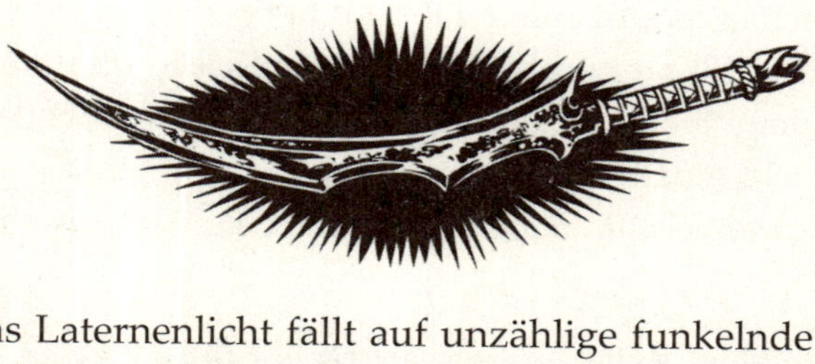

587 Das Laternenlicht fällt auf unzählige funkelnde Scherben zu deinen Füßen. Du hast also einen großen Spiegel zerbrochen.

Lies weiter bei ***679****.*

588 Es ist nunmehr eine Stunde vor Mitternacht und ein erhabener Anblick breitet sich vor dir aus: Abertausende Sterne umrahmen den Mond am kristallklaren Himmel. Fast hättest du die bittere Kälte, die sich als eisiger Frost über das Land legt, nicht bemerkt. Trotz der widrigen Umstände verlaufen die letzten Meilen bis zum Gipfel ohne weitere Zwischenfälle.

Lies weiter bei ***617****.*

589 Bedachten Schrittes gehst du voran. Offensichtlich will die andere Person auch mit dir in Kontakt treten. Dir kommt nämlich jemand entgegen, der ebenfalls eine Laterne trägt. Die Gestalt wirkt humanoid. Jedoch ist das Gesicht gegen den Lichtschein nicht zu erkennen.

Als du näherkommst, wird deutlich, dass dein Gegenüber du selbst bist! Peinlich, seinem eigenen Spiegelbild auf den Leim zu gehen. Befreit schreitest du auf die reflektierende Wand zu.
Die Wiederschein der Laterne erleuchtet den Gang taghell. Du musterst dein Spiegelbild. Die letzten Stunden haben dich doch schwer mitgenommen.
Unvermittelt verschwimmt dein Ebenbild. Die Wand vibriert. Ein schriller Ton bohrt sich dir in die Ohren. Dann wird der Spiegel von dumpfen Schlägen erschüttert. Irgendwer ist hinter seinem Glas gefangen!

Benutzt du eine ***Blendlaterne****, lies weiter bei* ***553****.*
Andernfalls lies weiter bei ***615****.*

590 Sicheren Schrittes läufst du über die Himmelsscheibe auf den abnehmenden Sichelmond im Marmorboden zu.
Blättere nun zum MONDKALENDER bei Sektion 600.
Ist dort der ***abnehmende Sichelmond*** *angekreuzt?*

Wenn ja, lies weiter bei ***639****.*
Andernfalls lies weiter bei ***570****.*

○ **591** Mit etwas Konzentration verstehst du das Niedergeschriebene: „Emeth kan o Meth – Die Wahrheit endet mit dem Tod.“ Die Besonderheit dieses Satzes bleibt dir zwar weiterhin verborgen, doch du merkst ihn dir.

*Lies weiter bei **604**.*

Markiere bitte den Kreis neben der Sektionsnummer 591 als Vermerk, dass du diesen Abschnitt gelesen hast.

592 Mit einer gewandten Hüftdrehung lässt du die Münze an dir vorbeifliegen und ihr lockendes Funkeln erlischt in der wabernden Finsternis. Da zuckt der bleiche, aufgedunsene Arm einer Wasserleiche hervor, ergreift die Dublone, um dann wieder zu verschwinden. Der dichte Nebel schwappt zurück und bildet erneut eine undurchsichtige Suppe.

Die Hexe ist überrascht: „Ein Reisender, der nicht dem Gold verfällt. Dass ich das noch erleben darf!“ Kichernd fährt sie fort: „Hört auf eine alte Zahlenmystikerin … Meidet Nummern auf Neun Neun. Sie verheißen allzu oft den Tod!“

*Lies weiter bei **666**.*

593 Du spürst, wie der geisterhafte Todesnebel versucht, in dich einzudringen, doch es gelingt dir, nicht nur die Luft anzuhalten, sondern sie sogar weiter herauszupressen. Wie eine Kröte strampelst du in der Dunkelheit, um dem Geisterschiff zu entrinnen. Als dein Kopf wieder die Nebeloberfläche durchbricht, blickst du an der Flanke des imposanten Rumpfs empor, der nur um Haaresbreite an dir vorbeirast.

*Lies weiter bei **633**.*

594 Zu deinen Füßen liegt der skelettierte Arm eines Menschen! Er wurde knapp unterhalb des Schultergelenks abgetrennt. Die verfallenen Stoffreste eines roten Umhangs umgeben ihn. Nachdem nichts weiter zu entdecken ist, widmest du dich wieder

der faszinierenden Mondkugel. Auf ihrer Rückseite – deren Muster dir vollkommen fremd erscheint – befindet sich eine schmale, runde Öffnung, durch die dein Arm gerade so passen könnte.
Durch das Loch erblickst du, von Tausenden Facetten wieder und wieder reflektiert, eine Klinge, deren himmlisch silberner Schein dich träumen lässt.
› Kann es wahr sein? Ist das die legendäre Waffe meines Volkes … die Ugar geweihte Mondsichel? ‹
In Gedanken greifst du in den Kristall, um abzuschätzen, ob das Schwert überhaupt für dich erreichbar ist.

*Willst du deinen Arm in den Kristall stecken und versuchen die Klinge zu erreichen, lies weiter bei **680**.*
*Willst du deiner Angst gehorchen und den Drang unterdrücken, lies weiter bei **563**.*

595 Sicheren Schrittes läufst du über die Himmelsscheibe auf den zunehmenden Sichelmond im Marmorboden zu.
Blättere nun zum MONDKALENDER bei Sektion 600.
*Ist dort der **zunehmende Sichelmond** angekreuzt?*

*Wenn ja, lies weiter bei **639**.*
*Andernfalls lies weiter bei **570**.*

596 Hier gibt es gleich drei Möglichkeiten, um in diesem Labyrinth voranzukommen.
In welche Richtung willst du gehen?

*Nach Osten, lies weiter bei **696**.*
*Nach Westen, lies weiter bei **608**.*
*Nach Süden, lies weiter bei **560**.*

597 Hilflos suchst du nach dem Mond, der sich eben noch hinter Wolkenfetzen verbarg, als sich auf deinem versteinerten rechten Handrücken die Mondscheibe widerspiegelt, reflektiert wird und gegen die Felswand strahlt. Alsdann erscheinen im Fels ein-

geschlagene, schmale Stufen, silbrig glänzend, ganz so, als wollte Ugar dem Schattenkind den Weg weisen!
Ein letztes Mal überprüfst du den Sitz des Rucksacks, sprichst ein Gebet und stapfst durch den Schnee in den Berg hinein.

Lies weiter bei ***651****.*

598 In der Dunkelheit hast du Probleme, sicheren Tritt auf dem schmalen, steinigen Pfad zu finden. Ungeschickt stolperst du über ein paar größere Steine.

Willst du dein Gewicht in Richtung der Felswand verlagern, lies weiter bei ***565****.*

4 *Willst du dich nach vorne fallen lassen, lies weiter bei* ***634****.*

599 Mit einem kurzen Dreh verstärkst du das Licht deiner Laterne. Ihr Strahl bohrt sich regelrecht durch die Dunkelheit und trifft auf die Plattform unter dir. Hastig suchst du mit dem grellen Lichtkegel den Boden ab, während der Fels immer heftiger zittert.
Dann erleuchtet die Blendlaterne auf der gegenüberliegenden Seite etwas versteckt in einer Nische einen mannshohen Haufen aus blanken Gebeinen. Zwischen all den menschlichen Knochen liegen einige Gegenstände.

Lies weiter bei ***682****.*

600 Der Mond scheint noch fahl und kraftlos im Angesicht des vergehenden Tages, doch du bist froh, dass er über deine Schritte wacht.

Notiere die in der Sektion zuvor zufällig gefundene Phase auf dem MONDKALENDER *auf der gegenüberliegenden Seite!*

Der schneebedeckte Pfad, der direkt zum Tempel über die Südwand des Varoon führt, glitzert im Schein der nächtlichen Gestirne. Er sieht begehbar aus, ist jedoch recht lang. Eventuell dau-

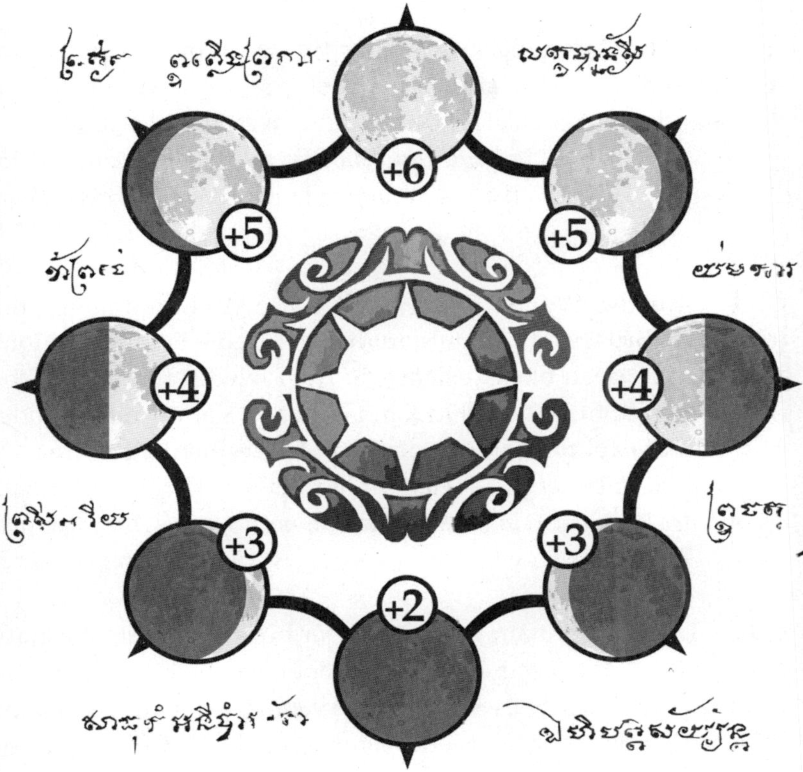

MONDKALENDER

zunehmende Phasen		abnehmende Phasen	
☐	**Neumond**	**Vollmond**	☐
☐	**Sichelmond**	**Dreiviertelmond**	☐
☐	**Halbmond**	**Halbmond**	☐
☐	**Dreiviertelmond**	**Sichelmond**	☐

600 *Der Mondkalender: Kreuze auf dieser Seite stets die aktuelle Mondphase, die dir zu Beginn eines Kapitels genannt wird, in der Liste an. Die Zahlen in den Kreisen entsprechen der Mächtigkeit der jeweiligen Mondphase.*

ert es bis zum Morgengrauen, bevor du den Tempel erreicht hast. Als Alternative könntest du eine Kletterpartie über die schroffe Westwand einlegen. Gefährlicher, dafür wesentlich schneller.

Willst du dem Pfad folgen, lies weiter bei ***552****.*

Willst du die Abkürzung über die Westwand einschlagen, lies weiter bei ***574****.*

601 Aus der Wunde zischen stahlharte Wasserfontänen. Eine trifft deine Brust und katapultiert dich gegen die Felsen der Höhle. Als du nach oben blickst, siehst du dich wieder mit allen sieben Greifarmen konfrontiert. Du kannst diesen Kampf nur beenden,
4 wenn du die Tentakel in der richtigen Farbreihenfolge triffst.

Trägst du noch ein Utensil? Falls ja, wird es nun fortgespült. Streiche das mit der höchsten Feld-Nummer (von 6 nach 1) vom Abenteuerblatt.

Lies weiter bei ***683****.*

602 Die Lava hat am gesamten Ufer bizarre Gesteinsformationen gebildet, die zwar interessant, aber wenig hilfreich für die Überquerung des Sees sind. Da erkennst du einen seltsamen Felsen, der behauen aussieht: Eine schmale Plattform, die nur knapp über der Oberfläche, gestützt von etlichen Pfeilern, rund 20 Schritte in den See hineinragt.

An ihrem Ende steht ein Pfosten mit einem großen Eisenring. So absurd es auch scheint, es handelt sich wohl um eine Anlegestelle.

Willst du die Anlegestelle betreten, lies weiter bei ***688****.*

Willst du zurück und auf den treibenden Steinplatten hinüberspringen, lies weiter bei ***556****.*

603 Du umklammerst den rostigen Speer, um dich zu verteidigen, als dir bewusst wird, dass das Licht aus den Kristallen nicht nur eine magische Wirkung auf die Höhle, sondern ebenso auf den Dämon hat – er hat sich zu einem regungslosen, schwarzen Klumpen zusammengezogen!

Jedoch scheint das Unterweltgetier nur paralysiert zu sein. Seine chaotische Aura durchstreift das Irdische weiterhin.

Besitzt du ***Kletterhaken*** *und* ***Seil*** *und willst dich damit an der steilen Felswand herunterlassen, lies weiter bei* ***644****.*

Willst du diese Utensilien aufsparen oder du besitzt eines davon nicht mehr, musst du dich wohl an den schlaffen Armen des Dämons herablassen. Dann lies weiter bei ***619****.*

604 Du vermutest, dass es sich um Befehle oder sogar Zaubersprüche handeln könnte.

Der große Foliant ist zu schwer, um ihn mitzunehmen, daher solltest du dir vielleicht Notizen über deine Erkenntnisse auf der dritten Seite des Abenteuerblatts machen.

Den Rand der Höhle hast du ausführlich abgesucht – kein Ausgang. Es bleibt dir nur noch, ihre Mitte zu erforschen.

Lies weiter bei ***564****.*

605 Wild flatternd hackt der Greif nach dir und verbeißt sich in deine Klauen. Schmerzerfüllt entgleitet dir die Waffe, die zunächst scheppernd gegen die Bergwand prallt und schließlich im hohen Bogen in die Tiefe trudelt.
Du ziehst den Kopf ein und kletterst seitwärts weg vom Hort des Felsgreifs.
Streiche die Waffe, die du in diesem Kampf genutzt hast!

Lies weiter bei ***609****.*

606 Auch die Höhlenwand ist seltsam geglättet. Du bist schon knapp eine Meile am Felsen entlanggelaufen, als du einen schrecklichen Fund machst: Ein zerschmettertes Skelett ohne rechten Arm liegt zwischen einigen Stoff- und Lederüberresten auf dem Boden.

4

Die Knochen des verbliebenen Arms umklammern einen Folianten. Er ist verschlossen und sieht unversehrt aus. Der Zahn der Zeit hat ihm offenbar nichts anhaben können.

Willst du das Buch aufschlagen und studieren, lies weiter bei **652**.

Willst du den Toten in Ruhe lassen und die Höhlenmitte untersuchen, lies weiter bei **564**.

607 „Warum sollte ich Euch nicht so behandeln wie alle anderen Schattenkinder vor Euch?“, spricht der Mönch unvermittelt. Irritiert bleibst du stehen.

› *Kann er etwa Gedanken lesen?* ‹

4 Der Alte dreht sich um und blickt dir tief in die Augen: „Ihr solltet wissen … im silbernen Scheine Ugars verstehen sich alle Abgesandten blind.“

› *Soll das etwa heißen, dass auch er, der alte, gebrechliche Mönch, ein Schattenkind ist?* ‹

„Nun“, kichert Ugar-Vin, „warum solltet Ihr das einzige sein?“

Lies weiter bei **643**.

608 › *War ich hier nicht schon einmal?* ‹

In welche Richtung willst du gehen?

Nach Osten, lies weiter bei **596**.

Nach Süden, lies weiter bei **628**.

609 Unter Aufbietung deiner letzten Kräfte ziehst du dich über die Felskante. Erschöpft rollst du dich auf den Rücken und blickst in den Himmel hinauf. Hoch droben zwischen den Wolken kreist ein Raubvogel.

Der Weg, auf den du dich gezogen hast, entpuppt sich just als der Pfad, der direkt zum Tempel führt. Nachdem du wieder zu Kräften gekommen bist, ist die Sonne bereits untergegangen. Dennoch marschierst du los.

Lies weiter bei **588**.

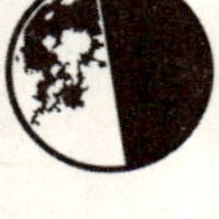

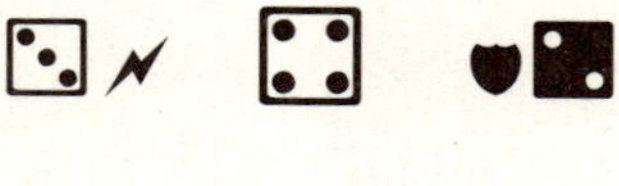

610 Fast eine Stunde drückst du dich nun bereits durch den Großen Spalt, als urplötzlich kleine Felsbrocken auf dich herabregnen. Dann hörst du tosendes Poltern und Klappern sowie einen schrillen, animalischen Schrei direkt über dir. Mit eingezogenem Kopf rennst du los.

Lies weiter bei ***636✦****.*

611 Mit einem unguten Gefühl vergleichst du die Goldmünze an deinem Umhang mit jenen, die am Mast festgenagelt sind. Alle sechs sind vollkommen unterschiedlich. Sie sind sogar dermaßen alt oder fremdartig, dass du ihre Prägungen nicht zuordnen kannst. Der Fährmann bemerkt dein Interesse an dem Gold, zieht seinen Stab aus den Lavafluten und schreitet auf dich zu.
Mit dürrem, rußgeschwärzten Zeigefinger deutet er zunächst auf deine Dublone und dann auf den Mast – offensichtlich fordert er seinen Lohn.

Willst du die ***Dublone des Kapitäns****, das Geschenk der Hexe, wirklich am Mast befestigen, lies weiter bei* ***658****.*
Willst du den Fährmann nicht bezahlen, lies weiter bei ***693****.*

4

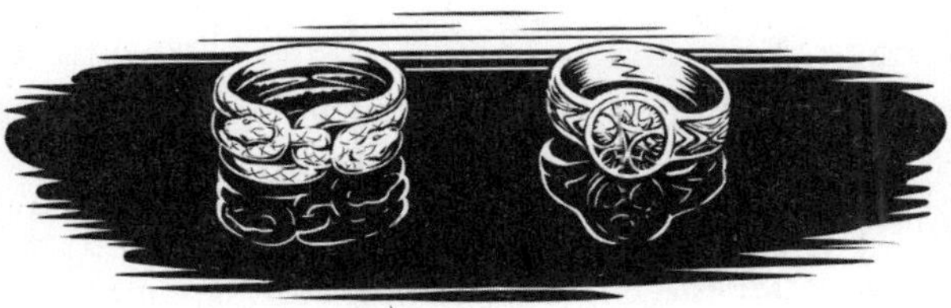

612 Du gehst weiter und stellst zu deinem Entsetzen fest, dass es hier noch viele Spiegel mehr gibt. Sie bilden Wände, Ecken und Durchgänge. Als du näherkommst, stehst du unzähligen Doppelgängern gegenüber. Es dauert einige Minuten, bis du mit der verwirrenden Perspektive zurechtkommst. Zögerlich betrittst du den Eingang des Spiegelkabinetts.

Lies weiter bei ***569****.*

Die Regelerklärung zu den geheimen Kreuz-Verweisen (✦) befindet sich zu Beginn von Kapitel 4 auf Seite 303.

613 Im Wissen, Ugars erste Prüfung gemeistert zu haben, entfachst du die Laterne und schreitest die enge Wendeltreppe hinab in die Dunkelheit.
Vor dir liegt ein langer Gang, flankiert von schwarzen Statuen auf der rechten und weißen Figuren auf der linken Seite. Fresken und Mosaike der Gestirne zieren Decke und Boden.
Fasziniert von der Schönheit dieses Ortes und zugleich irritiert von dessen Kunstwerken, gehst du weiter. Ugar, der Mond, spielt in allen Darstellungen nur eine gleichberechtigte Rolle neben Kar, der Sonne. Beide ringen um die Vormachtstellung am Himmelszelt. Und mit jedem weiteren Schritt, mit jedem weiteren Stück wird dir mehr und mehr bewusst, dass beide Gottheiten nur gemeinsam, Seite an Seite, existieren können.
Diese Erkenntnis betrübt oder verletzt dich keineswegs. Tief im Inneren hast du es immer gewusst: Wie Zwillinge sind Kar und Ugar zwei kosmische, in sich verwobene Teile eines weisen, göttlichen Plans. Die Feindseligkeiten der Kar- und Ugar-Gläubigen erscheinen dir nun wie kindisches Gezänk.

Lies weiter bei ***583.***

614 Sicheren Schrittes bewegst du dich über die Himmelsscheibe auf den abnehmenden Dreiviertelmond im Marmorboden zu.
Blättere nun zum MONDKALENDER bei Sektion 600.
Ist dort der ***abnehmende Dreiviertelmond*** *angekreuzt?*

Wenn ja, lies weiter bei ***639.***
Andernfalls lies weiter bei ***570.***

615 Mit jedem Schritt auf den Spiegel hin werden die Schläge heftiger. Außer dem schrillen Singen der Scheibe und den dumpfen Erschütterungen kannst du aber nichts weiter hören.

Willst du die Spiegelscheibe zerschlagen, lies weiter bei ***662.***
Willst du unbeirrt weitergehen, lies weiter bei ***612.***

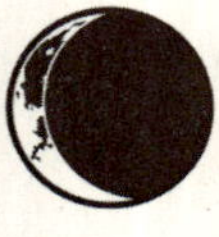

616 Etwas zögerlich überreichst du dem Mönch deine Bewaffnung und den gefütterten Reitermantel. Er empfängt die Sachen mit ausgestreckten Armen und einer respektvollen Verneigung: „So sei es! Das Schattenkind stellt sich nach altem Brauch den heiligen Prüfungen …"
Markiere alle Waffen mit Kreuz im Speicherpunkt ⊗ als Beleg dafür, dass du sie nicht mehr mit dir führst. Vielleicht bekommst du sie zu einem späteren Zeitpunkt wieder.

*Lies weiter bei **613**.*

617 Endlich hast du die schmale, schroffe Felsrampe erreicht, die Tarus erwähnte. Er war im Recht: Kyrna hätte hier unmöglich sicher landen können.

Dennoch bist du froh, dass dich dein Drache zum Fuße des Varoon geflogen hat, denn du wüsstest nicht, wie du den Ugar-Tempel hättest jemals finden sollen, so gut ist er verborgen. Sogar jetzt, mit freier Sicht auf die Bergspitze, kannst du ihn nicht ausmachen.
Fast eine Stunde suchst du die Felswand nach einem Eingang oder dergleichen ab – ohne Erfolg. Dann jedoch geschieht etwas Merkwürdiges.

*Lies weiter bei **597**.*

618 „Ignorant!" Der Blick der gebrechlichen Alten verfinstert sich. Ihr stechender Blick erfasst dich selbst durch ihre verkniffenen Lider: „Wer die Weisheit meiner Worte nicht verstehen will, wird womöglich ihre Wahrheit akzeptieren!"

*Lies weiter bei **572**.*

619 Ekel steigt in dir auf, als du die glibberigen Arme des Tentakeldämons berührst. Das abscheuliche Wesen rührt sich zwar nicht mehr, trotzdem spürst du die diabolische Macht, die noch immer in dieser Höllenbrut rumort.

Da überkommt dich ein animalischer Instinkt … Mit einem inbrünstigen Schrei brüllst du all deine Angst heraus! Befreit kletterst du in die Tiefe, während das Echo deines Rufs verklingt. Dennoch ist es unvermeidlich, dass du beim Abstieg mit den schleimigen Absonderungen des Dämons in Berührung kommst.

Deine Stärke und dein Geschick sinken bis zum Ende dieses Kapitels jeweils um 1 Punkt! Markiere dies, indem du ein Kreuz im Speicherpunkt ⊗ des jeweils höchsten Werts machst.

*Lies weiter bei **568**.*

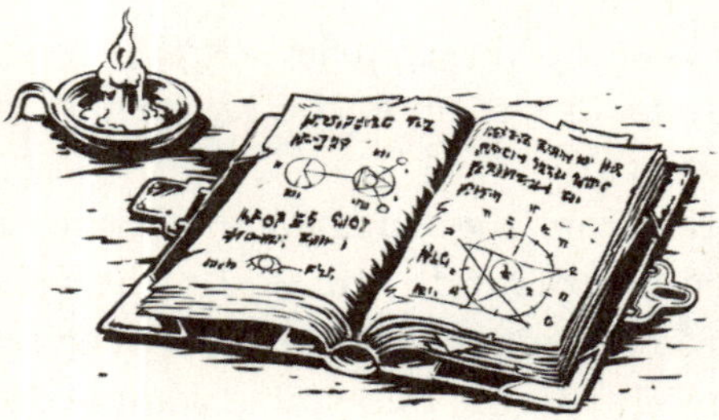

620 Aus der Wunde, die du dem Tentakel mit deiner beherzten Speerattacke beigefügt hast, strömt eine grüne Wolke.
Du bemerkst, dass die anderen farbigen Tentakel den giftigen Nebel zum Glimmen bringen. Kurz darauf zucken wieder alle sieben Arme durch die Höhle.
*Deine Vitalität sinkt um eine Stufe, wenn du nicht die Fähigkeit **Atemfreiheit** besitzt!*

*Lies weiter bei **683**.*

621 Geschickt rollst du dich hinter einen Felsen ab. Das gibt dir die Gelegenheit, dich für einen kurzen Augenblick umzuschauen. Offensichtlich unterscheiden sich die Tentakel voneinander: Einer ist kreideweiß, ein anderer tiefschwarz und die fünf restlichen erstrahlen in bunten Farben.
Du grübelst noch über diesen seltsamen Umstand – schließlich

liegt der Rest der Höhle noch immer in tristem Grau – ergreift einer der Tentakel den Felsen, hinter dem du Schutz gesucht hast, und schleudert ihn in die Dunkelheit, wo er mit einem ohrenbetäubenden Schlag zerbirst.

Du fühlst dich entblößt wie die Assel unter einem angehobenen Stein, doch da siehst du – nur wenige Meter entfernt – die Spitze eines alten Speers aufblitzen. Entschlossen packst du die Stangenwaffe, denn es bleibt dir nichts anderes übrig, als dich dieser widerwärtigen Gefahr zu stellen.

*Besitzt du die Fähigkeit **Magiekenntnis**, lies weiter bei **692**.*

*Andernfalls lies weiter bei **630**.*

622 „Emeth a Meth." Liest du und murmelst die Übersetzung immer wieder vor dich hin: „Wahrheit und Tod."

„Hinter dem Portal könnten mich einerseits die Antworten erwarten, nach denen ich suche, aber auch mein Ende", grübelst du über die Bedeutung der skÿllischen Worte. Entschlossen schiebst du die Zweifel beiseite und schreitest durch den Steinbogen!

*Lies weiter bei **629**.*

623 Zappelnd weichen die Tentakel ob deines gekonnten Schlags zurück und aus der klaffenden Wunde überflutet grünes Licht die Umgebung. Auch diesmal erschüttert ein monströses Wehklagen die Höhle, doch die Schreie haben an Kraft eingebüßt. Der dritte Kristall leuchtet – du bist auf dem richtigen Weg!

Im Bewusstsein, was dich erwartet, machst du dich bereit, gegen die verbliebenen Tentakel zu kämpfen, und wie auf Zuruf kriechen sie über die Felsen und stellen dir nach. Es sind noch vier.

Welchen Tentakel willst du attackieren?

*Den violetten, lies weiter bei **584**.*

*Den hellgelben, lies weiter bei **669**.*

*Den blauen, lies weiter bei **642**.*

*Den schwarzen, lies weiter bei **699**.*

624 Seit einer kleinen Ewigkeit gehst du bereits durch den Gang, der dich schnurstracks immer tiefer ins Innere des Varoon führt.
Zu deinen hallenden Schrittgeräuschen mischt sich ein lauter werdendes Grollen. Zudem wird die Luft immer heißer und schwüler. Vorsichtig schreitest du voran, um nicht auf dem feuchten Boden auszurutschen.
Der Gang mündet schließlich in eine sich langsam ausbreitende Höhle, deren Wände unruhiges, rotes Licht reflektieren. Der schimmernde Fels ist hier sehr glatt, dennoch wirkt er natürlich. Auf dem Boden liegen Kiesel und vereinzelt größere, flache Steine. Das Grollen ist jetzt ohrenbetäubend laut. Aber noch immer kannst du den Ursprung nicht ausmachen.

Lies weiter bei ***695****.*

625 Mit nur einem Satz springst du der Alten entgegen und versetzt ihr sogleich einen Schlag ins runzlige Gesicht. Dabei durchdringt deine Klaue ihre Wange, als bestünde ihr Leib samt und sonders aus Luft.
Fassungslos starrst du die Geisterfrau an, deren breites Grinsen nun ihre wenigen fauligen Zähne offenlegt. Unter höhnischem Gelächter quiekt sie: „Es scheint, als wolltet Ihr keine Geschichte hören, oder?"
Dann durchzuckt dich ein stechender Schmerz. Fetzen aus Schatten tanzen auf dem Rücken deiner Klaue. Erst als sich eine steinerne Schutzhaut gebildet hat, lösen sich die Schwaden auf.
Deine VITALITÄT sinkt um eine Stufe!

Lies weiter bei ***618****.*

626 Mit stolzgeschwellter Brust betrachtest du die scharf geschwungene Klinge der Mondsichel. Ihr magisches Schimmern erfüllt den Raum und wird von den Spiegeln zu taghellem Licht verstärkt. Die Scheiben vibrieren unter der Macht des herrlichen

Metalls und geraten immer mehr in Schwingung, bis eine nach der anderen mit ohrenbetäubendem Lärm zerbricht.
Wenige Sekunden später stehst du inmitten eines riesigen, schillernden Scherbenhaufens – der Zauber ist gebrochen. All die Höhlen und Gänge, durch die du die ganze Zeit gelaufen bist, waren nur eine Ansammlung von Trugbildern, geformt um den nächsten Träger der Mondsichel zu bestimmen!
Da entdeckst du zwischen den Trümmern die Scheide der Götterwaffe hervorragen. Während du sie am Gürtel befestigst, bewunderst du ihr schlichte wie formvollendete Schönheit.
Direkt vor dir trifft der Lichtkegel deiner Laterne auf einen Steinbogen, der, von zwei Säulen gestützt, einen Durchgang überspannt. In dem schwarzen Stein sind seltsame goldene Lettern eingraviert: „ΞЩΞЂ Λ ЩΞЂ".

*Besitzt du die **Perle der Verständigung** oder die Fähigkeit **Diplomatie**, lies weiter bei **622**.*
*Andernfalls lies weiter bei **571**.*

627 Das Funkeln des Goldstücks ist faszinierend. Auf der einen Seite strahlt eine stilisierte Sonne, auf der anderen grinst dich ein menschlicher Knochenschädel an. Ein gestanztes viereckiges Loch in der Münzenmitte bildet das aufgerissene Maul der Totenfratze.
„Passt auf, o ja, Gold kann gar verführerisch blinken", krächzt die mysteriöse Alte und hält sich ihren Wanst vor Lachen.
*Du denkst nicht weiter darüber nach und bindest die **Dublone des Kapitäns** (Besonderer Gegenstand) an deinem Umhang fest. Notiere sie dir in Feld 7 auf dem Abenteuerblatt.*

*Lies weiter bei **666**.*

628 Spiegel, überall Spiegel.
In welche Richtung willst du gehen?

*Nach Norden, lies weiter bei **608**.*
*Nach Osten, lies weiter bei **555**.*

629 Mit einem unguten Gefühl wagst du einige Schritte in die riesige Höhle und prompt ertönt ein schabendes Geräusch.

› *Verdammt, ich wusste es!* ‹

Du springst zurück, doch ehe du das Steinportal wieder erreichst, fällt es mit einem dumpfen Grollen zu. Du stemmst dich noch einmal mit aller Kraft dagegen – ohne Erfolg.

Lies weiter bei ***637****.*

630 Mit akrobatischen Drehungen und Sprüngen weichst du den sieben wild zuckenden Tentakeln aus. Dabei zerschmettern sie einen Felsen nach dem anderen oder schlagen ganze Brocken aus den Höhlenwänden heraus. Es ist nur eine Frage der Zeit, bis dir die Deckungsmöglichkeiten und Kraft ausgehen.

Du umklammerst den Speer und wartest auf einen günstigen Moment zum Angriff, wobei deine Intuition dich vom schwarzen Tentakel zurückschrecken lässt.

Lies weiter bei ***683****.*

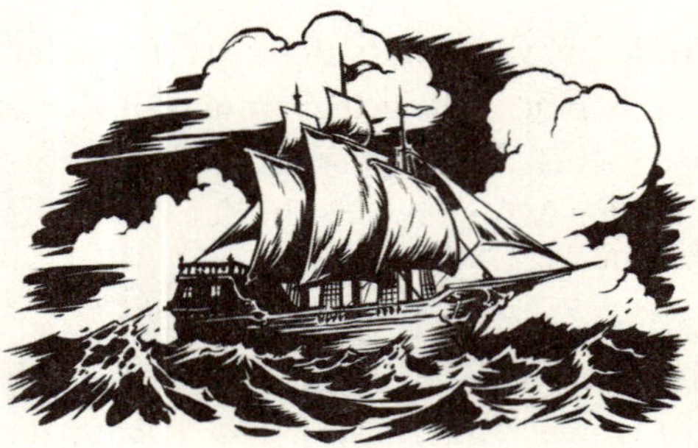

631 Der finale Aufschrei des Monsters geht dir durch Mark und Bein und der letzte der fünf Kristalle erstrahlt. Gemeinsam erfüllen sie die Höhle dank der wundervollen Farben des Regenbogens mit Tageslicht.

Du verharrst noch etwas in Lauerstellung, doch von den dämonischen Armen fehlt jede Spur. In geduckter Haltung pirschst du dich an den Felsvorsprung heran und schaust voller Erwartung in die Tiefe. Unweit vor dir erblickst du das Monster, das dir eben noch zusetzte: einen gigantischen Tentakeldämon! Schockiert weichst du zurück.

*Lies weiter bei **603**.*

632 Du bugsierst die grau gescheckten Eier zur Seite und blickst nervös in den rötlichen Abendhimmel, als ein schriller Schrei erschallt. Ein großer Greifvogel stürzt sich in blanker Selbstaufopferung auf dich, um seine Brut zu verteidigen.

FELSGREIF	*ANGRIFF*	**16**
	VERTEIDIGUNG	**14**
	RESISTENZ	♥ ○ ②

*Verfügst du **nicht** über die Fähigkeit **Meisterlicher Kämpfer** und du würfelst du für deine VERTEIDIGUNG ein Pasch (also z. B. ⚀ ⚀), lies sofort weiter bei **605**.*

Du kannst den Kampf jederzeit abbrechen, dann musst du jedoch den Spiegel zurücklassen.

*Gewinnst du, darfst du dir den **Handspiegel** (Utensil) auf dem Abenteuerblatt notieren. Beim Einstecken bemerkst du eine fremdartige Gravur im Griff des Spiegels: „ξ.σ.ϱ.“ Vielleicht handelt es sich um die Initialen des ehemaligen Besitzers dieses edlen Stücks. Wenn du möchtest, kannst du diesen Hinweis unter Spezielle Notizen auf dem Abenteuerblatt vermerken.*

*Lies weiter bei **609**.*

633 An der unwirklichen Reling aus Nebel und Schatten steht ein Seemann mit verschlissener Kleidung, abgestützt auf einen von Tang und Muscheln verkrusteten Dreizack. Es ist Sian, der Kapitän aus der Erzählung! Aus seinem verfaulten Gesicht fixieren dich zwei hervorstehende, pupillenlose Augäpfel, in denen sich der Wahnsinn einer geisterhaften Existenz widerspiegelt.

Stofffetzen baumeln um seine abgemagerten Arme und Beine. In seiner knochigen Hand hält er einen rostigen Säbel, mit dem er auf dich zeigt. Dann wirbelt der finstere Nebel auf und im nächsten Moment stehst du neben ihm auf Deck!
Mit geballter Faust fordert er dich zum Duell und kickt dir einen Säbel vor die Füße. Ohne den Geist aus den Augen zu lassen, nimmst du die schemenhafte Waffe auf. Wie aufs Kommando rast der Geist von Kapitän Sian kreischend auf dich zu!

Für diesen Kampf gibt dir der Nebelsäbel einen Trefferbonus von 5, anstelle deiner regulären Waffe!

4 *SIAN, DER GEISTERPIRAT*	*ANGRIFF*	**17**
	VERTEIDIGUNG	**18**
	RESISTENZ	◯◯③

Überlebst du, lies weiter bei ***576.***

634 Du fällst vornüber und kannst dich gerade noch mit einem beherzten Griff am Felsvorsprung festklammern. Dein Leben konntest du retten, doch das Seil, das du um die Schulter gewunden hast, entrollt sich nun und trudelt in die Tiefe.
Streiche das ***Seil*** *vom Abenteuerblatt!*

Lies weiter bei ***588.***

635 Du hast die Westwand fast bezwungen, da bemerkst du einen Vogelhorst. Er thront nur knapp außerhalb deiner Reichweite auf einem flachen Felsvorsprung.
Neben vier faustgroßen Eiern funkelt etwas Goldenes im spärlichen Licht der Dämmerung!

Willst du dich zum Horst hinüberschwingen, lies weiter bei ***664.***
Willst du weiter klettern, lies weiter bei ***609.***

636 Hals über Kopf stürzt du dich nach vorne und versuchst der Gesteinslawine auszuweichen. Doch da haben dich die ersten größeren Brocken bereits erwischt. Angeschlagen torkelst du weiter, aber immer mehr Felsen krachen zu Boden, bis du schließlich zusammengekauert in einem dunklen Gefängnis aus Steinen sitzt.
Um dich herum hörst du wildes Hüpfen und Springen irgendwelcher leichtfüßigen Geschöpfe und gelegentlich einen schrillen Schrei.
Deine Vitalität sinkt um eine Stufe!

Willst du dich sofort befreien, lies weiter bei ***557****.*
Willst du dich ruhig verhalten, lies weiter bei ***677****.*

637 Die Höhle ist in ein schummriges Dämmerlicht getaucht, dennoch hell genug, dass du ein wenig Lampenöl sparen kannst. Feiner Kies knirscht unter deinen Füßen. Du kannst noch so sanft auftreten – jeder Schritt ist weithin zu hören. Um dich herum ragen in chaotischer Formation zahllose Felsspitzen empor. Allerdings sind ihre Kanten seltsam stumpf, ja fast schon abgerundet. Die Decke liegt weit über dir im Dunkeln.

Willst du zur Höhlenmitte, lies weiter bei ***564****.*
Willst du den Rand ablaufen, lies weiter bei ***606****.*

638 Etwas zögerlich eröffnest du der Alten, die dir mit wachen Augen lauscht, die Moral ihrer Geschichte. Sie tippt sich auf eine ihrer Gesichtswarzen und bricht schließlich in ein schrilles Gelächter aus, während dir aus ihrem zahnlosen Mund ein kaum zu ertragender Fäulnisgestank entgegenschlägt.
Nachdem sie wieder zur Ruhe gekommen ist, meint sie: „Ihr habt also verstanden. Zu leicht, wie?! Aber Ihr solltet die Moral nicht mir erläutern, sondern demjenigen, der womöglich daraus seine Lehren ziehen kann …"

Lies weiter bei ***B8****!*

639 In Erwartung betrachtest du deine Füße auf der Abbildung der Mondphase, – und tatsächlich – das Mosaik erstrahlt in wunderschönem, silbernem Glitzern. Göttliche Weisheit, Erhabenheit und Kraft durchströmen deinen bebenden Leib.

Deine STÄRKE steigt um einen Punkt!

Ehrfürchtig flüstert Ugar-Vin: „Ihr seid wahrhaftig würdig, Schattenkind. Ihr habt die Natur des Kosmos erkannt."
Unwillkürlich huscht dir ein Lächeln der Verlegenheit über die Lippen. Dann führt dich der alte Mönch zur Mitte des Mosaiks, wo sich nun ein finsteres Loch auftut. Stufen winden sich in die Dunkelheit.

„Weitere, weitaus gefährlichere Prüfungen erwarten Euch im Herzen des Varoon!" Mit erhobenem Zeigefinger mahnt dich der Mönch zudem: „Es ist jedoch verboten, Waffen in den heiligen Berg zu führen."

Bist du unbewaffnet, lies weiter bei ***613****.*
Besitzt du eine oder mehrere ***Waffen*** *und willst sie Ugar-Vin überreichen, lies weiter bei* ***616****.*
Willst du ihn ignorieren, deine Bewaffnung behalten und die Stufen sofort hinabgehen, lies weiter bei ***697****.*

640 Dein präziser Angriff lässt die glitschigen Greifarme zurückschnellen, woraufhin ein schmerzvolles Kreischen die Höhle erfüllt. Dort, wo du den Treffer gesetzt hast, platzt das gallertartige Fleisch auf und ein Gleißen aus rotem Licht bricht hervor. Sodann bist du umgeben von einem diabolischen Schattenspiel aus Rot und Schwarz.
Erneut fallen dir die fünf großen Kristalle an der Decke ins Auge. Einer von ihnen leuchtet nun rot. Irgendetwas hat deine Attacke also bewirkt!
Die Freude über den gelungenen Stoß ist nur von kurzer Dauer. Wieder erzittert der Fels und die Tentakel zappeln entlang des

Vorsprungs. Diesmal sind es allerdings nur noch sechs. Obwohl du auf den roten Arm eingeschlagen hast, scheint der weiße verschwunden. Merkwürdig.

Welchen Tentakel willst du attackieren?

Den grünen, lies weiter bei **620**.
Den matt-roten, lies weiter bei **669**.
Den schwarzen, lies weiter bei **699**.
Den violetten, lies weiter bei **584**.
Den gelben, lies weiter bei **580**.
Den blauen, lies weiter bei **601**.

641 Mit ernster Stimme ruft dir der alte Mönch zu: „Wählt Ugars Antlitz ebenda und tretet vor!"

Ugar-Vins Worte klingen dir in den Ohren, als dir erneut die leuchtende, runde Scheibe auf dem Rücken deiner Klaue ins Auge fällt – jetzt glaubst du zu wissen, was zu tun ist.

Auf welche der acht abgebildeten Mondphasen der Himmelsscheibe willst du dich stellen?

Neumond, lies weiter bei **570**.
Zunehmender Sichelmond, lies weiter bei **595**.
Zunehmender Halbmond, lies weiter bei **575**.
Zunehmender Dreiviertelmond, lies weiter bei **661**.
Vollmond, lies weiter bei **645**.
Abnehmender Dreiviertelmond, lies weiter bei **614**.
Abnehmender Halbmond, lies weiter bei **665**.
Abnehmender Sichelmond, lies weiter bei **590**.

642 Wie bei den anderen Angriffen zuvor platzt der Greifarm – unter heftigen Schreien des Monsters – dort auf, wo der Speer das Fleisch zerschnitt. Blaue Strahlen brennen durch die Höhle und vermischen sich mit den drei Farben, die du bereits befreit hast. Auch der vierte Kristall erstrahlt – bleibt noch einer.
Welchen Tentakel willst du attackieren?

Den matten, lies weiter bei **669**.
Den schwarzen, lies weiter bei **699**.
Den violetten, lies weiter bei **631**.

643 Es vergeht eine kleine Ewigkeit, bis ihr das flache Ufer auf der gegenüber liegenden Seite des Bergsees erreicht. „Wir sind da“, flüstert der Mönch und deutet mit einer großen Geste auf die atemberaubende Umgebung.

Lies weiter bei **650**.

644 Hastig machst du die Kletterhaken bereit und sicherst dich am Seil. Mit den sich selbst fixierenden Haken und dem reißfesten Latukhaar ist der Abstieg ein Kinderspiel. Unten angekommen raffst du das Seil zusammen und rennst los.
Streiche alle ***Kletterhaken*** *vom Abenteuerblatt!*

Lies weiter bei **568**.

645 Sicheren Schrittes bewegst du dich über die Himmelsscheibe auf den Vollmond im Marmorboden zu.
Blättere nun zum MONDKALENDER *bei Sektion 600.*
Ist dort der ***Vollmond*** *angekreuzt?*

Wenn ja, lies weiter bei **639**.
Andernfalls lies weiter bei **570**.

646 Dank deiner Ahnung bist du innerlich auf die drohende Gefahr vorbereitet. Mit einem beherzten Sprung entrinnst du gerade noch den herabstürzenden Felsen, die dich zweifelsohne

schwer verletzt, wenn nicht sogar getötet hätten. Nur unweit über dir springt ein Rudel Affen mit hellgrauem Fell im Felsen umher. Sie kreischen aufgeregt und werfen wild mit Steinen um sich. Sollten etwa diese Tiere dir eine Falle gestellt haben?
Dann starrt dich eines der Geschöpfe mit seinem weißen, menschenähnlichen Gesicht an. Es sind Totenkopflemuren! Diese Affen giert es nach den Seelen toter Menschen.

*Willst du die Affen angreifen, lies weiter bei **691**.*
*Willst du fliehen, lies weiter bei **654**.*

647 Du suchst den violetten Himmel nach dem Mond ab, der in dieser Jahreszeit eigentlich bereits am Tage zu sehen ist, doch du kannst ihn nicht entdecken. Es ist Neumond. Ugar verbirgt sein Gesicht und es ist daher nicht der Tag, dein Schicksal zu ergründen.
Ausgelöst von dieser ernüchternden Erkenntnis überkommt dich das mächtige Gefühl der Verwandlung. Ohne es aufhalten zu wollen, schwinden deine Sinne, während sich dein Körper versteinert.
Als du erwachst, hat deine Haut wieder ihre ursprüngliche Erscheinung angenommen. Auch sonst scheint alles unverändert – bis auf den Unterschied, dass jetzt die schmale Sichel des zunehmenden Mondes am Himmel steht!
› Wie kann das sein? Was ist geschehen? ‹
Du erhältst 1 Karma-Punkt!

*Lies weiter bei **600** und tue so, als hättest du zuvor bei der Ermittlung der Mondphase den **zunehmenden Sichelmond** gewählt.*

648 Mit beiden Klauen stößt du den gebrechlichen Mönch inmitten des Mosaiks zu Boden. Der Alte ringt nach Luft und stammelt verstört: „Ugar wird diesen Frevel sühnen, Schattenkind!“

*Lies weiter bei **613**.*

4

649 Nur um Haaresbreite rast der Bug des großen Schiffs an dir vorbei. Im letzten Moment kannst du den Kopf einziehen, bevor dich eine lange Planke, die seitlich an der Reling hinausragt, am Kopf treffen würde.

Lies weiter bei ***633****.*

☾ **650** Ugar-Vin ergreift deine Klaue mit dem leuchtenden Mondzeichen und deutet auf die senkrecht aufragende Bergwand hinter dem See: „Siehe, Schattenkind! Erkenne Ugars Geheimnis. Die Spiegelung seines Weges." △○◇|◇○△ ☽
Du suchst und suchst und willst dich schon abwenden, als im fahlen Schein der Nacht zunächst Konturen von Gehplatten knapp unterhalb der Wasseroberfläche und schließlich große Säulen und Statuen erkennbar werden, die eben noch mit dem Vulkangestein verschmolzen schienen.
› *Es ist also wahr … nur Auserwählte sollen Ugars Hallen betreten.* ‹
Stolz, eben einer dieser Auserwählten zu sein, schreitest du voran. „Bevor Kar wieder die Oberhand gewinnt, wird sich Euer Schicksal offenbaren." Mit diesen Worten geleitet dich Ugar-Vin über die funkelnden Steinplatten im See zum Eingang des Tempels.

Lies weiter bei ***562****.*

651 Die unzähligen Stufen des engen Aufgangs führen dich immer tiefer in den Fels. Ein wenig fühlst du dich an den Ningal-Tower erinnert, doch du spürst, dass dieser Ort von etwas Besonderem, ja Heiligem durchdrungen ist.
Von Ungeduld angetrieben werden deine Schritte länger und länger, bis endlich das Ende des Treppenganges in Sicht ist.
Vor dir breitet sich ein weites Plateau aus, ringsherum eingefasst von steilen Klippen. Im Mondschein glitzert ein idyllischer Bergsee, an dessen steinigem Ufer sich ein Pfad entlang schlängelt. Nebelfetzen kräuseln über der stillen Wasseroberfläche im Wind.
› *Unfassbar, ich stehe inmitten des erloschenen Varoons!* ‹

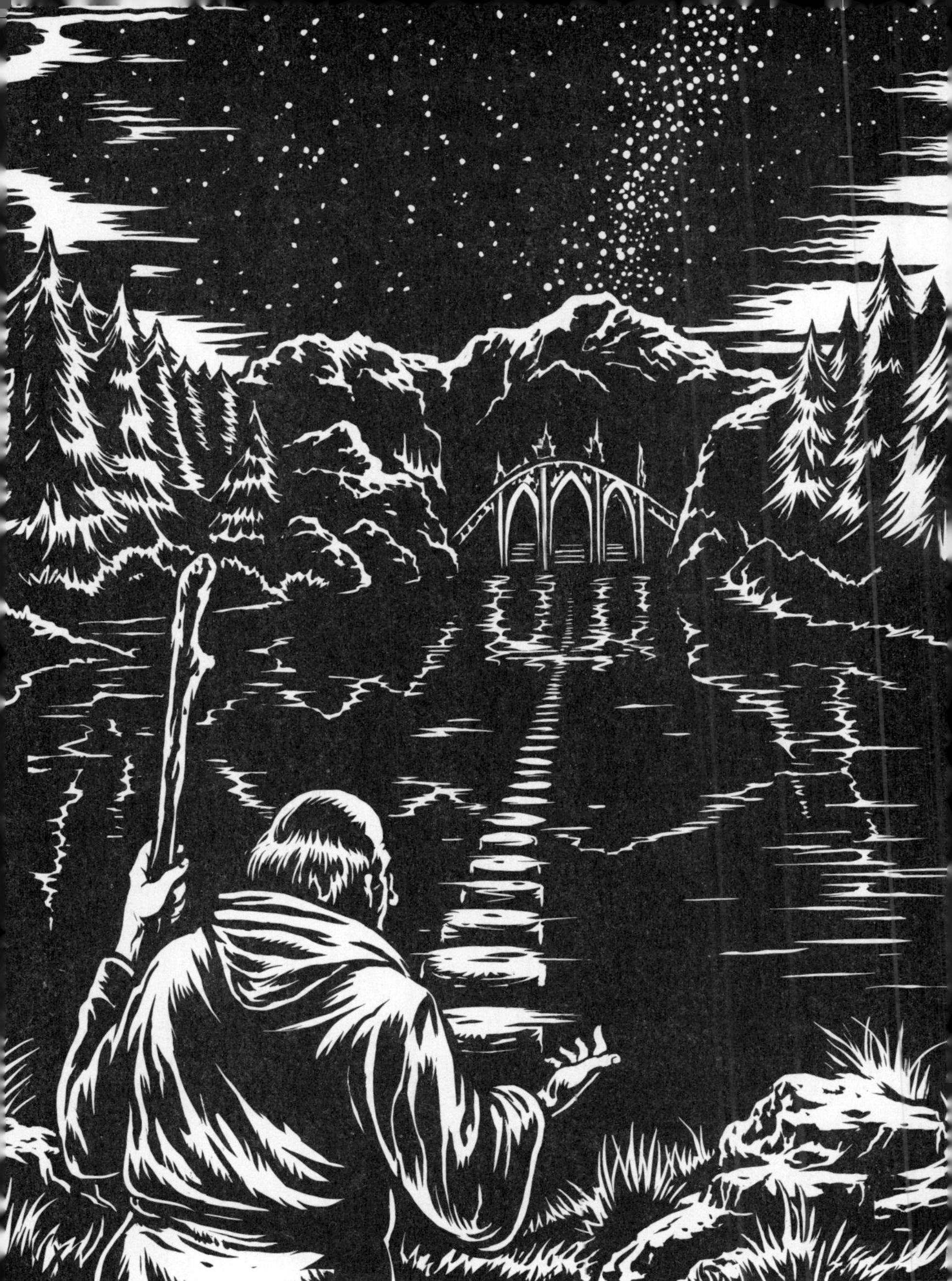

650 *Im fahlen Schein der Nacht erkennst du zunächst Konturen von Gehplatten knapp unterhalb der Wasseroberfläche und schließlich große Säulen und Statuen, die eben noch mit dem Vulkangestein verschmolzen schienen.*

Schauer der Ehrfurcht laufen dir über den Rücken. An einem solch schönen Ort willst du sein!
„Eine göttliche Nacht, nicht wahr?“, flüstert eine sanftmütige Stimme und bestätigt deine Gedanken. Hinter dir tritt ein gebeugter Mann in der traditionellen Kleidung der Ugar-Mönche aus dem Schatten. Es ist ein Mensch. Dennoch stellst du mit Bewunderung fest, dass auf seinem kahlen Kopf das heilige Symbol eures Gottes, die Ugar-Scheibe, erstrahlt.
Der Mönch ignoriert deine fragenden Blicke mit einem verschmitzten Lächeln und betrachtet den Rücken deiner rechte Klaue, der noch immer hell leuchtet. Mit einer angedeuteten Verbeugung stellt er sich vor: „Mein Name ist Ugar-Vin. Und Ihr seid das gepriesene Schattenkind, nicht wahr? Es ist meine Aufgabe, Euch zum Heiligtum zu führen.“
Wortlos und mit festem Blick schreitet der schmächtige Gottesdiener voran. Er führt einen langen, glatten Stab, den er sehr bedächtig weit vor sich aufsetzt, um nicht über seine ausladende schwarze Kutte zu stolpern. Während der Wanderung wird deine Geduld wahrlich auf die Probe gestellt: Ugar-Vin scheint jeden Schritt, Fuß um Fuß, zu genießen.

*Willst du dem Mönch geduldig folgen, lies weiter bei **559**.*
*Willst du vorangehen, lies weiter bei **690**.*

652 Etwas angewidert hebst du den Handknochen des Skeletts an und ziehst das Buch langsam hervor. In großer Erwartung schlägst du es auf, doch die Buchstaben führen einen verwirrenden Tanz auf. Offenbar ist der Text magisch verschlüsselt.
Trotzdem kannst du beim letzten Eintrag Zeichen erkennen, die du in ähnlicher Form bereits am Eingang zu dieser Höhle entdeckt hast: „ΞЩΞЂ ЌΛΠ Θ ЩΞЂ“.

*Besitzt du die **Perle der Verständigung** oder die Fähigkeit **Magiekenntnis**, lies weiter bei **591**.*
*Andernfalls lies weiter bei **604**.*

4

653 Befreit aus der Scheide, wird die gesamte Höhle von einem sanften Sternenglanz deiner Klinge erfüllt. Der Golem wendet sich träge ab und starrt auf den Rücken seiner geballten rechten Faust. Dort erstrahlt schließlich das Symbol Ugars, der silberne Vollmond, so wie es dir widerfuhr, als du vor die Himmelsscheibe getreten bist.
Nun betrachtet er seine linke Hand. Dort aber tut sich nichts – einzig ein gezackter Fleck zeichnet sich im schroffen Grau ab.
Ein zorniges Grollen wälzt sich durch die Höhle, als dich der Blick des Wächters trifft. Entschlossen stapft er mit zuckendem rechten Arm auf dich zu. Es beginnt ein Kampf auf Leben und Tod.

*Infolge der Präsenz der **Mondsichel** zappelt der rechte Arm des Golems wild umher. Daher sind alle Angriffe mit dem **rechten Arm** des Monsters um 2 Punkte schlechter!*
Vermerke dir dies in der nächsten Sektion in den dafür vorgesehenen rechten Klammern.

*Lies weiter bei **K60**!*

654 Als die Totenkopflemuren merken, dass sie keine Chance haben dir weiterhin nachzustellen, hüpfen sie behände die senkrechte Felswand hinauf. Du belegst die kreischenden Affen mit einem Fluch und setzt deinen Weg durch den Spalt fort.

*Lies weiter bei **670**.*

655 Dein gekonnter Speerstoß reißt eine klaffende Wunde auf. Aus dem zuckenden Tentakel schießt gelbe Eiterflüssigkeit, deren Spritzer deine Haut verätzen.
Es zeigen sich wieder alle sieben Greifarme des Monsters – der Kampf beginnt von Neuem!

*Deine VITALITÄT sinkt um eine Stufe, wenn du nicht die Fähigkeit **Geist über Körper** besitzt!*

*Lies weiter bei **683**.*

656 Eine innere Stimme sagt dir, dass hier etwas nicht mit rechten Dingen zugeht. Du schleichst an dem merkwürdigen Etwas vorbei. Nach einigen Schritten ertastest du eine glatte Wand und die Öffnung zu einem Gang. Etwas unbeholfen gehst du weiter, bis du kein Stöhnen mehr hörst, und entfachst die Laterne.
Geblendet von Dutzenden Lichtstrahlen hältst du dir die Arme vors Gesicht. Dann realisierst du, dass du inmitten unzähliger Spiegel stehst, die den Schein deiner Laterne reflektieren. Erst nach einigen Minuten hast du deine Verwirrung überwunden und gehst in das Spiegelkabinett hinein.

Lies weiter bei ***569****.*

657 Du konzentrierst dich auf deine empfindlichen Ohren und vernimmst unzählige, kaum wahrnehmbare Geräusche wie das Plätschern von Wasser, das Knittern deiner Kleidung sowie das tiefe Ächzen des Felsens um dich herum. Dein Gegner gibt allerdings nicht den kleinsten Mucks von sich.

Lies weiter bei ***585****.*

658 Du wendest dich wieder dem Mast zu und bemerkst an seinem Fuß Hammer und Nägel – du könntest schwören, dass das Werkzeug vor einem Moment noch nicht dort lag. Der Fährmann nickt zustimmend, als du die Dublone ans Holz nagelst. Daraufhin ändert er sofort den Kurs.
Stunde um Stunde vergeht und die Fahrt nimmt kein Ende. Genervt willst du den Fährmann zur Rede stellen, doch aus deiner Kehle dringt nur das schrille Gelächter einer alten Frau und giftiger Nebel. Da bemerkst du, dass um dich herum sechs geisterhafte Passagiere sitzen. Ihr gebrochener Blick und ihre leeren Gesichter lassen dich erschaudern. Ihre Seelen treiben gemeinsam mit deiner bis in alle Ewigkeit über den Lavasee des Varoons.

Dein Leben endet hier. ***(+611)*** ■

659 Die Alte streckt sich, holt tief Luft und trägt ihre Geschichte mit großem Pathos und seltsamer Betonung vor:
Vor Urzeiten bereiste der glorreiche Pirat Sian die sechs Weltmeere. Sein Können mit dem Dreizack war legendär, sein Jähzorn gefürchtet. Als eines Tages sein Sohn Lian, der ebenfalls an Bord war, von den Matrosen verspottet wurde, versammelte der Kapitän die Mannschaft auf dem Achterdeck und forderte Genugtuung.
Einen Mann nach dem anderen ließ der gnadenlose Sian über die Planke laufen, bis letztendlich er und Lian alleine zurückblieben.
Auf sich gestellt, trieben sie hilflos dahin und die Vorräte gingen zur Neige. So aß Sian – vom Hunger gemartert – sein eigen Fleisch und Blut.
*Hast du die versteckte „Moral" dieser Geschichte erkannt?**

Lies weiter bei ***618✝***.

4

660 Lautlos schleichst du auf das Unbekannte zu. Da vernimmst du einen hohen, fast schon schrillen Ton. Direkt vor dir glühen zwei rote Augen!
Du weißt nicht warum, doch wie durch einen inneren Reflex ausgelöst schlägst du zu. Es scheppert und kracht, als hättest du mit nur einem Fausthieb ein Regal voller Tonkrüge zerschmettert. Du vernimmst ein kurzes Stöhnen.

Besitzt du eine ***Laterne*** *oder* ***Blendlaterne*** *und willst sie nun entfachen, lies weiter bei* ***587***.
Willst du vorbeischleichen, lies weiter bei ***656***.

661 Sicheren Schrittes bewegst du dich über die Himmelsscheibe auf den zunehmenden Dreiviertelmond im Marmorboden zu.
Blättere nun zum MONDKALENDER *bei Sektion 600.*
Ist dort der ***zunehmende Dreiviertelmond*** *angekreuzt?*

Wenn ja, lies weiter bei ***639***.
Andernfalls lies weiter bei ***570***.

Die Regelerklärung zu den geheimen Kreuz-Verweisen (✝) befindet sich zu Beginn von Kapitel 4 auf Seite 303.

662 Mit einer gekonnten Drehung trittst du gegen die Scheibe des Spiegelgefängnisses. Woraufhin die Lichtquelle vor dir mit einem ohrenbetäubenden Klirren zerbirst.

Lies weiter bei ***679****.*

663 Mit einem Hechtsprung wirfst du dich in die wabernden Fluten aus Nebel und Schatten und tauchst ab. Enorme Kräfte drücken auf deinen Schädel, die sich zu einem unerträglichen Schmerz verstärken.

Hast du die Fähigkeit ***Atemfreiheit*** *oder*
die Fähigkeit ***Schattenlauf****, lies weiter bei* ***593****.*
Andernfalls, lies weiter bei ***582****.*

664 Du stößt dich mit einem kurzen Tritt von der Wand ab, pendelst zum Horst hinüber und krallst dich am Felsen fest. Das funkelnde Objekt ist ein kleiner Handspiegel. Um ihn ergreifen zu können, musst du allerdings die Eier anheben.

Willst du den Spiegel haben, lies weiter bei ***632****.*
Willst du weiter klettern, lies weiter bei ***609****.*

665 Sicheren Schrittes gehst du über die Himmelsscheibe auf den abnehmenden Halbmond im Marmorboden zu.

Blättere nun zum MONDKALENDER bei Sektion 600.
Ist dort der ***abnehmende Halbmond*** *angekreuzt?*

Wenn ja, lies weiter bei ***639****.*
Andernfalls lies weiter bei ***570****.*

666 Unter schallendem Gelächter löst sich die Gestalt der runzeligen Hexe im schwarzen Nebel auf. Du bist wieder allein.
Am Ende der nunmehr leeren Höhle erreichst du einen schroffen Gang, dem du knapp eine Meile lang folgst. Dieser mündet schließlich in eine weitere, feuchte Kaverne. Ein schwaches Glimmen erleuchtet den grauen Fels.

Du drehst den Docht der Laterne ein wenig kürzer, um die Umgebung und das geheimnisvolle Licht besser auf dich wirken zu lassen. Dabei entdeckst du etwas Seltsames: Die Flamme deiner Laterne ist nicht blau und rötlich wie sonst, sondern erstrahlt einzig in unterschiedlichen Graufärbungen. Auch deine Kleidung lässt jede Farbe vermissen. Irgendein merkwürdiger Zauber muss über diesen so widernatürlichen Ort liegen.

Lies weiter bei ***578****.*

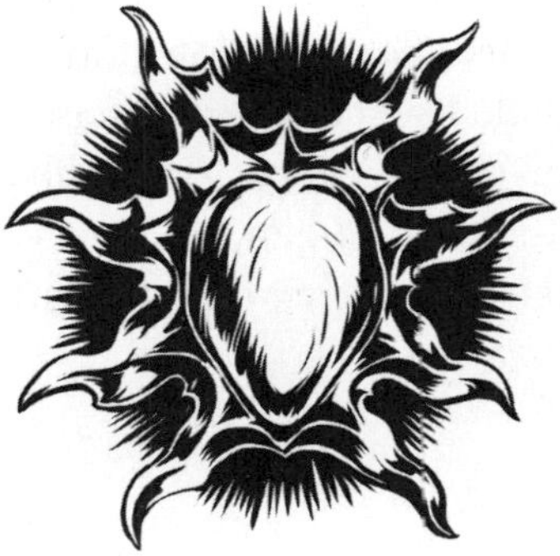

667 Etliche Meilen beschwerlichen Marschs liegen hinter dir. Ständig musst du Felsbrocken aus dem Weg räumen oder Spalten überspringen. Trotzdem ist dein Wille, diesen seltsamen Ort mit all seinen gefährlichen Rätseln und Prüfungen zu überstehen, stärker denn je.

Nach der langen Zeit in dieser unwirklichen, beklemmenden Umgebung fällt es dir immer schwerer, aufmerksam zu bleiben. In dir reift der Wunsch eine Pause einzulegen, als dich unerwartet der Schein einer fremden Laterne aufschreckt.

Willst du dich eilig verstecken und die eigene Laterne abschirmen, lies weiter bei ***672****.*

Willst du dich zu erkennen geben und freundlich Kontakt suchen, lies weiter bei ***686****.*

Willst du still auf das Licht zugehen, lies weiter bei ***589****.*

668 Im Lichtkegel deiner Laterne findest du sicher den Weg zum Gipfel. Bei Einbruch der Nacht wähnst du dich bereits am Ziel, als du über den Steinkranz einer alten Feuerstelle stolperst. Du entdeckst eine enge Felsspalte, aus der ein dünnes Bein samt Lederschuh herausragt.

*Willst du die Spalte untersuchen, lies weiter bei **671**.*
*Willst du leise weitergehen, lies weiter bei **588**.*

669 Dein Speer trifft zwar den Greifarm inmitten eines Saugnapfes, dennoch gleitet die Spitze ab. Ein heftiges Zucken und schon saust der Tentakel wie ein Peitschenhieb auf dich herab.
4 Zu deinem Entsetzen stellst du fest, dass sich trotz deines Treffers wieder alle sieben Tentakel zeigen.

*Deine VITALITÄT sinkt um eine Stufe, wenn du nicht die Fähigkeit **Mentaler Fokus** besitzt!*

*Lies weiter bei **683**.*

670 Der Abend beginnt allmählich seinen schützenden Mantel über das Land zu legen, als du endlich den Großen Spalt hinter dir lässt. Im Gebirge wird es früh dunkel, doch für eine Übernachtung unter freiem Himmel fehlt dir die nötige Ausrüstung. Außerdem könnten die Totenkopflemuren zurückkehren.

Bestimme dein Schicksal anhand des Mondes!

*Bei **Neumond**, lies weiter bei **647**.*
*Bei **Sichelmond** bis **Vollmond**, lies weiter bei **600**.*

671 Im grellen Schein deiner Laterne erblickst du die entstellte Leiche einer Menschenfrau. Die starke Verwesung lässt vermuten, dass sie schon einige Wochen hier liegt. Ihr rechter Oberschenkel ist seltsam abgewinkelt – wahrscheinlich war es ein offener Bruch. Über sie und ihre letzten Rationen haben sich bereits Geier und Würmer hergemacht. Doch ein Teil ihrer Ausrüstung ist noch zu gebrauchen:

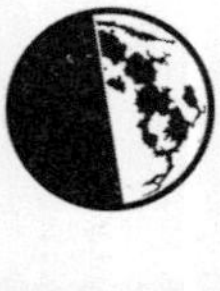

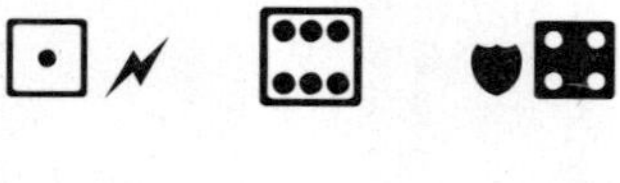

· ***Degen*** *(Waffe, Treffer +3, Spezial: gibt* V*ERTEIDIGUNG +1)*
· ***Bronzeflasche*** *(Utensil)*
· ***12 Kletterhaken*** *(Utensil)*
· ***Blendlaterne*** *(Utensil)*
· ***7 Dinar*** *(Geld)*

Wenn du etwas davon mitnehmen möchtest, dann notiere es auf dem Abenteuerblatt.

Lies weiter bei ***588****.*

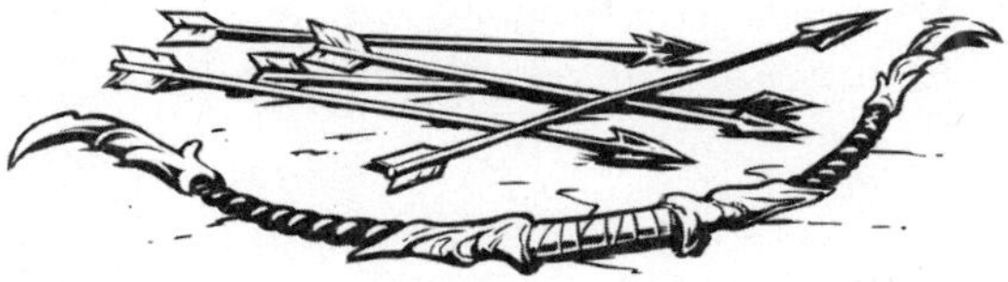

672 Offensichtlich hatte dein Gegenüber denselben Gedanken – es wird dunkel. Du spitzt die Ohren und lauscht in die Finsternis des Ganges.

Besitzt du die Fähigkeit ***Geschärfte Sinne****, lies weiter bei* ***657****.*
Andernfalls lies weiter bei ***585****.*

673 Sofort nachdem du die Mondsichel aus der Scheide gezogen und dich auf ihre göttliche Macht eingestimmt hast, erfüllt ein wunderschönes Glitzern aus göttlichem Sternenstaub die Höhle. Der Golem blickt neugierig auf und ballt die Fäuste. Da erscheint auf seinem rechten Handrücken das Ugarith-Symbol: der Vollmond in leuchtendem Silber. Es erinnert dich daran, dass deine Klaue ebenso erleuchtete, als du vor Kurzem auf der Himmelsscheibe warst.
Dann verharrt der Golem und schaut erwartungsvoll auf seine andere Hand. Und tatsächlich, deine heilige Klinge erstrahlt in gleißendem Licht. Ein greller Blitz zuckt zum Golem hinüber und das Zeichen der Karither, die goldene Sonne, erscheint.
Stille. Der Golem wartet. Doch schließlich schmettert er beide Fäuste gegeneinander. Splitter prasseln nieder. Mit hängenden Armen stapft der Wächter auf dich zu.

In der Mondsichel schlummert mehr als die Macht Ugars allein.
› Ob Calderel davon weiß? Wohl nicht! ‹
Du lachst spöttisch und erwartest deinen geschwächten Gegner aus Fels und Gestein.

*Infolge der Präsenz der heiligen **Mondsichel** sind beide Arme des Golems gelähmt. Sämtliche Angriffe, die er sowohl mit seinem **linken** als auch **rechten Arm** ausführt, sind um 2 Punkte schlechter! Vermerke dir dies in der nächsten Sektion in den dafür vorgesehenen Klammern.*

*Lies weiter bei **K60**!*

674 Energischen Schrittes überholst du den Mönch und baust dich vor ihm auf. Mit ernster Miene verharrt er und raunt: „Wollt Ihr etwa einen alten Mann maßregeln, weil er Euch nicht hurtig genug auf den Beinen ist?“
Beschämt von den direkten und beschämenden Worten Ugar-Vins trittst du wieder zur Seite. „Ihr habt Temperament“, stellt der Mönch fest und mustert dich. Dann murmelt er: „Seltsam, sehr seltsam.“

*Lies weiter bei **643**.*

675 Dein Instinkt sagt dir, dass in diesem Spalt eine tödliche Gefahr auf dich lauert. Du rechnest mit dem Schlimmsten und gehst aufmerksam weiter.
Addiere am Ende des nächsten Abschnitts 10 zu der dort angegebenen ✦-Sektionsnummer!

*Lies weiter bei **610**.*

676 In diesem Gang verstärkt sich das Gefühl von Kraft und Macht immer mehr. Das anfängliche Kribbeln in deinem Bauch steigert sich kontinuierlich zu überschwänglicher Euphorie, als du einen kreisrunden Raum betrittst. Seine gewölbten Spiegelwände fokussieren das Laternenlicht auf eine Kristallkugel, die

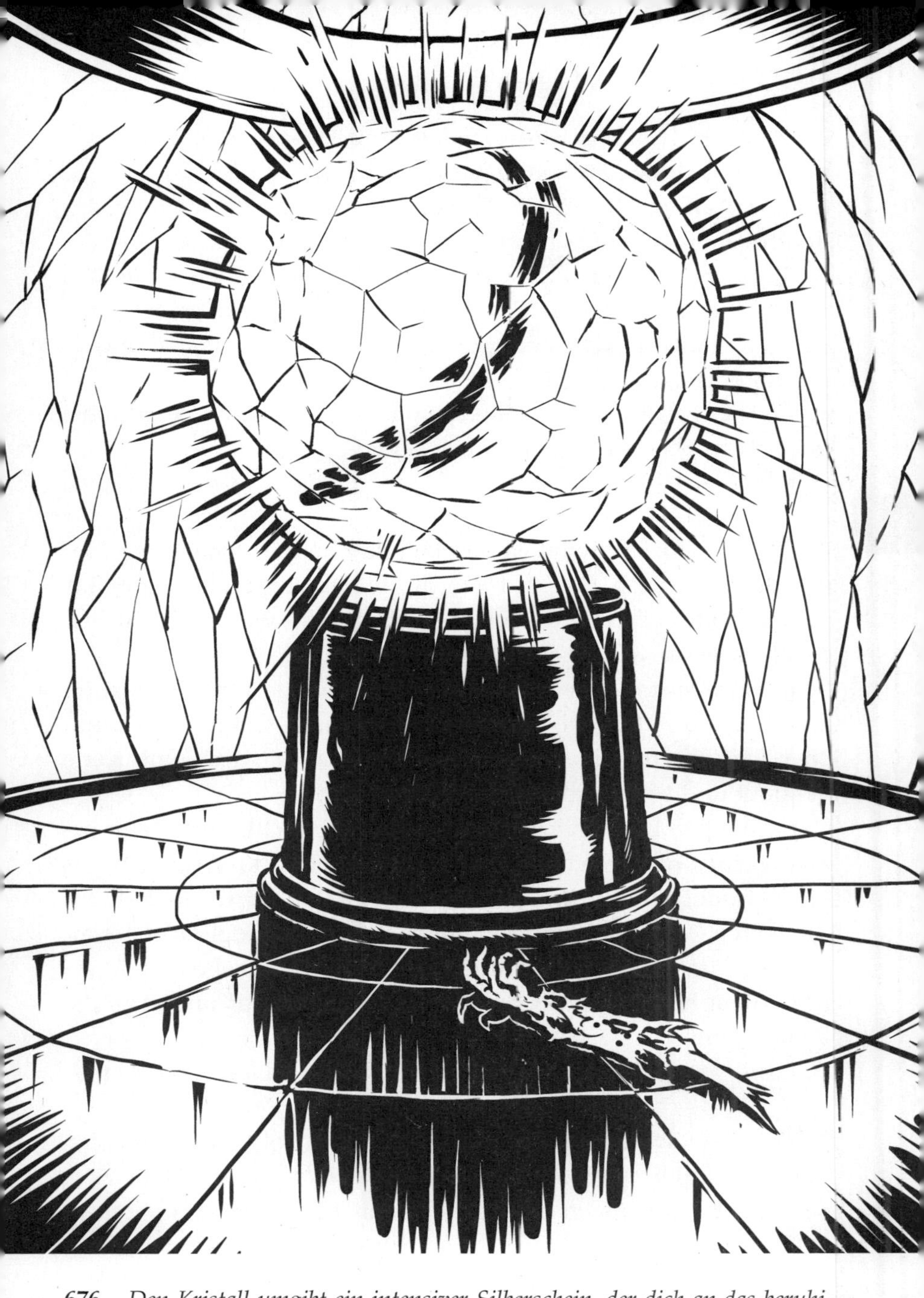

676 *Den Kristall umgibt ein intensiver Silberschein, der dich an das beruhigende Leuchten des Vollmonds erinnert. Und bei genauerer Betrachtung bilden die einzelnen Scheibenfacetten sogar sein weißgraues Muster nach.*

im Zentrum ruht. Sie ist dermaßen groß, dass nicht einmal zwei Männer sie umfassen könnten.

Den Kristall umgibt ein intensiver Silberschein, der dich an das beruhigende Leuchten des Vollmonds erinnert. Und bei genauerer Betrachtung bilden die einzelnen Scheibenfacetten sogar sein weißgraues Muster nach. Für einen kurzen Moment verlieren sich deine Gedanken in der perfekten Kugel und du wähnst dich wieder unter freiem Himmel.

Aufgeregt gehst du um deinen Fund herum und stolperst dabei über etwas Schreckliches auf dem Boden.

*Lies weiter bei **594**.*

677 Eine kleine Ewigkeit vergeht, da hörst du erneut das Tapsen der Kreaturen. Sie sind jetzt in deiner unmittelbaren Nähe. Erneut poltern Steine. Diesmal jedoch nimmt der Druck auf deinen Körper ab. Offensichtlich wirst du befreit!

Schließlich siehst du wieder etwas. Um dich herum tragen rund ein Dutzend Affen den Steinhaufen ab – und das mit erstaunlicher Fingerfertigkeit! Einige von ihnen haben sogar eine Kette gebildet und überreichen sich die Brocken.

Zunächst beachten dich die seltsamen Tiere nicht, doch dann bemerkt einer von ihnen, dass du noch lebst, und kreischt auf. Das ganze Rudel gerät in Aufruhr. Sämtliche Affen starren dich durch die leeren Augenhöhlen menschlicher Totenschädel an! Es handelt sich um Totenkopflemuren, von Geistern beseelte Affen.

Mit einem befreienden Schrei bäumst du dich auf und ergreifst deine Waffe!

*Lies weiter bei **691**.*

678 Die Lava entflammt den Rand der Scholle und frisst sich Stück für Stück voran. Schließlich kann sie die Last deines Körpers nicht mehr tragen und du verbrennst qualvoll.

Dein Leben endet hier. (+695) ▪

679 Dort, wo einst der Spiegel stand, wabert jetzt eine helle Wolke, die langsam zu Boden sinkt und wie von einer diabolischen Macht angezogen in die Scherben sickert.
Und da – die Bruchstücke bewegen sich! Wie von Geisterhand fügen sie sich rasch zu einem menschenähnlichen Körper zusammen. Sogar eine funkelnde Laterne bildet sich aus. Das magische Wesen imitiert dich!

*Lies weiter bei **K50**!*

680 Entschlossen krempelst du den Hemdsärmel zurück. In einem optischen Verwirrspiel aus Lichtbrechungen und Reflexionen steckst du zunächst deine Klaue und schließlich deinen ganzen Arm in die Kugel. Auf jeder einzelnen der kristallklaren Facetten spiegelt er sich, wie du ihn innerhalb der Kugel bewegst. Manchmal mit der irritierenden Empfindung, dass er nicht deinem Willen gehorcht, sondern genau das Gegenteil tut.
Da gehen dir noch einmal die weisen Worte des Tempelmönchs durch den Kopf, als du in dieser sternenklaren Nacht Ugars Heiligtum im See erkanntest.

Möchtest du deine Erinnerung auffrischen, kannst du dies bei Sektion 650 tun. Lies den Text zwischen den Monden ☾…☽ und anschließend hier weiter (lege dazu den Finger in diese Seite).

Du glaubst zu wissen, was Ugar-Vin mit der Umkehr des Weges meinte, und planst deinen nächsten Schritt genau.

D⮐ *Ergreife die heilige Klinge deines Volkes bei **586✝**!*

Die Regelerklärung zu den geheimen Kreuz-Verweisen (✝) siehe Seite 303.

⮐ *Solltest du Tarahs Kapitel gespielt haben, dann überprüfe jetzt das Kästchen „D" unter „Pfad der Weisheit" auf der dritten Seite des Abenteuerblatts. Eventuell erhältst du dort einen Hinweis darauf, was hier zu tun ist.*

681 Du entschließt dich, auf den Unbekannten zuzugehen und deine Überlegenheit in der Dunkelheit auszuspielen. Nach einigen Schritten knirscht und knackt es unter deinen Füßen. Du läufst auf Splittern und Scherben. Einige sind dermaßen scharfkantig, dass sie sich durch die Schuhsohlen in deine Füße bohren.

Deine VITALITÄT sinkt um eine Stufe!

Du spürst ein leichtes Beben und hörst kurz darauf ein tiefes Stöhnen in der Ferne.

*Besitzt du eine **Laterne** oder **Blendlaterne** und willst sie nun entfachen, lies weiter bei **587**.*

4 *Willst du im Schutze der Dunkelheit weitergehen, lies weiter bei **656**.*

682 Du suchst, wo du den Abstieg wagen kannst, da setzt erneut das Schaben und Zittern ein. Diesmal spürbar intensiver. Dein Selbsterhaltungstrieb zwingt dich zu Boden. Aus den Augenwinkeln erkennst du im Laternenlicht seltsame Bewegungen.
Sieben Tentakel zucken über den Felsvorsprung hinweg in deine Richtung! Jeder lang genug, um dich mehrmals zu umschlingen. Schleimiges Sekret tropft aus den Saugnäpfen, groß wie Suppenteller, als einer der Greifarme nur knapp an dir vorbeischlägt!

*Lies weiter bei **621**.*

683 Die schmierigen Tentakel winden sich dir entgegen und zappeln ziellos umher.
Welchen der sieben Tentakel willst du attackieren?

*Den weißen, lies weiter bei **669**.*

*Den violetten, lies weiter bei **584**.*

*Den gelben, lies weiter bei **655**.*

*Den grünen, lies weiter bei **620**.*

*Den roten, lies weiter bei **640**.*

*Den schwarzen, lies weiter bei **699**.*

*Den blauen, lies weiter bei **601**.*

684 Vorsichtig stocherst du in dem Haufen aus blanken, wirr zusammengefallenen Knochen herum. Fast ausnahmslos humanoide Gebeine. Hie und da machst du die zerfallenen Überreste von Rucksäcken, Bündeln oder Waffen aus, doch alle Gegenstände sind von Säure zerfressen und unbrauchbar.
Da entdeckst du eine unversehrte Lederrolle mit Metallbeschlägen, die zwischen den Rippenbögen eines Toten steckt. Vorsichtig ziehst du daran, doch der Schädel klappert zu Boden.
In der Rolle befindet sich ein Pergament: Es zeigt eine wirre Karte und auf der Rückseite eine kurze, verschmierte Notiz: *„Die Sichel zu berühren blieb mir bislang verwehrt. Bin ich unwürdig? Sollte ich etwa das Höllenmonster erschlagen müssen, um Ugar die Wahrhaftigkeit meines Glaubens zu beweisen?"*
Du wischst dir die Klauen an der Hose ab und verlässt diesen schrecklichen Ort.

Lies weiter bei **577**.

4

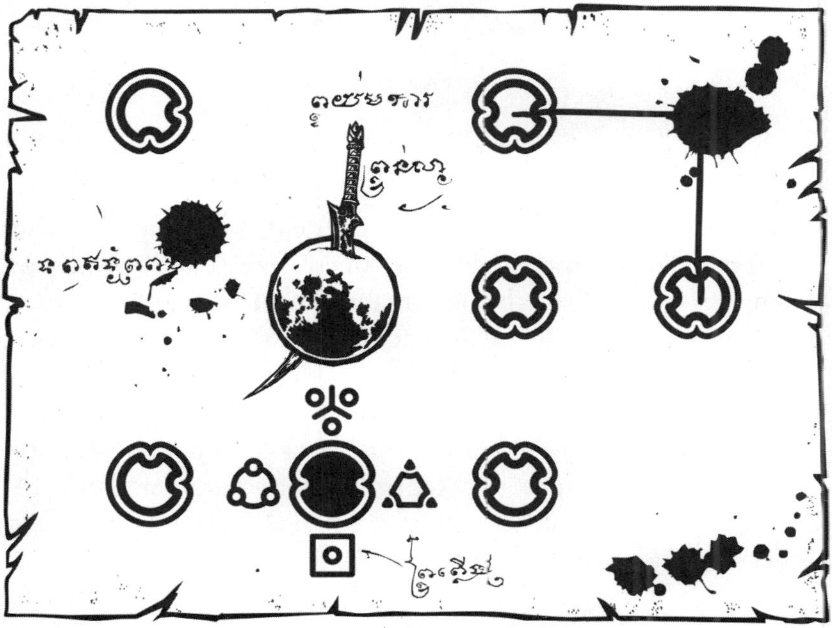

684 *In der Rolle befindet sich ein Pergament: Es zeigt eine wirre Karte und auf der Rückseite eine kurze, verschmierte Notiz.*

685 Du tastest dich – gegen jeden Instinkt – spiegelverkehrt durch den großen Kristall, bis deine Fingerkuppen endlich den Knauf des Schwerts berühren. Aufgeregt packst du zu und ziehst die Mondsichel mit einem Ruck aus der Mondkugel. Wahrhaftig, du hast den Spiegeltrick durchschaut, Schattenkind!

Lies weiter bei ***B9****!*

686 Aus sicherer Deckung rufst du einen kurzen Gruß in den Gang hinein. Der Hall trägt deine Worte sicher meilenweit durch den Varoon, doch eine Reaktion bleibt aus. Schweigend lauschst du, ob sich dein Gegenüber womöglich durch ein Geräusch verrät. Stille.

Willst du die Laterne abdecken, lies weiter bei **672***.*
Willst du jetzt auf das Licht zugehen, lies weiter bei **589***.*

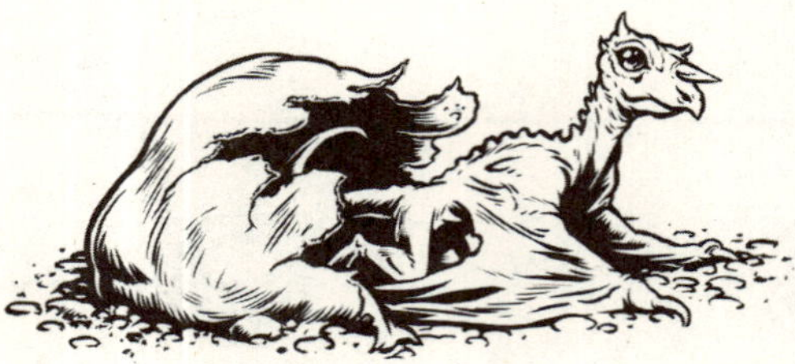

687 Aufgeregt rufst und winkst du dem Bootsmann zu. Der erhört dein Flehen und ändert den Kurs. Kurze Zeit später geht er längsseits und zieht dich am Kragen aufs Floß – gerade noch rechtzeitig, bevor der letzte Rest der Felsscholle von der Lava verschlungen wird.
Nach einem kurzen Moment der Erholung schaust du dich um. Die mysteriöse Gestalt starrt dich durchdringend mit grünen, kristallartigen Augen unter der Kapuze seiner schwarzen Kutte an. Genauso wie das Holzfloß wirkt er surreal. Dennoch treibt ihr sicher über das glühende Gestein.

Lies weiter bei **573***.*

688 Die Luft flirrt, als du über den festen Felsen der Anlegestelle gehst. Abgelenkt vom Schauspiel aus flüssigem Gestein und brennenden Gasen bemerkst du zunächst nicht, wie sich dein Körper vor der gnadenlosen Hitze schützt, indem er auf deiner Haut eine dünne Steinschicht bildet.
Nichts deutet auf Leben hin. Resigniert setzt du dich auf den Anlegerpfeiler und verbrennst dir das Gesäß am glühend heißen Eisenring. Fluchend reibst du dir die lädierte Stelle und entdeckst – inmitten des Sees – ein Floß, das von einer Gestalt in deine Richtung gestakst wird.
Ungläubig verfolgst du seinen Kurs, bis es zu deinen Füßen anlegt. Der Fährmann, dessen dürrer Körper in eine verrußte Filzkutte gehüllt ist, verharrt regungslos. In den Höhlen seines Schädels glimmen grüne Kristalle. Ihr Blick bricht deinen Willen und fordern dich auf, die Floßplanken zu betreten. Du nickst benommen und nimmst Platz, während das Gefährt bereits abtreibt.

Lies weiter bei **573**.

689 Der Golem ruht still und starr, von den anderen Felsen kaum mehr zu unterscheiden. In seinem Schoß erkennst du einen schwach leuchtenden Spalt. Bei näherer Betrachtung offenbart sich ein schmaler Durchgang, der über ein paar Stufen in einen Gang mündet. Da es keine Alternative für dich gibt, windest du dich mit einem unbehaglichen Gefühl zwischen den Unterschenkeln des Golems hindurch und hastest die Stufen hinab.

Lies weiter bei **624**.

690 Ohne auf den schleichenden Mönch Rücksicht nehmen zu müssen, erreichst du das entlegene Ufer des Bergsees. Hier läuft das Wasser flach aus und bildet einen makellosen Spiegel für das Firmament. Es scheint, als wärst du von Sternen umgeben. Du vergisst den Moment.

Lies weiter bei **650**.

691 Wahrscheinlich wollen die Affen deinen Körper, um eine ihrer gemarterten Seelen zu befreien. Dafür müssen sie dich jedoch töten!

RUDEL	*ANGRIFF*	**13**	**+1**		**+1**		**+1**
TOTENKOPFLEMUREN	*VERTEIDIGUNG*	**14**	**+1**	**+1**		**+1**	
(5 GEGNER)	*RESISTENZ*		①	①	①	①	①

*Hast du **drei** Affen getötet, lies sofort weiter bei **654**.*

692 Dir entgeht nicht, dass allen fünf farbigen Tentakeln ein schwaches magisches Leuchten innewohnt, während sowohl der schwarze als auch der weiße das Laternenlicht nur matt reflektieren. Sie scheinen mit deiner Aufgabe nichts zu tun zu haben.

*Lies weiter bei **630**.*

693 Du setzt dich mit dem Rücken gegen den Mast. Sowohl das sanfte Wiegen der Lavamassen als auch das behäbige Manövrieren des Fährmanns ermüden dich. Du hast seit Tagen nicht geruht. Erschöpft fallen dir die Augen zu ...

Du schreckst auf. Ein Schwall eiskalten Wassers und lautes Getöse haben deine Starre beendet. Intuitiv umklammerst du den Mast. Das Floß – eben noch ein Ort der Ruhe – tanzt wie eine Nussschale in einem reißenden Strom eiskalten Wassers!

› Verdammt, wo steckt der Fährmann!? ‹

Unaufhaltsam rast das Floß durch Stromschnellen und an Felsen vorbei. Dann verengt sich die Höhle. Die Decke kommt näher und näher! Dir bleibt keine Wahl, holst tief Luft und springst in die Gewalten des unterirdischen Stromes. Augenblicklich wirst du von den Fluten verschluckt und weggerissen. Dein Lebensfunke erlischt.

*Lies weiter bei **700**.*

694 Der Ring an deiner Klaue leuchtet im gleichen silbrigen Schein wie das Mondzeichen auf deinem rechten Handrücken. Du stehst also vor der Himmelsscheibe, dem Ort, zu dem dich der Geist der Skÿll-Kriegerin aus dem Ningal-Tower führen wollte.

Möchtest du deine Erinnerung auffrischen, kannst du dies bei Sektion B3 tun. Lies den Text zwischen den Monden ☾…☽ und anschließend hier weiter (lege dazu den Finger in diese Seite).

In deinen Gedanken vernimmst du wieder die Stimme der Skÿll: *„Beschreitet weiter den Weg der Götter und legt Hand an die Werkzeuge des Keşra! Doch entscheidet überlegt, wenn ihr nach ihnen greift …"*
der Du bist einem uralten, verborgenen Geheimnis auf der Spur. Selbst Ugar-Vin kennt es nicht und darf es auch nicht kennen!
Bevor der Mönch auf das Artefakt aufmerksam werden kann, faltest du deine Klauen zum Gebet und verbirgst so geistesgegenwärtig das Leuchten.

*Lies weiter bei **641**.*

4

695 Je näher du dem Grollen kommst, desto heißer und stickiger wird es. Dann trittst du um eine größere Felsformation herum und erblickst einen schier endlosen Lavasee. Darin trotzen etliche Felsen dem flüssigen Gestein und ragen als kleine Plateaus heraus. Ab und an formt sich eine Gasblase auf der glühenden Oberfläche, erstarrt, um dann mit einer Stichflamme zu zerplatzen.
In der Ferne kannst du im Flirren der Luft schemenhaft das andere Ufer erkennen. Fasziniert schreitest du bis zum Rand des flammenden Sees. Er ist in ständiger Bewegung. Die Lava fließt mit unterschiedlicher Geschwindigkeit und Richtung, taucht untereinander ab oder bildet zähe Strudel.
Auch hier entdeckst du eine der Plattformen. Sie sind alle eng genug beisammen, um über sie auf die andere Seite springen zu können. Allerdings ist es unmöglich abzuschätzen, ob sie dein Gewicht tragen könnten.

*Willst du mutig von Stein zu Stein springen, lies weiter bei **556**.*
*Willst du zunächst das Ufer absuchen, lies weiter bei **602**.*

696 Um dich herum sind nur unzählige Spiegel. Spiegel, Spiegel, Spiegel.

In welche Richtung willst du gehen?

Nach Norden, lies weiter bei ***596****.*
Nach Süden, lies weiter bei ***579****.*
Nach Westen, lies weiter bei ***560****.*

697 „Halt! Habt Ihr meine Worte nicht vernommen?“ Der alte Ugar-Vin baut sich etwas wackelig auf den Beinen zwischen dir und der Öffnung auf. Dabei hält er seinen Stab quer vor die Brust: „Ich darf Euch nicht passieren lassen, solltet Ihr Waffen tragen.“
4 Eine Schweißperle rinnt über seine Stirn. Doch dann weicht die Verunsicherung in seinen ergrauten Augen zunehmend wilder Entschlossenheit.

Willst du deine Waffe nun doch dem Mönch überlassen, lies weiter bei ***616****.*
Willst du ihn attackieren, lies weiter bei ***648****.*

698 Dieses Monster imitiert jede deiner Bewegungen. Egal wie flink oder geschickt du auch attackierst, sämtliche Aktionen werden sofort auf dich zurückgeworfen. Schließlich verlierst du die Geduld, packst einen Steinbrocken und schlägst deinem Spiegelbild – so wie das Spiegelbild dir – den Schädel ein.

*Dein Leben endet hier. (+****K24****)* ■

699 Der schwarze Greifarm kommt geradewegs auf dich zu! Er ist in der Dunkelheit nur schwer auszumachen, doch es gelingt dir, ihn regelrecht aufzuschlitzen. Ein bitterer Schrei durchzieht die Höhle, als du deine Waffe wieder aus dem sich windenden Tentakel herausziehst. Du feierst deinen Triumph, doch dann setzt wieder das laute Schaben und Zittern ein.

Ohne Vorwarnung schält sich aus der Finsternis die Fratze des

Monsters heraus, das du bekämpft hast. Du erstarrst vor Entsetzen. Sieben diabolische Augen, erfüllt von abgrundtiefem Hass, fixieren dich. Mit einem infernalischen Todesschrei reißt der Dämon seinen Rachen auf und öffnet somit das Tor zur ewigen Verdammnis.

Deine weltliche Existenz endet hier. ▪

700 Kaltes Schmelzwasser rinnt dir über die Stirn, als du erwachst. Du liegst in einer Schneewehe, einige Meter unterhalb eines Lochs, das das Ende einer natürlichen Steinrinne bildet. Der heilige Varoon hat dich wieder ausgespuckt!

Benommen, aber überglücklich noch am Leben zu sein, richtest du dich auf. Etwa eine Meile entfernt, am Fuße des Gletschers, kauert Kyrna brav im Schnee. Freudentränen kullern dir über die Wangen. Sie hat all die Zeit im bitteren Frost ausgeharrt! Etliche Kreise der Ungeduld trampelte der Drache dabei in den Schnee. Zitternd vor Kälte greifst du nach dem Drachenhorn und pustest hinein. Noch während das Signal über das weite Tamoloka-Massiv hallt, reckt Kyrna ihren gefiederten Kopf empor, blickt aufgeregt in deine Richtung und erhebt sich mit einem langen Schrei.

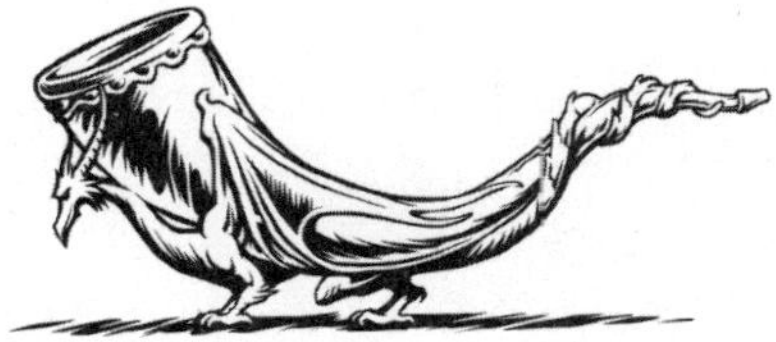

Kurze Zeit später gleitet sie über deinem Kopf und begrüßt dich mit einem freudigen Ruf, der weithin über die weiße Berglandschaft zu hören ist. Eiskristalle funkeln im Wirbelwind ihres kräftigen Flügelschlags.

› *Ja, Kyrna, ich bin auch froh, dich zu sehen!* ‹

Während du deine Habseligkeiten an und in den Packtaschen verstaust, bemerkst du, dass deine alte Bewaffnung und der Reitermantel am Sattel festgezurrt wurden. Ugar-Vin war also hier!

Du darfst alle Waffen, die du dem Mönch überreicht hast (sie sollten mit einem Kreuz im Speicherpunkt ⊗ markiert sein), wieder an dich nehmen. In diesem Fall radiere einfach das Kreuz aus. Willst du eine Waffe entsorgen, radiere sie ganz vom Abenteuerblatt!
Außerdem bemerkst du einen kleinen ***Himmelsstein*** *(Utensil, jederzeit einsetzbar, regeneriert sofort drei Stufen Vitalität, eventuell sogar auf* ***fit****).*

4 Kyrna scheint nervös. Ihr Herzschlag ist selbst durch das dicke Leder des Reitsattels zu spüren. Angesteckt von ihrer Unruhe gibst das Kommando zum Abheben: *„Gash, gash!“*
Als ihr wieder in der Luft seid, wendet sie ihren gefiederten Schwanenhals, beäugt die Mondsichel und blickt dir tief in die Augen.
„O Kyrna, was bin ich bloß?“, entfährt es dir.
Sie überlegt einen Moment und beschleunigt schließlich mit mächtigen Flügelschlägen gen Süden. Offenbar hat dein Drache einen neuen Fokus.

Lies weiter in **Kapitel 5: „Himmelsfeuer“**.

Hast du die zwei Schicksalspunkte (den 8. und 9.) in diesem Kapitel gefunden?
Wenn nicht, darfst du noch einmal dein Glück versuchen, solltest diesmal jedoch aufmerksamer der Geschichte der Hexe lauschen, sowie die verwirrenden Spiegelungen des Mondkristalls im Zentrum des Labyrinths verstehen lernen (△○◇|◇○△).

KAPITEL 5

HIMMELSFEUER

Sein Schicksal zu ergründen ist ein einschneidendes Erlebnis. Dafür bekommst du 2 KARMA-Punkte.
Übernehme die VITALITÄT aus dem vorherigen Kapitel und setze die Speicherpunkte für all deine Eintragungen auf dem Abenteuerblatt.
Der Mond hat sich um 1 Phase im Uhrzeigersinn verändert. Vermerke dies auf dem MONDKALENDER bei Sektion 600.

HINWEIS: In diesem Kapitel gibt es, ähnlich dem vorangegangenen, ungewöhnliche Sektionsverweise. In diesem Fall nehmen sie die Wahl der nächsten Sektionsnummer vorweg. So könnte ein Verweis beispielsweise aussehen: „Lies weiter bei ***720****, Option* **B***."*
Das bedeutet, dass du wie gewohnt bei Sektion 720 weiterliest, an dessen Ende jedoch den Sektionsverweis nehmen ***musst****, der mit einem* **B** *markiert ist.*
Da es vorkommen kann, dass du den Optionsbuchstaben vergisst, solltest du als Gedächtnisstütze stets einen Finger zwischen den Seiten mit der Sektion haben, die du zuletzt besucht hast. Aber wahrscheinlich machst du das eh schon …

DER GLAUBE DES SCHATTENKINDES: › Es ist also wahr … ich bin Keşra, die Hand der Götter. Sagen und Legenden ranken sich um meine Existenz. Aber warum sind meine Erinnerungen daran vergraben?
Calderel! Er unterwarf meinen Geist – missbrauchte mich für seine Zwecke. Schluss damit! Der Schattenmeister mag mächtig sein, das große Empire befehligen – ich jedoch trage die Mächte beider Göttergeschwister, Ugar und Kar, in mir!
Wie viele Unschuldige lassen noch ihr Leben in diesem Krieg? Es ist an mir, das Leid zu beenden! Nach all den Jahren der Verfolgung und Gewalt sind die Gegner zerfressen von Feindseligkeit und Hass. Für sie gibt es kein Zurück. Sie bedürfen Hoffnung. Sie brauchen mich! ‹

5

Das Orakel von Kabeth: „Strahlen und Schatten, gesehen und geheim. Welch Bund aus solch Gegensätzen zu entspringen vermag?“

701 Es ist bitterkalt. Eisiger Flugwind beißt dir ins Gesicht und überzieht deine Fäustlinge und Lederhose mit Reifkristallen. Es bleibt dir nichts anderes übrig, als die Fellkapuze dermaßen eng zusammenzuziehen, bis dir nur noch ein schmaler Sehschlitz bleibt. Erschöpft verschränkst du die Arme, legst dich bäuchlings nach vorne und lauschst den mächtigen Schlägen von Kyrnas Herzen. Im Vertrauen, dass dein Drache dich sicher aus dem besetzten Empire-Gebiet, gen Freie Lande jenseits des Jengal Deltas, tief im Süden, fortbringt, fällst du in Starre.

Deine Vitalität steigt um zwei Stufen, aber höchstens auf ***normal****.*

Plötzlich schreckst du mit einem mulmigen Gefühl im Magen auf – Kyrna zerrt nervös am Geschirr. Schließlich entdeckst du aus den Augenwinkeln den Grund für ihre Unruhe: Baronyaks auf wendigen Flugechsen stellen euch nach! Üblicherweise sind die gerissenen Söldner in Vierertrupps unterwegs. Doch in den dichten Wolken kannst du nur zwei der Luftjäger ausmachen.

Lies weiter bei **755***.*

702 Zwar hast du einem Baronyak den Garaus gemacht, doch die anderen stellen euch nun – angestachelt durch den Verlust ihres Kameraden – noch entschlossener nach.
Du rechnest bereits mit weiteren Geschossen, als du direkt vor euch eine eigenartige Wolkenformation erblickst. Wie ein gigantischer Trichter aus Nebel verbindet es feine, graue Wolken über euch mit undurchdringlich erscheinenden Quellwolken darunter.

Willst du ein Täuschungsmanöver fliegen, lies weiter bei **711***.*

Willst du das Risiko eingehen und deine Gegner in die gefährlichen Sturmwinde locken, lies weiter bei **773***.*

703 Entschlossen, den Drachen anzusprechen, stellst du dich ihm mutig in den Weg.

Besitzt du den REITERRANG ***Drachengefährte****, lies weiter bei* ***729****.*

Andernfalls lies weiter bei ***741****.*

704 Du öffnest die Augen: Tanzende Sterne trüben deinen Blick. Das abrupte Abfangen des Sturzfluges hat dich ganz schön durchgerüttelt! Aber eure Feinde sind zumindest erst einmal außer Reichweite.

Besitzt du die Fähigkeit ***Kriegsführung****, lies weiter bei* ***747****.*

Andernfalls lies weiter bei ***723****.*

705 Mit Mühe stabilisierst du Kyrnas Flugbahn, als du einen dumpfen Aufschlag gefolgt von einem höllischen Schmerz spürst. Ein Pfeil hat sich tief ins Fleisch deines linken Oberarms gebohrt. Ohne einen weiteren Gedanken zu verschwenden, beißt du die Zähne zusammen, packst das Geschoss am Schaft und reißt es heraus.

Deine VITALITÄT *sinkt um eine Stufe!*

Lies weiter bei ***718****.*

706 Mit einem allmählichen Ziehen am rechten Zügel gibst du deinem schwarzen Drachen das Zeichen, einen scharfen Rechtsbogen zu fliegen. Einige Flügelschläge später fliegt ihr bereits der Sonne entgegen.

Gehetzt blickst du nach hinten: Immer wieder sind rötliche Lichtpunkte in den Wolken auszumachen. Offensichtlich eure Verfolger, vier an der Zahl, angestrahlt von der untergehenden Sonne. Ihr jedoch werdet nur schwerlich von den Baronyak erkannt werden, schließlich blendet sie nun die lodernde Kar!

Willst du Kyrna anweisen Höhe zu gewinnen, lies weiter bei ***769****.*

Soll sie etwas tiefer gleiten, lies weiter bei ***745****.*

5

707 Nach deinem dritten Treffer erlischt das Lebenslicht in den nebelhaften Augen deiner Widersacherin ebenso wie der Zauber, mit dem sie sich während des Kampfes auf Kyrnas Rücken festhielt. Abrupt wird die einst stolze Kriegerin vom Gegenwind erfasst und in die Dunkelheit gerissen. Einzig das Bersten von Ästen ist zu hören, als ihr regungsloser Leib durch die Wipfel der Baumriesen kracht.

Ihren Tod verantwortet zu haben, bricht dir das Herz. Wahrscheinlich war sie eine der letzten ihrer Art, eine der letzten Mondtänzerinnen.

Lies weiter bei **722**.

708 In geringem Abstand folgst du dem himmelblauen Drachen, stets bereit einzugreifen, sollte er Kyrna ein Leid antun. Als er dein Reittier erreicht, schaut er dich noch einmal verächtlich an, senkt den mächtigen Schädel, dessen Stirnplatte mit langen Hörnern bewehrt ist, berührt Kyrna damit und atmet tief ein. Sodann erglüht sein Horn im wärmenden, göttlichen Licht der Morgensonne. Einen Moment später zucken Kyrnas Hinterläufe und sie öffnet die Augen.

Sogar dir geht es wieder etwas besser. Scheinbar hat auch dir das heilende Licht geholfen.

Noch ehe du realisiert hast, was geschehen ist, hat sich der unbekannte Drache wieder in die Lüfte geschwungen und verschwindet mit einem langen Schrei über den dichten Jengal-Wäldern.

Deine V*ITALITÄT* *steigt um eine Stufe, eventuell sogar auf* ***fit***.

Lies weiter bei **717**.

709 Verzweifelt reibst du die Seile an der Klinge, ohne wirklich zu erkennen, ob es funktioniert. Über dir rauscht der Flügelschlag der Baronyak-Echsen. Da gleitest du etwas ab und rutschst mit dem Unterarm über den scharfen Stahl. Das warme Blut rinnt dir über die Klaue, doch du reißt dich zusammen und machst weiter. Dir bleibt nicht mehr viel Zeit.

Deine VITALITÄT sinkt um eine Stufe!

*Lies weiter bei **761**.*

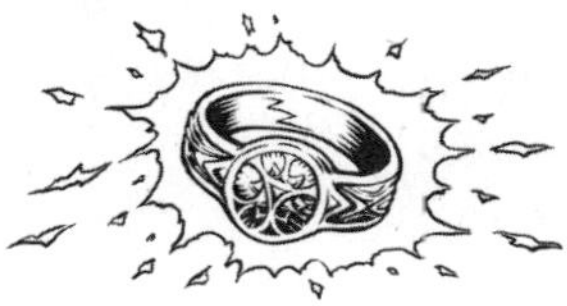

710 Beide Zügel fest umklammert, ziehst du zunächst an ihnen, um Kyrnas Aufmerksamkeit zu erhalten. Dann lehnst du dich zurück und schreist: „Hagoon, hagoon!"

Spontan schlägt Kyrna dreimal kräftig mit den Flügeln, geht in den Gleitflug über und startet einen Überschlag. Gut, dass du fest mit dem Sattel verzurrt bist, denn spätestens auf dem Scheitelpunkt – alles scheint auf dem Kopf zu stehen – wärst du von Kyrnas Rücken gefallen. Doch nun weicht das Gefühl der Leichtigkeit einem atemberaubenden Druck auf deinem gesamten Körper: Wie ein Adler im Sturzflug rast ihr wieder der Welt entgegen und vollführt die zweite Hälfte des Manövers.

*Je nachdem, welche Option in der vorigen Sektion genannt wurde, lies entweder weiter bei Ⓐ**746**, Ⓑ**767** oder Ⓒ**725**.*

711 In blinder Wut verfolgen dich die Baronyaks weiter. Mit deinen geschickten Manövern hast du sie offenbar aus der Reserve gelockt. Außerdem sind ihre Pfeile in der Nähe der Sturmgewalten wirkungslos. Ihnen bleibt nichts anderes übrig, als ihre kleinen Echsen noch stärker anzutreiben, um euch einzuholen.

Deinerseits entschlossen, diese Bastarde in eine Falle zu locken, steuerst du Kyrna auf den Sturm zu. Angespannt achtest du auf jede ungewöhnliche Luftströmung: Dann zerren mächtige Scherwinde an deinem Drachen!

Du reißt am linken Zügel und schreist: „Pagot, pagot!“ Sofort dreht Kyrna nach unten ab, rast gen Grund und entkommt so dem mächtigen Sog des Wirbelsturms. Die leichten Echsen der Baronyaks hingegen können einem leidtun: Wie Wollknäuel zwischen den Tatzen eines verspielten Katers purzeln sie durch die Luft. Einige Hilfeschreie später hat sie der finstere Wolkenstrudel verschlungen.

*Lies weiter bei **739**.*

712 Unter Aufbringung deiner letzten Kräfte zückst du deine Waffe und stellst dich dem Ungetüm entgegen. Der Drache bleibt stehen und neigt seinen Kopf neugierig zu Seite, ganz so, als könne er nicht glauben, was du gerade tust. Dann dröhnt ein markerschütterndes Fauchen durch den Wald, so dass sämtliche Vögel der Umgebung kreischend in den Nachthimmel aufsteigen.

5

*Besitzt du bereits den Reiterrang **Drachengefährte**, lies weiter bei **729**.*

*Andernfalls lies weiter bei **749**.*

713 Du bemerkst, wie deine Ratlosigkeit auch Kyrna beschäftigt. Sie blickt dir tief in die Augen, als wollte sie verstehen, was dich bewegt. Dann überkommt dich zum ersten Mal neben den Gefühlen von Freundschaft und Vertrauen auch das von tiefem Verständnis.

*Dein Reiterrang steigt auf **Drachengefährte**!*

*Lies weiter bei **775**.*

714 Der Söldner schaut sich ständig nach allen Seiten um. Und schließlich entdeckt er euch. Für den kurzen Moment des Schrecks kannst du seine blutrote Kriegsbemalung auf seinem bleichen Gesicht erkennen. Dann dreht er mit einem waghalsigen Manöver in den dichten Nebel ab. Sodann ertönt ein schrilles

Horn. Noch ehe du begreifst, was dieses Signal zu bedeuten hat, bist du von vier Baronyaks umgeben. Das Quartett richtet Pfeil und Bogen auf dich und deinen Drachen. Und schon schnellen die Geschosse von den Sehnen. Ohne einen Gedanken zu verschwenden, reißt du an den Zügeln und wirfst dich auf den Rücken.

*Lies weiter bei **710**, Option* **B**.

715 Es kommt, wie es kommen musste! Wie auf ein Kommando tauchen drei Baronyaks hinter dir auf. Die ausgefuchsten Gegner haben nur auf den passenden Moment gewartet, um sich in eine taktisch günstige Position zu manövrieren …

*Lies weiter bei **734**.*

716 Wie eine Feder werdet ihr in den Mahlstrom des Sturmes gerissen. Die Welt dreht sich schneller und schneller. Kyrna schreit vor Schmerzen. Der Kampf hat sie bereits zu viel Kraft gekostet. Und der Orkan zerrt immer heftiger an ihren Schwingen. Ihr seid unfreiwillig zum Spielball der Urgewalten geworden. Du weißt nicht mehr, wo oben und unten ist. Da durchfährt dich das Geräusch eines berstenden Knochens. Kyrnas rechter Flügel ist abartig verdreht und flattert unkontrolliert im Chaos des Sturms, der euch gnadenlos verschluckt.

*Dein Leben endet hier. (✣**702**)* ▪

717 Voller Freude und Dankbarkeit klopfst du auf die unnachgiebigen Rückenschuppen deines Drachen: „Ich danke dir, Kyrna! Was wäre ich nur ohne dich?" Ein sanftmütiger Schrei durchzieht die Nacht. Sie hat verstanden.
Wie soll es nun weitergehen? Du blickst dich ratlos um.

Besitzt du bereits den REITERRANG ***Drachengefährte**,*
*lies weiter bei **775**.*
*Andernfalls lies weiter bei **713**.*

718 Deine derzeitige Lage ist alles andere als vorteilhaft: Drei Baronyak haben die Verfolgung aufgenommen. Zudem befinden sie sich in Schussdistanz! Als du dich ein weiteres Mal nach hinten umschaust, grinst dich einer der Wolkenjäger an und zückt einen Pfeil aus dem Köcher. Das Metall der Spitze funkelt unheilvoll im Sonnenlicht, als er die Sehne spannt.

Willst du gleichzeitig an beiden Zügeln ziehen und den Oberkörper nach hinten lehnen, lies weiter bei ***710****, Option* C.

Willst du heftig am rechten Zügel ziehen und den Oberkörper nach rechts lehnen, lies weiter bei ***720****, Option* C.

Willst du die Zügel lockern und den Oberkörper nach vorne beugen, lies weiter bei ***750****, Option* C.

5

Nutze die Flugmanöver-Karte bei K20, bevor du dich entscheidest!

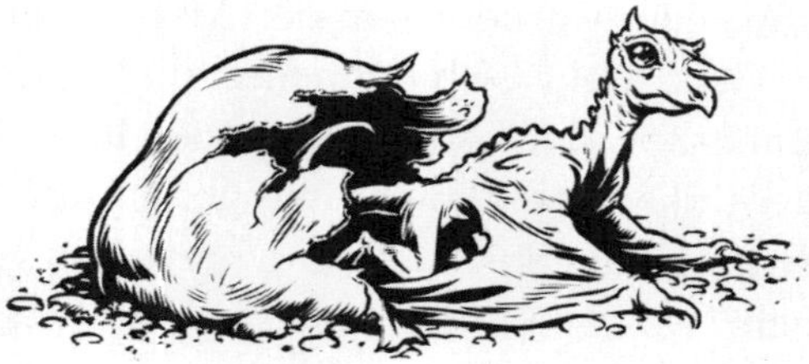

719 Hunderte Meilen seid ihr nun Richtung Süden geflogen. Und obwohl es bereits tiefe Nacht ist, ist es merklich wärmer geworden und die Aufwinde verhelfen Kyrna sogar zu einigen Gleitflügen. Schließlich erkennst du am Horizont die ersten Ausläufer des Jengal-Urwaldes im weitläufigen Mündungsdelta des größten Stroms Pakonias. Unzählige kleinere Seitenarme verästeln sich hier zu einem glitzernden Fächer – als wäre der Wald von Silberfäden durchzogen.

Kurze Zeit später rauscht ihr über das Blätterdach der gigantischen Baumriesen, die selbst die höchsten Bauten in Seraph überragen würden.

› Endlich! Du hast es geschafft, Kyrna! ‹
Da fällt dein Blick auf deine rechte Klaue, die beide Zügel hält: Das Mondmal erstrahlt! Unbehagen erfüllt dich.
› Verdammt! Das Ugars Zeichen verbindet mich mit Calderel. Ich kann mich nicht vor ihm verstecken, egal wohin wir fliegen. ‹
Du treibst Kyrna noch einmal an: „Nur noch ein kleines Stück, ein paar Meilen, dann können wir landen."
Du hältst bereits Ausschau nach einem geeigneten Lichtung, als für einen winzigen Augenblick der fahle Schein des Mondes verdunkelt wird und ein Rauschen über euch hinweg streicht. Irgendetwas, irgendwer stellt euch nach!

*Lies weiter bei **763**.*

720 Du ruckst am rechten Zügel, rufst „Limrah, limrah!" und lehnst dich gleichzeitig zur Seite. Kyrna reagiert wie befohlen: Sie klappt den linken Flügel ein und lässt den rechten etwas hängen. Sofort dreht ihr euch immer und immer wieder, schneller und schneller um die Längsachse. Dir wird schwindelig.

*Je nachdem, welche Option in der vorigen Sektion genannt wurde, lies weiter bei **A 732**, **B 705** oder **C 744**.*

721 Sorgenvoll suchst du weiterhin den Horizont ab. Doch seit Stunden ist euch nichts Ungewöhnliches begegnet. Den Drang zu ruhen kennst du nicht – Kyrna schon. Du merkst, wie ihre Flügelschläge immer schwerfälliger werden. Es schmerzt dich, sie weiter antreiben zu müssen, denn du weißt: Erst wenn die Einöde der Guanoko-Steppe hinter euch liegt und ihr die dichten Wälder des Jengal erreicht habt, seid ihr in Sicherheit.

*Lies weiter bei **719**.*

722 Mit Müh und Not kannst du die erschöpfte Kyrna in Zaum halten und leitest sie knapp über die Wipfel des Jengal-Urwaldes hinweg zur nächsten Lichtung.

Ehe ihr zur Landung ansetzen könnt, erschlaffen plötzlich die Schwingen deines Drachen und ihr sackt ab. Voller Hilflosigkeit schließt du die Augen und brüllst ein Stoßgebet. Sträucher und Bäume bersten unter der Last des Aufpralls. Eine kleine Ewigkeit rutscht Kyrna unkontrolliert durch dichtes Gestrüpp, bis ihr massiger Leib endlich zur Ruhe kommt.

Hastig springst du aus dem Sattel und stürzt den langen Hals entlang, um ihren Schädel zu halten. Deine Begleiterin atmet schwer. Der Blick glasig. Kyrna hat sich bis zur vollkommenen Erschöpfung verausgabt – für dich! Mit Tränen in den Augen blickst du nach hinten und siehst, dass ihre kräftigen Tatzen bei der Bruchlandung tiefe Furchen in den morastigen Boden gezogen haben.

› Oh, Kyrna! ‹

5 Liebevoll streichst du ihr über das geschwungene Haupthorn. Aus ihrem Rachen brummt es heiser. Du kannst nichts für Kyrna tun, außer in ihrer Nähe zu bleiben und die Götter zu bitten, ihrer gnädig zu sein.

Lies weiter bei **759**.

723 Fieberhaft suchst du den Himmel über euch ab, doch du kannst die hartnäckigen Verfolger nicht ausmachen. Plötzlich hörst du einige dumpfe, metallische Schläge irgendwo über euch. Ohne zu wissen, was es war, steigt dir nun ein beißender Geruch in die Nase, der deine Sinne benebelt.

Eine seltsame, schmierige Flüssigkeit klebt an euch. Nur noch unterbewusst hältst du sie auf Kurs. Dein Drache hat offensichtlich weniger Probleme mit diesem Baronyak-Trick als du. Obwohl du die Umgebung nur noch schemenhaft wahrnimmst, erkennst du direkt vor euch einen der Söldner mit gespanntem Bogen.

Willst du abwechselnd an den Zügeln ziehen und entsprechend mit dem Oberkörper schaukeln, lies weiter bei ***760****, Option* **C**.

Willst du die Zügel lockern und dich nach vorne auf Kyrnas Rücken legen, lies weiter bei ***750****, Option* **A**.

Willst du mit den Fäusten auf Kyrna einschlagen, lies weiter bei ***740****, Option* **C**.

Willst du stark am linken Zügel reißen und dich nach vorne lehnen, lies weiter bei ***730****, Option* **C**.

Nutze die Flugmanöver-Karte bei K20, bevor du dich entscheidest!

724 Hastig verdrückst du dich in das dichte Unterholz am Rande der Lichtung. Du weißt, dass du gegen diesen Gegner keine Chance hättest. Zumindest nicht in deinem jetzigen Zustand. Hilflos beobachtest du, wie der unbekannte Drache auf Kyrna zustapft. Überraschend hält er inne, bläst seine Nüstern auf, schnuppert und starrt in deine Richtung. Wie vom Blitz gerührt verharrst du in deinem Versteck.

Dann jedoch wendet sich der Drache wieder Kyrna zu und neigt sein Haupt, bis sein langes Horn Kyrnas Rumpf berührt. Sodann erstrahlt das Horn mit einem warmen, gelblichen Lichtschein, der die ganze Lichtung überflutet. Schließlich durchzuckt es Kyrna: Ihre Lebensgeister kehren zurück!

Du willst dich gerade zu erkennen geben, um dem unbekannten Drachen deine Dankbarkeit auszudrücken, als er auch schon abhebt und über dem Wald verschwindet.

Lies weiter bei ***717****.*

725 Am Ende des Überschlags seid ihr in etwa wieder auf der Höhe, auf der dieses waghalsige Manöver begann, jedoch hinter euren Gegnern. Damit hast du das Blatt gewendet. Nun seid ihr in der besseren Position!

Lies weiter bei ***772****.*

5

726 Als du wieder aufschaust, ist vom Baronyak-Söldner und seiner Echse nur noch ein rauchender, schwarzer Klumpen übrig, der dem Erdboden entgegentrudelt.
› *Ha, Volltreffer!* ‹

Lies weiter bei ***702****.*

727 Nach einer Schrecksekunde wird dir klar, dass dir die Flammen nichts anhaben können. Du ziehst deinen Mantel aus und schlägst um dich, um die Flammen zu ersticken. Es gelingt dir aber nur bedingt: Kyrna ist schlicht zu groß, um ihr vom Sattel aus helfen zu können. Doch alsbald stellt sich heraus, dass auch ihr das Feuer nichts ausmacht. Daher konzentrierst du dich darauf, deine Ausrüstung zu retten.

5

Lies weiter bei ***733****.*

728 Gehetzt rast ihr über das Land. Kyrna wird zunehmend nervöser. Auch dein Instinkt sagt dir, dass deine Verfolger in unmittelbarer Nähe sein müssen. Da zischen bereits die ersten Pfeile an euch vorbei. Doch gegen die tiefstehende Sonne kannst du die Verfolger nicht ausmachen.
Du weißt, Baronyak sind Söldner. Durch und durch. Gold steht bei ihnen höher im Kurs als Ehre, Loyalität oder gar das Leben. Vielleicht kannst du sie mit einer Bestechung davon abbringen, dich weiter zu verfolgen.

Besitzt du die ***Dublone des Kapitäns*** *und willst sie nun benutzen, dann lies weiter bei* ***751****.*

Andernfalls lies weiter bei ***771****.*

729 *„Geht beiseite, Keşra!"*, dröhnt es in deinem Kopf, als dich der hellblaue Drache anfaucht. *„Sie benötigt augenblicklich Hilfe. Hilfe, die ihr nicht im Stande seid zu leisten!"*
Das hat gesessen! Beschämt gehst du beiseite, während der Drache an dir vorbeistapft, ohne den strafenden Blick von dir zu lösen.

Schließlich baut er sich vor Kyrna auf, senkt seinen Kopf und berührt deine leblose Begleiterin sanft mit der Tatze, die sodann erglüht und die ganze Lichtung in warme Sommerfarben taucht. Er brummt friedlich und es vergehen nur wenige Herzschläge und Kyrna regt sich wieder! Selbst auf dich strahlt das Licht seine heilende Wirkung aus.

*Deine VITALITÄT steigt um eine Stufe, eventuell sogar auf **fit**.*
*KYRNAS VITALITÄT steigt auf **normal**.*

Ein tief empfundener Freudenschrei platzt aus dir heraus, woraufhin der fremde Drache sich dir zuwendet: *„Oh, womöglich ist sie für euch doch mehr als ein praktischer Packesel."*
Du willst gerade deine ehrliche Dankbarkeit ausdrücken, da breitet er schon seine riesigen Schwingen aus und hebt unter aufwirbelndem Staub und Laub ab.
Als der Blaue bereits wieder weit über den Bäumen kreist, wirft er das Haupt zurück, verbeißt sich ins Leder auf seinem Rücken und reißt es in einem Ruck ab. Nur wenige Schritte vor dir kracht der Sattel samt Packtasche schließlich zu Boden. *„Ich hoffe, ihr findet in der Wüste, was ihr sucht, Keşra. Vielleicht hilft euch dabei dieser Tand."*

In der Packtasche befinden sich:
- ***Reiterstiefel** (Kleidung, Füße, Schutz +2)*
- ***Monddorn** (Waffe, Treffer +2, Spezial: Der erste gelungene ANGRIFF verursacht immer einen Abzug von 2 RESISTENZ-Punkten)*
- ***Schlangenreif** (Besonderer Gegenstand, in Feld 9, wird spiralförmig um den Oberarm gespannt)*
- ***Flasche Basaltöl** (Utensil, erhöht nach dem Einreiben augenblicklich die STÄRKE für die aktuelle und nächste Sektion um 2 Punkte)*

Notiere alle Gegenstände, die du an dich nehmen willst, auf dem Abenteuerblatt. Sollte dein eigener Packsattel verbrannt sein, kannst du ihn nach Austausch der Riemen mit dem der Schattenassassine ersetzen.

*Lies weiter bei **717**.*

5

730 „Pagot, pagot!", entfährt es deiner Kehle. Jetzt heißt es festhalten! Kyrna senkt den Kopf, faltet zunächst den linken, dann den rechten Flügel ein und schon zieht die Schwerkraft an euch. In nur wenigen Augenblicken rast ihr im freien Fall der Oberfläche entgegen, während sich dein Magen vom Rest des Körpers zu lösen scheint. Du kneifst die Lider zusammen – dennoch treibt dir der eisige Gegenwind Tränen über die Wangen. Aus purem Selbsterhaltungstrieb krallst du dich an den Zügeln fest in der Hoffnung, dass dein Drache weiß, wann es genug ist. Dann wirst du in den Sattel gedrückt, ganz so, als würde man dir zentnerschwere Mehlsäcke auf die Schultern werfen. Dir wird schwarz vor Augen.

Je nachdem, welche Option in der vorigen Sektion genannt wurde, lies entweder weiter bei Ⓐ***704****,* Ⓑ*753 oder* Ⓒ***766****.*

731 Was du auch tust, das Netz verheddert sich immer stärker. Kyrna versteht deine Kommandos nicht und fliegt unruhige, abrupte Manöver. Dann entgleiten dir sogar die Zügel. Nur mühsam hältst du dich auf dem Sattel.

Teste dein GESCHICK gegen 14!

Gelingt der Test, lies weiter bei ***761****.*
Misslingt er, lies weiter bei ***742****.*

732 Auch wenn sich die Welt unaufhörlich dreht, siehst du hinter dir die Schattenfrau, wie sie sich krampfhaft an Kyrnas flatternder Satteldecke festkrallt.

„Geschickt, Verräter!", kreischt sie dir entgegen. Hass funkelt in ihren pupillenlosen Augen, obwohl sie wie ein Blatt im Wind durch die Luft wirbelt. Schließlich packst du ihre eiskalte Klaue und reißt sie von der Satteldecke. Ihr langgezogener Schrei verstummt erst, als ihr schwarzer Leib durch die Kronen der Baumriesen stürzt. Erleichtert beendest du Kyrnas schwindelerregenden Schraubenflug.

Überrascht bemerkst du, dass am rechten Steigbügel ein seltsames Objekt baumelt. Während des Angriffs hast du es für einen extravaganten Halsschmuck gehalten, doch nun erkennst du, was sich am Sattel verhakt hat: Ugar-Salasaris Schutzbrille!

Wenn du die ***beschädigte Schutzbrille*** *(Utensil) mit massiver Messingfassung an dich nehmen willst, schreibe sie auf das Abenteuerblatt. Die winddichte Schutzbrille aus runden, dunklen Gläsern wird eigentlich locker um den Hals getragen. Das Band ist allerdings zerrissen. Daher kannst du die Brille nicht umhängen und musst sie in Kyrnas Packsattel einstecken.*

Lies weiter bei ***722****.*

733 Nach knapp einer Minute als fliegende Fackel erlischt das Feuer endlich. Der vorauseilende Baronyak blickt euch mit weit aufgerissenen Augen an.
Damit hat er nicht gerechnet! Als du mit rußigen Fingern auf ihn deutest, schüttelt er den Kopf, verflucht dich und dreht mit seiner Echse ab. Sein Überlebenswille hat seinen Mut besiegt.

Lies weiter bei ***739****.*

734 Eigentlich wähnst du dich in sicherem Abstand zu den Baronyaks, doch wie aus heiterem Himmel zischen Pfeile knapp an euch vorbei. Die Söldner aus Alonien scheinen nicht nur exzellente Aufklärer, sondern auch hervorragende Bogenschützen zu sein! Jetzt heißt es ausweichen mit einem Drachenmanöver!

Willst du abwechselnd an den Zügeln ziehen und gleichermaßen mit dem Oberkörper schaukeln, lies weiter bei ***760****, Option* **B***.*

Willst du an beiden Zügeln stark ziehen und den Oberkörper zurücklehnen, lies weiter bei ***710****, Option* **B***.*

Willst du fest am rechten Zügel zerren und den Oberkörper nach rechts lehnen, lies weiter bei ***720****, Option* **B***.*

Nutze die Flugmanöver-Karte bei K20, bevor du dich entscheidest!

735 Nur knapp zischen die Pfeile an euch vorbei, doch mit den atemberaubenden, schlängelnden Bewegungen entkommt ihr zunächst der Gefahr. Einer der Baronyak-Schützen verflucht dich lauthals, als sein Pfeil ins Leere schwirrt.

*Lies weiter bei **718**.*

736 Trotz Kyrnas halsbrecherischer Geschwindigkeit, bewegt sich die Schattenkämpferin mit beängstigender Sicherheit auf dem Rücken deines Drachen. Die schmalen Füße der Assassine scheinen auf magische Weise mit Kyrnas Schuppen verbunden. Das Weiß ihrer Zähne blitzt selbstbewusst auf, als sie ihren unheilvoll glitzernden Mondsäbel in der Klaue wiegt.
„Welch Ehre, das treulose Schattenkind liquidieren zu dürfen",
5 schreit sie dir im Heulen des Flugwindes entgegen.

UGAR-SALASARI –	*ANGRIFF*	**16**
DIE MONDTÄNZERIN	*VERTEIDIGUNG*	**18**
	RESISTENZ	♥○○③

*Da du sitzend kämpfen musst, wird der Trefferbonus deiner Waffe halbiert (abrunden), es sei denn, du bist ein **Meisterlicher Kämpfer**!*

*Sollte deine Gegnerin einen Treffer landen (also deine VITALITÄT um eine Stufe reduzieren), lies sofort weiter bei **762**.*

*Gewinnst du den Kampf schadlos, lies weiter bei **707**.*

737 Du wirfst noch einmal einen prüfenden Blick am mächtigen Oberkörper deines Drachen vorbei Richtung Erdboden. Hunderte Fuß über Grund wirkt alles ruhig und friedlich, doch ein Absturz wäre natürlich tödlich. Trotzdem bist du fest entschlossen, Kyrna von diesem Fremdkörper zu befreien, und öffnest die beiden Lederschnallen, die deine Oberschenkel am Sattel fixieren.
Teste dein GESCHICK gegen 16!

*Gelingt der Test, lies weiter bei **758**.*

*Misslingt er, lies weiter bei **752**.*

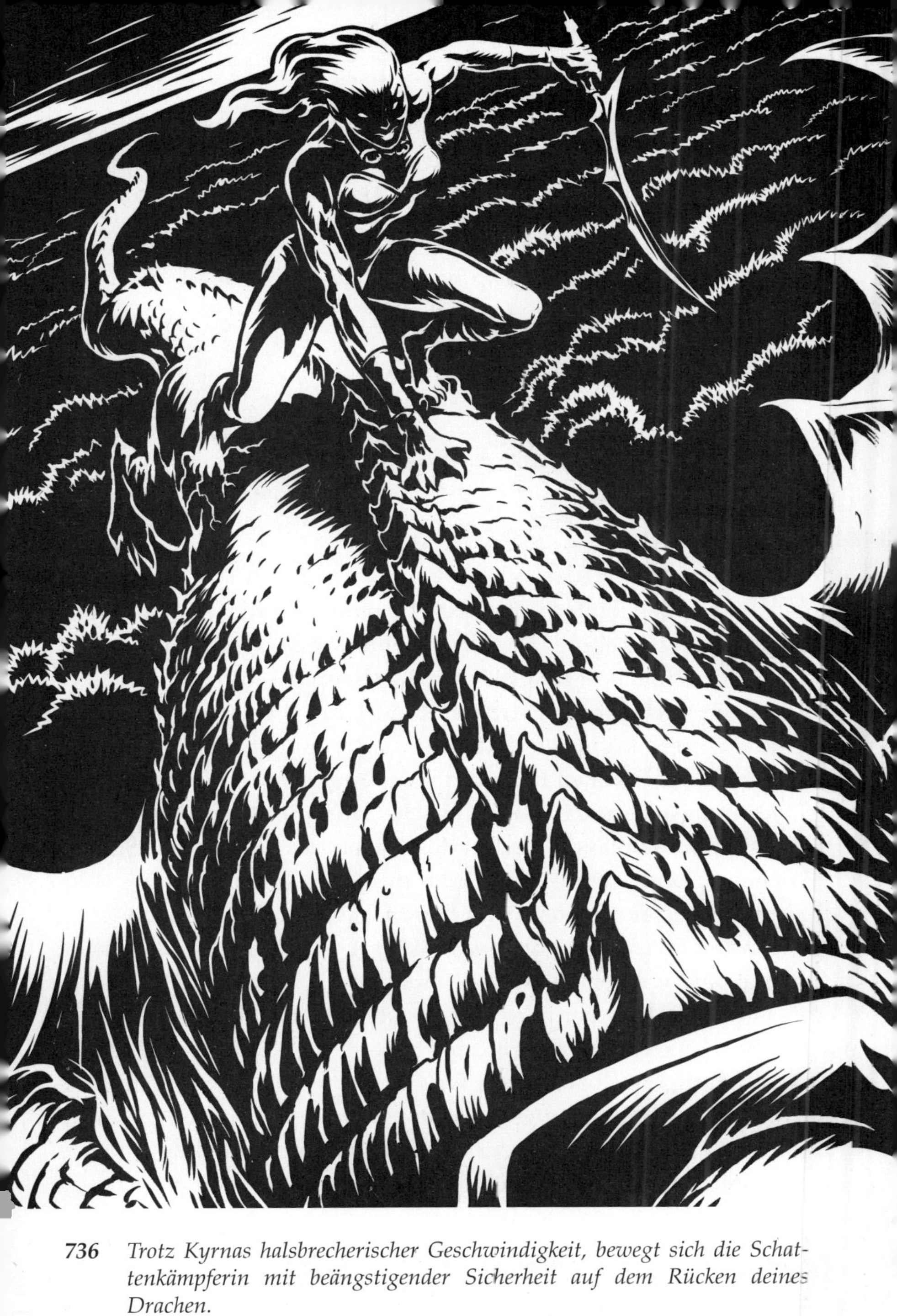

736 *Trotz Kyrnas halsbrecherischer Geschwindigkeit, bewegt sich die Schattenkämpferin mit beängstigender Sicherheit auf dem Rücken deines Drachen.*

738 Du erinnerst dich daran, dass eine kleine Waffe an deinem Gürtel befestigt ist. Im Gewirr aus verknoteten Seilen ertastest du die scharfe Klinge und beginnst das Netz aufzuscheuern.

Teste deine STÄRKE gegen 15!
*Besitzt du die Fähigkeit **Kämpfer**, zähle den Trefferbonus der kleinen Waffe zu deinem Würfelergebnis hinzu!*

*Gelingt der Test, lies weiter bei **761**.*
*Misslingt er, lies weiter bei **709**.*

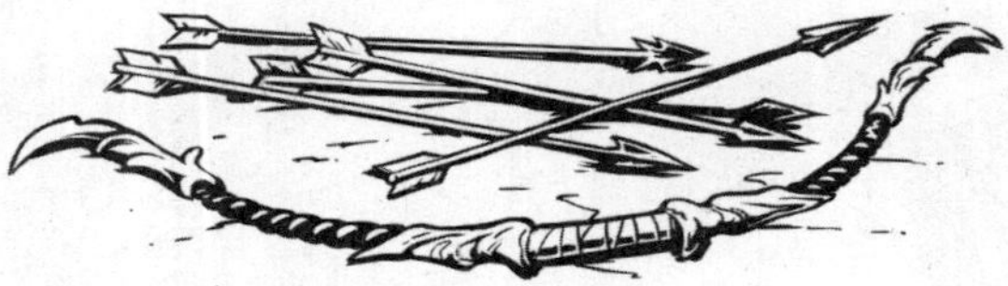

739 Mit den letzten Sonnenstrahlen habt ihr die Baronyaks abgeschüttelt! Im Schutze der Nacht sollten euch keine Wolkenreiter mehr nachstellen – wenn sie sich überhaupt noch trauen.
Dennoch war der vergangene Kampf für dich und besonders Kyrna extrem kräftezehrend. Von Anstrengung gezeichnet, lässt die folgsame Drachendame das Haupt hängen.
Doch nun ist keine Zeit für Schwäche – ihr müsst die offenen Ebenen hinter euch lassen und in den Tiefen des Dschungels Schutz suchen. „Torah, torah!", munterst du Kyrna energisch auf, während sich die ersten Sterne am Himmel zeigen. An jedem anderen Tag wärst du froh, Sternbilder und Ugar zu erblicken – aber nicht heute! Bald werden euch die Schatten jagen. Erbarmungslos.
Es laufen dir Schauer über den Rücken, als du dir ausmalst, welche Schrecken Calderel entsandt haben könnte. Während deiner Ausbildung im Schattenturm hast du es mit einigen von ihnen zu tun gehabt, deren einziger Existenzgrund es ist, ihre Opfer von der Welt zu tilgen. Und trotz ihres mitleidlosen Blutdursts gehen sie berechnend und zielstrebig vor.

Neben all diesen schrecklichen Gedanken grübelst du zudem über die Tatsache nach, dass die Baronyaks euch direkt nach dem Abflug vom Varoon nachgestellt haben.
› *Woher wussten sie, dass wir den heiligen Berg besuchten? Nur Tarus kannte unser Ziel. Hat er mich verraten? Oder … musste er mich gar verraten?* ‹

Lies weiter bei ***721****.*

740 Du trommelst mit beiden Fäusten auf die schwarzen Rückenschuppen und schreist: „Rosch, rosch!"
Die kluge Kyrna versteht das Kommando und holt tief Luft: Selbst durch das dicke Leder des Sattels spürst du das Grollen und Rumoren, das aus ihrem mächtigen Drachenleib in ihren schlangenartigen Hals emporsteigt und schließlich als glutheißes, blaues Inferno aus ihrem Rachen herausschießt. 5
Obwohl der Feuerstrahl nach vorne gerichtet ist, schützt du dein Gesicht vor der sengenden Hitze.

Je nachdem, welche Option in der vorigen Sektion genannt wurde, lies entweder weiter bei Ⓐ***726****,* Ⓑ***736*** *oder* Ⓒ***765****.*

741 Mit einem mulmigen Gefühl aus Furcht und Beschützerinstinkt stellst du dich dem Drachen entgegen, der dich lauthals anfaucht, dann aber zögert.

Willst du den Drachen angreifen, lies weiter bei ***749****.*
Willst du vorsichtig beiseitetreten und abwarten, was er tut, lies weiter bei ***708****.*

742 Es ist hoffnungslos. Erschöpft lässt du davon ab, dich weiter befreien zu wollen. Dann erkennst du durch die engen Maschen, wie sich die beiden Baronyak-Kämpfer nähern. In den Händen ihrer gestreckten Arme ruhen Harpunen.
Sie feuern. Ein Zischen und Surren und schon haben sich die Klingen in die Gurte des Sattels und ins Fleisch deines Ober-

schenkels gebohrt. Du schreist auf und rutschst ab. Kyrnas Wehklagen begleitet deinen Absturz durch die Wolken.

Dein Leben endet hier. (✢728) ▪

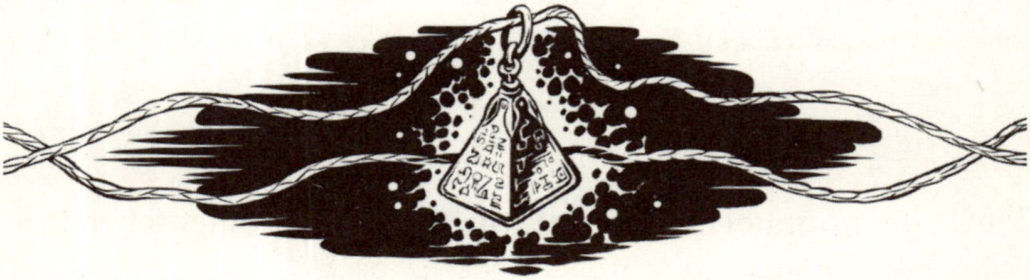

743 Leider lässt sich euer Jäger von diesem Manöver nicht verwirren. Kyrna fliegt weiterhin wie ihr befohlen, da bemerkst du, dass der Baronyak einen seltsam leuchtenden Pfeil auf die Sehne gelegt hat. Aber bevor du etwas unternehmen kannst, rast auch schon das Feuergeschoss auf euch zu.

Der Pfeil, von dessen Spitze unaufhörlich Funken stieben, schlägt stumpf auf Kyrnas Flanke und trudelt in die Tiefe. Von einem Moment auf den nächsten entzündet sich die getroffene Stelle und es gibt eine Explosion. Glühende Hitze umgibt dich. Auch Kyrna schreit verängstigt auf.

*Besitzt du **Resistenz gegen Hitze**, lies weiter bei **727**.*

*Andernfalls lies weiter bei **768**.*

744 In der Hoffnung, das Schraubenmanöver ließ euren Verfolger verwirrt zurück, musst du erkennen, dass er dennoch auf euch gefeuert hat: Ein Pfeil steckt nur eine Hand breit von deinem Oberschenkel entfernt im Packsattel! Bei den heftigen Drehungen haben sich aber offensichtlich die Befestigungsriemen der rechten Halterung gelöst.

Streiche dir den Gegenstand, der auf der rechten Seite des Packsattels (Feld 8) befestigt war.

*Lies weiter bei **772**.*

745 Kyrna senkt etwas den Kopf und legt die Ohren an, als ihr an Höhe verliert. An den Spitzen ihrer Flügel, mit zahllosen Horndornen bewehrt, kräuselt sich der blutrote Wolkennebel im Lichte der untergehenden Sonne. Zwar bieten die Wolken einerseits einen undurchdringlichen Schutz vor deinen Verfolgern, doch andererseits kann jeden Augenblick ein Gegner auftauchen, ohne dass dir Zeit bleibt, zu reagieren.
Erst jetzt wird dir klar, wie schnell ihr eigentlich fliegt: Die Wolkenfetzen zischen regelrecht an euch vorbei. Und immer wieder zuckst du zusammen, da sie zunächst fest wie eine Wand erscheinen, um im nächsten Augenblick als feurige Strudel hinter euch zu verwirbeln.
Wie aus dem Nichts taucht direkt vor dir ein Baronyak-Reiter auf. Noch hat er euch nicht bemerkt, kann sich jedoch jeden Moment umblicken und Alarm schlagen.

*Willst du den **Reiterbogen** benutzen, lies weiter bei **764**.*
*Willst du weiter dem Baronyak folgen, lies weiter bei **714**.*

746 Ein solches Manöver in diesem Moment kostet zu viel Zeit! Jetzt bist du wieder in einer taktisch schlechteren Kampfposition.

*Lies weiter bei **718**.*

747 Du kennst die Vorgehensweise der verschlagenen Baronyaks: In diesem Moment bereiten sie sicher einen Angriff aus dem Hinterhalt vor. Daher planst du eher ein passives Manöver, um deine Lage gegenüber den Wolkenkämpfern zu verbessern.

*Lies weiter bei **723**.*

748 Deine Muskeln zittern vor Anstrengung. Dann gibst du den Pfeil frei. Nur um Haaresbreite saust er an der Lederrüstung des Baronyaks vorbei in die Wolken. Erschrocken reißt der Söldner seinen Kopf in deine Richtung. Sofort tastest du nach dem Köcher, doch der Wolkenjäger zückt mit todsicheren Bewegungen seinerseits Pfeil und Bogen und nimmt dich unter Beschuss, noch bevor du überhaupt den nächsten Pfeil zu fassen bekommst.

Lies weiter bei ***720****, Option* Ⓒ.

749 Furchtlos stapft der Drache weiter auf dich zu. Da schlägt er – wie aus dem Nichts – mit seinem mächtigen Schwanz zu. Unter lautem Getöse wird dabei die halbe Lichtung umgepflügt. Eine Flucht ist unmöglich.

HIMMELBLAUER DRACHE	*ANGRIFF*	**25**
	VERTEIDIGUNG	**25**
	RESISTENZ	○○○○○⑥

5

Solltest du den Kampf gewinnen, lies weiter bei ***774****.*

750 Du lässt die Zügel locker, legst dich nach vorne und redest beruhigend auf die Drachendame ein: „Malam, malam.“ Daraufhin breitet Kyrna majestätisch ihre schwarzen Schwingen aus und gleitet durch die Wolken, ohne ein einziges, verräterisches Geräusch von sich zu geben.

Je nachdem, welche Option in der vorigen Sektion genannt wurde, lies entweder weiter bei Ⓐ*743,* Ⓑ*736 oder* Ⓒ*756.*

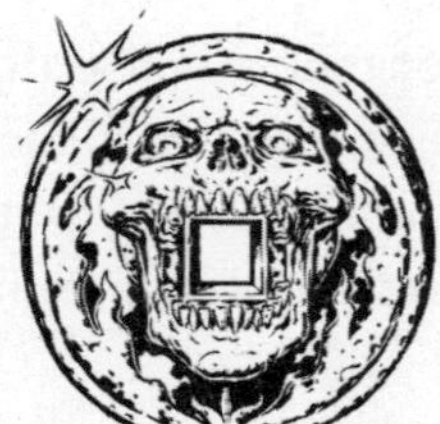

751 Mit einem kurzen Ruck reißt du die mysteriöse Dublone von deinem Umhang, betrachtest sie noch einmal von beiden Seiten und hältst sie demonstrativ mit ausgestrecktem Arm über

deinen Kopf. Das Sonnenlicht lässt das Gold diabolisch erstrahlen – so etwas lässt keinen Baronyak kalt!
Unter dem schrillen Aufschrei des Söldners wirfst du die Münze in die Tiefe. Es funktioniert! Von Gier übermannt reißt der Reiter an den Zügeln seiner Flugechse und schießt dem puren Gold hinterher, bis er schließlich in den Wolken unter dir verschwunden ist.

Lies weiter bei ***734***.

752 Du spürst, dass die Drachendame dir gerne helfen würde, doch sie kann nichts anderes tun, als sich möglichst ruhig zu verhalten, während du voller Panik nach Halt auf ihrem glatten Schuppenleib suchst. Schließlich bekommst du den dicken Lederriemen des Sattels zu packen. Mit beiden Armen hältst du dich daran fest. Wie ein Blatt im Sturm schlägst du immer wieder an Kyrnas geschuppten Leib, als das Leder des Sattels reißt und du in die Tiefe stürzt.

Dein Leben endet hier. (+734) ■

753 Kyrna krächzt auf, als sie merkt, dass die Wipfel der Baumriesen bedrohlich nahekommen. Verzweifelt versucht sie noch, den Sturzflug abzubrechen, doch schon schlagen euch Äste und dichtes Blätterwerk um die Ohren.
Abrupt endet euer Manöver an einem der mächtigen Stämme im Jengal-Dschungel. Du bist schon gar nicht mehr bei Bewusstsein, als Kyrna, die Schattenfrau und du schlussendlich auf den Waldboden krachen.

Dein Leben endet hier. (+763) ■

754 Mitfühlend verzerrst du das Gesicht, als sich der Pfeil zwischen den Muskeln bewegt und der Schaft schließlich abbricht. Kyrna scheint – trotz der tiefen Wunde – überhaupt nicht mehr beeinträchtigt zu sein.

Lies weiter bei ***718***.

5

755 Es war zu erwarten, dass Calderel den Tod seines Schützlings Aonus rächen würde. Nun lässt er nach dir suchen. Und zwar mit allem, was er in diesem Krieg für einen Verräter entbehren kann.

Zum Glück ist das am helllichten Tag nicht der Rede wert. Die Baronyaks mit ihren schmächtigen, aber wendigen Flugechsen wären für Kyrna nur ein schmackhafter Spielkamerad. Natürlich wissen das die durchtriebenen Baronyak-Späher ebenso. Sie wollen nicht kämpfen. Sie sollen aufklären. Den Feind ausfindig machen, beobachten und verfolgen. Den Rest erledigen Calderels Häscher.

› Es bleibt nur wenig Zeit. Ich muss sie abschütteln! ‹

In einer knappen Stunde wird die Kar-Scheibe hinter den Gebirgsrücken des Tamoloka-Massivs versunken sein. Dann werden sich die Schatten über das Land legen.

*Willst du Kyrna das Kommando geben, nach Westen abzudrehen, lies weiter bei **706**.*

*Willst du hingegen nach Osten ausweichen, lies weiter bei **728**.*

756 Es durchzuckt dich wie ein Blitz, als Kyrna aufschreit! Ein Pfeil ist durch die dünne Lederhaut ihrer Schwingen geschlagen und steckt nun tief in ihrer rechten Flanke. Das tiefrote, kochend heiße Blut, das aus der Wunde hervorquillt, verdampft im eisigen Flugwind.

Voller Pein windet sich Kyrna und schlägt unkontrolliert mit ihren Flügeln. Ihr sackt in die Tiefe ab.

KYRNAS VITALITÄT sinkt um eine Stufe!

In Todesangst klammerst du dich am Sattel fest. Da fährt Kyrna mit ihrem großen Schädel herum, beißt sich in die Wunde, reißt den Pfeil heraus und spuckt ihn wie einen Zahnstocher aus. Dein Drache ist wahrlich ein Biest!

*Lies weiter bei **772**.*

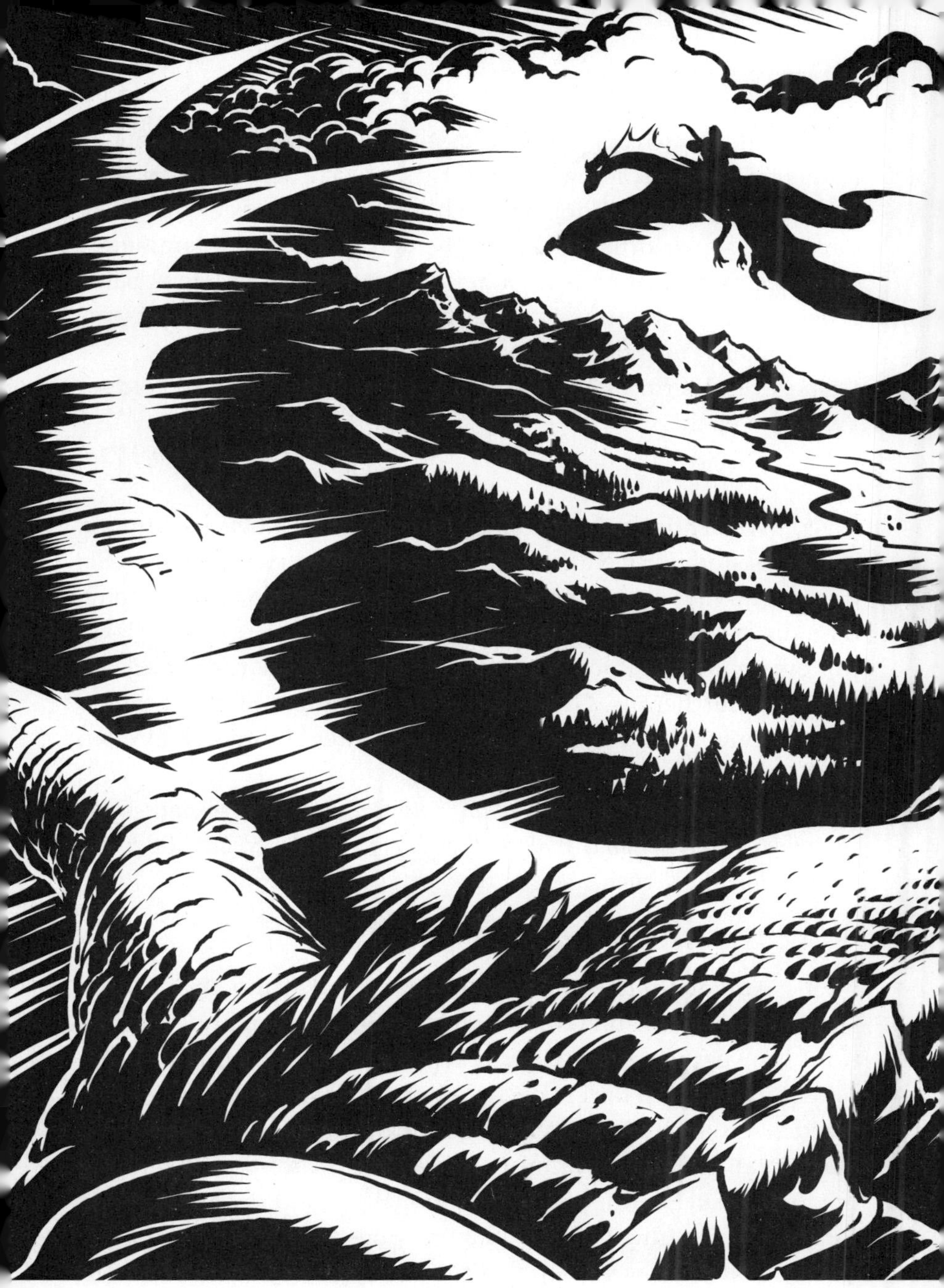

755 *Die Baronyaks mit ihren schmächtigen, aber wendigen Flugechsen wollen nicht kämpfen. Sie sollen aufklären. Den Feind ausfindig machen, beobachten und verfolgen.*

757 Mit tödlicher Präzision lässt du den Pfeil von der Sehne schnellen. Just in diesem Moment dreht sich der Baronyak um. Das Entsetzen steht ihm ins Gesicht geschrieben, als er den Pfeil, der tief in seiner Brust steckt, mit beiden Händen umklammert.
Regungslos rutscht er vom Sattel und trudelt in die Tiefe. Seine Flugechse kreischt auf – offenbar freut sie sich über die unerwartete Freiheit – und flattert in die Wolken.
Deine Erleichterung währt allerdings nur kurz. Weitere Söldner verfolgen euch!

*Lies weiter bei **718**.*

758 Vorsichtig robbst du über Kyrnas große Rückenschuppen voran. Es sind nur wenige Armlängen bis zur verwundeten Stelle, doch der Wind zerrt dermaßen kräftig an deinem Fellumhang, dass dir fast die Gliedmaßen einfrieren.
Mit einem kurzen Ruck reißt du den grünen Pfeil aus der dicken Drachenhaut heraus. Deine Begleiterin quittiert dies mit einem kurzen, unterdrückten Schrei, bevor sie einlenkt und sich auf den Rückweg begibt.
*Willst du den Pfeil behalten, dann notiere dir den **Baronyak-Pfeil** (Besonderer Gegenstand) in Feld 8 auf dem Abenteuerblatt. Er findet seinen Platz im Köcher.*

*Lies weiter bei **718**.*

759 Aufgewühlt sitzt du an Kyrnas Flanke und folgst ihren letzten Herzschlägen. Als du von einem Schatten, der über deinen Kopf hinwegrast, aufgeschreckt wirst. Du rollst dich zum Packsattel hinüber und tastest nach deiner Waffe, während unter den Winden großer Drachenschwingen Erde und Laub aufwirbeln: Nur einen Steinwurf entfernt, erscheint ein drahtiges Exemplar mit hellblauen Schuppen aus der Dunkelheit und setzt die breiten Tatzen auf den umgestürzten Stamm eines Baumriesen.
Der Drache – etwas größer als Kyrna – stapft tiefschnaubend auf

euch zu, die silbernen Augäpfel entflammt vor Zorn. Auf seinem Rücken ist ein herrenloser Reitersattel verzurrt – womöglich der Begleiter der abgestürzten Schattenassassine.

Willst du den Drachen angreifen, lies weiter bei **712**.
Willst du dich verstecken, lies weiter bei **724**.
Willst du den Drachen ansprechen, lies weiter bei **703**.

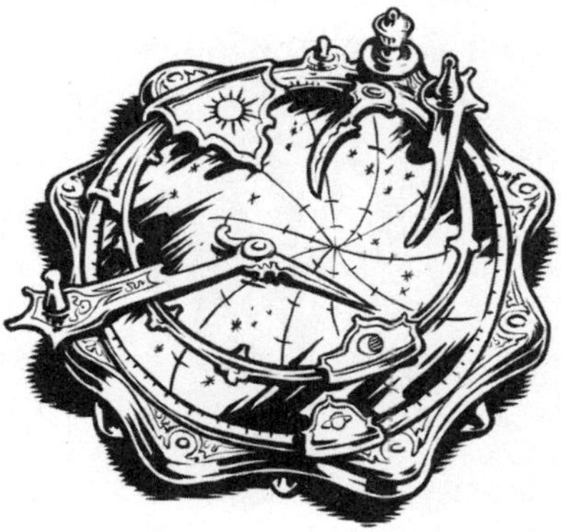

760 Als Kyrna dein „Sila, sila!“ vernimmt, stellt sie die Ohren auf und wartet auf weitere Kommandos. Du ziehst nun rhythmisch am rechten und linken Zügel und lehnst dich immer zur gegenüberliegenden Seite. Daraufhin vollführt der schwarze Drache durch abwechselndes Anlegen der Flügel unerwartbare Richtungsänderungen. Kyrnas langer dornbewehrter Schwanz schlägt dabei heftig aus.

Je nachdem, welche Option in der vorigen Sektion genannt wurde, lies entweder weiter bei Ⓐ*746*, Ⓑ*735 oder* Ⓒ*743*.

761 Endlich lösen sich die ersten Knoten! Hastig reißt du das Netz von Armen und Kopf und machst dich bereit zur Verteidigung!

Lies weiter bei **715**.

5

762 Mit einem gezielten Streich zieht dir die Kämpferin den Säbel über die Schulter. Die magische Klinge reißt sofort eine klaffende Wunde, als wäre sie eigens für die Jagd auf das Schattenkind geschaffen worden.

Voller Pein sackst du zur Seite weg und hältst dich dabei am Zügel fest. Sei es, weil Kyrna dies als Befehl interpretiert, sei es, weil sie einfach ein kluger Drache ist, beginnt sie damit, sich permanent um die eigene Achse zu winden.

Lies weiter bei ***732****.*

763 Aus den Augenwinkeln konntest du einen Schatten erkennen. War er eben nicht direkt hinter dir? Eine kurze Erschütterung und Kyrna sackt etwas ab: Der Schatten ist von seinem Flugdrachen zu dir herübergesprungen!

Hinter dir lächelt Ugar-Salasari, die Mondtänzerin, eine berüchtigte Schattenassassine, siegesgewiss. Du bist zugleich überrascht wie beeindruckt, als sie sich auf Kyrnas Rücken aufrichtet, den Umhang von ihren gestählten Schultern reißt und in die Winde wirft.

Willst du beide Zügel lockern und dich mit dem Oberkörper auf Kyrnas Rücken legen, lies weiter bei ***750****, Option* **B**.

Willst du mit den Fäusten auf Kyrnas Rücken trommeln, lies weiter bei ***740****, Option* **B**.

Willst du ruckartig am linken Zügel ziehen und dich nach vorne lehnen, lies weiter bei ***730****, Option* **B**.

Willst du am rechten Zügel ziehen und dich zur Seite lehnen, lies weiter bei ***720****, Option* **A**.

Nutze die Flugmanöver-Karte bei K20, bevor du dich entscheidest!

764 Hastig greifst du nach dem Reiterbogen, legst einen Pfeil auf die Sehne und versuchst, die Wirbelsäule zwischen den Schulterblättern des Baronyaks ins Visier zu nehmen. Der heftige Flugwind macht ein sicheres Zielen allerdings unmöglich.

Teste dein G*ESCHICK gegen 17!*
Besitzt du die Fähigkeit ***Schütze****, zähle den entsprechenden Trefferbonus zu deinem Würfelergebnis hinzu!*

Gelingt der Test, lies weiter bei ***757****.*
Andernfalls lies weiter bei ***748****.*

765 Kyrnas mächtiger Feuerodem ist wie ein Funken, der das Öl auf deiner und Kyrnas Haut schlagartig entzündet. Die Explosion aus Glut und Flammen nimmt dir binnen eines Augenblicks die Luft zum Atmen.
Unter qualvollen Schmerzen krallst du dich fest, doch schon ist das Leder der Riemen in der Gluthitze verbrannt und du rutscht samt Sattel vom Rücken deines Reitdrachens. Noch während du abstürzt, verlierst du das Bewusstsein.

Dein Leben endet hier. (+723) ■

766 Erst als Kyrnas Flügel wieder ausgebreitet durch die Lüfte schneiden und somit der freie Fall ein Ende hat, ist es dir wieder möglich zu atmen.
Die Flüssigkeit auf deiner Kleidung und Kyrnas Schuppen und der beißende Geruch verfliegen rasch. Befreit hebt und senkt sich dein Brustkorb.

Lies weiter bei ***739****.*

767 Mit Erleichterung stellst du fest, dass dich kein Pfeil während des Überschlags getroffen hat. Dennoch spürst du einen leichten, brennenden Schmerz in deiner Schulter. Du blickst in die dichten Wolken, doch von deinen Gegnern fehlt jede Spur.

5

Du willst gerade eine andere Richtung einschlagen, da bemerkst du, dass Kyrna nur widerwillig reagiert. Dann erkennst du das Problem: In ihrer rechten Schwinge steckt ein Pfeil.
Mittlerweile hat er sich dermaßen zwischen Flügelansatz und Schulter gebohrt, dass Kyrna sicher schlimme Schmerzen erdulden muss.
KYRNAS VITALITÄT sinkt um eine Stufe!

Willst du dich vom Sattel losschnallen, um den Pfeil herauszuziehen, lies weiter bei ***737****.*
Willst du den Pfeil stecken lassen, lies weiter bei ***754****.*

768 Du spürst, wie sich deine Haut zu Stein verwandelt, um einen Schutz gegen das Feuer aufzubauen. Dabei überkommt dich ein brennender Schmerz, der deinen ganzen Körper erfasst. Als du wieder bei Sinnen bist, musst du feststellen, dass der Packsattel samt Inhalt lichterloh in Flammen steht.
Deine VITALITÄT sinkt um eine Stufe!
Streiche alle Gegenstände, die am oder im Packsattel (Felder 7-12) verstaut waren, vom Abenteuerblatt.

Lies weiter bei ***733****.*

769 Unter kräftigen Flügelschlägen erreicht ihr die dichte Wolkendecke über euch. Kalte Nässe legt sich auf dein Gesicht, als ihr in den dichten Nebel hineinstoßt. Zugleich lauschst du dem stolzen Rauschen von Kyrnas Schwingen – jeder Schlag für sich ein kleiner Wirbelsturm. Leider sind sie nicht nur beeindruckend, sondern auch verräterisch!

Lies weiter bei ***715****.*

770 Wind und Regen peitschen dir ins Gesicht. Donner und Blitz bersten zugleich. Die Luft um dich herum knistert. Voller Furcht und Anstrengung schreist du auf und es gelingt dir gerade noch, deinen Drachen wieder auf Kurs zu bringen. Kyrnas

Angst ist spürbar, doch du erkennst zugleich Zuversicht in ihren goldenen Augen! Schließlich warst du stets ein verlässlicher Lotse durch bisherige Gefahren.
So auch diesmal: Mit Mut, Auge und Geschick lenkst du sie durch die etwas weniger starken Strömungen des Wirbelsturms. Die Baronyaks hingegen haben nicht den Schneid! Sie sind wohl abgedreht, zumindest kannst du sie nicht mehr ausmachen.

*Lies weiter bei **B10**!*

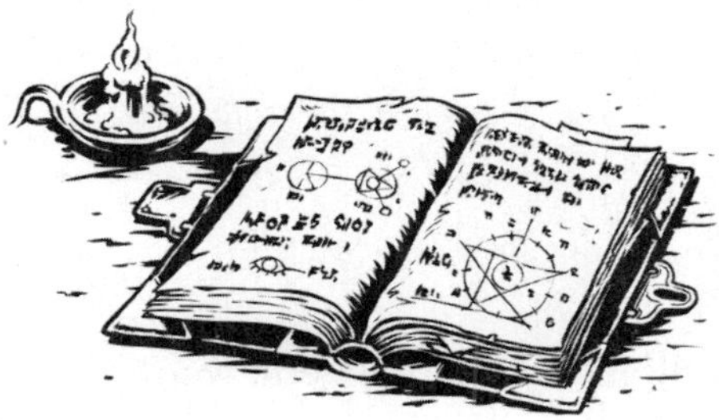

771 Irgendwo über dir erschallen in kurzer Abfolge dumpfe Schüsse. In Erwartung, Projektile könnten auf euch zurasen, blickst du nach oben. Nur knapp über euch fliegen zwei Baronyaks nebeneinander her.
Da taucht wie aus dem Nichts ein grobmaschiges Netz auf! An jeder Ecke mit Bleidornen beschwert, rotiert es direkt auf euch zu. Ehe du etwas unternehmen kannst, zappelst du wie ein Fisch im Netz. Und je mehr du dich bewegst, desto enger ziehen sich die Maschen zusammen.
*Hast du irgendeine **Waffe** auf Feld 3 vermerkt?*

*Falls ja, lies weiter bei **738**.*
*Falls nicht, lies weiter bei **731**.*

772 Es gelingt dir, Kyrna so zu lenken, dass ihr für wenige Augenblicke direkt hinter einem der Baronyak-Reiter segelt.

Der mit schwarzen Umhängen verhüllte Kämpfer blickt sich gehetzt um und reißt wild an den Zügeln seiner tiefgrünen Flugechse, im Wissen, dass er gerade schutzlos ist. Als sich eure Blicke kreuzen, packt dich das Jagdfieber.

Willst du stark am linken Zügel reißen und dich nach vorne lehnen, lies weiter bei ***730****, Option* Ⓐ.

Willst du abwechselnd an den Zügeln ziehen und dazu mit dem Oberkörper schaukeln, lies weiter bei ***760****, Option* Ⓐ.

Willst du an beiden Zügeln gleichermaßen ziehen und den Körper nach hinten neigen, lies weiter bei ***710****, Option* Ⓐ.

Willst du mit den Fäusten auf Kyrnas Rücken schlagen, lies weiter bei ***740****, Option* Ⓐ.

5 *Nutze die Flugmanöver-Karte bei K20, bevor du dich entscheidest!*

773 Kyrna gehorcht deinem Befehl, wenn auch mit spürbarem Unwohlsein, und rast auf den gigantischen Turm aus grauen Schleiern zu. Immer wieder erhellen Blitze die rotierende Wolkenformation.

Ruckartig erfassen euch heftige Scherwinde und wirbeln euch einige Male um die eigene Achse.

Ist KYRNAS VITALITÄT *in diesem Luftkampf bereits um mindestens eine Stufe gesunken, lies weiter bei* ***716****.*

Sollte Kyrna die Auseinandersetzung mit den Baronyak unbeschadet überstanden haben, lies weiter bei ***770****.*

774 Stolz einen solchen Koloss in die Knie gezwungen zu haben, klopfst du dir den Kampfschmutz aus den Kleidern. Du malst dir bereits aus, wie in Tavernen Barden Lieder über den Schlächter des Himmelblauen Drachen schmettern!

Doch die Freude über deinen Triumph währt nicht lange. Als du nämlich zu Kyrna zurückkehrst, kannst du nur noch ihren Tod feststellen. Fassungslos brichst du zusammen …

Ohne Kyrnas Hilfe wird es dir unmöglich sein, diesem Dschungel rechtzeitig zu entrinnen, um das Schicksal des Schattenkinds zu ergründen.

Der Sinn deiner Existenz endet hier. (✢759) ▪

775 Kyrna möchte dir etwas sagen – auch du möchtest ihr etwas sagen. Unvermeidlich verlierst du dich in dem hypnotischen Blick ihrer goldenen Augen. Ein Gespräch beginnt, wie in einem verschleierten Traum, einzig in euren Köpfen:
„Warum hat dich der Drache nicht getötet, Kyrna?"
„Drachen töten einander nicht …"
„Ich verstehe. Aber warum hat er mich verschont?"
„Alle Erleuchteten wissen um euer Schicksal, Keşra – so auch Atolm!"
Du stockst. Das musst du erst einmal verdauen.
„Kyrna, auch du?!"
Ein donnernder Schrei, als Antwort auf deine Frage, erfüllt die Nacht. Du blickst hinauf zu den Sternen und fährst nachdenklich, laut hörbar, fort: „Unsere gemeinsame Reise hierher war also vorherbestimmt …"

*Lies weiter in **Kapitel 6: „Im Lichte der Wahrheit"**.*

Hast du den einen Schicksalspunkt (den 10.) in diesem Kapitel gefunden? Wenn nicht, solltest du vielleicht noch einmal über die Guanoko-Ebene fliegen und den verbliebenen Baronyak-Reiter in einen – selbst für euch – gefährliche Falle locken.

*Zudem gab es in diesem Kapitel den 2. Reiterrang **Drachengefährte** zu erreichen.*

5

KAPITEL 6

IM LICHTE DER WAHRHEIT

Die Luftschlacht war eine nervenaufreibende Erfahrung. Dafür bekommst du 1 KARMA-Punkt.
Übernimm die VITALITÄT aus dem vorherigen Kapitel und aktualisiere die Speicherpunkte auf dem Abenteuerblatt.
Derweil hat der Mond sein Antlitz um 1 Phase im Uhrzeigersinn verändert. Notiere dies auf dem MONDKALENDER bei Sektion 600.

DAS ORAKEL VON KABETH: „Die Insel der Wahrhaftigkeit ist ein nahezu unerreichbares Eiland inmitten eines tosenden Meeres aus Lug und

Trug."

776 In Windeseile liegen die undurchdringlichen Jengal-Wälder hinter euch und ihr gleitet über die schroffen Hügel der Rotfelsen.
Kyrna folgt weiterhin ihrem Instinkt und den Hinweisen Atolms des Himmlischen. Er meinte, dass irgendwo in der Gawana ein versunkenes Kar-Heiligtum verborgen sei. Und du vertraust den Worten des Drachen, dich sicher dorthin zu leiten. Stunden vergehen, bis sich die Dünen der Gawana-Wüste, gefolgt von den Brennenden Feldern der Feuerebene vor euch ausbreiten. Nichts begrenzt den Horizont.
Es ist eine gespenstige Landschaft: Aus gelbbraunen Hügeln weht schwefeliger Gestank. Mancherorts schießen Fontänen kochender Flüssigkeit aus giftgelben Schlickpfützen meterhoch empor.
Wohin du auch blickst, das Land ist absolut trostlos. Weder Pflanzen noch Tiere sind zu sehen. Geschweige denn Anzeichen von Zivilisation.

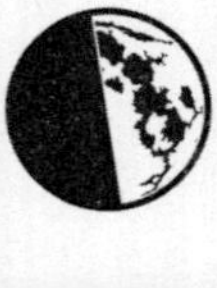

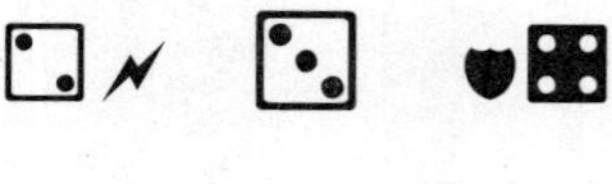

Trotzdem gilt die Gawana als Wiege des Kar-Kultes. Vergessene Städte und Tempelruinen liegen seit Generationen unter dem Schwefelsand verborgen. Und eine innere Stimme sagt dir, dass sich deine Vorsehung in dieser lebensfeindlichen Gegend erfüllen wird.

„Kyrna, es gibt etwas, was mich schon länger beschäftigt … Ich frage mich … Warum bin ich damals im Verlies des Ningal-Towers erwacht und nicht in Calderels Gemächern?“

Möchtest du deine Erinnerung auffrischen, tue dies bei Sektion 301. Lies den Text zwischen den Monden ☾…☽ und daraufhin hier weiter (lege dazu den Finger in diese Seite).

Du konkretisierst deine Gedanken: *„Seine Erklärung, es sei ein Missverständnis gewesen, ergibt keinen Sinn. Schließlich wurde ich von Aonus höchstpersönlich aus dem Tempel in Kyphi verschleppt.“*

Ungewöhnlich, doch es dauert einen Moment, bis Kyrna dir ihre Antwort sendet: *„Der Schattenmeister wollte sein geliebtes Kind offensichtlich auf die Probe stellen. Feststellen, ob Kathums Sonnenfluch dich beeinflusste, ob du ihm noch treu ergeben bist. Letztlich konnte er deine wahren Absichten nicht erkennen – dank Tarus' Ring.“*

Ihr seid unzählige Meilen geflogen, da entdeckst du einen kleinen Tross Menschen, der sich über die Feuerfelder quält. Ein Dutzend schlichter Wagen und Karren, besetzt mit verhärmten Gestalten, weicht dem Krieg.

› *Wie verzweifelt müssen sie sein, durch diese Ödnis zu ziehen?* ‹

Im Tiefflug siehst du Männer und Jünglinge, die mit jämmerlichen Speeren und Stöcken bewaffnet durch den Sand gehen, sowie Frauen und Kinder auf Planwagen sitzen. Selbst die Toka, eigentlich unermüdliche Zugechsen, die die Karren ziehen, setzen nur noch schwerfällig eine Tatze vor die andere.

Willst du in der Nähe der Flüchtlinge landen und versuchen, mit ihnen ins Gespräch zu kommen, lies weiter bei **817**.

Willst du sie ihrem Schicksal überlassen, lies weiter bei **806**.

777 Wendig fliegt Kyrna weiter der Pyramide entgegen, denn ihr dürft nicht zu lange an einer Stelle verharren, ansonsten erwischt euch das tödliche Licht, das selbst Luft zu Asche verdampfen lässt. Unter euch sammeln sich die Sonnenstrahlen für eine weitere Salve.

LICHTGESCHÜTZE KAMPFRUNDE ↻ ❶❷❸❹❺❻❼

Notiere dir die aktuelle Runde, indem du die sieben Kampfrunden-Kreise hier abstreichst. (Wenn du sogleich in den ersten Sektor fliegst, streichst du zuvor die ❶ ab, beim nächsten Mal die ❷ usw.)
Die Sektoren tragen übrigens die klassischen Bezeichnungen der elementaren Himmelsrichtungen, wie sie die Ahnen einst nutzten.

6

*Erreichst du den Beginn von KAMPFRUNDE ❼, lies sofort weiter bei **821**. Ansonsten musst du weiter mit Kyrna durch die Verteidigungsanlage fliegen. In welchen Sektor steuerst du?*

*Wasser, lies weiter bei **809**.*
*Luft, lies weiter bei **826**.*
*Feuer, lies weiter bei **787**.*
*Erde, lies weiter bei **814**.*

Denke daran, dass du nicht zweimal hintereinander im selben Sektor verweilen darfst!
*Hast du zuvor ein altes **Rigem-Pergament** gesehen, steht es dir natürlich frei, weiterhin dein Wissen über das Verteidigungssystem zu nutzen.*

778 Ehe der Junge den Knauf zu fassen bekommt, packst du sein Handgelenk.
„Das ist kein Spielzeug, junger Mann!“, maßregelst du ihn.
„Ich brauche eine Waffe! Ich werde nämlich Soldat, wie mein Vater!“, entgegnet der Rigem-Knabe erstaunlich selbstsicher.
Du willst ihm ob seines versuchten Diebstahls gerade die Ohren langziehen, da erzittert die Erde unter euch und dem Lager.

*Lies weiter bei **K70**!*

779 Die Ödnis des Aschesees ermüdet dich. Eine weitere Stunde vergeht und noch immer hast du keinen Hinweis auf eine Tempelruine, geschweige denn ein erhaltenes Gebäude entdeckt.

Willst du landen und eine kurze Rast einlegen, lies weiter bei ***798****.*

Willst du deinen Flug nach Osten fortsetzen, lies weiter bei ***784****.*

Oder lieber nach Süden, lies weiter bei ***848****.*

780 Die Anstrengungen der letzten Tage fordern ihren Tribut. Du schließt unweigerlich die Augen und fällst in Ruhestarre …

Deine VITALITÄT steigt um eine Stufe, aber höchstens auf ***normal****.*

Lies weiter bei ***828****.*

781 „Seid stolz auf eure Herkunft und empfangt meine Gabe." Die gottgleiche Stimme lässt dein Herz stocken.

Lies weiter bei ***796****.*

6

782 Je näher ihr dem Tempel kommt, desto deutlicher treten seine Konturen hervor: Es ist eine Zikkurat mit quadratischer Grundform, wobei es scheint, dass der größte Teil der sandgelben Stufenpyramide unter der umgebenen grauen Asche verborgen liegt.

Kyrna vollführt den Landeanflug, als sich die obere Ebene des Tempels teilweise in Bewegung setzt: Wie von Geisterhand öffnet sich an jeder Flanke ein Steinquader, groß wie ein Haus, aus dem spiegelnde Metallzylinder hervorblitzen.

Ehe du Kyrna ein weiteres Kommando zurufen kannst, haben die seltsamen Gebilde das Licht der rotbrennenden Abendsonne in sich aufgesogen und bündeln es als gleißendes Geschoss in eure Richtung!

Teste dein GESCHICK gegen 15!

Gelingt der Test, lies weiter ***819****.*

Misslingt er, lies weiter bei ***836****.*

783 Heftig reißt du an Kyrnas Geschirr und der gleißende Lichtblitz verfehlt euch um Haaresbreite. Dennoch lässt seine göttliche Energie deine Haut versteinern. Mit etwas Glück habt ihr diese Stufe der Verteidigungsanlage überwunden.

Lies weiter bei ***777****.*

784 Die östlichen Ausläufer des Aschesees enden an einer schroffen Bergkette. Über viele Meilen erstreckt sich die natürliche Grenze aus Felsen, Staub und Sand.
Fasziniert erkundest du die Umgebung, als ein Baronyak-Späher durch die Wolken bricht und euch sofort attackiert.

Baronyak-Aufklärer	*Angriff*	⚡ **17**
	Verteidigung	🛡 **19**
	Resistenz	♥ ○○③

Gewinnt ihr den Kampf, lies weiter bei ***824****.*

785 „Ihr habt bewiesen, dass Ihr ein wahrer Freund der Rigem seid", beginnt sie pathetisch, „und ich möchte gerne versuchen, einen Teil unserer Schuld zu begleichen."

Lies weiter bei ***B11****!*

786 Benommen öffnest du die Augen. Die Unterwelt hat dich wieder entlassen! Oder war die vergangenen Stunden nur ein schrecklicher Alptraum? Du stehst erneut vor den fünf, wie aus Leibern geformten Toren zu den Sphären der Götter. Alles scheint wie zuvor, nur diesmal steht eine große, reich verzierte Holztruhe mit Eisenbeschlägen vor deinen Füßen. Dein Magen rumort. In ihrem Inneren wartet etwas überirdisch Mächtiges! Mutig stößt du den Deckel zurück.
Die Kiste ist ausgekleidet mit weißem Brokat. Zunächst glaubst du sie sei leer, doch dann glänzt zwischen den Falten des edlen Stoffes Teile einer goldenen Maske hervor. Aufgeregt greifst du zu!

*Trägst du einen **Schlangenring**, lies weiter bei **822**.*
*Trägst du einen **Siegelring**, lies weiter bei **823**.*

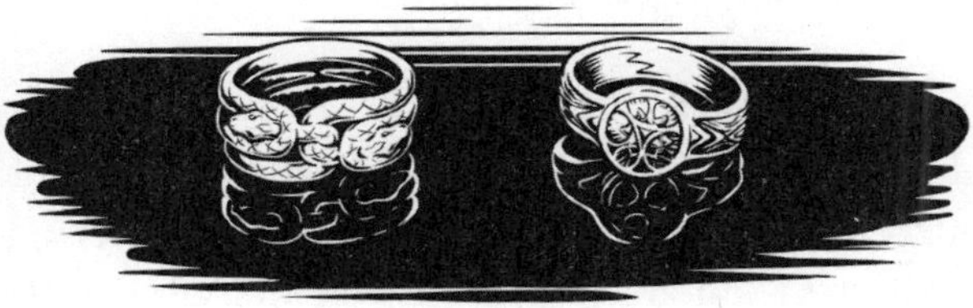

787 Ihr seid just in den Feuer-Sektor des Verteidigungsrings geflogen.

*Befindest du dich gerade in der ersten, vierten oder sechsten KAMPFRUNDE (hast also bei Sektion 777 die ➊, ➍ oder ➏ abgestrichen), lies weiter bei **831**.*
*Andernfalls lies weiter bei **815**.*

6

788 Letztendlich löst sich die letzte Steinplatte unter deinen Füßen und du fällst in einen bodenlosen Abgrund, ohne Zeit und Raum. Die Umgebung versinkt derweil in Schwärze, einzig durchdrungen von schauderhaften Klagelauten und eisiger Kälte. Nach einer Weile erkennst du schemenhafte Konturen. Da schlägst du dermaßen heftig auf, dass du glaubst, all deine Knochen würden bersten.
Während du nach Luft ringst, starren dich ringsherum aus der Ferne verzerrte Fratzen an! Du meinst, ihre Gesichter zu kennen. Aus ihren leeren Augenhöhlen dringt ein beängstigendes, fahles Licht. Ihre ausgemergelten Körper sind gespickt von nebelhaften Klingen, die frappierend deiner heiligen Mondsichel ähneln.
› Wohl alte Bekannte, aus verirrten Armen des Weltenflusses … ‹
Wie auf ein gemeinsames Kommando gehorchend, setzt sich der Schwarm verkrüppelter Gestalten in Bewegung, um dir nachzustellen. Diese Schreckenswesen wittern die Seele des Keşra und es dürstet sie nach Rache!

*Willst du deine Angst unterdrücken und abwarten, was geschieht, lies weiter bei **792**.*
*Willst du die **Mondsichel** ziehen und die Geister damit angreifen, lies weiter bei **805**◗.*

789 Akribisch begutachtest du deine Ausrüstung und Waffen. Kyrna murrt zwar im Halbschlaf, als du den Sattel nachzurrst, doch sie ist dermaßen erschöpft, dass sie deinen Kontrollfimmel mit geknurrtem Schnarchen über sich ergehen lässt.

Jetzt wäre der perfekte Moment, alle Eintragungen auf dem Abenteuerblatt zu überprüfen und eventuell eine Umverteilung zwischen deiner Tragetasche und Kyrnas Packsattel vorzunehmen!

Endlich ergießen sich Kars morgendliche Strahlen über die Wüste und die Flüchtlinge beginnen ihr Tagwerk. Die Frauen treffen
6 Vorbereitungen zum ersten – wenn auch spärlichen – Mahl des Tages. Nachdem du das Angebot mitzuessen freundlich abgeschlagen hast, nutzt du die Gelegenheit, an einem Wagenrad sitzend zu dösen.

*Lies weiter bei **828**.*

790 Aus sicherer Distanz begutachtest du die Lichterfeuer, die von vier großen Metallzylindern auf der Spitze der Zikkurat abgeschossen werden und dir wird gewahr, dass die Feuerstöße einem festen Rhythmus folgen: Ein Zyklus besteht aus sechs aufeinander folgenden Salven. In Schritt eins und zwei feuert eine der vier Lichtkanonen. In Schritt drei und vier sind es zwei. Und im fünften als auch im letzten Schritt werden bis auf eine alle gezündet.
Finde die Lücke im Verteidigungssystem der Kar-Pyramide, um in das Heiligtum vorzudringen!

*Besitzt du die Fähigkeit **Mentaler Fokus**, lies weiter bei **847**.*
*Andernfalls musst du wohl auf deinen Instinkt vertrauen und unbedarft in die Gefahrenzone fliegen, lies weiter bei **777**.*

791 Bevor das Händchen des Bengels den Knauf der Sichel erreicht, peitschen heftige Blitze in gold und silber hervor. Mit aller Macht entlädt sich die göttliche Waffe über den zuckenden Körper des Jungen. Die Energie verfliegt, hinterlässt jedoch knisternde Luft und den reglosen Knaben im Staub. Erschüttert kämpfst du um sein Leben, trommelst mit den Fäusten auf seine Brust. Vergebens.

Du erflehst die Gnade der Götter und wie durch ein Wunder schlägt der Kleine seine Augen auf. Erleichtert drückst du ihn an dich, doch es hat den Anschein, als hätte er von alledem nichts mitbekommen und quengelt in deinen Armen nach seiner Mutter. Der Tod hat seinen Griff gelöst.

*Notiere dir die geheimnisvolle Fähigkeit **Ahimsa** in Feld 12 auf dem Abenteuerblatt. Umkreise dort zudem die Zahl 791, die Nummer dieser Sektion, damit du bei Bedarf etwas nachlesen kannst.*

Da erbebt plötzlich der Boden unter deinen Füßen!

*Lies weiter bei **K70**!*

792 Die Geister heulen um dich herum und der eisige Hauch des Todes legt sich dir um den Hals. Sie keifen, sie fluchen.

„Wer ist es, der uns den Wahnsinn einpflanzt?“, fragt eine Seele. Doch du presst die Augen zusammen und widerstehst.

Erst nachdem die Präsenz der Toten verblasst ist, wagst du es wieder, die Lider einen Spalt zu öffnen. Direkt vor dir, in weiter Finsternis, zeichnet sich die Silhouette eines Drachen mit majestätischen Ausmaßen ab. Der Boden bebt unter jedem seiner titangleichen Schritte. Er nähert sich!

*Lies weiter bei **838**.*

793 Kyrna wird immer nervöser mit jeder Meile, die ihr euch der Großen Barriere nähert. Unbeirrt treibst du sie an – doch ihr

Vertrauen schwindet. Mit beharrlichem Flügelschlag ignoriert sie deine Kommandos und verharrt an Ort und Stelle.

„Genug. Entweder kehren wir nun um, oder du musst zu Fuß die Große Barriere überwinden“, verweigert Kyrna den Weiterflug.

Vollkommen perplex nimmst du ihre Ablehnung entgegen. Es ist das erste Mal, dass die Drachendame sich einer deiner Entscheidungen widersetzt.

„Den Kar-Tempel wirst du sicher nicht hinter dieser magischen Barriere finden, Keşra.“

Du nickst. Woraufhin Kyrna abdreht und den alten Kurs nach Süden wieder aufnimmt.

*Lies weiter bei **816**.*

794 „Welch wunderbare Schandtat!“, erschüttert erneut die tiefe Stimme den Saal. „Nehmt eure Belohnung entgegen!“

*Lies weiter bei **796**.*

795 Ein unerklärbarer Argwohn erfasst dein Gemüt. Du beschließt, Wache zu halten. Zumindest versuchst du es.

*Ist deine VITALITÄT **verletzt** oder gar **kritisch**, lies weiter bei **780**.*

*Ist deine VITALITÄT besser oder du besitzt den belebenden **Tabak aus Kyphi**, den du während deiner Wache schmauchen kannst (streiche ihn dann vom Abenteuerblatt), lies weiter bei **844**.*

796 Kaum berührt dein Gesicht die spiegelblanke Maske, spürst du ein Kribbeln und Brennen – deine Haut reagiert und versteinert. Du willst das Artefakt wieder lösen, doch es sitzt fest! Während du immer verzweifelter an ihr ziehst, wird das Gold heißer und heißer.

Das Metall dämpft deine panischen Schreie zu einem ohnmächtigen Stöhnen, bis es schmilzt und dir langsam ins Fleisch sickert! Die Qualen sind fast unerträglich, doch dann, von einem Moment auf den anderen, ist der Schmerz verflogen. Ungläubig tastest du über Wangen und Stirn – die Maske ist verschwunden! Dennoch, irgendetwas an dir hat sich verändert.

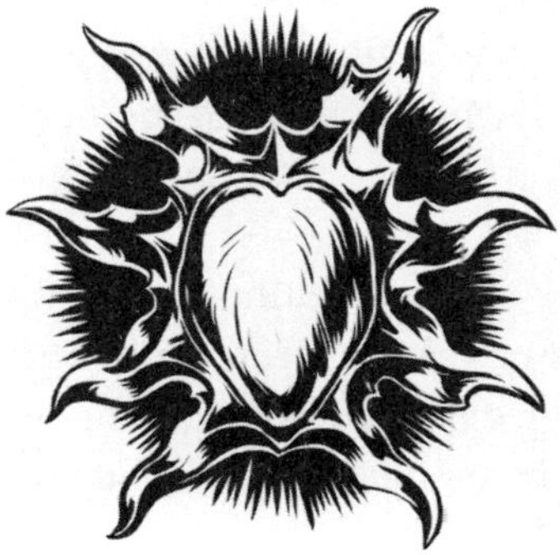

Notiere dir jetzt auf dem Abenteuerblatt: ***Kars Sonnenmaske*** *(Kleidung, Kopf, Schutz +1, Spezial: Sie verleiht dir die Gabe, während Kämpfen deine VERTEIDIGUNG automatisch gelingen zu lassen. Dies kostet 1 KARMA-Punkt pro KAMPFRUNDE, in der du diese Gabe einsetzt).*
Deine STÄRKE steigt um einen Punkt!
Die Maske hat sich mittels göttlicher Macht mit deinem Kopf verbunden und ist dennoch für andere unsichtbar.

Lies weiter bei ***850****.*

797 Kyrna atmet schwer. Dein Drache ist von den vergangenen Stunden sichtlich mitgenommen.
› *Es tut mir so schrecklich leid, Kyrna!* ‹
Sanft streichst du über Kyrnas Flanke und bist unsicher, ob du es ihr zumuten kannst, in die Ungewissheit des Kar-Tempels zu fliegen. Da erfasst euch ein goldenes Leuchten, ausgehend von der Spitze der heiligen Zikkurat. Eingehüllt in eine Aureole aus Licht und Wärme durchströmt euch die heilende Kraft der Sonne.

Deine VITALITÄT und KYRNAS VITALITÄT steigen auf ***normal****.*

Lies weiter bei ***840****.*

798 Kyrnas Erleichterung zeichnet sich in ihren leuchtenden, goldenen Augen ab, als du das Kommando zur Landung gibst. Zufrieden schnaubend schmiegt sie sich in die dicke Schicht aus feiner Asche. Du gönnst ihr die Stunde Rast, bevor du sie wieder wecken musst, um eure Suche fortzusetzen.

*Willst du nach Osten fliegen, lies weiter bei **784**.*
*Oder nach Süden, lies weiter bei **816**.*

799 Erneut bohrt sich ein glühender Sonnenstrahl in Kyrnas Drachenleib und perforiert ihren linken Flügel. Qualerfüllte Schreie schallen über den Aschesee, als ihr dem Erdboden entgegentrudelt. Was bleibt, ist der tröstliche Gedanke, dass ihr gemeinsam sterben werdet.

Eure Leben enden hier. (✝831) ■

6 **800** Ihr schafft es, euch unverletzt zurückzuziehen. Kyrna hält mit pochendem Herzen die Position, während du versuchst, dich an das geheimnisvolle Muster der alten Rigem-Pergamentrolle zu erinnern. Du bist sicher, dass es korrekt angewandt euch den Zugang zum Kar-Tempel ermöglichen kann.

*Blättere zu **B11**, ergründe das Geheimnis des Pergaments und lies anschließend hier weiter (lege dazu den Finger in diese Seite).*

Deine Orientierung sagt dir, dass ihr den Tempel von seiner westlichen Seite aus angeflogen habt. Mit einem mulmigen Gefühl im Magen wagt ihr einen erneuten Versuch, euch zu nähern.

*Lies weiter bei **790**.*

801 Endlose Zeit vergeht, bis dein Fall endet. Die Kraft, die dich und alles Weltliche normalerweise nach unten zieht, ist in dieser finsteren Sphäre abrupt verschwunden.

Als du wieder etwas ausmachen kannst, traust du deinen Augen

kaum: Du schwebst inmitten einer freien Ebene aus schroffen Steinplatten. Jede einzelne befindet sich in beständiger Bewegung, ohne dabei mit den anderen zu kollidieren. Hinter ihren Fugen ist Leere. Graue Wolken ziehen vorbei. Manchmal zeigen sich Gestalten oder Gesichter in ihnen.
Die Schwerelosigkeit narrt deine Sinne. In der Ferne über dir erahnst du wellenartige Bewegungen. Zunächst nur schemenhaft. Dann immer deutlicher. Es sind fünf verunstaltete Drachen, die mit ihren kräftigen Flügelschlägen die Schwaden zerteilen!

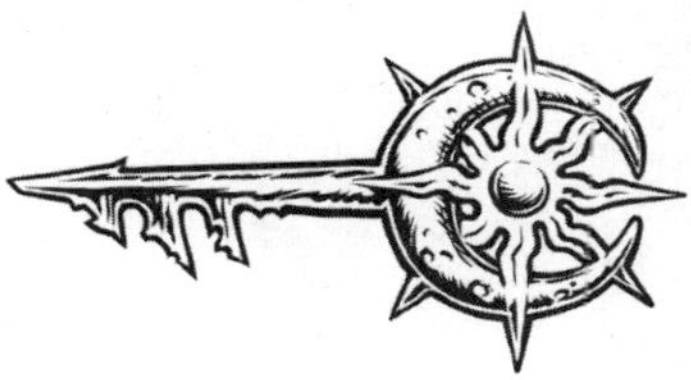

Der bittersüße Gestank des Todes schlägt dir entgegen. Offenbar befinden sich alle fünf in direktem Kampf miteinander. Verbittert hacken sie mit den Tatzen aufeinander ein und verbeißen sich in ihren Schwingen und Schwänzen. In ihrer chaotischen Auseinandersetzung kommen sie näher, bis du ihr angsteinflößendes Knurren, Fauchen und sogar ihre von Hass verzerrten Stimmen vernimmst.
Dir wird klar, dass du soeben Zeuge des immerwährenden Kampfes zwischen den fünf Wächtern der Unterwelt wirst: Seit Äonen streiten Nosis der Schänder, Calis der Vergelter, Komar der Frevler, Loth der Verführer sowie Torn der Blender nunmehr um die Gunst des Fürsts der Unterwelt. Aber nur einer von ihnen ist dein Schöpfer!

Blättere zur Abbildung auf der nächsten Doppelseite!

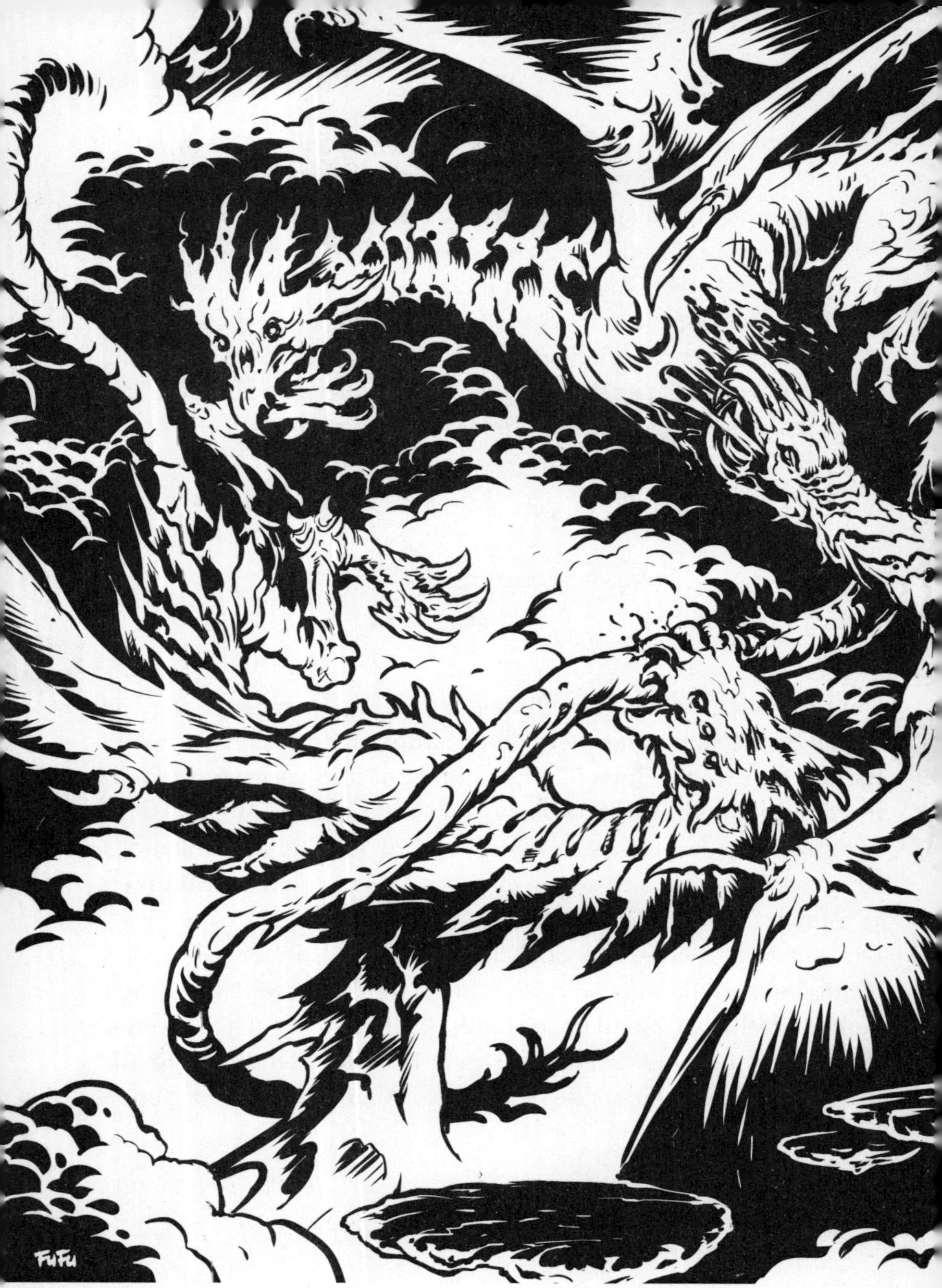
FuFu

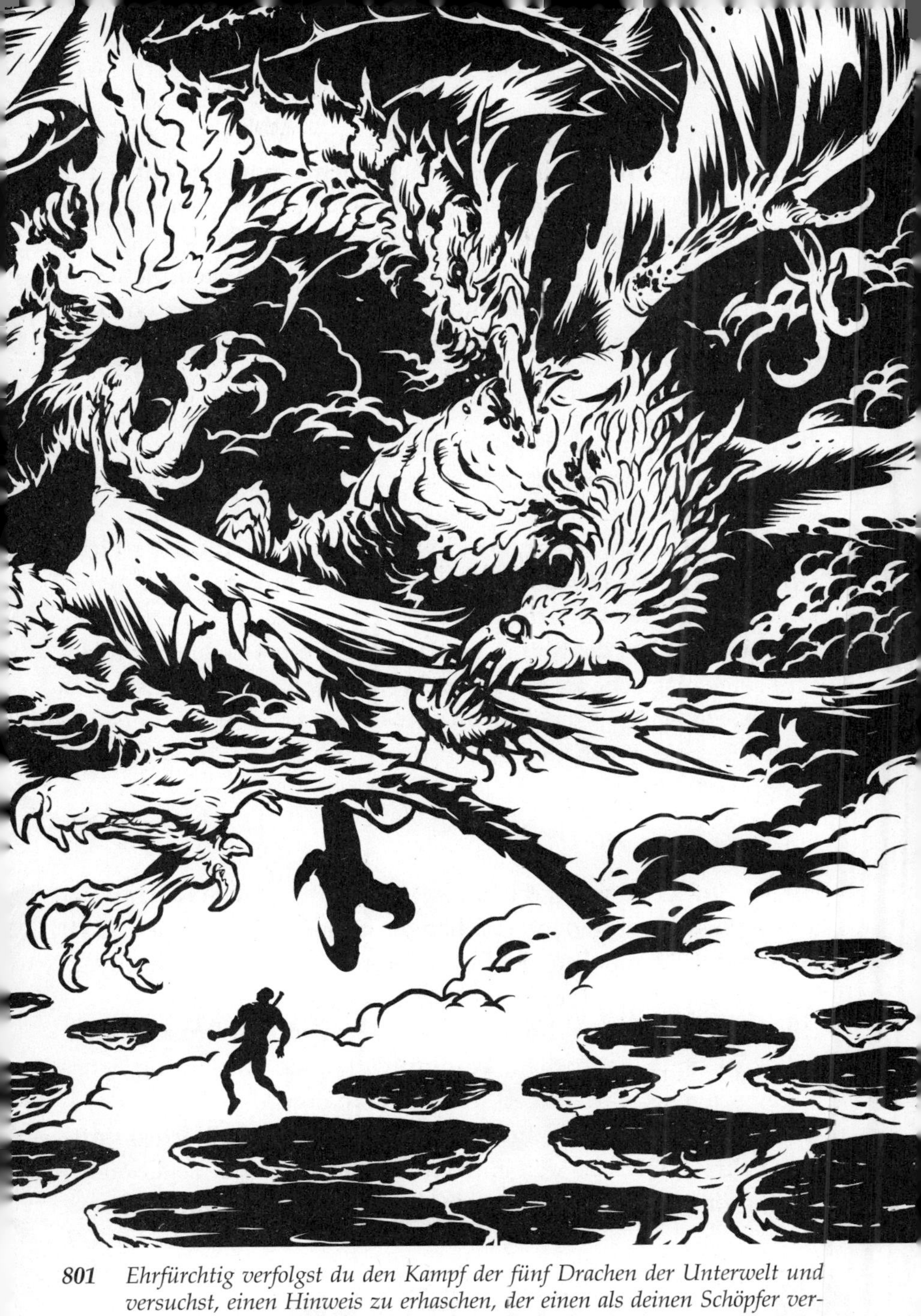

801 *Ehrfürchtig verfolgst du den Kampf der fünf Drachen der Unterwelt und versuchst, einen Hinweis zu erhaschen, der einen als deinen Schöpfer verrät. Du erinnerst dich an Serens Worte: „Erkennt den Schlüssel eures Erbes im Scheine Kars!“ (Glaubst du das Rätsel gelöst zu haben, blättere um!)*

*(Fortsetzung von **801**)* Kaum hast du dich vom ewigen Streit um die Unterwelt abgewandt, entfliehen die Drachen und eine ehrfurchtgebietende Stimme dröhnt in deinem Schädel: *„Ihr glaubt also den Schlüssel eurer Existenz entdeckt zu haben, Keşra …“*
Der Boden erzittert. Um dich herum stürzen die Steinplatten in die Tiefe! Hilflos suchst du die Umgebung ab – von Seren keine Spur – doch der Verfall des Bodens setzt sich unaufhaltsam fort.

*Lies weiter bei **788**.*

802 Auf dem gesamten Flug hast du eine allgemeine Anspannung verspürt. Aber jetzt manifestiert sich dieses latente Gefühl in einem reflexartigen Fluchtgedanken. Du reißt an Kyrnas Zügel und brüllst sie an, scharf abzudrehen. Da zuckt ein greller Lichtstrahl durch den Himmel und verfehlt den linken Flügel deines Drachen nur um eine Armlänge!
6 Obwohl das Licht des Strahls sofort wieder verblasst, bleiben in der Luft seine magische Energie und ein scharfer Verbrennungsgeruch zurück. Unzählige Ascheflocken schweben zu Boden. Das zerstörerische Geschoss von der Spitze des Kar-Tempels hat euch nur knapp verfehlt!

*Lies weiter bei **790**.*

803 Zufrieden wiegt die blinde Greisin ihre neuen Reichtümer ab und lässt den goldenen Anhänger in deine Klaue fallen: „Wir fanden das Schmuckstück vor Wochen bei einer toten Baronyak-Reiterin am Rande der Wüste.“
„Sie hatte schwere Verbrennungen an Armen und Brust. Zudem war ihr Genick gebrochen. Vermutlich hat sie ihre eigene Echse abgeworfen“, schlussfolgert die Alte teilnahmslos.
Grübelnd bedankst du dich für den Handel und die Auskünfte und kehrst zurück zu den anderen Flüchtlingen ans Lagerfeuer.
*Notiere dir das **Pyramiden-Band** (Utensil) auf dem Abenteuerblatt.*

*Lies weiter bei **839**.*

804 Während ein Teil von Kyrnas eindrucksvollem Schuppenkleid als Asche zu Boden regnet, fragst du dich besorgt, wie viele Treffer sie noch ertragen kann.

*Lies weiter bei **777**.*

805 Du vertraust auf die göttliche Macht der Mondsichel und stellst dich zum Kampf gegen deine Totengeister.
› *Euer klägliches Scheitern ist mein Ansporn! Ihr werdet meine Seele niemals bekommen. Weder heute, noch sonst wann!* ‹
Für einen flüchtigen Moment halten die schemenhaften Gestalten inne, doch dann rasen drei wie von einem Sturm herangetrieben auf dich zu.

VERLORENE SEELEN	*ANGRIFF*	15 +1	+1	+2
(3 GEGNER)	*VERTEIDIGUNG*	13 +1	+2	+1
	RESISTENZ	♥ ○②	○②	○②

*Vertreibst du die drei Geister, lies weiter bei **786**.*

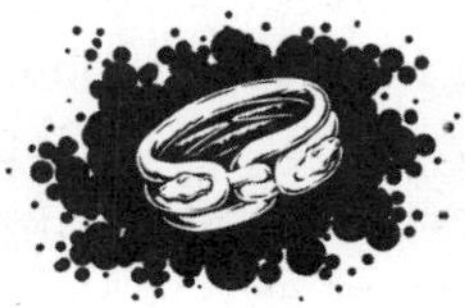

806 Deine Mission duldet keinen Aufschub und den Dutzenden Flüchtlingen wirst du auf die Schnelle nicht helfen können. Entschlossen lenkst du Kyrna gen Osten und schon sind die Wagen und Zugtiere im gelben Dunst der Gawana-Wüste verschwunden.
Aufmerksam suchst du nach allen Auffälligkeiten in dieser Einöde und findet eine ungewöhnliche Häufung kleiner Hügel. Seltsame dünne Pfeiler oder Balken ragen an ihren Spitzen heraus.

*Willst du die Hügel untersuchen, lies weiter bei **843**.*
*Willst du den Flug ohne Halt fortsetzen, lies weiter bei **810**.*

6

807 Schrill kreischt die Echse auf – sie hat Kyrna gewittert. Überrascht zückt der Baronyak-Krieger seinen Säbel, erkennt die Gefahr und zeigt mit seiner Waffe provozierend zu dir herüber. Eine Konfrontation ist nun unausweichlich.

BARONYAK-AUFKLÄRER	*ANGRIFF*	**16**
(ANGESCHLAGEN)	*VERTEIDIGUNG*	**18**
	RESISTENZ	○ ②

*Überlebst du den Luftkampf, dann lies weiter bei **816**.*

808 Die Alte zweifelt hörbar an deinen Erklärungen: „Ihr habt sicher Eure Gründe, diese Gegend zu bereisen, Nichtempire, und die Rigem sind glücklich, einst vom Besuch eines edlen Ugarith erzählen zu dürfen." – „Ihr wisst also, was ich bin?", antwortest du, woraufhin die junge Mutter sich abwendet.
Die Falten der Alten werden tiefer: „Sicher. Aber ich habe die Hoffnung, dass nicht jeder der verbliebenen Ugarith von der Ideologie und Kriegstreiberei des Schattenmeisters vergiftet wurde."
„Sagt, warum seid ihr nicht nach Seraph oder Kyphi gezogen?", fragst du die weise Frau, um das Thema zu wechseln.
„Wart Ihr vor Kurzem dort? Überall verzweifelte Kreaturen. Und sollte das Wasser des Rhenus' sich weiter zurückziehen, wird es an der großen Pyramide zu einer Katastrophe kommen."
Nachdenklich verabschiedest du dich und kehrst zu den anderen Vertriebenen ans Lagerfeuer zurück.

*Lies weiter bei **839**.*

809 Ihr seid soeben in den Wasser-Sektor des Verteidigungsrings geflogen.

*Befindest du dich gerade in der zweiten, fünften oder sechsten KAMPFRUNDE (hast also bei Sektion 777 die ❷, ❺ oder ❻ abgestrichen), lies weiter bei **831**.*

*Andernfalls lies weiter bei **815**.*

810 Beeindruckt lässt du deinen Blick über die Einöde der Feuerebene mit ihrer sich ständig ändernden Oberfläche schweifen. Wirkte die Landschaft am Boden noch trostlos und lebensfeindlich, bietet sie von Kyrnas Rücken ein märchenhaftes Schauspiel: Knorrige Bäume, verdorrtes Gestrüpp und grellgelbe Schwefellachen verschmelzen zu einem faszinierenden Mosaik aus Farben und Formen.

Überraschend taucht am Horizont eine graue Dunstglocke auf. Die Sonne erleuchtet sie von oben in sommerlichen Gelbtönen, von unten jedoch, erscheint sie fast undurchdringlich dunkel. Als ihr weiter herangleitet, erkennst du ihren Ursprung: Eine riesige Öde erstreckt sich meilenweit über die Ebene, deren dunkelgrauer Staub angetrieben von der Glut der Sonne ständig in kleinen Windhosen aufgewirbelt wird.

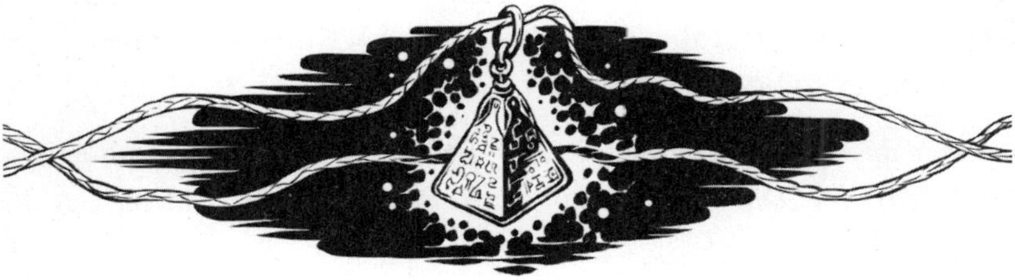

› *Da liegt er, der Aschesee …* ‹

Tollkühn rauscht ihr gen Erde und donnert nur wenige Fuß über den verkrusteten Staub hinweg, so dass sich strudelartige Wirbel an Kyrnas Flügelspitzen bilden, die eurer Bahn folgen. Benebelt vom Rausch der Geschwindigkeit schreist du auf und genießt das Gefühl von Freiheit. Dabei zucken dir für einen flüchtigen Moment feige Gedanken durch den Kopf:

› *Warum lasse ich nicht alles hinter mir? Irgendwo fern des Krieges ein neues Leben beginnen …* ‹

Doch dann kommt dir in den Sinn, dass es genau diese Freiheit ist, für die du kämpfst. Unzähligen Geschöpfen bleibt sie just in diesem Augenblick verwehrt und nur du kannst sie ihnen wieder schenken, indem du Calderels irrwitzige Pläne durchkreuzt. Kyrnas sonores Brummen macht dich verlegen – sie hat deine Gedanken der Schwäche empfangen.

Besitzt du ein ***Pyramiden-Band****, lies weiter bei* ***833****.*
Andernfalls lies weiter bei ***837****.*

811 Das goldene Funkeln des Bands leitet euch weiter über den Aschesee. Mit sicherem Gefühl treibst du Kyrna stärker an.

Willst du im Tiefflug der Richtung des Lichtscheins folgen, lies weiter bei ***816****.*
Willst du lieber hoch hinauf und so besser die Übersicht behalten, lies weiter bei ***848****.*

812 Dank des richtigen Werkzeugs und ein wenig Geschick ist es dir ein Leichtes, das Gestell zu reparieren. Nach knapp einer Stunde ist es wieder wie neu.

Ändere das Abenteuerblatt wie folgt: Streiche das Utensil ***beschädigte Schutzbrille****. Dafür hast du nun ein* ***Reiterokular*** *(Besonderer Gegenstand, Feld 10)!*

Lies weiter bei ***789****.*

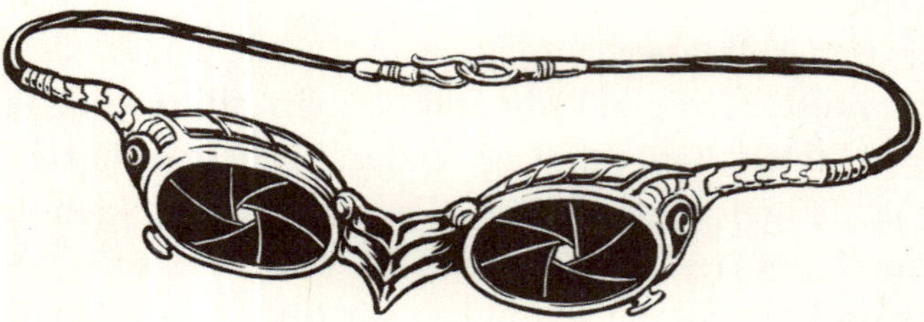

813 Mit einem dumpfen Geräusch durchschlägt der Pfeil die rostigen Schulterplatten des Baronyaks. Der rutscht ohne Aufschrei vom Sattel. Doch die Sicherheitsriemen fixieren seinen leblosen Körper weiterhin am Rumpf der Flugechse, die nun wegen des Ungleichgewichts panisch flattert. Zu guter Letzt schnappt sie ihren toten Reiter, reißt ihn entzwei und schleudert die obere Hälfte weg. Unter gelöstem Kreischen sucht sie die Flucht.

*Lies weiter bei **816**.*

814 Ihr seid in den Erde-Sektor der Ringverteidigung geflogen.

Befindest du dich gerade in der dritten, vierten oder fünften KAMPFRUNDE *(hast also bei Sektion 777 die ❸, ❹ oder ❺ abgestrichen), lies weiter bei **831**.*

*Andernfalls lies weiter bei **815**.*

815 Ihr habt eine Lücke in der Verteidigung der Kar-Pyramide entdeckt! Die Lichtblitze zischen in anderen Sektoren in den Himmel und verschonen euch.

*Lies weiter bei **777**.*

6

816 In der Dunstglocke des grauen Staubs sind Konturen auf dem Erdboden nur schwer zu erkennen.

Doch dann entdeckst du, knapp zwei Meilen vor euch, inmitten des Aschesees, eine unnatürliche Struktur, die sich zunächst als schemenhaftes Dreieck abzeichnet. Je näher ihr kommt, umso sicherer wirst du: Ihr habt die steinernen Überreste des alten Kar-Heiligtums jenseits der Gawana-Wüste gefunden!

*Besitzt du ein **Pyramiden-Band**, lies weiter bei **835**.*

*Besitzt du nicht dieses Utensil, aber die Fähigkeit **Vorahnung**, lies weiter bei **802**.*

*Besitzt du weder Gegenstand noch Fähigkeit, lies weiter bei **782**.*

817 „Bleibt uns vom Leib, Empire!“, keift dich ein junger Mann an, dessen Gesicht zwar mitleiderregend abgemagert ist, aber wilde Entschlossenheit ausstrahlt. Er rotiert einen Speer über den Kopf und positioniert sich – wie seine restlichen Kameraden etwas wackelig auf den Beinen – auf halbem Weg zwischen

Wagen und Kyrnas Landeplatz. Du bewunderst den Mut der Männer, ihre Familien selbst gegen einen übermächtigen Drachen verteidigen zu wollen.

„Senkt die Speere!“, rufst du ihnen zu und schwingst dich elegant aus dem Sattel. „Ich stehe nicht im Sold des Empires. Der Drache und meine Ausrüstung sind Beutegut.“

„Alles Lügen!“, krächzt ein gebrechlicher Mann inbrünstig aus der zweiten Reihe.

„Wirklich?“, beginnst du souverän und tätschelst dabei Kyrnas Schädelplatte, „wenn ich euch hätte angreifen wollen, wäre mir dies doch gefahrlos möglich gewesen, nicht wahr?“ Kyrna unterstreicht deine Feststellung mit einem tiefen Schnauben.

Zögerlich senken die Männer ihre Waffen und eskortieren dich in den inneren Kreis der Wagenburg. Hier warten deutlich mehr Flüchtlinge, als aus der Luft zu erkennen war: Die meisten der

Frauen und Kinder hielten sich nämlich hinter den Planen der Wagen verborgen.

Kyrna und dir machen die Schwefeldämpfe wenig aus, doch den Menschen hingegen fällt es schwer zu atmen: Immer wieder ist heftiges Husten zu hören.

„Wohin zieht es euch?“, sprichst du eine junge Mutter an, die auf der Ladefläche eines Wagens sitzt und ihrem Säugling die Brust gibt. „Nach Kurnugia …“, entgegnet sie schüchtern. Du bist überrascht: „Ihr wollt die Große Barriere überwinden?“

„Ja, so ist es!“ Schaltet sich eine alte Frau mit rauchiger Stimme ins Gespräch ein. Du hast die Greisin, die im Zwielicht des hinteren Wagens sitzt, tatsächlich übersehen. „Will uns das Empire etwa aufhalten?“, fragt sie spitz.

„Ja …“, entgegnest du unbedacht, um dich dann hastig zu korrigieren, „ich meine nein – also das Empire würde euch wahrscheinlich schon aufhalten wollen, aber wie ich bereits sagte, ich kämpfe nicht unter dem Schattenbanner …“

Woraufhin die Alte amüsiert schlussfolgert: „Nun, wenn das so ist, stellt sich die Frage, was Ihr hier wollt, Nichtempire?"

*Willst du von deinem Vorhaben, das versunkene Kar-Heiligtum zu finden, berichten, lies weiter bei **820**.*
*Willst du dich hingegen bedeckt halten, lies weiter bei **808**.*

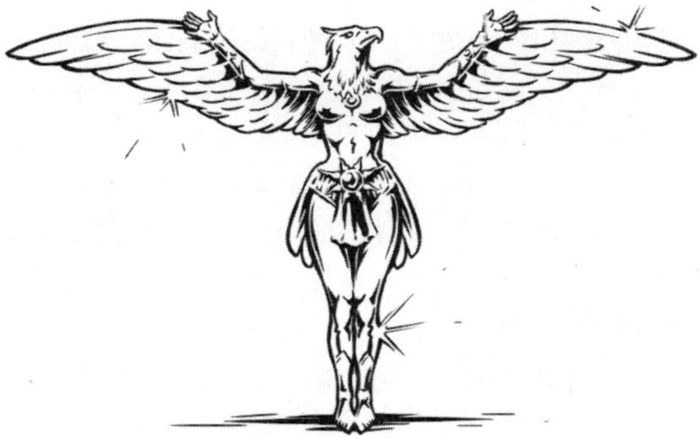

818 Dein Blick durchdrang die pergamentartige Haut des Drachen und du erkanntest den Schlüssel deiner Existenz in Calis' Klaue. „Richtig, Keşra! Rächt die Unschuldigen – richtet die Schuldigen …", bestätigt die grollende Stimme deine Entscheidung.

*Lies weiter bei **B12**!*

819 Die Umgebung knistert vor Energie und ein dichter Ascheregen fällt zu Boden, just an der Linie, wo der grelle Lichtstrahl die Luft zerschnitt. Es ist dir ein Rätsel, wie es Kyrna gelang, diesem Geschoss zu entkommen.
An deinen Flugkünsten lag es nicht, als vielmehr an der Tatsache, dass ihr beide mittlerweile im Geiste zu einem unzertrennlichen Paar geworden seid.
Sofort gewinnt dein Drache wieder an Höhe, um auf die kommenden Schüsse besser reagieren zu können.

*Lies weiter bei **790**.*

820 Auf der Stirn der Alten zeichnen sich tiefe Sorgenfalten ab. „Ihr müsst ins Zentrum des Aschesees“, flüstert sie geheimnisvoll. „Aber seid gewarnt, Nichtempire! Der Tempel, der dort verborgen liegt, birgt ein tödliches Geheimnis. Der Schattenmeister hat bereits viele loyale Seelen entsandt, um ihn aufzuspüren. Keine ist je zurückgekehrt.“

Normalerweise gibst du wenig auf Schauermärchen, doch aus der runzligen Kehle der Greisin klingen die Worte wie eine sich selbst verwirklichende Prophezeiung. Du schnaubst und willst dich abwenden, als sie dir mit tattrigen Händen ein Lederhalsband entgegenhält, an dessen Ende eine kleine Pyramide aus Gold baumelt. Sie ist übersät mit Hieroglyphen, wie du sie ebenso im Ugar-Tempel gesehen hast.

„Was ist das?“, stammelst du fasziniert.

„Nun, ich schätze den Wert dieses edlen Stücks auf 40 Dinar – gebt mir 50 und es gehört Euch“, feilscht sie amüsiert im sicheren Wissen, wie hilfreich dir das Artefakt werden könnte.

*Besitzt du **50 Dinar** (mit der Fähigkeit **Diplomatie** reichen bereits **42**) und willst sie der Alten im Tausch für das Schmuckstück überlassen, lies weiter bei **803**.*

Bei diesem Handel kannst du sogar Dinge aus deinem Besitz tauschen! Jedes Utensil auf dem Abenteuerblatt (also auch welche aus Kyrnas Packsattel), das du der Alten übergibst, ist ihr 4 Dinar wert.

*Für eine **Laterne**, **Blendlaterne**, **Wolldecke**, **getrocknetes Fleisch** oder **Bronzeflasche** würde sie dir sogar je 6 Dinar zurechnen!*

Wichtig: Besondere Gegenstände sind unverkäuflich! Außerdem benötigst du einen freien Platz bei den Utensilien, willst du das Band haben.

*Hast nicht genügend Geld bzw. Wertvolles oder willst nicht so viel für das Band ausgeben, kannst du es auch mit Gewalt an dich reißen, lies weiter bei **834**.*

*Wenn du das Band nicht haben möchtest, dann verabschiede dich und gehe zum Lagerfeuer bei **839**.*

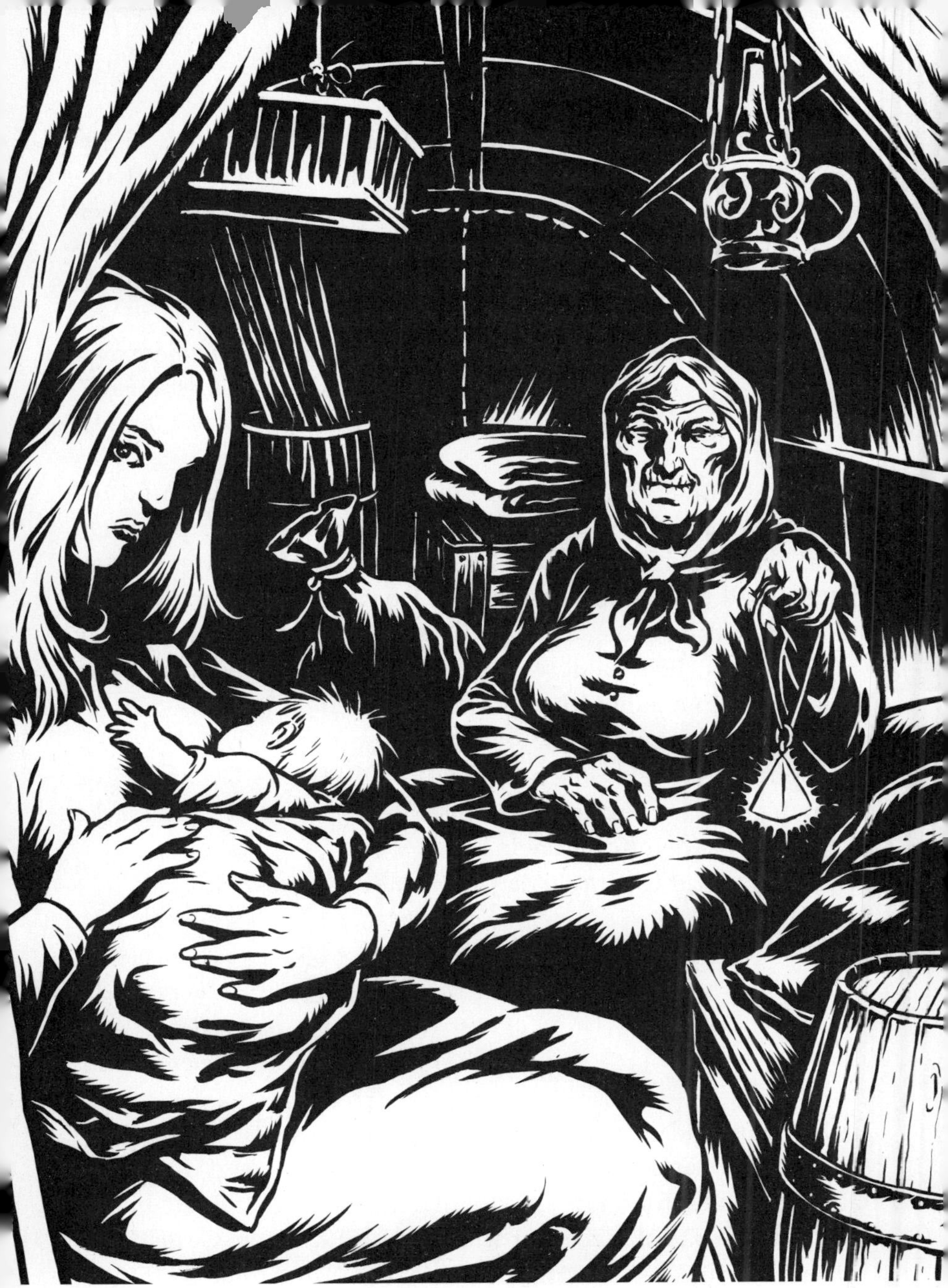

820 *Mit tattrigen Händen hält dir die Greisin ein Lederhalsband entgegen, an dessen Ende eine kleine Pyramide aus Gold baumelt. Sie ist übersät mit Hieroglyphen, wie du sie ebenso im Ugar-Tempel gesehen hast.*

821 Endlich! Die Lichtkanonen haben ihren Beschuss eingestellt. Ihr habt das Verteidigungssystem der Pyramide überwunden. Trotzdem traust du der Ruhe nicht. In einem weiten Bogen lässt du Kyrna auf die goldene Spitze des uralten Gebäudes zugleiten, als sie wie eine Blüte aufreißt und sich eine strahlende Öffnung auftut – der Zugang zum Kar-Tempel ist frei!

Ist KYRNAS VITALITÄT bei der Überwindung der Verteidigungsanlage um mindestens eine Stufe gesunken, lies weiter bei ***797****.*

Blieb sie unverletzt, lies weiter bei ***849****.*

822 Ehrfürchtig nimmst du die Maske aus der Kiste und bewunderst ihre edle Schönheit. Sie besteht gänzlich aus poliertem Gold und ähnelt einem Gesichtsabdruck. Wie stilisierte Sonnenstrahlen bilden acht unterarmlange Dornen einen Kranz um das feminine Gesicht. Dessen Züge sind dir vertraut – du hattest sie bemerkt, als dich Calderel bei eurem ersten Zusammentreffen einen Blick in den Spiegel der Wahrheit werfen ließ.

› *Wer bist du?* ‹

Du spürst eine tiefe Seelenverwandtschaft. Dieses Gesicht, diese Frau, ist stets an deiner Seite! Entschlossen drehst du die Maske um und legst den Kopf hinein.

Welchen der fünf Unterweltdrachen hältst du für deinen Schöpfer?

Nosis der Schänder Ⓝ*, lies weiter bei* ***794****.*

Calis der Vergelter Ⓒ*, lies weiter bei* ***818****.*

Komar der Frevler Ⓚ*, lies weiter bei* ***781****.*

Loth der Verführer Ⓛ*, lies weiter bei* ***846****.*

Torn der Blender Ⓣ*, lies weiter bei* ***829****.*

823 Zögernd hebst du die Maske aus der Truhe und bewunderst das vollendete Kunstwerk. Das feine Gold zeigt den Kopfabdruck eines Mannes: Geschwungene Sonnenstrahlen bilden aus acht unterarmlangen Dornen einen Kranz um ein Gesicht, das dir entfernt bekannt vorkommt. Es ist der Mann, den du in dem

Spiegel der Wahrheit bei deinem ersten Treffen mit Calderel gesehen hast.

› Wer bist du? ‹

Du fühlst dich mit ihm eng verbunden. Dieses Gesicht, dieser Mann ist dein ständiger Begleiter. Entschlossen drehst du die Maske um und drückst sie dir fest gegen den Kopf.

Welchen der fünf Unterweltdrachen hältst du für deinen Schöpfer?

Nosis der Schänder Ⓝ, *lies weiter bei* ***794****.*
Calis der Vergelter Ⓒ, *lies weiter bei* ***818****.*
Komar der Frevler Ⓚ, *lies weiter bei* ***781****.*
Loth der Verführer Ⓛ, *lies weiter bei* ***846****.*
Torn der Blender Ⓣ, *lies weiter bei* ***829****.*

824 Es vergeht eine weitere Flugstunde auf Kyrnas Rücken bis sich euch ein faszinierender Anblick präsentiert: Aus dem Dunst des Aschesees erhebt sich ein majestätisches, angsteinflößendes Gebirge. Seine Gipfel sind verhüllt von einer massiven, pech- 6

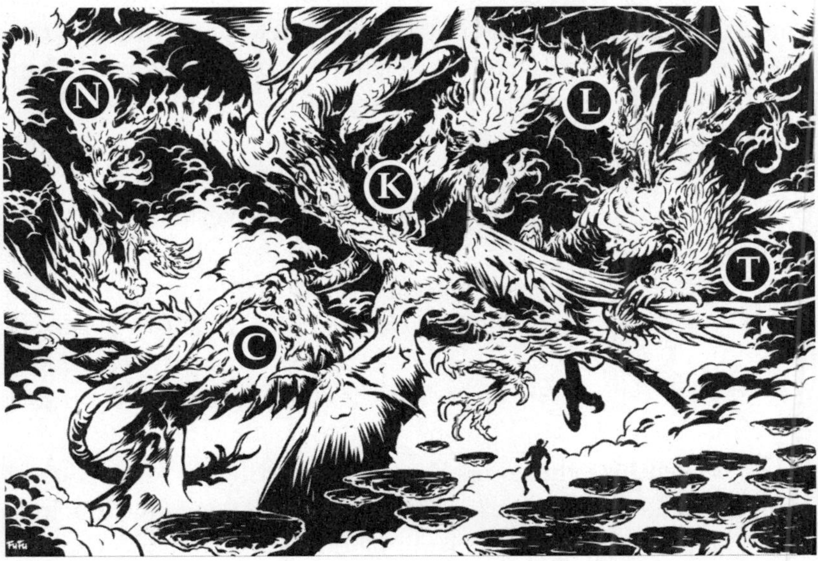

822/823 *Blättere noch einmal zum Bild bei Sektion 801 und vergleiche es mit dieser Abbildung, falls du nicht mehr weißt, auf welchen Drachen deine Wahl fiel. Die Buchstaben zeigen den Kopf des jeweiligen Drachen.*

schwarzen Wolkendecke, die vereinzelt durch aufflackernde Blitze erglüht. Ununterbrochen wälzt sich euch tiefes Donnergrollen entgegen.

Bislang hast du die Geschichten über die Große Barriere immer als Geschwätz abgetan, doch nun erlebst du diese Naturgewalt am eigenen Leib. Sie scheint unüberwindlich.

Wenn du den 3. SCHICKSALSPUNKT hast, lies weiter bei ***841****.*

Andernfalls kannst du entweder in die Barriere hineinfliegen, lies weiter bei ***793****.*

Oder nach Süden abdrehen, lies weiter bei ***816****.*

825 Die gottlose Dunkelheit wird regelrecht von der heiligen Macht der Mondsichel durchschnitten, als du die silbergraue Klinge aus der Scheide befreist. Wie vom Blitz getroffen weichen die verlorenen Seelen unter hysterischem Kreischen zurück in die ewige Finsternis.

Obwohl die silberne Mondsichel nur sanft erstrahlt, vermeinst du doch in der Ferne die imponierende Silhouette eines Drachen, mit dornenbewehrtem Schädel und ausgebreiteten Schwingen zu erkennen. Majestätisch wendet er sich ab und verschwindet ebenfalls in der Dunkelheit des Totenreichs. Es wird bitterkalt.

Lies weiter bei ***786****.*

826 Ihr seid soeben in den Luft-Sektor des Verteidigungsrings geflogen.

Befindest du dich gerade in der dritten, fünften oder sechsten KAMPFRUNDE (hast also bei Sektion 777 die ❸, ❺ oder ❻ abgestrichen), lies weiter bei ***831****.*

Andernfalls lies weiter bei ***815****.*

827 Welch Erleichterung! Vom Sandwurm geht keine Gefahr mehr aus. Die Flüchtlinge laufen herbei und bilden eine jubelnde Menschentraube um dich herum, klopfen dir den Staub von den

Schultern und geben dir Bruderküsse auf Handrücken und Wange, während sich ein Mädchen um deine Blessuren kümmert. „Der Stamm der Rigem steht in Eurer Schuld, Nichtempire."
Die Überlebenden wenden sich der alten Frau zu, die erhöht auf einem Felsen wartet und ihren Wanderstab umklammert.

*Deine VITALITÄT steigt um eine Stufe, aber höchstens auf **normal**.*
Dein GESCHICK steigt um einen Punkt!

*Besitzt du ein **Pyramiden-Band**, lies weiter bei **785**.*
*Andernfalls lies weiter bei **842**.*

828 Dein Instinkt lässt dich erwachen.
› *Verdammt, wie lange war ich in Starre?!* ‹
Im Spalt deiner von der Sonne geblendeten, krampfhaft verkniffenen Lidern erblickst du die Silhouette eines kleinen Flüchtlingsjungen, vielleicht sechs Jahre alt, der dich durch die filzigen Strähnen seines schwarzen Lockenschopfes vorwitzig beäugt. Mutig streckt er sein dünnes Ärmchen nach dem Griff der Mondsichel an deinem Gürtel aus.

*Hast du den 9. SCHICKSALSPUNKT gefunden, lies weiter bei **791**.*
*Andernfalls lies weiter bei **778**.*

829 „Wie unerwartet, Erwählter", schallt es verwundert aus dem Untergrund. „Deine Wahl ist meiner würdig. ODER?"

*Lies weiter bei **796**.*

830 Sachte spannst du die Sehne des Reiterbogens. Einzig der stramme Flugwind erschwert das Zielen.

Teste dein GESCHICK gegen 17!
*Besitzt du die Fähigkeit **Schütze**, zähle du den entsprechenden Trefferbonus zu deinem Würfelergebnis hinzu!*

*Gelingt der Test, lies weiter bei **813**.*
*Misslingt er, lies weiter bei **807**.*

6

831 Aufs Neue blendet dich ein gleißendes Strahlen, das sich – ausgehend von der gesamten euch zugewandten Flanke der Pyramide – über euch ergießt und du erkennst die drohende Gefahr. Erneut erglüht die Spitze des Tempels im roten Schein der Abendsonne. Für einen Wimpernschlag fokussiert sich Kars Macht und rast in einer gebündelten Kaskade aus Blitzen und Funken auf euch zu.

Teste dein GESCHICK gegen 19!

Zähle deinen aktuellen REITERRANG den Würfeln hinzu!

Gelingt der Test, lies weiter bei ***783****.*

Misslingt er, lies weiter bei ***845****.*

6

832 Bei der Kontrolle deiner Ausrüstung fällt dir dein Beutestück vom Kampf mit der Schattenassassinen in die Hände. Es ärgert dich, dass das ungewöhnliche Stück kaputt ist. Nicht nur die leicht zu ersetzenden Halteriemen aus Leder sind zerrissen, sondern auch das Messinggestell zwischen den beiden Gläsern ist gebrochen.

Besitzt du ein ***Reparaturset*** *oder die Fähigkeit* ***Diplomatie****, um die Hilfe eines Rigem zu erbitten, lies weiter bei* ***812****.*

Wenn nicht, lies weiter bei ***789****.*

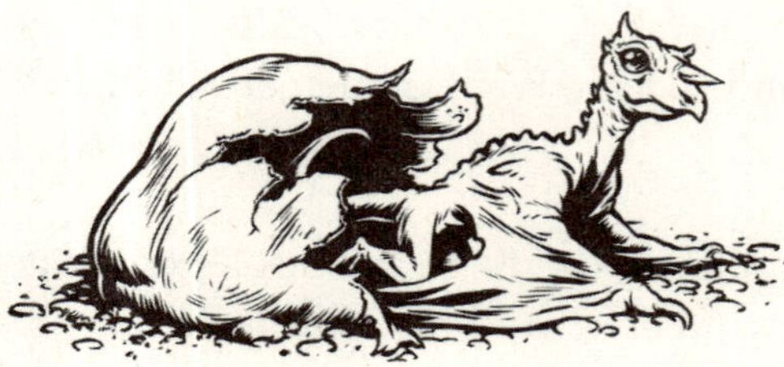

833 Nach Stunden hast du noch immer keinen Hinweis auf den Standort des Kar-Tempels gefunden und deine anfängliche Euphorie weicht langsam Resignation. Da verspürst du eine wärmende Kraft unter deinem Mantel. Das Band der Greisin fängt die Strahlen der Sonne ein und reflektiert sie gebündelt über eine Seite des Pyramidenanhängers. Fasziniert drehst und wendest du das Artefakt, doch das Licht wird stets in dieselbe Richtung geworfen. Es handelt sich offenbar um eine Art optischen Kompass.

*Willst du der Richtung des Lichtstrahls folgen, lies weiter bei **811**.*

*Willst du das Artefakt ignorieren, lies weiter bei **837**.*

834 Mit nur einem Ruck entreißt du der Alten das Band aus ihren knorrigen Fingern. Unter den schrillen Hilferufen der beiden Frauen aus dem Planwagen sprintest du quer durchs Lager auf Kyrna zu, die – aufgeschreckt vom Lärm – ihren gefiederten Hals reckt.

Ehe die verdutzten Männer eingreifen können, bist du auf den Sattel gesprungen und gibst das Kommando zum Start. Unter euch wird die aufgebrachte Menge kleiner und die Wutschreie verstummen im Geheul des Windes.

*Notiere dir das **Pyramiden-Band** (Utensil) auf dem Abenteuerblatt.*

*Lies weiter bei **810**.*

6

835 Das Band, das euch über etliche Meilen zum Tempel führte, pulsiert nun unaufhörlich mit goldenem Schein. Obwohl es faszinierend ist, steigt in dir Unbehagen auf.

Intuitiv reißt du an Kyrnas Zügel und zwingst sie dazu, scharf abzudrehen, als jäh ein greller Lichtstrahl den Dunst zerreißt und Kyrnas linken Flügel nur knapp verfehlt. Die Luft knistert energiegeladen und ein beißender Verbrennungsgeruch steigt dir in die Nase.

Dort, wo eben das Licht für einen Augenblick den Himmel durchschnitt, schweben jetzt unzählige Ascheflocken zu Boden. Ihr seid nur knapp einem magischen Geschoss entkommen, das direkt von der Spitze des Kar-Tempels kam.

Nach diesem Schreck möchtest du das Pyramiden-Artefakt kontrollieren. Allerdings hängt am Lederband nur noch eine Öse –

die kleine Goldene Pyramide ist verschwunden. Verärgert über die eigene Unachtsamkeit, wirfst du die wertlosen Überreste des Rigem-Artefakts weg.

*Streiche das **Pyramiden-Band** vom Abenteuerblatt!*

*Hast du den 11. SCHICKSALSPUNKT, lies weiter bei **800**.*
*Andernfalls lies weiter bei **790**.*

836 Ein herzzerreißender Schrei hallt durch den Himmel. Kyrnas rechter Flügel ist von einem grellen Lichtblitz durchbohrt worden. Eilig flattert dein Drache höher, um aus der Reichweite dieser Kanonen zu gelangen, und du betrachtest voller Mitleid das tellergroße Loch, das der Lichtstrahl ins goldgeäderte schwarze Leder von Kyrnas Flügel gebrannt hat.

KYRNAS VITALITÄT sinkt um eine Stufe!

*Lies weiter bei **790**.*

837 Die schier unendlichen Weiten des Aschesees lassen dich fast resignieren. Ihr sucht seit Stunden vergeblich nach einem Hinweis auf das Kar-Heiligtum und habt seine westlichen Ausläufer bereits mehrmals überflogen.

Kyrnas ständiger Kampf gegen die böigen Winde lässt ihre Kräfte schwinden.

*Willst du nach Norden fliegen, lies weiter bei **779**.*
*Willst du nach Süden, lies weiter bei **848**.*
*Willst du dich im Osten umschauen, lies weiter bei **824**.*

838 Betäubt von seinem schrecklichen Anblick wird dir erst bewusst, welch widerwärtiges Ungetüm sich dir entgegenstellt, als du ihm direkt gegenüberstehst: Es ist Nergal, der untote Drachenfürst der Unterwelt!

Zwischen den blanken Knochen seines gigantischen Leibes winden sich pulsierende Eingeweide. Eiter und Wundwasser quellen zwischen den Schlingen hervor. Zugleich rinnt ein unaufhörlicher

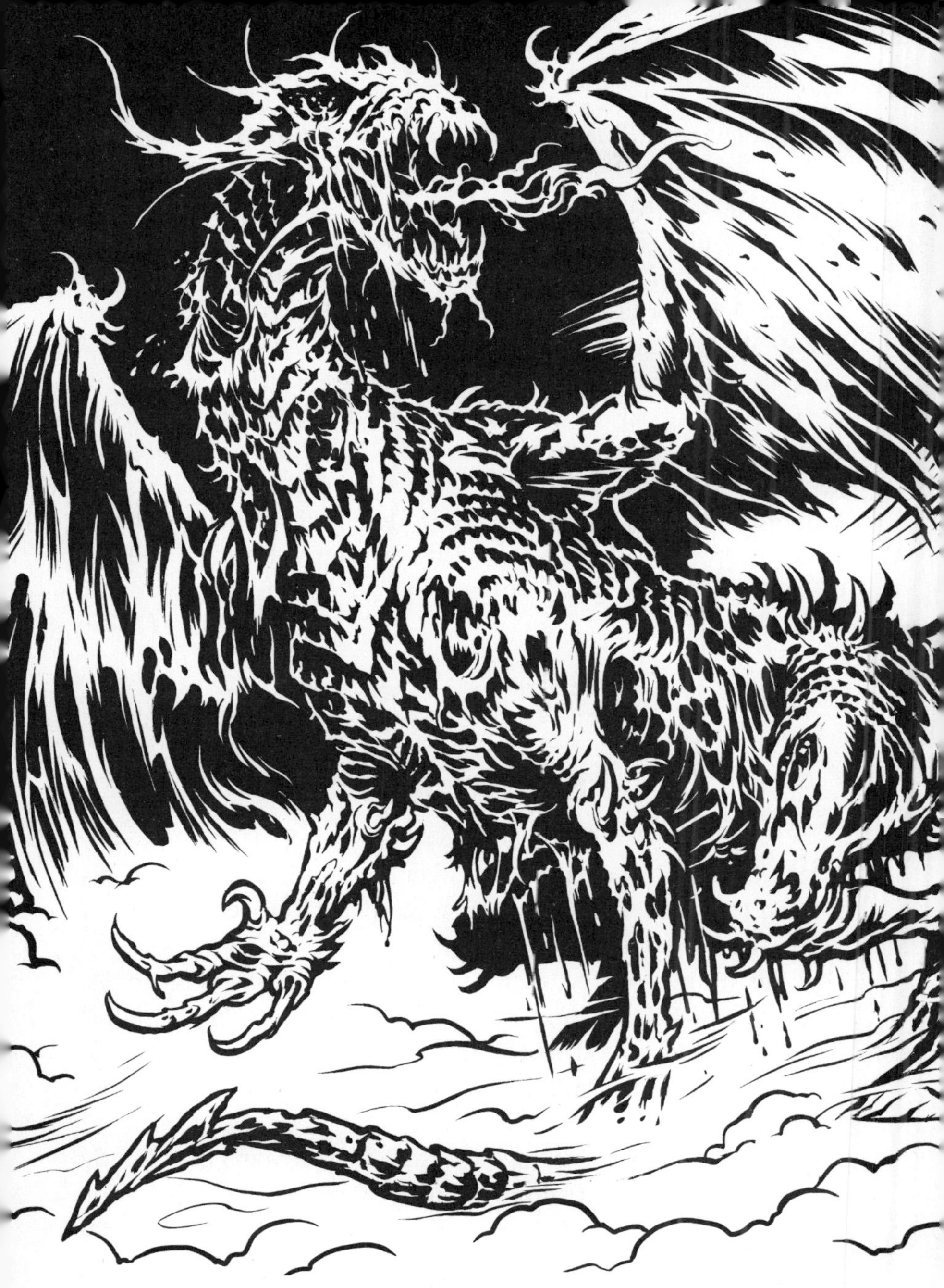

838 *Betäubt von seinem schrecklichen Anblick wird dir erst bewusst, welch widerwärtiges Ungetüm sich dir entgegenstellt, als du ihm direkt gegenüberstehst: Es ist Nergal, der untote Drachenfürst der Unterwelt!*

Fluss kochendes Blut aus den leeren Augenhöhlen seines monströsen Knochenschädels. Seine Lefzen baumeln zerfetzt um die Fänge des Mauls.
Nergal wendet sich dir zu und dein Leib bebt im Sog der Ewigkeit. Er ist der unbestechliche Richter des Totenreichs. Er allein entscheidet über Erlösung oder Verdammnis. Gnadenlos.
„WAS SUCHT *IHR* HIER?“
Nergals Stimme, ein schwer verständliches, raues Gebrüll, wird dir von einem betäubenden Gestank aus Fäulnis und Verwesung entgegengetragen: „Geht zurück und empfangt eure Belohnung, nach der es euch so dürstet!“
Immerwährende Schwärze umgreift dich und Nergal prophezeit dir knurrend: „Auch eure Zeit wird kommen … Keşra … Leib *und* Geist der Götter!“

Lies weiter bei ***786***.

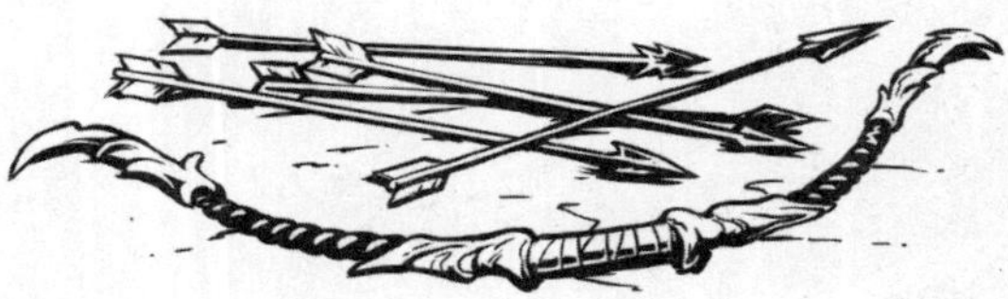

839 Soeben hat sich die flammende Kar-Scheibe hinter den sanften Dünen der Gawana-Wüste gesenkt, und schon legt sich Eiseskälte über das kahle Land.
Die Flüchtlinge haben sich paarweise in Flickendecken gekuschelt und sind eng ans Lagerfeuer gerückt, wo ein glatzköpfiger Kämpfer mit übertriebenen Gesten eine Geschichte vorträgt, die der Rigem-Nachwuchs mit großen Augen und offenen Mündern folgt.
Am Ende fasst der Erzähler die Moral des Märchens für die Kinder noch einmal zusammen und dir wird bewusst, dass seine weisen Worte ebenso für deine Situation gelten: „… für den Triumpf des Bösen genügt es, wenn das Gute verzagt.“

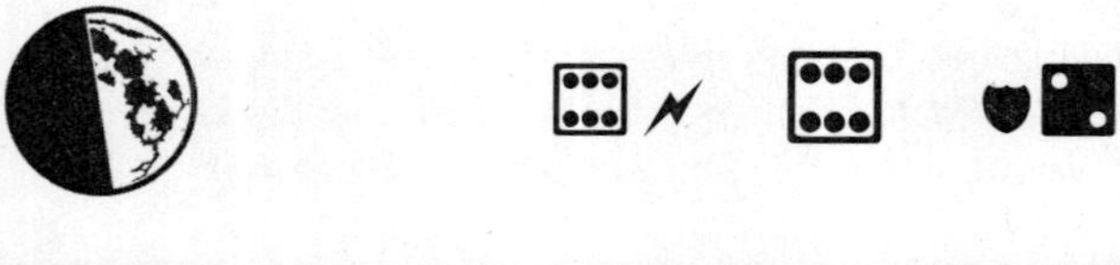

Endlich legt sich der Staub, der euch über den ganzen Tag hinweg wie ein Schleier verhüllte. Herrlich klare Luft strömt durch deine Lungen. Selbst Kyrna, die sich aus Respekt vor den furchtsamen Menschen in sicherer Entfernung zum Lager ausstreckt, scheint die frische Brise zu genießen und schnaubt befreit. Nach nur wenigen Minuten sind alle um dich herum erschöpft eingeschlafen. Über der Wüste funkeln die Sterne.

Willst du Wache halten, lies weiter bei ***795****.*
Willst du ebenfalls ruhen, lies weiter bei ***780****.*

840 Kyrnas Schwanzspitze hat sich gerade durch die aufgefächerte Spitze des Kar-Heiligtums hindurchgeschlängelt, da verschließt sich das Portal mit metallischem Grollen wieder hinter euch. Einzig euer rauschender Flügelschlag und dessen verzögerter Widerhall sind in der Dunkelheit wahrzunehmen.
Verunsichert haltet ihr die Position, bis irgendwo weit unter euch, in undefinierbarer Ferne, einsame Lichter sichtbar werden. Mit ihrem Schimmern verheißen sie euren möglichen Landepunkt, der tief unterhalb des Niveaus der Asche, die die Pyramiden umgibt, liegen muss.
In weiten Kreisen segelt Kyrna hinab. Dabei offenbart sich euch das Heiligtum in Gestalt eines ewigen, glatten Felsschachts mit Adern aus gülden glimmendem Licht, der senkrecht, Meile um Meile, ins Welteninnere hinabreicht. Als Kyrna endlich ihre Tatzen auf dem Grund des Kar-Tempels setzt, blickst du überwältigt empor: Von hier unten wirkt der Schacht – trotz seiner gigantischen Abmaße – wie ein winziges Nadelöhr.
Schritte nähern sich. Überrascht wendest du dich um und starrst in die kindlichen Augen eines Mädchens, groß gewachsen und schlank, gehüllt in ein Nichts aus feinem Samt. Schlohweißes, glattes Haar umspielt ihr makelloses Gesicht wie ein seidiger Vorhang, hinter dem sich ein anmutiges Lächeln zeigt.
„Keşra, wir grüßen euch*!“

6

**) Anmerkung des Autors: Die Verwendung der Kleinschreibung bei der Begrüßung und folgender Anreden des Keşra ist in dieser Form, dem Plural, korrekt.*

Es ist eine schlichte Begrüßung. Doch diese vier Worte genügen, um deine Beklemmung und Vorurteile fortzuwischen. Die unschuldige Erscheinung und sanfte Stimme verleihen dem Mädchen eine göttliche Omnipräsenz, die dich regelrecht umarmt. Selbst Kyrna, die ihre Zähne eben noch aggressiv bleckte, legt sich mit einem sonoren Brummen ab.

„Es freut uns, dass ihr eurer Bestimmung gefolgt seid."

„Wer bist du?", fragst du mit Zittern in der Stimme.

„Wir sind Seren", entgegnet dir das Mädchen telepathisch, wobei der Klang ihres seltsamen Namens förmlich in deinem Geist widerhallt. Dann schwebt sie mit graziler Leichtigkeit auf Kyrna zu, lehnt ihre Stirn an den Schädel des Drachen und streichelt ihm über das geschwungene Haupthorn, was beide in einen kurzen Moment des Friedens versetzt.

„Eure Reise war lang und beschwerlich", erkennt Seren schwermü-
6 tig. *„Und ihr habt viele Fragen."*

„Oh ja!", rutscht es dir voller Ungeduld heraus, denn du ahnst, dass dieses reine Mädchen, dieses göttliche Wesen, all deine Fragen zu beantworten vermag.

Aber ehe du überhaupt nachhaken kannst, beginnt Seren mit einer kleinen Geschichtsstunde …

„Zu Anbeginn war gähnende Leere. Doch dann erzitterte die Welt. Aus ihren Untiefen drangen die unzähmbaren Schläge zweier Herzen. Erfüllt von Neugier und Kraft stiegen die Gottesgeschwister aus dem Innersten empor und eroberten den Himmel. So kamen Licht und Schatten in die Welt, Wärme und Kälte. Fortan waren sie Kar und Ugar geheißen."

Seren schließt die Augen, schlendert um dich herum und fährt fort: *„Während ihrer Geburt hinterließen Kar und Ugar Adern von Leben und Tod. Verbindungen in die Unterwelt, die man heute gemeinhin als ‚Tower' bezeichnet.*

Der Lengal-Tower, der uns hier umgibt, versank in den Sandstürmen der Gawana und konnte sein Vermächtnis erhalten. Sein Standort ist ein wohlgehütetes Geheimnis. Aber euer göttliches Erbe und nicht zuletzt eure Verbindung zu einem erhabenen Drachen, gaben euch das gemeinsame Anrecht diesen heiligen Ort zu betreten.
Der Ningal-Tower hingegen, veränderte im Laufe der Äonen sein Gesicht und wurde, wie ihr wisst, zu einer schroffen Felsnadel inmitten des Kristallmeers.
Das Empire missbraucht ihn als militärischen Stützpunkt und Machtsymbol. Dieser Frevel ließ Ugars Kraft dort schwinden. Calderel schickt sich jedoch an, das Schwarze Tor, den Übergang zur Unterwelt, aufzustoßen! Insofern ist unser Wiedersehen kein Zufall."

„Kennen wir uns denn?", fragst du Seren verwirrt.
Das zarte Mädchen nickt: „Wir beschreiten seit jeher Seite an Seite den Pfad der Götter."
„Wirklich? Ich kann mich leider nicht erinnern", stellst du resigniert klar.
Seren kichert: „Das wissen wir, Keşra."
„Dann kannst du mir sicher sagen, warum ich hier bin?"
„Nun, unsere Aufgabe ist es zu wachen, eure zu richten und zu einen! Das Keşra erwacht immer dann, sollte das Gleichgewicht der himmlischen Geschwister gestört sein."
„Calderel ...", stellst du voller Verachtung fest.
„So ist es", stimmt Seren mit verkniffenen Brauen zu. „Diesmal jedoch ist es komplizierter. Calderel durchbrach das göttliche Prinzip des Gleichklangs mit einem perfiden Plan: Er wusste, dass ihn das Keşra vernichten würde, sollte er seine Macht auf dem Rücken der Götter mehren. Als das Orakel von Kabeth die Wiedergeburt des Keşra weissagte, ließ er nach ihm suchen, es entführen und zog es als einen der Seinen im Ningal-Tower auf."
„Warum hast du das nicht verhindert?"

„Das Schicksal des Keşra ist das Schicksal der Welt – und des Welten Schicksal ist des Keşras Schicksal!", philosophiert Seren und fährt fort: „Auf *dieser* Welt gibt es keine Macht, nicht einmal die der Götter, die *dich* zu führen vermag."
Während deines Gesprächs mit Seren hat sich Kyrna eng am Rande des Towers zusammengerollt und ist in festen Schlaf versunken.
Du folgst dem Mädchen, fasziniert von ihrem schwebenden Gang, zu fünf geschwungenen Steinbogen, flankiert von bläulich lodernden Ölschalen, am Rande der Plattform. Die Portale sind den Konturen humanoider Körper nachempfunden und verziert mit sakralen Hieroglyphen. Obwohl sie frei im Raum stehen, ist der Blick auf die dahinterliegende Seite versperrt: Eisiger Nebel wabert aus ihrer Mitte hervor, als würde er einer anderen Welt entstammen.
6 Seren geht über den dampfenden Reif, der sich auf den Bodenplatten vor dem mittleren Portal niedergeschlagen hat. Ihr zartgliedriger Körper würde perfekt die hohle Silhouette dieses Rahmens ausfüllen.
Sie schweigt zunächst einige Sekunden, um endlich deine brennendste Frage zu beantworten: „Keşra, ihr habt – freilich fehlgeleitet – mit Kathums Tod große Schuld auf euch geladen."
„Es ist wahr, ich habe ihn getötet …", bekennst du reumütig. Doch Seren fährt fort, als wäre dein Eingeständnis bedeutungslos:

☾ „Einzig euer Schöpfer kann diesen Makel von euch nehmen. Geht durch das Tor der Wandlung und erkennt den *Schlüssel* eures Erbes im Scheine Kars!" ☽

Du spürst, wie die Last des Frevels mit jedem Schritt auf das Portal schwerer auf deinen Schultern lastet. Nur zu gerne würdest du fortlaufen, denn die unbegreifliche Macht, die im finsteren Nebel lechzt, erwartet dich!

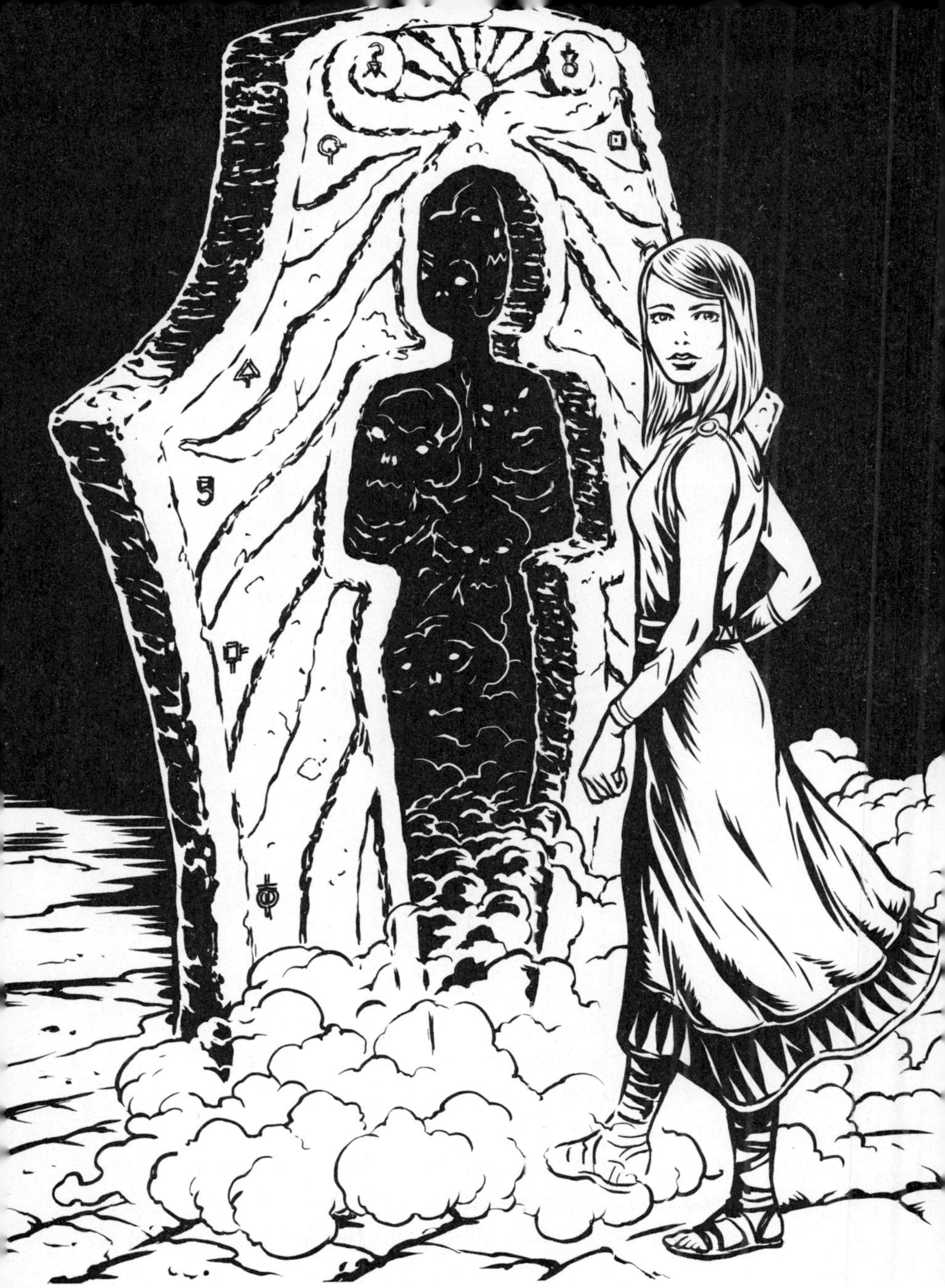

840 *Seren geht über den dampfenden Reif, der sich auf den Bodenplatten vor dem mittleren Portal niedergeschlagen hat. Ihr zartgliedriger Körper würde perfekt die hohle Silhouette dieses Rahmens ausfüllen.*

Zugleich wispern vertraute Stimmen. Deine göttlichen Eltern sprechen dir Mut zu, mahnen dich aber an deine Pflicht. Kurz vor der Nebelwand verharrst du noch einmal, blickst in Serens strahlende Augen, die dir aufmerksam folgen. Dann wagst du den Schritt in die ewige Schwärze!

*Lies weiter bei **801**.*

841 Dein Blick fällt auf deine rechte Klaue, die die Zügel hält, und du bemerkst, dass der Ring an deinem Finger magisch erglüht. Der Stern von Feymar, das Geschenk der verstorbenen Skÿll-Kriegerin, scheint seiner Heimat ganz nah.

*Willst du es wagen, in die große Barriere hineinzufliegen, lies weiter bei **793**.*

*Oder lieber nach Süden abdrehen, lies weiter bei **816**.*

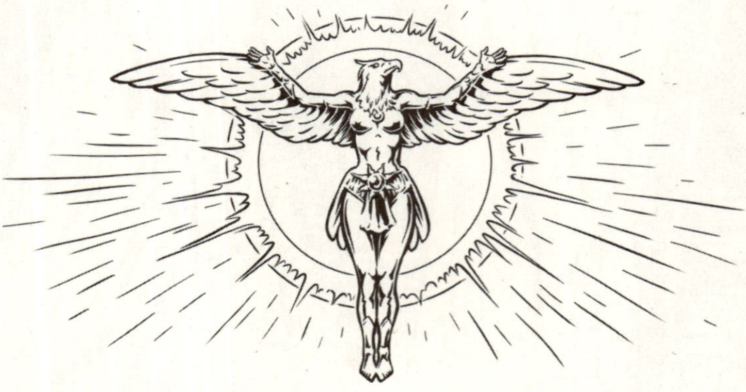

842 „Ihr seid ein wahrer Freund der Rigem!“, ruft die Greisin heiser und dämpft den aufkommenden Jubel mit einer beschwichtigenden Geste.

„Leider können unsere bescheidenen Mittel Euren Kampfesmut nicht annähernd aufwiegen – dennoch, nehmt dies als Zeichen unserer Verbundenheit.“ Sie hält dir ein Bronzefläschchen entgegen, dessen Inhalt sie selbst gebraut hat.

*Nehme entweder das dir angebotene **Betäubungselixier** (Utensil, es unterdrückt immense Schmerzen und verhindert einmalig in einem Kampf, dass deine VITALITÄT absinkt, sondern auf der aktuellen Stufe verbleibt) entgegen …*
*… oder erbitte freundlich das **Pyramiden-Band** (Utensil) mit den eingravierten, seltsamen Schriftzeichen, das der Alten um den Hals baumelt. Notiere deine Wahl auf dem Abenteuerblatt.*

Du bedankst dich bei den Flüchtlingen für ihre Gastfreundschaft, wünschst ihnen den Beistand der Götter und schwingst dich auf Kyrnas Rücken in die Lüfte.
Noch lange winken dir die mutigen Menschen des Rigem-Stammes nach.

*Lies weiter bei **810**.*

843 Du stutzt. Aus den sanft auslaufenden Sandhügeln, neben denen Kyrna gelandet ist, ragen keine Holzbalken heraus – wie du zunächst vermutet hattest – sondern Dutzende blankpolierte Rippenbögen großer Echsen.
Mit einem kräftigen Tritt befreist du eines der Skelette von der dicken Kruste aus schwefeligem Staub. Auch die beiden anderen Hügel im näheren Umkreis bergen dasselbe Geheimnis: Kadaver von Riesenechsen. In zwei von ihnen liegen innerhalb der Rippen weitere kleinere Knochen.
› Die Echsen haben ihre Reiter gefressen … ‹
Vereinzelt findest du zwischen den humanoiden Überresten verrottete Uniformen, deren Ursprung aber nicht mehr festzustellen ist. Allein ein Paar mattsilberne Beinschienen haben die Magensäure der Echsen unbeschadet überstanden. Auf ihnen ist ein kranichartiger Vogel mit einem Gefieder aus züngelnden Flammen eingraviert.

*Wenn du die **Beinschienen** (Kleidung, Beine, Schutz +1) an dich nehmen willst, notiere sie auf dem Abenteuerblatt.*

*Lies weiter bei **810**.*

844 Angespannt hältst du Wache. Denn so tot diese Landschaft wirken mag, du spürst, dass hier etliche Gefahren lauern. Mit eisernem Willen zwingst du dich, Stunde um Stunde nicht in Ruhestarre zu verfallen. Zur Ablenkung kontrollierst du gründlich deine Ausrüstung.

Besitzt du eine ***beschädigte Schutzbrille****, lies weiter bei* ***832****.*

Andernfalls lies weiter bei ***789****.*

845 Der Lichtstrahl der Verteidigungsanlage fräst sich quer über Kyrnas Brust. Zunächst bleibt dein Drache beherrscht, brüllt dann aber, in einem langgezogenen Schrei, den Schmerz hinaus. Du selbst bliebst unverletzt, doch in deinem Herzen spürst du das Leid, das dein Drache ertragen muss.

KYRNAS VITALITÄT sinkt um eine Stufe!

Sollte sie auf ***kritisch*** *gesunken sein, lies weiter bei* ***799****.*

Andernfalls lies weiter bei ***804****.*

846 Wieder grollt die tiefe Stimme aus der Unterwelt: „Eine bemerkenswerte Wahl. Ihr habt euch verführen lassen. Die Maske … sie gehört euch!“

Lies weiter bei ***796****.*

847 Obwohl du nur wenige Zyklen der gefährlichen Lichtstrahlen gesehen hast, weißt du nun, wann und wie das Ganze beginnt. Und zwar mit einem todbringenden Strahl an der östlichen Flanke der Pyramide, dem Sektor Feuer.

Lies weiter bei ***777****.*

848 Du suchst mit deinen scharfen Augen den Himmel ab und bemerkst im Dunst des Horizonts die eigentümliche Silhouette einer Flugechse samt Reiter. Bisher hat dich die tiefstehende Sonne vor der Entdeckung durch den Baronyak bewahrt.

Geschickt nutzt du die natürliche Deckung der Wolken und fliegst im lautlosen Gleitflug über den Baronyak hinweg.
Der Soldat sitzt benommen in sich zusammengesackt und es scheint, als verhindern einzig die Schutzriemen des Sattels seinen Absturz. Doch die Flugechse ist ebenfalls gezeichnet: Ihre rissigen Lederschwingen sind übersät mit schwarzen Brandwunden.

Willst du einem möglichen Kampf unbemerkt ausweichen, indem du sofort nach Osten abdrehst, lies weiter bei ***824****.*
Besitzt du einen ***Reiterbogen*** *und willst damit versuchen, den Baronyak abzuschießen, lies weiter bei* ***830****.*
Willst du hingegen ohne den Einsatz der Fernkampfwaffe den Flug nach Süden fortsetzen, lies weiter bei ***807****.*

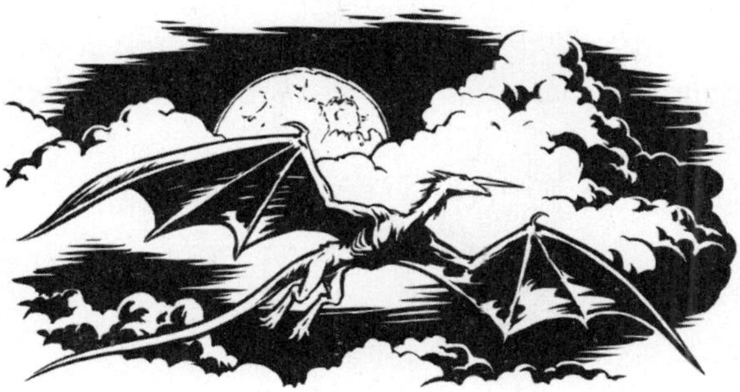

6

849 Es erscheint dir wie ein Wunder, dass Kyrna dieses Trommelfeuer aus Licht schadlos überstanden hat. Du dankst den Göttergeschwistern und streichst deinem Drachen stolz über die schimmernden schwarzen Federn ihres kräftigen Nackens.
„Keşra, deine Fähigkeiten und Situationsverständnis werden immer bemerkenswerter“, lobt dich Kyrna telepathisch. Inniges Vertrauen ergreift eure Herzen.

Dein R*EITERRANG steigt auf* ***Drachenvertrauter****!*
Nimm die entsprechende Eintragung auf dem Abenteuerblatt vor.
Lies weiter bei ***840****.*

850 Ohne Unterlass fährst du dir mit der Klaue übers Gesicht. Zwar spürst du die pulsierende Wärme der Kar-Maske unter der Haut, aber du kannst das Artefakt weder sehen noch ertasten. *„Wir freuen uns für euch!“* Seren steht wie selbstverständlich an deiner Seite, als wäre sie niemals fort gewesen. *„Dies ist das Zeichen, die zweite Gabe der Götter … vollendet das Keşra nun seine Aufgabe?“*

Lies weiter in **KAPITEL 7: „SCHATTEN DER VERGANGENHEIT“***!*

Hast du die beiden SCHICKSALSPUNKTE *(den 11. und 12.) in diesem Kapitel gefunden?*
Wenn nicht, solltest du vielleicht während deiner Suche nach dem Kar-Tempel sowohl Mitgefühl als auch Verhandlungsgeschick beweisen und dich der Gefahr durch das Sandmonster bis zum bitteren Ende stellen …

6

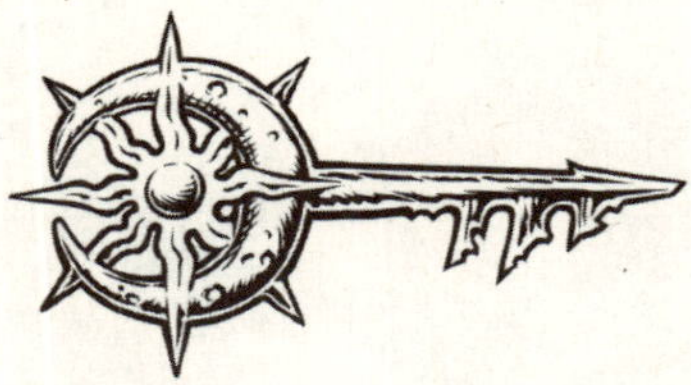

… sowie dich nicht von den Mächten der Unterwelt narren lassen und nach dem fahlen Schimmer des Schlüssels deines Schöpfers Ausschau halten.

Hast du den 3. REITERRANG ***Drachenvertrauter*** *in diesem Kapitel erreicht? Falls nicht, dann beschütze Kyrna beim Anflug in den Lengal-Tower noch besser!*

KAPITEL 7

SCHATTEN DER VERGANGENHEIT

Deine erkenntnisreiche Reise in die Wirren der Unterwelt hat ihr Ende gefunden. Dafür bekommst du 2 KARMA-Punkte.
Deine VITALITÄT steigt um eine Stufe, aber höchstens auf ***normal***.
Nutze zudem die Gelegenheit, um die Speicherpunkte auf dem Abenteuerblatt anzupassen.
Der Mond hat sich um 1 Phase im Uhrzeigersinn verändert. Vermerke dies auf dem MONDKALENDER bei Sektion 600.

DAS ORAKEL VON KABETH: „Die Disharmonie des Totengesangs verhallt sogleich im Gleichklang allem Vergangenem, Gegenwärtigem und Zukünftigem."

7

851 Serens leuchtende Augen spiegeln erstmals eine tiefliegende Ernsthaftigkeit wider: *„Die Götter verlangen nach eurer Hand – richtet den Schattenmeister!"*
„Aber wie soll mir das gelingen?", stößt du hervor. „Einen Kampf gegen Calderel werde ich kaum überleben."
„Was schert euch das?" Diesmal vernimmst du Serens gleichmütige Stimme deutlich hörbar. „Was mich das schert?", erwiderst du zornig. „Ganz einfach – ich möchte nicht sterben!"
Seren streicht sich eine silberne Strähne aus dem Gesicht und flüstert: „Oh, ihr haltet den Tod für etwas Unausweichliches, Endgültiges. Doch da liegt ihr falsch! Auch *ihr* seid bereits gestorben – unzählige Male! Erinnert euch …"
Serens geheimnisvolle Worte hallen durch den Schacht und ihre Pupillen verwandeln sich in ein Meer aus Farben- und Sternenfunkeln. Du verlierst dich in diesem hypnotischen Strudel und von einem Moment auf den nächsten, stürzen die Schmerzen Tausender Tode auf dich ein.

Gemartert von unsäglichen Qualen kehren Erinnerungen zurück:

*Lies Sektion **565** und anschließend hier weiter (lege dazu den Finger in diese Seite).*

Nur unterbewusst kannst du zwischen Hunderten deiner eigenen Todesschreie Serens Stimme hören: „Es tut mir leid, Keşra, aber versteht! Kar und Ugar gaben euch dieses göttliche Verständnis vom Ende des Seins, dass ihr Ehrfurcht vor dem Leben verspürt." Und erneut schiebt eine morbide Erinnerung die Gegenwart in den Hintergrund deines Geistes.

*Lies Sektion **170** und anschließend hier weiter.*

Seren begleitet dich weiterhin durch die Folter zahlloser Todeskämpfe: „Ihr seid sterblich und unsterblich zugleich. Was sollte euch der Tod scheren? Doch er hinterlässt tiefe Wunden – körperlich, wie seelisch – und *du* weißt das!"

*Lies Sektion **899** und anschließend hier weiter.*

7 Langsam weicht der Schmerz aus deinen Gliedern und du begreifst was soeben geschehen ist. Wieder ziehen Bilder des Todes als Gedankenfetzen an dir vorüber, diesmal ohne diese namenlosen Qualen zu hinterlassen. Einige Erinnerungen verblassen bereits, andere bleiben fest eingebrannt. Alle waren und sind real!

› Ich habe all diese Tode tatsächlich erfahren – selbst wenn ich mich nur an wenige von ihnen erinnern kann. ‹

*Besitzt du die Fähigkeit **Ahimsa**, lies weiter bei **886**.*
*Andernfalls lies weiter bei **866**.*

852 Die niedergestreckten Körper der Gardisten liegen vor dir im Morast. Als du ihre leeren Augen betrachtest, wird dir bewusst, dass du nun eine wichtige Entscheidung zu fällen hast.

*Willst du sofort ins Drachenhorn stoßen, um mit Kyrna in die Gegenwart zu flüchten, lies weiter bei **1000**.*

*Willst du dich hingegen solange im Tempel verstecken, bis sich eine Gelegenheit ergibt, auch Kathums Körper zu retten, lies weiter bei **981**.*

853 Panisch versuchst du, dich aus den eng anliegenden Bandagen zu winden. Die Hitze, die Schmerzen werden unerträglich. Du brüllst vor Qualen, als der Qualm deine Lungen verbrennt und du erstickst.

Dein Leben endet hier. (✣907) ▪

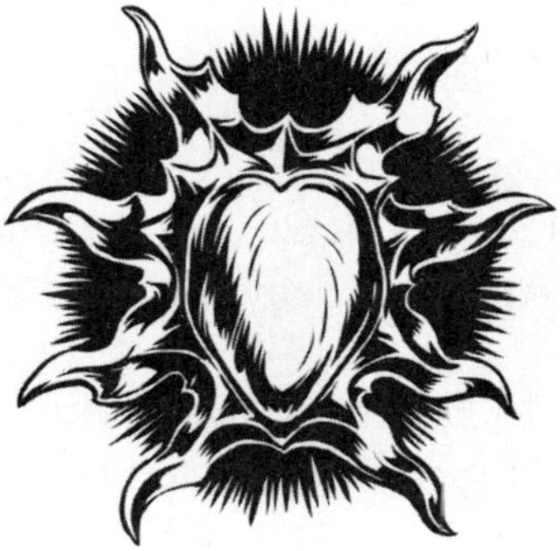

854 Eilig hebst du Arme und Beine der fünf toten Gardeoffiziere an, in der Hoffnung, Brauchbares zu finden. Ihre Körper zeigen tiefe Schnittwunden, insbesondere an Hals und Gesicht. Plötzlich packt dich einer der Männer am Arm und presst seine letzten Worte durch den Rachen: „Stoppt die Schatten – schützt Kathum!"

Erschrocken befreist du dich vom kalten Griff des Soldaten, dessen Leib – verkeilt zwischen denen seiner Kameraden – erschlafft. Du atmest durch und bemerkst einige Dinge:

- ***Breitschwert*** *(Waffe, Treffer +4)*
- ***Panzerschienen*** *(Kleidung, Arme, Schutz +2)*
- *Lederbeutel mit insgesamt **18 Dinar** (Geld)*
- ***Sonnenschlüssel*** *(Utensil)*
- *Phiole **Eisrosenessenz** (Utensil) – Heiltrank für Menschen*

*Willst du die Phiole sofort dem soeben verstorbenen Soldaten einflößen, lies weiter bei **997**.*

*Ansonsten lies weiter bei **881**.*

855 „Und was geschieht nun? Wollt Ihr mich ebenso umbringen?“, fragt der Präparator mit ängstlichem Stolz.
Für einen kurzen Moment des Zorns denkst du tatsächlich darüber nach, den Mann zu töten. Schließlich verneinst du in Anerkennung seiner mutigen Entscheidung, selbst im Wissen, dass dein Plan gescheitert ist, bevor er überhaupt begonnen hat.

Lies weiter bei ***1000****.*

856 Du verdrängst die Gedanken über die Vergangenheit, denn du weißt, im Hier und Jetzt schreibst du sie neu! Entschlossen richtest du den Fokus auf deine bisher wichtigste Mission: die Rettung Kathums.
Der Tempeldistrikt ist bereits in Sichtweite und wenige Flügelschläge später setzt Kyrna zur Landung auf dem flachen Dach des Hauptgebäudes an. Über deinem Kopf zerrt der Wind an den Fetzen der Sonnen-Banner. Die Goldene Garde wagt es wahrscheinlich nicht, ihre Aufklärer bei diesen Stürmen hinauszuschicken.
Der Stand von Ugars Antlitz, das gelegentlich zwischen den Sturmwolken hervorblitzt, verrät dir, dass die Ereignisse der Vergangenheit bald wieder ihren Lauf nehmen werden.

Denke daran, die Utensilien, die du jetzt alleine mitführen möchtest, auf dem Abenteuerblatt anzupassen. Manch Brauchbares steckt vielleicht noch in Kyrnas Packsattel …

Ehe Kyrnas Tatzen den flachen Giebel berühren, bist du bereits aus dem Sattel gesprungen und schickst sie mit einer winkenden Geste fort.
„Ich verstehe, Keşra. Solltest du deine Aufgabe erledigt haben, suche mich auf diesen Dächern. Ich werde mich zu verstecken wissen.“
Unsicher blickst du dem Drachen hinterher, denn du fürchtest, dass es für die Garde ein Leichtes sein wird, ihren massigen Leib zwischen den Aufbauten zu entdecken.

Da erfasst dich unerwartet die Gewissheit, dass dein vergangenes Ich sich in der Nähe aufhält. Du kannst dessen Verlangen, Kathum zu töten, geradezu greifen.
Es ist eine finstere Macht, die ihn treibt! Sie schenkt ihm monströse Fähigkeiten und vernebelt ihm zugleich den Verstand. Nur mit Mühe hältst du diese mächtigen Instinkte aus der Vergangenheit von deinem jetzigen Ich fern.

Besitzt du die Fähigkeit ***Vorahnung****, lies weiter bei* ***946****.*

Ansonsten kannst du in Kathums Gemächer entweder direkt über die Außenfassade vordringen, lies weiter bei ***994****.*

Oder über die Parkseite des Palasts und den großen Rundgang, lies weiter bei ***890****.*

857 Ungeduldig weist du Kathum den sichersten Weg über die Giebel des Palasts, und der Knabe folgt dir mit wackeligen Knien auf den glitschigen Ziegeln. Noch immer peitschen heftige Böen den Regen die Pyramide entlang. Vorsorglich packst du den Jungen am Schopf, um ihn vor einem Absturz in die Tiefe zu bewahren. Schließlich erreicht ihr das schmale Türmchen, wo Kyrna geduldig wartet.
Der schwarzer Drache hat euch bemerkt. Das Leuchten seiner goldenen Pupillen wirkt in der Dunkelheit umso bedrohlicher. Du willst Kathum gerade mit deinem Reittier vertraut machen, da überfällt dich tiefer Zweifel: Der Packsattel auf Kyrnas Rücken ist … ist nicht deiner!
› *Oh nein, das ist die falsche Kyrna … die aus der Vergangenheit.* ‹
Ein böses Knurren versetzt die Fensterscheiben des Türmchens in

Schwingung. Kathum sucht hinter dir Deckung, im Glauben, er sei der Grund für das angriffslustige Verhalten des Drachen. › *Ich habe vollkommen vergessen, dass Aonus auch mit ihr hier ist!* ‹

Ist dein REITERRANG *mindestens* ***Drachenvertrauter**,*
lies weiter bei ***943**.*
Andernfalls lies weiter bei ***894**.*

858 Dein Sprung zurück in die Realität verwirrt selbst die gestandenen Recken der Goldenen Garde. Vorsichtig nähern sich zwei, während der dritte auf Distanz bleibt und die Priesterin schützt, die sich weiterhin um den leblosen Hierarchen kümmert.

LEIBWACHE DES HIERARCHEN (2 GEGNER)	*ANGRIFF*	**17**	**+1**	**+1**
	VERTEIDIGUNG	**18**	**+2**	**+1**
	RESISTENZ	○○③		○②
	KAMPFRUNDE	○○○❹○❻ …		

7

Zu Beginn von KAMPFRUNDE ❹ *kommt der dritte Leibwächter seinen beiden Kameraden zu Hilfe. (Bist du ein* ***Meisterlicher Kämpfer**, kommt er erst in* KAMPFRUNDE ❻*, da er zögert einzugreifen.)*

3. LEIBWÄCHTER	*ANGRIFF*	**+1**
	VERTEIDIGUNG	**+1**
	RESISTENZ	○②

Gelingt es dir, einen Treffer zu landen und gleichzeitig selbst nicht getroffen zu werden, kannst du einen Fluchtversuch wagen. Entweder durchs Fenster in die Ungewissheit springen (weiter bei ***899**) oder zurück in den Spiegel (weiter bei* ***863**).*

Gewinnst du den Kampf, lies weiter bei ***872**.*

859 Plötzlich erzittert der Boden des Schlafgemachs! Du hast das Tor zur Unterwelt aufgestoßen. Kathum bäumt sich auf und schreit inbrünstig. Dabei würgt er einen Schwall Blut und Gedärm hervor. Der Priesterkaiser entledigt sich Nergals verpesteten Unrats.

Endlich schlägt der Hierarch seine funkelnden Augen auf. Zunächst ist er verängstigt und verwirrt, doch alsbald scheint er seine Lage zu begreifen und stammelt dünn: „Dass sich mein Handeln so zügig auszahlen würde, hätte ich nicht für möglich gehalten …"
Erwartungsvoll hilfst du dem alten Mann wieder auf die Beine: „Wir dürfen keine Zeit verlieren. Wir müssen fort!"
„Fort?", fragt Kathum irritiert. „Wieso sollte ich Euch begleiten wollen?"
„Es ist viel passiert …", beginnst du eine Erklärung, „… ich meine, es wird noch viel passieren … der Krieg … er wird sich drehen. Aber Ihr müsst …" – „… weiterhin als tot gelten", komplettiert Kathum gedankenschnell dein Gestammel.
Mit großen Augen blickt dich der Hierarch an, als wolle er hören, welches Schicksal du für ihn bereithältst.
Um den Schein zu wahren, der Anschlag des Schattenkindes sei geglückt, musst du nun das Risiko eingehen und eines deiner Artefakte auf Kathums Seele anwenden.

*Willst du die **Seelenurne** nutzen, lies weiter bei **969**.*
*Besitzt du jedoch das **Idol des Hierarchen** und ziehst es der Urne vor, lies weiter bei **979**.*

860 „Wie seid Ihr …? Wie könnt Ihr …?", stammelst du verwirrt. Dein Lehrmeister lächelt sanft und formt mit Daumen und Zeigefinger der linken Hand einen flachen Kreis, den er sich an die Stirn hält: Das Zeichen des dritten Auges der Diener von Naolis, den sagenumwobenen Magiern der Hohen Arcaden.
„Die größten Fehler begehen wir meist beim Versuch, einen vorherigen wett zu machen", ist Tarus stolz über dein Verhalten.
Du holst Luft, um ihn zu fragen, ob weitere Bewahrer oder Seher der Zeremonie beiwohnen – doch dein Meister wiegt den Kopf zur Seite, legt den Zeigefinger auf die Lippen und wendet sich wieder Mireth zu.

Unruhe macht sich im Volk breit. Menschen schreien empört und du musst miterleben, wie die Priester respektlos mit dem toten Hierarchen umgehen: Gardisten legen seine steifen Glieder an lange Ketten und ziehen den Leichnam an vier der Säulen hinauf über die funkelnde Schale des Orakels.
„Mireth“, schreit Nephatari schockiert, „wie könnt Ihr es wagen, meinen Vater dermaßen zu entehren!“ Auch die gemeinen Bürger Seraphs begehren auf, rufen Kathums Namen.
„Schweigt!“ Mireths eindrückliche Aura lässt die Massen augenblicklich verstummen. „Kar hat Kathum dessen Leben und Seele entrissen! Was hätte die Göttin sonst bezweckt haben sollen, als ihm den Zutritt zur Unterwelt zu verwehren?“
Die Priesterin reckt die Nase ins Licht der Mittagssonne und fixiert Nephatari unbeirrt mit loderndem Blick: „Oder habt Ihr eine bessere Erklärung, meine arme Sonnenwaise?“
Die Tochter Kathums schlägt weinend die Hände vors Gesicht.
7 „Mögest du, o Kar“, dreht sich Mireth mit großer Geste wieder dem Volk zu, „Verdorbenes reinigen und Milde zeigen.“
*Besitzt du die Fähigkeit **Geschichtswissen**?*

*Falls ja, lies weiter bei **974**.*
*Andernfalls lies weiter bei **883**.*

861 Zögerlich öffnest du wieder die Augen. Welch Ritt in die Vergangenheit!

Streiche dir 2 KARMA-Punkte!

Ihr seid umgeben von einem unbändigen nächtlichen Sturm. Kyrna flattert ungleichmäßig im Regen, um einigermaßen die Position in den heftigen Böen halten zu können. Direkt vor euch flimmern die Lichter der majestätischen Stadtpyramide. Erinnerungen übermannen dich.
› Dieses Unwetter war mein ständiger Begleiter in dieser schicksalhaften Nacht. Als ahnten die Götter, was geschehen würde. ‹

Da zuckt der nächste Blitz gemeinsam mit einem ohrenbetäubenden Donnerschlag über den Himmel. Dein Herz stockt. Die Luft knistert.

Besitzt du den 3., 9. und 12. SCHICKSALSPUNKT, lies weiter bei ***924****.*

Andernfalls lies weiter bei ***930****.*

862 Göttliches Wohlwollen durchströmt deinen Körper. Kalte und warme Schauer lassen dich erzittern. Du spürst die Nähe der göttlichen Geschwister, Kar und Ugar, gleichermaßen.

Deine STÄRKE und dein GESCHICK steigen jeweils um einen Punkt!

Deine VITALITÄT steigt auf ***fit****.*

Lies weiter bei ***907****.*

863 Ungläubig tritt einer der Gardisten vor das Glas des Spiegels und prüft dessen Beschaffenheit zaghaft mit der Schwertspitze. Ein ohrenbetäubendes Schrillen und Kreischen ertönt, als er die Klinge über das Glas kratzt. Schließlich tritt er dermaßen kräftig gegen den Spiegel, dass dieser unter lautem Klirren zerspringt. Somit ist die einzige Verbindung zur realen Welt zerstört!

› Moment, die einzige? ‹

Kontrolliere das Abenteuerblatt. Besitzt du einen ***Handspiegel****?*

Sollte dies der Fall sein, muss er zudem an bzw. in Kyrnas Packsattel verstaut sein, lies weiter bei ***951****.*

Andernfalls lies weiter bei ***995****.*

864 Erst als du und der Hierarch das Ende des östlichen Dachs erreicht haben, erkennst du die wartende Kyrna, die erstaunlich kompakt auf der abgelegenen Giebelseite kauert. Neugierig streckt sie ihren Kopf empor und mustert den Jungen genau.

Lies weiter bei ***B13****!*

865 Lange blickst du dem trudelnden Körper des Soldaten nach. Doch du fühlst keine Genugtuung. Dieser Kampf ist sinnlos und kostet nur Unschuldigen das Leben. Daher bündelst du nun alle Anstrengungen darauf, so schnell wie möglich diesen Ort – oder besser diese Zeit – zu verlassen.

*Lies weiter bei **920**, Option Ⓒ.*

866 Dein Geist wurde auf eine enorme Probe gestellt und du hast alle morbiden Gedanken verkraftet! Du weißt nun, dass der Tod ein elementarer Teil deiner Existenz ist.

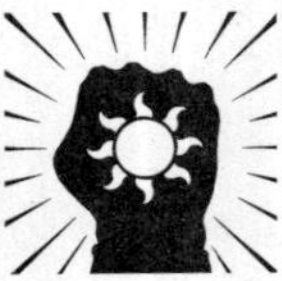

*Notiere dir die Fähigkeit **Ahimsa** in Feld 12 auf dem Abenteuerblatt. Umkreise dort zudem die Zahl 866, die Nummer dieser Sektion, damit du bei Bedarf etwas nachlesen kannst.*

*Lies weiter bei **956**.*

867 „Uns bleibt keine Zeit, wir müssen aufs Dach!“, treibst du den Hierarchen an.

„Nun, es gibt einen Geheimgang …“ – „Worauf wartet Ihr?“

Kathum läuft hinter den großen Standspiegel zur freien Wand, holt ein unscheinbares Amulett aus dem Nachttisch und presst es gegen eine Plakette an der Wand. Wie durch Zauberhand lösen sich die massiven Steine in Luft auf und geben einen dunklen Gang frei, der nach wenigen Schritten zu einer engen Wendeltreppe führt. Ihre steilen Stufen winden sich sowohl nach oben als auch nach unten in die Dunkelheit.

Hastig stürzt du hinauf und zerrst Kathum unsanft hinter dir her. Schließlich erreicht ihr das Dach über eine Luke.

*Lies weiter bei **953**.*

868 Torns raue Schuppen scheuern über deine Haut. Seine Rufe sind deutlich, bestimmend. Du kannst dich ihnen nicht entziehen. Er befiehlt dir, ihm zu folgen. Du gehorchst, lässt seinen Willen geschehen, denn er ist der einzig wahre.

*Dein Lebenswille wurde gebrochen. (**÷907**)* ▪

869 Du hast das Xorox durchschaut! Es verhält sich wie ein Spiegel. Da überkommt dich ein Geistesblitz! Du drehst deinem Gegner einfach den Rücken zu. Und prompt macht er es dir nach. Dann gehst du etwas von ihm weg und wieder tut er es dir gleich. Als du allerdings nach rechts gehst, folgt dir das Monster nicht auf deine Seite, sondern entfernt sich im selben Tempo nach links. Aber diese doppelte Täuschung hast du vorausgeahnt!

Lies weiter im 4. Kapitel bei ***566****.*

870 Wild schlägst du nach den beiden Schlangen, um dich vor dem Kar-Fluch zu schützen, doch ihr hypnotischer Tanz zieht dich immer weiter in den Bann. Sie wollen deine Erinnerungen vergiften und sich in deinen Kopf winden! Mit einer Rolle verschanzt du dich hinter dem Standspiegel.

Lies weiter bei ***K90****!*

871 Torns mächtiger Schädel verharrt vor deinem geistigen Auge. Das Feuer der chaosartigen Verdammnis lodert in seinen großen Echsenpupillen und droht auf deinen Verstand überzuspringen.

Lies weiter bei ***916****.*

872 Du wischst das Blut von der Klinge der Mondsichel. Ein bitterer Sieg, auf den du gut hättest verzichten können, und du wünschst dir, dass die Reise in die Vergangenheit bald vorbei sein möge.

Du schaust durch die Tür der Priesterin hinterher, die die Gelegenheit nutzte und während deines Kampfes gegen die Gardisten den Rundgang hinaus floh. Und schon erschallen weitere Rufe. Es bleibt dir also nichts anderes übrig, als durch das Fenster zu entkommen!

Lies weiter bei ***952****.*

873 Dich ergreifen schreckliche Erinnerungen: Dieser majestätische Raum mit all seinen Kunstschätzen, dem großen Standspiegel, den hohen Fenstern und nicht zuletzt dem ausladenden Himmelbett zerren jäh die verdrängten Erlebnisse dieser Nacht zurück in dein Gedächtnis.

Erstarrt bemerkst du eine Regung hinter dem dünnen Stoff des Betthimmels – Kathum wälzt sich unruhig im Schlaf.

› *Ob er ahnt, welch' Schicksal ihn erwartet?* ‹

Draußen erreicht der Sturm seinen Höhepunkt. Donnergrollen und Blitz brechen sich nun fast zeitgleich Bahn. Sintflutartiger Regen peitscht gegen die Scheiben.

Du verharrst hinter einem großen Standspiegel, und das lange Warten ist schier unerträglich, denn du weißt, dass dein vergangenes Ich jeden Augenblick diesen Raum betreten und euer Schicksal für immer verändern wird.

Dann jedoch geschieht etwas Unvorhergesehenes: Kathum erwacht murmelnd, erhebt sich schlaftrunken und schlurft zu einem der Fenster. Mit sorgenvoller Miene starrt er in den Sturm hinaus.

7

Just in diesem Augenblick öffnet sich die Tür und ein hünenhafter Schatten schleicht herein. Kathum bemerkt nicht, wie sich dein Ich aus der Vergangenheit in seinem Rücken aufbaut. In der rechten Klaue hält es eine faustgroße, mondartige Kugel, deren metallisches Leuchten eine zersetzende und zugleich aufputschende Aura umgibt. Du hältst den Atem an.

› *Die Präsenz dieses Mondsteins ist es also, die ich die ganze Zeit gespürt habe!* ‹

Willst du ein Geräusch machen,
um Kathum nun doch zu warnen, lies weiter bei ***950****.*
Willst du dich persönlich deinem vergangenen Ich entgegenstellen,
lies weiter bei ***917****.*
Willst du standhaft abwarten, lies weiter bei ***962****.*

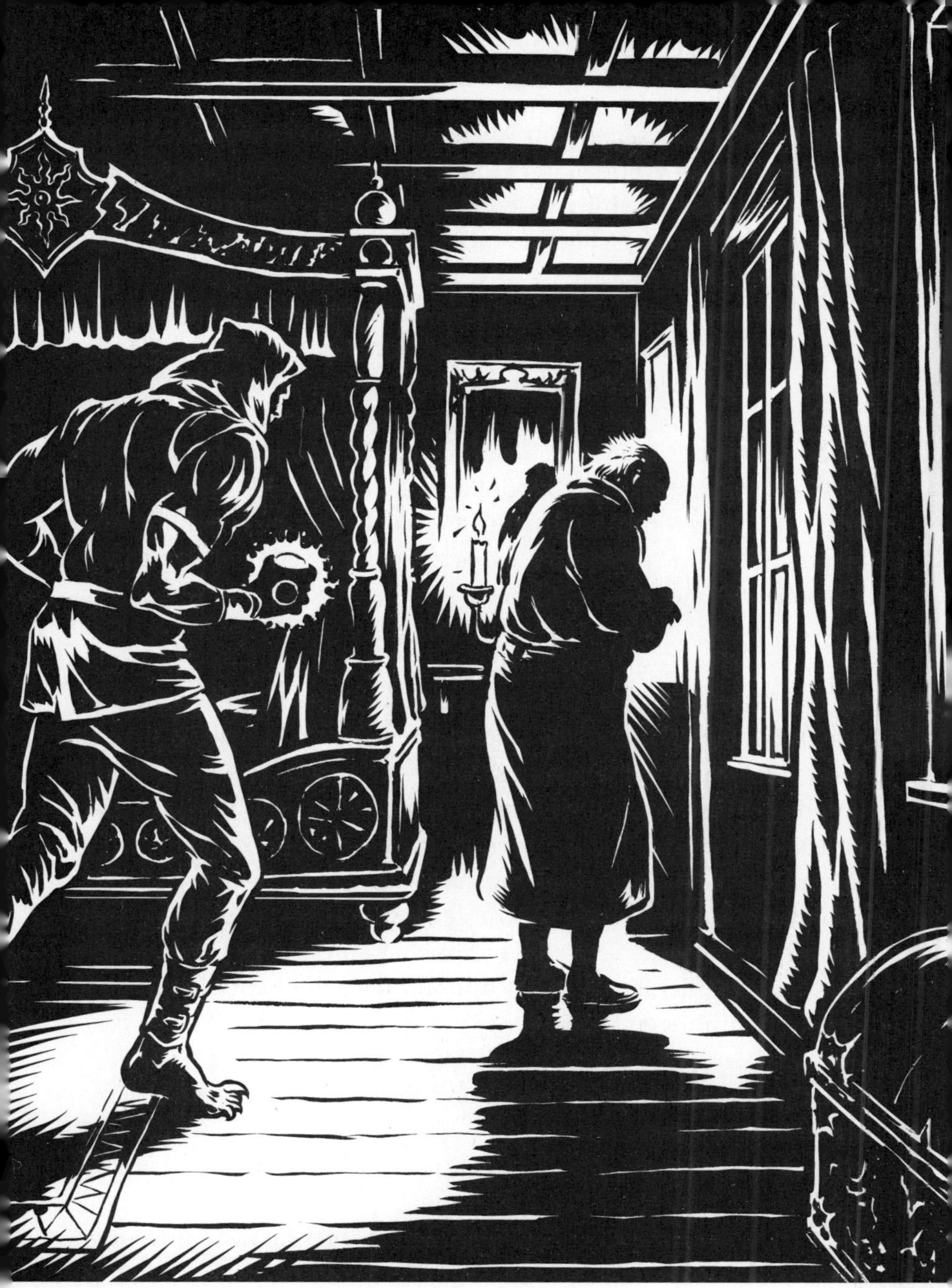

873 *In der rechten Klaue hält dein Ich aus der Vergangenheit eine faustgroße, mondartige Kugel, deren metallisches Leuchten eine zersetzende und zugleich aufputschende Aura umgibt.*

874 Auf dem Kragen und Ärmel der Rüstung kannst du neben dem berühmten Wappen der Goldenen Garde, der achtstrahligen Sonne, zudem die schützenden Hände Rhenus' erkennen. Dieses Symbol tragen ausschließlich die Elite-Leibwächter des Hierarchen.

*Willst du dennoch die **Mondsichel** zücken und den Spiegel zum Kampf verlassen, lies weiter bei **858◗**. Willst du dich weiterhin verstecken, lies weiter bei **863**.*

875 Trotz der Dunkelheit und der Ablenkung durch das Unwetter sondierst du jeden Winkel des Daches. Als ein weiterer Blitz den Priesterpalast erhellt, erkennst du tatsächlich Kyrnas langen Schwanz. Offensichtlich schmiegt sie sich um das runde Mauerwerk eines kleinen Erkers.

*Lies weiter bei **857**.*

7

876 Konzentriert treibst du deine scharfen Fingerkuppen in die Fugen der Mauersteine und kletterst hinab ins zweite Stockwerk. Dort umspannt ein fußbreiter Sims das Gebäude, einzig unterbrochen von stützenden Bildhauereien, wie Wasserspeier und Kar-Heilige, an denen du dich vorbeidrücken musst.

Du fragst nicht nach dem Weshalb, aber pure Selbstsicherheit strömt dir durch die Adern. Du genießt den Nervenkitzel dieser Kletterpartie sogar! Schließlich erreichst du das erste einer Reihe von eigentümlichen Fenstern mit runden Oberlichtern in Form einer achtstrahligen Sonne.

› Oh, ich kenne diese Fenster … allerdings von der anderen Seite. ‹

Du entriegelst den Sturmhaken und schlüpfst lautlos in die Finsternis des Zimmers.

*Lies weiter bei **873**.*

877 Du kannst und willst Nephataris Schicksal nicht akzeptieren! Entschlossen reißt du den Arm von Tarus los, drückst dich in

die erste Reihe der Zuschauer und rufst quer über den Platz: „Nephatari, es gibt keinen Grund für zügellosen Zorn, denn dein Vater ist nicht tot! Seine Seele lebt fort."
Kathums Tochter blickt sich zunächst verwirrt um, sucht den Mann, der diese aufmunternden Sätze sprach und findet dich schließlich mit ihren bekümmerten, goldenen Augen.
In diesem knisternden Augenblick erkennt sie dich und erfasst die Bedeutung deiner Worte. Ein Lächeln umspielt ihre Lippen, woraufhin das Band des Schicksals mit all deinen Erinnerungen und Taten zerreißt. Das Letzte, was du im Strudel der Zeit wahrnimmst, ist der dürre Schuppenleib von Loth dem Verführer, der dich mit einem gierigen Fauchen erwartet.

Der Sinn deiner Existenz endet hier. (+893) ■

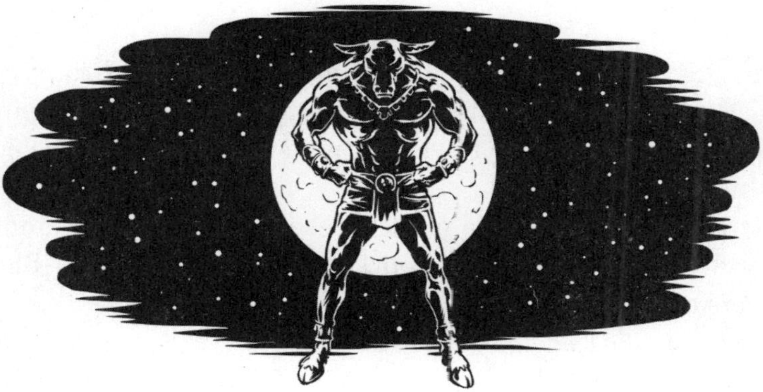

878 Du entfesselst die göttliche Macht der Mondsichel. Zuckende Blitze brechen sich über den Rahmen des Spiegels Bahn und du hörst das Knirschen des Kristalls, das unter der Last der Energie zu bersten droht. Eilig springst du durch die Scheibe, zurück in die Vergangenheit, doch die Brüche im Glas zerschneiden dir das Fleisch an Armen und Beinen.
Deine VITALITÄT sinkt um eine Stufe!

*Lies weiter bei **858**.*

879 Nephataris traurige Augen ziehen dich in ihren Bann. Sie sind das Zeichen ihres göttlichen Erbes. Die stolze Frau konnte nicht anders. Sie musste sich rächen – für ihre Abstammung, für ihren Glauben!

› Es ist meine Schuld, dass sie nun am Schwarzen Tor siecht! ‹

Du bist kurz davor, aufzuspringen und deine wahren Gefühle und Absichten herauszuschreien. Da packt dich eine Hand an der Schulter.

„Mein Junge", flüstert dir eine wohlwollende Männerstimme zu, „gefährde nicht, was du erreicht hast …" Perplex drehst du dich um und blickst in die weisen Augen deines Lehrmeisters Tarus. „… selbst wenn es bedeutet, dass Freunde und Wegbegleiter den Tag deines Triumphs nicht miterleben werden."

*Lies weiter bei **860**.*

880 „Kyrna – rosh, rosh!", schreist du gegen das Brüllen deines Drachens an. Trotz ihrer Schmerzen versucht Kyrna, deinem Befehl zu gehorchen, holt tief Luft und stößt einen großen Feuerstrahl aus.

7

Plötzlich erfasst dich eine grelle Kaskade blaugrüner Flammen, als sich binnen eines Augenblicks der feine Staub des Blendpulvers entzündet.

*Besitzt du die Fähigkeit **Resistenz gegen Hitze**, lies weiter bei **889**.*

*Andernfalls lies weiter bei **913**.*

881 Unentdeckt drückst du das massive Holzportal mit seinen klerikalen Schnitzereien der Sonnengöttin Kar einen Spalt zurück, sodass du in Kathums Schlafgemach spähen kannst. Diffuses Licht und der exotische Geruch von Räucherwerk schlagen dir entgegen. Bevor dich die unberechenbaren Blitze des Gewitters womöglich entblößen würden, schlängelst du dich hinein.

*Lies weiter bei **873**.*

882 Du spürst, wie sich die öligen Bandagen entzünden. Feuer kriecht dir über den Rücken und verzehren den Stoff. Beißender Qualm steigt auf, doch du kannst den Schmerz kontrollieren. Die verbrannte Haut verwandelt sich zu Basalt. Die Menge jammert und schreit, während die Flammen ihren Höhepunkt erreichen. Später, das Feuer ist verloschen und das Volk verstummt, wirst du fortgetragen. Da spürst du eine sanfte Berührung auf der Brust. „O, geliebter Vater", hörst du die schluchzende Stimme Nephataris, „bei allem, was mir heilig ist, ich werde deinen Tod rächen!" Und du erinnerst dich wieder an die Schattenkindzeremonie und ihr Attentat auf Calderel.

Möchtest du deine Erinnerung auffrischen, kannst du dies bei Sektion 341 tun. Lies den Text zwischen den Monden ☾…☽ und anschließend hier weiter (lege dazu den Finger in diese Seite).

Es vergeht fast eine Stunde, bevor du auf einen Karren geworfen und – dem Verwesungsgestank nach zu urteilen – zwischen anderen Toten weggefahren wirst. Gebannt folgst du der gedämpften Unterredung der beiden Männer, die das Gefährt ziehen: „Wir können den alten Hierarchen doch nicht so einfach in die Gruben schmeißen!"
„Du willst dich also Mireths Befehlen widersetzen?", zischt der Zweite. „Wer glaubst du denn, wird Kathum nachfolgen?"
Wenig später purzelst du unsanft in eine tiefe Grube voller weicher Säcke, irgendwo vor den Toren Seraphs.
Erst als das Quietschen der Räder verklungen ist, traust du dich, die verklebten Bandagen zu lösen, und erkennst, dass du zwischen zahllosen verwesenden Toten wie Unrat abgeladen wurdest. Verwesendes Fleisch, Maden und Fliegen, kleben an dir. Als du den Rand der Grube erreichst, erhellt sich dein Gemüt: Kyrna setzt unweit entfernt auf und stapft dir aufgeregt entgegen.
» Ramin – du hast tatsächlich Wort gehalten! «
Du fühlst dich in deiner Menschenkenntnis bestätigt, während dich dein Drache herzlich mit dem Horn stupst.

Zufrieden schwingst du dich auf Kyrnas Rücken: Die Mission war erfolgreich! Kathums Seele ist gerettet, sein Körper in Sicherheit. Es gab zwar keine Möglichkeit, das Siegel von deiner Klaue zu tilgen – doch alles zu seiner Zeit. Der einzige Wermutstropfen ist Nephatari. Ihre Traurigkeit um den vermeintlichen Verlust ihres Vaters und ihr zukünftiges Schicksal sind für dich nur schwer zu ertragen.

Lies weiter bei ***1000****.*

883 Mireth tritt drei Schritte vor und reckt gebieterisch die Arme gen Sonne, die nun den Zenit ihres Tageslaufs erreicht hat. Über die Menge hinweg ruft sie: „Das Orakel* wird sprechen!"
Kars stechende Strahlen werden nun perfekt von der glänzenden Oberfläche der Goldschüssel des Orakels gebündelt. Ein greller Punkt aus fokussierten Sonnenstrahlen zeigt sich auf der Unterseite des Reisigbetts, auf dem Kathum liegt. Erste weiße Rauchschwaden kräuseln empor. Die Menschen halten den Atem an und erwarten das Gottesurteil.

Willst du dich nun von Tarus verabschieden und zurückziehen, lies weiter bei ***978****.*

Willst du alles auf eine Karte setzen, Kyrna rufen und versuchen, Kathum mit ihrer Hilfe zu retten, lies weiter bei ***888****.*

884 Endlich lässt die Wirkung des Blendstaubs nach und Kyrna gehorcht wieder deinen Kommandos. Sie hat trotz der Verwirrung keinen Schaden durch das Pulver erlitten.
Mittlerweile kannst du drei Reiter der Goldenen Garde ausmachen, die sich in Schussreichweite befinden. Sie halten Abstand, um dich im Schutze der Schleierwolken attackieren zu können.

Willst du deinerseits den ***Reiterbogen*** *einsetzen, lies weiter bei* ***970****.*

Möchtest du einen der Reiter im Nahkampf stellen, lies weiter bei ***898****.*

Wenn du mit einem gewagten Flugmanöver entkommen möchtest, lies weiter bei ***919****.*

**) Spieltipp: Das Orakel von Kabeth wahrsagt nicht nur deine Zukunft zu Beginn der einzelnen Kapitel voraus, sondern verrät zudem, wie viele Stärke- und Geschick-Punkte – und in welcher Reihenfolge – darin zu finden sind!*

885 Behände hangelst du dich den Dachbalken entlang, bis du schließlich in einem der verwinkelten Seitenschiffe eine Kanzel erreichst. Geräuschlos lässt du dich ab.

Ein klappriger Holzverschlag bildet den einzigen Zugang zu diesem kleinen Steinvorbau, doch die dichte Staubschicht unter deinen Klauen verrät: Von hier oben wurde seit Jahren keine Predigt mehr gehalten. Angespannt lauschst du in die Dunkelheit.

Blättere nun zurück in die Vergangenheit zu den Sektionen 88 und 89 des Prologs. Bei welcher der beiden Sektionen ist der Kreis markiert?

Sektion 88, lies weiter bei ***908****.*

Sektion 89, lies weiter bei ***964****.*

886 Die unbändige Macht des Todes hat tiefe Spuren in deinem Geist hinterlassen, doch die latente Angst vor dem Ende ist nun dem festen Glauben gewichen, all dem gewachsen zu sein.

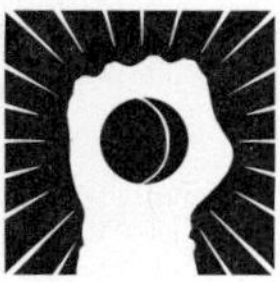

Ändere den Fähigkeiten-Eintrag ***Ahimsa*** *zu* ***Keşrani*** *in Feld 12 auf dem Abenteuerblatt und umkreise jetzt die Zahl 886, die Nummer dieser Sektion, damit du bei Bedarf etwas nachlesen kannst!*

Mit dieser Fähigkeit wird deine körperliche Belastbarkeit um eine Stufe erweitert. Erreicht deine VITALITÄT *also die Stufe* ***tot****, lebst du zunächst weiter! Erst wenn du in diesem Zustand eine weitere Stufe* VITALITÄT *einbüßt, ereilt dich endgültig der Tod. Markiere jetzt den Speicherpunkt des „tot“-Kästchens mit einem Kreuz ☒, damit du es nicht vergisst.*

Für Experten: *Die Einbußen für Tests entsprechen dann dem Zustand* ***kritisch****, also -2.*

Lies weiter bei ***956****.*

887 Du widerstehst dem Drang, das temporale Band zurückschnellen zu lassen – deine Neugier, was mit Kathum geschieht, ist stärker! Ständig tauchen Priester auf, die den toten Hierarchen eingehend untersuchen. Besonders seinen Kopf schließen sie auffallend oft in ihre Gebete und Meditationen ein.

Später erscheinen unter dem wachsamen Blick eines in Scharlachrot gekleideten Orakel-Priesters aus Seraph acht Präparatoren, die Kathums Leichnam mit dem Sefech-Ritual auf das Totenreich vorbereiten. Zunächst reinigen sie den Körper penibel, um ihn hinterher mit einer rotbraunen Paste einzureiben. Zum Abschluss umwickeln die Männer den Toten behutsam mit duftölgetränkten Bandagen, bis alle Körperteile komplett abgedeckt sind.
Als einer der Präparatoren – den Gepflogenheiten der Kar-Kirche entsprechend – ein kleines Artefakt zwischen die Stofflagen der Bandagen schieben möchte, wird er schroff vom Priester zurückgehalten. Es entsteht ein Disput zwischen den beiden.

*Besitzt du die Fähigkeit **Geschärfte Sinne** und willst sie nun einsetzen, lies weiter **923**.*

*Andernfalls lies weiter bei **895**.*

7

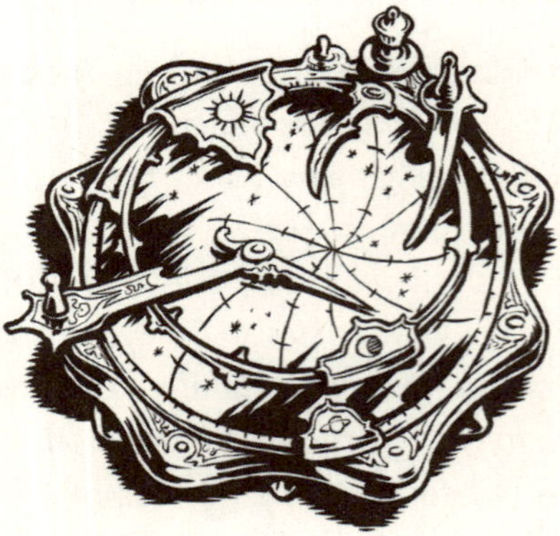

888 Du verbirgst das Drachenhorn unter dem Umhang und bläst hinein. Das charakteristische, sonore Dröhnen wird vom Wind davongetragen. Doch kaum hast du ein weiteres Mal ins Horn gestoßen, bemerkst du einen der Priester hinter Mireths Rücken, der alarmiert in deine Richtung deutet.

*Lies weiter bei **K100**!*

889 Drei der aufgestiegenen Reiter der Goldenen Garde, die sich zum Zeitpunkt der Explosion mit dir in der Blendstaubwolke aufhielten, trudeln nun als rauchende Feuerbälle dem Erdboden entgegen. Kyrna ist als Drache vor den Auswirkungen der Flammen gefeit und auch dir ist nichts geschehen: Ungläubig streichst du dir übers versteinerte Gesicht.
Dieses Manöver hat der Luftabwehr der Garde einen herben Dämpfer verpasst. Nun bleibt dir genügend Vorbereitungszeit für deine göttliche Gabe der Zeitmanipulation.

*Lies weiter bei **920**, Option* **C**.

890 Mit neuer Selbstsicherheit kletterst du über die kräftigen Ranken einer Schlingpflanze an der Innenmauer in den zweiten Stock des Palasts hinab. Von hier hast du einen perfekten Blick auf das rauschende Blätterwerk der Raanbäume und die Kar-Kapelle inmitten des Parks. Es dauert ein wenig, bis du ein Fenster gefunden hast, das sich öffnen lässt.
Der spärlich beleuchtete Rundgang ist dir noch gut in Erinnerung. Das Portal zu den Räumlichkeiten des Hierarchen liegt nur einen großen Satz vom Fenstersims entfernt.
› *Seltsam. Warum patrouillieren die Wachen nicht?* ‹

*Willst du die Gunst der Stunde nutzen und sofort zur Tür zu Kathums Gemächern hinüberspringen, lies weiter bei **881**.*

*Willst du draußen vor dem Fenster abwarten, was geschieht, lies weiter bei **985**.*

891 Du folgst einer inneren Stimme, einer großen Neugier, die dich zu diesem Unbekannten treibt. Als du die erste Nebelwand durchdringst, kannst du die gespenstige Gestalt auf dem Baum besser ausmachen. Auch wenn dir die Silhouette vertraut erscheint, kannst du noch immer nicht sagen, wer nur wenige Fuß von euch entfernt im Baum sitzt. Zu unstet ist der Nebel der Schattenwelt um euch herum.

7

Dein Blick ist noch immer fixiert auf den Unbekannten, da krallt sich Kathum in deine Hüfte. Er wird attackiert von einem wilden Schatten! Das monströse Wesen aus der Unterwelt hat die Fährte zum Abgesandten aufgenommen und zerrt jetzt an dessen Seele.

ANGELOCKTER SCHATTEN	*ANGRIFF*	**20**
	VERTEIDIGUNG	**18**
	RESISTENZ	♥○○○④
JUNGER KATHUM	*VITALITÄT*	♥○○③

Sollte der Schatten einen gelungenen ANGRIFF auf dich gesetzt haben, musst du den Basiswürfel kontrollieren! Zeigt er ⚀ oder ⚁, konnte der Schatten zugleich den jungen Kathum attackieren und dessen VITALITÄT um 1 senken!
Da du zugleich den jungen Kathum schützen musst, gilt eine ⚄ oder ⚅ des Basiswürfels als würde er nur eine ⚃ zeigen, es sei denn, du bist ein ***Meisterlicher Kämpfer****!*
7 *Führst du den* ***Schattenschnitter****, verursachst du bei einem gelungenen ANGRIFF einen zusätzlichen RESISTENZ-Abzug!*

Gewinnst du und Kathums Seele überlebt, lies weiter bei ***963****.*
Gewinnst du erst, nachdem die VITALITÄT des jungen Kathum auf 0 gesunken ist, lies weiter bei ***912****.*

892 Vom Flur hörst du stapfende Schritte und das Klirren schwerer Rüstungen. Die Goldene Garde nähert sich. Hastig wendest du dich zum Standspiegel in der Raumecke und springst wagemutig in sein Glas. Erst als die Wellen des Übergangs verebbt sind, siehst du, wie hinter dir drei Männer in goldener Platte und eine Kar-Priesterin durch die Tür ins Schlafgemach hereinstürzen. Die Frau eilt zum Körper des Hierarchen und beginnt mit einem Gebet, während die Soldaten den Raum mit grellstrahlender Laterne und gezücktem Schwert durchsuchen.
Als die Priesterin zufällig in deine Richtung blickt, stutzt sie und zeigt hektisch auf den Spiegel.

*Besitzt du die Fähigkeit **Kriegsführung**, lies weiter bei **874**.*
*Willst du die **Mondsichel** ziehen, wieder aus dem Spiegel springen und dich den Gardisten zum Kampf stellen, lies weiter bei **858**.*
*Willst du im geheimnisvollen Spiegelreich abwarten, da du weißt, dass sie dir hierher nicht folgen können, lies weiter bei **863**.*

893 Es erfüllt dich mit Kummer, da du weißt, dass Nephatari bald sterben muss. Zorn verbrennt deine Brust. Unbändiger Zorn – auf dich selbst!
› *Ihr Tod ist allein meine Schuld!* ‹
Im Geiste malst du dir bereits aus, wie du dich durch die Gardisten schlägst, Mireth niederstreckst und gemeinsam mit Nephatari und dem Körper ihres Vaters auf Kyrnas Rücken entkommst, als dich eine Hand an der Schulter packt: „Denke daran", flüstert dir eine gütige Männerstimme ins Ohr, „all dies ist Geschichte."
Überrascht wendest du dich um und blickst in die weisen Augen deines Lehrmeisters Tarus. „Sie zu ändern, könnte die Welt ins Chaos stürzen. Akzeptiere es, auch wenn es dir das Herz bricht."

*Willst du deinem Drang nachgeben und Nephatari aufmuntern, lies weiter bei **877**.*
*Willst du dem Rat deines Lehrmeisters folgen, lies weiter bei **860**.*

894 Verwirrung spiegelt sich in den Augen der falschen Kyrna wider. Sie erkennt dich wohl, versteht aber nicht dein Handeln. Noch gilt die Loyalität dieser Kyrna ihrem Drachenmeister Aonus. Und als wolle sie das belegen, schnellt ihr mächtiger Schädel zwischen den Türmchen hindurch, um mit der Spitze des langen Horns knapp vor Kathums schmaler Brust zu verharren. Heißer Dampf kräuselt zwischen ihren gebleckten Zähnen hervor.
„Kyrna, wie kannst du nur? Nach allem, was wir gemeinsam erlebt haben …" Du zögerst, überdenkst deinen emotionalen Ausbruch und korrigierst: „… ich meine, noch erleben werden."
Kyrna neigt den Kopf und mustert dich eingehend. Besonders

7

das Drachenhorn an deinem Gürtel interessiert sie. Doch dann lauscht sie in den Sturm hinein.
„Mein Meister ruft. Doch ich glaube zu verstehen, Schattenkind. Nimm deinen kleinen Freund und geh!“
Wortlos nickst du Kyrna zu, schnappst dir den verwirrten Hierarchen-Jüngling und bringst ihn in Windeseile zur anderen Seite des Dachs.

*Lies weiter bei **864**.*

895 Du kannst dem Wortlaut des Streits leider nicht folgen, zu sehr hallen die Stimmen unter dem Kuppeldach. Umso erstaunter bist du, als der Templer den Präparator mit den Worten „Niemandem steht es zu, die Anordnungen Ihrer Heiligkeit anzuzweifeln!“, hinauswirft.

*Lies weiter bei **937**.*

896 Das Monster imitiert exakt deine Bewegungen. Du kannst noch so geschickt und flink agieren, es ist genauso schnell wie du! Schließlich ergreifst du einen keilförmigen Felsbrocken vom Boden und treibst ihn tief in die Eingeweide deines Gegners. Wohlige Wärme strömt durch deinen Körper, doch es ist nicht das Gefühl des Sieges, sondern ein unförmiger Glasdolch in der Hand des Spiegelmonsters, der sich in deinen Magen gebohrt hat.

*Dein Leben endet hier. (**✢K24**)* ■

897 Es gibt nur eine Macht, die dir in diesem Moment zur Seite stehen könnte: Komar der Frevler! Auch diesem der fünf untoten Drachen bist du bei deinem Ausflug in die Unterwelt bereits begegnet. Es ist sein Wesen, jede Gelegenheit zu nutzen, seinem Herren Nergal ein Schnippchen zu schlagen. Warum sollte er dir also nicht helfen wollen?
Im Flüsterton presst du Komars Namen durch die Zähne. Und schon zeigt sich eine erste Reaktion auf Kathums Gesicht: Seine

spröden Lippen zittern. Nergal scheint wenig erfreut von deinem Vorhaben und flucht durch die Kehle des Kar-Priesters: „Wag' es nicht, Keşra, mit diesem Abschaum zu paktieren!"
Bestärkt von Nergals Zorn, erbittest du lauter und lauter Komars Hilfe. Der Geist des Frevlers ist nun gegenwärtig und bedrängt nun wie du seinen Meister.

*Kehre zurück nach **996** und streiche dort in jeder weiteren KAMPFRUNDE zusätzlich einen Punkt von Nergals RESISTENZ ab!*

898 Um diesen Kampf gegen die geschickten und gut gerüsteten Reiter zu überstehen, musst du die Flugechse kampfunfähig machen. Entschlossen treibst du Kyrna – die Mondsichel hoch in den Nachthimmel gereckt – dem nächsten Gardisten entgegen.
Bevor ihr jedoch ins Gefecht geht, wechselst du die Waffe. In diesem Moment vertraust du eher dem mit Widerhaken bewehrten Reiterdorn, der zudem mit einer langen Kette an Kyrnas Sattel befestigt ist, und machst dich bereit, die traditionelle Waffe auf das Flugtier deines Gegners zu schleudern.

7

GOLDENER REITER	*ANGRIFF*	**18**	**(19)**
(FLUGECHSE)	*VERTEIDIGUNG*	**20**	**(18)**
	RESISTENZ	○○○○⑤	

*Schaffst du einen Treffer und somit einen RESISTENZ-Abzug, bohrt sich der **Reiterdorn** (Treffer +4) ins Fleisch der Echse. Im harpunierten Zustand kann der Gegner nicht angreifen! Du allerdings darfst mit gelungenen STÄRKE-Tests gegen 17 einmal pro KAMPFRUNDE weitere RESISTENZ-Abzüge verursachen. Misslingt der Test, wird normal weitergekämpft.*
*Solltest du eine **Soldatenplakette** tragen, verflucht dich dein Gegner als Leichenfledderer. In diesem Fall ist er aggressiver in seinem Vorgehen (es gelten die Werte in Klammern).*

*Möchtest du den Kampf mit einem riskanten Flugmanöver abbrechen, lies weiter bei **919**.*
*Gewinnst du den Kampf, lies weiter bei **865**.*

899 Getrieben von Fluchtgedanken rennst du los, vergräbst den Kopf in beide Arme und springst durch das dicke Bleiglas des Fensters. Schwere Regentropfen streifen deine Wangen auf dem schier endlosen Fall entlang der Außenfassade der Stufenpyramide.

Du erinnerst dich nun wieder an die herrliche Aussicht, die man eigentlich aus den Gemächern des Kar-Abgesandten hat. Obwohl du dem sicheren Tod entgegenstürzt, huscht ein Lächeln über deine schwarzen Lippen …

Dein Leben endet hier. ▪

900 „Auf nach Kyphi!“, kommandierst du euphorisch deiner treuen Gefährtin. Kyrnas lauter Schrei erfüllt dich mit Freude und Stolz: Egal welche Gefahren euch noch drohen werden – dein Drache wird stets an deiner Seite stehen!

Unter euch verschwindet die Verteidigungsanlage des Kar-
7 Tempels im Dunst der Gawana, während deine Gedanken ein letztes Mal um Seren und die anderen Götterboten kreisen.

Kyphi ist zwar nicht allzu weit vom Aschesee entfernt, dennoch werdet ihr Rhenus‘ Hauptstadt nicht vor Einbruch der Dunkelheit erreichen. In Anbetracht der Tatsache, dass du mit heftigem Widerstand seitens der Goldenen Garde rechnest, nun wirklich kein schlechter Umstand.

Einige Flugstunden später, vergehen die letzten wärmenden Strahlen der Kar-Scheibe und überlassen Ugar das Firmament. Die Sterne funkeln bereits, als sich die kantigen Konturen der Stufenpyramide zu Kyphi am Horizont abzeichnen. Es ist immer wieder ein erhebender Moment, dieses monumentale Bauwerk zu erblicken.

Ganze Sklavenvölker, über ein Dutzend Generationen hinweg, erschufen inmitten der Unwirklichkeit der Gawana die 88 Ebenen, die knapp eine halbe Meile in den Himmel ragen. Noch immer gilt sie als unvollendet.

Trotz der späten Abendstunde schimmern überall die unsteten Lichter von Fackeln und Laternen. Kyphi ist berühmt für seine ruhelosen Bürger. Zigtausende nutzen die kühlen Nächte, um anstrengende Arbeiten sowohl auf den Stufen als auch im labyrinthartigen Herzen der Pyramide zu verrichten. Man sagt, Rhenus' goldene Metropole schläft nie.

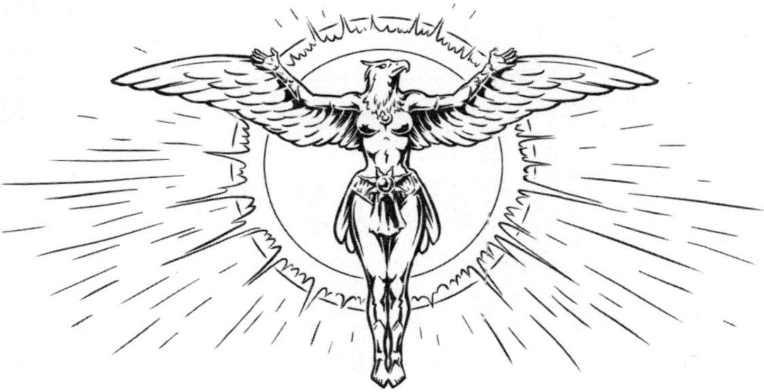

Während auf der Spitze die Hierarchenfamilie, Priesterschaft und hohe Beamte residieren, lebt auf den mittleren Ebenen das einfache Volk. Mittellose Bürger hausen ganz unten, zuweilen gar vor den schützenden Mauern, bestellen die kargen Felder in den wenigen Wochen, in denen der Gelbe Rhenus über die Ufer tritt, malochen in Steinbrüchen oder fristen ein bemitleidenswertes Sklavendasein.

Der imposante Hierarchenpalast mit seinen verwinkelten Gebäuden, wehrhaften Sandsteintürmen und nicht zuletzt der stilisierten Krone der Kar, bestehend aus acht geschwungenen Dornen aus purem Gold, die sternenförmig in alle Himmelsrichtungen zeigen, krönt als göttliche Mahnung die Spitze der Metropole.

Es fällt auf, dass Kyphi – selbst Wochen nach dem Anschlag auf seinen Hierarchen Kathum – Trauer trägt: Sämtliche weiße Sonnenbanner wehen auf halbmast.

Euer Anflug im Schutze der Dunkelheit war bisher problemlos. Doch je weiter ihr euch der Stadtpyramide nähert, desto häufiger kreisen Aufklärer der Goldenen Garde auf ihren Flugechsen über den Zinnen des Tempeldistrikts.
Auch Kyrna ist dies nicht entgangen: *„Vielleicht wäre nun ein guter Zeitpunkt, der Vergangenheit einen Besuch abzustatten, Keşra?“*

Willst du jetzt in die Vergangenheit reisen, lies weiter bei ***926***.

Willst du näher an die Spitze der Pyramide heran, bevor du den Sprung wagst, lies weiter bei ***965***.

Besitzt du die Fähigkeit ***Vorahnung****, lies weiter bei* ***993***.

901 Du brauchst zu lange! Eine weitere Wache ist auf das Waffenklirren aufmerksam geworden. Der Soldat nimmt dich, ohne Rücksicht auf seine Kameraden, unter Beschuss.

Bestimme die Treffsicherheit des Gardisten anhand des Mondes!
Bei ***Neumond****,* ***Sichelmond*** *oder* ***Halbmond*** *trifft dich ein Bolzen und du verlierst eine Stufe deiner VITALITÄT! Es sei denn, du bist ein* ***Meisterlicher Kämpfer****. Dann wirst du nur bei* ***Neumond*** *getroffen.*
Bei allen anderen Phasen hast du Glück gehabt und das Geschoss zischt knapp vorbei.

Kehre zurück zu ***990*** *und führe den Kampf fort.*

902 Du verfluchst die Erfinder des Blendstaubs! Ein potentes alchemistisches Pulver, das in erster Linie bei der Bekämpfung von Luftangriffen eingesetzt wird. Damit es seine volle Wirkung entfalten kann, muss es möglichst fein in der Luft verteilt werden. Drachen, die durch eine Wolke Blendstaub fliegen, sind irritiert oder gar vollkommen orientierungslos. Viele stürzen ab, ohne dass es der Reiter abwenden kann.

Besitzt du ein ***Reiterokular*** *und willst es nun einsetzen, lies weiter bei* ***927***.

Andernfalls lies weiter bei ***942***.

7

903 Welch glückliche Fügung! Der Taschenspiegel fungiert als kleines, rettendes Portal, das dich wieder zurück in die reale Welt führt. Kyrna ist überrascht ob deines unerwarteten Erscheinens und starrt dich mit ihren großen Echsenaugen an.
„Schon gut, Kyrna, hier gibt es nichts mehr zu tun. Lass uns sofort verschwinden!"
Die Drachendame lässt sich nicht zweimal bitten und breitet die Schwingen aus.

*Lies weiter bei **1000**.*

904 Du erinnerst dich noch lebhaft an deinen Sprung in die Rosenhecke und deine anschließende Flucht durch den Schacht in die Krypta des Tempels.
Es ärgert dich, dass du vom Dach aus nichts erkennen kannst, denn der Blickwinkel ist denkbar ungünstig. Angespannt lauschst du in den Sturm hinein.
„Verdammt, er muss hier doch irgendwo sein", motzt ein Wachmann. Dann hörst du, wie zwei Männer mit Breitschwertern in die Hecke dreschen. Du erinnerst dich an die Klinge, die deinen Kopf nur haarscharf verfehlte. Spontan schabst du mit den Stiefeln über die Ziegel in der Hoffnung, die Soldaten beenden ihre willkürlichen Attacken.
„War da was?", murmelt einer der Soldaten. Offenbar funktioniert deine Ablenkung und du versuchst, über den spitzen Giebel auf die gegenüberliegende Seite des Dachs zu gelangen. Dabei trittst du aus Versehen einige Ziegel los, die mit lautem Poltern herunterrutschen und auf dem Weg zerschellen. „Das Dach! Komm', den schnappen wir uns!"

Teste dein GESCHICK gegen 16!

*Gelingt der Test, lies weiter bei **976**.*
*Misslingt er, lies weiter bei **990**.*

7

905 Der Präparator ist vollkommen überwältigt, als er bemerkt, dass Kathums Seele noch nicht in die Unterwelt abgestiegen ist. Er stellt sich dir als Ramin vor und zeigt sich sofort bereit, deinen Plan in die Tat umzusetzen.

*Lies weiter bei **957**.*

906 Schwerer Regen durchnässt deine Kleidung. Zögerlich schlägst du die Augen auf. Um dich herum toben Blitz und Donner. Der unglaubliche Ritt durch Raum und Zeit hat tatsächlich sein Ende gefunden – inmitten der stürmischen Nacht, als Kathum starb.
Sofort kehren sämtliche Erinnerungen an die Schrecknisse dieser Stunden zurück.
› *Die Götter müssen verzweifelt sein. Ob sie mich damals mit dem Sturm von meiner Tat abhalten wollten?* ‹
Trotz aller Zweifel bemerkst du Kyrnas Zuversicht. Sie ist stolz auf dein kluges Handeln.

7

Dein REITERRANG steigt um eine Stufe!
Streiche dir hingegen 1 KARMA-Punkt!

*Lies weiter bei **856**.*

907 Es wird noch dauern, bis die Priesterschaft ihren Hierarchen zu Grabe trägt – nur zu gut erinnerst du dich an Calderels euphorischen Ausbruch, als er dir von der vorgezogenen Zeremonie für Kathum berichtete.

Möchtest du deine Erinnerung auffrischen, kannst du dies bei Sektion 337 tun. Lies den Text zwischen den Monden ☾…☽ und anschließend hier weiter (lege dazu den Finger in diese Seite).

Müdigkeit überkommt dich. Das ständige Aufrechterhalten der Zeitmanipulation kostet dich viel geistige Kraft. Denn das temporale Band wird nicht nur durch die Dauer der Anwendung gedehnt, sondern zugleich durch Kyrnas räumliche Entfernung zu dir. Sie ist mittlerweile dermaßen weit entfernt, dass du sie kaum mehr spürst.

› *Kyrna, pass' auf dich auf!* ‹

Du musst dich extrem konzentrieren, nicht in Starre zu verfallen und somit zu riskieren, dass das Band zerreißt.

Vollkommen unerwartet platzt etwas in deinen Verstand! Vor deinem geistigen Auge entsteht das Bild eines Drachen mit einem Schuppenkleid aus Edelsteinen. Es ist Loth der Verführer der Unterwelt! Gebannt folgst du seinem hypnotischen Tanz. Du wirst schwach. Wie ruhig scheint das Reich der friedvollen Starre … da lässt dich ein anderer Drachenschrei aufschrecken.

› *Kyrna!* ‹

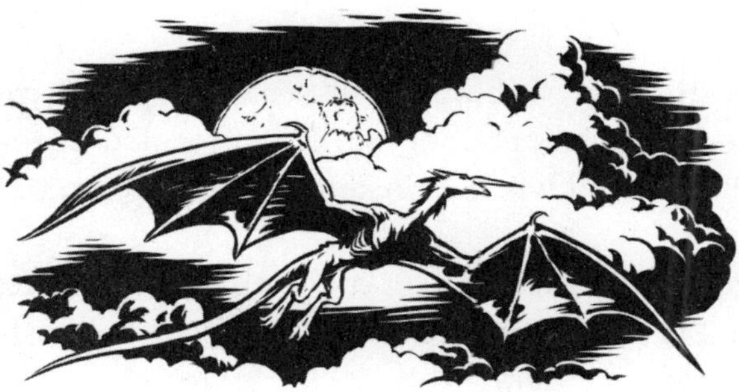

Loth zerfließt unter bösem Fauchen in deinem Geist. Du schlägst die Lider auf und wirst dir wieder deiner Lage gewahr: Das temporale Band, mit dem du und Kyrna an die Gegenwart gebunden seid, zehrt dich aus! Und die Drachen der Unterwelt wollen sich deine Schwäche zunutze machen.

› *In diesem Zustand werde ich unmöglich Anstrengendes tun oder gar kämpfen können!* ‹

Du entscheidest dich daher, kein Risiko einzugehen, und löst die Spannung des temporalen Bandes etwas, indem du die ersten

Nachtstunden vorbeiziehen lässt. Binnen weniger Sekunden rasen Nacht und Morgen vorüber – dein vergangenes Ich sollte mittlerweile von Aonus in den Ningal-Tower verschleppt worden sein.

*Willst du es wagen, erneut einen Blick aus der Kanzel zu werfen, lies weiter bei **954**.*

*Oder willst du lieber weitere Stunden in deinem Versteck verstreichen lassen, lies weiter bei **998**.*

908 Zum ersten Mal seit deiner Landung auf dem Dach des Palasts kannst du verschnaufen. Denn selbst wenn es aus deiner Warte bereits einige Wochen her ist, weißt du, dass es hier sicher ist. Schließlich erinnerst du dich noch lebhaft an die verbrachte Nacht in der feuchten Krypta.

*Lies weiter bei **988**.*

909 Du stürzt zu Kathum, unter dessen Kopf sich mittlerweile eine große Blutlache gebildet hat. Er ist tot. Du zögerst. Dieser Anblick! Er hat sich wie ein finsterer Urgedanke in deinen Geist gebrannt.

7

Ein heftiger Donnerschlag reißt dich aus deinem finsteren Rückblick: Der Sturm tobt weiterhin ungebrochen. Sonst hörst du keine verdächtigen Geräusche, doch es wird nur eine Frage der Zeit sein, bis es hier vor Wachen nur so wimmelt.

Nun ist es an dir, eine wichtige Entscheidung zu treffen. Die ganze Zeit warst du dir sicher, wie du handeln würdest, glaubtest jede Eventualität berücksichtigt zu haben. Doch jetzt, in diesem singulären Moment, als aus vager Vorstellung bittere Realität wird, spürst du die Last einer göttlichen Entscheidung: die über Leben und Tod.

*Willst du Kathum mit der Macht des Keşra ins Leben zurückholen, lies weiter bei **996**.*

*Willst du lieber nicht Herrscher über Leben und Tod spielen, lies weiter bei **989**.*

910 Auf dem Weg zurück zum Kar-Tempel kreisen deine Gedanken rund um deine Verantwortung für Kathums Tod und die Möglichkeiten, seinen Leichnam an dich zu bringen, um ihn in der Gegenwart wieder mit seiner Seele zu vereinigen.

› Nur so kann Kathum das Mal endlich von mir nehmen! ‹

Während der Sturm langsam an Kraft verliert, denkst du über deine nächsten Schritte nach.

› Kathum wird sicher im Tempel geehrt und anschließend in die Krypta gelegt. Ich muss nur den richtigen Moment abwarten, Kyrna rufen und mit ihm entkommen … ‹

Du entschließt dich, die Nacht im Tempel zu verbringen und deinem vergangenen Ich aus dem Weg zu gehen.

Erneut erklimmst du die Außenfassade und das Dach des Kar-Tempels bis zu dem kleinen Loch, das du aufgetreten hast. Im Inneren des Tempels ist niemand zu sehen.

Du nutzt die Gelegenheit und windest dich behutsam zwischen Ziegeln und Sparren hindurch, bis du einen staubigen, breiten Balken ertastest. Du vertraust auf deine von Ugar verliehene Geschicklichkeit, denn es ist die einzige Möglichkeit, ungesehen in den Tempel zu gelangen. 7

Teste dein GESCHICK *gegen 17!*

Gelingt der Test, lies weiter bei **885.**
Misslingt er, lies weiter bei **973.**

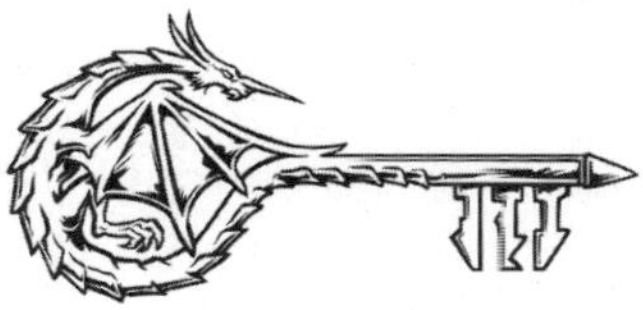

911 Als dich die ersten Sonnenstrahlen jenseits des Kar-Tempels treffen, erfasst dich erneut die göttliche Macht des Weltenflusses. Du kauerst im Sattel in angsterfüllter Erwartung weiterer Marter von Todeskämpfen, doch diesmal sind es Gefühle von Schuld und

Sühne, ähnlich denen, die dich seit deiner Bluttat an Kathum plagen. Das entstellte, blutverschmierte Gesicht der Sonnentochter Nephatari, die sich im Ningal-Tower für ihren Vater opferte, regiert dein Denken.

*Willst du nun 1 Karma-Punkt einsetzen, um dich vom Strom des Weltenflusses in die Vergangenheit mitreißen zu lassen, lies weiter **920**, Option ⓧ.*
*Ansonsten lies weiter bei **900**.*

912 Unter deinem letzten Hieb löst sich der Schatten endlich auf. Doch es ist zu spät. Vom Jungen ist einzig ein kleines Häufchen weiße Asche übrig geblieben. Ebenso ist das Idol verschwunden.
› Kathums Seele ist endgültig verloren! ‹

7

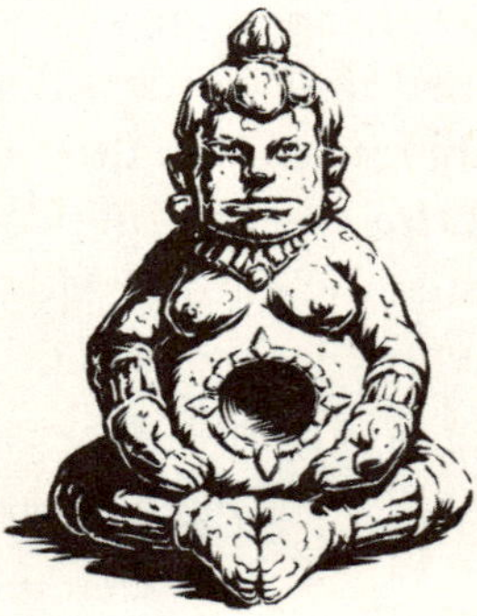

*Streiche das **Sabalith-Idol** vom Abenteuerblatt!*

Der brennende Schmerz von Trauer und Scham überkommt dich und es gelingt dir nicht, dich weiterhin auf deine Fähigkeit zu konzentrieren. Prompt wirst du aus dem Schattenreich zurückgeschleudert und erwachst in einem Empfangsraum irgendwo im dritten Stock des Hierarchenpalasts. Du entschließt dich, durch ein Fenster zu flüchten.

*Lies weiter bei **952**.*

913 Binnen eines Augenblicks wird die Luft um dich herum sengend heiß. Du merkst, wie sich deine Haut mit ihrer üblichen Reaktion der Versteinerung versucht zu schützen, doch die Hitze des magischen Blendstaubs ist zu stark. Qualvoll zerfließt deine Haut wie Lava und du rutschst leblos vom Sattel.

Dein Leben endet hier. (+942) ■

914 Dann ist er vorbei, der wilde Tanz aus Tag und Nacht. Um dich herum tobt ein schlimmer Sturm! Kalter Regen peitscht dir ins Gesicht. Binnen weniger Flügelschläge klebt dir die Kleidung am Körper.

Streiche dir 2 KARMA-Punkte!

Vor dir liegt, in einiger Entfernung, die stolze Stadtpyramide Kyphi. Du erinnerst dich …

› Das Unwetter begleitete mich die ganze Zeit in dieser schicksalhaften Nacht, als ahnten die Götter meine Schandtat voraus. ‹

*Willst du im Tiefflug über die Stufen der Stadtpyramide emporfliegen, lies weiter bei **932**.*

*Willst du weiterhin die Höhe halten, um auf direktem Wege die Tempelebenen zu erreichen, lies weiter bei **955**.*

915 Du blickst dem Jungen fest in die Augen, packst ihn am Arm und reißt ihn mit ins Schattenreich. Eure Körper und Gesichter, Möbel und Wände, sogar die Laute aus euren Mündern werden in einem bizarren Tanz aus nebelhaftem Licht und Schatten verzerrt.

Alles, was eben noch real erschien, besteht nun einzig aus finsterem Rauch, durch den eure Körper widerstandslos hindurchgleiten. Die Gesichtszüge des Kindes wirken seltsam verschmiert. Furcht zeigt sich in seinen goldenen Augen, die in der Finsternis der Schattenwelt wie zwei kleine Sonnen erstrahlen.

Doch da! Hinter einigen Nebelmauern, auf dem schemenhaften Stamm eines Raanbaums, zwischen dessen wabernden, grauen Blättern, kauert ein Schatten.

Willst du Kathums Augen zuhalten, lies weiter bei ***972****.*

Willst du näher an den Unbekannten heran, lies weiter bei ***891****.*

Willst du sofort mit Kathum zum Dach des Palasts aufbrechen, lies weiter bei ***963****.*

916 Dein Geist lässt die Wirren der Unterwelt hinter sich. Aber du kannst deine Augen nicht öffnen, dich nicht bewegen. Du bist noch immer gefangen in den Bandagen, die dir der treue Ramin anlegte, ohne eine Vorstellung, wie viel Zeit vergangen ist.

› Wo bin ich? Liege ich etwa schon in einem versiegelten Sarkophag irgendwo in den Tiefen einer Pyramide? ‹

Stimmen dringen in dein Ohr. Das Raunen und Flüstern Hunderter Menschen. Du schwitzt. Es ist schrecklich heiß. Über deinen Rücken ergießt sich brennender Schmerz.

Da hörst du eine weibliche Stimme, die sämtlichen Lärm selbstsicher übertönt: „Das Orakel soll sprechen!"

Besitzt du zwei aus diesen drei Fähigkeiten: ***Atemfreiheit*****,** ***Resistenz gegen Hitze*****,** ***Mentaler Fokus****, lies weiter bei* ***882****.*

Besitzt du immerhin eine davon, lies weiter bei ***922****.*

Besitzt du keine der Fähigkeiten, lies weiter bei ***853****.*

917 Im festen Glauben, die Bluttat der Vergangenheit ungeschehen machen zu können, trittst du aus deinem Versteck. Kathum und dein Alter Ego blicken erschrocken zu dir herüber und im Bruchteil des Moments, in dem sich die Blicke beider Keşras kreuzen, zerbricht das fragile Gefüge von Raum und Zeit.

Deine beiden Leben enden hier. (✝873) ▪

918 Oh, du erinnerst dich nur zu gut an die junge Dienerin und diese gespenstische Situation. Ihre Fürsorglichkeit kam sie teuer zu stehen.
Und auch jetzt werden deine Erinnerungen real: Dein vergangenes Ich tritt aus den Schatten auf das Mädchen zu, umklammert ihren Hals mit seinen Klauen und drückt, getrieben von animalischer Mordlust, zu. Der Todeskampf der unschuldigen Dienerin entfacht in dir grenzenlose Scham.
› *Dieses Unrecht darf nicht geschehen!* ‹
Dein Unterbewusstsein übernimmt die Kontrolle und nutzt dein Talent zur Zeitmanipulation auf eine vollkommen neue Weise: Um dich herum verlangsamt sich der Sturm. Die Äste des Raanbaums erstarren und ein Blitz, der die Umgebung taghell erleuchtet, steht wie eingefroren am Himmel. Die Zeit steht still! Aber nicht für das Keşra – egal ob in Vergangenheit oder Gegenwart.
Aufgeschreckt drückst du dich auf die andere Seite des Raanbaums und verharrst einige Sekunden, bis du dir sicher bist, dass der Trieb deines Alter Ego die Dienerin zu töten verklungen ist. Dein göttlicher Instinkt hat diese außergewöhnliche Zeitmanipulation aktiviert, doch dir ist klar, sie schwächt dich, setzt du sie länger ein.
Entschlossen schlüpfst du durch das Fenster in den prunkvoll ausgestatteten Rundgang. Hastig vergewisserst du dich, dass du ungesehen bleibst, und springst zu Kathums Schlafzimmertür.

Streiche dir 1 Karma-Punkt!

Lies weiter bei ***909****.*

7

919 In Sekundenbruchteilen musst du nun die richtige Entscheidung treffen, damit ihr dem Dauerbeschuss der Gardisten entrinnen könnt. Mit welchem Drachenreiterkommando möchtest du versuchen, den Aufklärern auszuweichen?

*Willst du die Zügel lockern und dich nach vorne auf Kyrnas Rücken legen, lies weiter bei **949**.*

*Willst du Kyrna auf den Rücken trommeln, lies weiter bei **880**.*

*Willst du stark am linken Flügel reißen und dich nach vorne lehnen, lies weiter bei **984**.*

920 Du vertraust den Göttern und schließt die Augen. Dein Atem ist tief und kurz. Du beruhigst ihn. All deine Gedanken sind wirr. Du fokussierst sie. Richtest sie zurück. Zurück in die Vergangenheit. Zurück zu Kathums Todestag – der Nacht deines Erwachens. Zur Geburt des Wesens, das du jetzt bist.

› Ich bin Keşra, Gebieter der Gestirne! ‹

7

Du spürst, wie der Wind an deinen Kleidern reißt, wie Wärme und Kühle von Sonne und Mond sich auf deiner Haut abwechseln, es hinter deinen Lidern blitzartig hell und dunkel wird. Doch du fürchtest dich davor, die Augen zu öffnen. Du fürchtest dich vor den Bildern dieser Reise.

Kyrna schreit vor Angst. Ihr verhallender Ruf bestätigt dein Handeln. Ihr seid wirklich auf dem Weg zurück durch die Zeit.

Je nachdem, welche Option in der vorigen Sektion genannt wurde, lies entweder weiter bei Ⓐ***914***, Ⓑ***861***, Ⓒ***906*** *oder* Ⓧ***331***.

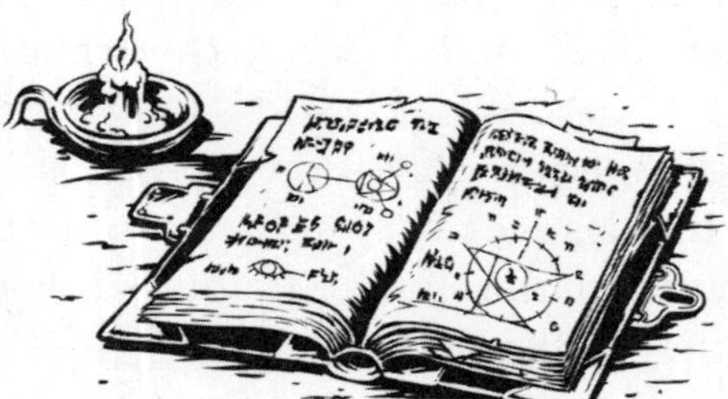

921 Die kühle Kraft Ugars durchfließt deine Adern. Der Göttervater ist bei dir!
Dein Geschick steigt um einen Punkt!
Deine Vitalität steigt auf ***normal****.*

Lies weiter bei ***907****.*

922 Fieberhaft versuchst du, die eng anliegenden Bandagen abzustreifen oder mit den Klauen aufzuritzen. Die Hitze und der heiße Qualm werden unerträglich.

Deine Vitalität sinkt um eine Stufe!

Du erstickst die Flammen, indem du dich auf den Boden rollst, als endlich die Binden aufplatzen. Die Menschen, die der Zeremonie beiwohnen, wähnen Zeuge von Kathums Wiederauferstehung zu sein und erflehen Kars Gnade, als du die letzten Fetzen vom Kopf wickelst und erkennst, in welcher Lage du dich befindest: Du stehst inmitten der goldenen Wanne des Orakels von Kabeth, umringt von Hunderten angstgelähmten Menschen, die jede deiner Bewegungen gebannt verfolgen, ebenso wie Kathums Tochter Nephatari. Einige Dutzend Gardisten der Goldenen Garde halten die Meute in Schach.
Hinter dir wacht eine kleine Gruppe Templer über die Zeremonie. In ihrer Mitte steht Mireth, die berühmte Seherin des Orakels. Sie scheint wenig schockiert von deinem Anblick und hetzt mit kühler Geste die Schwertkämpfer auf dich.

Lies weiter bei ***K100****!*

923 „Du weißt, dass Seherin Mireth ausdrücklich untersagt hat, dem Toten Gaben beizulegen!“, zischt der Orakel-Priester, als er dem Präparator rabiat in den Arm greift.
Der Ertappte schaut in die Runde seiner Kollegen und hofft vergeblich auf Beistand: „Kathum war ein großer Herrscher. Es ist unsere fromme Pflicht, ihn auf seine letzte Reise vorzubereiten!“

„Genug!", keift der Priester. Mit einer energischen Geste schickt er den Präparator fort und ruft ihm hinterher: „Niemandem steht es zu, die Anordnungen Ihrer Heiligkeit anzuzweifeln!"
Es scheint, als hätte Mireth, die oberste Ordensschwester des Orakels von Kabeth, nun das Sagen in Kyphi.

Lies weiter bei ***937****.*

924 Es sind nur knapp zwei Flugmeilen bis zur Spitze der Pyramide und den Tempelanlagen des Kar-Hierarchen. Eigentlich keine Strecke für deinen Drachen. Im Angesicht dieser unbändigen Naturgewalt machst du dir jedoch große Sorgen: Fast bei jedem von Kyrnas Flügelschlägen zerreißt ein Blitz die Dunkelheit.
Plötzlich verharrt die Zeit. Du bist geblendet. Ein mächtiger Blitz umschließt euch in einem kugelförmigen Gefängnis aus zappelndem Licht und Energie. Euer Leben scheint vorbei, doch die Präsenz göttlicher Macht ist greifbar. Eine schützende Kraft breitet sich von den mystischen Artefakten deiner göttlichen Gönner aus.
Die Energie des Blitzes, mag sie normalerweise auch noch so zerstörerisch und Angst einflößend sein, ist in diesem Moment ein Teil von euch!
Deine Vitalität steigt auf ***fit****.*
Kyrnas Vitalität steigt auf ***normal****.*

Lies weiter bei ***856****.*

925 Es fällt dir schwer, dich auf deine Gabe zu konzentrieren: Kyrna flattert weiterhin panisch durch den Staub und die Reiter der Goldenen Garde haben euch fast erreicht.

Besitzt du die Fähigkeit ***Mentaler Fokus****,*
lies weiter bei ***920****, Option* **B**.
Andernfalls lies weiter bei ***982****.*

926 *„Du hast Recht, Kyrna! Verlieren wir keine Zeit."*
Du verdrängst alle unwichtigen Gedanken und bündelst deinen Geist auf deine göttliche Fähigkeit. Geleitet von Intuition und ver-

borgenem Wissen presst du die Klauen aneinander und beginnst mit dem Ritual.

*Lies weiter bei **920**, Option* Ⓐ.

927 Eigentlich hast du das Reiterokular mit seinen abgedunkelten Schutzgläsern immer nur am Tage getragen, um dich vor den grellen Strahlen der Kar-Scheibe und dem heftigen Flugwind zu schützen. Doch nun könnte es dir helfen, die negativen Auswirkungen des Blendstaubs zu vermeiden.
Du korrigierst noch einmal den Sitz des Okulars auf deiner Nase, als unerwartet rot leuchtende Schlieren über den Horizont ziehen! Irritiert zerrst du die Brille herunter, reibst dir verwundert die Augen und ziehst sie noch einmal vorsichtig auf: Die Lichtpunkte werden tatsächlich auf die dunklen Gläser projiziert!
Sie offenbaren die aktuelle Position der Goldenen Garde sowie alle anderen Metallobjekte in Sichtweite! Der große, goldene Dornenkranz auf der Spitze der Stadtpyramide glüht regelrecht.
› Ob das Okular nur das Metall hervorhebt, das Kar geweiht ist? ‹
Mithilfe dieses magischen Artefakts hast du mit der Flugverteidigung leichtes Spiel: Kyrna gehorcht deinen vorausschauenden Kommandos und weicht elegant den Blendwolken und Aufklärern auf dem Weg zum Palast des Hierarchen aus.
Doch kurz vor der Landung wird dir wieder bewusst, dass du zuvor noch etwas zu erledigen hast …

*Ändere den Eintrag **Reiterokular** in **Auge der Assassine** (Besonderer Gegenstand) in Feld 10 auf dem Abenteuerblatt! Fortan erhältst du einen zusätzlichen Bonus von +2 auf alle Tests mit dem **Reiterbogen**!*

*Lies weiter bei **920**, Option* Ⓒ.

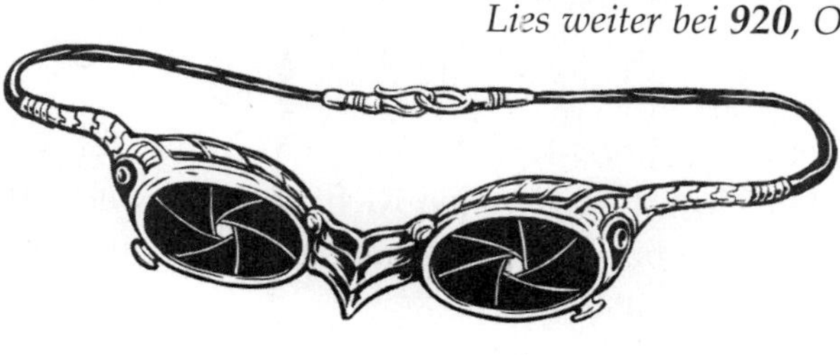

7

928 Unter rabiatem Zügelgezerre erlangst du Kyrnas Aufmerksamkeit und kannst so etwas mehr Abstand zwischen euch und die feindlichen Reiter bringen. Trotzdem hat einer der Pfeile Kyrnas dicke Schuppen durchschlagen.
KYRNAS VITALITÄT sinkt um eine Stufe!

*Lies weiter bei **884**.*

929 Es ist Torn, einer der Unterweltdrachen! Seine Präsenz ist übermächtig. Ein ums andere Mal rast er um dich herum, nimmt dir den Atem, schnürt dir die Kehle zu. Du bist den Angriffen des Drachen schutzlos ausgeliefert! Einzig dein Verstand und innere Stärke könnten dich davor bewahren, dass der Blender deine Seele mit in die Tiefen der Unterwelt verschleppt.

TORN DER BLENDER	*ANGRIFF*	↗12 13 15
(UNTERWELTDRACHE)	*KAMPFRUNDE*	↻ ❶❷❸❹❺❻

7

Versuche Torns Angriffe auf deinen Geist so lange wie möglich standzuhalten! Selbst kannst du den Drachen nicht attackieren.
In jeder ungeraden KAMPFRUNDE wird er stärker.
Torns mentale Angriffe richten sich nur gegen deine STÄRKE!
Gelingt dem Drachen ein mentaler Treffer, verlierst du zwar keine VITALITÄT, der Kampf ist jedoch augenblicklich beendet!

*Erhältst du einen Treffer in Kampfrunde ❶ oder ❷, lies weiter bei **868**.*

*Wirst du in Kampfrunde ❸, ❹ oder ❺ getroffen, lies weiter bei **871**.*

*Hast du zu Beginn von KAMPFRUNDE ❻ noch keinen Treffer eingesteckt, lies weiter bei **967**.*

*Besitzt du jedoch die Fähigkeit **Geist über Körper**, ignoriere den ersten Treffer des Unterweltdrachen!*

930 Wieder und wieder bahnen sich grellweiße Blitze ihren Weg aus den schwarzen Wolken Richtung Erdboden. Ihre göttliche Himmelskraft hat offenbar bereits einige Hütten und Häuser auf den mittleren Ebenen der Stadtpyramide in Brand gesetzt. Voller Mitleid verfolgst du im Vorbeiflug die verzweifelten Löschversuche der Bewohner, als ein weiterer Blitz aus den Wolken fährt und euch erschlägt.

Dein Leben endet hier. ***(+900)*** ■

931 Was für ein Schuss! Dein Pfeil trifft den Gardisten exakt an der schwächsten Stelle seiner goldenen Rüstung: dem Spalt zwischen Halskrause und Helm. Kein Laut ist zu hören, als er den Schaft in seiner Kehle umklammert und abstürzt.

Lies weiter bei ***865****.*

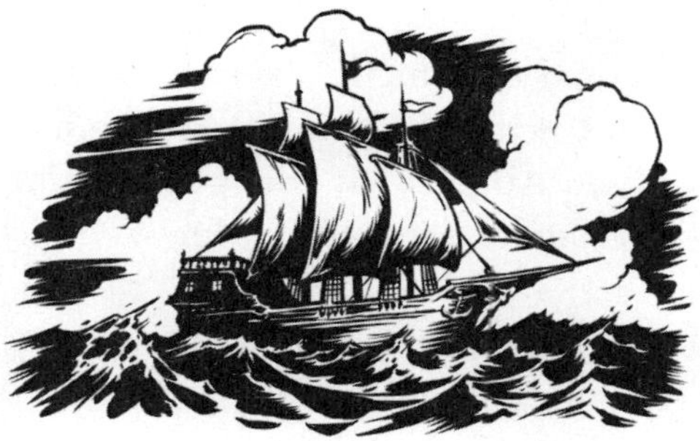

932 Ihr rast dermaßen schnell über Kyphis Häuser und Straßen hinweg, dass das Licht der Lampen in deinen feuchten Augen verschmiert. Da die wenigen Passanten, die bei diesem Wetter auf den Straßen sind, mehr damit beschäftigt sind, heil nach Hause zu gelangen, bleibt dein halsbrecherischer Anflug unbemerkt. Sogar die Goldene Garde scheint nicht mit einer solch unverfrorenen Aktion zu rechnen.
Als Kyrna die vorletzte Ebene der Stufenpyramide zum Kar-Tempel hinaufgleitet, bemerkst du, dass es auf seiner Esplanade vor Gläubigen nur so wimmelt. Sie drängen aus Angst vor dem Unwetter in das Heiligtum, um den Beistand der Sonnengöttin zu erflehen.

Lies weiter bei ***856****.*

933 Scheinbar haben die Männer der Goldenen Garde ebenfalls dein vergangenes Ich aus den Augen verloren. Planlos suchen sie die Umgebung des Tempels ab. Dabei belauschst du zwei Soldaten, die an der Tempelmauer entlang schleichen.
„He, Illia", flüstert der eine mit gepresster Stimme, „lass uns im Tempel nachsehen!"
Das musst du natürlich verhindern! Kurzentschlossen ziehst du einige Ziegel heraus und lässt sie unter lautem Scheppern die Schräge hinunterrutschen. Ihr Zerschellen vor dem Tempel ist selbst im Sturm deutlich zu hören.
„Das Dach! Komm', den schnappen wir uns!", ruft einer der Gardisten aufgeregt.
Eilig wendest du dich zur Flucht, als du beiläufig durch das entstandene Loch im Dach in den finsteren Tempel hineinschaust. Für einen flüchtigen Augenblick erkennst du hinter einer Säule versteckt einen Schatten. Eure Blicke kreuzen sich. Der Schlag deines Herzens setzt aus.
Während dieses Wimpernschlages erfährst du, wie Vergangenheit, Gegenwart und Zukunft zu einer einzigen Wahrheit verschmelzen. Dieser Schatten bist du!
› Das ist also das Wesen des Keşra! ‹

Deine STÄRKE steigt um einen Punkt!

Etwas verstört balancierst du den Giebel entlang, springst vom Dach und betest zu den Göttern, dass du den Wachleuten ohne weitere Aufregung entkommst.

Teste deine STÄRKE gegen 16!

*Gelingt der Test, lies weiter bei **976**.*
*Misslingt er, lies weiter bei **990**.*

934 „Wer seid Ihr?", wütet Kathum in dem ihm eigenen Herrscherton. „Was treibt Ihr hier?"

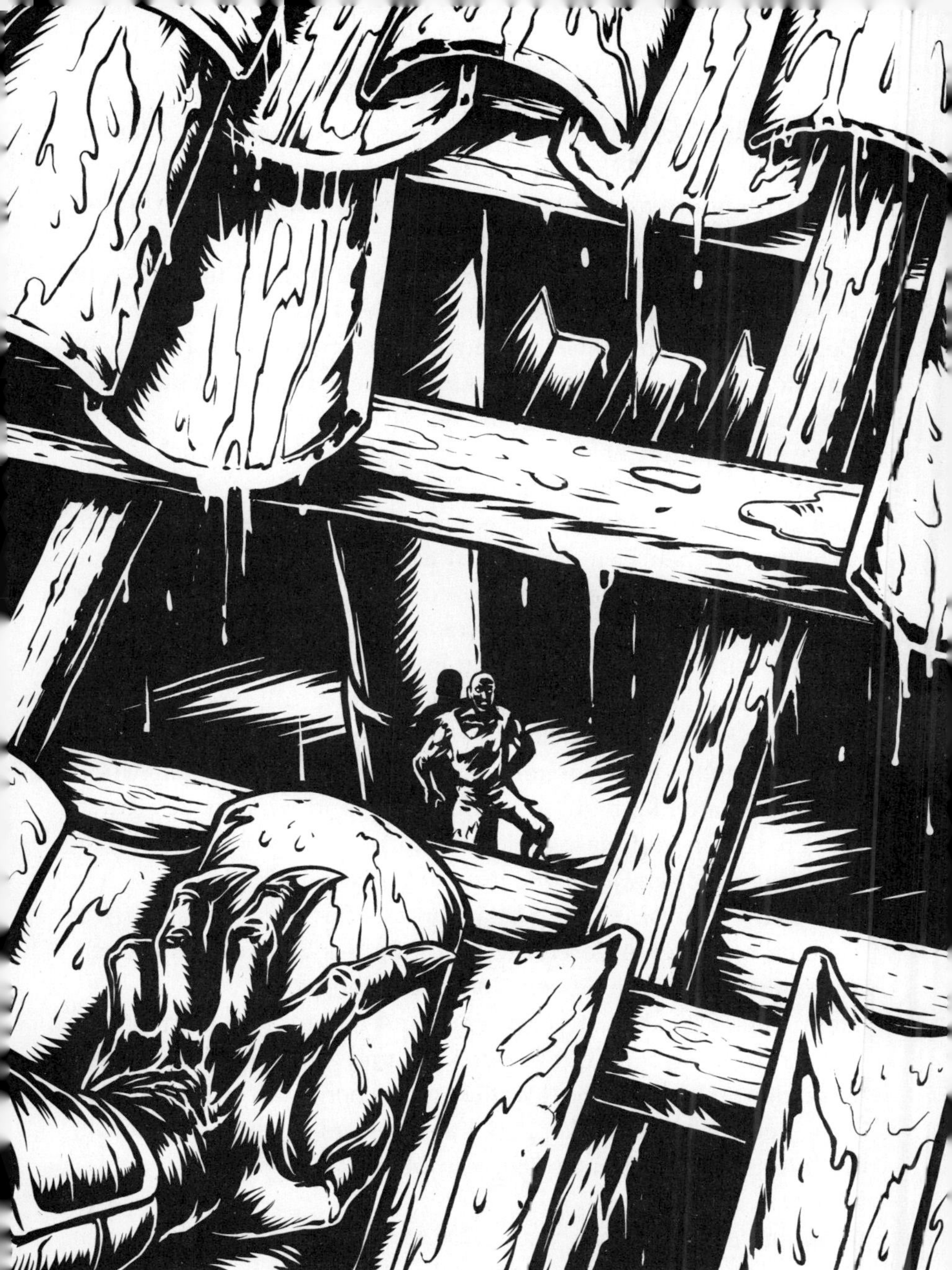

933 *Der Schlag deines Herzens setzt aus. Während dieses Wimpernschlages erfährst du, wie Vergangenheit, Gegenwart und Zukunft zu einer einzigen Wahrheit verschmelzen. Dieser Schatten bist du!*

Provokativ reckt ihm dein vergangenes Ich den rechten Klauenrücken mit dem silbrig funkelnden Mal des Ugar und dem mysteriösen Mondartefakt entgegen: „Abgesandter, begegnet Eurem Schicksal!“

Kathum scheint wenig beeindruckt und kontert finster: „Ein Häscher vom Ningal-Tower also …“ Der Hierarch mustert sein Gegenüber. „… Ihr solltet wissen, dass ein Sterblicher mich nicht zu töten vermag. Selbst dieses Ugar-Spielzeug wird Euch nicht dazu befähigen.“

„Mag sein“, entgegnet dein Alter Ego selbstsicher. „Jedoch … das Schattenkind ist unsterblich!“

„Schattenkind!?“ Kathums jähe Verunsicherung steht ihm ins Gesicht geschrieben. Sein Blick trifft auf die vernarbte linke Klaue seines Gegenübers und der Kar-Abgesandte realisiert, wer vor ihm steht: Das fehlgeleitete Keşra – das einzige Wesen, das die Macht besitzt, seiner Existenz ein Ende zu setzen!

7 Kathum reißt die Hände vors Gesicht und brüllt eine kurze Beschwörung. Augenblicklich schießen Dutzende Uräus-Schlangen aus brennenden Sonnenstrahlen aus seinem aufgerissenen Mund auf das Schattenkind zu, umschlingen es und winden sich durch Augen, Ohren und Nase in dessen Körper.

› *Das muss der Kar-Fluch sein, den Calderel so fürchtete!* ‹

Gebannt verfolgst du die Schlangen aus flackerndem Licht, wie sie eine nach der anderen die Kleidung des Schattenkindes versengen und gierig in dessen Körper eindringen.

Dein Alter Ego kämpft verzweifelt und bäumt sich noch einmal auf. Er packt Kathum mit letzter Kraft und zieht ihm das Artefakt über den Schädel. Schockwellen göttlicher Kraft ergießen sich über den Leib des zuckenden Kar-Priesters. Er wankt und fällt mit blutüberströmtem Gesicht vornüber.

› *So ist es also passiert …* ‹

Während beide Männer regungslos am Boden liegen, winden sich die Schlangen wieder aus dem Mund des Schattenkindes. Zunächst züngeln sie orientierungslos umher und verschwinden durch Fugen und Ritzen. Doch zwei von ihnen fixieren dich! Ihr Verlangen, das Keşra aufzuhalten, ist weiterhin ungestillt …

*Willst du die Kugel aufnehmen, bevor dich die göttlichen Jäger erreicht haben, lies weiter bei **945**.*

*Willst du die Kugel ignorieren und dich sofort verteidigen, lies weiter bei **870**.*

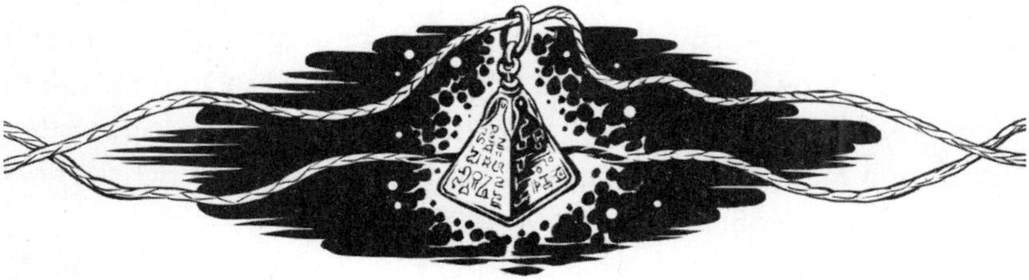

935 Angespannt kauerst du im peitschenden Regen auf dem spitzen Ziegeldach des Kar-Tempels in der Hoffnung, deine Silhouette während der grellen Blitze zu verbergen. Von hier oben hast du den perfekten Überblick über den Park. In jedem Moment könnte dein vergangenes Ich auftauchen.

Und tatsächlich! Zwischen den Hecken und Bäumen hetzt ein Schatten in zerschlissenen Kleidern über den Rasen. Unweit dahinter fünf Wachleute, die mit Armbrüsten bewaffnet die Verfolgung aufgenommen haben. Dein Herz hämmert, als wärst du selbst der Gejagte.

Du weißt, die Wachen werden nicht aufgeben. Leider verlierst du dein Alter Ego aus den Augen, als es bei seinem Sprint zum Tempel jede Deckung nutzt.

Blättere nun zurück in die Vergangenheit zu den Sektionen 15 und 16 des Prologs. Bei welcher der beiden Sektionen ist der Kreis markiert?

*Sektion 15, lies weiter bei **904**.*

*Sektion 16, lies weiter bei **933**.*

936 Es ist schon unheimlich zu beobachten, wie Erinnerungen erneut real werden. Die Geschehnisse direkt vor dir verschmelzen mit denen in deinem Geist zu einer Wirklichkeit. Gebannt verfolgst du die Bewegungen deines vergangenen Ichs und die der Dienerin. Es kribbelt dir im Nacken.

› *Ist da jemand?* ‹

Ob dich dein vergangenes Ich im Blitzgewitter durch die Scheiben entdeckt hat? Eilig kletterst du auf die abgelegene Seite des Raanbaums, springst zwei, drei Stämme weiter und verharrst dort regungslos, bis das Gefühl letztlich nachlässt. Du entschließt dich, sofort über den Sims durch das Fenster in den opulenten Rundgang zu springen. Von hier sind es nur wenige Schritte bis zu Kathums Gemächern.

Lies weiter bei ***909****.*

937 Die Zeit vergeht schleppend langsam und du kannst nicht
7 widerstehen: Erneut lockerst du das temporale Band und lässt dich weiter vorwärts in die Gegenwart ziehen.

Etliche Stunden rasen an dir vorüber – das Loch im Dach wird von außen in Windeseile geflickt – bis erneut die Nacht hereinbricht und du das Flackern einer Ölschale bemerkst. Sofort stoppst du deine Zeitreise und erkennst den aufsässigen Präparator, der zuvor von seinen Pflichten entbunden wurde. Offenbar hat er sich in den Kar-Tempel geschlichen, um sein Vorhaben zu vollenden.

Er tastet die Bandagen des Hierarchen ab, der noch immer auf dem Altar gebahrt ist, und schiebt kleine Talismane und Artefakte zwischen die einzelnen Stofflagen. Dabei flüstert er kurze Gebete.

› *Er ist seinem alten Herrscher wahrlich treu ergeben.* ‹

Als du den Präparator siehst, wie er sein Leben in Gefahr bringt, um Kathums letzte Reise ins Totenreich zu ermöglichen, machst du dir Gedanken über das weitere Vorgehen.

› Womöglich wäre mir dieser Mann eine große Hilfe … ‹

*Willst du weiterhin in deinem Versteck bleiben, die Zeremonie abwarten, um anschließend Kathums Körper aus der Krypta zu entfernen, lies weiter bei **947**.*

*Willst du einen raffinierten Plan verfolgen, der aber das Risiko birgt, zu scheitern oder dein Leben zu verlieren, lies weiter bei **986**.*

*Oder willst du dich im Schutze der Nacht aus dem Tempel in Sicherheit bringen, Kyrna rufen und mit ihr sofort in die Gegenwart zurückkehren, lies weiter bei **1000**.*

938 Dir stockt der Atem, denn du fürchtest, dein vergangenes Ich oder Männer der Goldenen Garde könnten deinen Absturz bemerkt haben. Als sich nichts rührt, schleichst du ins Seitenschiff des Tempels und kletterst dort die Statue eines Kar-Heiligen empor, bis du schließlich knapp unterhalb des Dachs eine kleine Kanzel erreichst.

*Lies weiter bei **907**.*

7

939 Seraph ist die größte Siedlung am Ufer des Roten Rhenus und derzeit von vielen Flüchtlingen bevölkert. Nur wenige Meilen vor ihren Toren liegt die Front. Zum Glück für die Menschen hier ist das Empire um Leenhaven im Westen gebunden, sodass Seraph eine kleine Verschnaufpause in diesem Krieg vergönnt wurde.

Wie Kyphi ist auch Seraph kulturell hoch entwickelt. Die monumentale Tempelanlage, einschließlich des Orakels von Kabeth, geht noch auf die Ahnen der ersten Dynastien zurück. Daneben wurden im fruchtbaren Tal am Arm des Roten Rhenus kleinere Pyramiden errichtet. Allerdings sind sie weder bewohnt noch im Umland besiedelt und eher für ihre ursprüngliche Funktion, nämlich als Grabstätten für Heilige, erbaut worden.

*Lies weiter bei **975**.*

940 Der Hierarch liegt regungslos vor seinem Bett. Doch von deinem anderen Ich fehlt jede Spur.
› Hat er sich schon in Sicherheit gebracht? ‹

*Willst du Kathum zu Hilfe eilen, lies weiter bei **909**.*
*Willst du ihm doch seinem Schicksal überlassen, lies weiter bei **989**.*

941 Du zuckst mit den Achseln und appellierst an den Glauben des Präparators, der deinen Worten mit ernster Miene folgt. Seine Stimme zittert in einer Mischung aus Angst und Entschlossenheit, als er dir seine Entscheidung mitteilt: „Ich werde Euch nicht helfen!“

*Lies weiter bei **855**.*

942 Obwohl der Staub dich nicht weiter beeinträchtigt, flattert Kyrna auf einmal unkontrolliert, verdreht den langen Hals und schreit vor Schmerzen. Sie verliert komplett die Kontrolle über ihre Bewegungen!

Während du dich nur mit Mühe auf dem Sattel halten kannst, musst du mitansehen, wie sechs Elite-Reiter der Goldenen Garde in den Nachthimmel aufsteigen mit dem Ziel euch abzufangen.

*Willst du nun den Zeitsprung wagen, lies weiter bei **925**.*
*Willst du versuchen, euch mit einem gewagten Flugmanöver zu retten, lies weiter bei **919**.*
*Willst du Kyrna beruhigen, lies weiter bei **987**.*

943 Du spürst, dass die Kyrna der Vergangenheit keine bösen Absichten hegt. Sie ist nur verwirrt. Seltsamerweise scheint das Band, das euch im Laufe der Zeit immer stärker vereinte, auch zwischen dir und dieser Kyrna zu existieren.
„Gut, Kyrna, braves Mädchen“, beschwichtigst du sie unsicher. „Wir werden einfach wieder gehen, in Ordnung?“
Der Drache knurrt finster.

„Was für eine Enttäuschung! Hast du noch immer nicht die Rolle der Drachen verstanden, Keşra?"

Kyrnas Gedanken sind wie eine mentale Ohrfeige für dich. *„Vor mir hast du nichts zu befürchten. Weder in der Gegenwart, noch in Zukunft!"*

Unter den neugierigen Blicken des Drachen zerrst du Kathum weg. Der Abgesandte weiß gar nicht, wie ihm geschieht, als du ihn den ganzen Weg auf die andere Seite des Dachs hinterherziehst.

„Kein Wort", unterbindest du jede peinliche Diskussion mit dem Hierarchen, bevor er deine Taten hinterfragen kann.

*Lies weiter bei **864**.*

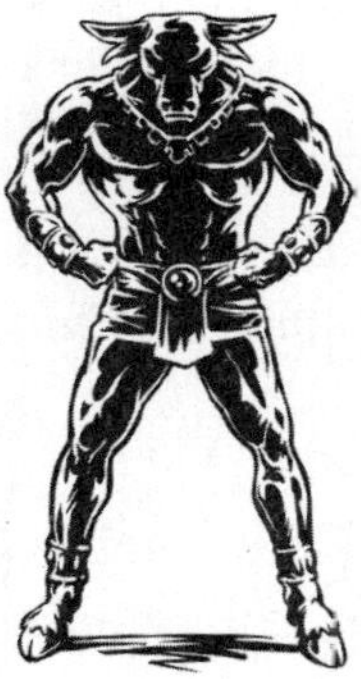

944 Leider gelingt es dir nicht, Kyrna zu besänftigen, bevor die Scharfschützen der Goldenen Garde deinen Drachen unter Beschuss nehmen.

Bestimme die Treffsicherheit der Goldenen Reiter anhand des Mondes!

*Bei **Vollmond** oder **Dreiviertelmond** lies weiter bei **884**.*

*Bei **Halbmond** oder **Sichelmond** lies weiter bei **928**.*

*Bei **Neumond** lies weiter bei **961**.*

945 Erst beim zweiten Versuch bekommst du die ungewöhnlich schwere Kugel aus glattem Marmor zu fassen, die aussieht,

7

als wäre sie direkt vom Himmel gefallen. Ihr prächtiges Farbenspiel aus silbernen und dunkelgrauen Arealen scheint perfekt Ugars Antlitz nachempfunden.
Neugierig lauschst du der Macht, die diesem Artefakt innewohnt. Augenblicklich erfasst sie dich! Es ist ein einnehmendes, unbändiges Gefühl, das du schon einmal verspürt hast – doch göttlich ist es nicht. Der ursprünglich so reine Orb wurde von Calderel pervertiert, um das Schattenkind einerseits zu stärken und es andererseits zu kontrollieren!
Du willst dich befreien, aber deine Klaue verkrampft. Pfeile aus purem Hass beschießen deinen Verstand, während die Kugel erzittert und schließlich mit einem Donnerschlag zerspringt. Glühende Metallsplitter regnen zu Boden. Einige tänzeln auf dem Boden, einige verglimmen noch in der Luft. Jeder davon war einst ein dämonischer Teil des Schattenkindes.

*Deine Vitalität sinkt um **zwei** Stufen, schlimmstenfalls auf **verletzt**!*
Dafür steigt dein Geschick um einen Punkt!

7

*Lies weiter bei **870**.*

946 Dieses unbändige Gefühl geht von einer starken, finsteren Macht in der näheren Umgebung aus! Es gelingt dir aber nicht, eine geistige Vorstellung davon zu erhalten, um wen oder was es sich handelt. Es scheint, als würde sich diese Macht aktiv deinen Kräften entziehen.
Wie willst du in den Palast vordringen?

*Über die Außenfassade, lies weiter bei **994**.*
*Über die Parkseite, lies weiter bei **890**.*

947 Für einen kurzen Moment hast du die Kontrolle über deine Fähigkeit der Zeitmanipulation verloren. Du bist dir nicht sicher, wie viele Stunden vergangen sind, bevor du die Reise stoppen kannst.

Aufgeregt blickst du zum Altar – Kathum ist verschwunden! Unzählige Kyphiser Adelige in Trauertracht begehen den Tempel, wobei viele die Gelegenheit nutzen, sich im Heiligtum umzusehen und dreist Kunstwerke und Artefakte zu betatschen.
Du schnappst Wortfetzen eines Gesprächs zwischen zwei Damen in edlen Kleidern auf, die direkt unter dir stehen: „Wie traurig. Kathum war ein einzigartiger Herrscher."
„Oh ja, meine Liebe! Aber wagt es nicht, dies zu laut auszusprechen. Betet still für ihn. Vielleicht gewährt das Orakel ihm den Zutritt zu den Ahnen."
„Angeblich soll es morgen schon so weit sein."
„Wirklich? Die Templer in Seraph sind wohl in Eile …"
› Seraph … Orakel? Sie haben Kathums Körper also zum Orakel von Kabeth gebracht! ‹
Hastig kletterst du aufs Dach des Tempels. Einige Trauernde, die die Kuppel bewundern, bemerken dich und kreischen auf. Doch dir ist das egal, du willst nur fort von hier und bläst so kräftig wie möglich ins Drachenhorn.
Obwohl du das Signal früher als vereinbart gibst, stürzt Kyrna bereits nach kurzer Zeit vom Himmel, zieht einen weiten Kreis über den Palast und nimmt dich schließlich im Vorbeiflug mit ihrer mächtigen Pranke auf.
Unter den dröhnenden Schlägen der Alarmglocken donnert ihr die Flanke der Stufenpyramide hinunter und entkommt in den dichten Quellwolken den Verfolgern der Goldenen Garde.
„Ich hatte Sorge um dich, Keşra."
„Es tut mir leid … Kyrna, wir müssen nach Seraph!"
„Ich weiß. Sie brachten Kathum bereits gestern zum Orakel."
„Dann sollten wir uns beeilen!"
Kyrnas entschlossener Schrei gibt dir die Zuversicht, dass ihr Rhenus' westlichste Stadt noch bis zur Mittagstunde erreicht.

Besitzt du die Fähigkeit ***Geschichtswissen****, lies weiter bei* **939**.

Andernfalls lies weiter bei **975**.

7

948 Verärgert musst du miterleben, dass ein Geschoss ins Fleisch deines Drachen einschlägt. Kyrna quittiert den Treffer mit einem unterdrückten Fauchen. Es macht dich unglaublich stolz, mit welcher Ruhe sie sämtliche Schmerzen erträgt.

Kyrnas Vitalität sinkt um eine Stufe!

Lies weiter bei ***898****.*

949 Dir wird klar, dass dein Vorhaben Kyrna in eine ausweglose Situation gebracht hat. Gepeinigt flattert sie umher, ohne Ziel und Verstand. Als die ersten Pfeile in Kyrnas Schuppenleib einschlagen, schwindet selbst deine letzte Hoffnung: Binnen kürzester Zeit werden eure Leiber von den Scharfschützen der Goldenen Reiter durchsiebt.

*Dein Leben endet hier. (÷**942**)* ▪

7

950 Du ergreifst eine kleine Messing-Figur von der Kommode neben dir und wirfst sie im hohen Bogen Richtung Tür. Ihr Poltern lässt Kathum aufschrecken. Er wendet sich um und erstarrt, als er dein vergangenes Ich mit dem zum Schlag erhobenen Artefakt erblickt.

Lies weiter bei ***934****.*

951 Geschickt hast du dir deinen Weg zurück aufs Dach gebahnt. Denn alle Gardisten, die dir in der Spiegelwelt über den Weg laufen, können dich nicht sehen.
Es verwirrt dich nur, dass die gesamte Welt spiegelverkehrt ist und du ständig rechts und links verwechselst. Trotzdem gelingt es dir, Kyrna zwischen den dunklen Zinnen des Palastdachs zu entdecken. Auch sie sieht dich nicht, wirkt aber unruhig, als du dich näherst.
Nervös tastest du die Satteltaschen ab – und tatsächlich, der Handspiegel ist noch da! Wie ein rohes Ei ziehst du ihn hervor

und bist überglücklich, dass das Glas trotz aller Unwägbarkeiten deiner Reise unbeschädigt geblieben ist.
Erneut bemerkst du die interessante Gravur am Griff des kunstvollen Gegenstandes. In der verkehrten Spiegelwelt scheint sie jedoch eine andere Bedeutung zu haben ...

*Kontrolliere nun, ob du dir etwas Hilfreiches zum **Handspiegel** unter Spezielle Notizen aufgeschrieben hast.*

*Lies weiter bei **958✦**.*

952 Hastig raffst du deine Sachen zusammen und kletterst aus dem Fenster über die Außenfassade aufs Dach des Palasts. Hier oben hast du sicher keinen Widerstand der Garde zu erwarten, jedoch bleibt dir nichts anderes übrig, als mit einem beherzten Sprung über einen der Raanbäume den Innenhof zu erreichen.
Du nutzt die Schräge des Dachs für einen entschlossenen Anlauf. Eine kleine Ewigkeit segelst du durch die Luft, bevor du die erste Baumkrone erreichst. Dummerweise bekommst du keinen der glitschigen Äste zu fassen und krachst unsanft auf den morastigen Rasen des Parks.

7

Deine Vitalität sinkt um eine Stufe!

Um dich herum rufen Wachen. Die Goldene Garde sucht bereits nach dem Attentäter. Getrieben von ungebrochenem Überlebenswillen rappelst du dich auf, humpelst zum Kar-Tempel hinüber und erklimmst die Mauersteine aus weiß getünchtem Granit.

*Lies weiter bei **935**.*

953 Kathum ringt um Fassung, als hätte er realisiert was vor sich geht. „Reißt Euch zusammen“, flüsterst du streng und rüttelst den Jungen. Doch der Kar-Abgesandte sinkt auf die Knie und küsst deine Klauen: „Keşra, verschont mich und mein Volk.“

Tränen rinnen ihm über die bleichen Wangen: „In diesem Krieg wurden etliche Frevel begangen – von beiden Seiten."
„Seid unbesorgt", versuchst du den Hierarchen zu beruhigen, im Wissen, welche Angst er vor der göttlichen Macht des Keşra hat und ergänzt: „Ihr müsst nur dafür sorgen, dass das Schicksal seinen rechten Lauf nimmt." Auffordernd streckst du Kathum den vernarbten Rücken der linken Klaue entgegen.
Kathum ringt sich nach seinem wenig herrscherhaften Gefühlsausbruch ein gequältes Lächeln ab, während er deine Klaue betrachtet: „Es tut mir leid. In meinem derzeitigen Zustand kann ich Euch nicht helfen. Zudem benötige ich dazu die strahlende Kar im Zenit der Mittagsstunde."
Verärgert ziehst du die Klaue zurück und blickst suchend über die oberste Ebene der monumentalen Stufenpyramide von Kyphi.
Auf dem verwinkelten Dach, das wie ein Kranz um den Park und Kar-Tempel errichtet wurde, ragen überall kleine Aufbauten und Türmchen in den stürmischen Nachthimmel empor. Du weißt, dass sich Kyrna hier irgendwo verborgen hält, doch ihr schwarzes Schuppenkleid ist die perfekte Tarnung – selbst für deine scharfen Augen.

*Hast du die Fähigkeit **Geschärfte Sinne** und willst dich nun darauf konzentrieren, lies weiter bei **875**.*

*Willst du sofort mit Kathum den kurzen Weg zum westlichen Ende des Dachs beschreiten, lies weiter bei **857**.*

*Willst du hingegen den langen Weg nach Osten in Angriff nehmen, lies weiter bei **864**.*

954 Du spähst um die Ecke der Nebenstütze, hinter der du dich in der Kanzel verkrochen hast, auf die große Orgel und den Altar, auf dem Kathum liegt. Direkt davor kniet eine junge Kar-Priesterin mit wallendem, goldenem Haar, die die bleiche Hand des Leichnams streichelt. Es ist die Tochter des Hierarchen, Nephatari.

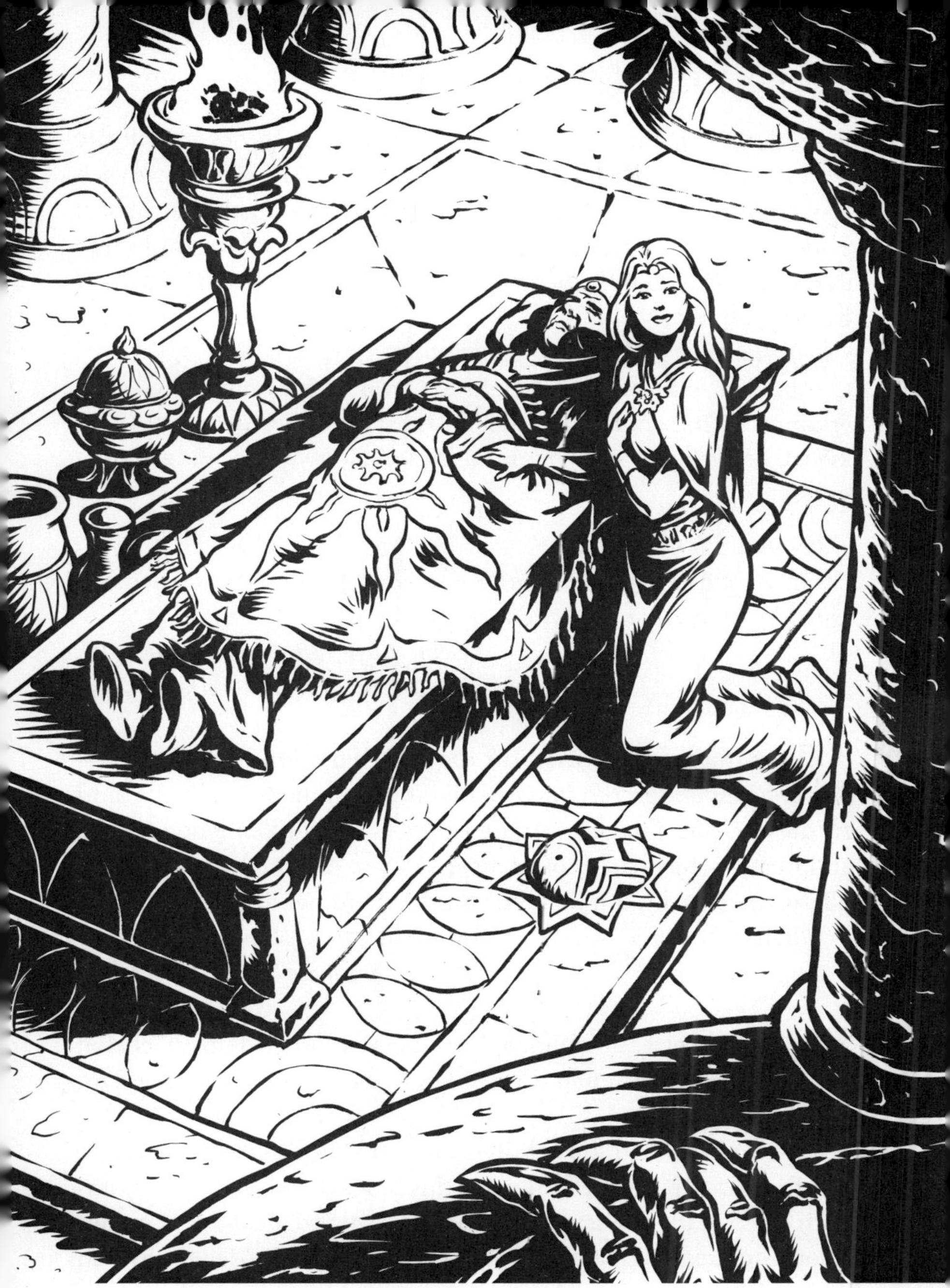

954 *Fasziniert betrachtest du sie, denn trotz ihrer Trauer strahlt die Menschenfrau vollendete Anmut aus. Plötzlich wendet sie sich um, schaut zu deinem Versteck unter dem Deckengewölbe hinauf.*

Fasziniert betrachtest du sie, denn trotz ihrer Trauer strahlt die Menschenfrau vollendete Anmut aus. Plötzlich wendet sie sich um, schaut zu deinem Versteck unter dem Deckengewölbe hinauf und für einen flüchtigen Moment streift sie deinen Blick mit ihren göttlichen Augen. Eine Schockwelle der Unsicherheit durchzuckt deinen Körper.
› *Hoffentlich hat sie mich nicht gesehen!* ‹
Du glaubst, ein sanftes Lächeln in ihrem bekümmerten Gesicht erkannt zu haben, bevor du dich wieder in die Kanzel zurückziehst und erneut der Zugkraft des Zeitenbandes widerstehen musst.

Teste deine STÄRKE gegen 17!
Besitzt du die Fähigkeit **Mentaler Fokus**, *darfst du noch mal würfeln, sollte der erste Versuch scheitern.*

Gelingt der Test, lies weiter bei ***887****.*
Misslingt er, lies weiter bei ***998****.*

7

955 Immer wieder wird dir die Sicht von den undurchdringlich erscheinenden schweren Wolken genommen. Einerseits sind sie die perfekte Tarnung vor der Luftabwehr der Goldenen Garde, andererseits hast du großen Respekt vor den Naturkräften der Blitze, die ständig um dich herum den Himmel durchschneiden.

Besitzt du den 3., 9. und 12. SCHICKSALSPUNKT, lies weiter bei ***924****.*
Andernfalls lies weiter bei ***930****.*

956 „Ist es etwa so einfach?", grübelst du über deine nächsten Schritte nach. „Ich gehe zu Calderel und vertraue meiner Unsterblichkeit?"
Seren ergreift deine linke Klaue und streicht über die vernarbte Haut: „Nun, ihr werdet zunächst das Siegel brechen müssen, das euch der Schattenmeister aufzwang. Es unterdrückt noch immer einen Großteil eures Wesens. Nur wenn beide Teile des Keşra sich finden, kann es den göttlichen Wunsch erfüllen."

Deine Augen blitzen vor Entschlossenheit: „In Ordnung, aber wie werde ich das Siegel los?“

„Einzig die direkten Abgesandten der Götter sind dazu in der Lage – Calderel oder Kathum.“

„Ist das dein Ernst!?“, spottest du. „Kathum ist tot und Calderel – nun, der wird es wahrscheinlich nicht freiwillig tun!“

„Ihr habt recht. Auf Calderel solltet ihr nicht zählen …“

„Kathum!?“, platzt es mit einem lauten Lachen aus dir heraus. Zum ersten Mal erkennst du so etwas wie Anspannung in Serens klarem Gesicht: „Nun, ihr solltet euren Fehler begleichen an jenem Tag, als ihr diese Sünde begangen habt.“

„Ich soll also zurückkehren zu Kathums Todestag?“

Seren nickt zwischen deinen Fragen.

„Wie soll mir das gelingen?“

Erneut verfällt das göttliche Mädchen in einen kindlichen Gleichmut: „Ihr seid Keşra. Für euch sind Damals, Jetzt und Dann eins.“

„Ich kehre also in die Vergangenheit zurück, um Kathums Leben zu retten“, beginnst du eine Zusammenfassung mit unüberhörbarer Ironie, „indem ich mein vergangenes Ich daran hindere, ihn zu töten. Wenn's weiter nichts ist …“

Wieder verpufft deine verbale Spitze an Serens Gleichmut: „Sicher habt ihr die Macht, einen Abgesandten in die Welt der Lebenden zurückzuholen. Sollte dies die Entscheidung des Keşra sein, so werden wir in Gemeinschaft die Konsequenzen tragen …“

Während du noch grübelst, was Seren mit „wir“ gemeint haben könnte, streift dich ein kurzer, eiskalter Hauch. Intuitiv wendest du dich um und erblickst drei kindhafte Wesen, die aus dem pulsierenden Nebel der Tore treten.

Auch ihre fremdartig drahtigen Körper sind das perfekte Abbild der Silhouetten der Steinportale.

Die Kinder, ein Mädchen und zwei Jungen, grüßen dich mit einer gemeinsamen Verbeugung, sodass ihnen die Haare wie ein funkelnder Wasserfall über die Stirn regnen. Seren begrüßt die Neuankömmlinge mit der gleichen respektvollen Geste. Ihre Gemeinschaft ist dir zutiefst vertraut.

Nachdem dich die Kinder ausgiebig beäugt haben, tritt einer der beiden Jungen hervor und legt dir seine Hände auf Herz und Stirn, indem einzig die Spitzen seiner zierlichen Finger deine Haut berühren: „*Der Körper des Ugarith ist gefangen im Hier und Jetzt. Doch euer Geist ist frei. Er unterliegt keiner Barriere. Er atmet gleichermaßen Vergangenheit, Gegenwart, Zukunft.*“

Ungläubig blickst du den Knaben an, und er wird deutlicher: „*Ihr tut es bereits die ganze Zeit! Ständig trefft ihr Entscheidungen, die ihr auf einer anderen Ebene eurer Existenz vollkommen anders getroffen habt – oder treffen werdet.*“

Der Knabe wartet vergeblich auf eine Reaktion deinerseits. Er atmet tief ein und fährt fort: „*Wir wissen, dass dich dies verwirrt, doch erst, wenn du diese Macht verinnerlicht hast, seid ihr wahrhaftig das göttliche Wesen, entsandt von Ugar und Kar.*“

7 Das Mädchen an seiner Seite ergänzt energisch: „Sprengt die Ketten eurer Existenz! Überwindet die Grenzen und zerstreut die Zweifel! Keşra, werdet wieder ein Teil unserer Gemeinschaft!“

Die Worte des Jungen beschäftigen dich dermaßen, dass du die Aufforderung des Mädchens fast überhört hättest. Doch du verstehst und befreist deinen Geist. Deine Gedanken sind auf dem Weg in ein vergangenes Kapitel deiner Reise.

*Lies weiter bei **213**!*

957 Gemeinsam tragt ihr den Leichnam in die feuchte, dunkle Krypta unterhalb des Tempels und bettet ihn in den einzig leeren Sarkophag. Nachdem ihr den Steindeckel zurückgewuchtet habt, ringst du Ramin das heilige Versprechen ab, er solle mit deiner kompletten Ausrüstung am morgigen Tag die Stadt verlassen, an einem sicheren Ort ins Horn blasen und dem erscheinenden Drachen von deinem Vorhaben berichten.

Läuft alles nach Plan, wirst du Kathums Seele in etwa einem Monat, deiner eigentlichen Gegenwart, wieder mit seinem Körper vereinen. Bis dahin muss Ramin absolutes Stillschweigen bewahren! Der Präparator erhebt die Hand zum Schwur: Er will diese Bedingungen treu erfüllen, um seinem Herrscher zu dienen. Seine Worte wirken aufrichtig.
Zurück im Tempel, legst du alle Kleider und Ausrüstung ab und legst dich nackt auf den Altar. Sofort macht sich Ramin an die Arbeit: Sorgfältig taucht der Präparator die Binden in Schalen mit wohlriechenden Ölen und schmiegt sie anschließend an deine pechschwarze Haut. Rund eine Stunde vergeht, bis dir die letzten Stoffbänder um den Kopf und über die Augen gewickelt werden. Nur deine Nasenlöcher spart er geschickt aus.

Du überlässt Ramin deine komplette Ausrüstung inklusive sämtlicher Waffen (markiere hierzu exemplarisch die ***Mondsichel*** *als abgelegt, indem du dort ein Kreuz im Speicherpunkt ⊗ machst).*

7

Der Präparator hat dir indes einen kleinen Goldskarabäus von dir unbemerkt in die Tasche deiner abgelegten Hose gesteckt.

Notiere dir ***Ramins Talisman*** *(Besonderer Gegenstand, Spezial: In* KAMPFRUNDE ❶ *eines Kampfes bist du gegen jegliche Angriffe immun) in Feld 12 auf dem Abenteuerblatt!*

Ehrlich, du hattest es dir angenehmer vorgestellt. Aber jetzt, da du absolut bewegungsunfähig, blind und fast taub bist, überkommt dich ein beklemmendes Gefühl. Du hörst undefinierbare Stimmen, Geräusche und sogar den Schlag deines Herzens! Du kämpfst um deine Beherrschung, als sich aus der Finsternis deines Verstandes die brennende Silhouette eines Drachen schält. Seine Schreie lassen dich erzittern.

*Besitzt du die Fähigkeit **Mentaler Fokus**, lies weiter bei **967**.*
*Andernfalls lies weiter bei **929**.*

958 Offensichtlich ist dir die Bedeutung der Gravur selbst in der Spiegelwelt nicht klar geworden. Voller Zorn schmetterst du den Handspiegel auf das Palastdach.

Der Sinn deiner Existenz endet hier. (✢892) ■

959 Ein Trupp der Goldenen Garde stürmt gerade das Gemach des Hierarchen, als es dir gelingt, ins Schattenreich hinüberzutreten. Hier erscheint die reale Welt wie ein wabernder, grauer Nebel. Schwerelos gleitest du durch Wände aus Rauch und Schatten, die eben noch aus massivem Stein waren. Die drei Gardisten sind auch in der Schattenwelt mit ihren geweihten Rüstungen gut sichtbar. Du kannst erkennen, wie sie sich um den Körper Kathums kümmern.
Eine weitere, etwas gebeugte Gestalt erscheint, gehüllt in die Robe einer Priesterin. Sie steht zunächst etwas abseits und blickt sich konzentriert um, als aus ihren Augen plötzlich gebündelte Lichtstrahlen schießen! Sie sind dermaßen hell, dass sie sogar die Dunkelheit des Schattenreichs verzehren.
Geschwind flüchtest du durch die Wände und Decken des Palasts, bis du schließlich das Dach erreichst. Über dir strahlt Ugar, der als einziger Fixpunkt im Schattenreich so erscheint wie in der realen Welt. Du weißt seine Unterstützung zu schätzen.
Dann konzentrierst du dich erneut, um den Schattenlauf zu been-

7

den, als ein feuriger Schmerz deinen Rücken durchbohrt. Du wurdest vom Blick der Kar-Priesterin getroffen!
Erstarrt zu Stein, fällst du vornüber und polterst wie eine Statue die Schräge des Dachs hinunter, schneller und schneller über die letzten Ziegel hinaus. Im freien Fall stürzt du hilflos die Außenfassade des Palasts hinunter, bis dich Kyrnas Tatzen ergreifen! Deine Drachenbegleiterin hat dir – erneut – das Leben gerettet.

Deine Vitalität sinkt um eine Stufe!

Lies weiter bei ***1000****.*

960 Kyrna reagiert nicht auf deine Hilfen. So bleibt dir einzig die Hoffnung, dass sich die Wirkung des Blendstaubs schnell verflüchtigt. Doch da zischen bereits die ersten Pfeile an euch vorbei! Gnadenlos nutzen die Scharfschützen der Goldenen Garde eure Hilflosigkeit aus.

Bestimme die Treffsicherheit der Schützen anhand des Mondes!

Bei ***Vollmond*** *lies weiter bei* ***884****.*
Bei ***Dreiviertelmond*** *lies weiter bei* ***928****.*
Bei ***Sichelmond*** *oder* ***Halbmond*** *lies weiter bei* ***961****.*
Bei ***Neumond*** *lies weiter bei* ***949****.*

961 Du betest, dass die Geschosse der Goldenen Reiter ihr Ziel verfehlen mögen – aber da schreit Kyrna schon auf! Aufmunternd klopfst du ihr auf den dornenbewehrten Rücken, da streift dich selbst ein Pfeil am Oberschenkel.
Du spürst, wie sich die Wunde versteinert.

Deine Vitalität und Kyrnas Vitalität sinken um eine Stufe!

Lies weiter bei ***884****.*

962 Mit gemischten Gefühlen verharrst du in der Dunkelheit. Einerseits bist du neugierig, was damals genau geschah, anderer-

7

seits kostet es dich fast den Verstand, mit ansehen zu müssen, wie du einen immensen Fehler wiederholst. Aber tief in deinem Inneren weißt du, dies ist der einzig richtige Weg!
Dein vergangenes Ich pirscht sich fokussiert an sein Opfer heran. Da zucken für einen Wimpernschlag heftige Energieblitze über Artefakt und Klaue. Ein stechender Schmerz bohrt sich in deinen Schädel, als wolle der Mondstein eine Brücke zwischen sich und deinem jetzigen Geist schlagen.
Krampfhaft hält dein Alter Ego an der Kugel fest, doch Kathum bemerkt die nahende Bedrohung und wendet sich erschrocken um.

Lies weiter bei ***934****.*

963 In wenigen Augenblicken durchdringt ihr die Schatten der Decken der oberen Stockwerke. Die eigentlich massiven Hindernisse zerstäuben wie schwarzer Nebel und schwappen hinter euch wieder zusammen.
Auf dem Dach angekommen, bemerkst du, dass der Mond mit seiner ungetrübten Pracht scheinbar die einzige Konstante in beiden Welten ist. Sein Schein reißt ein Loch ins wabernde Schattenreich.
Erleichterung zeigt sich im Gesicht des Knaben, der sich die ganze Zeit krampfhaft an deinem Gürtel festhielt, als du eure Reise durch die Parallelwelt beendest. Der Kar-Abgesandte blickt dich entsetzt mit seinen goldenen Kinderaugen an. Für ihn war es wohl der erste Aufenthalt im Reich der Schatten.

Lies weiter bei ***953****.*

7

964 Du fühlst die Gegenwart deines vergangenen Ichs. Irgendwo im Tempel verbirgt es sich vor seinen Verfolgern. Doch du kannst und willst dich nicht sehen! Es könnte die ganze Mission gefährden. Daher verkriechst du dich tiefer in die Kanzel und versuchst, deine Gedanken und Gefühle zu sortieren.

Lies weiter bei ***988****.*

965 Du hast die Palastgebäude fast erreicht, da siehst du auf der zweithöchsten Ebene, auf Höhe der Verteidigungsanlagen rund um den Priesterdistrikt, seltsame Feuerblitze aufflackern, gefolgt von dumpfen Schlägen, die dermaßen heftig sind, dass du sie in deinem Bauch spürst.

› Verdammt, die Goldene Garde hat uns entdeckt! ‹

Während du noch die Dunkelheit nach Geschossen absuchst, gibt es bereits mehrere Explosionen direkt über euch. Du reißt beide Arme empor, um deinen Kopf zu schützen, doch offensichtlich sind es keine Sprengkapseln mit scharfkantigen Splittern, sondern Blendstaubgranaten.

Binnen weniger Augenblicke fliegt ihr durch eine Wolke aus feinem weißen Staub und beißendem Schwefelgestank, die mit einem gleichmäßigen Glimmen nun den ganzen Nachthimmel über Kyphi erleuchtet. Kyrna und du seid nun ein einfaches Ziel für die Luftabwehr der Goldenen Garde!

*Besitzt du die Fähigkeit **Magiekenntnis**, lies weiter bei **902**.*

*Wenn nicht, besitzt du vielleicht die Fähigkeit **Kriegsführung**. In diesem Fall lies weiter bei **992**.*

*Beherrschst du keine der beiden Fähigkeiten, lies weiter bei **942**.*

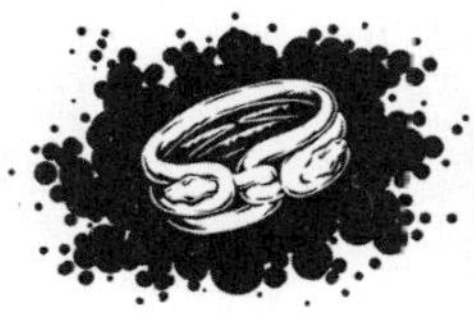

966 Du benötigst rund eine Stunde, um dich die knappe Meile zum Orakel von Kabeth bis in eine der vorderen Reihen vorzudrängeln.

Der abgesenkte, von acht Säulen umsäumte Platz ist zum Bersten mit Trauernden gefüllt. In seiner Mitte, rund um die heilige Schale, dem Orakel von Kabeth, haben Dutzende Gardisten Stellung bezogen und drängen, Schild an Schild, die Männer und

Frauen zurück, die sich wehklagend Sand übers Haupt werfen. Die lodernde Kar steht im Zenit, sodass die Säulen keine Schatten werfen. Schließlich kommt Unruhe in die Menge und es bildet sich ein Spalier. Vier Gardisten in Prunkuniform treten vor. Auf ihren Schultern liegt eine Trage aus geflochtenem Reisig, auf der Kathums bandagierter und mit Düften geölter Leichnam ruht. Dahinter folgt eine Prozession aus drei Priestern und einer drahtigen Frau im blutroten Ornat der Templer von Kabeth.
Es ist Mireth, die berühmte Seherin des Orakels. Ihr aufmerksamer, gebieterischer Blick und die gerade Nase erinnern dich an einen Adler, der über seine geschlagene Beute wacht. Über ihren kahlen Schädel und das rechte Auge spannt sich ein breites Lederband, verziert mit feinen Sonnen-Glyphen.
Am Ende des Leichenzugs folgt in respektvollem Abstand Nephatari in weißem Trauergewand. Kummer hat ihre sonst so strahlenden Augen gerötet. Während sich hinter ihr der Kreis der Schaulustigen wieder schließt, ruhen alle Blicke auf der Tempelvorsteherin.
7 Stolz spitzt Mireth die schmalen Lippen. Es wird totenstill.
› Sollte es etwa diese Zeremonie gewesen sein, die Nephatari dazu verleitete, das Attentat auf den Ningal-Tower zu verüben? ‹

Besitzt du das ***Amulett der Kar****?*

Wenn ja, lies weiter bei ***879****.*
Andernfalls lies weiter bei ***893****.*

967 Du konzentrierst dich auf die Leere in deinem Geist. Die zornigen Schreie von Torn dem Blender, werden langsam leiser. Du drängst den Drachen immer weiter zurück, bis er nur noch ein leises Echo und schließlich eine schattenhafte Erinnerung ist.
Du hast den verlockenden Rufen der Unterwelt widerstanden und spürst, wie sich deine Seele befreit.

Du erhältst 2 Karma-Punkte!

Lies weiter bei ***916****.*

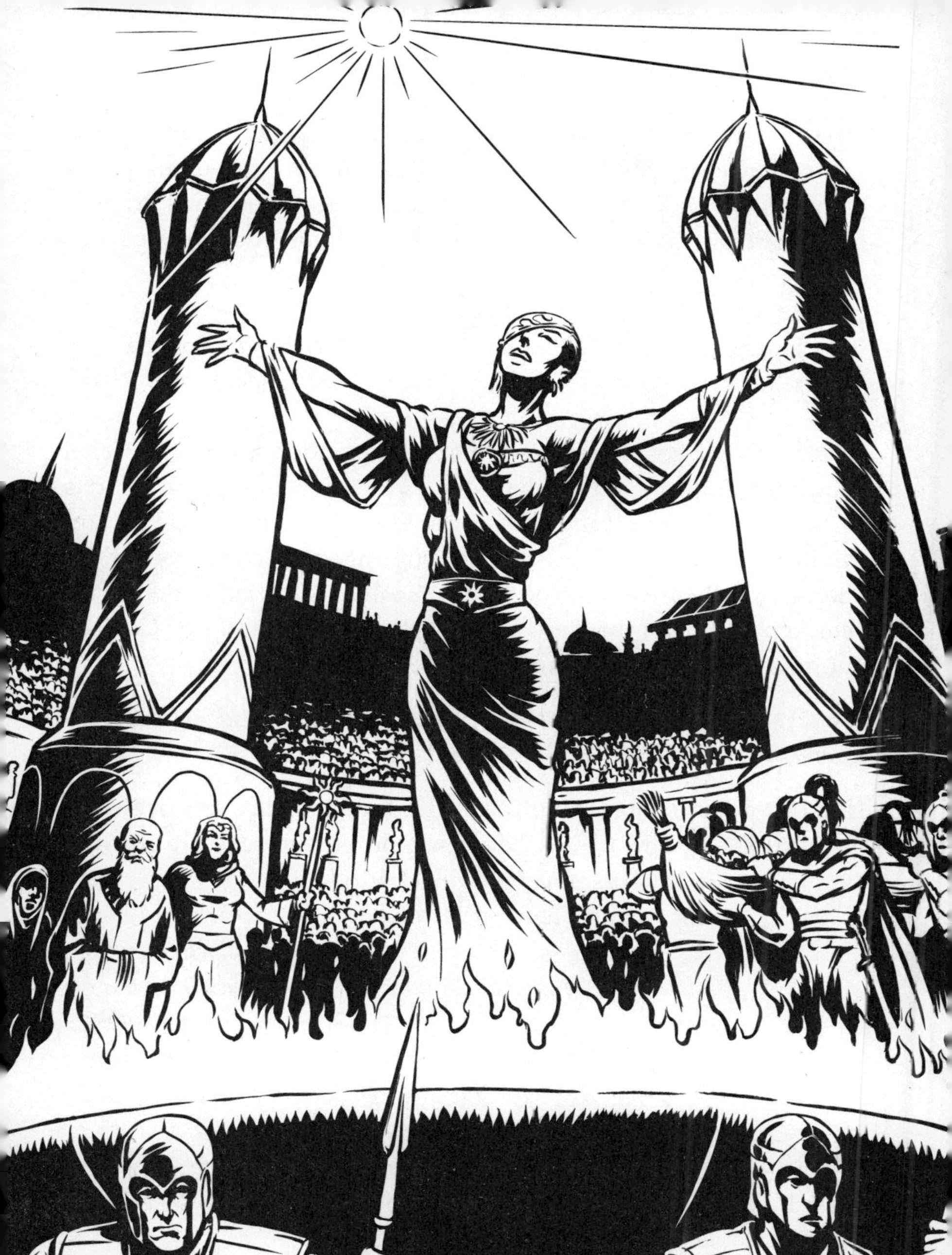

966 *Es ist Mireth, die berühmte Seherin des Orakels. Ihr aufmerksamer, gebieterischer Blick und die gerade Nase erinnern dich an einen Adler, der über seine geschlagene Beute wacht.*

968 Dem Monster ist nicht beizukommen! Es imitiert perfekt deine Bewegungen. Minutenlang tänzelt ihr im Kreis umeinander her, bis du endlich eine Schwäche des Spiegelmonsters erkannt hast. Sofort schlägst du zu und treibst deine Klauen über das glänzende Gesicht deines Gegners.
› Wie konnte ich mich nur so täuschen? ‹
Mit klaffenden Wunden an der Kehle brichst du zusammen.

Dein Leben endet hier. ***(+K24)*** ▪

969 Du öffnest die unscheinbare Urne, indem du ihren Deckel abdrehst, bittest Kathum den Mund zu öffnen und platzierst das Artefakt auf seiner Zunge. Es vergeht keine Sekunde und Kathum sinkt mit leerem Blick zu Boden. Du hingegen schnappst dir die herausgefallene Seelenurne und verschließt sie wieder. Beim Einstecken bemerkst du, dass sich auf der Außenwand des Gefäßes nun Kathums Gesichtszüge zeigen.

7 *Ändere den Eintrag* ***Seelenurne*** *in* ***Kathums Seele*** *(Besonderer Gegenstand) in Feld 11 auf dem Abenteuerblatt.*

Du bist gerade dabei, den Körper Kathums wieder so platzieren, wie du ihn gefunden hast, da hörst du etliche schwere Schritte vom Flur. Du musst sofort hier verschwinden!

Besitzt du die Fähigkeit ***Schattenlauf*** *und möchtest sie nun einsetzen, lies weiter bei* ***959****.*

Besitzt du die Fähigkeit ***Macht des Xorox*** *und möchtest sie einsetzen, lies weiter bei* ***892****.*

Wenn du beides nicht besitzt oder einsetzen willst, dann bleibt dir nur die Flucht durchs Fenster (weiter bei ***952****).*

970 Du verlierst keine Zeit, schnallst den Reiterbogen vom Sattel ab und legst einen Pfeil auf. Du weißt um das Risiko nun zurückzufeuern.

› Ugar, führe meine Hand! ‹
Unbeirrt treibst du Kyrna direkt auf den nächsten Verfolger zu. Da funkelt im Schein des Mondes eine Reiterrüstung – du lässt den Pfeil von der Sehne schnellen.

Teste dein GESCHICK gegen 18!
*Besitzt du die Fähigkeit **Schütze**, zähle den entsprechenden Trefferbonus zu deinem Würfelergebnis hinzu!*

*Gelingt der Test, lies weiter bei **931**.*
*Misslingt er, lies weiter bei **948**.*

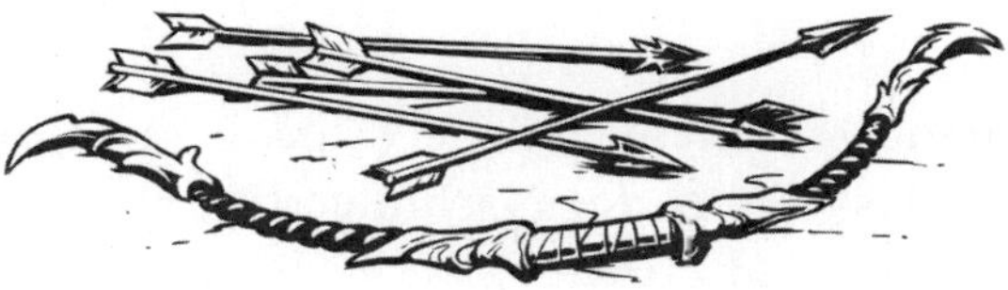

971 Irgendeine Macht zwingt dich, geradezu unbedacht eilig die Außenmauer des Palasts hinabzuklettern. Doch es geschieht, was nicht geschehen darf: Du gleitest ab und stürzt mit einem langen Schrei von der obersten Ebene der Stadtpyramide in die Finsternis.

Dein Leben endet hier. (✝994) ■

972 Du ahnst, dass die göttliche Ausstrahlung von Kathums Augen die schrecklichsten Wesen des Schattenreichs anlocken könnte.
„Haltet Euch die Augen zu!“, kommandierst du.
Als hätte der Junge nur auf diesen Befehl gewartet, vergräbt er sein Gesicht hinter den Händen.
Du beschließt, nur solange wie nötig in dieser unheimlichen Welt zu verweilen. In Windeseile fliegt ihr weiter durch die geisterhaften Schwaden gen Dach.

*Lies weiter bei **963**.*

973 Griff um Griff hangelst du dich am staubigen Balken entlang. Doch auf halbem Wege rutschst du ab und stürzt in die Tiefe, prallst von einer der übergroßen Götterstatuen ab und krachst zwischen zwei Gebetsbänken auf den Marmorboden des Kar-Tempels. Wie durch ein Wunder überstehst du den Absturz unbeschadet!

Blättere nun zurück in die Vergangenheit zu den Sektionen 88 und 89 des Prologs. Bei welcher der beiden Sektionen ist der Kreis markiert?

Sektion 88, lies weiter bei ***938****.*

Sektion 89, lies weiter bei ***999****.*

974 Du brauchst nicht weit in die Vergangenheit zu gehen, um zu erkennen, dass es bei der Nachfolge des Hierarchen immer schon um Einfluss und Intrigen ging. Es liegt auf der Hand, dass Mireth die derzeitigen Zweifel an Kathums Tod zu ihrem Vorteil nutzen möchte, um Nephataris Geburtsrecht zu diskreditieren
7 und ihrerseits die neue Hierarchin zu werden.

Lies weiter bei ***883****.*

975 Ehrwürdig zeichnen sich die fünf Pyramiden Seraphs am Horizont ab, und du befiehlst Kyrna, augenblicklich an einem versteckten Olivenbaumhain zu landen. Du möchtest jegliches Risiko vermeiden und nicht für einen Aufruhr in der Metropole sorgen. Mit erhobener Klaue bittest du deinen Drachen, in Reichweite des Signalhorns zu bleiben, und rennst allein einen staubigen Pfad am Ufer des Roten Rhenus entlang, an den einfachen Lehmhütten armer Bauern vorbei, bis du schließlich die Stadtmauern erreichst.

In Seraph selbst erwartet dich ein heilloses Durcheinander. Tausende Bewohner des Flusstals haben sich eingefunden, ihrem Hierarchen die letzte Ehre zu erweisen. Mit solch einem Andrang hast du nicht gerechnet.

Zwischen Hunderten Schaulustiger unterschiedlicher Rasse und Herkunft zwängst du dich durch die engen Gassen zum Templerviertel hinauf, wo sich unter anderem das Orakel von Kabeth auf dem heiligen Berg Karith befindet.
Routiniert hörst du die wichtigste Information aus den Sprachfetzen der zahllosen Unterredungen heraus: Kathum wird zur Mittagssonne auf dem Orakelberg bestattet.

*Willst du das Risiko eingehen und der Zeremonie beiwohnen, lies weiter bei **966**.*

*Willst du dich lieber in Sicherheit bringen, die Stadt wieder verlassen und Kyrna rufen, lies weiter bei **1000**.*

976 Gehetzt blickst du über die Fassaden des Palasts, hinauf zu den Dächern und Wolken, während du über Hecken springst und hinter Bäumen Haken schlägst, um deine Verfolger abzuschütteln. Kyrna scheint in Sicherheit.
Da wird dir bewusst, dass dies womöglich die letzte Gelegenheit ist, dich von deinem Drachen aufnehmen und sicher fortfliegen zu lassen.

*Willst du sofort ins Drachenhorn stoßen und mit Kyrna in die Gegenwart flüchten, lies weiter bei **1000**.*

*Willst du Kyrna nicht rufen und dich hingegen solange im Tempel verstecken, bis sich vielleicht eine Gelegenheit ergibt, doch noch Kathums Körper zu retten, lies weiter bei **981**.*

977 Das Entsetzen im Gesicht des Präparators über die Tatsache, dass du das bedeutendste Artefakt der Krypta entwendet hat, weicht überschwänglicher Freude, als er spürt, dass Kathums Seele mit dem heiligen Idol verknüpft ist.
Sofort ist er bereit, dir bei deinem Plan zu assistieren. Sein Name sei Ramin.

*Lies weiter bei **957**.*

978 „Ja, mein Junge, es wird Zeit zu gehen", bestätigt dich Tarus. „Immerhin hast du Kathums Seele gerettet, mehr kannst du nicht tun."
Wehmütig nickst du deinem weisen Lehrmeister zu, denn er hat nicht nur recht, sondern es ist womöglich das letzte Mal, dass du ihn lebend siehst. Du drückst ihn fest an dich und wischst dir eilig über die Augen.
› Leb wohl, Tarus. Ich stehe auf ewig in deiner Schuld. ‹
Mit einem Gefühl von Trauer und Zorn in der Brust drehst du Mireth und den Templern den Rücken zu und bahnst dir den Weg durch die Massen, ohne dich umzuwenden. Die Menschen fiebern nun dem Höhepunkt der Zeremonie entgegen. Und ihr Wehklagen verrät: Kathum brennt!
Als du endlich die steilen Hänge des heiligen Bergs Karith hinter dir gelassen hast, stößt du ins Drachenhorn.
Nur wenig später landet Kyrna unter allgemeinem Geschrei der Passanten inmitten eines kleinen Platzes voller Unrat und Müll. Hektisch schaust du dich um, doch es scheint, als wären alle Gardisten, die euch gefährlich werden könnten, zum Orakeln abkommandiert worden. So entkommt ihr unbehelligt.

*Lies weiter bei **1000**.*

979 Als du das Idol des Hierarchen hervorholst, spürst du, wie seine Macht über deine Finger in den Körper eindringt. In diesem Artefakt schlummert eine göttliche Kraft, die – im Gegensatz zur Seelenurne – nicht nur eine Brücke zur Seele, sondern auch zum Körper Kathums zu schlagen vermag! Der Priesterkaiser kann seine Begeisterung kaum verbergen: „Das Sabalith Idol! Wahrhaftig! Gebt es mir!"
Mit Misstrauen verfolgst du Kathums kurzes Ritual. Er faltet seine Hände und versteckt darin die Statuette. Dann entfesselt er mit nur einigen heiligen Worten die göttliche Präsenz des Artefakts: Das Idol erstrahlt zwischen den Fingern des Hierarchen,

der daraufhin leblos in sich zusammensackt. Aus seinen Händen kullert dir die Figur vor die Füße.
Nachdem du sie aufgehoben hast, vergehen nur wenige Herzschläge und ihr stilisierter Magen platzt auf. Ein wurmartiges Gebilde quillt hervor und windet sich schmatzend im eigenen Blut. Es pulsiert vor Licht und Leben, wächst und wächst, bis es schließlich die Statur eines Kindes angenommen hat.
Als das Licht vergangen ist, steht ein Menschenjunge vor dir, etwa zwölf Jahre alt, nackt, der neugierig Kathums Körper betrachtet. Er ist dem Hierarchen wie aus dem Gesicht geschnitten, hat seine goldenen Augen – nur sind die Falten geglättet und das graue Haar strohblond. Zugleich erinnert dich seine zierliche Statur an die von Seren und der drei anderen Kinder aus dem Kar-Tempel.
› *Sollte sich Kathums Geist tatsächlich als dieses Kind manifestiert haben?* ‹
Du äußerst Bedenken, die Priester könnten bemerken, dass mit Kathums Leiche etwas nicht stimmt. Doch der Knabe beruhigt dich: „Seit fünf Generationen haben die Priester keinen verstorbenen Abgesandten gesehen, insofern fehlt ihnen jegliche Grundlage für Zweifel. Und womöglich könnt Ihr Euch meiner alten Hülle später noch annehmen.“ 7

*Ändere den Eintrag **Idol des Hierarchen** in **Sabalith-Idol** (Besonderer Gegenstand) in Feld 1 auf dem Abenteuerblatt.*

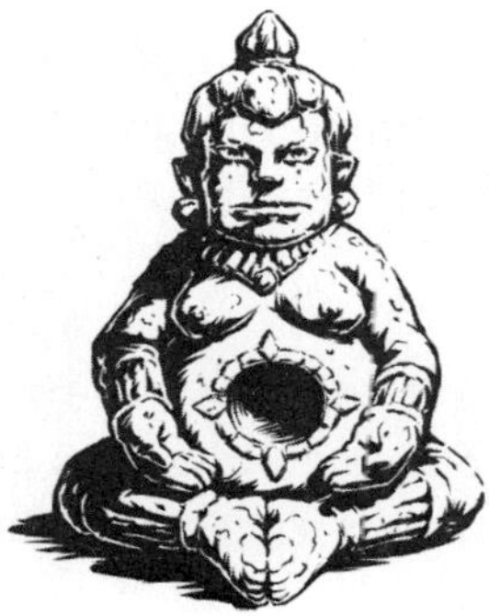

Klirrende Schritte nähern sich. Die gerüsteten Männer der Goldenen Garde sind dir auf den Fersen.

Besitzt du die Fähigkeit ***Schattenlauf*** *und willst sie nun einsetzen, lies weiter bei* ***915****.*

Willst du konventionell aufs Dach gelangen, lies weiter bei ***867****.*

980 Wohltuende Wärme strahlt in deine Muskeln aus. Die unbeugsame Kar stärkt dich!

Deine STÄRKE steigt um einen Punkt!
Deine VITALITÄT steigt auf ***normal****.*

Lies weiter bei ***907****.*

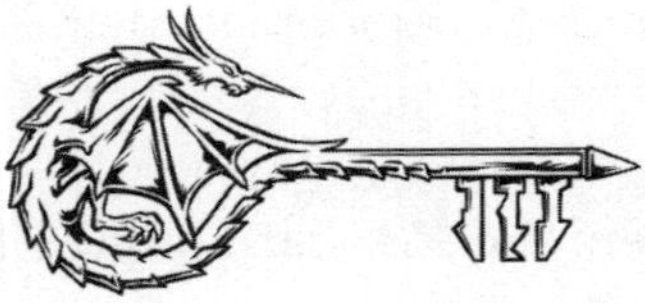

7

981 Du sendest der verborgenen, aber nicht allzu fernen Kyrna einen Gedanken des Abschieds, als würdest du den Drachen per ausgestrecktem Arm im Vorbeiflug mit der Hand streifen: *„Kyrna, bis bald!“*
„Möge dein Vorhaben gelingen, Keşra“, sendet sie zurück.
Selbst durch das Tosen des Winds vernimmst du schwere Flügelschläge hinter den Zinnen des Hierarchenpalasts. Einige Bewohner, die das Dröhnen der Luft vernommen haben, rufen den Wachen zu, der Attentäter flüchte mit einem Drachen. Du nutzt diese Ablenkung und läufst zurück zum Kar-Tempel.

Lies weiter bei ***910****.*

982 Obwohl sich die Welt um dich immer schneller dreht, gelingt es dir, deine Gedanken zu bündeln: Du fokussierst dich auf die Vergangenheit, auf den Tag, als Kathum in deinen Armen starb …

Die Zeit gehorcht deinem Willen. Doch dann erfasst dich ein brennender Stich! Der Pfeil eines Goldenen Reiters hat sich dir tief in die Schulter gebohrt, kurz bevor ihr die Gegenwart verlassen habt. Deine Sinne überschlagen sich vor Schmerz und ihr werdet zum Spielball deiner entfesselten Fähigkeit.
Als du wieder das Bewusstsein erlangst, hat der Absturz in Raum und Zeit sein Ende in einem dir vollkommen unbekannten Äon gefunden. Ihr seid allein.

Der Sinn deiner Existenz endet hier. ***(+942)*** ■

983 Erstaunt betrachtet der Präparator das Amulett in seiner Hand: „Das ist Nephataris Kar-Amulett der Hierarchen-Familie!" Seine Miene verfinstert sich. „Wie seid Ihr in seinen Besitz gekommen? Habt Ihr Kathums Tochter etwa ein Leid getan?"
Du versuchst ihm klar zu machen, dass du das Amulett aus der Zukunft mitgebracht hast. Doch der alte Mann glaubt dir kein Wort.

Lies weiter bei ***855***.

984 „Pagot, pagot!", befiehlst du Kyrna. Daraufhin senkt dein schwarzer Drache den Kopf, zieht seine Flügel an den Körper und überlässt der Schwerkraft den Rest: Im freien Fall donnert ihr den Straßen von Kyphi entgegen!
Dir wird schummrig, als die Bauten auf den Ebenen immer größer werden. Auf der Stufenpyramide haben die Bewohner der Metropole künstliche Wasserstraßen, Gartenanlagen und Palmenalleen erbaut. Ehe du noch mehr erkennen kannst, entfaltet Kyrna die Flügel und ihr rast nur knapp über Kyphis Dächer hinweg, hinauf zum Hierarchenpalast.
Mit diesem gewagten Manöver gewinnt ihr etwas Vorsprung gegenüber der Goldenen Garde. Trotzdem bleibt dir nur wenig Zeit, deine Gabe zur Zeitmanipulation einzusetzen.

Lies weiter bei ***920****, Option* **B**.

985 Du wartest noch etwas ab auf den dicken Ästen des Raanbaums und erspähst dein vergangenes Ich, wie es zielsicher in Kathums Schlafzimmer verschwindet. Knapp dahinter folgt ein weiterer Schatten, dessen groß gewachsene, muskulöse Silhouette du nur zu genau kennst: Aonus! Offenbar soll er dem Schattenkind den Rücken freihalten. Mit einer geschmeidig-präzisen Bewegung bringt er sich neben der Tür in Stellung.

Du hältst den Atem an und es scheint, als würde dieser Moment nie enden wollen. Auch Aonus wird langsam ungeduldig. Während der Schattenkrieger durch das Schlüsselloch späht, zieht er vorsichtig sein Breitschwert.

› Er will den Raum stürmen! ‹

Da erglühen Fugen und Schlüsselloch der Tür taghell! Aonus stöhnt und torkelt. Die seltsame Lichterscheinung lässt aber auch deine Sinne schwinden. Im Unterbewusstsein blickst du Aonus hinterher, der in die Dunkelheit des Rundgangs wankt, bevor auch dein Geist sich gänzlich vom Körper löst. Als du wieder klar bist, ist der Gang erfüllt vom zitternden Kerzenschein eines Kandelabers.

› Die Dienerin! ‹

Erstaunlich. Das Schicksal nimmt unbeirrt seinen Lauf.

Blättere nun zurück in die Vergangenheit zu Sektion 30 des Prologs.
Ist der Kreis neben der Sektionsnummer markiert?
Wenn ja, lies weiter bei ***918***.
Andernfalls lies weiter bei ***936***.

986 Der Präparator zuckt ertappt zusammen, als du ihm hinterrücks die Hand auf die Schulter legst.

„Kar steh' mir bei!" Verstört tastet der alte Mann nach seinem Sonnenamulett unter der Kutte, während er auf deine Klauen starrt. „Ihr seid ein Schatten, nicht wahr?", stammelt er.

„Wir wollen beide dasselbe", sprichst du gutmütig. „Auch ich möchte Kathum helfen bei seiner Reise."

„Ihr?! So ein Unfug! Nein, ich denke eher, dass Ihr es wart, der den Hierarchen tötete und ihm die Seele nahm."
Über diese treffsichere Anschuldigung musst du erst einmal nachdenken. Du beschließt, dich dem Präparator zu offenbaren, und erzählst ihm in aller Kürze von deiner Tat und der heiligen Aufgabe des Keşra.
„Eine wahrlich schöne Geschichte, jedoch … könnt Ihr sie auch beweisen?"

Welchen Besonderen Gegenstand – sofern du ihn besitzt – möchtest du dem Präparator zeigen, um deine Geschichte glaubhaft zu machen?

***Kathums Seele**, lies weiter bei **905**.*

*Das **Amulett der Kar**, lies weiter bei **983**.*

*Das **Sabalith-Idol**, lies weiter bei **977**.*

*Besitzt du keinen dieser Gegenstände oder willst ihm keinen zeigen, lies weiter bei **941**.*

987 Du verspürst zwar kein Leid, doch Kyrnas Schmerzensschreie tun dir fast ebenso weh, als wärst du selbst vom magischen Staub geblendet worden. Mit einer herzlichen Umklammerung stehst du ihr bei und redest beruhigend auf sie ein.

*Ist dein Reiterrang **Drachenvertrauter**, lies weiter bei **944**.*

*Als **Drachengefährte** lies weiter bei **960**.*

988 Du bewunderst das Halbrund des Kuppeldachs über Altar und Orgel, das selbst in der Dunkelheit gut erkennbar ist: Es zeigt einen strahlenden Taghimmel mit Quellwolken, dominiert von einer Kar-Scheibe aus Blattgold.
Du stutzt. Einige Stellen des Gemäldes funkeln und glitzern. Nur ganz schwach, fast unmerklich. Je länger du dich auf dieses Glimmen konzentrierst, desto besser kannst du es sehen: Es ist ebenso ein Nachthimmel mit Ugar-Scheibe und Sternen dargestellt!
Es ist erstaunlich. Die Erbauer haben tatsächlich die Aspekte beider Götter in diesem Kunstwerk klerikaler Kraft verewigt. Frei-

lich geschickt verborgen, sodass es niemand bemerkt. Jetzt wird dir zum ersten Mal klar, wo die eigenartige Aura des Tempels ihren Ursprung hat!

*Ist deine STÄRKE höher als dein GESCHICK, lies weiter bei **921**.*

*Ist dein GESCHICK höher als deine STÄRKE, lies weiter bei **980**.*

*Sind beide Werte gleich oder du besitzt die Fähigkeit **Geist über Körper**, lies weiter bei **862**.*

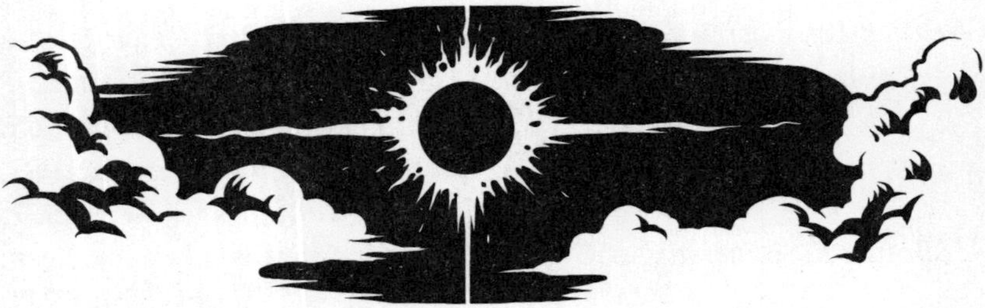

7

989 Du kniest neben Kathums Leiche und betrachtest ihn genau. Tausend Gedanken rasen dir durch den Kopf. Doch dein Entschluss steht fest:

› Es wäre falsch einen Toten zu erwecken – so schrecklich und ungerecht dieses Ende für ihn auch sein mag. ‹

Du fühlst eine unbeschreibliche Erleichterung, fast schon Befreiung, obwohl du dich gegen den Willen deiner Götter gewandt hast. Vorsichtig hebst du den Kopf des Hierarchen an und betest für seine Seele, bevor du seine leeren Augen schließt und ihn wieder sanft ablegst.

*Besitzt du die Fähigkeit **Schattenlauf** und möchtest sie nun einsetzen, lies weiter bei **959**.*

*Besitzt du die Fähigkeit **Macht des Xorox** und möchtest sie nutzen, lies weiter bei **892**.*

*Wenn du beides nicht besitzt oder einsetzen willst, dann bleibt dir nur die Flucht durchs Fenster (weiter bei **952**).*

990 Mutig springst du vom Dach der Kapelle herunter und rollst dich elegant über den aufgeweichten Rasen ab. Doch die Gardisten haben dich entdeckt! Sie brennen darauf, den Mörder ihres Priesterkaisers zur Rechenschaft zu ziehen.

WACHMÄNNER	*ANGRIFF*	**15** +1	+2
DER GOLDENEN GARDE	*VERTEIDIGUNG*	**17** +1	+2
(2 GEGNER)	*RESISTENZ*	○②	○②
	KAMPFRUNDE	○○○❹○❻…	

Beginnt KAMPFRUNDE ❹, lies sofort weiter bei ***901****.*
Gelingt es dir nicht, den Kampf vor KAMPFRUNDE ❻ zu entscheiden, musst du es mit einem weiteren Gardisten aufnehmen!

VERSTÄRKUNG	*ANGRIFF*	+1
	VERTEIDIGUNG	+1
	RESISTENZ	○②

Gewinnst du den Kampf, lies weiter bei ***852****.*

7

991 Vorsichtig tastest du nach den schmalen Fugen der Mauersteine. Nur mühsam kommst du voran. Als du bereits auf Höhe des dritten Stockwerks hinabgeklettert bist, entgleitet dir der Griff zwischen den glitschigen Steinritzen und du stürzt in die Tiefe. Doch die Götter sind in dieser Nacht gnädig! Wie durch ein Wunder kannst du eines der Sonnen-Banner ergreifen, die das Gebäude ringsherum zieren. Mit einem lauten Ratsch reißt der Stoff ein, bremst aber deinen Fall und es gelingt dir, dich auf eine großzügige Garten-Terrasse zwischen allerlei Fruchtbäumchen im ersten Stock abzurollen. Viele der Terrakotta-Töpfe sind bereits durch den Sturm umgestürzt und zerbrochen, sodass die drei Bäumchen, die du soeben ramponiert hast, kaum auffallen werden. Heilfroh, dass dein Malheur dich nicht das Leben gekostet hat, erklimmst du erneut ein Stockwerk, ergreifst das Geländer eines Balkons und öffnest die Tür.

Du betrittst einen schwach von Ölschalen erleuchteten Empfangsraum mit großer Tafel, Dutzenden Polsterstühlen und glitzernden Kronleuchtern.
Eigentlich willst du den Raum nur zügig durchqueren, um über den Treppenaufgang ins zweite Stockwerk zu gelangen, als dir der Geruch von Schweiß und Blut in die Nase steigt.
Alarmiert zückst du die Mondsichel und musst mit Schaudern feststellen, dass der widerliche Dunst von einem Haufen grausam entstellter Soldaten der Garde stammt, deren tote Leiber zu einem Haufen neben dem Eingang geschichtet wurden. Du spürst die Wärme, die von ihrem Blut aufsteigt.

*Willst du die Leichen untersuchen, lies weiter bei **854**.*
*Ansonsten lies weiter bei **881**.*

992 Du erinnerst dich an eine Anekdote von deinem Lehrmeister Urgoz. Sein lebhafter Bericht über die Luftschlacht von
7 Dasan weckt in dir einen Verdacht, was es mit den Granaten auf sich haben könnte.
Der Blendstaub ist ein alchemisch-magisches Pulver, das Drachen, die mit diesem Zeug in Berührung kommen, schwere motorische Störungen erleiden und abstürzen lässt. Du kannst zwar Kyrna nicht helfen, aber zumindest deine Augen schützen.

*Besitzt du ein **Reiterokular** und willst es nun einsetzen, lies weiter bei **927**.*
*Andernfalls lies weiter bei **942**.*

993 Dein sonst so verlässlicher Instinkt lässt dich im Stich. Liegt es an der Anspannung oder an der Tatsache, dass du dich in die Vergangenheit begeben möchtest? Die Bilder vor deinem geistigen Auge bleiben konturlos.

*Willst du jetzt in die Vergangenheit reisen, lies weiter bei **926**.*
*Willst du näher an die Spitze der Pyramide heran, bevor du den Sprung wagst, lies weiter bei **965**.*

994 Vorsichtig näherst du dich dem Rand des Dachs. Normalerweise bist du vor Höhenangst gefeit, doch jetzt, wo die senkrecht abfallende Fassade des großen Hierarchenpalasts vor dir liegt und der Sturm unbarmherzig an deinen Kleidern zerrt, bekommst du doch Respekt. Ein Sturz aus dieser Höhe würde dein Ende bedeuten. Du bekämpfst deine Angst und machst dich an den Abstieg.

Teste deine STÄRKE gegen 15 und dein GESCHICK gegen 17!

Gelingen beide Tests, lies weiter bei ***876****.*
Gelingt nur einer, lies weiter bei ***991****.*
Misslingen beide, lies weiter bei ***971****.*

995 Ohne einen Spiegel, mit dem du eine geistige Verbindung hast, wirst du die Spiegelwelt niemals verlassen können.

Der Sinn deiner Existenz endet hier. (✣892) ■

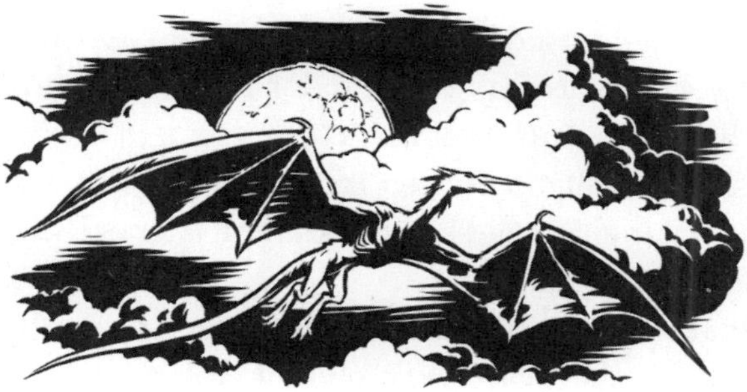

7

996 Du legst die Hände auf die Brust des toten Hierarchen. Sein altes Gesicht ist fratzenartig entstellt. Es wurde eingefroren just in dem Moment, als ihn der Tod ereilte.
Da schlägt er unerwartet die Augen auf! Doch du starrst nicht in die goldenen Augen Kathums, sondern in die blutgefüllten Höhlen von Nergal dem Fürsten der Unterwelt. Der Drache will sein erbeutetes Unikat nicht kampflos zurückgeben!
Unzählige Stiche in Form von Todeskämpfen verlorener Seelen

bohren sich dir in den Schädel. Nergal versucht mit all seinen perfiden Möglichkeiten, dich davon abzuhalten, Kathum wiederzubeleben.

Nergal, Fürst der Unterwelt (in Kathums Körper)	*Angriff*	15
	Verteidigung	15
	Resistenz	○○○④

Dies ist ein Kampf des Geistes, den ein Normalsterblicher niemals gegen Nergal gewinnen könnte. Bedenke, da hier weder Waffen, Rüstungen noch Fähigkeiten wirken, musst du einzig mit deinen Werten Stärke und Geschick kämpfen! (Du machst also pro Kamprunde einen Test auf Stärke als auch Geschick gegen 15.)

*Hast du die Fähigkeit **Geschichtswissen**, lies sofort weiter bei **897**.*

*Gewinnst du diesen ungewöhnlichen Kampf an der Schwelle zur Unterwelt, lies weiter bei **859**.*

7

997 Achtsam drehst du den Korken aus der kleinen Flasche und träufelst das betörend duftende Öl der Eisrose in den Mund des toten Gardisten. Sogleich breiten sich von seinem Rachen wunderschöne Eiskristalle aus, wachsen ihm übers Gesicht, schließen die Wunden und tauen schließlich zu klarem Wasser. Schwach, aber regelmäßig pulsiert sein Herz.

Dennoch glaubst du nicht, dass er in nächster Zeit das Bewusstsein erlangen kann. Daher wälzt du die vier Leichen seiner Kameraden von ihm und eilst davon.

Du erhältst 2 Karma-Punkte!

*Beachte, dass du dir durch diese Rettungstat nicht die Phiole **Eisrosenessenz** notieren darfst.*

*Lies weiter bei **881**.*

998 Du löst deinen Fokus etwas von dem temporalen Band, und sofort zieht es dich vorwärts in die Gegenwart. Stunden huschen in Farbschlieren an dir vorbei. Binnen weniger Sekunden

– so scheint es zumindest – werden die fehlenden Ziegel des Dachs von außen ersetzt. In Windeseile wird es dunkel, bis das zitternde Licht einer Ölschale deine Aufmerksamkeit auf sich zieht und du deine Zeitreise stoppst.

Als du über die Kante deines Verstecks schielst, siehst du einen Präparator am Altar stehen. Langsam geht er um Kathums Leichnam herum. Er murmelt Totengebete und streicht ehrfürchtig über die Bandagen des mumifizierten Körpers des Hierarchen. Beim Höhepunkt jeder Gebetsstrophe schiebt er kleine Talismane und Artefakte zwischen die einzelnen Stofflagen.

› Er scheint seinem alten Herrscher treu ergeben. ‹

Die geheimnisvollen Taten des Präparators lassen in dir ernsthafte Zweifel über das weitere Vorgehen aufkeimen.

› Womöglich wäre mir dieser Mann eine große Hilfe … ‹

Willst du weiterhin in deinem Versteck bleiben, die Zeremonie abwarten, um anschließend Kathums Körper aus der Krypta zu entfernen, lies weiter bei ***947****.*

Willst du einen raffinierten Plan verfolgen, der aber das Risiko birgt, zu scheitern oder dein Leben zu verlieren, lies weiter bei ***986****.*

Oder willst du dich im Schutze der Nacht aus dem Tempel in Sicherheit bringen, Kyrna rufen und mit ihr sofort in die Gegenwart zurückkehren, lies weiter bei ***1000****.*

7

999 Mit einem unguten Gefühl rappelst du dich auf. Ein Blick bohrt sich in deinen Nacken. Du willst dich nicht umdrehen, doch ein selbstauferlegter, innerer Zwang lässt es geschehen.

Direkt vor dir steht ein Schatten! Seine Augen durchdringen dich. Dir wird schwindelig. Es sind deine Augen!

Dein überforderter Geist kämpft mit den Wirren der Zeit, doch du kannst es nicht aufhalten. Das temporale Band zerreißt und der Strudel der Ewigkeit zerrt dich und den Körper des jungen, unschuldigen Ugarith in unstetes Grau.

Dein Leben endet hier. ***(+910)*** ▪

1000 Du bist froh, wieder auf Kyrnas Rücken zu sitzen und dass das schroffe Tal am Roten Rhenus zwischen den Sandsteinbergen endlich hinter euch liegt. Mit dem unsicheren Gefühl, vielleicht nicht alles getan zu haben, was in deiner Macht stand, gibst du der Spannung des temporalen Bandes nach, das euch augenblicklich in die Gegenwart zurückschleudert.
Gemeinsam gleitet ihr nun Richtung Ningal-Tower. Selbst für Kyrna ist es ein weiter Flug zur Bastion des Schattenmeisters, doch du fieberst eurem Zusammentreffen entgegen und treibst deinen Drachen mit lauten Schreien an.

Hast du den einen SCHICKSALSPUNKT (den 13.) in diesem Kapitel gefunden? Wenn nicht, dann solltest du in Erwägung ziehen, einer Seele zu helfen, um dir letztendlich selbst zu helfen …

Auch in diesem Kapitel war ein weiterer REITERRANG versteckt. Konntest du ihn nicht entdecken, solltest du womöglich euer Timing beim Ritt in die Vergangenheit ändern.

*Achtung! Hast du mittlerweile den REITERRANG **Drachenfreund** erreicht? Dann darfst du – bevor das Finale beginnt – das nun folgende ZUSATZKAPITEL „**RACHEENGEL**“ lesen!*
*Hast du den zweithöchsten REITERRANG hingegen noch nicht erreicht, dann überspringe das Zusatzkapitel und lies sofort weiter im FINALE „**MÄCHTE DER SCHWARZEN SONNE**“.*

*Übrigens: Musstest du im vergangenen Kapitel deine Ausrüstung zurücklassen, stellst du erleichtert fest, dass sie sorgfältig an Kyrnas Packsattel verstaut wurde. Streiche in diesem Falle also wieder das Kreuz im Speicherpunkt ⊗ neben der **Mondsichel**.*

ZUSATZKAPITEL

RACHEENGEL

ACHTUNG! Du darfst dieses Zusatzkapitel nur spielen, wenn es dir gelungen ist, nach dem 7. Kapitel den zweithöchsten REITERRANG ***Drachenfreund*** *zu erreichen.*
War dir dies nicht vergönnt, blättere sofort zum FINALE ***„MÄCHTE DER SCHWARZEN SONNE"*** *oder versuche, durch erneutes Spielen vorheriger Kapitel diese Qualifikation zu erlangen!*

Spielst du dieses Kapitel erneut, stelle jetzt sicher, dass die Kreise der Sektionen Z3 bis Z7 nicht markiert sind.

Übernimm deine VITALITÄT und KYRNAS VITALITÄT aus dem vorherigen Kapitel.

DAS ORAKEL VON KABETH: „Keşra, beweist den Göttern, dass das Schicksalsband, das euch und den Drachen verknüpft, ohne Fehl ist – so wird es nimmer reißen!"

Z

Z1 Du bewunderst Kyrnas Ausdauer und Selbstdisziplin. Dank ihres unermüdlichen Einsatzes werdet ihr bald den Militärposten Fort Sin und somit die Südgrenze des besetzten Empire-Gebietes erreichen.
Fort Sin war einst ein kleines, verschlafenes Händlerstädtchen am Fuße der Windberge. Heute ist es ein strategisch wichtiger Außenposten des Empires und das unmissverständliche Symbol seines kontinentalen Machtanspruchs.
Die ersten Strahlen Kars lassen die Ausläufer der schneebedeckten Berge funkeln. Und da – aus den Nebelschleiern des Horizonts erhebt sie sich: die Große Mauer!

Die monumentale Wehranlage, die auf einem künstlich aufgeschütteten Wall ruht, verbindet über zwei Meilen hinweg die schroffen Flanken der westlichen Windberge und die Sonnenhöhen im Osten. Somit schottet das sichelförmig geschwungene Bauwerk die vom Empire besetzte Guanoko-Ebene gegen Übergriffe der Freien Lande aus dem Süden ab.

Tausende Arbeiter – zumeist Kriegsgefangene und Sklaven – erbauten die unbezwingbare Mauer in den vergangenen Jahren dorthin, wo zuvor eine Klamm das Gebirge teilte und die Kaufleute ihre Kamele trieben.

Du ziehst an Kyrnas Zügel und schon gewinnt ihr weiter an Höhe. Nun erkennst du erste Einzelheiten hinter der Mauer: Dichte, graublaue Rauchschwaden kräuseln gen Himmel, gespeist von unzähligen Lagerfeuern. Dazwischen flattern Fahnen, Banner und Wimpel bedrohlich im Wind. Ihr ausgefranster, schwarzer Stoff zeigt die Insigne des Empires: den silbernen Vollmond.

Es sind die verbliebenen Einheiten der Schwarzen Armee, vielleicht 1.000 Mann, die sich nach der verlorenen Schlacht um Leenhaven hierher zurückgezogen haben und weitere Befehle vom Ningal-Tower erwarten.

Z

Willst du augenblicklich die Schwarze Armee angreifen, lies weiter bei **Z47**.

Willst du dir zunächst einen besseren Überblick verschaffen, lies weiter bei **Z12**.

Z2 *Wie viele Punkte hast du im Laufe eures Angriffs auf die Schwarze Armee abgestrichen (kontrolliere dazu die Kreise neben den Sektionen Z3 bis Z7)?*

Keinen, lies weiter bei **Z13**.

1 oder 2, lies weiter bei **Z56**.

3 oder 4, lies weiter bei **Z34**.

Alle 5, lies weiter bei **Z50**.

○ **Z3** Kyrna gehorcht deinem Zügelkommando und fliegt einen weiten Bogen nach rechts, damit die ersten Morgenstrahlen euren Anflug aus dem Osten verbergen.

*Willst du versuchen, die perfekte Flugroute für deinen Angriff zu finden, lies weiter bei **Z10**.*

Willst du hingegen spontan attackieren und auf eine allgemeine Verwirrung hoffen, dann wähle jetzt dein erstes Ziel:

*Die Mauerkrone, lies weiter bei **Z33**.*

*Den nächsten Geschützturm, lies weiter bei **Z38**.*

*Ein offenes Bataillonlager, lies weiter bei **Z14**.*

*Ein Waffenlager, lies weiter bei **Z26**.*

*Die Nahrungsvorräte des Lagers, lies weiter bei **Z23**.*

Markiere bitte den Kreis neben der Sektionsnummer Z3 als Vermerk, dass du diesen Abschnitt gelesen hast.

○ **Z4** Du entdeckst sieben Flugechsen zwischen zwei Wachtürmen auf einer Eisenstange sitzen. Allesamt sind sie mit einem Ring und einer rasselnden Kette daran festgebunden, sodass sich die Kreaturen zwar auf der Stange frei bewegen, aber eben nicht fortfliegen können.

Als sie Kyrnas Nähe wittern, zerren sie nervös an ihren Fesseln, flattern wild auf und ab. Von ihren Reitern ist nichts zu sehen. Wahrscheinlich schlafen die Baronyak in den angrenzenden Türmen.

Du erinnerst dich an dein letztes Zusammentreffen mit den Flugechsen. Ohne die führende Hand ihrer Herrchen sind sie nicht besonders gehorsam.

*Willst du Kyrna anweisen, die große Eisenstange aus der Verankerung zu reißen, lies weiter bei **Z36**.*

*Willst du auf die Mauer springen und selbst das Problem mit den Echsen erledigen, lies weiter bei **Z46**.*

Markiere bitte den Kreis neben der Sektionsnummer Z4 als Vermerk, dass du diesen Abschnitt gelesen hast.

○ **Z5** Metall ächzt, Holz splittert, Soldaten schreien. Du blickst über Kyrnas langen, pendelnden Schwanz zurück: Eines der Blitzgeschosse steckt inmitten der Kuppel des Geschützturms. Grelle Blitze zucken über das Dach aus Schwarzstahl und entzünden die Stützbalken darunter. Du kannst nur erahnen, welch Inferno gerade hinter den Schießscharten im Turm herrschen muss. Ein druckvoller, dumpfer Schlag, gräbt sich dir in den Magen: Das Vorratslager mit all seinen magischen Projektilen fliegt in vielen, direkt aufeinanderfolgenden Detonationen in die Luft!

*Lies weiter bei **Z14**.*

Markiere bitte den Kreis neben der Sektionsnummer Z5 als Vermerk, dass du diesen Abschnitt gelesen hast.

○ **Z6** Während die Soldaten hinter den Barrikaden in den Gräben kauern, wälzt sich eine alles verschlingende Flammenwand über ihre Köpfe und erfasst einen Panzerwagen, dessen Fahrer sich gerade noch mit einem beherzten Sprung zu retten vermag. Derweil rollt der herrenlose Wagen unkontrolliert weiter inmitten einer Gruppe Infanteriesoldaten und kracht schließlich ins Mauerwerk des nächsten Geschützturms.

Z

Wenige Sekunden später überholen euch die Druckwellen von zahllosen Explosionen. Unter großem Getöse fällt das massive Bauwerk in sich zusammen.

*Lies weiter bei **Z32**.*

Markiere bitte den Kreis neben der Sektionsnummer Z6 als Vermerk, dass du diesen Abschnitt gelesen hast.

○ **Z7** Gekonnt wirft Kyrna über dem großen Zugangsloch die beiden prallgefüllten Sprengfässer ab, die mit sirrendem Pfeifen die Luft durchschneiden und schließlich aufschlagen. Eine grelle Kaskade aus Licht und Feuer zuckt aus dem Erdloch hervor, gefolgt von einer heftigen Detonation.

Im Abstand von wenigen Sekunden schießen an den anderen Zugängen nacheinander Pilze aus Staub und Geröll empor. Die Druckwelle hat sich offenbar unterirdisch durch die Gänge fortgepflanzt und weitere Explosionen ausgelöst.

Als du über Kyrnas Rücken zurückblickst, wird dir erst die ganze Zerstörung eures Angriffs bewusst: Dort, wo eben noch der Zugang war, ist die Erde im Umkreis von rund 100 Fuß abgesackt!

Lies weiter bei ***Z53****.*

Markiere bitte den Kreis neben der Sektionsnummer Z7 als Vermerk, dass du diesen Abschnitt gelesen hast.

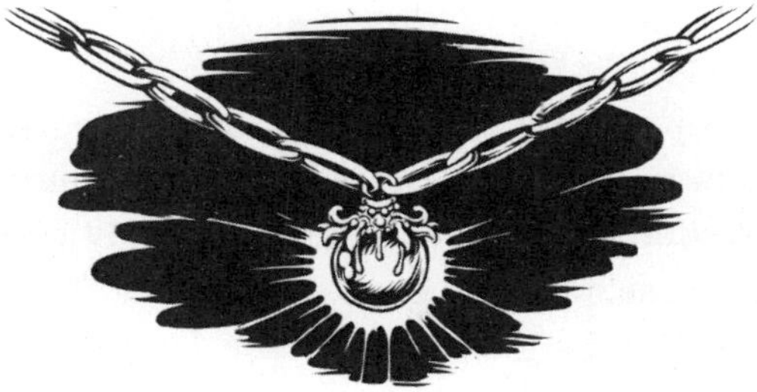

Z8 Armbrustbolzen und Pfeile schwirren an euch vorbei oder treffen gar Kyrnas Schuppenpanzer, als ihr im Tiefflug über das Lager gleitet. Deine Entscheidung ist riskant, doch dein Drache steckt sämtliche Treffer weg und ergreift so geschmeidig die freiliegenden Sprengfässer wie ein Greifvogel seine Beute.

Die umstehenden Soldaten verfluchen euch, während Kyrna mit einem Fass in jeder Tatze wieder aufsteigt.

„Sie sind schwer", bemerkt dein Drache. *„Schnell können wir damit nicht fliegen!"*

Lies weiter bei ***Z49****.*

Z9 Du entscheidest dich für den direkten Weg und fliegst mit Kyrna so knapp wie möglich über dem Erdboden. Knapp vor der

Mauer, reißt du die Zügel zurück und ihr überquert den Schutzwall unter den überraschten Schreien der wachhabenden Soldaten. Sie scheinen mit allem gerechnet zu haben, nur nicht mit dem Angriff eines ausgewachsenen Drachens!

Wähle jetzt dein erstes Ziel! (Folgst du einem festen Schlachtplan, dann weißt du sicher, welches Ziel es zu attackieren gilt.)

Die Mauerkrone, lies weiter bei **Z33**.

Den nächsten Geschützturm, lies weiter bei **Z38**.

Ein offenes Bataillonlager, lies weiter bei **Z14**.

Ein Waffenlager, lies weiter bei **Z26**.

Die Nahrungsvorräte des Lagers, lies weiter bei **Z23**.

Z10 Schon beim Anflug hast du dir die strategischen Positionen der einzelnen Einheiten der Schwarzen Armee eingeprägt. Sie alle anzugreifen und dabei Kyrna nicht unnötig zu gefährden, ist eine große Herausforderung!

Aber du bist sicher: Es gibt die perfekte Flugroute, die es euch erlaubt, alle feindlichen Einheiten zu attackieren, ihre taktischen Schwächen auszunutzen und euch zugleich optimal zu schützen.

Z

Blättere dazu zum Ende dieses Kapitels auf Seite 552 und betrachte die schematische Darstellung der Schwarzen Armee vor und hinter der Großen Mauer. Dort findest du auch die Hinweise, nach denen du die perfekte Flugroute bestimmen kannst.

Glaubst du die Lösung (Tipp: Es gibt nur eine!) gefunden zu haben, dann lies weiter bei **Z33**.

Dort (und vielleicht bei kommenden Sektionen) sollte es dir leichtfallen, die richtige Entscheidung zu wählen, vorausgesetzt, du hast wirklich die korrekte Lösung parat.

Z11 Kyrna befindet sich gerade im Sturzflug nach ihrem Looping. Du packst dein Herz in beide Hände, rennst zur Kante der Mauerkrone, stößt dabei zwei Baronyak zur Seite und springst deinem schwarzen Drachen entgegen. Nach einer Sekunde im freien Fall bekommst du die Zügelketten zu greifen und schwingst dich in den Sattel auf Kyrnas Rücken.

*Lies weiter bei **Z38**.*

Z12 Direkt hinter dem Steinwall thronen, im Abstand von rund einer halben Meile, massive Wehrtürme. Ihre Aussichtsplattformen ragen weit über die Mauer hinaus und sind bestens geschützt: Schwarzer Stahl soll feindliche Angriffe aus der Luft neutralisieren.
Die Kuppeldächer sind gespickt mit armlangen Dornen, die eine Landung von Flugechsen erschweren sollen. Dazwischen funkeln die Bolzen der berüchtigten Blitz-Ballisten aus den Luken der Panzerung. Vor der betäubenden Sprengkraft ihrer magischen Geschosse ist keine Flugechse gefeit.
Während ihr euch weiter der Mauer nähert, bemerkst du etwas Merkwürdiges: Auf ihrer gesamten Länge hat sie weder Tore, Türen noch andere Durchgänge.
Dann jedoch fallen dir drei seltsame Felsformationen auf, die sich einige hundert Fuß voneinander entfernt direkt neben den Geschütztürmen aus dem Boden erheben. Offensichtlich sind es Tunnelzugänge, die unter der Mauer hindurchführen und auf der anderen Seite mit Ausgängen verbunden sind. Die Stollen würden somit knapp eine Meile durch massiven Fels führen.

*Besitzt du die Fähigkeit **Kriegsführung**, lies weiter bei **Z44**.*
*Andernfalls lies weiter bei **Z47**.*

Z13 Das Keşra gilt als Richter des Schicksals. Aber wer sagt, dass ein Richter nicht Milde walten lassen darf? Solange das Schicksal der beiden Götter-Abgesandten Kathum und Calderel noch in der Schwebe ist, scheint die Schwarze Armee für dich zweitrangig.

› Stellt die Schwarze Armee in ihrem jetzigen Zustand überhaupt noch eine Gefahr dar? ‹
Dein kurzer Überflug sorgte trotz geringer Verluste unter den Soldaten für ein heilloses Durcheinander im Militärverband.

Für den verhältnismäßig friedvollen Angriff auf die Schwarze Armee erhältst du 3 Karma-Punkte.

Lies weiter bei ***Z41****.*

Z14 Obwohl euer Angriff bisher kaum eine Minute gedauert hat, sind die ersten Soldaten der Schwarzen Armee bereits einsatzbereit. Schwergerüstet schreien sie ihre Wut über den Angriff eines vermeintlich Verbündeten hinaus und drohen euch mit Schwertern und Speeren, verschanzt hinter Barrikaden aus Holz und Klingenseil.
Wie soll Kyrna das Bataillon angreifen?

Willst du fest am linken Zügel ziehen und dich nach vorne lehnen, lies weiter bei ***Z20****, Option* Ⓐ.

Willst du Kyrna auf den Rücken trommeln, lies weiter bei ***Z30****, Option* Ⓐ.

Willst du die Zügel lockern und dich nach vorne lehnen, lies weiter bei ***Z40****, Option* Ⓐ.

Nutze die Flugmanöver-Karte bei K20, bevor du dich entscheidest.

Z

Z15 Ihr rauscht nur knapp über den ausgedörrten Boden hinweg, direkt auf die Wagenburg zu. Im Staub des Anflugs brüllst du: „Kyrna, schnapp dir die Fässer mit der Hand!"
Obwohl dein Drache nicht antwortet, spürst du, dass er dich verstanden hat: Kyrna senkt den Schädel und richtet das Haupthorn auf den umgestürzten Planwagen.

Teste deine Stärke gegen 17!

Gelingt der Test, lies weiter bei ***Z49****.*
Misslingt er, lies weiter bei ***Z53****.*

Z16 Rasend schnell nähert ihr euch dem finsteren Loch im Erdboden, durch das die Einheiten den Untergrund unterhalb der Mauer betreten können. Du musst Kyrna den Zeitpunkt des Abwurfs der Sprengfässer exakt vorgeben, ansonsten würde euer Angriff wirkungslos verpuffen.

Teste dein GESCHICK *gegen 18!*

Gelingt der Test, lies weiter **Z7***.*
Misslingt er, lies weiter bei **Z59***.*

Z17 Geblendet von der tief stehenden Morgensonne fällt es dir schwer, Kyrna mit Weitblick zu führen und rechtzeitig mögliche Angriffsziele auszumachen. Alsbald bemerken die Wachen auf den Türmen euren Anflug. Heftiger Glockenschlag dröhnt über das Lager.

Lies weiter bei **Z31***.*

Z18 Ruhig segelt ihr auf die schwarzschimmernde Panzerkuppel des Geschützturms zu, als euch auch schon die ersten Blitzgeschosse entgegenrasen. Sofort reißt du an den Zügeln, um Kyrna ausweichen zu lassen, da durchschlägt der erste Bolzen ihre rechte Schwinge.
Du hältst den Atem an, in Erwartung das Blitzgeschoss könnte nun seine magische Kraft über euch entladen, doch ihr habt Glück im Unglück – es ist ein glatter Durchschuss!

Lies weiter bei **Z31***.*

Z19 Slahts Zorn ist euch gewiss. Ihr habt der Schwarzen Armee großen Schaden zugefügt. Daher gibst du Kyrna die Sporen. Der rote Heermeister verfolgt euch und bläst wütende Flammenlanzen, doch der Blutdrache ist zu träge und nach einigen geschickten Flugmanövern habt ihr ihn abgeschüttelt.

Lies weiter bei **Z31***.*

Z20 „Pagot, pagot!“, schreist du heraus und krallst dich aufgeregt an zwei Nackenhörnern fest, als Kyrna dem Erdboden entgegendonnert. Der Flugwind nimmt dir die Sicht und du kannst nur hoffen, dass sie rechtzeitig die Flügel entfaltet, um diesen waghalsigen Sturzflug abzufangen.
Dann hörst du nur ein tiefes „flap“. Prompt wird dir die Luft aus den Lungen gepresst.

Je nachdem, welche Option in der vorigen Sektion genannt wurde, lies entweder weiter bei Ⓐ Z25, Ⓑ Z5 oder Ⓒ Z15.

Z21 Per Rolle dämpfst du die Wucht des Sprungs, springst auf und rennst – unter den verdutzten Blicken der Soldaten – quer über die Mauerkrone zu den Flugechsen hinüber, die noch immer ihre Köpfe von Kyrnas Überflug eingezogen halten.
Die Ketten der Echsen werden mit massiven Eisenringen und rostigen Bolzen an der armdicken Stange fixiert.
Während du dich aufmachst, die Bolzen zu lösen, fliegt Kyrna weit über dir einen Überschlag. Es bleibt dir also nur wenig Zeit.

Z

Teste deine STÄRKE gegen 20!
*Führst du einen **Fäustel** mit dir, erhöht sich deine STÄRKE um 3.*
*Hast du einen **Bolzenlöser** dabei, steigt deine STÄRKE um 2.*
Besitzt du gar beide Utensilien, schaffst du den Test automatisch!

*Gelingt der Test, lies weiter bei **Z24**.*
*Misslingt er, lies weiter bei **Z51**.*

Z22 Gebannt spähst du zu den verschneiten Gipfeln der Windberge hinüber, die sich nur wenige Flugmeilen von hier in den Himmel bohren.
Da wirbelt der Wolkenturm in der Ferne auseinander: Ein gigantischer Drache mit tiefrotem Schuppenkleid und dürren, sichelartig gekrümmten Krallen schießt hervor. Seine vier Flügel bilden ein imposantes Kreuz.

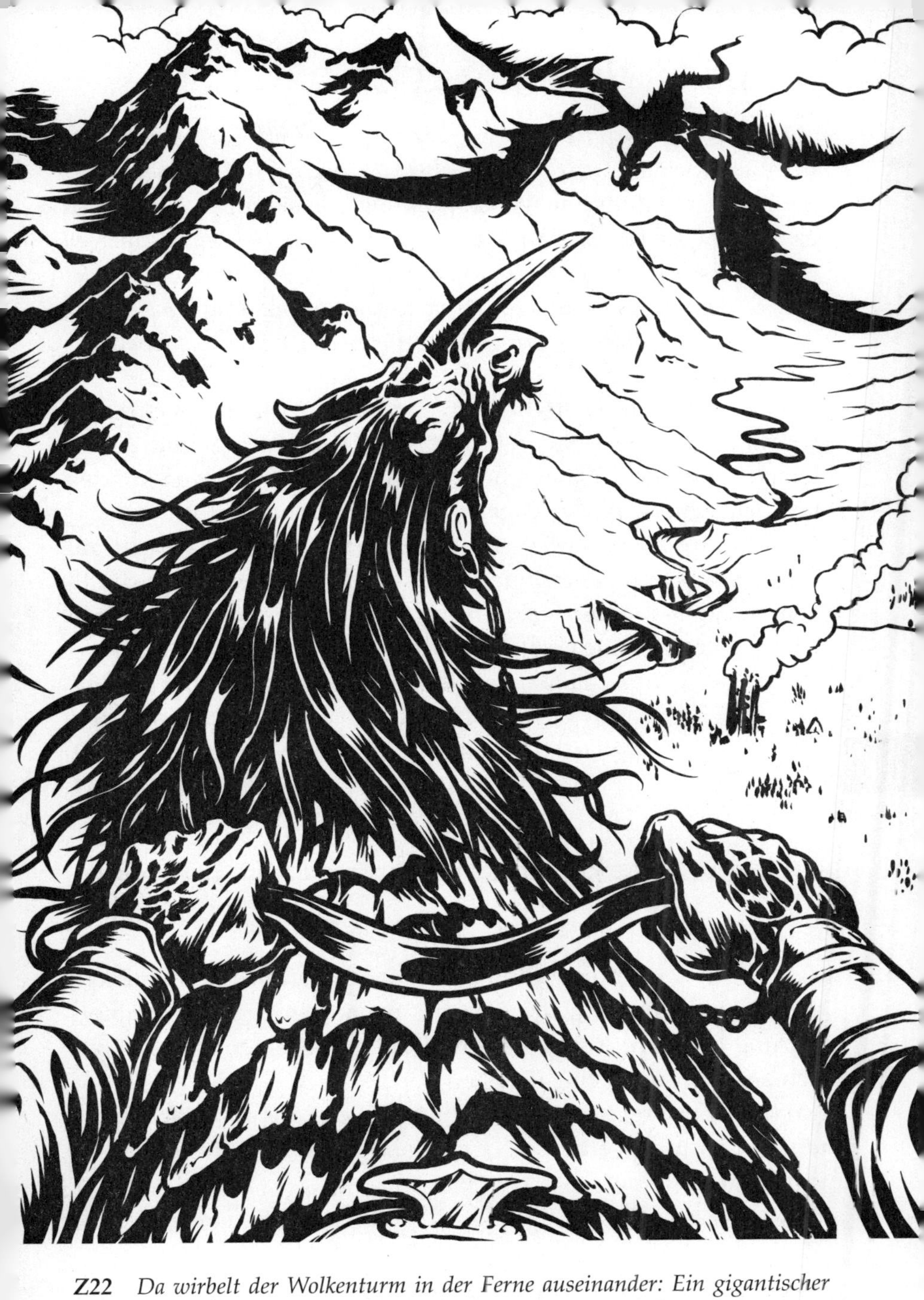

Z22 *Da wirbelt der Wolkenturm in der Ferne auseinander: Ein gigantischer Drache mit tiefrotem Schuppenkleid und dürren, sichelartig gekrümmten Krallen schießt hervor. Seine vier Flügel bilden ein imposantes Kreuz.*

„Das ist Slaht der Blutige – Heerführer der Schwarzen Armee", kommentiert Kyrna.
Sie bleckt die Zähne in Verabscheuung, als sie dir Slahts Wesen erläutert: *„Er ist ein Blutdrache, der sich dem Heil einer einzigen Armee verschrieben hat. Für seine Dienste verlangt er die größten Opfer aller Schlachten der Schwarzen Armee, seiner Armee. Jede verschlungene Seele dieses Blutzolls bringt ihn seinem Ziel näher – ein Bote der Unterwelt zu werden."*
Erst als sich Slaht weiter nähert, wird dir seine wahre Größe bewusst. Die Spannweite seiner vier Flügel überragt die deines Drachen deutlich. Zahlreiche Narben und Entstellungen künden von Schlachten, die der Gigant seit Generationen führt.
Kyrnas Unruhe überträgt sich auf dich. Dein Blick verharrt auf Slahts mächtigen Fangzähnen, die weit über die Lefzen des bulligen Schädels hinausragen. Gleich wird er hier sein, um seinen Untertanen zur Seite zu stehen.

Willst du Kyrna auffordern, Slaht anzugreifen, lies weiter bei **Z55**.

Soll Kyrna versuchen ihn zu überzeugen, dass er auf der falschen Seite steht, lies weiter bei **Z29**.

Willst du flüchten, lies weiter bei **Z19**.

Z23 Die Wasserkessel sind nur von wenigen Männern in leichter Uniform bewacht, die offenbar noch keine große Kampferfahrung besitzen. Als sie den mächtigen schwarzen Drachen auf sich zurasen sehen, flüchten sie.
Im Vorbeiflug reißt Kyrna sämtliche Kessel aus ihrer Verankerung, sodass das wertvolle Nass einen kleinen See auf dem rissigen Erdreich bildet.

Lies weiter bei **Z53**.

Z24 Ehe die Soldaten überhaupt verstehen, was du vorhast, kullern alle sechs Bolzen über die Granitplatten. Die Ringe rutschen ab und geben die Flugechsen frei, die sofort die Gelegenheit nutzen und von der Eisenstange hüpfen.
Drei Echsen laufen wild über die Mauerkrone und sorgen für noch mehr Chaos, die anderen flattern fort, werden aber von der Last der Ketten in die Tiefe gerissen. Ihr schrilles Wimmern ist weithin zu hören.
Erst jetzt bemerkst du eine offene Transportkiste mit frischgeschneiderten Reitermonturen. Kurzentschlossen wühlst du die größte heraus und drückst sie dir abschätzend gegen die Brust.

*Wenn du die **Reitermontur** (Kleidung, Rumpf, Schutz +2) behalten möchtest, notiere sie auf dem Abenteuerblatt. (Es geht übrigens in Ordnung, sie sofort zu notieren, auch wenn du jetzt nicht die Zeit hast, sie anzulegen.)*
*Hast du beim Entfernen der Bolzen zuvor einen **Fäustel** und/oder einen **Bolzenlöser** verwendet, dann lässt du diese Utensilien jetzt zurück. Streiche sie vom Abenteuerblatt.*

Zufrieden blickst du in den Himmel und hältst nach Kyrna Ausschau. Da stürzen drei Baronyak, gerüstet im traditionellen weißblau gefärbten Leder eines Luftjägers, durch die Tür des angrenzenden Wachhauses!

*Lies weiter bei **Z11**.*

Z

Z25 Kyrna fängt den rasanten Sturzflug vor einer der Barrikaden mit einer halben Schraube ab, muss dabei aber ihre weniger geschützte Flanke preisgeben.
Als hätten die Kerle der Schwarzen Armee nur auf diese Chance gewartet, springen sie aus ihrem Versteck hervor und schleudern mit allem, was sie haben, nach Kyrna. Wütendes Fauchen ertönt.

*Lies weiter bei **Z31**.*

Z26 Bei eurem Anflug auf das Lager bemerkst du knapp ein Dutzend Männer, die trotz des Alarms fieberhaft daran arbeiten, einen Planwagen mit gebrochener Achse wieder flott zu machen. Als ihr euch nähert, bekommen es die Arbeiter jedoch mit der Angst zu tun, lassen ihr Werkzeug fallen und suchen das Weite. Ein verbliebener Soldat, der half, den beschädigten Planwagen anzuheben, kann die Last nicht mehr halten und wird vom umstürzenden Gefährt eingeklemmt. Fässer mit seltsamer Markierung – einer gespreizten roten Hand – poltern von der Ladefläche.

Besitzt du die Fähigkeit ***Magiekenntnis****, lies weiter bei* ***Z42****.*

Andernfalls lies weiter bei ***Z58****.*

Z27 Panische Kommandos ertönen hinter der Panzerung, als Kyrnas Odem durch die Schießscharten des Geschützturms züngelt.

Als du dich umblickst, um die Auswirkungen eures Angriffs zu überprüfen, musst du feststellen, dass der Turm – bis auf einige Rußflecken – keinen Schaden davongetragen hat.

Lies weiter bei ***Z14****.*

Z

Z28 Die Soldaten unter Kyrnas ausgebreiteten Schwingen laufen aufgeregt umher. Einige werfen sich in den Staub, wenige Mutige schleudern Speere und Lanzen nach euch.

Doch keiner der Angriffe bringt Kyrna ernsthaft in Gefahr. Im Gegenteil: Mit hängenden Tatzen zieht die erfahrene Drachendame eine Schneise der Verwüstung in den Boden und schlägt damit übermütige Soldaten in die Flucht.

Lies weiter bei ***Z32****.*

Z29 Du spürst Kyrnas Unbehagen, als sie deinem Wunsch nachkommt und auf Slaht zuhält. Doch es scheint, als hätte der Unterweltanwärter, dessen blutrote Schuppen unheilvoll in der Sonne schimmern, nicht damit gerechnet, dass ihr ihn abfangt.

Mit asynchronen Schlägen seiner beiden mächtigen Flügelpaare hält Slaht die Position. In seinen Echsenaugen blitzt der Hass. Ihn dürstet es nach Rache für die herben Verluste, die ihr seiner Schwarzen Armee zugefügt habt.
Ein tiefes, mehrstimmiges Fauchen wälzt sich über die Guanoko-Ebene: *„Die Schwarze Kyrna hat das Blut meiner Armee vergossen!? Beeindruckend!"*
Slahts eisenharte Stimme dröhnt in deinem Schädel, obwohl sie nur eine gedankliche Projektion ist: *„Ah! Es ist also das Keşra auf deinem Buckel, das dich führt …"*
Kyrna schweigt im Wissen, dass jede Antwort, egal ob wahrhaftig oder gelogen, Slaht nur ermutigen würde, seine ihm ureigene Aggression auszuleben. Nach drei Flügelschlägen fährt der stolze Blutdrache fort: *„Meine Armee ist geschlagen und es war an euch, ihr unausweichliches Schicksal zu besiegeln. Ich respektiere das! Zumal es durch das legendäre Keşra geschah."*
Mit diesen Worten dreht Slaht ab, streicht im Tiefflug über das Lager und ergreift den ein oder anderen flehenden Soldaten, die er beim Weiterflug in die Berge verschlingt.
„Slaht wird sich zu gegebener Zeit einer anderen Macht anschließen. Er kann nicht anders. Es ist seine Bestimmung", kommentiert Kyrna den dramatischen Rückzug des Blutdrachen gefasst.

Lies weiter bei **Z2**.

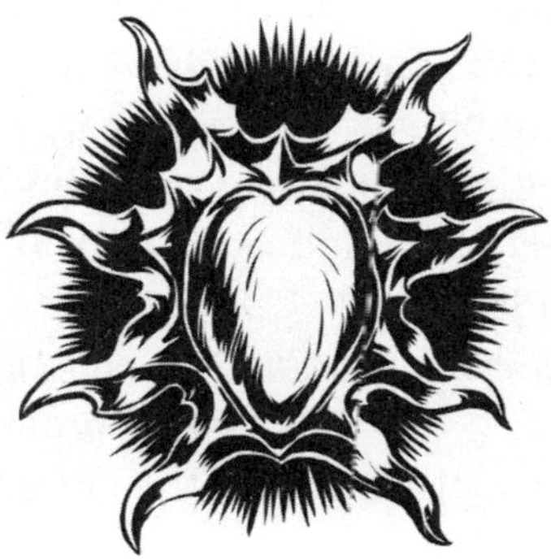

Z30 Das Kommando zum Feuerangriff hast du nun bereits einige Male an Kyrna gegeben. Doch noch immer hast du große Ehrfurcht vor der Macht ihres Odems und gehst vorsorglich in Deckung, während du auf das Kreuz deines Drachens trommelst. Ehe du überhaupt die Worte „rosch, rosch" ausgerufen hast, schießt ein gleißender Flammenstrahl aus Kyrnas Maul.

Je nachdem, welche Option in der vorigen Sektion genannt wurde, lies entweder weiter bei Ⓐ*Z6,* Ⓑ*Z27 oder* Ⓒ*Z48.*

Z31 Es ist zu gefährlich! Die Fortsetzung des Angriffs könnte Kyrna das Leben kosten. Du entscheidest dich daher abzudrehen und über die Berge zu flüchten. Frustriert blickst du auf die Schwarze Armee zurück und hoffst, dass sie in den nächsten Tagen keinen weiteren Angriff auf Leenhaven oder eine andere Stadt plant.

› Möge unser Angriff ihnen Warnung genug sein! ‹

Lies weiter bei ***Z60****.*

Z

Z32 In der Eile des Flugs fällt es dir schwer, den Überblick zu bewahren. Doch ihr habt nun bereits zum dritten Mal die Große Mauer überflogen. Auf der Südseite des Bollwerks sind deutlich weniger Einheiten stationiert. Entsprechend gibt es hier nur ein Versorgungslager.

Im Zentrum des Lagers ist ein großes Kommandeurszelt aufgeschlagen. Darum etwa ein Dutzend kleinerer Zelte voller Versorgungsgüter beschützt von Eliteeinheiten.

Zudem erkennst du in einer Senke rund ein Dutzend mannshoher Kupferkessel, bis zum Rand gefüllt mit Wasser. Etwas abseits eine Ansammlung Planwagen.

Welchen Versorgungsverband möchtest du attackieren?

Die Wasservorräte, lies weiter bei ***Z23****.*

Die Wagen, lies weiter bei ***Z26****.*

Z33 Du bist überwältigt vom Anblick der großen Mauer. Erst durch den Anflug so knapp über dem Erdboden wird dir ihre wahre Höhe bewusst.
Auf der Krone laufen zahlreiche Soldaten umher. Sie halten ihre Waffen umklammert und verschanzen sich hinter kleineren Aufbauten und Geschützen.
Wie gedenkst du, Kyrna über die Mauer (Feld M4) zu lenken?*

Von Nord nach Süd, lies weiter bei **Z4**.
Von Süd nach Nord, lies weiter bei **Z45**.
Überhaupt nicht, lies weiter bei **Z57**.

Z34 Dein Angriff auf die Schwarze Armee war erfolgreich. Flammen schlagen an den Geschütztürmen empor und noch immer dröhnen vereinzelte Explosionen aus den Lagern.
Für den gelungenen Angriff auf die Schwarze Armee erhältst du 2 KARMA-Punkte.

Lies weiter bei **Z41**.

Z35 Du unterschätzt die Wucht deines Sprungs. Zusammengerollt wie eine Eisenkugel polterst du über die Granitplatten der Mauerkrone und reißt dabei zwei Soldaten um, die nicht rechtzeitig zur Seite springen können.
Als du dich wieder aufrappelst, schmerzen dir sämtliche Glieder, doch du hast keine schweren Verletzungen davongetragen.
Da kracht die Tür des Wachhauses zurück und drei Baronyak-Reiter hetzen dir mit gezückten Reitersäbeln entgegen. Dein Versuch, ihre Echsen zu befreien, ist gescheitert. Bedrängt suchst du den Himmel ab.

Lies weiter bei **Z11**.

Z36 Just in dem Moment, als ihr über die Mauerkrone gleitet, spreizt Kyrna ihre Schwingen, streckt die mächtigen Tatzen vor und krallt sich an der Stange fest. Das Eisen ächzt unter den

**Hast du das Flugroutenrätsel auf Seite 552 gelöst, dann solltest du wissen, in welche Richtung du fliegen musst.*

Z

Kräften deines Drachens, bis schließlich der Stein birst und die Stange abreißt.

Die Echsen – noch immer mit Ketten an der Stange fixiert – kreischen und flattern hilflos unter euch, während Kyrna ihren Flug mit ihnen im Schlepptau fortsetzt.

Wenige Flügelschläge später lässt sie die Stange los und die Echsen krachen unweit der Mauersohle zu Boden.

Lies weiter bei **Z38***.*

Z37 Du weißt, dieser Angriff ist riskant. Daher ergreifst du jeden taktischen Strohhalm. Dir scheint der Anflug von Osten nach Westen am sichersten, da die tiefstehende Morgensonne die Verteidiger womöglich blendet.

Lies weiter bei **Z3***.*

Z38 Hinter der Nordseite der Mauer thronen vier mächtige Geschütztürme und du weißt, dass der weitere Erfolg eures Angriffs entscheidend davon abhängt, ob es euch gelingt, ihrem Beschuss zu entgehen.

Z

Entscheide dich für eine dieser beiden Möglichkeiten:

Ⓐ Möchtest du den Geschossen der Geschütztürme ausweichen, dann teste dein GESCHICK *gegen 16!*

Ⓑ Möchtest du ausweichen und zugleich den nächsten Geschützturm angreifen, dann teste dein GESCHICK *gegen 18!*

Gelingt Test Ⓐ, lies weiter bei **Z43***.*

Hast du dich für die schwierigere Aufgabe Ⓑ entschieden und der Test ist gelungen, lies weiter bei **Z54***.*

Misslingt der gewählte Test, lies weiter bei **Z31***.*

Z39 Es ist soweit! Zunächst erschallt von einem der Wachtürme das wilde Schlagen einer Glocke. Sogleich eine zweite und dritte. Und schon befindet sich das gesamte Lager in Alarmzustand!

Trotzdem scheint das Überraschungsmoment auf eurer Seite: Noch siehst du keine Baronyaks oder anderen Echsenreiter in die Luft aufsteigen.
„Kyrna, jetzt kommt's drauf an!", schreist du gegen den Wind. Dein Drache knurrt inbrünstig.

E *Besitzt du die Fähigkeit* ***Kriegsführung****, lies weiter bei* ***Z37****.*
Ansonsten entscheide dich, in welche Himmelsrichtung du deinen Angriffsflug starten möchtest:

Von Süd nach Nord, lies weiter bei ***Z9****.*
Von Ost nach West, lies weiter bei ***Z3****.*
Von West nach Ost, lies weiter bei ***Z17****.*

Z40 „Malam, malam", murmelst du Kyrna ins Ohr. Sofort breitet dein Drache geschmeidig die Schwingen aus und gleitet geräuschlos im Tiefflug über das Lager.
Je nachdem, welche Option in der vorigen Sektion genannt wurde, lies entweder weiter bei Ⓐ*Z28,* Ⓑ*Z18 oder* Ⓒ*Z8.*

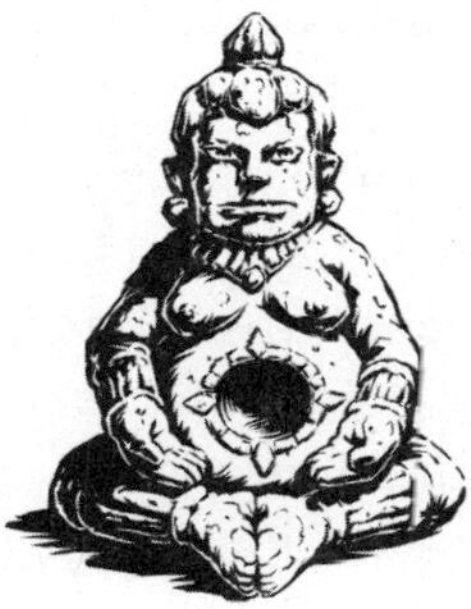

Z

Z41 Es herrscht Chaos unter euch. Nicht nur, dass Kyrna einen immensen Schaden angerichtet hat, nun hat sich auch Slaht, der einstige Heerführer, gegen die eigene Armee gestellt. Etliche Soldaten desertieren aus Furcht vor seinem Zorn in die Weiten der Guanoko-Ebene.

Lies weiter bei ***Z60****.*

Solltest du Tarahs Kapitel gespielt haben, dann überprüfe jetzt das Kästchen „E" unter „Pfad der Weisheit" auf der dritten Seite des Abenteuerblatts. Eventuell erhältst du dort einen Hinweis darauf, was hier zu tun ist.

Z42 In den Arsenalen der Schwarzen Armee liegen nicht nur Metallwaffen jeglicher Art, sondern auch Spezialgerät, um dicke Panzerungen und Mauerwerk zu durchbrechen. Diese alchemistischen Stoffe sind extrem gefährlich und dürfen nur von speziell ausgebildeten Magiern oder Sprengmeistern gehandhabt werden.

Lies weiter bei **Z58**.

Z43 Geschickt manövrierst du Kyrna im toten Winkel der Geschütztürme. Offenbar ist ihre schwere Mechanik nicht dazu ausgelegt, so nah gelegene und zugleich wendige Ziele anzuvisieren. Ohne Zeit zu verlieren, wendet ihr euch dem nächsten Angriffsziel zu.

Lies weiter bei **Z14**.

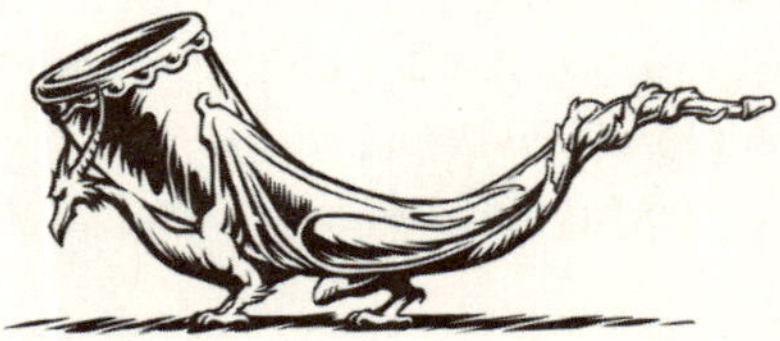

Z44 Du malst dir aus, mit welchen gemeinen Fallen die Gänge wahrscheinlich gespickt sind, um Übergriffe aus der anderen Richtung effektiv zu unterbinden. Eine feindliche Armee würde sicherlich ausgelöscht, sollte sie den aberwitzigen Versuch unternehmen, die Gänge zu durchbrechen.

Welchen strategischen Stellenwert die nördlichen Tunneleingänge haben, zeigt sich daran, dass das Heer direkt neben ihnen mit jeweils einem Bataillon Position bezogen hat.

Die Schlacht um Leenhaven war ein herber Rückschlag für die Kriegsmaschinerie des Empires. Die Überlebenden der vier Bataillone, die vor wenigen Tagen noch auf die Hafenstadt marschierten, harren hier auf Verstärkung.

Lies weiter bei **Z47**.

Z45 Kurz vorm Erreichen der Mauer zischen schwere Bolzen vorbei. Euer langer Gleitflug gab den Soldaten auf der Großen Mauer Gelegenheit, ihre schweren Geschütze auszurichten. Du musst abdrehen.

Lies weiter bei ***Z38.***

Z46 Hastig tastest du die Taschen nach hilfreichen Gegenständen ab, befreist dich von den Sicherheitsgurten und springst in die Tiefe, als Kyrna über die Mauerkrone segelt.

Teste deine STÄRKE gegen 18!

Gelingt der Test, lies weiter bei ***Z21.***

Misslingt er, lies weiter bei ***Z35.***

Überlege, ob du Utensilien dem Packsattel entnehmen möchtest.

Z47 Kyrna donnert so knapp über die staubtrockene Erde der Guanoko-Ebene hinweg, dass sich sogar dürres Gestrüpp und Gras in ihren Tatzen verfangen. Noch haben die Späher der Schwarzen Armee euren Anflug im Schutze des Morgendunstes nicht bemerkt …

Lies weiter bei ***Z39.***

Z48 Hohe Flammen schlagen empor, als Kyrnas glühender Odem die ersten Vehikel der Wagenburg verzehrt. Durch den Qualm sticht ein Munitionswagen, auf dessen Kutschbock zwei Soldaten in schwarzer Uniform sitzen. Während der eine damit beschäftigt ist, die wilden Ochsen zu bändigen, winkt der zweite hastig mit roten Wimpeln. Es scheint, als wolle er seine Kameraden warnen.
Du ziehst Kyrna nach links – aus ihrem Rachen schießt bereits eine weitere Feuerlanze über das Lager. In Panik springen die beiden Soldaten ab und versuchen, ihr Leben zu retten, bevor das Inferno ihr Gefährt verschlingt.

Darauf zerfetzt eine mächtige Explosion die Überreste des Wagens und schleudert Kyrnas Schwingen umher. Sie schreit. Ihr taumelt nur knapp über dem Erdboden.

Lies weiter bei **Z31**.

Z49 Kyrna muss kräftig mit den Flügeln schlagen, um genügend Höhe zu gewinnen und die Mauer ein letztes Mal zu überwinden. Die schweren Sprengfässer flößen vielen Soldaten auf dem Wehrgang dermaßen Respekt ein, dass sie sich Hals über Kopf in Sicherheit bringen.

Einige wenige jedoch halten unbeirrt mit ihren Armbrüsten auf euch. Bevor die Soldaten aber genauer zielen können, seid ihr bereits über sie hinweg geflogen und steuert einen der Zugänge zum Untergrund an.

Wie gedenkst du, Kyrna über den östlichsten Zugang (Feld Z5) auf der Nordseite der Mauer zu lenken?*

Abdrehen von West nach Süd, lies weiter bei **Z16**.
Abdrehen von Süd nach West, lies weiter bei **Z7**.
Abdrehen von Nord nach Ost, lies weiter bei **Z59**.
Abdrehen von Ost nach Nord, lies weiter bei **Z52**.

Z

Z50 Dein zerstörerischer Angriff, eine strategische wie kämpferische Meisterleistung, wird wohl für immer in den Köpfen der Überlebenden eingebrannt bleiben.

Für den perfekten Angriff auf die Schwarze Armee erhältst du 3 KARMA-Punkte.

Lies weiter bei **B14**!

Z51 Die Soldaten haben deinen Plan durchschaut und sprinten zu dir herüber. Immerhin gelingt es dir, vier der sechs Bolzen zu lösen und somit ein Echsen-Quartett in die Freiheit zu entlassen. Die hysterischen Viecher flattern davon, werden aber sofort von den schweren Eisenketten an ihren Klauen in die Tiefe gerissen.

Da kracht die Tür zum Wachhaus auf: Drei Baronyak-Reiter stürmen mit gezückten Säbeln auf die Mauerkrone und verfluchen dich. Zeit, um sich wieder zurückzuziehen.

*Hast du beim Versuch die Bolzen zu lösen einen **Fäustel** oder einen **Bolzenlöser** verwendet, dann lässt du dieses Utensil jetzt zurück. Streiche es vom Abenteuerblatt.*

Lies weiter bei **Z11**.

Z52 Die Schützen des benachbarten Geschützturms feuern aus allen Rohren, als ihr euch dem strategisch wichtigen Zugang nähert. Die Blitzgeschosse schwirren nur knapp an euch vorbei. Kyrna ist unter der Last der Sprengfässer zu schwerfällig, um ausweichen zu können.
Überfordert lässt sie die Sprengfässer los, die kurze Zeit später explodieren und zwei tiefe Krater vor dem Geschützturm reißen. Nach einem kurzen Schreckmoment setzen die Soldaten hinter den Schießscharten unbeirrt ihren Beschuss fort.

Lies weiter bei **Z31**.

Z53 Dein Überraschungsangriff dauert nun bereits einige Minuten und er läuft erstaunlich glatt. Es ist dir gelungen, die Anführer der Schwarzen Armee auf dem falschen Fuß zu erwischen! Motiviert schaust du dich nach dem nächsten lohnenswerten Ziel um, als Kyrna plötzlich aufschreckt.
Zunächst befürchtest du, sie sei von einem der Geschütztürme getroffen worden, doch dein Drache reckt seinen langen Hals über dich hinweg und blickt zurück zu den Windbergen im Westen.
„Alles in Ordnung, Kyrna?“
„Ich habe es befürchtet … Er kommt!“
Alarmiert von Kyrnas Beben wendest du dich ebenfalls um.

Lies weiter bei **Z22**.

**Hast du das Flugroutenrätsel auf Seite 552 gelöst, dann solltest du wissen, in welche Richtung du fliegen musst.*

Z54 Mit pfeilschnellen Richtungsänderungen weicht Kyrna den Blitzgeschossen aus. Ein einziger Treffer könnte euer Ende bedeuten! Gleich habt ihr den Turm erreicht.
Du kannst bereits die ersten Schützen hinter der Panzerung ausmachen, wie sie eifrig die nächsten Bolzen auflegen.
Wie möchtest du den großen Wachturm angreifen?

Willst du fest am linken Zügel ziehen und dich nach vorne lehnen,
lies weiter bei **Z20**, *Option* **B**.

Willst du Kyrna auf den Rücken trommeln,
lies weiter bei **Z30**, *Option* **B**.

Willst du die Zügel lockern und dich nach vorne lehnen,
lies weiter bei **Z40**, *Option* **B**.

Nutze die Flugmanöver-Karte bei K20, bevor du dich entscheidest.

Z55 Mit dem Kommando „Rosch, rosch" trommelst du auf Kyrnas Rücken ein in der Hoffnung, dass sie den feindlichen Drachen unter Feuer nimmt.
„*Keşra, du enttäuschst mich*", ignoriert sie deinen Befehl. „*Erinnere dich, was ich einst sagte – Drachen töten einander nicht.*"
„*Gut, dann lass uns eben verschwinden von hier!*"
Heftig zerrst du an Kyrnas Geschirr, als bereits die erste Stichflamme knapp über euch die Luft verzehrt. Du glaubst, ein fieses Grinsen auf Slahts rußgeschwärztem Maul auszumachen, aus dem jetzt nur noch heißer Rauch kräuselt.
„Ich dachte, Kyrna, Drachen töten einander nicht?!", brüllst du schockiert.
„*Das tun sie auch nicht*", antwortet Kyrna im Geist. „*Vermutlich galt dieser Angriff nicht mir …*"

Lies weiter bei **Z19**.

Z56 Dein Angriffsflug war leider nicht optimal geplant. Kyrna musste zu viele Ausweichmanöver fliegen, um effektiv die einzelnen Stellungen unter Feuer nehmen zu können.

Z

Trotzdem werden sich die Soldaten noch lange mit Ehrfurcht an den Tag erinnern, als Aonus' berühmter Schwarzer Drache vom Himmel stürzte.

Für den gelungenen Angriff auf die Schwarze Armee erhältst du immerhin 1 Karma-Punkt.

Lies weiter bei ***Z41****.*

Z57 Du entscheidest dich dazu, nicht an dieser Stelle die Mauer zu überfliegen, und drehst ab. Dabei steuert ihr direkt auf einen der Geschütztürme zu, dessen Blitz-Balliste eurer Flugroute folgt.

Lies weiter bei ***Z38****.*

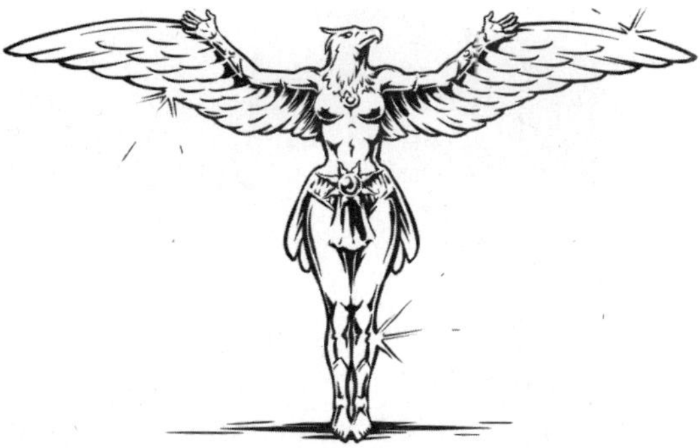

Z58 Die herausgerollten Fässer sind offenbar extrem gefährlich und für die Schwarze Armee von immenser Bedeutung.

Mit welchem Manöver willst du den Planwagen attackieren?

Willst du fest am linken Zügel ziehen und dich nach vorne lehnen,
lies weiter bei ***Z20****, Option* **C**.

Willst du Kyrna auf den Rücken trommeln,
lies weiter bei ***Z30****, Option* **C**.

Willst du die Zügel lockern und dich nach vorne lehnen,
lies weiter bei ***Z40****, Option* **C**.

Nutze die Flugmanöver-Karte bei K20, bevor du dich entscheidest.

Z

Z59 Euer Anflug auf den Zugang zum Untergrund ist den Soldaten nicht entgangen. Einige treiben energisch Ochsen an, die in ein großes Drehkreuz eingespannt sind.
Über eine schwere Eisenkette wird die Bewegung auf eine rostige Platte übertragen, die sich langsam über den Boden schiebt, um damit das große Loch im Erdboden zu verschließen.
Kyrna geht in einen kurzen Gleitflug über, senkt ihren Kopf und wirft mit einem kurzen Fauchen die Sprengkörper ab. Zwei Explosionen verschlingen Soldaten, Ochsen und den gesamten Zugang, doch als du beim Blick zurück die Schäden begutachtest, musst du feststellen, dass sie nur oberflächlich geblieben sind.

Lies weiter bei ***Z53****.*

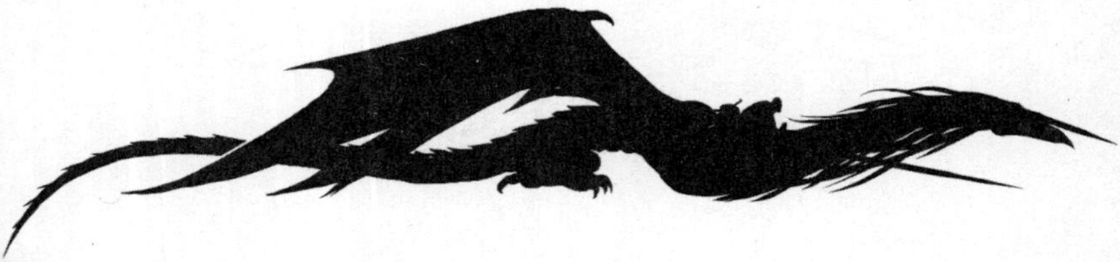

Z60 Langsam verschwinden die Große Mauer und das Lager der Schwarzen Armee im aufsteigenden Morgennebel. Und obwohl euer Angriff nur wenige Minuten dauerte, bist du dir sicher, dass er entscheidenden Einfluss auf die nächsten Schlachten des Krieges haben wird.
Viele Flugmeilen später weicht der Rausch des Kampfes und bleierne Erschöpfung übermannt deinen Körper. Auch Kyrna ergeht es so. Das kräftige Pochen ihres Herzens überträgt sich sogar durch das Leder des Reitersattels auf deine Oberschenkel. Doch sie scheint ebenso fest entschlossen wie du, die unausweichliche Auseinandersetzung mit dem Schattenmeister endlich anzugehen. Nächstes Ziel: Ningal Tower!

In diesem Kapitel gab es keinen SCHICKSALSPUNKT! *Wohl aber die Gelegenheit, den höchsten* REITERRANG **Drachenmeister** *zu erreichen. Sollte dir dies nicht vergönnt gewesen sein, musst du wohl einen Weg finden, gemeinsam mit Kyrna der Schwarzen Armee den größtmöglichen Schaden zuzufügen.*

GRATULATION!
Mit Bestehen dieser Mission hast du das Militär des Empires schwer getroffen. Dein Ausflug zur Großen Mauer kostet dich allerdings sehr viel Zeit. Notiere dies, indem du jetzt zu Sektion **F2** *(zu Beginn des Kapitels* FINALE*) blätterst und dort die beiden Sonnen ☼ markierst.*

Lies weiter im FINALE ***„Mächte der Schwarzen Sonne"***.

Flugroutenrätsel Sektion Z10

Unter Kyrna und dir liegen die vier feindlichen **Bataillone** *(Quadrate) sowie die fünf* **Waffenlager** *(weiße Kreise) und die fünf* **Zugänge** *zum Untergrund (schwarze Kreise).*
Zudem erkennst du die **Große Mauer** *(dicke Linie) und vier* **Geschütztürme** *(Dreiecke).*

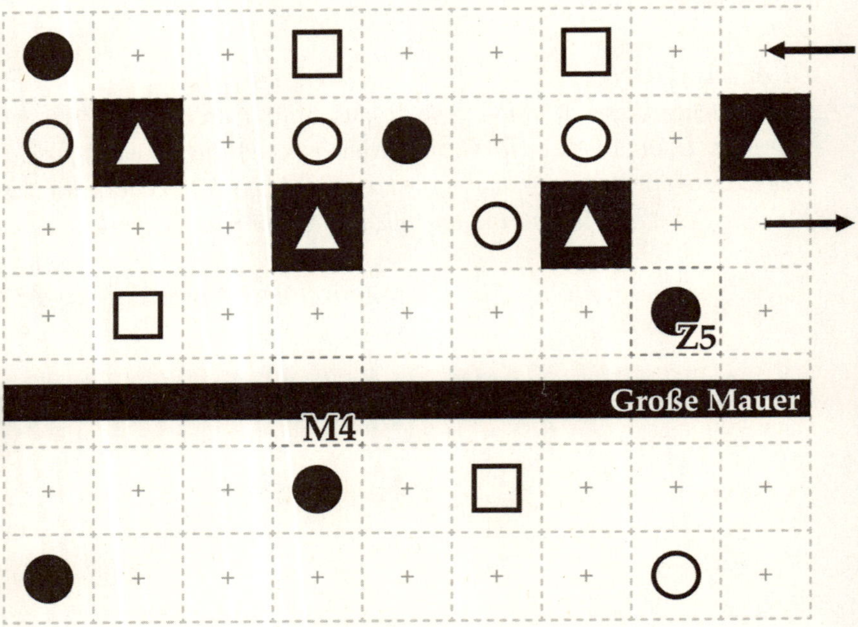

Deine Aufgabe: Füge der Schwarzen Armee den größtmöglichen Schaden zu, ohne Kyrna dabei unnötig zu gefährden!

Finde deshalb die Flugroute, die folgende neun Bedingungen erfüllt:

1. Kyrna darf über die einzelnen Felder ***nur senk- oder waagrecht fliegen****, niemals diagonal! Dabei fliegt sie immer von Mittelpunkt zu Mittelpunkt (die kleinen Kreuze* **+***) der einzelnen Felder.*

2. Kyrna darf Felder immer **nur einmal** überfliegen!

3. Überfliegen heißt entweder: a) ein Feld **gerade überqueren** (ohne Richtungswechsel) oder ...

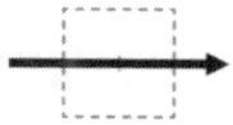

b) **Abbiegen** (mit einem einfachen Richtungswechsel), rechtwinklig nach links oder rechts über den Mittelpunkt des Feldes.

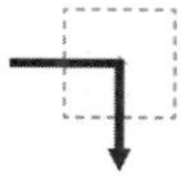

4. Für den perfekten Angriff müssen **alle** Bataillone (Quadrate), Waffenlager und Zugänge (Kreise) auf der Flugroute liegen!
Die anderen Felder **können** überflogen werden. Ausnahme sind die **Geschütztürme** (Dreiecke), die **niemals** überflogen werden dürfen!

5. Ein **Waffenlager** (weißer Kreis) muss Kyrna senk- oder waagrecht **überqueren**. Um die Gefahr eines gegnerischen Angriffs zu minimieren, muss sie auf dem Feld **davor und/oder danach abbiegen**.

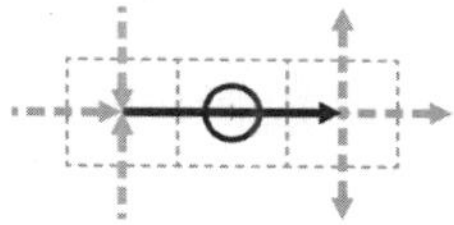

6. Um einen **Zugang** (schwarzer Kreis) zu attackieren, muss Kyrna im Tiefflug an- und abfliegen, d. h. die beiden angrenzenden Felder **waagrecht oder senkrecht überqueren**. Auf dem Feld des Zugangs selbst muss man jedoch **abbiegen**.

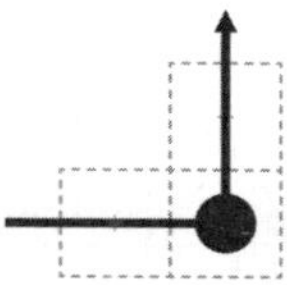

7. Die **Bataillone** (Quadrate) können nur im schnellen Tiefflug unter Feuer genommen werden. Daher müssen das Feld **selbst** sowie das davor **entweder senk- oder waagrecht in einer Linie überquert** werden.

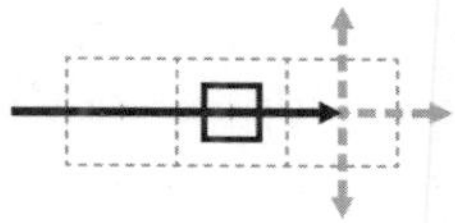

8. Die Große **Mauer** darf **maximal viermal** und nur senkrecht (von oben nach unten oder umgekehrt) **überquert** werden.

9. Die beiden **Pfeile** auf der Karte rechts oben geben Kyrnas An- bzw. Abflugroute an.

Glaubst du, die Lösung gefunden zu haben, kehre zurück nach **Z10** und nutze im weiteren Verlauf des Zusatzkapitels die Erkenntnisse, die du zu dieser Aufgabe gesammelt hast.

FINALE

MÄCHTE DER SCHWARZEN SONNE

Das wiederholte Erleben von Kathums Todestag war einschneidend. Dafür bekommst du 2 KARMA-Punkte.
Aktualisiere zudem die Speicherpunkte auf dem Abenteuerblatt.
Spielst du dieses Kapitel erneut, stelle sicher, dass die Sektionen F3 bis F8, F26 und F140 keine Markierungen aufweisen.

Hinweis: Im gesamten Finale gibt es keine Rücksetzpunkte +, wie sonst üblich, bei Todessektionen! Sprich, solltest du sterben, musst du das komplette Kapitel von vorn beginnen.

DAS ORAKEL VON KABETH: „Licht, Dunkelheit. Tag, Nacht. Getrennt durch den Lauf von Kar und Ugar … Werden die göttlichen Geschwister heute vereinigt, um ihre wahre Macht zu offenbaren?"

F

F1 Die endlosen Weiten des Meeres und die Dunkelheit dieser sternenklaren Nacht ermüden dich. Du vertraust dem Instinkt der klugen Kyrna, den richtigen Weg einzuschlagen, und erstarrst auf den glatten Schuppen ihres Nackens …
Als du wieder die Augen aufschlägst, steht die Sonne bereits hoch am Himmel. Kyrnas Herz pocht aufgeregt.
*Deine VITALITÄT steigt um **zwei** Stufen, eventuell sogar auf **fit**!*
*KYRNAS VITALITÄT steigt auf **normal**.*

*Besitzt du das **Sabalith-Idol**, lies weiter bei **F74**.*
*Andernfalls lies weiter bei **F56**.*

☼ **F2** *Markiere diese beiden Sonnen als Vermerk, dass du zur Großen*
☼ *Mauer geflogen bist.*

☼ **F3** Nach einigen Minuten wilder Verfolgung in den Wolken wird dir bewusst, dass der Halret nur darauf aus ist, dich vom Weiterflug abzuhalten. Dieses Scharmützel hält dich bloß unnötig auf! Mit einem zornigen Schrei treibst du Kyrna auf ihn zu.

Kehre zurück nach ***F59*** *und führe den Kampf fort.*
Markiere bitte zudem die Sonne neben der Sektionsnummer F3.

☼ ☼ **F4** Mit strammen Zügeln beorderst du deinem Drachen, zunächst wieder an Höhe zu gewinnen, bevor du das Kommando zum Sturzflug gibst: „Pagot, pagot!"
Kyrna donnert knapp an der steilen, schier endlosen Flanke des Ningal-Towers hinab. Die Wellen des Meeres, die sich an seinem Fuß brechen, werden von geschwungenen weißen Linien zu haushohen Türmen. Gischt spritzt dir ins Gesicht, als dein Drache die Schwingen entfaltet und in die Hafenhöhle abdreht.
Unter gellendem Geschrei der Seeleute setzt Kyrna auf den Steinquadern der Anlandemauer auf. In der allgemeinen Verwirrung springst du vom Sattel, schubst ein paar Matrosen in die Fluten und hastest die Treppe zum Eingang des Towers hinauf. Bevor du die Tür hinter dir verbarrikadierst, blickst du zurück und musst mitansehen, wie Kyrna beim Versuch abzuheben von den ersten Drachenreitern eingeholt und attackiert wird.

KYRNAS VITALITÄT sinkt um eine Stufe!

› Kyrna! Flieg' weg … SOFORT! ‹
Deprimiert blickst du die gewaltige Wendeltreppe hinauf. Es ist ein weiter Weg in die oberen Etagen, wo sich der Schattenmeister aufzuhalten pflegt.
Erst wenige Stufen liegen hinter dir, da erschüttert ein heftiges Beben den gesamten Tower.

Lies weiter bei ***F134****.*
Markiere bitte die Sonnen neben der Sektionsnummer F4 als Vermerk, dass du diesen Abschnitt gelesen hast.

☼ ☼ **F5** Dir bleibt nichts übrig, als abzuwarten, ob sich der Schattenmeister von sich aus zeigt und legst dich auf die Lauer.

Endlich hörst du Schritte und drei schmierige Gartaks treiben unter Peitschenhieben und Speerstichen neun ausgemergelte Gefangene durch Calderels Gemächer. Nacheinander werden sie in eine Nische gedrängt. Ein Blitz und sie sind verschwunden. Zwei der Wachen folgen über das magische Portal und lassen ihren verbliebenen Kameraden zurück. Der kratzt sich den Wanst. Du lächelst.

› Da hat sich das Warten gelohnt … ‹

Lautlos schleichst du dich im Schatten heran, bis du direkt neben dem Stinker stehst, der noch immer ins Leere glotzt. Amüsiert tippst du ihm auf die Schulterplatte seiner Rüstung. Wie auf Bestellung wendet er sich um und du schickst ihn mit einem steinharten Kopfstoß zu Boden.

Du rollst ihn mit dem Stiefel aus dem Weg und folgst den Gefangenen durch die Ungewissheit des Schattenportals.

Lies weiter bei ***F93****.*

Markiere bitte die Sonnen neben der Sektionsnummer F5 als Vermerk, dass du diesen Abschnitt gelesen hast.

F

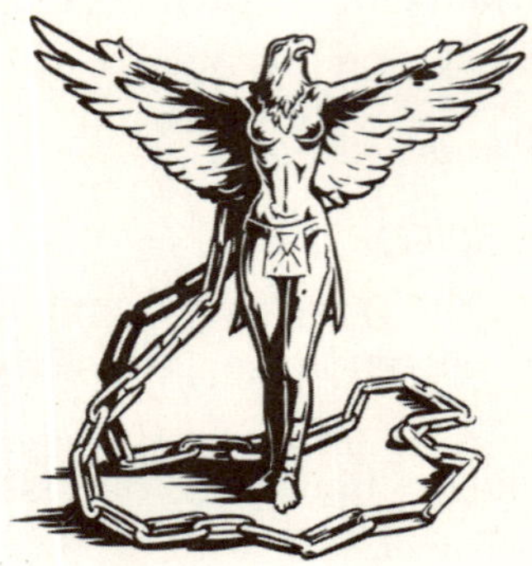

☼ **F6** Die Auseinandersetzung mit dem Schattenmeister wird zum Geduldspiel.

Kehre zurück nach ***F140*** *und führe den Kampf fort.*
Markiere bitte die Sonne neben der Sektionsnummer F6 als Vermerk, dass du diesen Abschnitt gelesen hast.

☼ F7

Wie durch ein Wunder schlägt Nephatari die Augen auf. Zunächst scheint es, sie sei noch in einer anderen Welt. Einer Welt, in der sie die Pein und Qualen, die sie über sich ergehen lassen musste, verdrängen konnte. Doch dann erkennt sie dich und ein Lächeln erhellt ihr Gesicht. Du schließt die Sonnentochter in die Arme. Tränen rollen deine Wangen hinab und du bedankst dich bei den Göttern, die ihr das Leben schenkten.

Vermerke auf der dritten Seite des Abenteuerblatts unter Spezielle Notizen, dass du ***Nephatari gerettet*** *hast, indem du dort das entsprechende Kästchen ankreuzt.*

Hast du Utensilien oder Besondere Gegenstände, mit denen du Nephataris Zustand verbessern möchtest, lies weiter bei ***F128****.*
Andernfalls lies weiter bei ***F100****.*
Markiere bitte die Sonne neben der Sektionsnummer F7 als Vermerk, dass du diesen Abschnitt gelesen hast.

☼ F8

Du spürst, dass dieser Tag, diese Stunde mehr als ungewöhnlich, vielleicht sogar einzigartig ist.

› Dieser Tag darf nicht so schnell vergehen! ‹

Du fokussierst dich auf deine heilige Fähigkeit der Zeitmanipulation und veränderst den Lauf der Gestirne.

Du darfst nun von dir ausgefüllte Sonnen auf den Seiten zuvor (Sektionen F2 bis F7) wieder ausradieren oder die eine Sonne dieser Sektion (F8) abstreichen. Jede Veränderung kostet dich 1 KARMA-Punkt.
Besitzt du die Fähigkeit ***Mentaler Fokus****, kostet dich das Ausradieren bzw. Abstreichen kein KARMA!*

Schwer atmend marschierst du weiter.

Lies weiter bei ***F134****.*

F

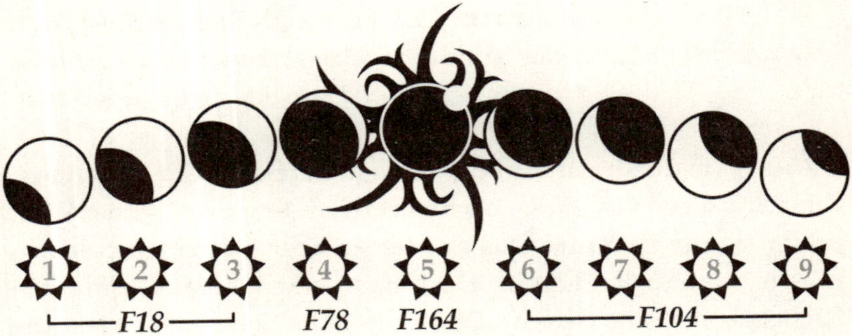

F9 Ugar hält sich verborgen. Er wacht also an Kars Seite!
Blättere nun zu den Sektionen F2 bis F8 und zähle dort ***alle*** *markierten Sonnen ☼ zusammen. Lies, je nach Anzahl der Sonnen, bei der angegebenen F-Sektion (siehe Bild oben) weiter.*

F10 Volltreffer! Dein Pfeil bohrt sich bis zu den Federn zwischen die Augen der Chimäre. Ein grässliches Quietschen erfüllt die Höhle, doch das Wesen aus der Unterwelt zieht sich das Geschoss wieder aus dem Fleisch!
Du nutzt die Gelegenheit und gehst über in den Nahkampf.
Bei der nächsten Sektion darfst du dem Monster dank deines Treffers immerhin sofort 2 RESISTENZ-Punkte abstreichen!

Lies weiter bei ***F75****.*

F11 Mit einer flinken Seitwärtsrolle entrinnst du dem fürchterlichen Satz des Dämons. In Rage reißt er ganze Brocken aus der Schutzmauer und erschlägt nebenbei drei, vier Soldaten, die dahinter Schutz gesucht hatten.
› Welch Monstrum all die Jahre in Calderel steckte! Kein Wunder, dass der alte Mann körperlich dermaßen überlegen war … ‹
Geschickt verbirgst du dich in der aufsteigenden Staubwolke, um Ugar, dem Göttervater, Zeit zu verschaffen weiterzuziehen.

Lies weiter bei ***F164****.*

F12 Calderel ist mächtiger wie je zuvor. Dennoch wirkt er unkonzentriert. Das Ritual kostet ihn einen Großteil seiner Aufmerksamkeit.
Im Angesicht seiner derzeitigen Verwundbarkeit zieht sich der Schattenmeister zurück: Mit einer kurzen Geste öffnet er einen Riss im Schwarze Tor und entschwindet. Ohne zu zögern, springst du hinterher.

*Lies weiter bei **F100**.*

F13 Mit dem Mute der Verzweiflung stichst du zu. Der Schattenmeister wendet sich blitzartig zur Seite, trotzdem durchbohrt die Klinge der Mondsichel seine dürre Hüfte.
„Du hast eine Entscheidung getroffen", raunt Calderel finster, während lautes Kettenrasseln und mehrfaches dumpfes Knacken dir in die Glieder fahren.
„Nun lebe mit den Konsequenzen, Keşra!" Und der Schattenmeister taucht ab in die Finsternis.
Voller Entsetzen blickst du hinauf zur Kuppel. Nephataris zarter Körper baumelt mit unnatürlich verdrehten Knochen zwischen den Eisenketten.

*Willst du Nephatari zu Hilfe eilen, lies weiter bei **F66**.*
*Willst du Calderel lieber sofort durchs Schwarze Tor folgen, lies weiter bei **F165**.*

F14 Erneut streicht dir Calderel mit seinen rasiermesserscharfen Klauen quer über die Brust. Die Lebenskraft verlässt dich und deine Seele weicht aus deinem leblosen Körper.
› *Welch erlösendes Gefühl!* ‹
Die geisterhafte Stimme, die über deinen Verstand hereinbricht, scheint in diesem Moment allmächtig zu sein: *„Ihr wart ein gefährlicher Gegner, Keşra. Doch das Zeitalter der göttlichen Geschwister findet hier und jetzt sein Ende!"*
Leere. Unendliche Leere.

F

Wenn du alle bisher auffindbaren 13 SCHICKSALSPUNKTE hast, lies weiter bei ***F45****.*

Sollte dir dies nicht gelungen sein, aber du besitzt noch mindestens 1 KARMA-Punkt, lies weiter bei ***F126****.*

Andernfalls lies weiter bei ***F84****.*

F15 Dichte, prächtig weiße Wolken treiben weit unter euch über die raue See. Ein Anblick von reiner Schönheit, den du genießt, bis in der Ferne, ein dürrer, mahnender Zeigefinger aus schwarzem Fels die Wolken verdunkelt.

Es läuft dir eiskalt den Rücken herunter – ihr habt das Ziel eurer langen Reise erreicht! Vor euch liegt die Bastion des Schattenmeisters, der pervertierte Ningal-Tower!

› Calderel weiß, dass wir kommen. Er spürt uns – genauso wie ich ihn spüren kann. ‹

Um die Spitze des Towers kreisen einige kleine schwarze Punkte. Es sind Drachenreiter, die als letzte Luftabwehr in Alarmbereitschaft versetzt wurden. Kyrna gleitet tiefer hinab in die schützenden Wolken.

Besitzt du das ***Auge der Assassine****, lies weiter bei* ***F130****.*

F

Besitzt du immerhin die Fähigkeit ***Vorahnung****, lies weiter bei* ***F162****.*

Ansonsten lies weiter bei ***F59****.*

F16 Als sich Calderels krächzende Stimme erneut in deinen Schädel bohrt, übermannt dich namenloser Zorn. Selbst im Angesicht des Todes stellt sich der Schattenmeister vor die Belange der Welt! Im befriedigenden Gefühl der allumfassenden Rache ziehst du ihm die Mondsichel über die eingefallene Brust.

› Nie wieder wirst du Unheil anrichten! ‹

Entkräftet und befreit sinkst du auf die Knie und lässt deine Augen über den blauen Himmel schweifen.

Ist Kyrna ***tot****, lies weiter bei* ***F132****.*

Lebt sie noch, lies weiter bei ***F122****.*

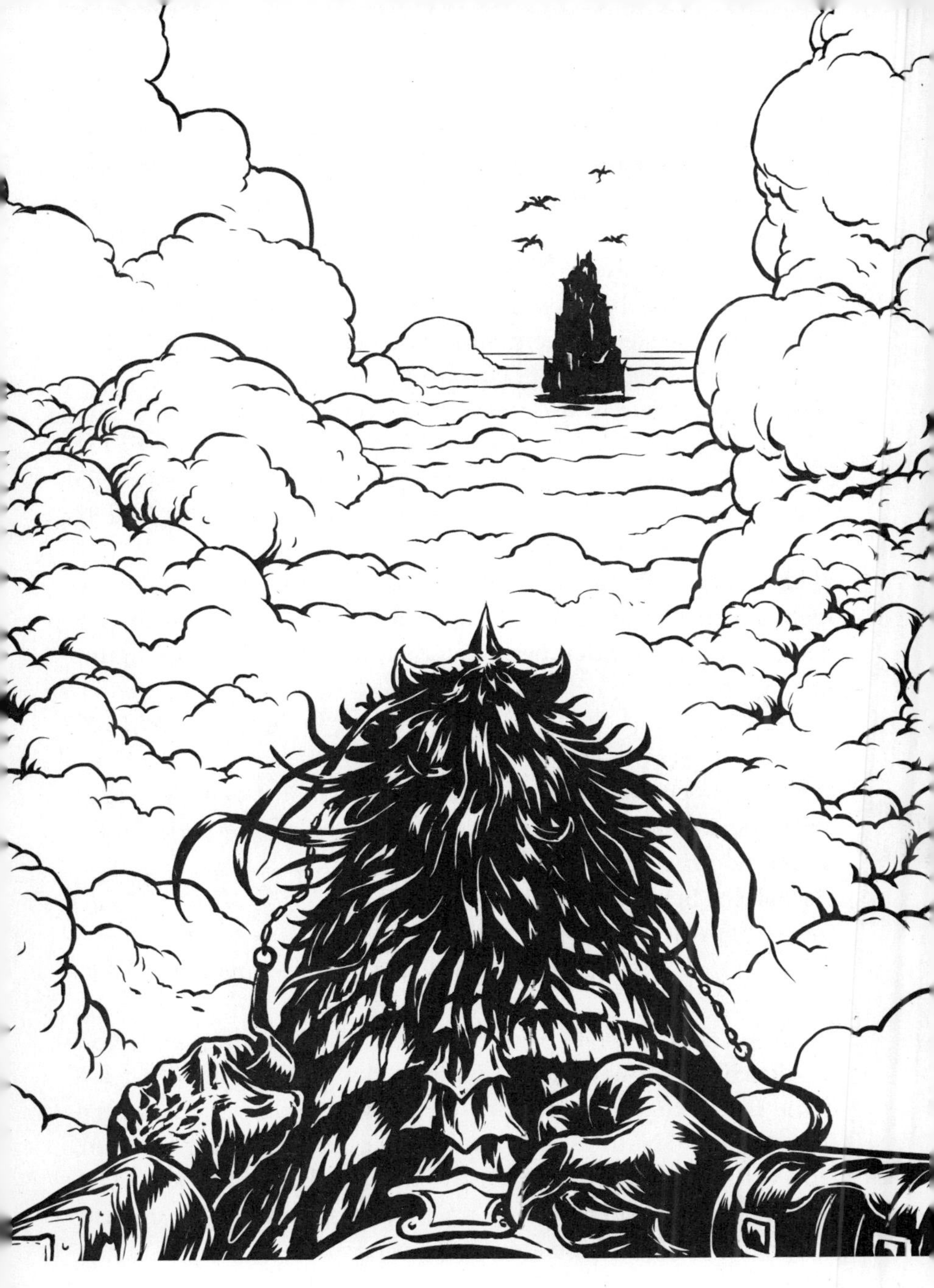

F15 *Es läuft dir eiskalt den Rücken herunter – ihr habt das Ziel eurer langen Reise erreicht! Vor euch liegt die Bastion des Schattenmeisters, der pervertierte Ningal-Tower!*

F17 „Malam, malam!“, rufst du Kyrna zu, die sofort in einen sanften Gleitflug übergeht. Leider gibst du so eine perfekte Zielscheibe für die Jäger ab und schon rast die erste Salve auf euch zu! Mit Mühe gelingt es dir, den Pfeilen auszuweichen, und ihr seid gezwungen, eine weite Kurve für einen erneuten Anflug zu fliegen. Derweil beobachtest du ein Trupp Soldaten am Rande der Plattform, wie sie an einem imposanten Eisenrad drehen.

Teste deine STÄRKE gegen 19 sowie dein GESCHICK gegen 21!

Zähle jeweils deinen aktuellen REITERRANG den Würfeln hinzu.

Gelingen beide Tests, lies weiter bei ***F131****.*

Gelingt nur einer, lies weiter bei ***F85****.*

Misslingen beide, lies weiter bei ***F99****.*

F18 Obwohl du das Antlitz Ugars durch Kars Dominanz nicht sehen kannst, stehen sich beide heute ungewöhnlich nah. Aber leider hast du den perfekten Zeitpunkt für ihre Vereinigung nicht getroffen.

Lies weiter bei ***F120****.*

F19 Ein einschneidendes Brennen durchfährt deinen Körper, als dir der wahre Calderel seine Klauen über das Kreuz zieht. Sein unausstehliches Lachen verstärkt den Schmerz.

Der falsche Schatten vergeht.

Deine VITALITÄT sinkt um eine Stufe!

Kehre zurück nach ***F121*** *und treffe eine andere Wahl.*

F20 Calderel bleibt verschwunden. Orientierungslos treibst du durch die unwirklichen Sphären der Unterwelt. Selbst auf deine Instinkte kannst du dich nicht mehr verlassen: Hier herrschen andere Naturgesetze sowie weitaus mächtigere Wesen. Und du kennst ihre Sehnsucht: Sollten sie dich entdecken, werden sie dir nach dem Leben trachten – egal, was dies für die Welten der Sterblichen bedeuten würde.

F

Aus der Ferne rollen tiefes Glucksen und Schaben. Dann ein flüsterndes Wehklagen. Der eiskalte Hauch des Todes lässt dich erschaudern. Verlorene Seelen streifen dich! Sie ringen um deine Aufmerksamkeit. Sie spüren, dass du die Macht besitzt, ihr ewiges Martyrium zu beenden.
Ohne Ziel schwebst du weiter durch das Zwielicht der Unterwelt auf der Suche nach dem Schattenmeister …

Lies weiter bei **F83**.

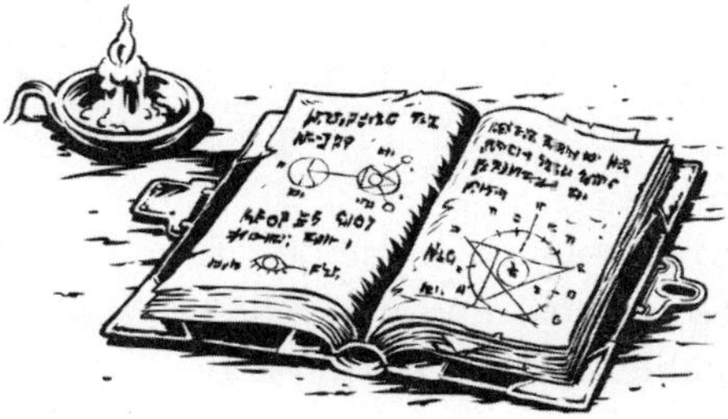

F21 Es formt sich ein düsterer Gedanke in deinem Kopf:
› *Ich bin nicht zum ersten Mal am Schwarzen Tor …* ‹
Und die Gefühle, die du, das Keşra, mit diesem Portal verbindest, sind zwiespältig: Einst ergoss sich, wie Kar durch die fünf weißen Steinportale der Götter-Kinder im Lengal-Tower, hier die göttliche Essenz Ugars über die Welt.
Doch seine ihm auferlegte Herrschaft über den Tod ließ diesen heiligen Ort im Laufe der Zeit zu einem Platz voller Schmerzen und Leid verkommen. Verlorene Seelen, verbitterte Geister nagten und rüttelten seit Äonen an den Grundfesten des Tores – bis selbst der Ugar-Abgesandte seine Zerstörung beförderte, es zusammenbrach und seine eigentliche Aufgabe, den Toten freies Geleit in die Ewigkeit zu gewähren, verlor.
Zwischen Unterwelt und dem Reich der Sterblichen entstand eine Leere, gefüllt von hungrigen, lichtscheuen Wesen, die allesamt ihre eigenen Ziele verfolgen. Ihr Einfluss ist nunmehr derart bedeutend, dass selbst die Götter außer Stande sind, sie zu bannen.

Diese Hölle zwischen der Welt der Lebenden und den Ruhestätten der Unterwelt scheint nun auf ewig ein chaotischer Teil des Kosmos.

*Lies weiter bei **F38**.*

F22 Absichtlich lässt du dich von Calderel und den Geistern wegtreiben.

Es gelingt dir, Zeit zu gewinnen. Daher vergehen diese und die nächste KAMPFRUNDE *ohne Aktion von beiden Seiten!*

*Kehre zurück nach **F140**, streiche gleich zwei Runden ab und führe den Kampf fort!*

F23 „Nun, ihr habt euch meinen Respekt und somit wohl auch einen angemessen Tribut verdient", raunt Nergal und bricht sich eine der zahllosen Spitzen aus seinem Kamm. Im hohen Bogen wirft er dir den verschmierten, messerscharfen Dorn vor die Füße. „Nehmt und geht, bevor ich euer Schicksal noch einmal überdenke!"

*Notiere dir **Nergals Dorn** (Waffe, Treffer +2). Fortan darfst du ihn in deiner linken Klaue zusätzlich zu deiner Waffe führen!*

F

Jedoch musst du dich jetzt entscheiden, ob du entweder den Trefferbonus des federleichten Dorns generell zu deinem ANGRIFF *hinzuzählen möchtest oder ob du pro* KAMPFRUNDE *neben deiner Hauptwaffe einen zusätzlichen* ANGRIFF *mit dem Dorn ausführst unter Berücksichtigung der jeweiligen Trefferboni.**

*Lies weiter bei **F94**.*

Beispiel für den zweiten Fall: Du hast* STÄRKE *10 und bist ein **guter Kämpfer (Trefferbonus +2). Du würfelst einen Bonus von 8 (Angriffswürfel ⚂⚡ plus Basiswürfel ⚄). Mit deiner ersten Waffe, einem Langschwert (Trefferbonus +4), hast du insgesamt* ANGRIFF *24, mit Nergals Dorn hingegen nur 22. Hätte dein Gegner* VERTEIDIGUNG *23, wäre dir nur ein Treffer mit dem Langschwert gelungen. Hätte er aber 22 oder weniger, wäre auch der zweite* ANGRIFF *mit dem Dorn durchgedrungen und hätte einen weiteren* RESISTENZ*-Verlust bedeutet.*

F24 Dein letzter Pfeil zischt knapp am Schädel des Riujems vorbei. Kyrnas unruhiger Flügelschlag und die chaotischen Bewegungen der unheiligen Kreatur waren schlicht unberechenbar.

*Lies weiter bei **F144**.*

F25 Ohne Rücksicht darauf, selbst getroffen zu werden, wirbelst du herum und nutzt die Schwerelosigkeit der Sphäre für einen blitzartigen Angriff. Calderel seinerseits treibt dir seine knochigen Klauen in die Hüfte. Brennender Schmerz breitet sich in deinen Eingeweiden aus, als du dich wieder aus seinem Griff befreien kannst.

Deine VITALITÄT sinkt um eine Stufe!

Calderels RESISTENZ sinkt um 3 Punkte.

*Kehre zurück nach **F140**, nimm dort die Veränderungen vor und führe den Kampf fort.*

F26 Calderel wendet sich ab und konzentriert sich. Offenbar plant er einen außergewöhnlichen Angriff.

Ermittle sein Vorhaben anhand einer zufälligen Mondphase!

*Bei **Neumond** oder **Vollmond** lies weiter bei **F67**.* ○

*Bei **Sichelmond** lies weiter bei **F48**.* ○

*Bei **Halbmond** lies weiter bei **F64**.* ○

*Bei **Dreiviertelmond** lies weiter bei **F108**.* ○

Markiere die gefundene Zufallssektion, indem du den Kreis davor abstreichst. Ist die ermittelte Sektion bereits abgestrichen, wähle selbst eine andere freie Mondphase.

F27 Just in dem Moment, als du die kleine Seelenurne auf Nephataris Stirn drückst, leuchtet das Artefakt auf. Verwirrt reißt sie die Augen auf und ruft: „Vater?!"

Der Hierarch hat seine Tochter gerettet, doch seine Seele ist vergangen, indem er ihr das Leben schenkte.

*Streiche **Kathums Seele** vom Abenteuerblatt!*

*Lies weiter bei **F111**.*

F28 Selbst durch das Pfeifen des Flugwindes hörst du den dumpfen, metallischen Aufschlag deines Pfeiles.

› Unfassbar! Ich habe getroffen. ‹

Mit Genugtuung weist du Kyrna an, in den Gleitflug überzugehen, als plötzlich vor dir die Wolke aufreißt und ein Halret mit gesengter Lanze auf euch zu jagt. Durch den Helm seiner lückenlosen Rüstung, die ihn vor der Sonne schützt und in der jetzt dein Pfeil steckt, hörst du seinen hasserfüllten Kampfschrei.

Kyrna flattert auf der Stelle und erhebt schützend die Krallen mit der Absicht, den Angreifer abzuwehren: Sie packt die dämonenhafte Flugechse des Halret und verbeißt sich in ihr Genick. Zornig wirbelt der Schattenreiter seine Lanze.

Du hast keine Wahl und musst – während Kyrna mit der Echse ringt – den Halret bekämpfen! Das unheilige Wesen scheint geschwächt. Teile seiner schwarzen Stahlrüstung sind beim Aufprall verbeult oder weggerissen worden. Dichter, giftgrüner Rauch quillt zwischen den Beschädigungen hervor.

Halret,	*Angriff*	**23**
Bote der Unterwelt	*Verteidigung*	**22**
(von Licht gemartert)	*Resistenz*	①○○○⑤
	Kampfrunde	○○❸○❺···

F

Dein Geschoss hat den Halret bereits den 1. Resistenz-Punkt gekostet, bevor der Kampf überhaupt beginnt. Streiche ihn nun ab!

In Kampfrunde ❸ und ❺ büßt der Halret zusätzlich zu deinem regulär verursachten Schaden 1 Punkt Resistenz ein.

Gewinnst du den Kampf, lies weiter bei **F142**.

F29 Dein perfekt geschossener Pfeil durchschlägt die Schädelplatte des Gartak zwischen den Augen. Sein Kamerad zuckt erschreckt zurück und verfängt sich im schweren Rad, das augenblicklich unter ohrenbetäubendem Lärm in die Gegenrichtung rattert und dabei den Leib des Gartaks zerfetzt.

Mit Wehmut trennst du dich vom nutzlosen Reiterbogen, der für dich nur noch Ballast darstellt.

Streiche den vorgegebenen Packsattel-Eintrag **Reiterbogen** *auf dem Abenteuerblatt durch!*

Lies weiter bei ***F125***.

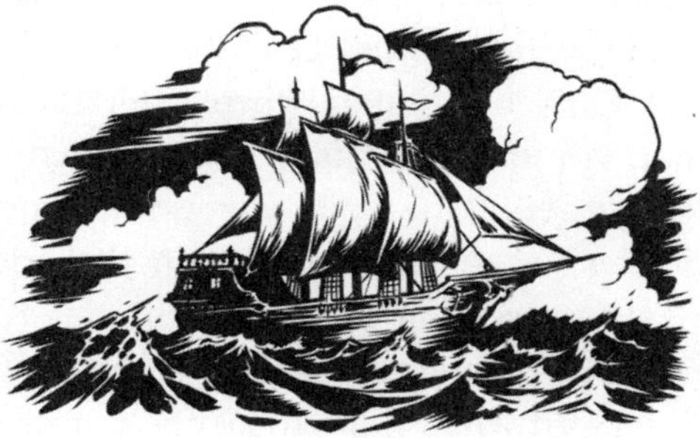

F30 Du nestelst am Griff der Mondsichel, die noch in der Scheide ruht, und schreitest auf den Schattenkrieger zu. Du spürst, wie sich seine Anspannung – Schritt für Schritt – in pure Angst verwandelt. Mit starrem Blick fixiert er dich. Seine Beine und Arme schlottern, die Klinge entgleitet ihm willenlos.

In seinen tränennassen Augen spiegelt sich deine eigene Silhouette. Auf deinem Kopf erstrahlt die goldene Sonnenmaske! Eine flammende Aura umgibt sie und offenbart dem Krieger vor dir gnadenlos alle Frevel und Missetaten seines Lebens binnen weniger Atemzüge!

› *Wie viele Unschuldige hast du gepeinigt? Wie viele mussten sterben deinetwegen?* ‹

Der einst so stolze Schattenkrieger gluckst irgendetwas Unverständliches, als wolle er auf deine bohrenden Fragen antworten, doch aus seinem Mund quillt nur schwarzes Blut. Er sackt zu Boden. Der Geruch von Urin liegt in der Luft.

Lies weiter bei ***F107***.

F

F31 Kraftlos versuchst du dich aus der sterblichen Hülle des Ugarith, den alle nur Schattenkind kennen, zu lösen. Doch sein Geist ist vergiftet vom Hass auf Calderel und seine Schandtaten. Du kommst nicht frei!

Zu gut kannst du seinen Zorn nachempfinden. Wie viele sind dem Schattenmeister zum Opfer gefallen, auf dem Weg seine wahnwitzigen Pläne in die Tat umzusetzen? Wie viele Freunde hast du verloren? Welche Qualen mussten Lehrmeister Tarus und Sonnentochter Nephatari vor ihrem Tod über sich ergehen lassen?

Immer finsterer werden deine Gedanken und vermischen sich mit dem Wahnsinn des jungen Ugarith, bevor dich der Geist eines Riujems streift! Angeregt von der Schwäche des Keşra beruft er euch in eine Horde seinesgleichen. Die ewige Hatz als ein Häscher der Unterwelt voller namenloser Schmerzen hat für euch begonnen.

ENDE ★☆☆☆☆

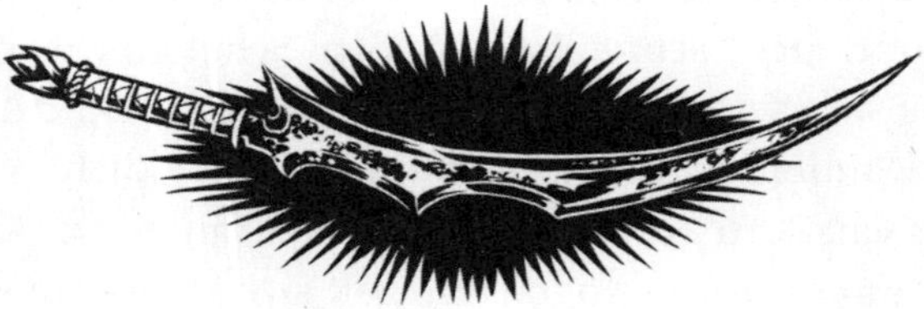

F32 Du spürst die Dankbarkeit der verbliebenen Seelen, dass du Calderel vertrieben hast. Schnurstracks führen sie dich zu deinem geliebten Artefakt, das herrenlos in den grauen Weiten der Sphäre schwebt.

Den kühlen Griff der heiligen Sichel wieder fest umschlossen, glaubst du, in den Nebelfetzen Aonus' kantige Gesichtszüge zu erkennen.

„Verzeih mir, mein Bruder!", wispert der Geist. „Erst im Tode war ich im Stande, hinter die Maske zu blicken. Ich bitte dich, beende diesen Alptraum! Vernichte das Ungeheuer, das einst unser Meister war."

★ *Schade, du hast nur ein 1-Sterne-Ende erreicht. Berechnung des Sternen-Ratings am Schluss dieses Kapitels auf Seite 638.*

Hoffnung kehrt in dein Herz zurück.

*Notiere die **Mondsichel** wieder auf dem Abenteuerblatt!*
*Führst du den **Schattenschnitter** mit dir und willst ihn Aonus überreichen, lies weiter bei **F141**.*
*Besitzt du diese Waffe nicht oder willst sie nicht abgeben, lies weiter bei **F20**.*

F33 Fokussiert umfasst du den Knauf der Mondsichel und malst dir aus, wie und wo du den Schattenmeister treffen müsstest, um Nephataris Leben nicht zu gefährden. Calderel beäugt dich misstrauisch.

Langsam ziehst du die heilige Klinge heraus und bündelst dabei die Macht der Umgebung in dir, um sie dann in einer konzentrierten Entladung zu entlassen.

Diesmal jedoch lassen dich die Götter im Stich! Denn in dieser frevlerischen Sphäre ist es unmöglich, die Kräfte deiner Eltern zu sammeln, sondern einzig die chaotische Macht der Unterwelt. Selbst die Toten bemitleiden deinen jämmerlichen Versuch mit schrillem Wehklagen, als sie dich in den ewiglichen Kreis der Ihren aufnehmen.

Dein Leben endet hier. ▪

F34 Du verpasst den Zeitpunkt des Absprungs und stürzt einem verblüfften Gartak entgegen. Sein missglückter Versuch, sich in Sicherheit zu bringen, ist dein Glück: Unfreiwillig fängt er deinen Fall ab und poltert mit dir quer über die Schieferplatten. Er wittert seine Chance, den Kopf des legendären Schattenkindes zu ergattern, und verstärkt den Klammergriff. Sein fauliges Grinsen wandelt sich in eine überraschte Fratze, als du ihm deine steinharten Klauen in die Magengrube treibst. Paralysiert kippt der Krieger um.

Deine VITALITÄT sinkt um eine Stufe!

*Lies weiter bei **F125**.*

F35 Das anvisierte Ziel scheint dein Vorhaben zu erahnen und verändert ständig die Position. Mühsam folgst du der roten Silhouette durch die Wolken. Dennoch bist du fest entschlossen deinen Gegner mit dem Reiterbogen vom Himmel zu schießen. Dank des Artefakts kannst du die Flugbahn des Ziels verfolgen, obwohl es sich in den Wolken versteckt.

Betrachte das Bild rechts, nimm alle restlichen Blätter dieses Kapitels hinzu und folge dem Flug des Wesens, indem du das Papier, das du jetzt in Händen hältst, als Daumenkino verwendest.

Was zeigt das Uhrsymbol, wenn sich der Halret eine Blöße gibt?

*2 Uhr, lies weiter bei **F81**.*

*4 Uhr, lies weiter bei **F139**.*

*6 Uhr, lies weiter bei **F102**.*

*8 Uhr, lies weiter bei **F117**.*

*10 Uhr, lies weiter bei **F124**.*

*12 Uhr, lies weiter bei **F149**.*

*Wenn du unsicher bist und dich lieber auf deinen Instinkt verlassen möchtest, lies weiter bei **F155**.*

F36 Du schnaufst tief durch. Der Schattenmeister will dich in eine unbedachte Tat treiben! Dieser götterlose Verderber wird seine gerechte Strafe erhalten – hier und heute!

*Kehre zurück nach **F140** und führe den Kampf fort.*

F37 Vom schrecklichen Anblick des Unterweltmonsters irritiert, verreißt du etwas den Schuss, sodass der Pfeil nur die labbrige Masse unterhalb der Augen trifft. Mit einem bösartigen Knurren visiert es dich an und macht sich bereit zum Gegenangriff.

Bei der nächsten Sektion darfst du dem Monster wegen deines Treffers sofort 1 Resistenz-Punkt abstreichen!

*Lies weiter bei **F75**.*

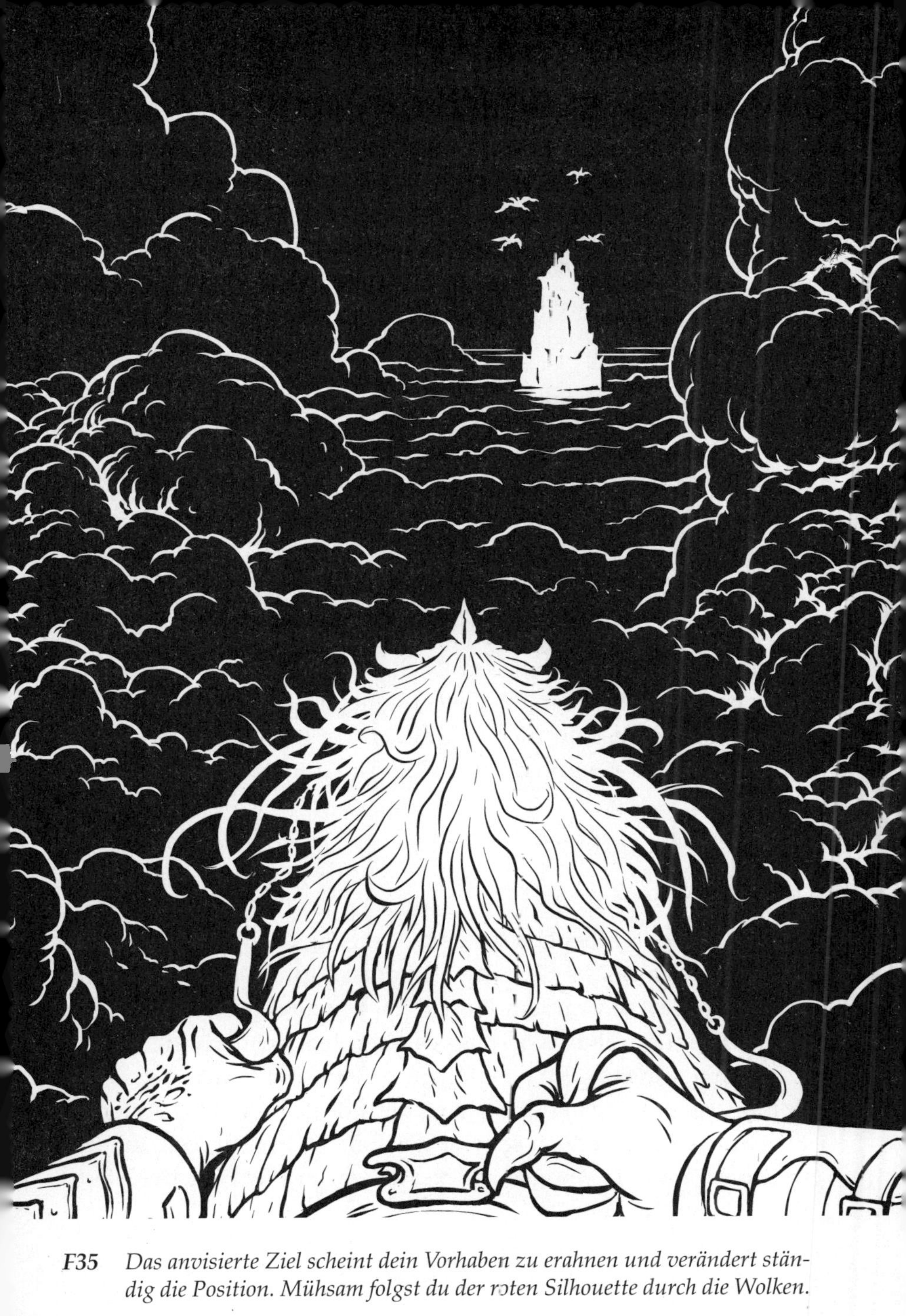

F35 *Das anvisierte Ziel scheint dein Vorhaben zu erahnen und verändert ständig die Position. Mühsam folgst du der roten Silhouette durch die Wolken.*

F38 Da, eine Bewegung inmitten der Leichen! Eine unförmige, spinnenartige Kreatur, perfekt getarnt durch ihren schwarzen Leib, krabbelt zwischen den Toten umher. In den Krallen hält sie einen mannshohen Dreschflegel, mit dem sie auf die zerstückelten Überreste einer humanoiden Frau einschlägt. Das Monster will die letzten Tropfen Blut gewinnen!

*Besitzt du noch deinen **Reiterbogen** und willst ihn nun einsetzen, lies weiter bei **F105**.*

*Willst du das Spinnenungetüm mit der **Mondsichel** angreifen, lies weiter bei **F75**.*

*Willst du es ignorieren und weiter zum Portal hinabsteigen, lies weiter bei **F49**.*

F39 Ansatzlos zischt der Dämon dir entgegen! Ehe du reagieren kannst, hat er dich mit seinen verdrehten Hörnern aufgespießt. Im hohen Bogen fliegst du mit rudernden Armen durch die Luft und krachst auf das Dach des Wachhauses, stürzt mit etlichen Schieferziegeln ins Gebäude hinein.

Benommen rettest du dich in die dichte Staubwolke aus Schutt und Asche und gewinnst etwas Zeit für Göttervater Ugar, seinen Lauf zu vollenden.

F

Deine VITALITÄT sinkt um eine Stufe!

*Lies weiter bei **F164**.*

F40 Calderel fliegt durch den Übergang der Welten, und eine groteske, gigantische Gestalt schlingt sich um seinen Körper, bis er ganz hinter schwarzem Fleisch verschwunden ist. Das Wesen jault wie ein räudiger Köter, als es über den Stein schlittert.

Es ist ein Riujem! Ein verstoßenes Gotteskind, das dazu verdammt ist, entmachtet den Herrschern der Unterwelt zu dienen. Dieses Exemplar jedoch scheint der Befehle überdrüssig zu sein und nach einem Weg gesucht zu haben, in die Welt der Sterblichen zu entfliehen.

Wild um sich schlagend erhebt sich das bucklige Monstrum, das dich an einen aufrechten Stier mit einem Haischädel erinnert, und stapft auf seinen Hinterhufen über den Platz.

› *Dieser Dämon verbarg sich all die Zeit im Leib des Schattenmeisters … Doch die Mondsichel hat die Wahrheit ans Licht gebracht!* ‹

Jetzt wird dir klar, warum du von Calderel stets angetan warst. Das Wesen des Riujems ist dir zugegebenermaßen nicht unähnlich. Auch du bist ein fehlgeleitetes Gotteskind und wärst um ein Haar zu einem von ihnen geworden.

Der Fürst der Unterwelt, Nergal, knurrt dich an, was du als ultimative Aufforderung verstehst, sein Reich zu verlassen.

Willst du den Ort der ewigen Pein sofort hinter dir lassen und durch das Portal springen, lies weiter bei ***F94****.*

Willst du von Nergal Tribut fordern, lies weiter bei ***F127****.*

F41 Ugar schenkt dir nahezu seine ganze Aufmerksamkeit in diesem so folgenschweren Kampf.

Lies weiter bei ***F120****.*

F42 Es scheint, du bist als einziger immun gegen die mächtigen Energieentladungen um dich herum.

Da gibt es eine Explosion! Eine der Kugeln hielt der Belastung nicht stand und zerbirst in tausend Teile.

Zu gerne würdest du deinem erschöpft zusammengebrochenen Drachen beistehen, doch dies ist mutmaßlich die letzte Chance, durch die Luke zu gelangen.

KYRNAS VITALITÄT sinkt um eine Stufe!

Lies weiter bei ***F125****.*

F43 Routiniert bringen sich die Jäger in Angriffsformation. Einen von ihnen erkennst du an seiner langen roten Mähne: Mirek, dein menokischer Schulkamerad, ist nicht dem Vorbild

F

seines Volkes gefolgt, dem Empire den Rücken zu kehren. Du erinnerst dich an viele gemeinsamen Unterrichtsstunden bei Lehrmeister Tarus und auf den Studierzimmern.

› Oh bitte, Mirek, komm' mir nicht in die Quere! ‹

Offenbar haben die Abfangjäger mit deinem Eintreffen gerechnet und folgen einem einstudierten Plan.

„Kyrna, kannst du sie nicht überreden, ihre Angriffe abzubrechen?"

„Zum letzten Mal, Keşra – sie sind, was sie sind! Niemals werde ich die Meinen von der Erfüllung ihrer Aufgabe abhalten …"

So bleibt dir nur, dich mit einem waghalsigen Flugmanöver auf die Plattform des Ningal-Towers zu bringen.

*Willst du ruckartig an Kyrnas linkem Zügel ziehen und dich nach vorne lehnen, lies weiter bei **F4**.*

*Willst du abwechselnd an den Zügeln ziehen und dazu mit dem Oberkörper schaukeln, lies weiter bei **F119**.*

*Willst du hingegen beide Zügel lockern und deinen Oberkörper nach vorn verlagern, lies weiter bei **F17**.*

Nutze die Flugmanöver-Karte bei K20, bevor du dich entscheidest.

F

F44

Du zerbrichst die Seelenurne und das Bewusstsein des Sonnenpriesters entweicht aus dem Artefakt, steigt als leuchtender Nebel zu den anderen Geistern um Calderel und mischt sich unter sie.

Der Schattenmeister bemerkt von all dem nichts, saugt ungebrochen die Essenzen seiner Opfer ein, bis letztlich der Leib Kathums durch seinen Rachen strömt.

Da packt sich Calderel an die Kehle, hustet, ringt nach Luft. Panisch schlägt er um sich und treibt davon zu einem weiteren Ausgang dieser namenlosen Sphäre. Du musst seine Flucht verhindern und fliegst hinterher.

*Streiche **Kathums Seele** vom Abenteuerblatt!*

*Besitzt du noch die **Mondsichel**, lies weiter bei **F20**.*

*Hast du sie nicht mehr, lies weiter bei **F32**.*

F45 Alle Gedanken, alle Erfahrungen werden aus deinem Geist gesogen. Doch sie vergehen nicht einfach in der Dunkelheit um dich herum, sondern manifestieren sich zu schemenhaften Erscheinungen vor dir. Calderel ist außer sich und kreischt diabolisch. Die Götter schlagen sich zum ersten Mal offen auf deine Seite! Du bist zurück im Leben.

Bestimme die Zuwendung der Götter anhand des Mondes!

*Bei **Neumond** steigt deine VITALITÄT auf **kritisch**.*

*Bei **Sichelmond** auf **verletzt**.*

*Bei **Halbmond** auf **angeschlagen**.*

*Bei **Dreiviertelmond** auf **normal**.*

*Bei **Vollmond** oder falls du die Fähigkeit **Geist über Körper** besitzt, steigt deine VITALITÄT auf **fit**.*

Zudem erhältst du 2 KARMA-Punkte!

*Kehre zurück zu **F83** und kämpfe weiter gegen den Schattenmeister.*

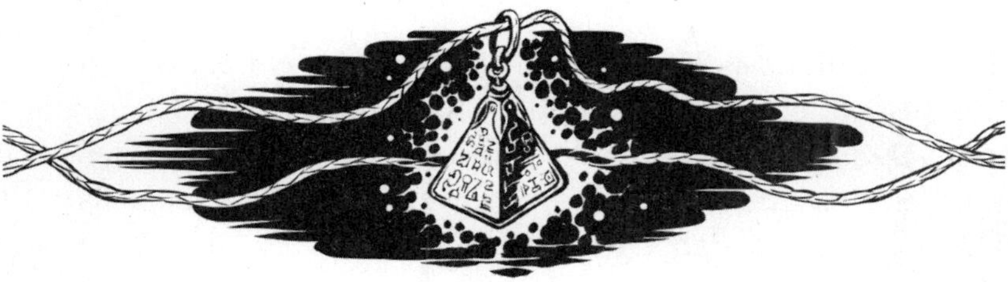

F46 Ehe du die Gartaks erreicht hast, lassen beide das Rad los, da sie wissen, dass sie sich unmöglich deinen Angriffen zu Wehr setzen können.

Sofort entlädt sich die mechanische Energie und das Eisenrad rattert in die Gegenrichtung los. Einen kurzen Moment später hörst du, wie die Gegengewichte tief unter euren Füßen in den Silos der Eisenkugeln donnernd aufschlagen.

Das genügt dir und du sprintest – ohne die jämmerlichen Gartaks weiter zu beachten – zur Luke hinüber.

*Lies weiter bei **F125**.*

F47 Auch wenn Kar brennend strahlt, Ugar zeigt sich am Himmel und steht dir bei!

*Lies weiter bei **F120**.*

F48 Du spürst, dass der Schattenmeister erneut die Mächte der Finsternis anruft, doch du kannst keine Attacke ausmachen. Da packt dich dein eigener Schatten, umschlingt deine Brust und schnürt dir den Hals zu! Mit aller Kraft versuchst du, dieser tödlichen Umklammerung zu entkommen.

Teste deine STÄRKE gegen 18!
Gelingt der Test, befreist du dich aus der Schattenumklammerung und diese KAMPFRUNDE wird regulär ausgetragen.
Misslingt er, verlierst du für diese KAMPFRUNDE jeweils 3 Punkte in ANGRIFF und VERTEIDIGUNG.

*Kehre zurück zu **F83** und kämpfe weiter gegen Calderel.*

F49 Unter das Heulen des Windes aus dem Schwarzen Tor mischt sich leises Wimmern und Stöhnen. In vielen der ineinander verkeilten Körper steckt also noch ein Funken Leben. Du zweifelst, ob du Freude oder Mitleid für sie empfinden sollst.

F

Du überwindest den Ekel und schleichst weiter hinab, bis du einen freien Blick auf die widernatürliche Finsternis des Schwarzen Tores erhaschst: Da schwebt er, mit dem knochigen, pechschwarzen Buckel dir zugewandt – Calderel, der Schattenmeister! Im gewaltigen Blutsee unter ihm bilden sich dämonische Fratzen und entstellte Klauen aus, die sich erfolglos nach dem Körper des Abgesandten recken.
Dann erhebt er seine vertraute und zugleich abstoßende Stimme, ohne sich umzuwenden: „Oh, welch Überraschung! Mein Schattenkind kehrt heim."
Die süffisante Höflichkeit ist durchdrungen von einem herzlosen Unterton, als sich der verjüngte Calderel dir zuwendet: „Hoffst

du auf späte Läuterung oder willst du deine gerechte Strafe empfangen?"
In den finsteren Augenhöhlen deines alten Ziehvaters lodert Wahnsinn, während unter seinen Füßen das Blut der Opfer im Schwarzen Tor verrinnt. Mit jedem Tropfen weitet es sich ein kleines Stückchen mehr.
Du starrst ihm tief in die Augen, da du nicht fassen kannst, was du siehst, und glaubst für einen flüchtigen Moment, ein vertrautes Leuchten zu erkennen.

Besitzt du das ***Amulett der Kar****, lies weiter bei* ***F79****.*
Andernfalls lies weiter bei ***F12****.*

F50 Du entschließt dich, die Ungewissheit der dichten Wolken hinter euch zu lassen, und befiehlst Kyrna schneller zu fliegen.
Wassertropfen bilden sich auf deiner schroffen Haut und du spürst das Knistern von kleinen Blitzen, die um euch herum die Luft erfüllen. Es wird bitterkalt und Eiskristalle überziehen eure Leiber.
Da durchdringt eine schwarze Lanze von unten die dünne Lederhaut von Kyrnas rechter Schwinge. Voller Pein schreit dein Drache auf und reißt die Tatzen empor, um sich vor einem weiteren Angriff zu schützen.
Mit Mühe kannst du dich am Sattel festkrallen und erahnst, wie ein Schatten an euch vorbei wieder in die schützenden Wolken bricht. Sein widernatürlicher Kampfschrei schrillt dir noch Sekunden nach dem Verschwinden des Wesens in den Ohren.
Kyrnas Vitalität sinkt um eine Stufe!

Lies weiter bei ***F59****.*

F51 Du willst gerade die Luke hinter dir schließen, da fallen brennendheiße Lichtstrahlen der im Zenit stehenden Karscheibe auf dein Gesicht. Reflexhaft schützt du dich.

› Irgendwas ist anders – Ugar ist bei mir, auch wenn er sich heute verbirgt … ‹
Die Natur des Mondes scheint an diesem Tag einem anderen Rhythmus zu gehorchen.
› Hat Calderel seine volle Macht bereits erlangt? ‹
Besorgt machst du dich auf den Weg in die Katakomben des Schattenmeisters.

Willst du die Macht des Keşra zur Manipulation der Zeit einsetzen? Dazu benötigst du mindestens 2 Karma-Punkte oder die Fähigkeit **Mentaler Fokus** *(lies weiter bei* **F8***).*

Andernfalls lies weiter bei **F134***.*

F52 Gesenkten Blickes schreitest du auf den Dämon zu, der sich mühsam aufrichtet und zu spüren scheint, welche Mächte sich ihm nun entgegenstellen. Du erkennst Unsicherheit in seiner verdrehten Fratze.
Dann ballt der Riujem die Klauen. Dunkle Adern, dick wie Taue, quellen hervor und pumpen ihm im Doppelschlag seines Herzens verpestetes Blut durch den Leib. Blasen verwerfen seinen Rücken, der schwillt und wächst, bis die pergamentartige Haut aufreißt und sich zwei schleimige Schwingen entfalten.
› Oh, nein! Du entkommst mir nicht! ‹

Willst du den Riujem anspringen und so seine Flucht verhindern, lies weiter bei **F62***.*

Willst du warten, bis er abhebt und ihn dann mit Kyrnas Hilfe attackieren, lies weiter bei **F82***.*

F53 Du kennst dieses abgrundböse Knurren! Es ist Nergal Fürst der Unterwelt, der angelockt vom Blut des Schattenmeisters in der Dunkelheit naht. Angewidert von seinem abscheulichen Leib wendest du dich ab und bemerkst, dass die Aufmerksamkeit des Drachen nicht dir gilt, sondern einzig dem gefallenen Ugar-Abgesandten, dessen sterbliche Überreste sich wieder bewegen!

F

„Gut, Keşra, ihr habt ihn in MEINER Domäne geschwächt, nun bringt es in EURER zu Ende!“, brummt Nergal. „Denn hier werdet ihr ihn nicht vernichten können! Zu viele Seelen haben sich ihm mittlerweile verschrieben.“
Mit eisernem Griff packt er den zuckenden Calderel und reißt mit der anderen Tatze einen Übergang zur Welt der Sterblichen auf. Du erkennst die sonnenüberflutete oberste Plattform des Ningal-Towers.
„Begreift die wahre Gestalt des Wesens, welches ihr den Schattenmeister nennt!“ Mit diesen Worten schleudert Nergal deinen Erzfeind aus seinem Reich.

Lies weiter bei ***F40****.*

F54 Bebend vor Kraft reißt du die Mondsichel empor. Der Riujem soll wissen, wer vor ihm steht: das Keşra, Rächer der Götter!

Lies weiter bei ***F76****.*

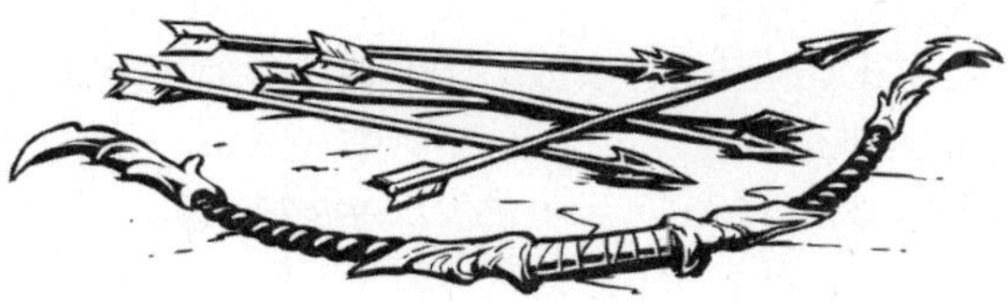

F55 Der letzte Pfeil gilt tatsächlich einem schmierigen Gartak. Ob das ein gutes Omen ist? Du greifst über die Schulter in den Köcher.

Teste dein GESCHICK gegen 20!
Besitzt du die Fähigkeit ***Schütze****, zähle den entsprechenden Trefferbonus zum Würfelergebnis hinzu!*
Besitzt du einen ***Baronyak-Pfeil****, benutzt du ihn nun. Der Test gelingt damit automatisch! Vergiss nicht, den Besonderen Gegenstand vom Abenteuerblatt zu streichen.*

Gelingt der Test, lies weiter bei ***F29****.*
Misslingt er, lies weiter bei ***F154****.*

F

F56 Es sind zwar noch viele Meilen zum Ningal-Tower, doch du spürst das imposante Ego des Schattenmeisters. Es ist mittlerweile so ausgeprägt, dass du dir einbildest, Calderel würde hinter der nächsten Wolke auf euch lauern.
Du blickst hinauf zum Himmel im Glauben, Ugar steht dir in diesem entscheidenden Kampf bei. Doch deine Suche nach der Mondscheibe bleibt vergeblich – zu sehr verschleiert der Dunst die Sicht. Da fällt dir wieder ein, dass du die Autorität besitzt, Ugars Lauf zu beeinflussen.
Möchtest du die Mondphase mit der dir gegebenen göttlichen Macht des Keşra unter Einsatz von KARMA-Punkten ändern?

Wenn ja, lies weiter bei ***F91****.*
Andernfalls lies weiter bei ***F112****.*

F57 Welch Ironie! Die magische Frucht, die Calderel dir einst gab, um dir zu helfen, dient nun dazu, das Leben der Tochter seines Todfeindes zu retten. Nephatari schluckt die Feige aus der Hafenstadt Rohja hinunter und prompt kehrt etwas Farbe in ihr zartes Gesicht zurück.
Streiche die ***Feige aus Rohja*** *vom Abenteuerblatt!*

Lies weiter bei ***F88****.*

F

F58 Für den Wimpernschlag eines Augenblicks zögerst du mit deiner Entscheidung, doch dieser flüchtige Moment genügt dem Riujem, Kyrnas Attacke auszuweichen und seinerseits die rasiermesserscharfen Klauen über das geschundene Schuppenkleid deines Drachen zu ziehen. Die Wucht des Schlages lässt euch orientierungslos durch die Luft trudeln.
Das Monstrum ist derweil davon geflattert. Ehe ihr die Verfolgung aufnehmen könnt, spalten Blitze den Himmel und ein Strudel aus Wolken und Nebeln bildet sich knapp eine halbe Meile vom Tower entfernt. Es sind die finalen Herzschläge der

Schwarzen Sonne, die der Riujem nutzt, um mit letzter Kraft ein Tor zurück zu seiner Domäne, der Schattenwelt, aufzureißen.
Ihr gleitet an die Stelle des Portals heran, wo weiterhin zerrissene Wolken vorbeiziehen, doch vom Riujem fehlt jede Spur. Du verfluchst deine Unfähigkeit. Scham windet sich in deinen Eingeweiden, denn dir wird bewusst, dass dein Erzfeind entkommen konnte, ein für alle Mal.
Dann vertreibt ein stechender Schmerz die Leere in deinem Schädel. Es ist der gleiche Schmerz, wie du ihn in Kathums Schlafgemächern erdulden musstest, als sein Fluch in dich kroch. Die Kräfte, die dich zum Keşra, dem Rächer der Götter, machten, verblassen. Selbst das böse Fauchen des schwarzen Drachen, auf dessen Schuppen du sitzt, bleibt unverständlich.

Ende ★★☆☆☆

F59 Obwohl du mit einer Attacke rechnest, zuckst du zusammen, als direkt vor euch eine Echse mit kräftigem Flügelschlag durch den Dunst stößt. Auf dem Reittier sitzt ein Halret, ein Reiter der Unterwelt, dessen finstere Aura die hellen Wolken auseinanderstieben lässt.
Geschützt von einer lückenlosen Rüstung aus schwarzem Stahl, mit der er dem Tageslicht zu trotzen vermag, treibt er seine bullige Flugechse an. Das Viech keift streitsüchtig und neigt sein mächtiges Gehörn zum Rammangriff.
Plötzlich erfasst dich die Finsternis, die alle Boten der Unterwelt umgibt: Kälte breitet sich in deinem Geist und deinen Gliedern aus. Gedankenverloren starrst du auf die Spitze seiner Reiterlanze, die todbringend auf dich zurast …
Erst die sengende Hitze vor dir befreit dich wieder von der mentalen Umklammerung des Halrets. Kyrnas eigenmächtiger Flammenodem verhinderte, dass dich der Schattenreiter aufspießte wie ein Ochse. Du stößt einen Schrei des Danks zu deinem

★★ *Immerhin, du hast ein 2-Sterne-Ende erreicht.*
Berechnung des Sternen-Ratings am Schluss dieses Kapitels auf Seite 638.

Drachen, ergreifst deine Waffe und machst dich bereit zum Gegenangriff.

HALRET, BOTE DER UNTERWELT	*ANGRIFF*	**22**
	VERTEIDIGUNG	**22**
	RESISTENZ	①○○○⑤
	KAMPFRUNDE	○○○○○❺…

Nach dem ersten gelungenen ANGRIFF, aber bevor du den RESISTENZ-Punkt des Halret abstreichst, lies sofort weiter ***F161****.*

Zu Beginn von KAMPFRUNDE ❺ lies sofort weiter bei ***F3****.*

Gewinnst du den Kampf, lies weiter bei ***F142****.*

F60 Als du die Klinge der Mondsichel erneut tief ins blaugraue Fleisch des abartigen Geschöpfs treibst, triffst du auf Widerstand. Der Dämon windet sich und umklammert deine Waffe, bis es dir endlich gelingt, sein pulsierendes Herz zu durchstoßen. Fontänen schwarzen, fauligen Blutes spritzen dir ins Gesicht. Du rollst dich ab und entkommst dem wankenden Gebilde aus schmatzenden Geschwülsten und Quaddeln, das nach wenigen Schritten in einem einzigen Erguss aus Blut und Eiter zerplatzt.

Aus den schmierigen Überresten rutscht dir der besudelte Körper des Schattenmeisters entgegen. Calderel, fahl und ausgemergelt, nährte bis zum letzten Blutstropfen das pervertierte Fleisch seines Wirts! Schwer atmend beugst du dich über den verfallenen Ugarith und bist erstaunt, dass die Schwärze in seinen Augen, so wie du sie kanntest, gewichen ist. Sie glänzen in natürlichem silbergrau mit dem faszinierenden Muster des Mondes.

„Mein Kind“, stöhnt Calderel, „es ist vollbracht! Ich und die Welt sind wieder frei.“

Deine WUT steigt um eine Stufe!

Sprengt deine WUT mittlerweile die Skala, lies weiter bei ***F16****.*

Wenn nicht oder du besitzt die Fähigkeit ***Mentaler Fokus****, lies weiter bei* ***F77****!*

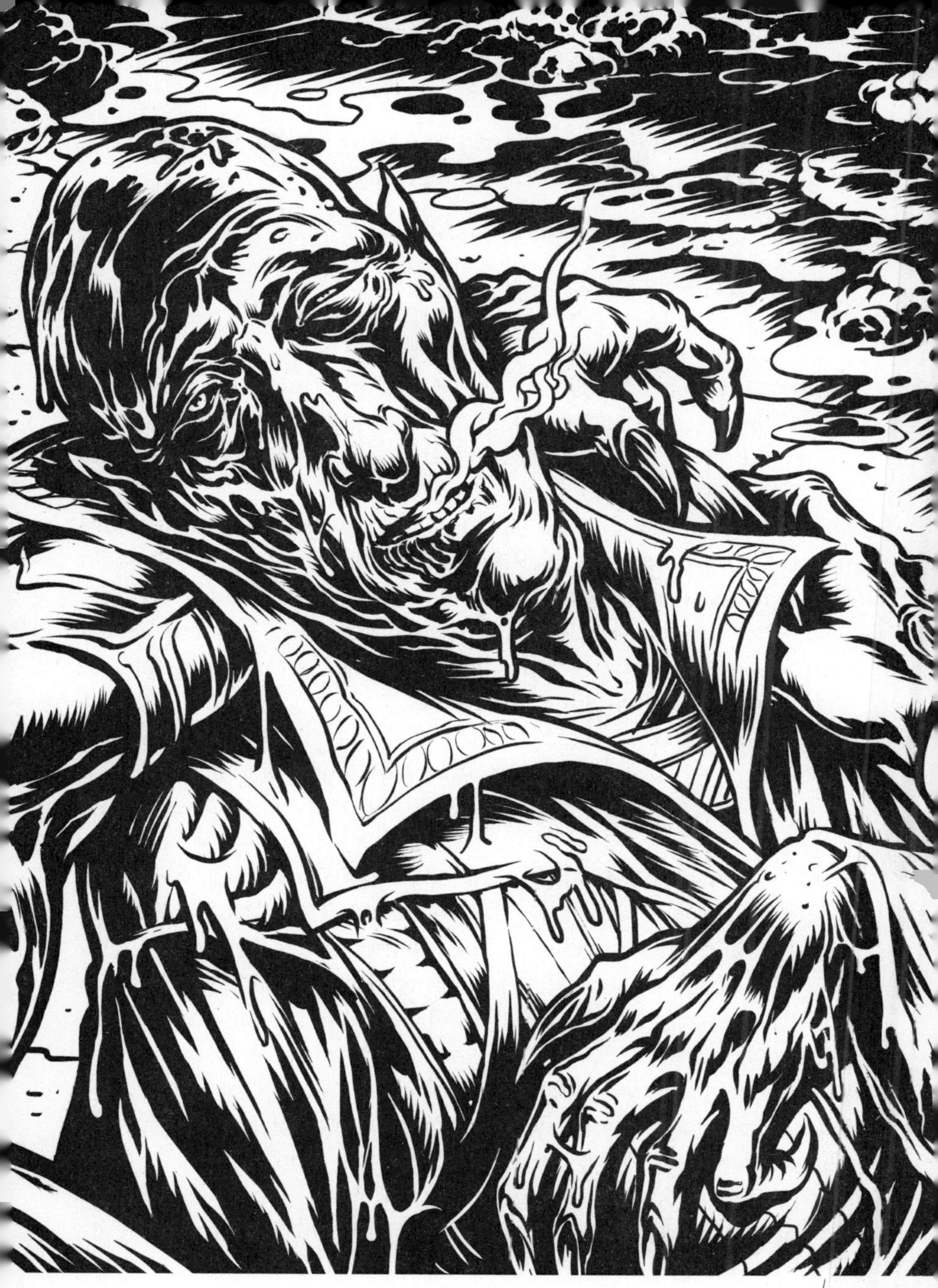

F60 *Schwer atmend beugst du dich über den verfallenen Ugarith und bist erstaunt, dass die Schwärze in seinen Augen, so wie du sie kanntest, gewichen ist.*

F61 Spöttisch lacht Calderel über deine falsche Entscheidung und nutzt sie augenblicklich für einen Konter.

Deine Vitalität sinkt um eine Stufe!

Und der Doppelgänger löst sich auf.

*Kehre zurück nach **F121** und treffe eine andere Wahl.*

F62 Wild entschlossen sprintest du dem Riujem hinterher, der seine Flügel ausgebreitet hat, um sich von der Kante der Plattform in den Abgrund zu stürzen, von der er nur noch wenige Schritte entfernt ist.
Doch ehe er abheben kann, springst du ihm auf den Rücken und treibst die Mondsichel tief in die geschwulstartigen Muskeln knapp neben seinem Rückgrat, den Ansatz der rechten Schwinge. Das schrille Kreischen des Dämons steigert deine Kampfeslust nur noch mehr. Du ziehst die heilige Klinge heraus in fester Absicht, einen erneuten Stich zu setzen.
Teste deine Stärke gegen 22!

*Gelingt der Test, lies weiter bei **F133**.*
*Misslingt er, lies weiter bei **F145**.*

F63 Abwesend stolperst du über das verwüstete Schlachtfeld, das vor Kurzem noch das Prunkstück des Ningal-Towers war, bis dein Blick auf den Narben deiner linken Klaue verweilt. Das Mal der Kar ist weiterhin versiegelt und mit dem Tod des Schattenmeisters zudem die letzte Hoffnung auf die Lösung des Fluchs verloren.
› *Ich habe wahrscheinlich diesen Makel verdient …* ‹
Du fühlst die klaffende Lücke in deiner Seele wie nie zuvor.
› *Ihr verdammten Götter, warum musste es so enden?* ‹
Verzweifelt sinkst du an Kyrnas erkaltetem Leib danieder. Du denkst an das gemeinsam Erlebte und die zahllosen Toten dieser Jahre des Krieges, an Lehrmeister Tarus und Nephatari.

„O Keşra, es tut mir so leid."
Die sanfte Stimme vermischt sich mit dem Geräusch von Schritten auf knirschendem Schutt. Du blickst langsam auf. Vor dir steht, im traditionellen Wollgewand einer Netani-Sklavin, Kyphis erste Tochter.
„Nephatari!"
Tränen schimmern auf ihren goldenen Pupillen. Im Licht der Mittagssonne treten die Striemen und Blutergüsse auf ihrer hellen Haut noch deutlicher hervor. Dass sie es bis zur Spitze des Schattenturms geschafft hat, grenzt an ein Wunder.
Du spürst, dass deine Zeit gekommen ist. Es bleibt nichts mehr zu tun und du ziehst deinen Geist zurück. Der junge Ugarith scheint davon unberührt, zu groß ist seine Freude über die Wiederkehr der Sonnentochter.
Nephataris Knie zittern und es gelingt ihm im letzten Moment ihren Sturz aufzufangen. Als sie erschöpft in seine Armen sinkt, blickt er ihr tief in die Augen, drückt sie und schaut erlöst in die Wolken.

ENDE ★★★☆☆

F64 Calderels eigener Schatten teilt sich vom Körper ab und kämpft gleichzeitig mit ihm Seite an Seite! Du bist nur kurzzeitig irritiert und verteidigst dich!

Der Schattenmeister greift in dieser KAMPFRUNDE gleich zweimal an. Würfle nach Ermittlung der regulären Aktionen daher einen zweiten ANGRIFF auf dich!

*Kehre zurück zu **F83** und kämpfe weiter gegen Calderel!*

F65 Funken stieben auf und du schlitterst schwer verletzt mit schroffer Steinhaut durch den Schutt der Plattform. Der letzte Schlag des Dämons hätte dich fast betäubt. Schwerfällig drehst du dich auf die Schultern und starrst in die aufgerissene Fratze des Untiers, das sich schnaubend über dich beugt.

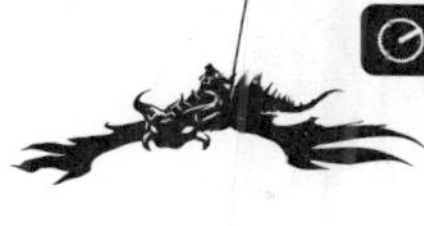

★★★ *Schön, du hast das 3-Sterne-Ende erreicht!*
Berechnung des Sternen-Ratings am Schluss dieses Kapitels auf Seite 638.

Da erschallt ein vertrautes Fauchen hinter dir! Kyrna rauscht im Tiefflug heran, packt den Dämon an einem seiner verkrüppelten Arme und reißt ihn fort.
Doch ehe sie ihn fortschleudern kann, verbeißt und krallt er sich in ihre linke Schwinge. In einem blutigen Knäuel poltern beide quer über den Platz und krachen in die Schutzmauern des Übungsgeländes.
Als sich der Staub legt, bleibt Kyrna regungslos zurück und der Dämon zuckt benommen.

Kyrnas Vitalität sinkt um eine Stufe!
*Sollte hierdurch ihr Status auf **tot** sinken, notiere dies auf dem Abenteuerblatt, spiele aber trotzdem weiter!*
Streiche die Höhe deines Reiterrangs von der Resistenz des Riujems ab (z. B. bei Drachenfreund 4 Resistenz-Punkte).

*Kehre zurück nach **F76**, nimm die entsprechenden Veränderungen vor und führe den Kampf fort.*

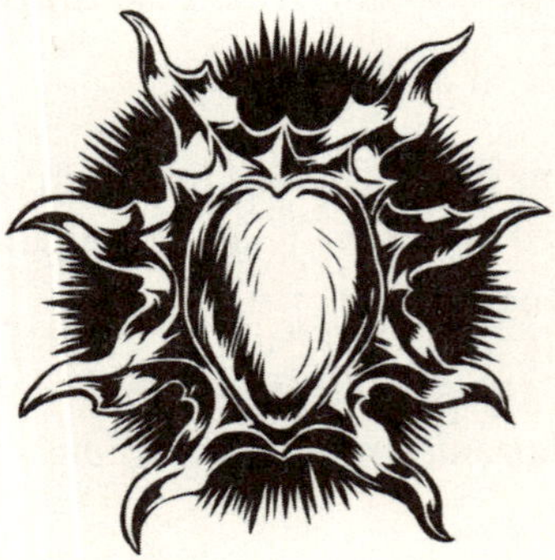

F66 Mit zwei, drei Hieben der Mondsichel durchtrennst du die Ketten und fängst Nephataris federleichten Körper auf. Sanft bettest du sie auf eine freie Stelle des Felsens. Dein Herz brennt. Regt sich ein letzter Lebensfunke in ihr?

*Besitzt du die Fähigkeit **Keşrani**, lies weiter bei **F7**.*
*Andernfalls lies weiter bei **F165**.*

F67 Auf einmal löst sich von Calderel die Silhouette seines Körpers und rast direkt auf dich zu! Du musst diesem unerwarteten Schattenangriff sofort ausweichen.

Teste dein Geschick gegen 17!
Gelingt der Test, wehrst du Calderels Überraschungsangriff ab und diese Kampfrunde wird regulär ausgetragen.
Misslingt er, verlierst du automatisch eine Stufe Vitalität und die Kampfrunde ist vorbei, ohne dass du einen Angriff ausführen kannst.

*Kehre zurück zu **F83** und kämpfe weiter gegen Calderel!*

F68 Du springst zunächst auf den linken Schatten zu, täuschst eine Attacke an, wirbelst herum und ziehst die Mondsichel über die Brust der Gestalt vor dir. Die geschlagene Wunde platzt auf wie eine überreife Tomate. Blut spritzt und bildet wabernde Tropfen in der Schwerelosigkeit.
Die drei Trugbilder neben dir vergehen zu Nichts und die Haut des Schattenmeisters schält sich – unter seinen quälenden Todesschreien – von ihm ab. Die Macht der Sonnenmaske, die stets die Wahrheit auf diejenigen zurückwirft, die sie anblicken, hat dich wohl geleitet!
› *Ich kann nicht glauben, dass ich ihn besiegt habe.* ‹
Eifrig suchst du nach einem Weg, die Unterwelt zu verlassen, als du hinter dir ein markerschütterndes Knurren und Fauchen vernimmst. Deine Auseinandersetzung mit dem Schattenmeister ist nicht unentdeckt geblieben …

*Lies weiter bei **F53**.*

F69 Mit einem einzigen langgezogenen Schrei vergeht der Dämon zwischen den Leichen und seine stinkenden Überreste versickern in den Spalten der Felsen. Woraufhin das Stöhnen und Wimmern, das dich die ganze Zeit in dieser Höhle begleitet hat, irrer und irrer wird. Hunderte entfesselter Geister streifen umher, durchdringen dich.

Der lodernde Hass der Toten ist grenzenlos. Sie wollten diesen Dämon vernichten. Und du hast es für sie getan! Ihre kollektive Kraft und ihr unsterblicher Wille werden ein Teil von dir. Du schöpfst neuen Mut, denn du hast das unerschütterliche Gefühl, nicht mehr alleine zu sein.

*Deine VITALITÄT steigt auf **normal**!*

*Besitzt du das **Amulett der Kar**, lies weiter bei **F79**.*
*Andernfalls lies weiter bei **F12**.*

F70 Für dich ist es jedes Mal eine Tortur, mitansehen zu müssen, wie Kyrna Schmerzen erleidet. Doch diesmal hast du das Gefühl, ihr helfen zu können.

*Möchtest du die Schmerzen, die Kyrna erdulden muss, auf dich nehmen, lies weiter bei **F116**.*
*Willst du es lieber nicht tun, lies weiter bei **F153**.*

F71 Erschöpft sinkst du vor dem regungslosen, von der Sonne verkohlten Dämon auf die Knie und reckst die Fäuste gen Himmel. Der Wind nagt an den Überresten der gottlosen Gestalt und verteilt sie über das Meer, bis schließlich Calderels versteinerter Leib zu erahnen ist. Langsam wird er aus dem verfallenden Dämon, wie ein Fels aus dem Sand einer Düne, herausgeschält.

Du trittst heran, hebst den Leichnam an, um ihm die letzte Ehre zu erweisen, und glaubst in seinen schroffen Zügen Zufriedenheit zu erkennen, als er sich auflöst und zwischen deinen Klauen verrinnt. Eine Leere breitet sich in dir aus. Eine namenlose Ziellosigkeit.

› Was bleibt? ‹

*Ist Kyrna **tot**, lies weiter bei **F132**.*
*Lebt sie, lies weiter bei **F122**.*

F72 Calderel spottet über dein Mitleid: „Sag mir, Keşra, wie fühlt es sich an, den Schwächen dieser Menschen zu erliegen?“

Du ringst mit dir, um die grenzenlose Wut, die sich in deinen Adern angestaut hat, unter Kontrolle zu behalten.

„Als Menschenfreund", beginnt der wahnsinnige Schattenmeister seine Forderung, „benötigst du die Mondsichel sicherlich nicht mehr." Er holt tief Luft, um den Moment seines Triumphs auszukosten, und schreit: „Los, wirf die Klinge ins Tor! Sofort! Oder die Sonnentochter wird sterben!"

Willst du Calderel mit der ***Mondsichel*** *angreifen, lies weiter bei* ***F13▸****.*

Willst du sie wie befohlen ins Schwarze Tor werfen, lies weiter bei ***F168****.*

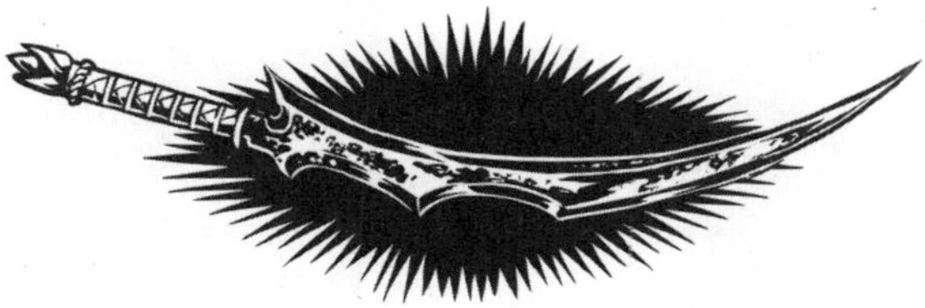

F73 Zittrig entrollst du das alte Pergament, das Geschenk des Gefangenen Leonar, und vergleichst die Grundrisse der einzelnen Stockwerke mit deiner Umgebung: Einige abgelegene Zimmer sind mit geschwungenen Tuschelinien untereinander verbunden. Zügig hast du einen solchen Raum hier in den Gemächern des Schattenmeisters gefunden. Auf einem der edlen Seidenteppiche, die zu der unscheinbaren Nische führen, sind auffällig viele Fußspuren.

› Ob dort eine Geheimtür ist? ‹

Eilig läufst du hinüber, um nach einem Hebel, Seilzug oder Sonstigem zu suchen – doch als du die Mitte der Nische betrittst, wird es dunkel und du fällst ins Bodenlose! Du bist unbedacht in ein verborgenes Schattenportal getreten.

Lies weiter bei ***F93****.*

F74 Unruhig reckt Kyrna ihren langen Hals von einer Seite zur anderen.

„Was ist los, Kyrna? Stimmt etwas nicht?"

„Wir bekommen Besuch!"

Aufgeschreckt greifst du zum Reiterdorn, doch Kyrna gibt dir zu verstehen, dich zurückzuhalten. Hinter euch gleitet Atolm der Himmlische mit seinen blau illuminierten Schwingen durch die Wolken.

Der majestätische Drache, der damals in den Jengal-Wäldern Kyrnas Leben rettete, begrüßt euch mit einem tiefen Fauchen. Auf seinem Rücken sitzt der halbwüchsige Kathum, dessen Gesicht kreidebleich, aber entschlossen ist.

Mit einem knappen Flügelschlag ist der befreundete Drache längsseits gegangen. Gefühlvoll berührt er Kyrna mit seinem Horn, wie er es damals auf der Lichtung tat. Wieder vollführen hunderte Sterne ihren magischen Tanz. In Erwartung einer Verbesserung bist du dennoch überrascht über die Veränderung, die Atolms Berührung hervorruft: Kyrnas schwarze Schuppen, sonst unscheinbar matt, schimmern nun wie polierter Schiefer!

Kyrna erhält eine Panzerung! Sollte sich ab sofort KYRNAS VITALITÄT *von* ***normal*** *ausgehend eine Stufe reduzieren, streiche zunächst den Schild 🛡 zwischen* ***normal*** *und* ***angeschlagen*** *ab. Erst der nächste Treffer würde* KYRNAS VITALITÄT *auf* ***angeschlagen*** *reduzieren.*

F

Atolm, dessen blaue Schuppen während seines Kontakts zu Kyrna deutlich an Brillanz verloren haben, wendet sich nun dir zu:

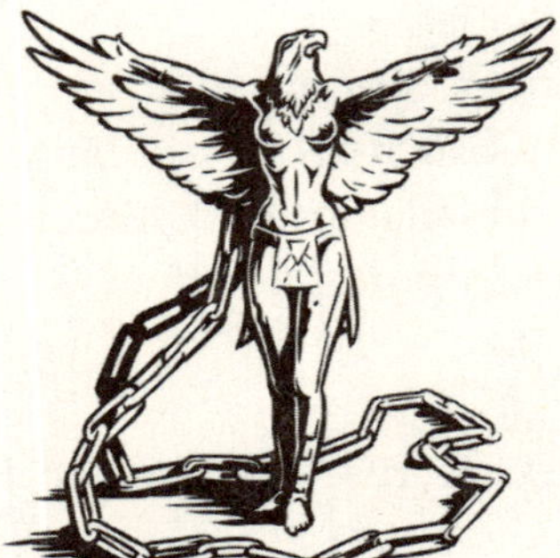

„Keşra, wie ihr seht, habe ich euren kleinen Freund mitgebracht. Er bestand darauf, mit euch zu sprechen. Und ich muss gestehen, er kann sehr überzeugend sein."

*Besitzt du das **Amulett der Kar**, lies weiter bei **F86**.*
*Ansonsten lies weiter bei **F96**.*

F75 Mit einem inbrünstigen Schrei zerrst du die heilige Mondsichel aus der Scheide und springst dem dämonischen Scheusal über einige tote Netani entgegen.

TOTENSCHLÄCHTER VALOTH	*ANGRIFF*	**24** **23**
(DÄMONISCHER DIENER)	*VERTEIDIGUNG*	**23**
	RESISTENZ	♥ ○○③○⑤
	KAMPFRUNDE	↻ ○❷○○○❻…

Der Totenschlächter büßt bei Verlust seines 3. RESISTENZ-Punktes 1 Punkt ANGRIFF ein.
Besitzt du den 12. SCHICKSALSPUNKT, regenerierst du für jeden ANGRIFF mit einem Überschuss von 3 Punkten (also gegen **26***), – ohne weiteres Zutun – eine Stufe deiner VITALITÄT, eventuell sogar auf **fit**!*

*Zu Beginn von KAMPFRUNDE ❷ lies sofort weiter bei **F152**.*
Lebt das Monster am Ende von KAMPFRUNDE ❻ noch,
*lies sofort weiter bei **F87**.*
*Gewinnst du den Kampf vorher, lies weiter bei **F69**.*

F76 In der kurzen Zeit, in der Kar hinter Ugar verborgen ist, wird der Riujem nicht von den vernichtenden Sonnenstrahlen verletzt. Neue Kraft schöpfend, kratzt er sich Fetzen verkohlter Haut von den Armen.

*Solltest du bereits **Extra-Schaden** verursacht haben (kontrolliere dazu die Speziellen Notizen auf der dritten Seite des Abenteuerblatts), streiche ihn nun auf der nächsten Seite unter RESISTENZ ab, ebenso wie die KAMPFRUNDEN (KR), die mit diesem Schaden einhergehen.*

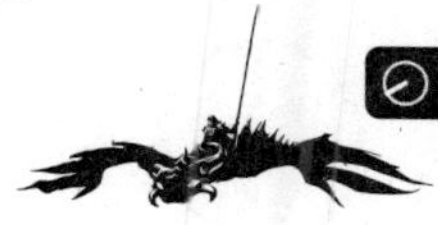

RIUJEM	*ANGRIFF*	30 (28)
(MACHTVOLL)	*VERTEIDIGUNG*	27
	RESISTENZ	○○○○○○○○○○ ⑩
	KAMPFRUNDE	○○○○○❻○❽

Die beiden Schilde symbolisieren die außergewöhnliche Widerstandskraft des Riujems während der Finsternis. Du kannst ein Schild nur überwinden, wenn es dir gelingt, innerhalb einer KAMPFRUNDE darauf 2 RESISTENZ-Punkte Schaden zu setzen! Weniger Schaden verpufft und muss in der nächsten Runde erneut aufgebracht werden.

*Verlierst du zum **zweiten Mal** in diesem Kampf eine Stufe VITALITÄT und hast unter Spezielle Notizen beim Begriff **Beistand** eine Zahl vermerkt, dann addiere 18 und lies sofort bei der errechneten F-Sektion weiter!*

*Sinkt deine VITALITÄT irgendwann auf **kritisch**, lies sofort weiter bei **F65**.*
*Erreichst du KAMPFRUNDE ❻ und hast du noch mindestens 1 KARMA-Punkt, lies sofort weiter bei **F158**.*
*Hast du KAMPFRUNDE ❽ erreicht, lies sofort weiter bei **F160**.*
*Konntest du den Dämon vorher bezwingen, lies weiter bei **F60**!*

F

F77 „Zu sterben durch die Hände des Keşra hatte ich stets gefürchtet …“, haucht der siechende Calderel und ringt sich ein Lächeln ab. „… nun verheißt es mir Erlösung. Doch bevor mich meine eigene Dunkelheit empfängt, habe ich eine Schuld zu begleichen …“

Allmählich glätten sich die Narben auf deinem linken Klauenrücken und die Kraft der Göttermutter Kar ergießt sich wie ein wohliger Sommerregen über deinen Körper. Der Schattenmeister hat den schwarzen Fluch von dir genommen, mit dem er den heiligen Geist des Keşra seit deiner Kindheit unterdrückte.

Während du ungläubig das Sonnensymbol auf deiner Hand betrachtest, brechend sich Erinnerungen eines anderen Lebens

Bahn. Sie sind es, nach denen du dich all die Wochen seit deinem abrupten Erwachen in Kathums Schlafgemach verzehrt hast: schicksalshafte Bilder von Eltern und Familie voller Magie und Tragödie. Doch es sind nicht allein deine Erinnerungen!
› *MENSCH, wir haben es vollbracht! Gib mich frei!* ‹
Du verstehst sie nicht, die Stimme aus deinem tiefsten Sein. Oder möchtest du sie nicht verstehen?

Ist Kyrna **tot**, *lies weiter bei* ***F132***.
Lebt sie, lies weiter bei ***F146***!!

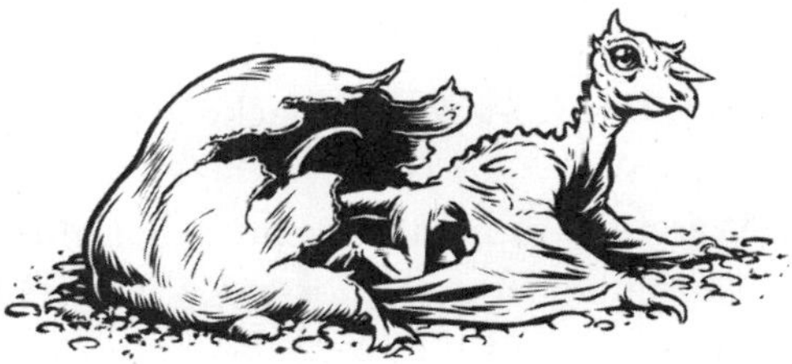

F78 Das Tageslicht schwächt sich merklich ab und du blickst zum Himmel. Ugar bedeckt als schattenhafte Scheibe die gleißende Kar! Nur noch wenige Augenblicke und er wird sich komplett vor sie geschoben haben.
Ebenso wie du, spürt auch der Dämon, dass eine Kar-Finsternis kurz bevorsteht. Und so keift es Blut und Galle aus seinem Haimaul. Er will die Gunst der Stunde nutzen.

Teste deine STÄRKE gegen 21!

Gelingt der Test, lies weiter bei ***F11***.
Misslingt er, lies weiter bei ***F39***.

F79 Über der ewigen Finsternis des Schwarzen Tores, direkt hinter dem Schattenmeister, hängt Nephatari. Als du sie erblickst, spielt dein Verstand verrückt! Du empfindest Hass, Liebe, Scham. Du verfluchst Calderel und leidest mit der Sonnentochter, der du all das angetan hast.

› Es ist nicht meine Schuld! ‹

Nephataris geschundener Körper ist mit fünf runenverzierten Eisenketten an Armen, Beinen und Kopf unter die Kuppel des Schattentores gespannt. Ihr sonst so seidiges Haar hängt in verfilzten Strähnen herab. Sie bewegt sich nicht.

Über ihre Zehen und Brust tropft blaues Blut direkt ins ewige Schwarz. Du zweifelst, ob sie überhaupt noch lebt.

› Wie lange musste sie diese Qualen schon ertragen? ‹

Deine WUT steigt um eine Stufe!

Sollte deine WUT nun die Skala sprengen, lies sofort weiter bei **F31**.

Calderel schwebt höher über die Blutlache und überheblich langsam auf Nephatari zu.

„Welch Hohn! Warst du es nicht, der mich bat, ihr das Leben zu schenken?“ Woraufhin er ihren reglosen Kopf am Schopf zurückzieht: „Wie vorausschauend von dir. Das jungfräuliche Blut der Kartochter ist umso viel stärker, reiner!“

Das diabolische Lachen des Ugar-Abgesandten bricht sich zigfach an den Höhlenwänden. Er zückt einen geschwungenen Ritualdolch, den er Nephatari kühl an die Kehle legt: „Bist du so töricht, Kind, und wagst es, meine Pläne zu durchkreuzen …“

F

Willst du das Risiko eingehen und Calderel mit der ***Mondsichel*** *attackieren, obwohl er Nephatari bedroht, lies weiter bei* **F13**◗.

Willst du seine Forderungen anhören, lies weiter bei **F72**.

F80 „Es ist wenig verwunderlich, dass es dir gelang, mich zu hintergehen“, versucht dich Calderel zu provozieren. „Schließlich hattest du mit Tarus einen Helfershelfer direkt unter meiner Gefolgschaft.“

Dir wird mulmig, als der Name deines Mentors fällt. Calderel weiß um ihn und sein Bewahrer-Erbe. „Immerhin“, fährt der Schattenmeister mit ausladender Geste fort, „der Tod des ehrwürdigen Sehers diente einem höheren Ziel.“

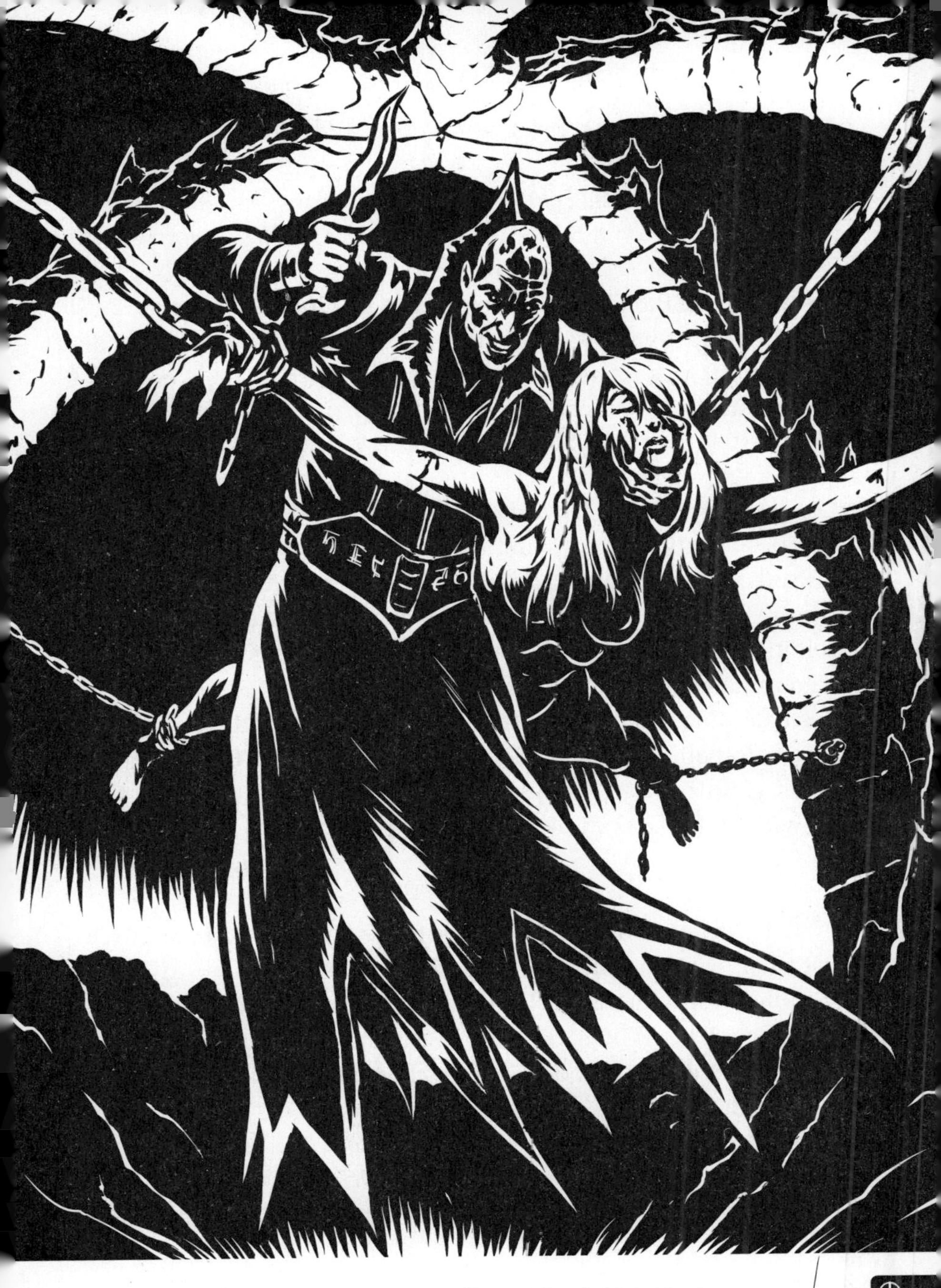

F79 *Das diabolische Lachen des Ugar Abgesandten bricht sich zigfach an den Höhlenwänden. Er zückt einen geschwungenen Ritualdolch, den er Nephatari kühl an die Kehle legt.*

Die Vorstellung, dass Tarus sein Leben für dich ließ, macht dich schier verrückt.

*Besitzt du die Fähigkeit **Mentaler Fokus**, lies weiter bei **F36**.*
*Andernfalls lies weiter bei **F97**.*

F81 Dein Pfeil hat sein Ziel gefunden! Und nur zu gerne labst du dich am süßen Geschmack des Triumphs und folgst der Leuchtspur des abgeschossenen Gegners durch die Wolken. Es war ein Halret, ein Schattenreiter, der einzig dank seiner lückenlosen Rüstung den Sonnenstrahlen widerstehen kann. Dein Schuss war meisterlich!
Da geschieht etwas Unvorhergesehenes: Nach dem Verschwinden des Schattenreiters sammelt sich die glühende Linie und rast als roter Feuerball auf euch zu!
Überrascht reißt du an den Zügeln, aber Kyrna kann nicht rechtzeitig ausweichen. Die Wucht der Blutsphäre aus der Unterwelt katapultiert dich fast aus dem Sattel.
Reste der Energien der Finsternis, die aus der Wunde des sterbenden Halret quollen, haben den nächsten würdigen Träger gesucht – und gefunden.

Du erhältst 2 KARMA-Punkte!

*Lies weiter bei **F113**.*

F82 Mit schrillen Schreien rufst du Kyrna herbei, da du fürchtest, dem Riujem könnte die Flucht gelingen. Und auf die Drachendame ist Verlass! Der Dämon flattert empor, da gleitet sie mit einem tosenden Windstoß heran. Geschmeidig springst du ihr auf den Rücken und zurrst deine Oberschenkel mit gekonnten Handgriffen am Sattel fest.

*Besitzt du noch den **Reiterbogen** und möchtest ihn nun gebrauchen, lies weiter bei **F150**.*
*Willst du den Dämon mit einem Flugmanöver attackieren, lies weiter bei **F144**.*

F83 Plötzlich greift der Schattenmeister an! Seine langen Klauen triefen vom Blut zahlloser Opfer.

CALDEREL	*ANGRIFF*	**25 24 23 22 21**
(IN DER SCHATTENWELT)	*VERTEIDIGUNG*	**23**
	RESISTENZ	① ② ③ ④ ⑤ ⑥
	KAMPFRUNDE	❶ ❷ ○ ❹ ○ ❻ ○ ❽ …

Da du in der 1. KAMPFRUNDE überrascht wurdest, darfst du selbst erst ab der 2. Runde angreifen!
Mit jedem RESISTENZ-Abzug verringert sich Calderels ANGRIFF um 1!

*Erreichst du KAMPFRUNDE ❷, ❹, ❻ bzw. ❽ lies sofort weiter bei **F26**.*
*Stirbst du, lies sofort weiter bei **F14**.*
*Gelingt es dir, Calderels 6. RESISTENZ-Punkt abzustreichen, lies weiter bei **F121**.*

F84 Die Macht des Schattenreichs umschlingt dich. Die Geister der Toten zehren an deinem Verstand und du begreifst, dass sich der irdische Teil des Keşra nun vom anderen Teil, dem Körper des jungen Ugarith, lösen muss.
Selbst wenn dies bedeutet, ihn der ewigen Verdammnis zu überlassen. Nur so wirst du diese Welt noch retten können. Vielleicht nicht heute, vielleicht nicht morgen, aber sicher irgendwann einmal. *ENDE* ★☆☆☆☆

F85 Obwohl sich zwei Geschosse in Kyrnas Rumpf gebohrt haben, landet dein Drache souverän am Rande der Plattform. Sofort legen die Soldaten ihre Lanzen an und sprinten euch mit dröhnendem Kampfgeschrei entgegen, doch als Kyrna die goldene Maserung ihrer schwarzen Schwingen präsentiert und zugleich einen imposanten Flammenstrahl in den Himmel schickt, ist der Elan der Angreifer gebrochen.

★ *Schade, du hast nur ein 1-Sterne-Ende erreicht.*
Berechnung des Sternen-Ratings am Schluss dieses Kapitels auf Seite 638.

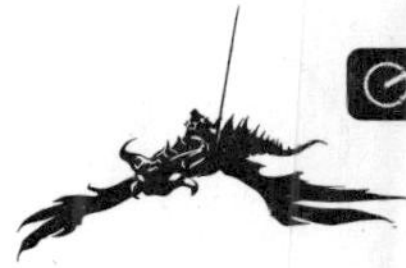

Du nutzt die kleine Schrecksekunde, wirfst dir den Reiterbogen und den Köcher mit dem letzten Pfeil über die Schulter und läufst los, um die Einstiegsluke in der Mitte des Plateaus zu erreichen.
Da erblickst du wieder die beiden Gartaks am schweren Eisenrad. Sie bedienen damit offenbar eine Mechanik, die drei große Metallkugeln am Rande der Plattform zu Tage befördert.

Willst du einen Umweg laufen und die Gartaks davon abhalten, das Rad weiter zu drehen, lies weiter bei ***F46****.*

Willst du sie mit dem letzten Pfeil deines Reiterbogens angreifen, lies weiter bei ***F55****.*

Willst du sie ignorieren und deinen Weg zur Luke fortsetzen, lies weiter bei ***F159****.*

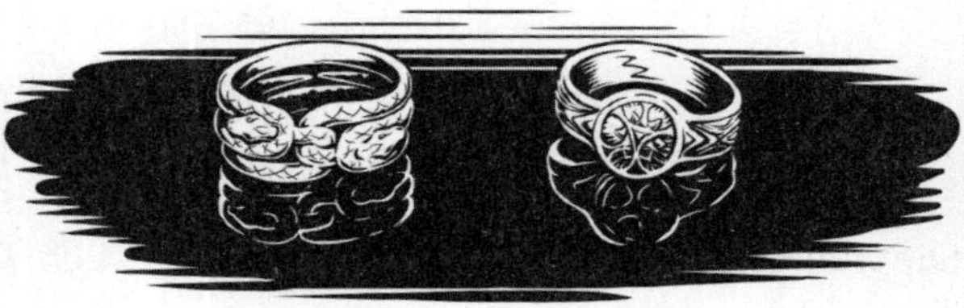

F86 Wortlos grüßt du den Hierarchen, der sofort sein Anliegen vorträgt: „Wie ich von diesem Drachen erfahren habe, ist Nephatari, meine geliebte Tochter, noch am Leben.“
Es wirkt noch immer befremdlich, solch reife Worte aus dem Mund eines Knaben zu hören, obgleich er die Lebenserfahrung eines über 130 Jahre alten Abgesandten hat.
„Nun, ich hoffe es ist noch nicht zu spät“, antwortest du mit belegter Stimme.
„Sagt, kann ich etwas tun?“
Ohne zu zögern, reckst du deine linke Klaue empor, ballst sie zur Faust und präsentierst Kathum ihre Narben.
Der Junge nickt verständnisvoll, woraufhin er seine Ärmchen ausbreitet und die Finger gen Sonne spreizt, als wolle er ihr Licht

auffangen. Gebannt blickst du zur Kar-Scheibe empor und lauschst Kathums Gebet. Da wirst du von einer schier endlosen Kette wärmender Strahlen durchschossen.

Deine Stärke und dein Geschick steigen um einen Punkt!

Die Narben sind noch immer zu sehen, doch unter der schwarzen Haut glimmt es wieder, das ewige Feuer aus Mut und Kraft, das Mal der Göttermutter Kar!
Du streichst über den pulsierenden Rücken deiner Klaue und dir schießen vergessen geglaubte Erinnerungen durch den Kopf. Bilder von einer Kindheit im Ningal-Tower, insbesondere von Meister Calderel, deinem Ziehvater.
Es sind nicht nur düstere Gedanken an ihn. Im Gegenteil: Er war geistvoll und vorausschauend, zuweilen eitel und verschroben. Und manchmal hielt er zu sehr an verstaubten Werten fest – aber er war niemals skrupellos oder gar gewalttätig.
› *Was ist nur passiert?* ‹
„Auch ich verstehe nicht, was Calderel dazu bewog, diesen Krieg anzuzetteln", scheint Kathum deine Gedanken zu lesen. „Aber eines ist sicher: Nur das Keşra kann ihn jetzt noch aufhalten!"
Mit einem Schrei voller Ungeduld beendet Kyrna dieses himmlische Zusammentreffen und beschleunigt den Flug mit kräftigen Schlägen ihrer Schwingen.

Lies weiter bei ***F106****.*

F87 „Valoth! Lass ab!", kommandiert Calderel seinen dämonischen Diener. „Zurück zu deinen Aufgaben!"
Woraufhin sich der Totenschlächter unter unmenschlichem Knurren in die Dunkelheit der Felsen zurückzieht. Das dumpfe Klatschen des Dreschflegels setzt wieder ein.

Besitzt du das ***Amulett der Kar****, lies weiter bei* ***F79****.*
Andernfalls lies weiter bei ***F12****.*

F88 Unterbewusst leckt sich Nephatari die Lippen und scheint den heilbringenden Geschmack der Magie zu genießen, bis sie endlich die Augen aufschlägt. „Keşra, du bist es!“, lächelt sie und streicht dir über Stirn und Wange, um dich mit einer Anrufung der Sonnengöttin zu segnen.

Vermerke auf der dritten Seite des Abenteuerblatts unter Spezielle Notizen, dass du von ***Nephatari gesegnet*** *wurdest, indem du dort das entsprechende Kästchen ankreuzt.*
Deine VITALITÄT steigt um eine Stufe, eventuell sogar auf ***fit****!*
Du erhältst 1 KARMA-Punkt.

„Es tut mir leid, dich in diesem Grauen zurücklassen zu müssen, aber ich verspreche dir, Nephatari, bald zurück zu sein.“
Schweren Herzens wendest du dich von der Sonnentochter ab und machst dich daran, den Schattenmeister zu verfolgen.

Lies weiter bei ***F100****.*

F89 Ehrfürchtig streichst du über den eisigen Stahl. Unheilvolles Gluckern und Dröhnen lässt ihn vibrieren. Es ist eine Botschaft aus dem Schlund der Tiefsee. Benthenos' Seele ruft nach dir, seinem alten Widersacher!

F

Du verlierst 1 KARMA-Punkt!

Die Kräfte der Götter strömen dir durch die Glieder, sammeln sich zu einem reißenden Fluss und bahnen sich ihren Weg von Benthos' Klingenspitze auf den lichtlosen Grund der Kristallsee, wo sie sich in einem unaufhaltsamen Strudel manifestieren. Doch die finsteren Gelüste der Dämonen pervertieren dein Ansinnen und kehren die Strömung um. Sie richtet sich nun gegen dich!
Mit aller Kraft kämpfst du wider die Wogen diabolischer Mächte, bis du ihnen nicht mehr standhalten kannst, sie dich erfassen und fortspülen …
Du öffnest die Augen und die Welt um dich herum wirkt so klein,

so verzerrt. Ein seltsames Landgeschöpf mit Haikopf und verdrehten Hörnern schlägt auf deinen Leib ein, reißt an einem deiner Arme. Intuitiv schlägst du mit einem anderen zurück, saugst ihm einen weiteren um den Hals, schlingst einen vierten und fünften um seine behuften Hinterläufe, um ihn schließlich mit einem kurzen, kräftigen Ruck in Stücke zu reißen.
Arglos windest du dich von der Spitze dieses steilen Felsens hinab, zurück in dein Reich, den Tiefen des Meers. *ENDE* ★★☆☆☆

F90 Du entscheidest dich für einen zügigen Anflug, um die Formation der sechs Drachenreiter zu durchbrechen. Und gleich wirst du in Reichweite ihrer Bögen und des Odems der Flugechsen sein. In dir keimt Zweifel, ob dein Vorhaben gelingen kann, als ein dröhnender Schrei den Himmel erfüllt.
In eurem Rücken bricht – getragen von vier Flügeln – der massige Leib des ehemaligen Heerführers Slaht durch die Wolken. Hastig zerrst du an Kyrnas Zügel in der Hoffnung, rechtzeitig vor dem Blutdrachen abdrehen zu können, doch Kyrna ignoriert das Kommando.
Während du deine Begleiterin anschreist dem Koloss auszuweichen, donnert Slaht bereits ehrfurchtgebietend über euch hinweg. Sein furchtbares Zetern lässt den Reiterdorn vibrieren.
„Kann es sein", brüllst du ironisch, „dass heute verdammt viele Drachen unterwegs sind?"
„Es ist eben ein schicksalhafter Tag!" – „Aber was tut Slaht hier?"
„Offenbar fliegt der Blutige gerade im Windschatten einer größeren Macht und versucht sich mit ihr gutzustellen", vermutet Kyrna. *„Wahrscheinlich spekuliert er darauf, dass nach der Schlacht etwas für ihn abfällt."*
Slaht brüllt erneut. Doch diesmal ist es kein Kampfschrei, sondern ein Befehl, den die jungen Drachen des Ningal-Towers befolgen! Unter irrem Keifen zerreißen sie die Riemen der Sättel und werfen ihre hilflosen Reiter ab.

★★ *Immerhin, du hast ein 2-Sterne-Ende erreicht. Berechnung des Sternen-Ratings am Schluss dieses Kapitels auf Seite 638.*

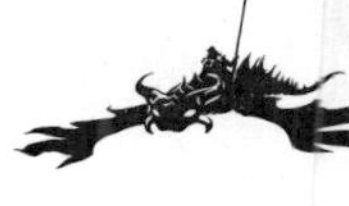

Befreit von der Last, schließen sie sich dem roten Heerführer an und überziehen die große Plattform des Ningal-Towers mit einem Teppich aus Glut und Flammen. Binnen weniger Sekunden sind alle Soldaten ausgelöscht. Der Weg zum Landeplatz ist frei!

„Ich dachte Drachen tö…“

„Nun“, unterbricht Kyrna deinen Kommentar, drückt ihren Nacken durch und erleichtert dir den Absprung, *„der Blutige hatte in diesem Punkt schon immer seinen ganz eigenen Standpunkt …“*

*Lies weiter bei **F125**.*

F91 Es ist soweit! Du, das Keşra, bist bereit, zum ersten Mal willentlich die Macht einzusetzen, den Lauf der Gestirne zu ändern! Du blendest Weltliches aus und fällst in tiefe Trance. Einzig die heiße Schönheit der Karscheibe erleuchtet deine Gedanken. Wird es dir gelingen, die Mächte der Gottgeschwister zu bündeln?

Blättere zum MONDKALENDER bei Sektion 600. Jede Phase, die du den Mond korrigieren möchtest, egal ob im oder gegen den Uhrzeigersinn, kostet dich 1 KARMA-Punkt.

*Besitzt du die Fähigkeit **Mentaler Fokus**, sind die Gesamtkosten der Mondmanipulation um einen Punkt geringer!*

F

*Lies weiter bei **F15**.*

F92 Du spürst die grenzenlose Macht von Kar und Ugar, die sich in diesem Moment über die Welt ergießt. Deine beiden Artefakte, die Mondsichel und Sonnenmaske des Keşra, bündeln diese göttliche Energie und lassen dich für einen flüchtigen Moment an der Vereinigung der Götter teilhaben: Alles um dich herum entschwindet in einem Nebel aus Nebensächlichkeit. Dein Fokus liegt einzig und allein auf deinem Gegner, dem Zerstörer der Welt.

Deine STÄRKE und dein GESCHICK steigen um einen Punkt!
*Deine VITALITÄT steigt auf **fit**!*

*Lies weiter bei **F52**.*

F93 Dein Ritt durch das Portal endet abrupt inmitten eines dunklen Gangs, der einzig von zwei Ölschalen beleuchtet wird. Die feuchte Luft hier riecht zunächst nach Salz, doch dann mischt sich die schauderhafte Mixtur aus Angst, Blut und Fleisch darunter. Du betest zu den Göttern, dass sich deine Befürchtungen nicht bewahrheiten.

› Calderel ist hier! Und seine Macht wächst … ‹

Getrieben von Neugier und Abscheu hastest du voran in die Ungewissheit, bis du endlich eine große Höhle erreichst, die von unzähligen Ritualkerzen in ein unheimliches Zittern aus Licht und Schatten getaucht wird.

Der Weg endet an einer schroffen Felskante, und als du hinunter blickst, dreht es dir fast den Magen um: Vor dir breitet sich eine weite, runde Senke im Fels aus, auf deren scharfkantigen Flanken Hunderte Tote liegen! Klaffende Wunden, herausstehende Knochen und schmieriges Gedärm entstellen die nackten Leiber. Das Blut, das zwischen den flackernden Kerzen träge zu einer Plattform im Zentrum der Senke hinunter rinnt, taucht den Fels ringsherum in diabolisches Rot.

› Dieser Wahnsinnige! Hierher hat er all die Opfer und Gefangenen verschleppen lassen! ‹

Schockiert fällt dein Blick hinab in die Mitte der Senke. Dort erheben sich aus der Dunkelheit des Blutsees fünf unförmige Steinpfeiler, die nach oben hin aufeinander zulaufen und eine Kuppel ausbilden.

› Das Schwarze Tor! ‹

Es erinnert dich an die Portale, die du im Lengal-Tower bei deinem Zusammentreffen mit Seren und den anderen Götterkindern gesehen hast. Seine abgrundtief böse Aura jedoch kriecht dir unter die Haut!

*Besitzt du sowohl die Fähigkeit **Geschichtswissen** als auch **Magiekenntnis**, lies weiter bei **F21**.*

*Ansonsten lies weiter bei **F38**.*

F94 Mit dem Wissen, was dich erwartet, folgst du dem Dämon und springst in eine Gruppe verwirrter Gartaks, die hier oben die Stellung halten, durch das Portal auf die Spitze des Ningal-Towers. Die ersten der einfältigen Krieger verfallen keifend dem Wahnsinn, als sie sich in Nergals Blutaugen hinter dem Riss in die Unterwelt verlieren.
Der Riujem hingegen ist vollkommen desorientiert. Geblendet von der grellen Mittagssonne stolpert er auf seinen schiefen, stelzenartigen Hinterläufen über die heißen Platten. Sein aufgequollener Stiernacken dampft an der Stelle, wo ihn Nergal packte und aus seinem Reich warf.
› Wie viel Macht ist ihm geblieben? ‹
Die Wachen, dem Anblick des Unterweltfürsten entgangen, ergreifen ihre Waffen in Angst und halten die Position.

Führst du ***Benthos*** *in diesem Kampf, lies weiter bei* ***F147****.*
Andernfalls lies weiter bei ***F123****.*

F95 Siegesgewiss vertraust du auf die Macht deiner heiligen Waffe und springst dem höllischen Monstrum entgegen. Aber diesmal spürst du nicht das Kribbeln der Mondsichel in den Klauen, das dir normalerweise Selbstvertrauen schenkt.
Verunsichert kommst du ins Straucheln, stürzt und polterst über gesichtslose Leichen dem Totenschlächter vor die Spinnenbeine. Das Monster nutzt deinen Patzer und reißt den blutverschmierten Dreschflegel empor, um dir den Schädel zu brechen.

Lies weiter bei ***F87****.*

F96 Der junge Kathum wendet sich an dich und seine hohe Stimme überschlägt sich im Zorn: „Mein Herz ist vergiftet – von Euch! Wie konntet Ihr zulassen, dass meine geliebte Nephatari ihr Leben lässt? Mich zu töten war allein der Fehler des Keşra, nicht ihrer! Sie sühnt Eure Schuld!“
Deine Kehle ist zugeschnürt vom väterlichen Hass, der dir entge-

genschlägt. Du weißt nicht, was du erwidern sollst, und bittest den Hierarchen um Vergebung.

„Aber wer bin ich, das Urteil des Keşra anzuzweifeln?" Der Sarkasmus in Kathums Worten ist nicht zu überhören, als er Atolm kommandiert abzudrehen. Ohne weiteren Kommentar verschwinden sie wieder in den Wolken.

„Du darfst es ihm nicht übel nehmen", versucht dich Kyrna aufzumuntern. *„Es ist schwer, solch einen Verlust zu verwinden, zumal Kathum tief in seinem Herzen weiß, dass ein Teil der Schuld auch auf seinen Schultern lastet. Schließlich hat er dich selbst zu dem verwirrten Keşra gemacht, das du heute bist."*

Gedankenversunken starrst du in die Wolken.

› *Habe ich wirklich alles getan, was getan werden konnte? Könnte Nephatari vielleicht noch leben?* ‹

Es fröstelt dich und du ziehst die Mütze des Reitermantels enger zusammen. Die unbarmherzige Kälte der Vergangenheit hat dich erneut eingeholt.

Lies weiter bei ***F106***.

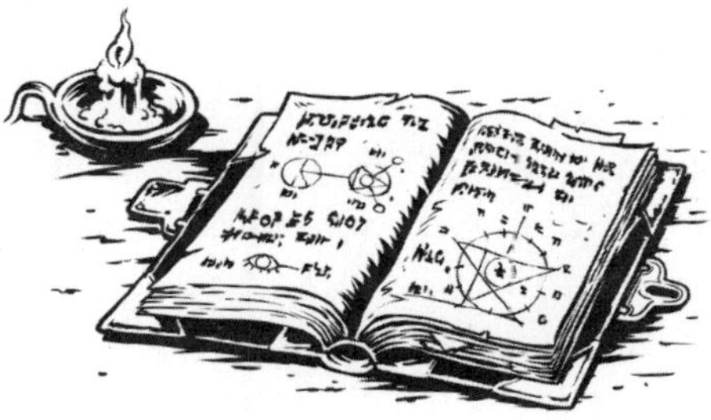

F97

Du verfluchst den Schattenmeister und seine gottlosen Taten. Hass breitet sich in deinen Gedanken aus. Du würdest alles tun, um Calderel zu vernichten!

Deine Wut steigt um eine Stufe!

Sollte deine Wut mittlerweile die Skala sprengen, lies weiter bei ***F31***.

Andernfalls kehre zurück nach ***F140*** *und führe den Kampf fort.*

F98 Du siehst es als gutes Omen an, dass Ugar mit scharfer Sichel über deinen Kampf wacht.

*Lies weiter bei **F120**.*

F99 Hilflos klammerst du dich am Sattel fest, doch Kyrnas wildes Flugmanöver ist dermaßen heftig, dass die Riemen zerreißen. Apathisch hältst du noch das abgerissene Leder in den Klauen, als du in die Tiefe trudelst.

Dein Leben endet hier. ■

F100 An sich kennst du das Gefühl des Übergangs in die Schattenwelt zu Genüge, aber diesmal wirst du übermannt von der eisigen Kälte des Todes. Die Geister der zahllosen Seelen, deren Blut Calderel für sein Ritual opferte, ziehen hier als graue, körperlose Schlieren umher.

› Dies ist nicht die Schattenwelt! ‹

Du befindest dich zwischen den Welten – in einer düsteren, schwerelosen Sphäre. Es dauert ein wenig, bis du dich orientieren kannst, doch dann siehst du Calderel, wie er sich in einem Knäuel aus Nebelschwaden suhlt.

Als du dich schwebend näherst, musst du erkennen, dass es sich um die geisterhaften Seelen der Toten handelt, deren körperlichen Überreste vor dem Schwarzen Tor verrotten, die er sich ekstatisch einverleibt.

› Calderels Ritual ist also noch nicht beendet! ‹

Vielleicht ist es deine letzte Chance, ihn aufzuhalten.

*Besitzt du **Kathums Seele** und willst sie befreien, lies weiter bei **F44**.*

*Andernfalls lies weiter bei **F140**.*

F101 Begleitet von schrillen Schreien diabolischer Seelen rotiert der verfluchte Zweihänder über die Schutzmauer des Ningal-Towers. Beide Götter, Ugar und Kar, sind stolz ob deiner Entscheidung.

Du erhältst 2 KARMA-Punkte.

***Für Experten** – Schreibe dir diese Punkte auch dann gut, selbst dann, wenn sie dein selbstauferlegtes Maximum des KARMA-Vorrats von nur 8 Punkten überschreiten.*

*Lies weiter bei **F123**.*

F102 Erwartungsvoll achtest du auf irgendein Anzeichen, dass dein Schuss sein Ziel gefunden hat.

*Lies weiter bei **F59**.*

F103 Beflügelt vom majestätischen Vollmond stellst du dich der Gefahr.

*Lies weiter bei **F120**.*

F104 Du spürst, dass die Mächte der Götter wieder abklingen. Den perfekten Zeitpunkt für einen Angriff hast du leider verstreichen lassen. Dennoch bist du fest entschlossen, den Dämon zu vernichten.

› Mit oder ohne euch, geliebte Götter. Ich bin bereits so weit gekommen! Diesmal werde mich nicht einzig auf euch verlassen! ‹

*Lies weiter bei **F120**.*

F105 In nur einer geschmeidigen Bewegung hast du den Bogen angelegt. Da stellt sich das groteske Monstrum auf und starrt dich mit seinen acht Augenpaaren, die zwischen den Rippen hervorquellen, an!

Du versuchst, die Ruhe zu bewahren, zielst und lässt den Pfeil von der Sehne schnellen.

Teste dein GESCHICK gegen 20!

*Besitzt du die Fähigkeit **Schütze**, zähle den entsprechenden Trefferbonus zu deinem Würfelergebnis hinzu!*

*Gelingt der Test, lies weiter bei **F10**.*

*Misslingt er, lies weiter bei **F37**.*

F106 *„Sag mal, Kyrna"*, beginnst du zaghaft ein Gespräch über das soeben abgehaltene Treffen. *„Also dieser Atolm …"*
„Ja, Atolm der Himmlische, ist mein Gefährte."
Ein kurzes Lächeln freundschaftlichen Glücks huscht dir übers Gesicht, um dann sofort tiefer Ernsthaftigkeit zu weichen.
Obwohl ihr weiterhin etliche Meilen vom Ningal-Tower entfernt seid, spürst du die entfesselte Präsenz des Schattenmeisters. Mit jedem Flügelschlag wird sie stärker.
In der Hoffnung, dass dir Ugar in diesen schicksalhaften Stunden beisteht, suchst du den Himmel nach der Mondscheibe ab und dir wird wieder bewusst, die Macht zu besitzen, sein Antlitz verändern zu können.
Möchtest du die Mondphase mit der dir gegebenen göttlichen Macht des Keşra unter Einsatz von KARMA-Punkten ändern?

*Wenn ja, lies weiter bei **F91**.*
*Andernfalls lies weiter bei **F112**.*

F107 Mit einem Tritt beförderst du das Portal zu Calderels Gemächern aus den Angeln. Auch hier hat das Chaos Einzug gehalten: Gemälde und Wandteppiche sind von den Wänden gefallen, Bücher und andere Kostbarkeiten liegen verstreut vor umgestürzten Regalen. Aber vom Schattenmeister fehlt jede Spur!
Dein Kämpferinstinkt führt dich schließlich zum meisterlichen Zweihänder, den du bereits in den Klauen hattest. Du ziehst ihn ehrfürchtig aus einem Haufen zerbrochener Kunstwerke.

*Wenn du die schwere Waffe – Abbildung bei 260 – an dich nehmen willst, notiere sie als **Benthos** (Waffe, Treffer +5, Spezial: Um sie in den Kampf führen zu dürfen, benötigst du mindestens STÄRKE 12).* [F···]

Vom Jagdfieber gepackt durchsuchst du die weiteren Räume, bis du im Schlafgemach über die Leiche einer Netani stolperst. Körper und Gesicht der Sklavin sind bestialisch entstellt, als wären sie mit einem schweren Gegenstand zertrümmert worden. Du

schluckst deinen Zorn herunter und konzentrierst dich auf die Suche. Irgendwo hier muss Calderel sein – seine finstere, stärker werdende Präsenz lässt dich erbeben.
*Besitzt du die **Karte des Nachtturms** und willst jetzt einen Blick auf sie werfen?*

*Wenn ja, lies weiter bei **F73**.*
*Wenn nicht, lies weiter bei **F5**.*

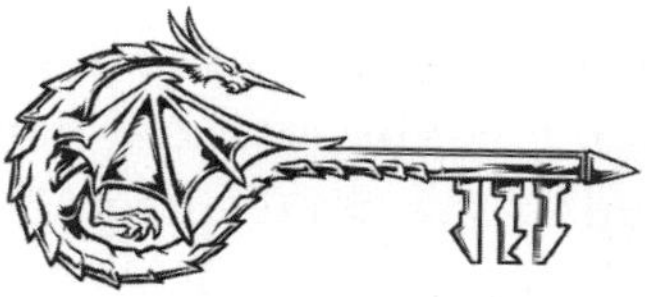

F108 Calderel schreit die Anspannung des Kampfes heraus und beordert die Schatten der Unterwelt an seine Seite. Jedoch mischen sich unter die verlorenen Seelen die Geister der Toten des Schwarzen Tores, die niemals den Befehlen des Schattenmeisters folgen würden. Du nutzt seine Rage zum Gegenangriff!

Teste deine STÄRKE gegen 20!
Addiere zum Würfelergebnis deine aktuelle WUT hinzu.
Gelingt der Test, konterst du Calderels Überraschungsangriff und deine Werte in ANGRIFF und VERTEIDIGUNG steigen um jeweils 3 Punkte für diese KAMPFRUNDE!
Misslingt er, wird die KAMPFRUNDE regulär ausgetragen.

*Kehre zurück zu **F83** und kämpfe weiter gegen Calderel!*

F109 Höhnisches Lachen ergießt sich über dich, als du durch den körperlosen Schatten schlägst. Der echte Calderel nutzt deine fatale Entscheidung für einen platzierten Angriff.
Deine VITALITÄT sinkt um eine Stufe!
Immerhin hat sich der falsche Schatten aufgelöst.

*Kehre zurück nach **F121** und treffe eine andere Wahl.*

F110 Ein Treffer nach dem anderen geht über Calderel nieder und du hast den Eindruck, es sei sinnlos, solch eine Lebenskraft hat der Schattenmeister bereits in sich vereint. Schließlich wendet er sich ab und fliegt zu einem sich auftuenden Riss in der Sphäre. Geradewegs setzt du nach.

Besitzt du noch die ***Mondsichel****, lies weiter bei* ***F20****.*
Hast du ohne sie kämpfen müssen, lies weiter bei ***F32****.*

F111 Nephatari braucht etwas, um zu realisieren, in welcher Lage ihr euch befindet, kommt aber langsam zu Kräften. „Keşra!“, haucht sie und streicht dir über die Wange. Mit einem unverständlichen Gebet an Kar segnet sie dich.

Vermerke auf der dritten Seite des Abenteuerblatts unter Spezielle Notizen, dass du von ***Nephatari gesegnet*** *wurdest, indem du dort das entsprechende Kästchen ankreuzt.*
Du erhältst 1 KARMA-Punkt.

Erschöpft sinkt die Sonnentochter wieder zusammen.
„Ich verspreche, mutige Nephatari, ich werde bald wieder zurück sein.“ Zögerlich springst du in die Finsternis.

Lies weiter bei ***F100****.*

F112 Es dauert ein wenig, bis du Ugar am Mittagshimmel entdeckst. Du vertraust darauf, dass seine derzeitige Macht ausreicht, um dich bei deiner letzten Schlacht zu unterstützen.
Bestimme die aktuelle Mondphase, indem du den MONDKALENDER bei Sektion 600 um eine Phase im Uhrzeigersinn korrigierst.

Lies weiter bei ***F15****.*

F113 Im Kontrast zum sonnengefluteten Dunst der Wolken wirkt die Schwärze des Ningal-Towers umso bedrohlicher. Noch bist du ein, zwei Meilen entfernt, doch auf seiner Spitze erkennst du reges Treiben: Von einem Aufklärer gewarnt, steigen weitere Drachenreiter auf, bis sechs Rüstungen in der Mittagssonne funkeln.

› *Warum sind so viele von ihnen hier stationiert? Auf dem Festland wären sie für das Empire sicher nützlicher.* ‹

Obwohl du Kyrna und ihren herausragenden Kampffähigkeiten vertraust – gegen sechs Elite-Reiter zu bestehen, scheint sogar für sie unmöglich. Mit einem mulmigen Gefühl fliegst du der Übermacht entgegen.

Besitzt du den Reiterrang ***Drachenmeister****, lies weiter bei* ***F90****.*

Andernfalls, lies weiter bei ***F43****.*

F114 Die Zügel fest in der Hand, duckst du dich vornüber und stemmst beide Füße in die Flanke deines Drachen. Mit dem Kommando „Ungis, ungis“ erhältst du Kyrnas uneingeschränkte Aufmerksamkeit. Sie befreit ihre Hinterläufe aus der Hauttasche am Unterleib und stürzt sich wie ein Greifvogel mit den Klauen voran auf den Riujem.

Mit nur zwei Hieben zerfetzt Kyrna die dünnen Schwingen des Dämons, der sich jedoch außerhalb deiner Reichweite in den schlanken Hals seiner Gegnerin verbissen hat.

Kyrnas Fauchen wandelt sich zu einem bemitleidenswerten Röcheln, als das zusätzliche Gewicht des zuckenden Dämons sie in die Tiefe reißt. Du wirst ebenso zum Spielball der Schwerkraft. Gemeinsam trudelst du mit den beiden ineinander verkeilten Ungetümen den schroffen Felsdornen des Ningal-Towers entgegen.

Kyrnas Vitalität sinkt um eine Stufe!

Sollte hierdurch ihr Status auf **tot** *sinken, lies sofort weiter bei* ***F99****.*

Dein aggressives Drachenmanöver verursacht 2 Punkte **Extra-Schaden** *auf deinen Gegner. Addiere ihn zunächst unter Spezielle Notizen auf der dritten Seite des Abenteuerblatts.*

Lies weiter bei ***F76****.*

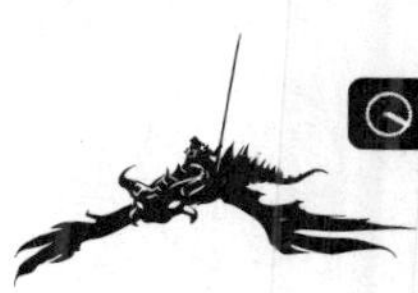

F115 Das schrille Kreischen des Riujems, das die Luft erfüllt, verwandelt sich augenblicklich zu einem dumpfen Röcheln, als dein Pfeil in seine faltige Kehle schlägt.
Dein satter Treffer verursacht 2 Punkte ***Extra-Schaden****. Vermerke dir dies zunächst unter Spezielle Notizen auf dem Abenteuerblatt.*

Lies weiter bei ***F144****.*

F116 Dank deiner göttlichen Macht, Lebenskräfte zu beeinflussen, kannst du Kyrna von ihren Leiden befreien. Du vereinst eure Geister und nimmst ihre Qualen auf dich!

Deine VITALITÄT sinkt um eine Stufe!

Das Brennen der Schmerzen ist verwunden, da erschüttert eine Explosion die Felsen! Eine der Energieentladungen um dich herum hat die Kugel zu deiner Rechten zerfetzt! Tausende Bruchstücke hüpfen über die Steinplatten des Platzes.
Kyrna bricht unter der elementaren Kraft der Blitze zusammen. Du kannst ihr nicht helfen, denn dies ist deine letzte Chance, die Luke in den Tower zu durchqueren!

Lies weiter bei ***F125****.*

F117 Leider hörst du kein Aufschlaggeräusch deines Pfeiles. Ist der Gegner zu weit weg?

Lies weiter bei ***F59****.*

F118 Der Riujem ist dermaßen wendig, dass es scheint, seine gewaltigen Klauen zerschneiden die Luft. Wieder rast ein Schlag wie ein Blitz auf dich zu und du erwartest einen Moment brennenden Schmerzes. Doch plötzlich manifestiert sich ein Strahlen um deine Schultern, und die Pranke des Dämons wird – ehe sie dich überhaupt verletzen kann – zurückgeschleudert.
Aonus' Geist stand dir für eine Weile zur Seite, um dann sofort von der diabolischen Macht des Riujems getilgt zu werden.

Streiche den Eintrag unter ***Beistand*** *auf dem Abenteuerblatt.*
In dieser Kampfrunde verlierst du trotz des Treffers keine Vitalität, wohingegen der Dämon zusätzlich 1 Resistenz-Punkt einbüßt. Zudem ist ab sofort der Angriff deines Gegners um 2 Punkte reduziert und beträgt somit nur noch 28!

Kehre zurück nach ***F76*** *und führe den Kampf fort.*

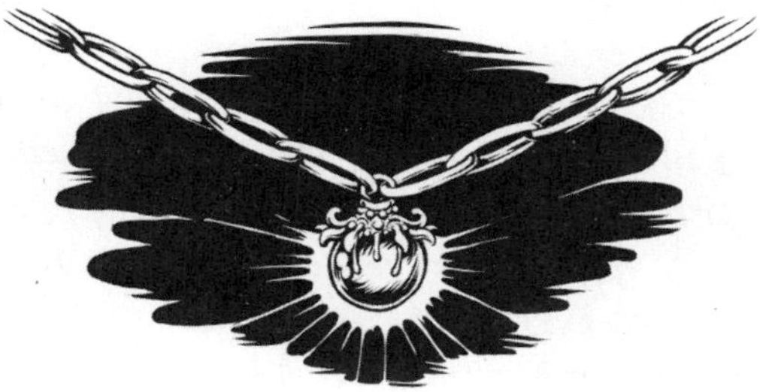

F119 „Sila, sila!“ Das Kommando zum wendigen Fliegen einer Schlangenlinie ist dir bisher selten über die Lippen gekommen. Umso motivierter scheint Kyrna zu sein, dieses Flugmanöver in die Tat umzusetzen.
Eure flinken Richtungsänderungen und Tempowechsel irritieren die Drachenreiter dermaßen, dass sämtliche Pfeile ihr Ziel verfehlen. Die primäre Angriffswelle ist überstanden und ihr habt freie Bahn zur Spitze des Towers, wo bereits die nächste Gefahr lauert …

Lies weiter bei ***F131****.*

F120 Die Kar-Scheibe hat ihren Zenit erreicht und brennt auf die Trümmer und Felsen des Schlachtfelds.
Während du dich wieder aufrappelst, leidet der Dämon unter den lodernden Strahlen und versucht verzweifelt, seine aufplatzende Haut mit abgerissenen Pelzfetzen der Wachen zu schützen. Du preist die Göttermutter Kar und zeichnest euphorisch mit der Mondsichel Linien der Dominanz in die Luft.

Riujem	*Angriff*	**28 (26) (24)**
(entrückt)	*Verteidigung*	**25**
	Resistenz	○○○○○○○○○⑩
	Kampfrunde	↻ ○❷○❹○❻○❽○❿

Der Dämon verliert durch die sengende Kraft der Kar in jeder zweiten Kampfrunde zu dem von dir verursachten Schaden einen zusätzlichen Resistenz-Punkt!

*Verlierst du zum zweiten Mal im Kampf gegen den Riujem eine Stufe Vitalität und hast unter Spezielle Notizen und dem Begriff **Beistand** eine Zahl vermerkt, dann addiere 66 und lies sofort bei der errechneten F-Sektion weiter!*

*Sinkt oder befindet sich deine Vitalität auf **kritisch** und wurdest du vor Kurzem **gesegnet**, lies sofort weiter bei **F163**.*

*Ist die Resistenz des Dämons aufgezehrt, lies weiter bei **F71**.*

F121 Calderels Grinsen wirkt aufgesetzt. Zu viele tiefe Wunden hast du ihm zugefügt. Er ringt nach Fassung und bietet unübersehbar seine letzte Kraft auf, um sich vor deinem finalen Schlag zu retten: Er verwandelt sich in einen nebulösen Schatten, der daraufhin drei weitere hervorbringt.

Vier identische Doppelgänger des Schattenmeisters gleiten an dir vorüber, umzingeln dich. Ihre schwarzen Augen erstarrt, spotten sie, wie aus einer Kehle gerufen. Dann beginnen sie einen wirren Tanz, bis du dir nicht mehr sicher bist, hinter welchem Abbild sich der echte Calderel verbirgt. Als sie wieder verharren, haben sie dich umzingelt. Dir bleibt keine Wahl …

Welchen Calderel möchtest du attackieren (aus der Sicht des Ugarith)?

*Den hinter dir, lies weiter bei **F109**.*

*Den direkt vor dir, lies weiter bei **F68**.*

*Den rechts von dir, lies weiter bei **F61**.*

*Den links von dir, lies weiter bei **F19**.*

Ziehe für deine Entscheidung das Bild gegenüber zu Rate.

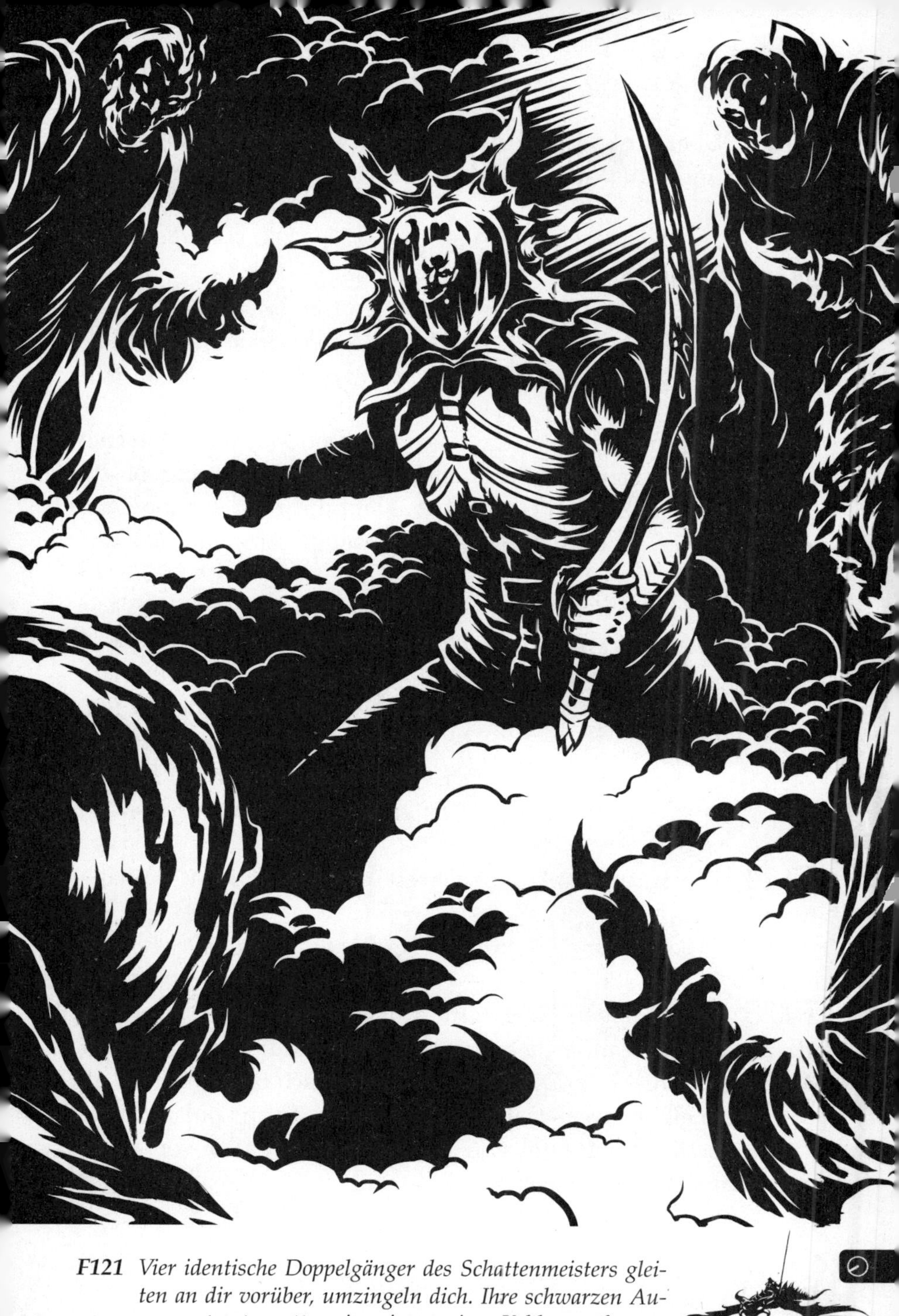

F121 *Vier identische Doppelgänger des Schattenmeisters gleiten an dir vorüber, umzingeln dich. Ihre schwarzen Augen erstarrt, spotten sie, wie aus einer Kehle gerufen.*

F122 Über dir kreist Kyrna mit ausgebreiteten Schwingen. Sie hat dich im Laufe des gesamten Kampfes nicht aus den Augen gelassen!
Überprüfe bitte unter Spezielle Notizen, welches Kästchen du für ***Nephatari*** *abgestrichen hast.*

Hast du sie ***gerettet****, lies weiter bei* ***F170****.*
Wurde sie ***getötet****, lies weiter bei* ***F167****.*
Oder gar ***geopfert****, lies weiter bei* ***F31****.*

F123 Dir wird bewusst, dass die göttlichen Mächte in den letzten Stunden massiv vom Schattenmeister durcheinandergebracht wurden. Du suchst den Himmel ab. Steht dir nicht nur die heilige Mutter Kar, sondern auch Vater Ugar in dieser monumentalen Schlacht bei?
Blicke auf den MONDKALENDER *bei Sektion 600 und akzeptiere dein Schicksal anhand der dort vermerkten Mondphase.*

Es ist ***Vollmond****, lies weiter bei* ***F103****.*
Es ist ***Dreiviertelmond****, lies weiter bei* ***F41****.*
Es ist ***Halbmond****, lies weiter bei* ***F47****.*
Es ist ***Sichelmond****, lies weiter bei* ***F98****.*
Es ist ***Neumond****, lies weiter bei* ***F9****!*

F124 Erwartungsvoll beobachtest du die starren Wolkentürme.

Lies weiter bei ***F59****.*

F125 Unter deinen Füßen zittert der Ningal-Tower! Zunächst glaubst du, die zahlreichen Drachen seien dafür verantwortlich, doch dies ist nicht die Ursache – zu rhythmisch ist das Beben, als würde ein gigantisches Herz im Inneren des Turms pulsieren.
Mit einem flüchtigen Zunicken verabschiedest du dich von Kyrna und sprintest zur Einstiegsluke hinüber.

*Ist die aktuelle Mondphase **Neumond**? Solltest du dir unsicher sein, konsultiere den MONDKALENDER bei Sektion 600.*

*Ja, lies weiter bei **F51**.*
*Nein, lies weiter bei **F134**.*

F126 Während deines Todeskampfes versucht Calderel all deine Gedanken und Erfahrungen – wie die der anderen Geister – zu vergiften und sich einzuverleiben. Aber sie verblassen nicht, sondern manifestieren sich als schemenhafte Erscheinungen vor dir. Calderel kreischt vor Wut, denn die Götter helfen dir zum ersten Mal auf direktem Wege! Das Leben hat dich wieder.
Bestimme die Zuwendung der Götter anhand des Mondes!
*Bei **Neumond** steigt deine VITALITÄT auf **kritisch**.*
*Bei **Sichelmond** auf **verletzt**.*
*Bei **Halbmond** auf **angeschlagen**.*
*Bei **Dreiviertelmond** auf **normal**.*
Für jede Stufe, die du regenerierst, büßt du 1 KARMA-Punkt ein.
*Bei **Vollmond** oder falls du die Fähigkeit **Geist über Körper** besitzt, darfst du die Steigerung deiner VITALITÄT (eventuell auf **fit**) und den einhergehenden KARMA-Verlust selbst bestimmen.*

*Kehre zurück zu **F83** und kämpfe weiter gegen Calderel!*

F

F127 „Ihr wagt es tatsächlich, einen Preis für eure Taten einzufordern, Keşra?"
„Ja, immerhin ist es einer eurer Diener, der die Welt der Sterblichen ins Chaos stürzte!", bekräftigst du deine Forderung mit einem stichhaltigen Argument.
Nergals erbostes Knurren erfüllt die lichtlosen Weiten der Verdammnis: „Ich bin überrascht von eurer Dreistigkeit, Götterkinder. Offenbar macht Unsterblichkeit töricht."
Der untote Fürst der Unterwelt scheint gedanklich die Fäden des Schicksals zu entwirren und braust auf: „Nun gut, WAS verlangt ihr für die Begradigung des Weltenflusses?"

Du grübelst über seine Offerte und in Nergals Leib rumort es laut hörbar, bis sein verrotteter Schädel voller Ungeduld auf dein Niveau hinabsaust: „Nennt mir JETZT eure Forderung und ich gelobe, sie nicht abzuschlagen. Aber seid gewarnt – die Konsequenzen mögen euer BEIDER ENDE bedeuten!“

*Willst du Nergal auffordern, dir dein Gedächtnis wiederzugeben, lies weiter bei **F169**.*

*Willst du Nergals Beistand im kommenden Kampf gegen den Riujem einfordern, lies weiter bei **F23**.*

*Willst du lieber doch keine Forderung stellen, lies weiter bei **F94**.*

F128 Hastig durchsuchst du dein Hab und Gut nach Dingen, die der siechenden Nephatari helfen könnten.

*Willst du ihr das **Amulett der Kar** umhängen, lies weiter bei **F148**.*

*Besitzt du eine **Feige aus Rohja** und willst sie ihr zu essen geben, lies weiter bei **F57**.*

*Besitzt du eine Phiole **Eisrosenessenz** und willst sie ihr einflößen, lies weiter bei **F136**.*

*Besitzt du **Kathums Seele** und möchtest ihr die kleine Urne überreichen, lies weiter bei **F27**.*

*Besitzt du keinen der genannten Gegenstände oder willst keinen davon einsetzen, lies weiter bei **F100**.*

F

F129 Die breite Stirnplatte des Riujems war kaum zu verfehlen. Dein Pfeil durchschlägt zwar den Schädelknochen, doch der Dämon wischt sich mit nur einer Bewegung seiner Klaue das Geschoss vom Kopf.

*Dein leichter Treffer verursacht 1 Punkt **Extra-Schaden**. Vermerke dir dies zunächst unter Spezielle Notizen auf dem Abenteuerblatt.*

*Lies weiter bei **F144**.*

F130 Durch das magische Okular wird dir offenbart, dass sich direkt vor euch ein feindlicher Aufklärer in den Wolken verbirgt.

Fieberhaft überlegst du, welcher Rasse du der stämmigen, diabolisch roten Silhouette zuordnen kannst.

Willst du den Überraschungsmoment nutzen und deinen Gegner mit dem ***Reiterbogen*** *angreifen, lies weiter bei* ***F35****.*

Willst du es in den Wolken auf einen Nahkampf ankommen lassen, lies weiter bei ***F59****.*

F131 Kyrna nutzt die natürliche Deckung der schroffen Felsnadeln des Ningal-Towers perfekt aus – schließlich hat sie hier oben Jahre im Dienste des Empires verbracht!
Es gelingt euch ein kunstfertiger Überflug: Während Kyrna die Plattform um die Einstiegsluke mit ihrem lodernden Odem überzieht und die Wachen, die so töricht waren, sich ihr entgegenzustellen, zu Asche zerfallen, schulterst du den Reiterbogen und Köcher samt letzten Pfeil, löst die Haltegurte des Sattels und bereitest dich auf den Absprung vor.
Teste dein Geschick gegen 18!

Gelingt der Test, lies weiter bei ***F125****.*

Misslingt er, lies weiter bei ***F34****.*

F132 Du eilst zu Kyrna, die weiterhin regungslos unter Schutt begraben an der Stelle liegt, wo sie ihre letzte Attacke gegen den Riujem führte.
Jetzt, da du sie so niedergestreckt siehst, steigt eine beklemmende Leere in dir auf: Das Band zwischen dem Keşra, und diesem einzigartigen Drachen ist zerrissen! Kyrna opferte sich im unbeirrbaren Glauben, ihrem vom Schicksal vorherbestimmten Weg zu folgen, um dich und letztendlich die Welt zu retten.
Überprüfe bitte unter Spezielle Notizen, welches Kästchen du für ***Nephatari*** *abgestrichen hast.*

Hast du sie ***gerettet****, lies weiter bei* ***F63****.*

Wurde sie ***getötet****, lies weiter bei* ***F167****.*

Oder gar ***geopfert****, lies weiter bei* ***F31****.*

F133 Erneut bohrst du den kalten Stahl der Mondsichel in den unheiligen Leib des Riujems. Er windet und krümmt sich vor Qual, und es fällt dir schwer, dich weiterhin auf dem Rücken des Dämons festzukrallen.

Völlig in Rage schlägt er um sich und du fasst den Entschluss, zunächst von deinem Gegner abzulassen.

*Dein präziser Angriff verursacht 4 Punkte **Extra-Schaden**. Vermerke dir dies unter Spezielle Notizen auf dem Abenteuerblatt.*

*Lies weiter bei **F76**.*

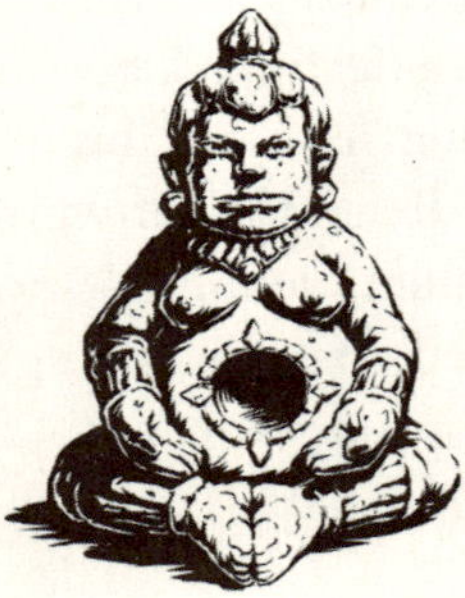

F134 Im Inneren des Towers sind die Erschütterungen noch deutlicher zu spüren. Etliche der filigranen Kunstwerke und Beutestücke liegen zerbrochen auf dem Boden.

› *Welche Urgewalt lässt dieses mächtige Gebäude dermaßen beben?* ‹

Als du in den letzten Flur vor dem pompösen Portal zu Calderels Gemächern einbiegst, siehst du zwei Netani-Sklavinnen, die unter dem wachen Blick eines jungen Ugarith Tonscherben vom Boden fegen.

Eine der dürren Mädchen erkennt dich und schreit spitz auf. Wahrscheinlich war sie, wie die meisten Bewohner des Ningal-Towers, bei der Weihung des Schattenkindes zugegen. Panisch zerrt sie ihre Leidensgenossin am Arm, bis auch diese begreift und sie gemeinsam weglaufen.

Der Krieger hingegen, zieht seinen Säbel und baut sich breitbeinig vor dem Portal auf.

*Willst du langsam auf den Soldaten zugehen, lies weiter bei **F30**.*
*Willst du kurzen Prozess machen, lies weiter bei **F151**.*

F135 Mit zitternden Klauen lässt du Nephatari von den Pfeilern des Schwarzen Tores ab und befreist sie behutsam von den massiven Ketten, die sich wie Drossellaub in ihre zarte Haut geschnitten haben. Ihre Atmung ist flach.

*Vermerke auf der dritten Seite des Abenteuerblatts unter Spezielle Notizen, dass du **Nephatari gerettet** hast, indem du dort das entsprechende Kästchen ankreuzt.*

*Hast du Utensilien oder Besondere Gegenstände, mit denen du Nephataris Zustand verbessern möchtest, lies weiter bei **F128**.*
*Andernfalls lies weiter bei **F100**.*

F136 Mit einem leisen Plopp ziehst du den Korken der Phiole heraus und träufelst das himmlisch duftende Rosenöl auf Nephataris Lippen. Sofort bilden sich filigrane Eisblumen, deren Kristalle wachsen und wachsen und rasch Kopf und Schultern der Sonnentochter überziehen. Diese magische Tinktur hat ihr das Leben gerettet!

*Streiche die Phiole **Eisrosenessenz** vom Abenteuerblatt!*

*Lies weiter bei **F88**.*

F137 Oh ja, es ist lange her, unzählige Generationen, dass Benthenos über die Welt herrschte. Seine uferlosen Eroberungen missfielen den Göttern, und als er begann, mit den Dämonen der Tiefsee zu paktieren, kamst du, das Keşra, ihn aufzuhalten.

Uralte Erinnerungen an sein wettergegerbtes, von zahlreichen dublonenrunden Narben verunstaltetes Gesicht sowie sein dröhnendes Lachen sind plötzlich wieder präsent in deinem Geist:

Benthenos war kein Zauberer. Aber ein gieriger Mensch mit beeindruckendem Kampfarm, der stets den kürzesten Kurs zur Macht einschlug und allzu gerne seine Seele an die unheiligen Götter der eisigen See verschacherte. Der Faustpfand für sein Opfer ist der Zweihänder, den du just in den Klauen hältst.

Willst du den Zweihänder über die Brüstung des Towers in die Fluten der Kristallsee schleudern, zurück in den Schoß der Monster, die ihn erschaffen haben, lies weiter bei ***F101****.*

Besitzt du noch mindestens 1 Karma-Punkt und möchtest versuchen die Kräfte des Zweihänders zu erwecken, lies weiter bei ***F89****.*

Möchtest du die Waffe lieber wieder einstecken und mit einer anderen weiterkämpfen, lies weiter bei ***F156****.*

F138 In dem Moment, als der Pfeil von der Sehne schnellt, weißt du schon, dass er trifft. Dein meisterlicher Schuss bohrt sich tief in die Augenhöhle des Riujem. Milchige Flüssigkeit schießt aus der Wunde.

Dein schwerer Treffer verursacht 3 Punkte ***Extra-Schaden****! Vermerke dir dies zunächst unter Spezielle Notizen auf der dritten Seite des Abenteuerblatts.*

F

Lies weiter bei ***F144****.*

F139 Rasch verklingt das Pfeifen deines Pfeiles.

Lies weiter bei ***F59****.*

F140 Calderel zeigt sich wenig überrascht, als du ihn in der Geistersphäre stellst. Euphorisiert von den unzähligen Seelen, die er bereits gewaltsam in sich aufgesaugt hat, blickt er selbstzufrieden auf dich hinab.

Genug von seinen Spielchen entlädst du deinen Zorn in einer befreienden Attacke, begleitet von einem inbrünstigen Schrei. Ehe er sich wehren kann, triffst du ihn!

Zum RESISTENZ-*Abzug deines ersten gelungenen* ANGRIFFS *wird zudem die aktuelle Stufe deiner* WUT *hinzugezählt!*

SCHATTENMEISTER CALDEREL	*ANGRIFF*	↯ **23**
	VERTEIDIGUNG	⛊ **24**
	RESISTENZ	♥ ○○○○○⑥
	KAMPFRUNDE	↻ ○❷○○○○❼…

Erreichst du KAMPFRUNDE ❷*, lies sofort weiter bei* ***F80****.*
Erreichst du KAMPFRUNDE ❼*, lies sofort weiter bei* ***F6****.*
Hast du Calderels RESISTENZ *um 6 Punkte reduziert, lies sofort weiter bei* ***F110****.*

Sollte dir eine VERTEIDIGUNG *mit einem Überschuss von 2 Punkten gelingen (also gegen* ↯**25**), *wende eine der folgenden Kampftaktiken an (besitzt du die Fähigkeit* ***Kriegsführung*** *oder du bist ein* ***Meisterlicher Kämpfer****, kannst du sie jederzeit anwenden):*

Möchtest du Zeit gewinnen, lies weiter bei ***F22****.* ○
Möchtest du einen Treffer forcieren, lies weiter bei ***F25****.* ○
Markiere die gewählte Taktik, indem du den Kreis dahinter abstreichst. Bereits abgestrichene Taktiken sind nicht mehr wählbar!

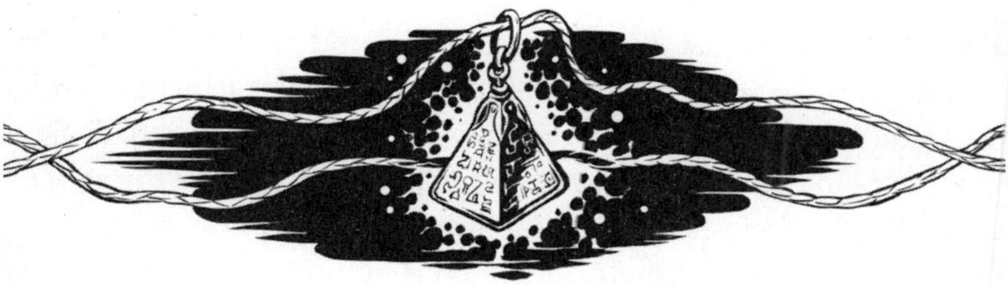

F141 Die Nebelschwaden, die eben noch Aonus' Gesicht formten, zerfließen und umspielen nun die Klinge seines alten Breitschwerts. Du spürst die Befriedigung und Dankbarkeit deines Widersachers und Begleiters, als sich die Waffe in bläulichen Dunst auflöst und sich mit Aonus' Geist vermischt.
„Wahrlich, das bedeutet mir alles, mein Bruder“, bedankt er sich.

Befreit vom diabolischen Einfluss der schwarzen Klinge steigt deine Zuversicht.
*Streiche den **Schattenschnitter** vom Abenteuerblatt!*
*Vermerke dir zudem auf der dritten Seite des Abenteuerblatts unter Spezielle Notizen, dass du fortan einen **Beistand** hast, indem du dort den Hinweis F100 notierst.*

*Lies weiter bei **F20**.*

F142 Tödlich verwundet trudelt der Schattenreiter in die Tiefe und verschwindet in den Wolken weit unter dir. Dabei hinterlässt er einen Schweif aus Rauch, der sich nicht verflüchtigt, sondern binnen weniger Sekunden zu einer finsteren Kugel ballt und direkt auf euch zurast! Du versuchst per Sturzflug auszuweichen, doch das Geschoss aus der Unterwelt folgt selbst diesem Manöver und trifft dich wie ein Hammerschlag …
Irritiert, aber gestärkt von den Mächten der Toten, treibst du Kyrna an, ihren Flug zum Ningal-Tower fortzusetzen.
Du erhältst 1 Karma-Punkt.

*Lies weiter bei **F113**.*

F143 Du vertraust auf Kyrnas Odem und trommelst mit den Worten „Rosch, rosch" auf ihren Rücken. Sogleich schießt eine elementare Lanze aus dem Drachenrachen und hüllt den Riujem komplett ein. Die Flammen züngeln dabei jedoch – wie durch eine unsichtbare Scheibe abgehalten – um dessen Körper herum.
Der Dämon scheint erneut einen Weg gefunden zu haben, sich eurem Zorn zu entziehen! Kyrna bleibt fokussiert und lässt ihr Dauerfeuer ohne Unterlass auf den Riujem einprasseln. Da zerplatzt der Schutzzauber wie eine Seifenblase, die Flammen schlagen über und verbrennen die dünnen Schwingen des Untiers binnen eines Wimpernschlags!
Unter infernalem Brüllen trudelt der Todesbote aus der Unterwelt wieder dem Ningal-Tower entgegen.

Dein zuverlässiges Drachenmanöver verursacht 1 Punkt ***Extra-Schaden****. Addiere ihn zunächst unter Spezielle Notizen auf der dritten Seite des Abenteuerblatts.*

Lies weiter bei ***F76****.*

F144 Dein Körper zittert vor Jagdlust. Dieses Biest ist ein würdiger Gegner! Einzig die geistige Verbindung zu Kyrna lässt dich nicht komplett unbewusst handeln – noch behält dein Verstand die Oberhand und du erinnerst dich an die Drachenreiter-Lektionen von Schwingenmeister Logath.

Welches Flugmanöver soll Kyrna ausführen, um die Flucht des Riujems zu verhindern?

Beachte, dass du ein Manöver nur wählen darfst, wenn du mindestens den in Klammern angegebenen Reiterrang *erreicht hast!*

*Flammenodem (****Drachenvertrauter****), lies weiter bei* ***F143****.*

*Klauengriff (****Drachenfreund****), lies weiter bei* ***F114****.*

*Rammstoß (****Drachenmeister****), lies weiter bei* ***F157****.*

Hast du keinen ausreichenden Reiterrang*, lies weiter bei* ***F58****.*

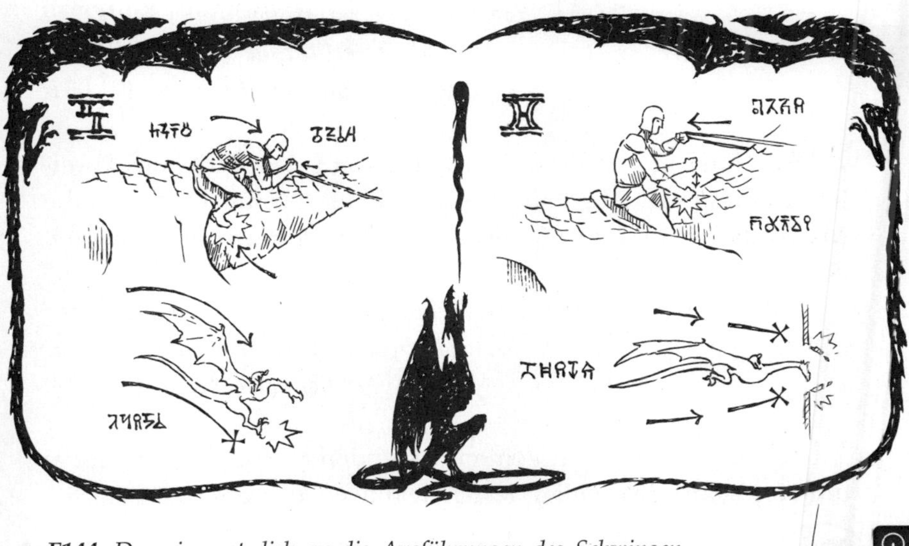

F144 *Du erinnerst dich an die Ausführungen des Schwingenmeisters: „… die grundlegenden Befehle sind schnell erlernt, doch Nummer sieben und acht sind wohlgehütetet …“*

F145 Das Schimmern der Mondsichel kündet vom Schmerz, den du deinem gottlosen Gegner bereiten möchtest. Doch diesmal zuckt der Riujem mit dem Flügel und wirft dich ab, bevor du ein weiteres Mal zustechen kannst.
Vollkommen in Rage packt sich der Dämon an die Hörner und brüllt seinen Zorn hinaus. Es bleibt ihm nur der Kampf.
Dein tiefer Hieb verursacht 2 Punkte ***Extra-Schaden****. Vermerke dir dies unter Spezielle Notizen auf dem Abenteuerblatt.*

Lies weiter bei ***F76****.*

F146 Erleichtert beobachtest du, wie deine Wegbegleiterin ihre beiden Hinterläufe auf die zerbrochenen Bodenplatten setzt. Mit stolzgeschwellter Brust, gemeinsam die Gefahren der letzten Wochen überstanden zu haben, läufst du ihr entgegen. Doch auf halbem Wege wird dein überforderter Geist erneut erschüttert: Du hast das Gefühl, die beiden Welten, aus denen dein ganzes Sein besteht, reißen gewaltsam entzwei …
Überprüfe bitte unter Spezielle Notizen, welches Kästchen du für ***Nephatari*** *abgestrichen hast.*

Hast du sie ***gerettet****, lies weiter bei* ***B22****!!!*
Wurde sie ***getötet****, lies weiter bei* ***F167****.*
Oder gar ***geopfert****, lies weiter bei* ***F31****.*

F

F147 Eine dünne Eisschicht glitzert auf dem Griff des Zweihänders und verklebt deine Klauen mit dem Metall. Du spürst die Macht dieser außergewöhnlichen Waffe, die nur darauf wartet, entfesselt zu werden. [...7]

Weißt du um das Geheimnis von Benthenos' Zweihänder, lies weiter bei der entsprechenden Sektion.
Andernfalls lies weiter bei ***F123****.*

F148 Du könntest dir keinen passenderen Moment vorstellen, um Nephatari das heilige Kar-Artefakt wieder um den Hals zu

legen. Selbst in der finstersten Stunde spendet die Statuette ihr wärmendes Licht. Du streichelst der Sonnentochter die blasse Wange und sie schlägt die goldenen Augen auf.
*Streiche das **Amulett der Kar** vom Abenteuerblatt!*

*Lies weiter bei **F111**.*

F149 Du bist unsicher, ob dein Pfeil das Ziel gefunden hat.

*Lies weiter bei **F59**.*

F150 Mit der Selbstsicherheit des Keşra legst du den letzten Pfeil auf die Sehne und visierst den Schädel des Riujems an.
Wähle ein Ziel und teste dein GESCHICK gegen den in Klammern angegebenen Wert. Denke daran, du hast nur einen Schuss!

Ⓐ ***linkes Auge (23)*** Ⓑ ***Rachen (20)*** Ⓒ ***Stirn (18)***

*Besitzt du die Fähigkeit **Schütze**, zähle den entsprechenden Trefferbonus zu deinem Würfelergebnis hinzu!*
*Besitzt du einen **Baronyak-Pfeil**, benutzt du ihn jetzt. Der Test ist mit ihm um 3 Punkte erleichtert. Vergiss nicht, den Besonderen Gegenstand vom Abenteuerblatt zu streichen.*

*Gelingt Test Ⓐ, lies weiter bei **F138**.*
*Gelingt Test Ⓑ, lies weiter bei **F115**.*
*Gelingt Test Ⓒ, lies weiter bei **F129**.*
*Misslingt der von dir gewählte Test, lies weiter bei **F24**.*

F151 Von solch einem unbedeutenden Problem lässt du dich nicht aufhalten und ziehst mit versteinerter Miene die Mondsichel. Der Rekrut wiegt seinen Säbel zitternd in der Klaue, im aufkommenden Zweifel, ob er im Stande ist, das abtrünnige Schattenkind aufzuhalten.
„Rette dich, Kamerad! Ich tu es nicht!", stellst du mit ehrfurchtsvoller Kompromisslosigkeit klar. Das lässt der Ugarith sich nicht zweimal sagen und flieht durch eine der Seitentüren.

*Lies weiter bei **F107**.*

F152 Es fällt dir schwer, den Ekel zu unterdrücken, den dieses blutrünstige Monster und all die undefinierbaren Leichenteile um dich herum auslösen. In den Nebeln des Schwarzen Tores verbirgt sich Calderel, der deinen Kampf gegen den Totenschlächter amüsiert verfolgt.

*Kehre zurück nach **F75** und führe den Kampf fort.*

F153 Es ist zu gefährlich, Kyrna zu helfen. Die Schmerzen, die ein Drache erdulden kann, müssen ungleich höher sein, wie die, die du womöglich verkraften könntest.
Du sprichst beruhigend und streichst ihr über die Flanke.

KYRNAS VITALITÄT sinkt um eine Stufe!

*Lies weiter bei **F125**.*

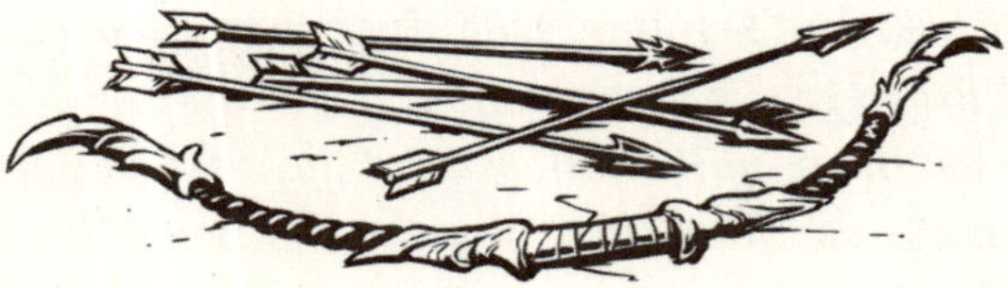

F

F154 Um Haaresbreite verfehlt dein Pfeil den Gartak. Wütend über die eigene Unfähigkeit entledigst du dich des nunmehr unnützen Bogens.
*Streiche den vorgegebenen Packsattel-Eintrag **Reiterbogen** auf dem Abenteuerblatt durch!*

*Willst du die Gartaks jetzt im Nahkampf stellen, lies weiter bei **F46**.*
*Willst du sie ignorieren und deinen direkten Weg zur Luke fortsetzen, lies weiter bei **F159**.*

F155 Unauffällig löst du die Schnallen, mit denen der Reiterbogen am Sattel befestigt ist, und legst einen Pfeil auf. Sodann schließt du die Augen, atmest die klare Höhenluft und folgst deiner Intuition.

Blättere zurück zum Bild bei Sektion F15 und wähle den Bereich der Wolke, in dem du deinen Gegner vermutest.

Du schießt auf den …
linken Wolkenturm oben, lies weiter bei ***F139****.*
linken Wolkenturm mittig, lies weiter bei ***F124****.*
linken Wolkenturm unten, lies weiter bei ***F149****.*
rechten Wolkenturm oben, lies weiter bei ***F117****.*
rechten Wolkenturm mittig, lies weiter bei ***F28****.*
rechten Wolkenturm unten, lies weiter bei ***F102****.*

F156 Lieber behältst du den verfluchten Zweihänder in deiner Obhut, als das Risiko einzugehen, dass er in falsche Hände gerät. Gekonnt schiebst du ihn in die Scheide zurück.

Lies weiter bei ***F123****.*

F157 Todesmutig reißt du mit der linken Klaue an den Zügeln und trommelst mit der rechten auf den Rücken deines Drachen: „Rino-vah, rino-vah!" Der Befehl entfacht den Kyrnas Kampfeswillen von Neuem. Sie krümmt den gefiederten Hals und rast dem Riujem entgegen!

Der Zusammenprall katapultiert dich dermaßen heftig nach vorne, dass einer der Haltegurte des Sattels zerreißt und du fast das Bewusstsein verlierst. Kyrna hat die Brust des Dämons mit ihrem langen Haupthorn durchstoßen und ihn auf ihre Schädelplatte aufgespießt.

In seinem Todeskampf schlägt der Riujem um sich und verliert ebenso wie Kyrna die Kontrolle über die Schwingen. Inmitten eines Zweikampfs aus Brüllen und Fauchen stürzt ihr dem Ningal-Tower entgegen, während sich sowohl brühheißes sowie totfaules Blut über dich ergießt.

Kyrnas Vitalität sinkt um eine Stufe!

Sollte hierdurch ihr Status auf **tot** *sinken, lies sofort weiter bei* ***F99****.*

Euer Absturz findet unter dem Getöse von brechenden Knochen und berstendem Stein abrupt sein Ende, und du wirst im hohen Bogen von den beiden Urgewalten, die nun wieder voneinander getrennt sind, fortgeschleudert.

Deine Vitalität sinkt um eine Stufe!

Dein meisterliches Drachenmanöver verursacht 3 Punkte ***Extra-Schaden****! Addiere ihn zunächst unter Spezielle Notizen auf der dritten Seite des Abenteuerblatts.*

Lies weiter bei ***F76****.*

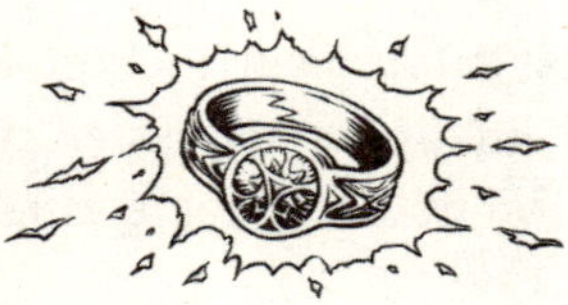

F158 In dir strömt noch immer die schier unerschöpfliche, alles vernichtende, Macht der vereinten Kar und Ugar. Sie pulsiert heftiger in deinen Adern wie je zuvor und lechzt danach, dieses Monster zu zerschmettern. Du erhebst die Mondsichel und fasst den Entschluss, deine karmale Kraft endgültig zu kanalisieren – in diesem Schlag!

Dein Angriff in dieser Kampfrunde gelingt automatisch!

Zudem reduziert sich die Resistenz des Dämons um die Anzahl aller Karma-Punkte, die du noch hast!

Um ein Schild ♡ zu brechen, benötigst du jedoch 3 Karma-Punkte.

Streiche ***alle*** *Karma-Punkte vom Abenteuerblatt!*

Kehre zurück nach ***F76*** *und führe den Kampf fort.*

F159 Mit weiten Schritten bahnst du dir den Weg zur Luke. Da hörst du ein dumpfes, metallisches Geräusch. Ein Klacken und Quietschen – die Eisenkugeln sind in Position! Die Luft knistert und vibriert. Weißblaue Blitze zucken von den Gebilden umher, entzünden Holzpfeiler und erschlagen umherstehende Krieger.

Schließlich erfassen sie Kyrna und die anderen Flugechsen und Drachen, die auf der Plattform herumstapfen. Die Wachen haben die letzte Verteidigungsanlage aktiviert, selbst wenn dies bedeutet, ihre eigenen Drachen und Männer zu opfern!
Kyrna kreischt und zuckt. Sie hat die Kontrolle über ihren massigen Leib verloren.

*Besitzt du sowohl den REITERRANG **Drachenfreund** als auch die Fähigkeit **Keşrani**, lies weiter bei **F70**.*
*Andernfalls lies weiter bei **F42**.*

F160 Die Begegnung der Götter erreicht ihr Ende und die ersten Strahlen der Sonne brennen wieder über die Spitze des Ningal-Towers. Schrille Schmerzensschreie entfahren dem Monster der Unterwelt, beim Versuch, seinen missgebildeten Schädel mit den Pranken zu schützen.
Übernimm in der nächsten Sektion den Schaden, den du bereits auf den Riujem angerichtet hast, indem du die entsprechende Anzahl RESISTENZ-Punkte dort abstreichst (sämtlicher Schaden, den du möglicherweise auf seine Panzerung gesetzt hast, entfällt). Du beginnst die Auseinandersetzung unter den neuen Bedingungen wieder mit KAMPFRUNDE 1.
*Lies weiter bei **F120**.*

F161 Wie zwei Ritter beim Lanzengang donnern der Halret und du aufeinander zu. Sein langer Speer droht dir den Leib zu durchstoßen, da tauchst du geschmeidig unter ihm hindurch und ziehst dem Halret deine Klinge quer über die Brustplatte. Funken stieben und zum Klirren des Stahls mischt sich ein überraschtes Fauchen.
*Der Halret ist einzig mit der **Mondsichel**, dem **Monddorn** oder Waffen mit Treffer +5 zu verletzen. Hast du deinen ersten ANGRIFF mit einer anderen Waffe getätigt, gilt der Treffer, den du soeben gesetzt hast, als wirkungslos und du musst nun eine geeignete Waffe wählen.*
*Kehre zurück nach **F59** und führe den Kampf fort.*

F162 So friedlich das weiße Meer aus Quellwolken auch scheint, es beschleicht dich das beklemmende Gefühl, dass in den Wolken eine immense Gefahr auf euch lauert. Du kauerst auf Kyrnas Schuppen, um einem potentiellen Gegner eine kleinere Angriffsfläche zu bieten.

Willst du dich auf deinen Instinkt verlassen und mit dem ***Reiterbogen*** *in die Wolken feuern, lies weiter bei* ***F155****.*

Willst du einfach nur vorsichtig sein, lies weiter bei ***F59****.*

Willst du versuchen, so schnell wie möglich durch die Wolken zu brechen, lies weiter bei ***F50****.*

F163 Tanzende Sterne trüben deinen Blick – zu viele Treffer hast du verkraften müssen. Erneut bricht ein monströser Hieb auf dich herein. Du schließt die Augen und versuchst, das Keifen des Dämons zu verdrängen.

In Erwartung des sicheren Endes erscheint dir das liebreizende Gesicht Nephataris. Ihr Lächeln, das Licht ihrer Augen vertreiben deine Furcht. Erneut hörst du die gleichen, geheimnisvollen Worte, die die Sonnentochter vor Kurzem am Schwarzen Tor hauchte. Wieder treibt dir der Dämon seine scharfen Klauen in die Flanke. Doch dich ereilt kein Schmerz! Das Monster hingegen taumelt zurück und starrt entsetzt auf den verkohlten Stumpf, der eben noch seine rechte Pranke war. Kars Aura hat dich geschützt!

Der Dämon verliert 3 Resistenz-Punkte.

Zudem reduziert sich der Angriff des Riujems um 2 Punkte!

Kehre zurück nach ***F120****, nimm die entsprechenden Veränderungen vor und führe den Kampf fort.*

F164 Welch ergreifender Anblick! Du wirst Zeuge eines der seltenen Rendezvous' der ungleichen Götter. Fasziniert starrst du auf den flirrenden Lichterkranz, der wie ein Ring aus Diamanten funkelt, und genießt für diesen flüchtigen Moment die unerschöpfliche Kraft, dieser Vereinigung.

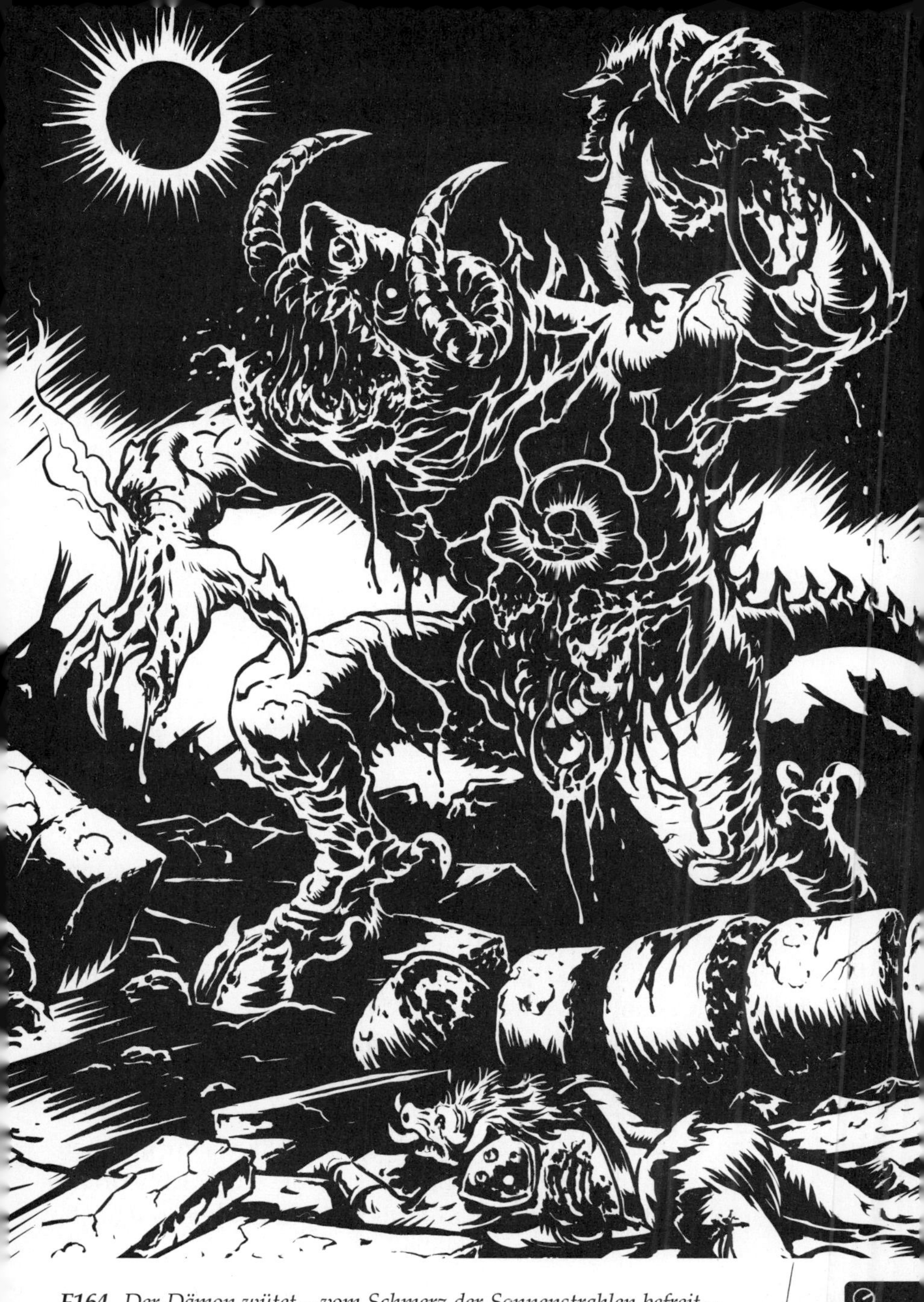

F164 *Der Dämon wütet – vom Schmerz der Sonnenstrahlen befreit – auf der Plattform. Wahllos zerfetzt er schreiende Gartaks, die zwischen seine scherenartigen Klauen zappeln.*

Ein hasserfülltes Jaulen reißt dich wieder zurück. Der Dämon wütet – vom Schmerz der Sonnenstrahlen befreit – auf der Plattform. Wahllos zerfetzt er schreiende Gartaks, die zwischen seine scherenartigen Klauen zappeln.

*Hast du den 9. und 12. SCHICKSALSPUNKT, lies weiter bei **F92**!*
*Andernfalls lies weiter bei **F54**.*

F165 Deine Gedanken und Gefühle vermischen sich zu hilflosem Flehen. Nephatari ist tot! Und du kannst daran nichts mehr ändern. Selbst die Götter haben sich ihrer nicht angenommen!

*Deine WUT steigt um eine Stufe! (Sollte deine WUT mittlerweile die Skala sprengen, lies sofort weiter bei **F167**.)*
*Vermerke auf der dritten Seite des Abenteuerblatts unter Spezielle Notizen, dass **Nephatari getötet** wurde, indem du dort das entsprechende Kästchen ankreuzt.*

Finstere Rachegelüste brodeln in dir.
› Selbst wenn es mich das Leben kostet – er wird für all das zahlen! ‹
*Lies weiter bei **F100**.*

F

F166 Unerklärbar geschickt schlägt der Riujem mit seinen langen Krallen nach dir. Und wie du bereits am eigenen Leib erfahren hast, sind sie dermaßen scharf, dass sie zunächst keine Schmerzen verursachen. Noch immer labt sich der Dämon an deinem Blut, das dich der erste Treffer kostete – und du erkennst, wie seine Klauen weiter wachsen!
Als der nächste Schlag mit unbarmherziger Wucht auf dich niedergeht, glaubst du im Bruchteil dieses Augenblicks, es sei dein Tod.
Der Angriff donnert auf dich nieder, wird jedoch im gleichen Moment von einer Hülle magischer Energie zurückgeworfen. Aus dem Nichts hat sie sich manifestiert – und ist ebenso schnell, wie eine Seifenblase, wieder zerplatzt.

Der Dämon hält sich die Pranke und brüllt wie von Sinnen seinen Hass in den Himmel über das Schlachtfeld. Der flüchtige Schutzzauber scheint ihn umso mehr anzustacheln.

In dieser Kampfrunde verlierst du trotz des Treffers keine Vitalität, wohingegen der Dämon zusätzlich 1 Resistenz-Punkt einbüßt. Zudem ist ab sofort der Angriff deines Gegners um 2 Punkte reduziert!

Es war der Geist des Ugarith-Champions Aonus, der sich auf diese Weise für seine Missgunst und Gräueltaten entschuldigen sowie für die Rückgabe des Schattenschnitters erkenntlich zeigen wollte. Still dankst du deinem fehlgeleiteten Kameraden und hoffst, dass das Opfer seines Seelenheils nicht vergebens war.

*Kehre zurück nach **F120**, nimm die Veränderungen vor und führe den Kampf fort.*

F167 Dein göttlicher Auftrag ist beendet und du versuchst, deinen Geist vom Körper des jungen Ugarith, der Schattenkind genannt wurde, zu lösen. Doch seine aufflammenden vorwurfsvollen Gedanken lassen dich nicht ziehen! Du bist Gefangener seiner Fixierung auf das Leid und den Tod seiner geliebten Nephatari.

Diese zügellose Wut drängt deinen Geist an den Rand seines Bewusstseins. Das Letzte, was du wahrnimmst, bevor du dem Wahnsinn anheimfällst, sind die hallenden Stimmen der ruhelosen Anwärter aus der Schwärze der Unterwelt. Sie haben einen neuen mächtigen Verbündeten gefunden, einen neuen Riujem, den sie für ihre Zwecke missbrauchen können.

Ende ★☆☆☆☆

F168 Calderel, umspielt von schwarzen Wolken, kichert hämisch, als die Mondsichel von der Finsternis des Schattentores verschluckt wird.

★ *Schade, du hast nur ein 1-Sterne-Ende erreicht. Berechnung des Sternen-Ratings am Schluss dieses Kapitels auf Seite 638.*

Streiche die ***Mondsichel*** *vom Abenteuerblatt!*

Der Schattenmeister spottet triumphierend: „Wie romantisch. Das Keşra entdeckt die Liebe zu einer Menschenfrau.“
Wie gerne würdest du aufspringen und diesen Dämon ein für alle Mal von dieser Welt tilgen! Doch Nephatari liegt im Sterben. Sie benötigt deine Hilfe, auch wenn dies bedeutet, dass er ins Reich des Schwarzen Tores entkommen kann.

Lies weiter bei ***F135****.*

F169 „DU zweifelst also an Kathums Weisheit?“, fragt dich Nergal herablassend. „Nun, so sei es! Jedoch, es bleibt abzuwarten, wie der Ugarith, in dessen Körper eurer beider Seelen stecken, dies verkraften wird.“
Nergals Worte verhallen in der Finsternis, da stürzt die mentale Barriere, die dein Bewusstsein von dem des Schatten trennte, in sich zusammen. Du wirst überschwemmt von Erinnerungen, Leid und Ängsten des Ugarith und es gelingt dir mit letzter Konzentration, nicht in den Strudel aus negativen Gefühlen gerissen zu werden.
Der winzige Geist des Ugarith hingegen ist mit der Flut eines anderen Lebens aus einer fremden Welt vollends überfordert. Die Klauen gegen die Schläfen gedrückt bäumt er sich auf und du schaffst es nicht, dich von seinem Körper zu lösen.
Fortan seid ihr im Irrsinn der Unterwelt und eines gemeinsamen Verstandes gefangen.

Der Sinn deiner Existenz endet hier. ■

F170 So befreiend der Tod des Schatten-Tyrannen ist, das Geheimnis deines Fluches nahm er mit ins Grab.
› *Ob dieser Makel jemals von mir genommen wird?* ‹
Du fühlst dich der Götter unwürdig.

Während du an der Zukunft zweifelst, landet Kyrna auf der höchsten Plattform. Aus Scham vermeidest du, sie anzuschauen.
Telepathisch spricht dir die Drachendame Mut zu: „*Du kannst stolz auf dich sein, Keşra. Trotz aller Widrigkeiten und Verlockungen hast du niemals deine Menschlichkeit verloren.*“
„Menschlichkeit!?“ – „*Oh ja, der Mensch in dir, aus einer Welt jenseits der unseren, hat dich stets weise geleitet. Auch wenn dies bedeutete, Freunde und Gefährten zu verlieren.*“
Deine Gedanken sind bei Tarus und Nephatari, deren Schicksal du dir nicht ausmalen möchtest. Du betest zu den Göttern, dass ihre Seelen Frieden finden.
„Sei nicht traurig, Schattenkind.“
Es dauert einen Moment, bis du realisierst, dass die weibliche Stimme, die du zuletzt gehört hast, nicht drachischen Ursprungs war und du begreifst …
Du wendest dich um und dein Herz schlägt höher, als du in tränennasses Gold blickst – „Nephatari!“
Du weißt, dass deine Aufgabe, die Aufgabe den jungen Ugarith auf den rechten Pfad zu führen, nun ihr Ende findet. Behutsam löst du deinen Geist von seinem. Er selbst scheint davon nichts zu spüren: Im Rausch des Glücks schließt er die Sonnentochter in die Arme und vergisst die Welt um sich herum. *ENDE* ★★★★☆

Sogar im finalen Kapitel deiner Reise gab es einen SCHICKSALSPUNKT zu entdecken!
Da er dir offenbar entgangen ist, starte in einer anderen Konstellation der Gestirne den Kampf gegen Calderels dämonisches Ich, um somit nicht nur Nephatari und dich vom finsteren Fluch zu befreien, sondern ebenso den jungen Ugarith, der dir zu Beginn dieser Geschichte seinen Körper lieh. Womöglich wirst du so das perfekte 5-Sterne-Ende erreichen!

★★★★ *Bemerkenswert, du hast das 4-Sterne-Ende erreicht!*
Schaffst du auch noch den letzten ★?
Berechnung des Sternen-Ratings auf der nächsten Seite!

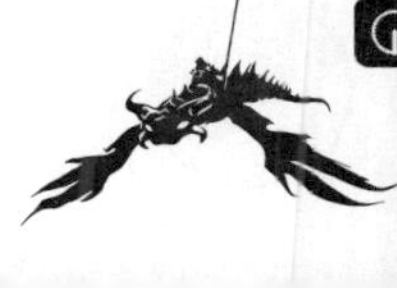

STERNEN-RATING

☆☆☆☆☆ · ☆ · ☆ · ☆ · ☆☆ · ☆ · ☆

Mit welchem Können, sprich mit wie vielen Sternen hast du Reiter der schwarzen Sonne *abgeschlossen? Zähle dazu diese Sterne zusammen:*

- *Das Erreichen eines bestimmten Endes der Geschichte:* ***1-5 Sterne***
  *Die Sterne sind nach dem Abschluss „**Ende**" der entsprechenden Schlusssektion abgebildet.*
- *Verzicht auf Trefferbonus durch Kämpfer-Fähigkeit:* ***1 Stern***
  Du hast freiwillig auf das Waffentraining in Kapitel 2 verzichtet.
- *Perfektes Spiel:* ***1 Stern***
  Du hast alle 14 Schicksalspunkte *entdeckt.*

Geringere Grundwerte: ***1 Stern***
Du hast mit nur 5 Punkten für Stärke *und* Geschick *begonnen.*

Verringerung der Kampfwerte: ***2 Sterne***
Du musstest Abzüge von -1 bei ***verletzt*** *und -2 bei* ***kritisch*** *hinnehmen.*

Erschwerte Anwendung: ***1 Stern***
Du musstest dich vor dem Würfelwurf entscheiden, ob du Karma *einsetzt.*

Die Verringerung des Vorrats: ***1 Stern***
Du hast mit einem maximalen Karma*-Vorrat von 8 gespielt.*

Sternen-Rating

1-3	*Spielbuch-Anfänger*	*9-10*	*Spielbuch-Liebhaber*
4-6	*Spielbuch-Freund*	*11*	*Spielbuch-Meister*
7-8	*Spielbuch-Kenner*	*12*	*Spielbuch-Gott*

Danke fürs Spielen!

ANHANG

KAMPFSEKTIONEN

K0 Aus dem Nebel der Ungewissheit schält sich eine groteske Fratze. Augen, unstete Wirbel aus Rauch, ziehen dich in ihren Bann. Kreischend streckt das Wesen die Knochenarme aus, rast auf dich zu und will dir die scherenartigen Klauen um den Hals legen.

INSOMNIAQ	*ANGRIFF*	**11**
DER TRAUMWÄCHTER	*VERTEIDIGUNG*	**12**
	RESISTENZ	♥ ○ ②

Gewinnst du diesen Kampf im Reich der Träume, notiere dir einen KARMA-Punkt und setze deine VITALITÄT wieder auf die Stufe vor diesem Kampf zurück. Lies weiter im 2. Kapitel bei ***335****.*

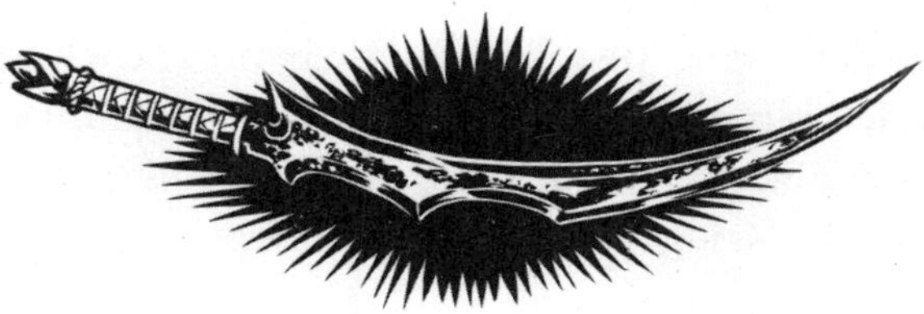

K1 Alsbald verpestet der typische Gestank eines Gartak die Luft. Die gedrungenen, stark behaarten Wesen sind eine dumpfe Kriegerrasse, gezüchtet in den Katakomben der Magierstadt Tul-Sar-Mar. Bedingungslos dienen sie ihren Echsenmeistern.

Während du dich in eine dunkle Ecke drückst, hörst du das Klirren eines Kettenhemds und das Schleifen von Ledersohlen. Ein schmieriger Gartak, bewaffnet mit einem verrosteten Kurzschwert, stapft die schmalen Stufen zum Verlies herunter. An seinem Gürtel klimpert ein großer Metallring mit zahlreichen Schlüsseln.

Willst du ihn hinterrücks attackieren, lies weiter bei ***K59****.*

Willst du dich dem Gartak entgegenstellen, lies weiter bei ***K8****.*

K2 „Nun gut, ihr wissbegierigen Rekruten!“, schnauft Schwingenmeister Logath. „Wie gesagt, es gibt sechs Grundmanöver. Das Gleiten, die Schraube, den Überschlag, die Schlange, den Sturzflug und den Odem.“
Die Rekruten neben dir lachen und gestikulieren überschwänglich bei der Vorstellung, diese Manöver selbst einzusetzen, woraufhin Logath mit strengerem Ton fortfährt: „Alle Manöver werden mittels eines wiederholt gesprochenen Kommandos und einer passenden, eindeutigen Bewegung ausgelöst. Freilich sollte sich der Reiter nicht zu sehr auf das Gelingen des Flugmanövers verlassen, schließlich unterliegt es dem freien Willen des Drachen, das Kommando in die Tat umzusetzen.“
Nach seinen knappen Erläuterungen setzt Logath die grundlegende Unterweisung an den Waffen fort, wird dabei nicht müde zu erwähnen, dass er den knappen Zeitplan, der ihm vom Rat auferlegt wurde, für unverantwortlich hält. Daher entschließt er sich, die Gruppe aufzuteilen.
Als du an der Reihe bist, spricht dich der Schwingenmeister direkt an: „Ich bin mir nicht sicher, ob Ihr überhaupt eine Unterweisung im Nahkampf benötigt. Ihr seht mir nämlich so aus, als hättet Ihr bereits Kriegserfahrung. Oder liege ich falsch?“

K

Entscheide nun selbst, lieber Leser, ob du deine Fähigkeiten im Nahkampf oder Fernkampf verbessern möchtest!
Ein Training des Nahkampfs bei ***K99*** *würde den Schwierigkeitsgrad senken und ist für Anfänger empfehlenswert. Erfahrene Spielbuchleser sollten sich eher für die Fernkampf-Schulung bei* ***K98*** *entscheiden.*

Solltest du unsicher sein, bestimme die Gruppe, der du zugeteilt wirst, anhand des Mondes! Blättere dazu eine zufällige Seite auf und schaue, welche Mondphase dort abgebildet ist.

Bei ***Neumond, Vollmond*** *oder* ***Sichelmond****, lies weiter bei* ***K98****.*
Bei ***Halbmond*** *oder* ***Dreiviertelmond****, lies weiter bei* ***K99****.*

K3 Aonus versucht noch sein Schwert herumzureißen und sich so aus der Umklammerung zu befreien, doch du schaffst es, den Schwung des Rammstoßes in eine flinke Drehbewegung umzusetzen und so den Ugarith in Richtung Rand zu drängen. Erst als seine Hüfte gegen die Mauer kracht, kommt ihr beide ineinander verkeilt zum Stillstand. Mit aller Gewalt versuchst du den Krieger über die Kante zu stemmen, doch du merkst, dass seine Stärke ebenfalls unmenschlicher Natur ist. „Nun Keşra", presst dir Aonus atemlos entgegen, „wird sich das Schicksal für einen von uns beiden entscheiden müssen …" Seine schwarzen Augen flackern silbern auf.

*Teste deine STÄRKE gegen 16!**

Beträgt Aonus' RESISTENZ allerdings nur noch 2 oder weniger, dann teste sie nur gegen 14!

Gelingt der Test, lies weiter bei ***K19****.*
Misslingt er, lies weiter bei ***K22****.*

K4 Immer höher steigt der schwarze Drache hinauf. Du hast es überstanden. Fassungslos musst du mitansehen, wie der Damm bricht!

Zunächst schießen nur einige wenige Fontänen in den Kanal, bis wenige Sekunden später die Staumauer unter dem enormen Druck der Wassermassen einstürzt. Selbst aus großer Höhe ist das Tosen ohrenbetäubend.

Eine gigantische braune Welle walzt sich durchs Tal und verschluckt Bäume und Gebäude. Erschüttert folgst du der Verwüstung und dir wird bewusst, dass das Gleiche in knapp einer Stunde unzähligen Unschuldigen widerfahren wird. Leenhaven wird ausradiert. Und du hättest es verhindern können …

Deine WUT steigt um eine Stufe!

Lies weiter im 3. Kapitel bei ***550****.*

**) Vergiss nicht, dass du stets KARMA-Punkte einsetzen darfst, um Eigenschaftstests automatisch gelingen zu lassen!*

K

K5 Unter heftigem Klirren fällt das Spiegelmonster in sich zusammen und die Reflexionen verblassen. Du hast das Xorox besiegt!

*Lies weiter im 4. Kapitel bei **612**.*

K6 Der Golem reißt die Augen auf und ein schrilles Knirschen und Kreischen betäubt deine Ohren. Ein steter, gleißend weißer Blitz frisst sich dir entgegen, der den Steinboden in tausende Brocken zersplittern lässt.
Du willst gar nicht wissen, was geschieht, sollte dich der Blick des Golems treffen …

Teste dein GESCHICK gegen 15!
*Hast du die Fähigkeit **Geschärfte Sinne**, musst du dein GESCHICK sogar gegen 17 testen!*

*Gelingt der Test, lies weiter bei **K38**.*
*Misslingt er, lies weiter bei **K26**.*

K7 Hoffnungsvoll starrst du der Sprengkugel hinterher. Doch dein Wurf verfehlt das Maul des Sandwurms und prallt an seinem unförmigen Kopf ab. Für einen kurzen Augenblick scheint es abgelenkt, doch dann rast es wieder auf dich zu!
Du weichst zurück, als eine mächtige Detonation die Luft erzittern lässt. Kürbisgroße Fleischbrocken, herausgerissen aus dem Hinterleib des Sandwurms, regnen auf dich hinab. Schwer verwundet schreit das Viech auf, nun allerdings noch entschlossener, dich zu fressen.
*Streiche den **Sprengsatz** vom Abenteuerblatt.*

*Kämpfe weiter bei **K80**. Streiche dort dem Sandwurm jedoch 3 Punkte seiner RESISTENZ ab!*

K8 Die schwarzen Augen im wildschweinartigen Schädel des Gartak weiten sich, als du ihn zu einem offenen Zweikampf zwingst. Mach dich bereit zum Angriff auf den Gefängniswärter!

GARTAK, GEFÄNGNISWÄRTER	*ANGRIFF*	11
	VERTEIDIGUNG	10
	RESISTENZ	○②

*Wenn du den Kampf überlebst, kannst du das **Kurzschwert** (Waffe, Treffer +2) des Gartak aufnehmen. Außerdem findest du **2 Dinar** (Geld) und den **Schlüsselbund des Wärters** (Utensil). Willst du etwas davon haben, notiere es auf dem Abenteuerblatt.*

*Lies weiter im 1. Kapitel bei **215**.*

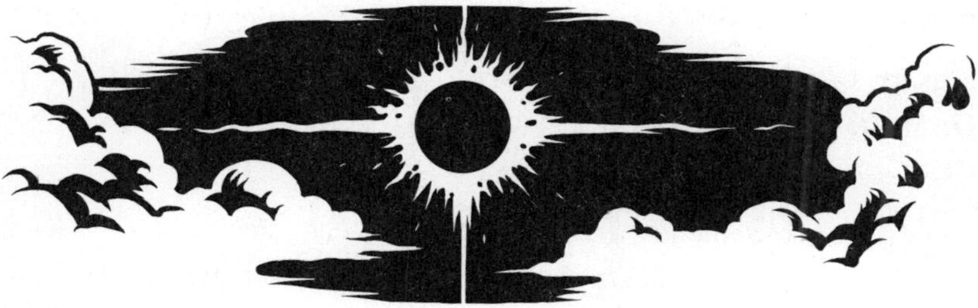

K9 Aonus hält kurz inne, als er bemerkt, dass du die Waffe eines menokischen Offiziers führst. „Fahnenflüchtiges Schattenkind!", bricht es verachtungsvoll aus ihm heraus. Der Ugarith-Anführer ist vollkommen außer sich: „Du steckst mit diesen Menoken-Missgeburten also unter einer Decke!"

In blinder Wut reißt er sein Schwert herum, um dir den Schädel zu spalten. Funken sprühen, als die Klinge nur knapp an dir vorbeisaust und ein Mauerstück der Palisade herausschlägt. Prompt nutzt du diesen unbedachten Angriff zu einem platzierten Stich in Aonus' Oberschenkel. Schwarzes Blut quillt aus der Wunde. Aonus beißt die Zähne zusammen und unterdrückt so einen Schrei. Sein Stolz ist größer als der Schmerz.

*Kehre zurück zu **K40**, reduziere die RESISTENZ deines Gegners um 1 und führe den Kampf fort!*

K

K10 So schnell wie möglich versuchst du die Umgebung zu erfassen, als auch schon Aonus direkt vor dir steht. Irritiert starrst du in seine silbern funkelnden Augen, unwissend, wie er das gemacht hat.
Der Hüne lacht und zeigt mit seiner längsten Klaue provokant auf dich: „Also schön, dann beweise, warum unser Meister so große Stücke auf dich hält!"
Aonus' tiefe Stimme lässt dir einen Schauer über den Rücken laufen, denn du spürst, dass der Krieger mehr ist, als sein schattenhaftes Äußeres verrät.

Aonus,	*Angriff*	15
Ugarith-Champion	*Verteidigung*	16
(Überheblich)	*Resistenz*	? *

Sinkt deine Vitalität auf ***kritisch****, lies sofort weiter bei* **K63***.*
Gelingt es dir einen Treffer auf Aonus zu setzen, lies sofort weiter bei **K53***.*

K11 Du erinnerst dich an die Inschrift des Torbogens vor dieser Höhle und die Eintragung im Buch des Magiers, das du hier entdeckt hast.
› Ob mir einer der skÿllischen Sätze hilft, um den Golem zu besänftigen? ‹
Willst du „ΞЩΞЂ Λ ЩΞЂ" sprechen, lies weiter bei **K49***.*
Willst du „ΞЩΞЂ ЌΛΠ Θ ЩΞЂ" sagen, lies weiter bei **K75***.*
Willst du schweigend abwarten, lies weiter bei **K33***.*

K12 Mit einem inbrünstigen Kampfschrei springst du über die breite Kluft zwischen beiden Schiffe hinweg. Du hast die Brücke der Nargus fast erreicht, da bemerkt einer der Menoken, was auf ihn zustürzt: Doch ehe er seinen Säbel schützend hochreißen kann, hast du ihn bereits krachend auf die Planken geschleudert, dich abgerollt und den zweiten Eiskrieger fixiert. Der lässt vom Admiral ab und stellt sich zum Kampf.

**) Wie hoch Aonus' Resistenz tatsächlich ist, bleibt zunächst im Dunkeln, daher an dieser Stelle das „?".*

K

LETZTER MENOKENKRIEGER	*ANGRIFF*	14
	VERTEIDIGUNG	16
	RESISTENZ	①
	KAMPFRUNDE	↻ ○ ○ ❸

Gewinnst du innerhalb von 2 KAMPFRUNDEN, lies weiter bei ***K84****.*
Geht der Kampf in KAMPFRUNDE ❸, lies sofort weiter bei ***K37****.*

K13 Erleichtert beobachtest du, wie die letzten Flüchtlinge den rettenden Hügel erreichen. Auch du nutzt die Gelegenheit und sprintest zu den Felsen hinüber, die den Sandwurm offensichtlich davon abhalten, durch die Erde zu schießen. Hinter dir verschwinden zwei Wagen – samt brüllenden Toka – in der bodenlosen Tiefe eines Trichters aus Sand. Dann wird es totenstill.
Für die effektive Rettung der Rigem erhältst du 3 KARMA-Punkte!
Lies weiter im 6. Kapitel bei ***827****.*

K14 Du ahnst die Macht des Fluchs, doch du kannst dich nicht widersetzen. Der hypnotische Blick der Uräus-Schlange ist zu stark. Ihr Geist verschmilzt mit deinem. Bilder aus deiner Vergangenheit werden dir ins Bewusstsein gezerrt. Du spürst, wie sie dir entrissen werden sollen.
Hast du beim ersten WUT-Punkt auf dem Abenteuerblatt zusätzlich eine Sektionsnummer notiert?
Ja, dann ignoriere die linke Ziffer (Hunderter) der notierten dreistelligen Zahl und lies bei der so ermittelten Sektion dieses Kampfkapitels weiter!
Nein, dann lies weiter bei ***K82****.*

K15 Deine Überraschungsattacke lässt die spiegelnde Brust deines Alter Egos bersten. Kleine Scherben regnen zu Boden. Allerdings musst du zeitgleich einen identischen Treffer einstecken: Der rasiermesserscharfe Grat des Spiegelsteins reißt eine klaffende Wunde in deine Brust.

Benommen torkelst du zurück – wie dein Gegner – und drückst das blutende Fleisch zusammen. Prompt versteinert sich die Verletzung. So einfach wirst du diesem Gegner nicht beikommen!

Deine VITALITÄT *sinkt um eine Stufe!*

Lies weiter bei **K24**.

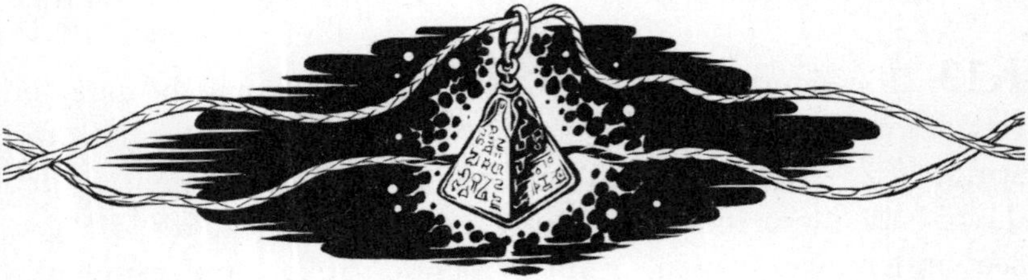

K16 Es fällt dir schwer dich zwischen all dem Treibgut, Wrackteilen und leblosen Körpern über Wasser zu halten. Der Wellengang ist zwar nicht besonders hoch, doch du spürst eine schwache ablandige Strömung.

Ist der Status deiner VITALITÄT ***fit*** *oder* ***normal****,*
lies weiter im 3. Kapitel bei **451**.
Ist er ***angeschlagen*** *oder* ***verletzt****, lies weiter im 3. Kapitel bei* **501**.
Ist er ***kritisch****, lies weiter im 3. Kapitel bei* **456**.

K17 Du willst gerade Aonus' prunkvolle Rüstung in Augenschein nehmen, als du ein merkwürdiges Vibrieren und Schwanken unter deinen Füßen spürst. Zunächst hältst du es für eigene Schwäche, doch dann ertönt ein lautes Krachen gefolgt von einem Tosen, als würden Dutzende Häuser auf einmal einstürzen.

› Bei den Göttern, der Damm bricht! ‹

Die Soldaten, die eben noch den Tod ihres Empire-Offiziers sühnen wollten, haben kehrtgemacht und laufen um ihr Leben. Du jedoch verharrst wie angewurzelt, denn du weißt, einzig die Götter können dich jetzt noch retten.

Lies weiter bei **K42**.

K18 Hastig zerrst du die Sprengkugel und den Zündungsstift aus der Manteltasche und wiegst die beiden Gegenstände abschätzend in den Klauen.
› *Wie soll ich zwei Minuten gegen dieses Ungetüm überstehen?* ‹

Willst du daher den Splint reinstecken und sofort wieder herausziehen in der Hoffnung, so die Zündung zu beschleunigen, lies weiter bei ***K72****.*
Willst du den Plan mit der Sprengkugel lieber verwerfen, dann kämpfe weiter bei ***K80****.*

K19 Unverhofft verspürst du eine wohlige Wärme, die von deinem Herzen ausgehend deine Muskeln durchströmt, und es gelingt dir, dieses Gefühl in eine ungeheure Kraft umzusetzen: Während du mit einer Klaue Aonus' Kehle wegdrückst, packst du ihn mit der anderen an der unteren Kante des Brustpanzers seiner Drachenreiterrüstung und schleuderst ihn über die Staumauer. Verzweifelt krallt er sich an deiner Kleidung fest, doch der Stoff deines Umhangs zerreißt sofort unter dem Gewicht des Hünen.
Aonus trudelt in die Tiefe. Doch trotz des unabwendbaren Schicksals blitzt ein kurzes Lächeln auf seinen schwarzen Lippen auf. Es scheint, als fiele der stolze Krieger eine kleine Ewigkeit, um schließlich, ohne auch nur einen Laut von sich gegeben zu haben, am Fuße des Damms aufzuschlagen.
Erschöpft setzt du dich an der Mauer ab. In deinen zittrigen Klauen hältst du noch die Unterschale der Brustplatte aus dunklem Metall, an der du Aonus in die Tiefe geworfen hast. Da wird dir bewusst: Du hast ihn bezwungen, diesen übermächtigen Gegner!
Doch dir bleibt nur wenig Zeit zur Freude, denn aus den Augenwinkeln erblickst du zahlreiche Empire-Soldaten, die mit gezückten Waffen auf den Damm stürmen.

Hast du den 7. SCHICKSALSPUNKT gefunden, lies weiter bei ***K27****.*
Andernfalls lies weiter bei ***K17****.*

K20 „Wie ihr sicher gehört habt", beginnt Logath eine weitere Unterweisung, „gehorchen unsere Drachen auf acht Wort- und Körperkommandos, die sogenannten Flugmanöver."
Der Schwingenmeister reißt die sechs grundlegenden Befehle an und schließt im allseitigen Gemurmel der Rekruten: „Sie sind schnell erlernt, doch Nummer sieben und acht sind ein wohlgehütetes Geheimnis der Drachenmeister!"
Du nutzt die Atempause zwischen Meister Logaths Ausführungen, um eine Zwischenfrage zu stellen.

*Willst du mehr über die grundlegenden Drachenmanöver hören, lies weiter bei **K2**.*

*Willst du mehr über die Meister-Manöver erfahren, lies weiter bei **K66**.*

K21 Du hältst dir die Arme schützend vor den Körper und versuchst alle Leute so gut es geht wegzudrücken.
Es widerstrebt dir unschuldige Menschen zu verletzen. Dennoch musst du dich gegen ihre unfreiwilligen Angriffe verteidigen, um nicht niedergetrampelt zu werden!

Panische Kyphiser	*Angriff*	⚔ 16
	Kampfrunde	↻ ○ ○ ❸ ○ ❺

*Sinkt deine Vitalität auf **kritisch**, lies sofort weiter bei **K51**.*
*Erreichst du Kampfrunde ❸ und bist **nicht** in Besitz von **Ramins Talisman**, lies sofort weiter bei **K87**.*
*Erreichst du Kampfrunde ❺, lies weiter bei **K96**.*

K22 Du sammelst deine letzten Kraftreserven und packst Aonus an der Brustplatte seiner Drachenreiterrüstung. Er jedoch zeigt sich davon wenig beeindruckt: Die Pupillen seiner selbstbewussten Augen verwandeln sich in ein nebelhaftes, seelenloses Grau und du spürst, wie sich in ihm eine unbändige Kraft entfaltet, die dich erzittern lässt.

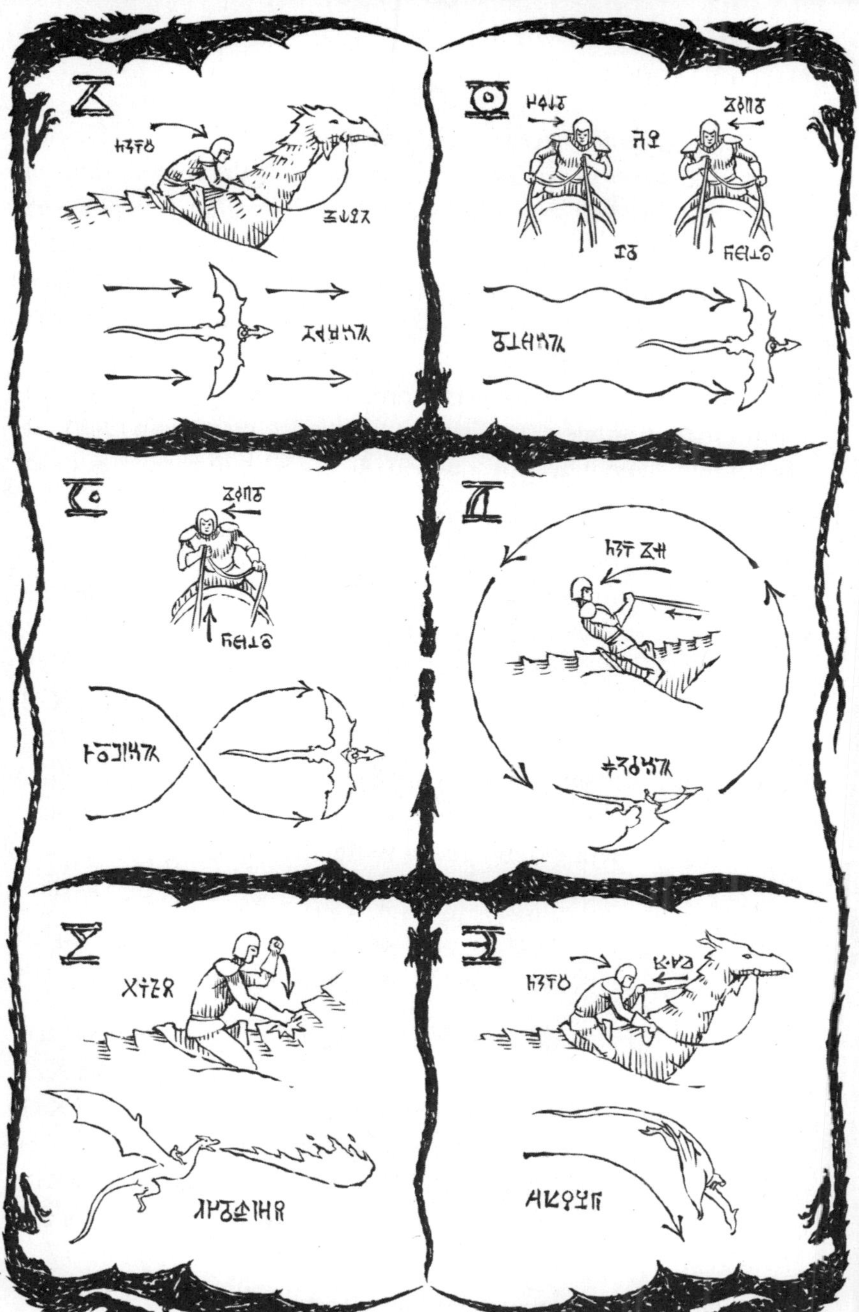

K20 *Der Schwingenmeister reißt die sechs grundlegenden Befehle an und schließt im allseitigen Gemurmel der Rekruten: „Sie sind schnell erlernt, doch Nummer sieben und acht sind ein wohlgehütetes Geheimnis …“*

› Der Tod zeigt seine widerwärtige Fratze! ‹

Willst du versuchen, dich aus der Umklammerung des Ugarith zu lösen, um einen letzten Verzweiflungsangriff zu führen, lies weiter bei ***K68****.*

Willst du dich deinem Schicksal fügen und versuchen, Aonus mit in den Tod zu reißen, um zumindest ein Übel von dieser Welt zu tilgen, lies weiter bei ***K61****.*

K23 Obwohl du versuchst, Aonus mit aller Gewalt zu umklammern, gelingt es dem Schwertmeister, seine unheilvolle Waffe herumzureißen. Du spürst, wie die kalte Klinge widerstandslos durch deine Hüfte gleitet.

Deine VITALITÄT sinkt um eine Stufe!

Lebst du noch, dann teste deine STÄRKE gegen 16! Allerdings, beträgt Aonus' RESISTENZ nur 3 oder weniger, dann teste sie gegen 14!

Gelingt der Test, lies weiter bei ***K19****.*

Misslingt er, lies weiter bei ***K22****.*

K24 Dieses seltsame Wesen ist faszinierend und schrecklich zugleich. Die glänzenden, scharfkantigen Splitter, aus denen sein Körper besteht, schneiden Fleisch widerstandslos.

XOROX,	*ANGRIFF*	***? (dein ANGRIFF +5)****
SPIEGELMONSTER	*VERTEIDIGUNG*	***? (deine VERTEIDIGUNG +5)****
	RESISTENZ	♥ ○○○○⑤

Besitzt du einen ***Handspiegel*** *und willst ihn benutzen, lies weiter bei* ***K71****.*

Willst du in dein ***Drachenhorn*** *stoßen, lies weiter bei* ***K81****.*

Wenn du den Kampf vorzeitig mit einem doppelten Spiegeltrick beenden willst, lies weiter bei ***698+****!*

Gewinnst du den Kampf ohne Trick, lies weiter bei ***K5****.*

**) Das jeweilige Würfelpaar muss also mindestens einen Wert von 5 zeigen, wenn dir ein ANGRIFF bzw. eine VERTEIDIGUNG gelingen soll.*

Die Regelerklärung zu den geheimen Kreuz-Verweisen (+) befindet sich zu Beginn von Kapitel 4 auf Seite 303.

K25 Auch die letzte Schlange liegt nun zuckend in ihrem eigenen Blut. Wieder bilden sich ein Rinnsal aus goldenem Blut und daraus eine Lache aus Erinnerungen. Auch sie entstammen den Gedanken deines vergangenen Ichs.
Du blickst auf die Jahre deiner Ausbildung im Ningal-Tower. Unzählige Lehrstunden bei großen Meistern und Calderel persönlich ziehen an deinem geistigen Auge vorbei. Trügest du jetzt nicht die Stärke des Keşra in dir, du würdest wahrscheinlich wieder den verlockenden Versprechungen des Schattenmeisters erliegen.
Doch heute erkennst du seine hinterhältigen Pläne und vor allen Dingen deine unsägliche Rolle als göttliche Marionette in diesem Krieg!

*Lies weiter bei **K48**.*

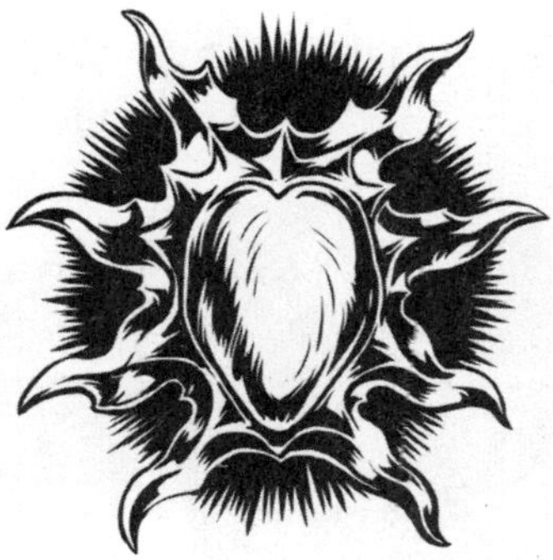

K26 Ein glühender Schmerz zieht sich über deine Brust. Der Blick des Golems hat dich getroffen! Es gelingt dir gerade noch, dich hinter einen Felsen abzurollen, als der schrille Ton verstummt. Dein Oberkörper hat sich komplett versteinert, doch eine tiefe, gesplitterte Narbe hat sich auf ihm verewigt.
Wütend springst du dem Golem entgegen, entschlossen ihn endgültig zu vernichten!
*Deine Vitalität sinkt um eine Stufe, schlimmstenfalls auf **kritisch**!*

*Kehre zurück nach **K60** und kämpfe dort weiter.*

K27 Ehe du dich überwinden kannst, die Rüstung an dich zu nehmen, rennen dir bereits die ersten Empire-Soldaten mit gezückten Waffen über die Dammkrone entgegen. Unsicherheit spiegelt sich in ihrem Blick, doch deine schlechte körperliche Verfassung ermutigt sie, dich anzugreifen. Kampfesmüde rappelst du dich auf, denn du weißt, dass du gegen diese Übermacht kaum mehr etwas auszurichten vermagst.

Lies weiter bei ***K57***.

K28 Du weichst einem platzierten Schwerthieb des rechten Gardisten aus und bemerkst, wie sich Mireth die Klappe vom Kopf zieht und dich fokussiert. Ihr allsehendes Auge, eine Gabe der Kar, ist in der Lage jeden Trug, jede Täuschung zu durchschauen.

Hast du den 12. SCHICKSALSPUNKT *gefunden, lies weiter bei* ***K54***.
Andernfalls lies weiter bei ***K93***.

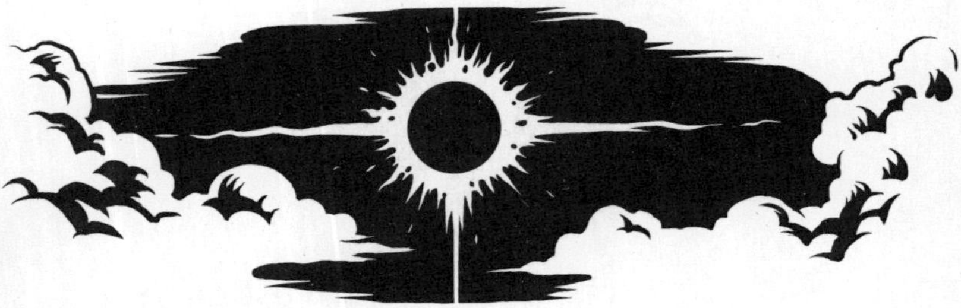

K

K29 Mit einer einzigen geschmeidigen Bewegung durchschlägst du die Halteseile des Beiboots und springst hinein. Nur einen Augenblick später klatscht es neben dem Schiff aufs unruhige Meer.

Du legst dich mit aller Kraft in die Riemen, schließlich könnten die verbliebenen Menoken dir nachstellen, doch ihr Anführer hält sie mit befehlender Geste zurück – offensichtlich will er dir die Flucht ermöglichen.

Auf dem Weg durch die Leenhavener Bucht haben dich die Späher in den Ausgucken der verbliebenen Allianz-Schiffe ausgemacht. Du glaubst zwar nicht, dass sie ein verbrüdertes Beiboot unter Beschuss nehmen würden, dennoch entscheidest du dich, die letzten Meilen bis zur Küste zu schwimmen.

Lies weiter im 3. Kapitel bei ***451****.*

K30 Fest entschlossen diese Seeschlacht schnellstmöglich zu beenden, greifst du nach einem Seil und schwingst dich auf das Oberdeck des großen Menokenschiffs.
Als du direkt vor den Füßen des Kapitäns landest, weicht er verblüfft zurück und streckt sein imposantes Breitschwert schützend vor sich.
Die Leibgarde des Kapitäns, ein weiterer Krieger, dessen Hals ebenso breit wie sein kahler Kopf ist, stürmt heran und stellt sich dir entschlossen in den Weg. Doch du bist so fixiert auf das Ziel, diese Schlacht zu beenden, dass du bereit bist, jedes Risiko einzugehen: Du tauchst ab, fegst den Gardekrieger per Drehtritt von den Beinen und setzt ihn mit einem gezielten Schlag auf den tätowierten Brustkorb außer Gefecht.
Du wendest dich, wie von einer fremden Macht gelenkt, Kopf gesenkt, Blick starr nach vorn, dem Kapitän zu. Zwei andere Menoken in der Nähe, die eben noch ihrem Anführer beistehen wollten, retten sich in die Fluten. Der Kapitän hingegen nutzt die Ablenkung und attackiert dich aus purem Selbsterhaltungstrieb.

Willst du den Kapitän töten, lies weiter bei ***K86****.*
Willst du ihn entwaffnen, lies weiter bei ***K74****.*

K31 Mütter packen ihre schreienden Kinder und fliehen zum Felshügel neben dem Lager. Doch die Erde bebt nun dermaßen heftig, dass viele stürzen. Die wenigen kampffähigen Männer blicken unsicher zu dir hinüber, sind dann aber erleichtert, als du sie ebenfalls zum Hügel kommandierst.

Da erzittert der Erdboden erneut. Irgendein Ungetüm von gigantischen Ausmaßen bewegt sich mit enormer Geschwindigkeit unter deinen Füßen!
Direkt vor dir entsteht ein trichterförmiger Sandstrudel, der die Feuerstelle und einen kompletten Wagen samt Ausrüstung in die Tiefe zieht.
Du versuchst dich nun ebenfalls auf den Hügel zu retten, als ein riesiges, wurmartiges Monstrum aus dem Boden schießt, nur knapp über deinen Kopf hinweg rast, um dann direkt neben dir wieder die Erdoberfläche zu durchstoßen. Für einen kurzen Augenblick musstest du in den endlosen Schlund dieses Riesensandwurms starren.
Als der perlmuttglänzende, schiffslange Leib wieder im Erdreich verschwunden ist, schüttelst du unweigerlich den Kopf, denn du bist noch nie einem so abartigen wie faszinierenden Monstrum begegnet.

*Lies weiter bei **K80**.*

K32 Dich überkommt ein unheimliches Gefühl, als du dem hypnotischen Blick der Uräus-Schlange erliegst. Ihr Geist verschmilzt mit deinem und Bilder aus deiner Vergangenheit werden dir ins Bewusstsein gezerrt. Du spürst, wie sie dir entrissen werden sollen.

K

*Hast du beim **zweiten** WUT-Punkt auf dem Abenteuerblatt zusätzlich eine Sektionsnummer notiert?*

Ja, dann ignoriere die linke Ziffer (Hunderter) der notierten dreistelligen Zahl und lies bei der so ermittelten Sektion dieses Kampfkapitels weiter!

*Nein, dann lies weiter bei **K62**.*

K33 Mit einem unbarmherzigen Griff packt dich der Steinkoloss und hebt dich empor vor sein Gesicht. Ein abgrundtiefes Knurren erschüttert die Höhle. Dann bricht der Kopf des Golems

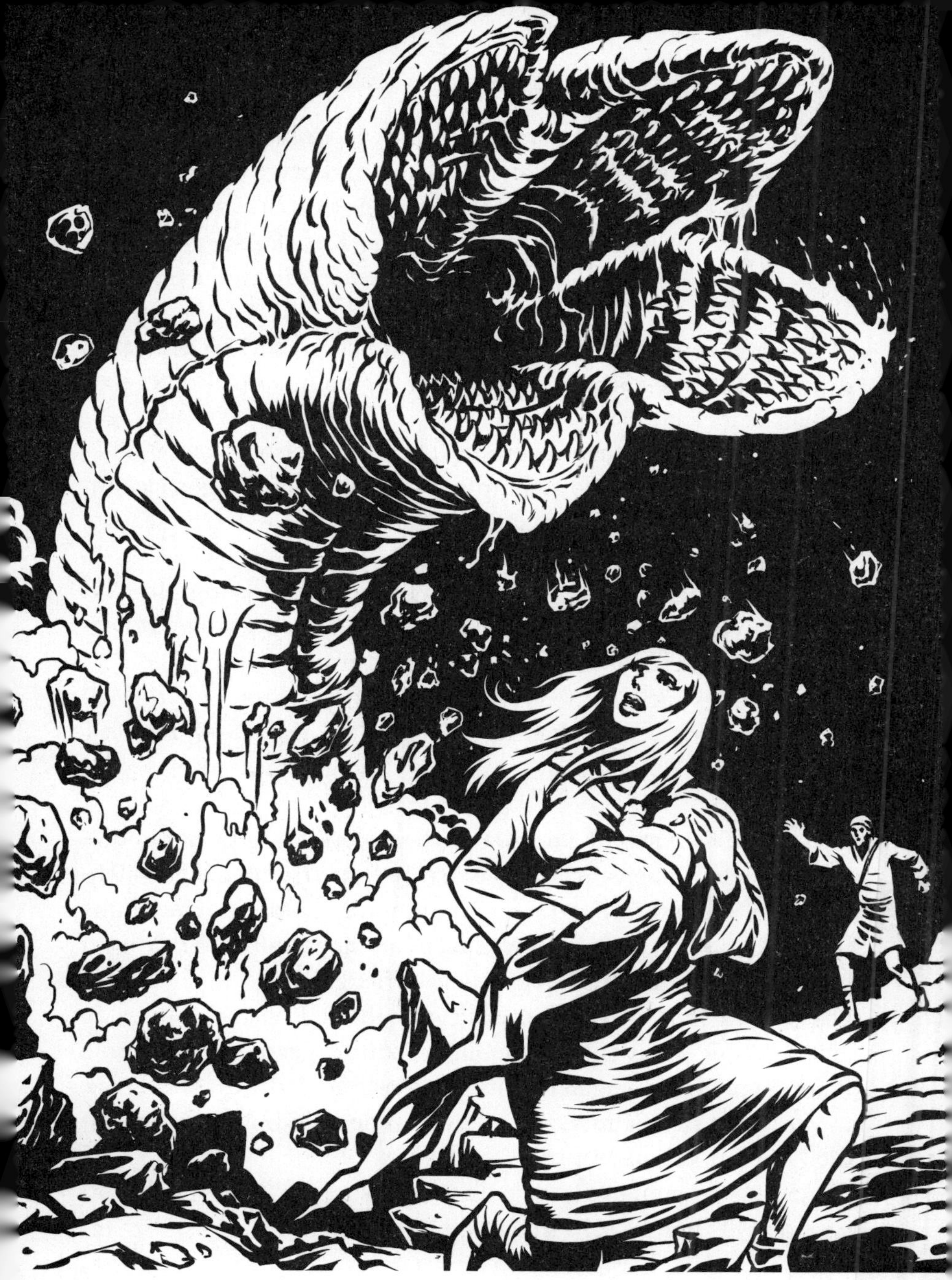

K31 *Du versuchst dich ebenfalls auf den Hügel zu retten, als ein riesiges, wurmartiges Monstrum aus dem Boden schießt. Für einen kurzen Augenblick starrst du in den endlos schwarzen Schlund des Riesensandwurms.*

auf! Dort wo eigentlich der Mund eines Menschen wäre, blitzen nun messerscharfe Zähne aus Edelsteinen hervor. Ein wunderschöner und abscheulicher Anblick zugleich!

Besitzt du das ***Amulett der Kar****, lies weiter bei* ***K85****.*
Andernfalls lies weiter bei ***K36****.*

K34 Mit einigen wohl platzierten verbalen Attacken gelingt es dir, Aonus mittels seiner größten Schwäche aus der Reserve zu locken: seiner Ehre!
„Wie kannst du es wagen, den ehrwürdigen Meister einen fehlgeleiteten Kriegstreiber zu schimpfen?" Zornesfalten zeigen sich im schwarzen Gesicht des Recken: „Dies war dein letzter Frevel unter den Lebenden, das schwöre ich!"
Schreiend führt er einen brachialen Hieb, doch es gelingt dir, den übermotivierten Angriff auf deinen Hals umzulenken und zu kontern. Erneut triffst du den Ugarith schwer.
„Ich Narr!", keucht Aonus mit unterdrücktem Hass.

Kehre zurück zu ***K40****, reduziere die* R*ESISTENZ* *deines Gegners um 1 und führe den Kampf fort!*

K35 Die Klinge in deiner Klaue schüchtert die Kyphiser in deiner Nähe dermaßen ein, dass sie sich zu Boden werfen oder flüchten. Dies wiederum nutzen die Männer der Goldenen Garde aus und stellen sich dir entgegen. Einer von ihnen informiert Mireth brüllend: „Eure Heiligkeit, es ist ein Schatten!"
Die Seherin hat sich mittlerweile mit ihren Priesterkollegen in eine Globule aus zuckenden Blitzen zurückgezogen. Um diese Bannkugel herum liegen bereits Dutzende Tote, die in ihrer Panik in die Nähe des Schutzzaubers gekommen sind. Mireth fletscht die Zähne und befiehlt: „Stellt und tötet ihn!"
Ohne Zögern greifen dich die drei Gardisten an. Zum Glück sind sie ebenfalls bereits sehr mitgenommen.

Mireths Leibgarde	*Angriff*	17 +1	+1	+2
(3 Gegner)	*Verteidigung*	18 +1	+1	
	Resistenz	○②	○②	○②
	Kampfrunde	○○❸○❺		

Sinkt deine Vitalität auf ***kritisch****, lies sofort weiter bei* ***K51****.*
Erreichst du Kampfrunde ❸, lies sofort weiter bei ***K28****.*
Erreichst du Kampfrunde ❺, lies sofort weiter bei ***K96****.*

K36 Mutig lässt du den Griff des Golems über dich ergehen. Er packt dich mit beiden Pranken und zerdrückt dich wie eine Feige.

Dein Leben endet hier. (+K46) ■

K37 Nachdem du den letzten Menokenkämpfer niedergestreckt hast, fällst du neben dem Admiral auf die Knie. Der stolze Anführer starrt mit gebrochenem Blick gen Himmel, die blutverschmierten Hände schlaff über die klaffende Brustwunde verschränkt. Du schließt seine Augen und bittest die Götter, dass sie den Toten dieser Schlacht durch die Unterwelt führen mögen.
Aufgeschreckt vom weiterhin hörbaren Waffenklirren wendest du dich ab und schleuderst beiläufig einen übermütigen jungen Menoken über Bord, der dich auf dem Weg zum letzten Beiboot der Nargus aufhalten wollte.

Lies weiter bei ***K44****.*

K

K38 Im letzten Moment springst du hinter einen großen Felsen, als der vernichtende Blick über dich hinweg saust und der schrille Ton verstummt. Mit einem Sirren in den Ohren rappelst du dich auf und stellst dich erneut dem Ungetüm aus kaltem Stein.

Kehre zurück nach ***K60*** *und kämpfe dort weiter.*

K39 In den goldenen Augen der Schlange spiegelt sich die überfüllte Schwarze Halle des Ningal-Towers. Es ist der Tag, an dem du die Weihe zum Schattenkind erfahren hast. Doch schließlich wird die Szenerie von einer großen Explosion erschüttert. Du erinnerst dich mit Schaudern an diesen tragischen Moment, der so vielen Unschuldigen das Leben kostete.

Frische deine Erinnerung an die Explosion im Ningal-Tower auf, indem du den Text bei Sektion 339 zwischen den Monden ☾…☽ und anschließend hier weiter liest (lege dazu den Finger in diese Seite).

Jetzt begreifst du, dass der heiße Schlangenleib durch deine Nase geschlängelt ist. Du glaubst, kochendes Wasser würde in deinem Schädel brodeln. Noch sind die erschütternden Ereignisse vom Tage des Attentats auf den Ningal-Tower präsent. Aber die Gedanken daran verblassen bereits. Ein goldener Schleier legt sich über die Szenerie, bis du sie vollkommen vergessen hast.

Streiche dir den WUT-Punkt, den du mit der Sektionsnummer 339 versehen hattest, wieder. Solltest du später erneut WUT-Punkte erhalten, nutze zuerst das soeben freigewordene Kästchen.

*Lies weiter bei **K48**.*

K40 Langsam stolziert Aonus auf dich zu. Er genießt diesen Moment mit jedem seiner klirrenden Schritte. Furcht brennt in deiner Brust, als der Ugarith-Champion mit einem martialischen Kampfschrei losspurtet, die Waffe hoch gen Himmel gereckt, entschlossen einen vernichtenden Schlag zu setzen.

K

AONUS, UGARITH-CHAMPION (WÜTEND)	*ANGRIFF*	**20**
	VERTEIDIGUNG	**20**
	RESISTENZ	◯◯◯◯⑤
	KAMPFRUNDE	◯◯❸···

*Führst du das **Schwert des Kapitäns**, lies sofort weiter bei **K9**.*
*Erreichst du den Beginn von KAMPFRUNDE ❸, lies sofort weiter bei **K52**.*
*Sinkt deine VITALITÄT auf **kritisch**, lies sofort weiter bei **K47**.*
*Gewinnst du den Kampf, lies weiter bei **K77**.*

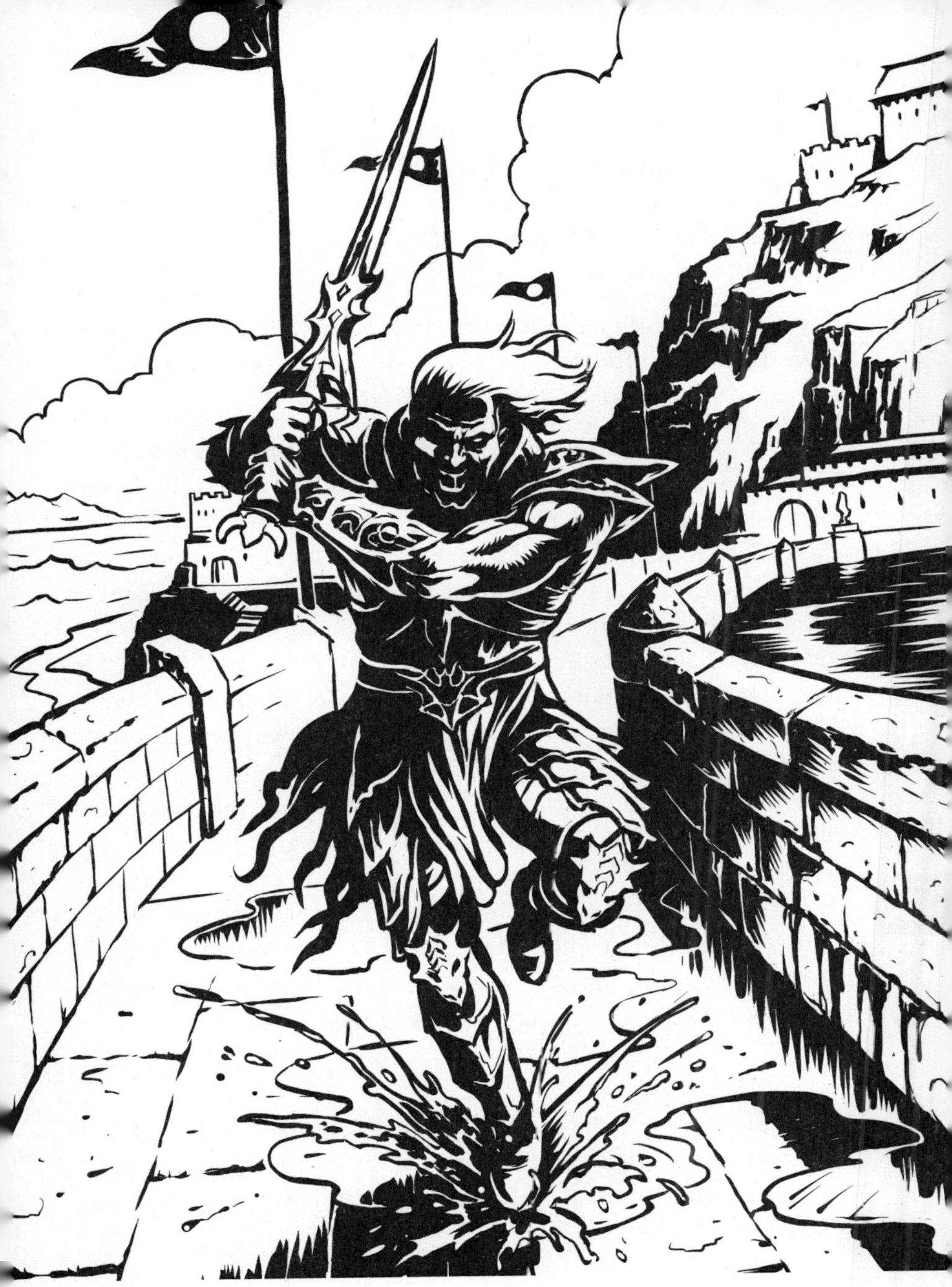

K40 *Furcht brennt in deiner Brust, als der Ugarith-Champion mit einem martialischen Kampfschrei lösspurtet, die Waffe hoch gen Himmel gereckt, entschlossen einen vernichtenden Schlag zu setzen.*

K41 Geschickt tauchst du unter dem Schwertschlag des Kapitäns hindurch, packst seinen Unterarm und treibst ihm deine steinharten Krallen ins Fleisch. Voller Pein entgleitet ihm die Waffe auf deinen Fuß, den du nach oben zucken lässt, um es elegant selbst zu fangen.

Wenn du die edle Klinge später behalten möchtest, dann notiere dir das **Schwert des Kapitäns** *(Waffe, Treffer +4, Spezial: Gibt bei STÄRKE 10 oder mehr VERTEIDIGUNG +1) auf dem Abenteuerblatt.*

Zitternd vor Anstrengung drückst du dem verblüfften Kapitän die Klinge gegen die tätowierte Kehle und befiehlst, seine Leute sollen sich sofort ergeben.
Trotz der aussichtslosen Lage verzieht der Eiskrieger keine Miene: „Glaubst du, wir seien ein Volk von Feiglingen?", fragt er abfällig mit nordischem Akzent. „Egal, ob du mich tötest oder verschonst", fährt er selbstsicher fort, „dieser Sieg gehört uns!" In den Augen des Kapitäns funkelt grenzenloses Vertrauen: „Fliehe, Schattenkind, solange du noch kannst! Wir haben kein Interesse an deinem Tod."
Getroffen von der Direktheit seiner Worte wankst du zurück. Du fühlst dich in die Ecke gedrängt wie ein gefangenes Tier.
› *Woher weiß er, wer ich bin, was ich bin?* ‹
Du umklammerst das eben erbeutete Schwert fest mit beiden Klauen und reckst es zitternd in die Höhe. Der Menokenkapitän starrt dich regungslos an. Er erwartet die Entscheidung seines Henkers … Voller Überzeugung … schlägst du zu!

Lies weiter bei ***K29****.*

K

K42 Starr vor Furcht blickst du die Staumauer hinab, die vor deinen Augen aufreißt wie nasses Papier. Schließlich birst auch der Boden zu deinen Füßen und du stürzt in einem Sog aus Schutt und Staub in die Tiefe.

In Erwartung des sicheren Todes verschließt du die Augen. Da reißt dich ein heftiger Ruck förmlich ins Leben zurück. Eine mächtige Tatze hält dich fest umklammert und entführt dich in die Lüfte.

› Kyrna! ‹

Der furchtlose schwarze Drache stürzte gerade rechtzeitig heran, um dich vor dem sicheren Tod zu bewahren!

*Lies weiter bei **K4**.*

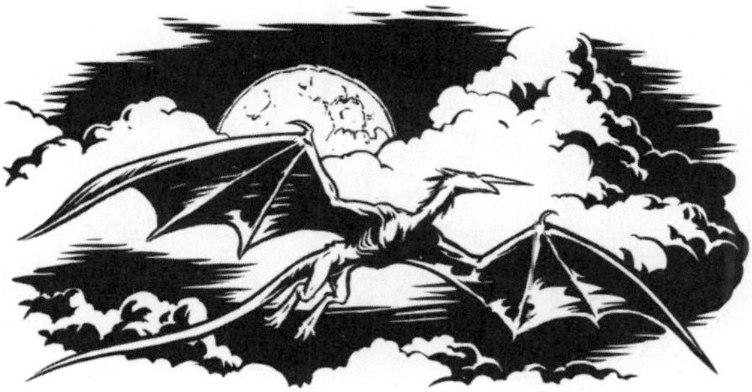

K43 Doch bevor weitere Erinnerungen dich plagen, greift dich die zweite Schlange an!

Teste deine STÄRKE wieder gegen 19!

*Besitzt du die Fähigkeit **Mentaler Fokus**, darfst du auch hier nochmal würfeln, sollte dein erster Versuch scheitern!*

*Gelingt er, lies weiter bei **K25**.*
*Misslingt er, lies weiter bei **K14**.*

K44 Schwerfällig ziehst du dich auf das letzte Beiboot der Nargus. Kaum sind die Halteseile gekappt, klatscht es schon aufs Meer und dein Körper wird zusammengestaucht.

Eilig paddelst du davon, aus Furcht, zwischen die treibenden Flaggschiffe zu geraten. Überrascht stellst du fest, dass sich unter der Sitzplanke eine Kiste mit Verbandmaterial und frischen Salben befindet.

K

Sollte deine VITALITÄT *den Status* **verletzt** *oder* **kritisch** *haben, kannst du dich in aller Eile selbst verarzten. In diesem Fall steigt deine* VITALITÄT *um eine Stufe!*

Die Kanderhagener Bucht ist noch weit entfernt und die letzten verbliebenen Allianz-Schiffe, die vor dem Hafen kreuzen, könnten dir noch einmal gefährlich werden. Daher entschließt du dich, die letzten Meilen an Land zu schwimmen.

Lies weiter im 3. Kapitel bei ***451****.*

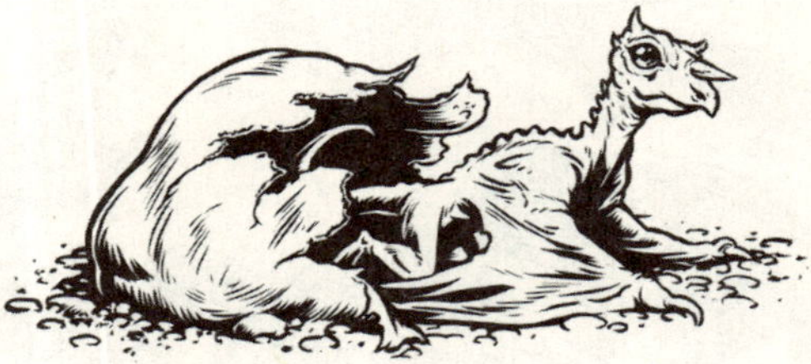

K45 Dem Tode nahe und im Glauben, nun deinem Gott gegenüberzutreten, begreifst du zunächst nicht, was um dich herum geschieht.

Irgendwann hörst du immer deutlicher Aonus' Stimme durch die Nebel deiner geistigen Umnachtung dringen: „Lass' ihn los!" Krächzend überschlägt sich seine Stimme, als er den Befehl wiederholt: „Verdammt, lass' ihn los!"

K

Du öffnest die Augen und dir wird schwindelig: Hunderte Fuß unter dir liegt der funkelnde Stausee und einzig eine große Klaue hält dich davon ab, in den Tod zu stürzen. Aonus' schwarzer Drache hält euch beide fest im Griff.

Aonus, der sich in der anderen Tatze windet, keift: „Kyrna, ich befehle dir: Lass ihn los!" Mit sanftem Flügelschlag hält das Drachenweibchen die Position. Woraufhin sie ihren schwanenhaften Hals verbiegt und euch unschlüssig mit ihren großen, goldenen Echsenaugen betrachtet.

Als Aonus erneut die Stimme erhebt, bläst Kyrna ein markerschütterndes Fauchen in eure Gesichter und lässt ihren Meister ohne Vorwarnung fallen.
Schockiert folgst du dem Sturz des Ugarith, dessen Körper immer kleiner wird, bis du schließlich das Wasser aufspritzen siehst, jedoch ohne ein Geräusch zu vernehmen, so weit unter dir befindet sich der glitzernde See. Du kannst es kaum glauben: Kyrna hat ihren Meister getötet und dich verschont!
› *Warum hat sich sein eigener Drache gegen ihn gewendet?* ‹

Hast du den 7. Schicksalspunkt gefunden, lies weiter bei ***K76****.*

Andernfalls lies weiter bei ***K4****.*

K46 Und erneut treibst du die Mondsichel in die felsartigen Muskeln des Golems. Seine Arme schleifen nun schlaff über den Boden, doch der magische Wächter ist noch nicht am Ende!
Plötzlich glimmen die Facetten seiner Diamantaugen unheilvoll auf. Du spürst, wie die magische Aura dieser Höhle förmlich von ihnen angezogen und aufgesaugt wird. Der Brustkorb des Golems hebt sich langsam, als er seine Augen schließt und sich seine Fäuste ballen – er gibt dir eine letzte Gnadenfrist …

Hast du das Buch des Magiers gelesen und Hinweise notiert, lies weiter bei ***K11****. (Kontrolliere hierzu die Markierung bei 591, solltest du unsicher sein.)*

Ansonsten kannst du weiter mit der Mondsichel auf den Golem einschlagen, lies weiter bei ***K6****.*

Oder abwarten, was der Golem tut, lies weiter bei ***K33****.*

K47 Du torkelst. Du wankst. Die letzten Treffer waren zu viel. Nur unterbewusst gelingt es dir, dich auf den Beinen zu halten. Aber auch Aonus ist gezeichnet von dieser gnadenlosen Auseinandersetzung. Zitternd hebt er das Schwert und keucht: „Flehe ein letztes Mal zu Ugar, Schattenkind!“ Wehrlos schließt du die Augen und es wird Nacht um dich.

Lies weiter bei ***K45****.*

K

K48 Verwirrt rappelst du dich auf. Mehrere Minuten muss dein Verstand ausgesetzt haben. Die Schlangen sind fort. Dein Geist wieder klar. Du bist noch immer in Kathums Gemächern und dankst den Göttern, dass der Fluch dich verschont hat.

*Lies weiter im 7. Kapitel bei **940**.*

K49 Der Golem verweilt, den Arm hoch erhoben zum Schlag, und lauscht aufmerksam den Worten, als müsse er sie erst verstehen …

*Lies weiter bei **K6**.*

K50 Du machst dich bereit zum Angriff. Mutig schreitest du auf dein Spiegelbild zu und deutest darauf – und es tut es dir gleich: Auch das Monster mit seinen tausenden Facetten zeigt entschlossen auf dich!

*Willst du weiter auf dein Spiegelbild zulaufen und mit bloßen Händen attackieren, wenn es in Reichweite ist, lies weiter bei **K78**.*

*Willst du dich mit einem großen Stein bewaffnen und damit angreifen, lies weiter bei **K91**.*

*Willst du zunächst stehen bleiben und abwarten, was geschieht, lies weiter bei **K67**.*

K51 Das ständige Rempeln der Menschen, die dumpfen Qualen der Sterbenden und Mireths lodernder Blick bringen deine Konzentration zum Einsturz. Binnen eines Moments zerreißt das Band. In der Ferne hörst du den Schrei der abstürzenden Kyrna. Auch sie ist verloren im Strudel der entfesselten Zeit.

*Eure Leben enden hier. (+**K100**)* ▪

K52 Aonus ist ein nahezu unbezwingbarer Gegner. Er führt das Schwert mit tödlicher Präzision und ahnt fast all deine Bewegungen voraus. Im Wissen seiner Überlegenheit spottet er: „Wie konnte Calderel dir nur vertrauen?"

*Willst du versuchen Aonus über die Schutzmauer zu stoßen, lies weiter bei **K79**.*

*Willst du dich ihm erneut entgegenstellen, lies weiter bei **K56**.*

K53 „Beeindruckend", attestiert dir Aonus seinen Respekt, wenn auch mit einem unüberhörbaren süffisanten Unterton, um dann direkt vor deinen Augen im Schatten der Zelle zu verschwinden. Verwirrt suchst du ihn – genauso wie der wiedererwachte Gartak – in der Dunkelheit, als Aonus unerwartet in deinem Rücken auftaucht und dich mit einer einzigen Bewegung fixiert. Du kennst diesen Griff.
„Es reicht", raunt dir der weißhaarige Ugarith überlegen ins Ohr und reibt dabei seine schroffe Wange gen deine, um dich dann mit nur einem Hieb ins Genick zu betäuben.

*Lies weiter im 1. Kapitel bei **228**.*

K54 Als du dich umwendest, erblickst du die züngelnden Flammen, die aus Mireths rechtem Auge auf dich zurasen. Du kannst ihnen nicht entgehen, reißt die Arme hoch und erwartest einen brennenden Schmerz, doch der Feuerstrahl wird von deinem Gesicht zurückgeworfen und verwandelt einen der Gardisten augenblicklich in eine lebende Fackel.
„Wie ist das möglich?!", schreit die Seherin fassungslos.

*Kehre zurück nach **K35**, streiche dort alle verbliebenen RESISTENZ-Punkte eines noch lebenden Gardisten und kämpfe weiter!*

K55 Stolz reckst du die Mondsichel in die Mittagssonne, doch diesmal entfaltet sich keine göttliche Kraft. Ugar versagt dir seine Unterstützung!

*Lies weiter bei **K35**.*

K56 Deine Waffe saust ins Leere. „Eines muss ich dir lassen, du hast Schneid", höhnt Aonus über deine erneute Attacke. „Irgendwie schade, dass dieser Kampf so abrupt enden wird."
Noch immer sind deine Erinnerungslücken riesig, doch im Angesicht des Todes brechen etliche Gedankenfragmente über Aonus auf dich hinein: Du kennst ihn bereits seit Kindertagen. Calderel zog euch auf – wie Geschwister! Doch eure Beziehung war von Anfang an belastet. Er neidete dir stets Calderels väterliche Zuneigung.

*Besitzt du die Fähigkeit der **Diplomatie**, lies weiter bei **K34**.*
*Andernfalls lies weiter bei **K88**.*

K57 Die Soldaten sind nur noch einen Steinwurf entfernt und brennen darauf, den Mörder ihres Anführers zu richten. Du überlegst, welchen der acht Männer du zuerst attackieren sollst, als ein grollendes Fauchen ertönt, das deine Muskeln verkrampfen lässt. Die Soldaten starren gebannt an dir vorbei, so dass du dich unwillkürlich umwendest, um zu erkennen, vor was sie sich dermaßen fürchten. Da rast ein schwarzer Schatten über dir hinweg. Der anschließende Windstoß reißt dich augenblicklich von den Beinen und in seinem Sog schlitterst du quer über die Dammkrone. Geistesgegenwärtig gelingt es dir, dich an einem Fahnenmast festzuhalten.

Es folgt ein Fauchen und unweit vor dir ergießt sich ein Meer aus blauem Feuer. Binnen weniger Augenblicke sind alle Empire-Soldaten verdampft. Das Gestein glüht.
› Wie kann so etwas Grausames nur so prächtig sein? ‹
Minuten vergehen, bis die Flammen verloschen sind und du in den Rauchwolken die Silhouette des Wesens entdeckst, das dieses Chaos verursachte: Aonus' schwarzen Drachen!
„Kyrna, ich danke dir! Aber weshalb hast du mein Leben gerettet?"
Ein erneuter Schrei. Diesmal ruhiger und melodischer, als wolle die Drachendame deine Gedanken erwidern.

Gebannt vor Ehrfurcht und Zutrauen leistest du keinen Widerstand, als Kyrna durch den Qualm zu dir stapft, dich mit ihrer mächtigen Pranke packt und unter gleichmäßigem Flügelschlag von der Dammkrone entführt.

Lies weiter bei ***K76****.*

K58 Mit übermenschlicher Geschwindigkeit drehst du dich vom heranrasenden Schlag ab, so dass die Spiegelkante nur wenige Fingerbreit über deine Brust hinweg streicht. Doch auch du konntest das Monster nicht treffen, da es ebenso geschickt deinem Schlag ausgewichen ist!

Lies weiter bei ***K24****.*

K59 Mit nur einem Satz springst du dem Wärter in den Rücken. Der Gartak ist vollkommen überrascht und nicht in der Lage sich gekonnt zu verteidigen.

GARTAK,	*ANGRIFF*	**10**
GEFÄNGNISWÄRTER	*VERTEIDIGUNG*	**10**
(ÜBERRASCHT)	*RESISTENZ*	♥ ○ ②

Wenn du den Kampf überlebst, kannst du das ***Kurzschwert*** *(Waffe, Treffer +2) des Gartak aufnehmen. Außerdem findest du* ***2 Dinar*** *(Geld) und den* ***Schlüsselbund des Wärters*** *(Utensil). Willst du etwas davon haben, notiere es auf dem Abenteuerblatt.*

Lies weiter im 1. Kapitel bei ***215****.*

K60 Dieses Wesen ist ein Wächter. Ähnlich wie du! Und du verstehst nur zu gut, dass er seine Pflicht erfüllen muss.
› Wäre ich doch nur in der Lage gewesen, ihm mein Hiersein verständlich zu machen … es wäre nicht so weit gekommen! ‹
Fasziniert von der Eleganz des Golems, die er trotz seiner schroffen Statur und Masse ausstrahlt, bereitest du dich auf eine ungleiche Auseinandersetzung vor.

GOLEM, MAGISCHER WÄCHTER	*linker Arm*	*rechter Arm*	*Kopf*
ANGRIFF	**17 ( )**	**18 ( )**	**0**
RESISTENZ	○○③	○②	①
VERTEIDIGUNG	**19**		
KAMPFRUNDE	○○○○○○○○○○○⓬		

Um den Golem zu besiegen, muss dir nur ***ein Treffer*** *auf seinen Kopf gelingen. Bevor du allerdings auf ihn einschlagen darfst, musst du* ***zuvor beide Arme*** *ausschalten!*

Der Golem ist trotz seiner Masse sehr wendig. Er attackiert daher ***zweimal*** *pro KAMPFRUNDE! Zunächst mit dem linken, dann mit dem rechten Arm (solange sie nicht ausgeschaltet sind). Wende deine ermittelte VERTEIDIGUNG für beide Angriffe gleichermaßen an.*

Wurdest du innerhalb einer KAMPFRUNDE von ***beiden Armen*** *getroffen, verlierst du zwar nur eine Stufe VITALITÄT, wirst aber zurückgeschleudert und musst eine extra KAMPFRUNDE aufwenden (○ abstreichen), um wieder in Reichweite zu kommen.*

Gelingt es dir, die RESISTENZ beider Arme zu überwinden, lies sofort weiter bei **K46**.

Mit Beginn von KAMPFRUNDE ⓬, lies sofort weiter bei **K92**.

Überlebst du den Kampf, lies weiter bei **K65**.

K

K61 Dir ist bewusst, dass Aonus ein übermächtiger Gegner ist. Aber bevor du den Göttern gegenübertrittst, willst du zumindest diesen fehlgeleiteten Ugarith mit auf die Reise zur Ewigkeit nehmen! Während dich der steinharte Griff fast gänzlich lähmt, schaffst du es dennoch, den Gürtel unter seinem Panzer zu ertasten und dich darin festzukrallen. Dann lockerst du abrupt den Gegendruck und nutzt den Überraschungseffekt, um Aonus an dich heranzuziehen und euch gemeinsam über die Brüstung zu schleudern.

Er versucht sich zwar noch an der Kante festzuhalten, doch mit diesem Akt der Selbstaufopferung hat er schlichtweg nicht ge-

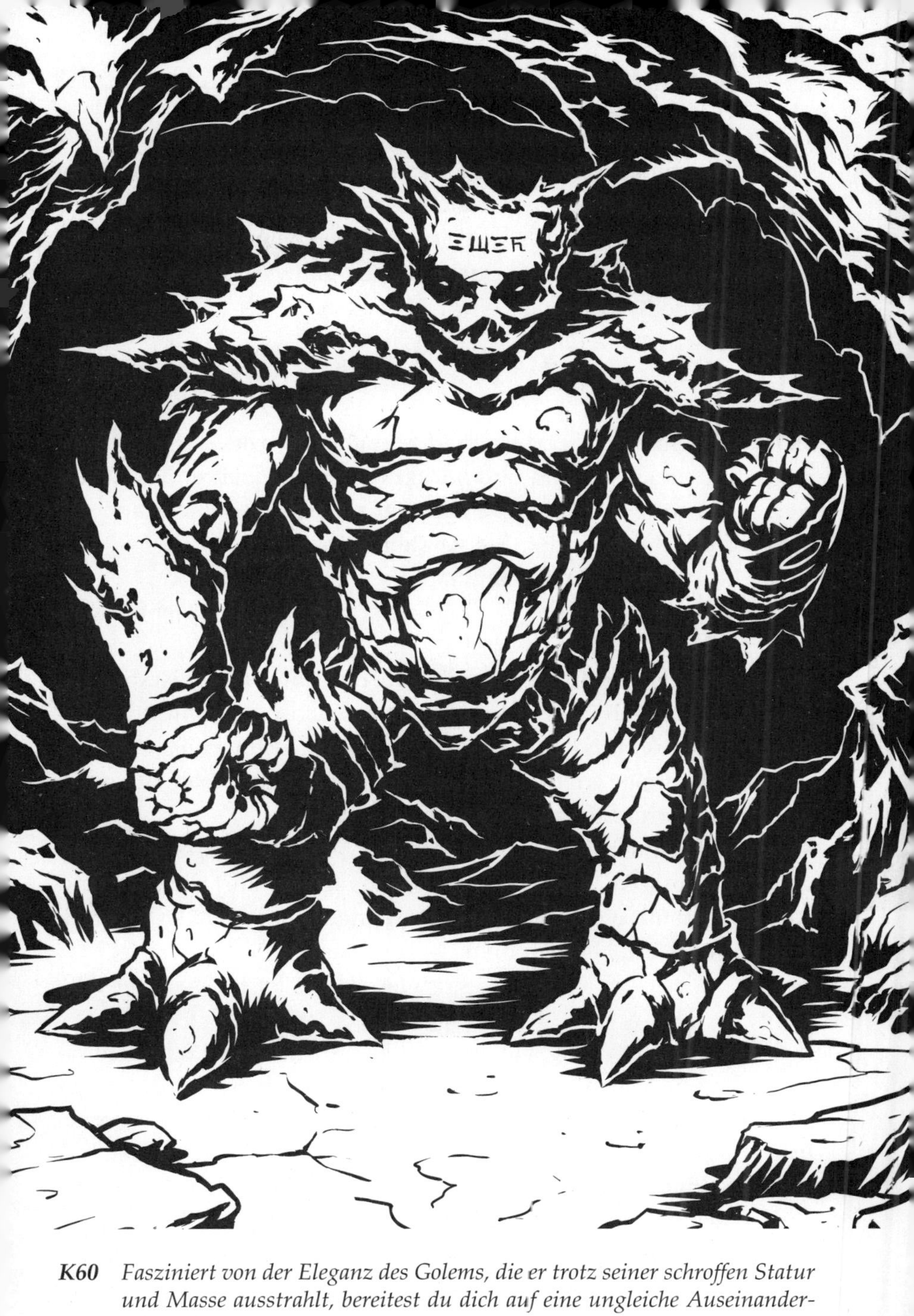

K60 *Fasziniert von der Eleganz des Golems, die er trotz seiner schroffen Statur und Masse ausstrahlt, bereitest du dich auf eine ungleiche Auseinandersetzung vor.*

rechnet. Entsetzt starrt dich der Ugarith an, als ihr Seite an Seite die Staumauer hinabstürzt. In Gewissheit des sicheren Todes schließt du die Augen, denn du willst nicht, dass das Letzte, was du in deinem Leben siehst, das Gesicht eines fehlgeleiteten Ugarith ist!
Da fährt ein heftiger Ruck durch deinen ganzen Körper, als würden all deine Knochen auf einmal brechen.
Deine VITALITÄT sinkt um eine Stufe!

Solltest du noch leben, lies weiter bei ***K45****.*

K62 Offenbar findet die Schlange nicht das, was sie will. Hasserfüllt faucht sie dich an und spritzt dabei ihr leuchtendes Gift in deine Richtung. Die ätzende Säure frisst sich in deine Haut, die sich sofort schützt, indem sie versteinert.
Deine VITALITÄT sinkt um eine Stufe!

Lies weiter bei ***K43****.*

K63 Bereits von der ersten Sekunde des Kampfes an ist dir klar, dass gegen diesen Gegner kein Kraut gewachsen ist. Mit unnatürlicher Geschwindigkeit entgeht er deinen Attacken und verschwindet immer wieder im Zwielicht der Katakomben, um dann an ganz anderer Stelle wieder aufzutauchen.
Wie ein dummer Rekrut stolperst du umher. Aonus hingegen deckt dich mit Faustschlägen geradezu ein. Er führt dich vor und schickt dich mit einem gezielten Schwinger zu Boden. Der Gartak grunzt amüsiert, als dich dein Geist verlässt.

Lies weiter im 1. Kapitel bei ***228****.*

K64 Du weißt nicht wie, aber es gelingt dir, eine Schlange zu ergreifen, und zerreißt sie in zwei Stücke. Strahlendes Blut ergießt sich aus den zappelnden Hälften und bildet eine leuchtende Pfütze aus flüssigem Gold.
Du willst dich eigentlich schon wieder abwenden, da erkennst du bekannte Bilder auf der spiegelnden Oberfläche der Flüssigkeit. Es sind Erinnerungen aus deiner Vergangenheit! Noch bevor du

K

dein Gedächtnis verloren hast. Sie stammen wohl von deinem vergangenen Ich, das diese Erinnerungen wohl eben erst von den Schlangen gestohlen bekommen hat!
Binnen eines Augenblicks nimmst du deine verloren geglaubte Geschichte wieder in dich auf. Du entsinnst dich an deine Kindheit, deine Pflegeeltern, euer schweres Tagwerk auf den Feldern, den Tag, als dein Vater in den Krieg zog, die Tränen deiner Mutter, als du als junger Bursche von einem Ugar-Priester mitgenommen wurdest und die Jahre der Ausbildung im Ningal-Tower, Seite an Seite mit Aonus, der stets eifersüchtig auf deine enge Beziehung zu Schattenmeister Calderel war.
Diese einschneidenden Erinnerungen bringen dir 1 Karma-Punkt.

Lies weiter bei ***K43****.*

K65 Mit friedlichem Brummen setzt sich der Golem im Schneidersitz ab und erstarrt. Die tiefen Wunden, die du ihm soeben beigebracht hast, sehen stumpf und verwittert aus, als wären sie bereits vor Jahrhunderten entstanden.

Lies weiter im 4. Kapitel bei ***689****.*

K66 „Typisch Jungspunde! Wollen immer gleich den zweiten vor dem ersten Schritt machen …“, schüttelt Schwingenmeister Logath den Kopf. „Die beiden Meistermanöver sind – wie euch der Name schon verrät – den Drachenmeistern vorbehalten. Erst nach jahrelangem Bündnis mit seinem Drachen, wird es einem Reiter gelingen, diese Kommandos zielführend einzusetzen – namentlich der Klauengriff und der Rammstoß! Beide aggressiven Manöver setzen nämlich ein hohes Vertrauen des Drachen in seinen Reiter voraus, da er in diesem Moment seine Verteidigung entblößt und sich verwundbar macht.“
Logath unterbindet das aufkommende Raunen mit einem überzogenen Räuspern und wendet sich wieder der grundlegenden Unterweisung der Waffen zu. Er ärgert sich über die engen Zeitvorgaben des Hohen Rats und befiehlt euch, zwei Gruppen zu bilden.

Als du dran bist, fragt dich der Schwingenmeister: „Sagt, benötigt Ihr überhaupt eine Unterweisung im Nahkampf? Ihr seid doch ein gestandener Krieger, nicht wahr?“

Entscheide nun selbst, liebe Leserin, lieber Leser, ob du deine Fähigkeiten im Nahkampf oder Fernkampf verbessern möchtest!
Ein Training des Nahkampfs bei ***K99*** *würde den Schwierigkeitsgrad senken und ist für Anfänger empfehlenswert. Erfahrene Spielbuchleser sollten sich eher für die Fernkampf-Schulung bei* ***K98*** *entscheiden.*
Solltest du unsicher sein, bestimme die Gruppe, der du zugeteilt wirst, anhand des Mondes! Blättere dazu eine zufällige Seite auf und schaue, welche Mondphase dort abgebildet ist.

Bei ***Neumond, Vollmond*** *oder* ***Sichelmond*** *lies weiter bei* ***K98****.*
Bei ***Halbmond*** *oder* ***Dreiviertelmond*** *lies weiter bei* ***K99****.*

K67 Das Verhalten des Spiegelmonsters ist dir nicht geheuer. Selbst dein Abwarten scheint das magische Wesen perfekt nachzuahmen. Obwohl sein Gesicht von zahllosen Facetten verzerrt scheint, erkennst du sogar deine Gefühlsregungen auf ihm!
Die Zeit verrinnt und das Imitieren des Xorox wiegt dich in trügerischer Sicherheit. Denn du bemerkst, wie ein fahler rötlicher Dunst sich von deiner Haut abhebt und auf das Monster zu wabert. Das Xorox entzieht dir langsam aber stetig die Lebenskraft! Du musst handeln.

Lies weiter bei ***K24****.*

K68 Mit dem Mute der Verzweiflung versuchst du dich aus der stahlharten Umklammerung des Ugarith zu befreien, doch es ist hoffnungslos. Aonus hält dich wie einen räudigen Hund am Genick über den Abgrund der Dammmauer.
„Schattenkind“, beginnt der Krieger hochmütig, „ich wünsche eine schöne Reise bis zur Ewigkeit!“ Woraufhin er dich in den gähnenden Abgrund des Damms fallen lässt.

Dein Leben endet hier. (÷***K79****)* ■

K69 Gebannt verfolgst du die Flugkurve der Sprengkapsel. Ein perfekter Wurf – genau ins aufgerissene Maul des Monsters! Der Sandwurm scheint den Fremdkörper, der in den Tiefen seines Rachens verschwindet, gar nicht zu bemerken und zermalmt beim Durchbruch zurück ins Erdreich einen weiteren Planwagen. Wieder bricht das höllische Wesen hervor, hoch in die Luft, als mit einem einzigen dumpfen Schlag sein massiger Leib zerreißt. Kopfgroße Fleischbrocken klatschen neben dir zu Boden und der Mageninhalt des Sandwurms, gesplitterte Knochen und halb Verdautes, flutet die Umgebung. Du hast dieses gigantische Monstrum besiegt!
*Streiche den **Sprengsatz** vom Abenteuerblatt!*

*Lies weiter bei **K97**.*

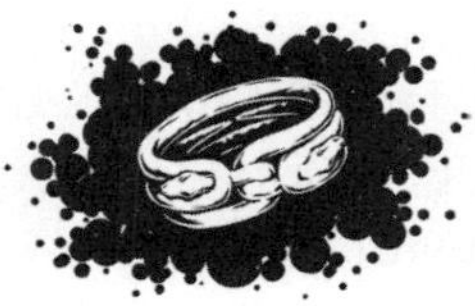

K70 Du scheinst bisher der Einzige zu sein, der die Erschütterungen wahrnimmt. Trotzdem überkommt dich ein beklemmendes Gefühl von drohender Gefahr.
„Junge“, sagst du todernst und ziehst die Mondsichel langsam aus der Scheide, „los, renn zu deiner Mutter!“
Woraufhin der Knabe schreiend davonläuft.

*Besitzt du die Fähigkeit **Kriegsführung**, lies weiter bei **K89**.*
*Andernfalls lies weiter bei **K31**.*

K71 In der Hoffnung das Monster reagiert auf sein eigenes Spiegelbild, holst du den Handspiegel hervor und richtest sein poliertes Silber auf das Xorox. Zum ersten Mal seit deiner Begegnung mit dem Facettenwesen imitiert es nicht mehr deine Bewegungen! Es starrt wie gebannt auf das eigene Abbild.

Dann jedoch spürst du zunächst eine leichte Vibration im Handspiegel, die sich stärker und stärker auf deinen Gegner überträgt. Das Wesen kreischt auf und dein Spiegel zerspringt!
Durch die Erschütterung sind aber nicht nur dein Spiegel, sondern auch Stücke des Monsters zersprungen!

*Streiche den **Handspiegel** vom Abenteuerblatt!*
Die RESISTENZ des Xorox sinkt um 2 Punkte.

*Kehre zurück zu **K24** und kämpfe dort weiter.*

K72 Es fällt dir schwer, den Metallstift ins kleine Loch der Sprengkapsel zu bugsieren, so sehr zittern deine Klauen vor Aufregung. Oder ist es das Zittern des Erdbodens?
Der Sandwurm nähert sich erneut unterirdisch und bricht mit einem schrillen Kreischen durch die rissige Erde. Just in diesem Moment gelingt es dir, den Stift hineinzustecken, und die Vibration aus dem Inneren der Bombe lässt erahnen, welch magische Energien sich nun sammeln.
Geschickt rollst du dich zur Seite, reißt den Splint sofort wieder heraus und schleuderst die Metallkugel auf das Monster.

*Teste deine STÄRKE gegen 16!**
*Besitzt du die Fähigkeit **Mentaler Fokus**, darfst du nochmal würfeln, sollte dein erster Versuch scheitern!*

*Gelingt der Test, lies weiter bei **K69**.*
*Misslingt er, lies weiter bei **K7**.*

K

K73 Kyrna erreicht eine sichere Höhe über den Lagerplatz und ihr müsst mitansehen, wie die Flüchtlinge, die nicht rechtzeitig den Steinhügel erreichen konnten, schreiend in einem tosenden Trichter aus Treibsand verschwinden.
Als der Sandwurm ein letztes Mal auftaucht, ist vom Tross der Rigem nichts mehr zu sehen, außer ein paar zersplitterter Wagen-

**) Vergiss nicht, dass du stets KARMA-Punkte einsetzen darfst, um Eigenschaftstests automatisch gelingen zu lassen!*

teile. Mit glasigen Augen treibst du Kyrna an. Du willst einfach nur noch diesen Ort hinter euch lassen.
Deine WUT steigt um eine Stufe!

*Lies weiter im 6. Kapitel bei **810**.*

K74 Du hast genug vom ständigen Blutvergießen und konzentrierst deine Angriffe auf den Waffenarm des Kapitäns. Der erfahrene Kämpfer durchschaut jedoch deine Absicht, fasst den Knauf seines Schwertes fester und grinst dreckig.

MENOKENKAPITÄN	*ANGRIFF*	**15**
(AUFMERKSAM)	*VERTEIDIGUNG*	**18**
	RESISTENZ	♥ ○ ○ ③

*Sollte dir irgendwann in diesem Kampf eine VERTEIDIGUNG mit einem Überschuss von 2 Punkten gelingen (also gegen **17**) oder du besitzt die Fähigkeit **Meisterlicher Kämpfer**, lies sofort weiter bei **K41**.*
*Gewinnst du den Kampf ohne eine solch gut gelungene VERTEIDIGUNG, lies weiter bei **K95**.*

K75 Der Golem verharrt wie angewurzelt und hält sich gequält seinen Basaltschädel. Blitze zucken ihm über Hände und Arme hinweg, über den ganzen Körper. Unbeholfen torkelt er zurück, bis die magischen Entladungen aufhören. Die Formel hat ihn – wenn auch unter Schmerzen – besänftigt!

*Lies weiter bei **K65**.*

K

K76 Mit majestätischen Flügelschlägen schraubt sich Kyrna weiter in die Lüfte. Du hast es überstanden! Die Dammkrone brennt zwar, aber der Staudamm selbst hält weiterhin die Wassermassen des Venizer Sees. Wäre er gebrochen, wäre dies in eine unvorstellbare Katastrophe gemündet.

*Lies weiter im 3. Kapitel bei **550**.*

K77 Ungläubig blickst du an deinem gezeichneten Körper hinunter und kannst es nicht fassen, dass du alleine diesen schier übermächtigen Gegner bezwungen hast.
Aonus liegt dir zu Füßen. Überraschend packt er dich noch einmal mit schwindender Kraft am Umhang. „Wir werden uns wiedersehen ...", drückt er hervor und du glaubst seine letzte Drohung vernommen zu haben, als er sich ein letztes Mal aufbäumt. „Dann stehe ich an deiner Seite, Bruder!", und erschlafft.
Verwirrt siehst du mit an, wie sich sein Körper zu einer dunkelgrauen Statue verwandelt und binnen eines Herzschlags zu Staub zerfällt, der vom Wind als gespenstische Wolke über die Staumauer fortgetragen wird. Einzig sein angsteinflößendes Schwert und seine edle Drachenreiterrüstung bleiben zurück.

Solltest du Aonus' machtvolles Breitschwert behalten wollen, dann notiere dir den ***Schattenschnitter*** *(Waffe, Treffer +5, Spezial: unbekannt) auf dem Abenteuerblatt.*

Hast du den 7. SCHICKSALSPUNKT gefunden, lies weiter bei **K27**.

Andernfalls lies weiter bei **K17**.

K78 Langsam lauft ihr aufeinander zu. Dann entlädst du die Kraft deiner Muskeln in einen mächtigen Satz: Eure Körper prallen aufeinander und du schlägst mit bloßen Fäusten auf dein Spiegelbild ein. Blut spritzt. Der Schmerz schießt dir in die Glieder. Deine Klauen sind zerschnitten von den scharfkantigen Facetten des Spiegelmonsters.

Deine VITALITÄT sinkt um eine Stufe!

Lies weiter bei **K24**.

K79 Mit diesem Ausfall hat der Ugarith wahrlich nicht gerechnet! Du täuschst einen Angriff auf seine Beine an, drehst dich aus seiner Parade heraus und rammst ihn mit der Schulter voran nach hinten.

*Teste deine STÄRKE gegen 14!**

Gelingt der Test, lies weiter bei ***K3****.*
Misslingt er, lies weiter bei ***K23****.*

K80 Während die Flüchtlinge weiterhin Reißaus Richtung Steinhügel nehmen, musst du dich dem grässlichen Monster aus den Tiefen der Gawana stellen.

MACRA DOURA, RIESENSANDWURM	ANGRIFF	19	18	17
	VERTEIDIGUNG	20	19	18
	RESISTENZ	♥ ○ ○ ③ ○ ⑤ ○ ⑦		
	KAMPFRUNDE	○ ○ ○ ❹ ○ ❻ …		

ANGRIFF und VERTEIDIGUNG des Monsters sinken um jeweils einen Punkt, wenn du den 3. und 5. RESISTENZ-Punkt abstreichst.

Erreichst du mindestens KAMPFRUNDE ❻ (bzw. ❹ wenn du die Fähigkeit ***Kriegsführung*** *besitzt), sind die Flüchtlinge gerettet und du kannst den Kampf vorzeitig abbrechen (sofort weiter bei* ***K13****).*
Ansonsten musst du das Monster bis zum bitteren Ende bekämpfen!
Überlebst du, lies weiter bei ***K97****.*

Zusätzlich steht dir pro KAMPFRUNDE eine dieser Möglichkeiten offen:
Kyrna zurufen ihren Feuerodem einzusetzen (weiter bei ***K94****).*
Einen ***Sprengsatz*** *oder* ***schweren Sprengsatz*** *nutzen – falls du ein solches Utensil besitzt (weiter bei* ***K18****).*
Zu Kyrna sprinten und mit ihr flüchten (weiter bei ***K73****).*

K81 Mit aufgeblähten Backen stößt du ins Drachenhorn und ein stetiger, sonorer Klang, hallt zigfach reflektiert, durch die Höhle. Der Ton bohrt sich dir in die Ohren, bringt deinen Körper zum Beben, doch das Xorox leidet noch mehr: Seine Facetten vibrieren und etliche platzen vom kantigen Leib des Monsters ab.
Deine VITALITÄT sinkt um eine Stufe.
Die RESISTENZ des Xorox sinkt um 2 Punkte.

Kehre zurück zu ***K24*** *und kämpfe dort weiter.*

**) Vergiss nicht, dass du stets KARMA-Punkte einsetzen darfst, um Eigenschaftstests automatisch gelingen zu lassen!*

K82 Das Verlangen der Schlange, dir eine einzigartige Erinnerung zu entreißen, ist förmlich in ihrem Blick abzulesen. Doch deine reine göttliche Aura scheint sie abzuhalten, ihren Gedankenraub durchzuführen. Da zuckt sie auf dich zu und treibt ihre Fangzähne in deine Schulter. Blitzartig pumpt sie ihr betäubendes Gift in deinen Körper.
Deine VITALITÄT sinkt um eine Stufe!

*Lies weiter bei **K48**.*

K83 Es lodert ein Feuer in den Augen der Schlange. Zunächst hältst du es für eine Art Magie, doch dann erkennst du die Silhouette des Hauses in Leenhaven wieder, in dessen Flammen das Kind verbrannte, das du nicht retten konntest.

Möchtest du deine Erinnerung an das brennende Haus in Leenhaven auffrischen, kannst du dies bei Sektion 383 tun. Lies den Text zwischen den Monden ☾…☽ und anschließend hier weiter.

Während du mit den schrecklichen Erinnerungen an diese schicksalhafte Nacht fertig werden möchtest, ist die Schlange durch deinen Mund geschlüpft. Schauder überkommt dich, als sie sich über deinen Rachen in die Stirnhöhlen hindurch windet. Sie will diese tiefverwurzelten Erinnerungen! Zunächst wehrst du dich gegen das Verblassen dieses schlimmen Moments, doch dann empfindest du es als eine Erlösung, von ihm befreit zu werden.

K

Streiche dir den WUT-Punkt, den du mit der Sektionsnummer 383 versehen hast, wieder. Solltest du später erneut WUT-Punkte erhalten, nutze zuerst das soeben freigewordene Kästchen.

*Sollte dies der Angriff der **ersten** Schlange gewesen sein (weiter bei **K43**), war es hingegen der Angriff der **zweiten** (weiter bei **K48**).*

K84 Vom einstigen Stolz der Empire-Flotte ist nur noch ein löchriges Wrack übriggeblieben, das sich zwar noch über Wasser hält, aber keine weitere Schlacht überstehen könnte.

Die Besatzung wurde entweder vom Meer verschlungen oder liegt tot an Deck der Nargus. Selbst Admiral Grobrig wurde bei der Verteidigung seiner Brücke schwer verletzt. Aus einer klaffenden Wunde auf seiner Brust quillt schwarzes Blut.
Als du ihm zu Hilfe eilst und seinen Nacken stützt, ist sein Schicksal bereits besiegelt.
„Schattenkind", beginnt er mit einem gequälten Lächeln, „solltet Ihr noch immer Euren Auftrag erfüllen wollen, dann besucht das Tabakgeschäft in der Wagengasse."
Du fragst Grobrig nach dem Weshalb, doch er bringt zwischen all dem Blut in seinem Mund keine verständlichen Worte mehr hervor. Einzig „Hafenviertel" und „geheim" glaubst du zu verstehen, ehe der Admiral erschlafft.

Vermerke dir unter Spezielle Notizen auf dem Abenteuerblatt neben dem Begriff **Wagengasse** *die Zahl 300, um zu gegebener Zeit Grobrigs letztem Rat folgen zu können.*

Lies weiter bei **K29**.

K85 Dein Leben scheint verwirkt, als dir der Golem mit seinem scharfkantigen Finger verblüffend feinfühlig über die Brust streicht. Dabei legt er die kleine Goldene Statuette frei, die du von Nephatari an dich genommen hast. Im Gesicht des Golems regt sich glückliche Entspannung. Er setzt dich vorsichtig ab und stapft drei Schritte zurück.

Lies weiter bei **K65**.

K86 Entschlossen diesem Schurken sein Seemannsgrab zu bereiten, springst du ihm mit einem inbrünstigen Schrei entgegen.

MENOKENKAPITÄN	*ANGRIFF*	15
	VERTEIDIGUNG	17
	RESISTENZ	♥ ○ ○ ③

Überlebst du den Kampf, lies weiter bei **K95**.

K87 Mit Mühe gelingt es dir, die panischen Menschen von dir wegzudrücken. Doch selbst im Trubel entgeht es dir nicht, dass von den ölgetränkten Bandagen des Leichnams mittlerweile mannshohe Flammen schlagen. Nephataris Klageschreie quälen dich. Der Körper ihres Vaters ist verloren!

*Gehe zurück zu **K21** und versuche weiterhin zu überleben.*

K88 „Genug jetzt!“, schleudert dir Aonus entgegen. In seinem Blick blitzt Hass.
Mittlerweile umringen euch fast ein Dutzend Empire-Soldaten, die alarmiert vom Kampflärm auf die Dammkrone gerannt sind. Der Ugarith befiehlt seinen Leuten, unter Androhung des Todes, auf keinen Fall in das Gefecht einzugreifen.

*Kehre zurück zu **K40** und führe den Kampf fort!*

K89 Der Feind scheint sich durch den lockeren Sand unter euren Füßen zu nähern. Gehetzt blickst du über die karge Landschaft und entdeckst einen großen Hügel aus Felsen und Geröll. Dort könnten die Flüchtlinge sicher sein. „Zieht euch auf den Hügel zurück“, brüllst du den Rigem geistesgegenwärtig zu, „wir werden angegriffen!“

*Lies weiter bei **K31**.*

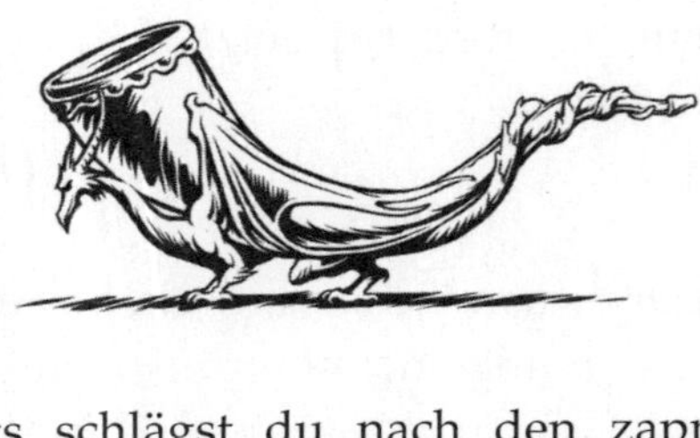

K90 Blindlings schlägst du nach den zappelnden Echsenleibern. Schließlich verharrt eine der Schlangen direkt vor deinem Gesicht, reißt ihr Maul auf, dass die spitzen Giftzähne hervortreten. In ihren geschlitzten Augen spiegeln sich Erinnerungen deines Lebens wider!

*Trägst du sowohl einen **Schlangenreif** als auch einen **Schlangenring**, lies weiter bei **K48**.*

*Willst du den verfluchten Schlangen entkommen, dann bleibt dir nur ein Sprung durchs verschlossene Fenster (weiter im 7. Kapitel bei **899**).*

Ansonsten teste deine STÄRKE gegen 15!*

*Besitzt du die Fähigkeit **Mentaler Fokus**, darfst du nochmal würfeln, sollte dein erster Versuch scheitern!*

*Gelingt der Test, lies weiter bei **K64**.*
*Misslingt er, lies weiter bei **K32**.*

K91 Ansatzlos reißt du die spitze Kante des Felsbrockens von der Hüfte über die Brust des Spiegelmonsters, in der Hoffnung, deine Attacke sei überraschend genug. Doch ohne Verzögerung imitiert dich dein Spiegelbild!

*Teste dein GESCHICK gegen 16!**

*Gelingt der Test, lies weiter bei **K58**.*
*Misslingt er, lies weiter bei **K15**.*

K92 Deine Kräfte schwinden. Du konntest dem Golem bisher nur Kratzer zufügen. Und zu allem Übel kehren die Kräfte in seine Arme zurück. Dieser Gegner ist übermächtig!

Hastig suchst du nach einer Fluchtmöglichkeit, woraufhin das versteinerte Gesicht der Zauberkreatur einen noch finsteren Ausdruck annimmt. Da leuchten die kalten Kristallaugen des Golems auf und fixieren dich. Ehe du dich versiehst, saust eine grobkantige Faust herab.

Zwar kannst du den vernichtenden Schlägen ausweichen, doch die Jagd des Golems hat gerade erst begonnen. Nach kurzem Katz-und-Maus-Spiel bist du vollkommen erschöpft, das magische Steinwesen jedoch lässt nicht nach. Schließlich packt es zu und schmettert deinen Körper mehrmals erbarmungslos gegen die Höhlenwand.

Dein Leben endet hier. ■

**) Vergiss nicht, dass du stets KARMA-Punkte einsetzen darfst, um Eigenschaftstests automatisch gelingen zu lassen!*

K

K93 Du spürst Mireths lodernden Blick, der dich in deinem Rücken trifft. Schmerzerfüllt fällst du vornüber.

Geistesgegenwärtig rollst du dich zur Seite ab. Gerade rechtzeitig, um dem Schwerthieb des Gardisten zu entgehen, der soeben funkenstiebend neben deinem Kopf auf den Marmorboden niedergeht.

Kämpfe weiter bei ***K35****.*

K94 „Kyrna", schreist du gegen das Beben der Erde an. „Rosh, rosh!" Deine Begleiterin versteht, schnauft tief ein und bläst einen lodernden Strahl auf den Sandwurm, der im Sturm aus Feuer und Hitze fast ganz verschwindet.

Die Erde erbebt noch heftiger und du hast Schwierigkeiten dich auf den Beinen zu halten. Da taucht das Monster direkt unter deinem Drachen wieder auf und reißt ihn mit. Kyrna flattert hilflos wie ein Huhn, das man an den Beinen hält. Mit dem Mute der Verzweiflung verbeißt sie sich schließlich in den Sandwurm, der sie daraufhin freigibt.

Dein Herz schmerzt, als du das Leid deiner Gefährtin mit ansehen musst. Kyrna ist am Boden zu schwerfällig, um diesem Gegner aus der Feuerebene etwas entgegensetzen zu können. „Gash, gash!", befiehlst du reumütig und die Drachendame erhebt sich wieder in die Lüfte.

K

KYRNAS VITALITÄT sinkt um eine Stufe!

Kämpfe weiter bei ***K80*** *und streiche dort dem Sandwurm immerhin 2 Punkte seiner RESISTENZ ab!*

K95 Unter Einsatz deiner letzten Kraftreserven streckst du den Kapitän des Menokenschiffs nieder. In den Augen der Krieger zeigt sich Entsetzen, das sich aber sofort in Rachsucht verwandelt, und musst einsehen, dass du zwar ihren Anführer, nicht aber ihren Willen bezwungen hast.

Drüben auf der Nargus scheint die Lage derweil hoffnungslos: Grobrig und eine Handvoll an Deck verstreuter Seemänner kämpfen ihren letzten Kampf. Zwei Menoken haben den taumelnden Admiral auf der Brücke gestellt.

Willst du dem Admiral zur Hilfe eilen, lies weiter bei ***K12****.*

Willst du in die offene See springen und schwimmend entkommen, lies weiter bei ***K16****.*

Willst du dich in einem Beiboot retten, lies weiter bei ***K44****.*

K96 Endlich übertönt das kämpferische Fauchen Kyrnas den Lärm der Massen. Dein Drache hat zum Gleitflug über den in Chaos versunkenen Platz angesetzt!

Entschlossen stößt du einige Kyphiser weg, sprintest zu einer freien Stelle vor einem Gardisten, der überrascht von deinem Ausfall seinen großen Rundschild nach oben reißt. Mit letzter Kraft springst du auf den Schild, stößt dich ab und packst Kyrnas ausgestreckte Tatze.

Beim Blick zurück musst du erkennen, dass unzählige Tote auf dem heiligen Platz auf der Spitze des Berges Karith, rings um die lichterloh brennende Schale des Orakels, liegen.

Nephatari steht unverletzt etwas abseits, was dich erleichtert, doch sie verfolgt deine Flucht mit verzweifelter Miene.

Lies weiter im 7. Kapitel bei ***1000****.*

K97 Zur Sicherheit treibst du die geschwungene Klinge der Mondsichel noch einmal in den gigantischen Schädel des zuckenden Sandwurms. Die Flüchtlinge haben den Kampf vom fernen Hügel aus beobachtet und können gar nicht glauben, was geschehen ist. Jubelnd winken sie dir zu, als du mit stolzgeschwellter Brust zu ihnen hinüberschreitest.

Für die sichere Rettung der Rigem erhältst du 2 Karma-Punkte.

Lies weiter im 6. Kapitel bei ***827****.*

K98 Du wirst der Gruppe des Drachenhüters Logath zugeteilt. Er zeigt euch den Umgang mit dem Reiterbogen. Die kompakten Bogen aus schwarzem, fein gemasertem Breekholz sind extrem stabil und fest mit Yamok-Sehnen bespannt. Es braucht viel Übung und Kraft den richtigen Zug zu finden, einen Pfeil gezielt abschießen zu können. Zwei Nächte lang feuert ihr Hunderte Pfeile quer über den Platz auf Scheiben aus Stroh, bis eure Arme, Brust und Schultern brennen.
Dann wird's ernst! Logath begutachtet euch ein letztes Mal beim Bogenschießen und will sehen, welche Fortschritte ihr gemacht habt. Neben diesem mentalen Druck erschwert zusätzlich der böige Wind auf der Spitze des Nachtturms das Anvisieren der Scheiben. Mal sehen, wie du dich anstellst.

Welchen Wert du bekommst, liegt allein in deiner Hand! So funktioniert es: Nimm einen Bleistift an dessen Ende, halte ihn mit der Spitze nach unten rund eine Handbreit von der flach liegenden Buchseite entfernt. Visiere das ***Zentrum der Zielscheibe*** *an und lasse ihn los!*
Konzentriere dich, denn du hast nur ***drei*** *Versuche! Es sei denn, du besitzt die Fähigkeit* ***Mentaler Fokus****. Dann darfst du es viermal probieren. Es gilt einzig der beste Schuss!*

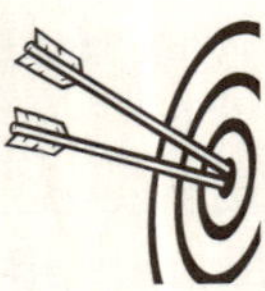

Hast du ins Schwarze getroffen, besitzt du nun die Fähigkeit ***Meisterlicher Schütze****. Mit ihr erhältst du einen Bonus von 3 auf alle GESCHICK-Tests mit dem Bogen.*
Hast du immerhin den weißen Bereich der Scheibe getroffen, erhältst du einen Bonus von 2 und giltst fortan als ***Guter Schütze*** *(Fähigkeit).*
Ansonsten bist du ein ***Passabler Schütze*** *(Fähigkeit) mit einem Bonus von 1.*

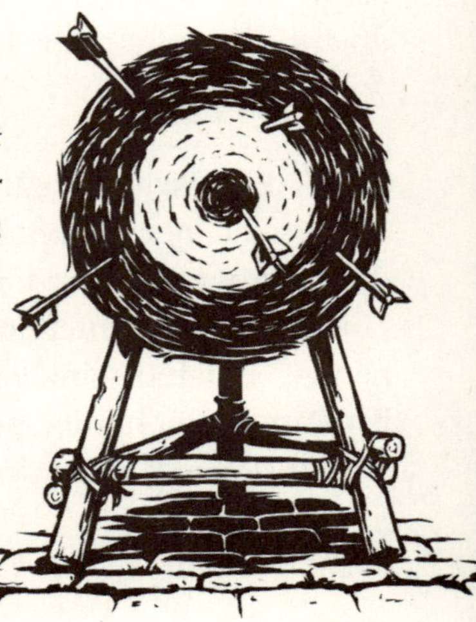

Nimm die entsprechende Eintragung in Feld 7 des Abenteuerblatts vor. Umkreise dort zudem die Zahl K98, die Nummer dieser Sektion, damit du bei Bedarf etwas nachlesen kannst.
Übrigens: Hattest du dich freiwillig für das Schützentraining entschieden (also nicht den Mond entscheiden lassen), dann fülle nun den ***leeren Stern*** *(☆) neben „Freiwilliger Verzicht" auf dem Abenteuerblatt aus.*

Lies weiter im 2. Kapitel bei ***346****.*

K99 Waffenmeister Urgoz nimmt dich und einige deiner Kameraden unter seine Fittiche. In strengen Lektionen trichtert er euch die Führung des Reiterdorns ein. Die traditionelle Waffe der Drachenreiter, geschmiedet aus bestem Blutstahl, ist eine Mischung aus Lanze und Harpune. Wie du in den nächsten beiden Nächten bis zur Erschöpfung erlernst, kann man mit ihr zustechen, zuschlagen oder sie auch auf Distanz schleudern. Damit man sie nicht in einem Luftkampf verliert, wird sie mit einer rund 40 Fuß langen Kette am Sattel befestigt.
Ob Urgoz' harte Ausbildung am Reiterdorn erfolgreich war, liegt ganz bei dir! Mit Argusaugen verfolgen die Lehrer eure letzten Übungen an den Strohpuppen. Es wird interessant sein zu sehen, wie du dich schlägst.

*Welchen Wert du bekommst, liegt allein in deiner Hand! So funktioniert es: Nimm einen Bleistift und tippe damit auf das Kreuz unter der Puppe (**R** für Rechts-, **L** für Linkshänder). Ziehe nun mit geschlossenen Augen schnell eine durchgehende Linie über die Puppe hinweg. Du musst versuchen, dabei das **Herz** zu streifen.*
*Du hast nur **drei** Versuche! Besitzt du hingegen die Fähigkeit **Mentaler Fokus**, darfst du viermal schlagen. Werte nur den besten Hieb!*

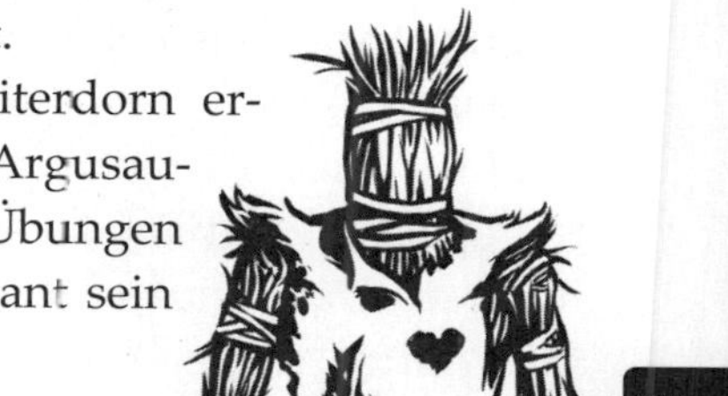

+ R **L +**

Berührt die Linie das Herz, bist du ab sofort ein ***Meisterlicher Kämpfer*** *(Fähigkeit). Somit erhältst du einen Trefferbonus von 2 Punkten auf deinen* ANGRIFF *mit allen Nahkampfwaffen.*

Konntest du zumindest den Rumpf treffen (weißer Bereich oberhalb der Gürtellinie), erhältst du ebenfalls einen Trefferbonus von 2, giltst aber nur als* ***Guter Kämpfer*** *(Fähigkeit).*

Ansonsten hat dich immerhin das Training geschult: Du bist ein ***Passabler Kämpfer*** *(Fähigkeit) mit einem Bonus von 1.*

Aktualisiere das Abenteuerblatt entsprechend deines Ergebnisses in Feld 7. Umkreise dort zudem die Zahl K99, die Nummer dieser Sektion, damit du bei Bedarf etwas nachlesen kannst.

Lies weiter im 2. Kapitel bei ***346****.*

K100 Die Augen der Seherin lodern auf und dich durchzuckt ein stechender Schmerz hinter der Stirn. Nur mit Mühe gelingt es dir, das temporale Band zwischen dir, Kyrna und der Gegenwart zu halten.

„Ein feindlicher Drachenreiter ist unter uns!“, keift Mireth in die Menge und zeigt auf dich. Schreie des Entsetzens entfachen ein heilloses Durcheinander, als die Soldaten der Goldenen Garde ihre Waffen zücken und die ersten Unschuldigen in deiner Nähe niederstrecken. Die Menschen fallen in Panik übereinander, werden niedergetrampelt. Du wirst zum Spielball zahlloser Körper.

Willst du die ***Mondsichel*** *ziehen, lies weiter bei* ***K35◗****.*

Willst du deine Waffe stecken lassen oder hast derzeit keine Ausrüstung, lies weiter bei ***K21****.*

) Der Wert von 2 für den Rang* ***Meisterlicher Kämpfer* *ist kein Fehler. Dieser Rang hat im Vergleich zu* ***Guter Kämpfer*** *andere Vorzüge, die später hilfreich werden können.*

ANHANG

BONUSSEKTIONEN

B1 Unter den zusammengefallenen Überresten des ersten Rippenpaares erscheint die matte Oberfläche einer kleinen Figur. Ein kurzer Ruck genügt und du hast das Kunstwerk zwischen Knochen und vertrocknetem Fleisch hervorgezerrt. Zu deiner Verwunderung schimmert die Statuette, als wäre sie erst gestern gefertigt worden. Sie besteht aus schwarzem Marmor und zeigt ein humanoides, zweigeschlechtliches Wesen mit üppigen Formen. Der Bauch hat eine kreisrunde Aushöhlung. War dort einmal ein Edelstein oder eine Perle eingefasst?

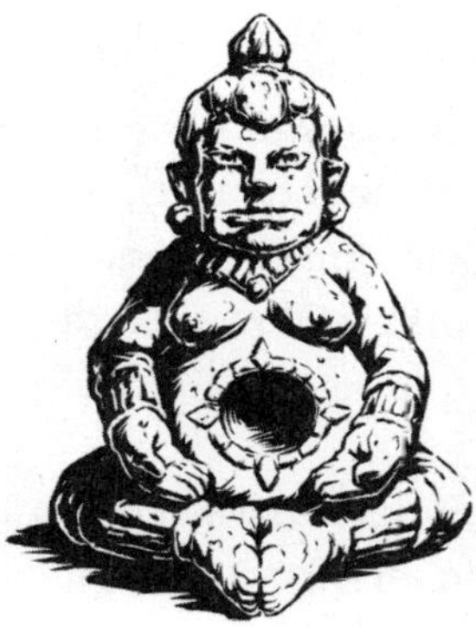

Willst du das Schmuckstück an dich nehmen, vermerke dir die ***Statuette der Ahnen*** *(Besonderer Gegenstand) in Feld 1 auf dem Abenteuerblatt. Markiere diesen Eintrag bitte zusätzlich in dem dafür vorgesehenen Quadrat mit einem deutlich erkennbaren Kreuz ☒.*
Schreibe dir außerdem den 1. SCHICKSALSPUNKT gut!

Lies weiter im Prolog bei ***6****.*

B

B2 Das Pergament ist eine schematische Darstellung des Ningal-Towers, dem Hauptquartier der Schatten. „Die Karte habe ich einem Wärter geklaut, in der Nacht, als sie mir das Augenlicht nahmen", berichtet dein Mitgefangener stolz.
Auf dem eingerissenen Papier sind alle sieben Ebenen, der Kerker an der Meeresoberfläche, die Aussichtsplattform und diverse Verbindungsgänge verzeichnet. Sollte dieses Dokument den Streitkräften der Freien Lande in die Hände fallen, würde es für sie einen enormen strategischen Vorteil bedeuten.
„Überprüfen konnte ich den Plan freilich nicht – aber vielleicht kannst du dies für mich übernehmen", überzeugt dich der Veteran das Pergament anzunehmen.

*Notiere dir die **Karte des Nachtturms** (Besonderer Gegenstand) in Feld 2 auf dem Abenteuerblatt.*
Zudem gibt es den 2. Schicksalspunkt!

Mit einem angedeuteten Nicken verabschiedest du dich von deinem Mitgefangenen und läufst zügig zur Zwischentür, die diesen Trakt vom Rest des Gefängnisses trennt. Du hörst Stimmen und drückst dich in die Dunkelheit seitlich der Tür.

*Lies weiter im 1. Kapitel bei **282**.*

B3 Vor deinem geistigen Auge entsteht das Bild eines kreisförmigen Artefakts von atemberaubender Schönheit. Es zeigt den Mond aus Perlmutt, die Sonne aus purem Gold sowie einige Sterne in Silber.

☾ Die glatte Scheibe beginnt zu rotieren. Erst langsam, dann schneller und schneller. Schließlich lösen sich die Gestirne und verschmelzen vor deiner Stirn in einem hypnotischen Tanz aus Licht und Schatten.
„Keşra, findet die Himmelsscheibe und ergründet euer Schicksal!", schwingt die klare, weibliche Stimme erneut in deinem Kopf. ☽
Dann manifestiert sich eine funkelnde Kristallkugel, gefasst in

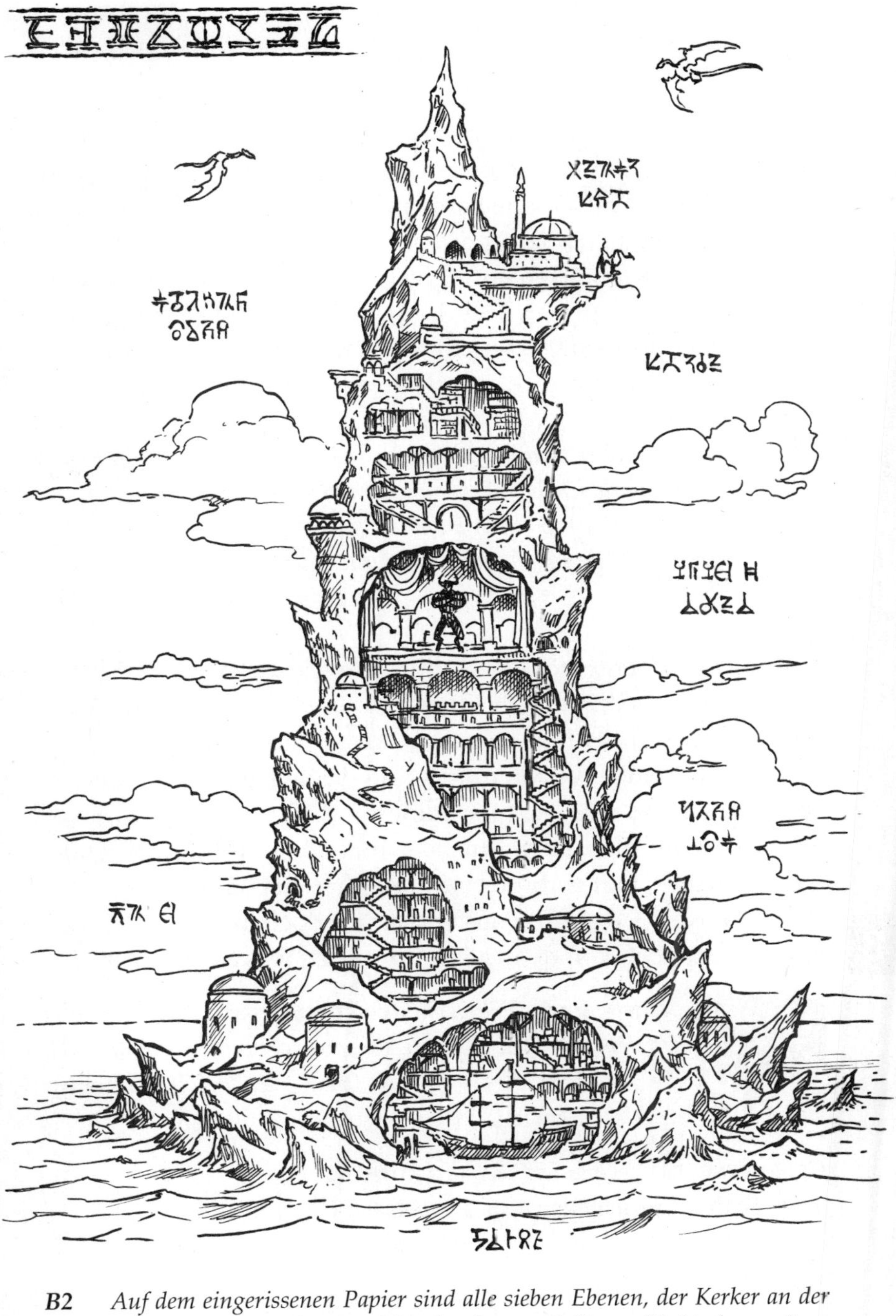

B2 *Auf dem eingerissenen Papier sind alle sieben Ebenen, der Kerker an der Meeresoberfläche, die Aussichtsplattform und diverse Verbindungsgänge des Nachtturms verzeichnet.*

einen Ring aus mattem Silber, aus der Illusion und fällt dir zu Füßen. Fasziniert hebst du das Kleinod auf und erkennst in seinem illuminierten Inneren die Gestirne, die eben noch vor dir tanzten. Als das rätselhafte Farbspiel verflogen ist und du wieder aufblickst, bist du irritiert.

Der Leib des Krollriesen auf dem Tisch wirkt seltsam verändert, als hätte er sich bewegt. Tief, in deinem innersten Sein, glaubst du, das Gefühl sogar fassen zu können: Die Begegnung mit der Skÿll hat nicht nur dich, sondern die ganze Welt und deren Schicksal beeinflusst!

*Notiere dir den **Stern von Feymar** (Besonderer Gegenstand) in Feld 5 auf dem Abenteuerblatt. Der Ring wird an der Hand getragen.*

Dein GESCHICK steigt um einen Punkt!

Schreibe dir zudem den 3. SCHICKSALSPUNKT gut!

*Lies weiter im 1. Kapitel bei **157**.*

B4 Das dezente, rötliche Glimmen wird zu einem pulsierenden Glühen, als du den Obsidianstein fester drückst. Zum ersten Mal verspürst du Hunger und das Wasser läuft dir im Mund zusammen. Gedankenverloren wirfst du dir den gefallenen Stern in den Rachen und schluckst ihn runter.

Es überkommt dich ein wärmendes und zugleich beängstigendes Gefühl. Deine Haut verhärtet sich und du wirst ohnmächtig …

Wieder erwacht, siehst du aus wie zuvor, doch in dir schlummert eine neue Macht, von der du intuitiv weißt, was sie bewirkt.

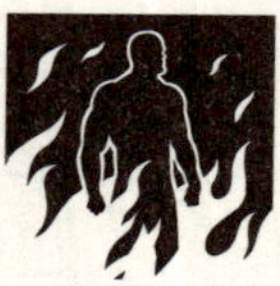

*Notiere dir die Fähigkeit **Resistenz gegen Hitze** in Feld 1 auf dem Abenteuerblatt. Umkreise dort zudem die Zahl B4, die Nummer dieser Sektion, damit du bei Bedarf etwas nachlesen kannst.*

*Deine VITALITÄT regeneriert sich auf **normal**.*

Schreibe dir außerdem den 4. SCHICKSALSPUNKT gut!

*Lies weiter im 1. Kapitel bei **201**.*

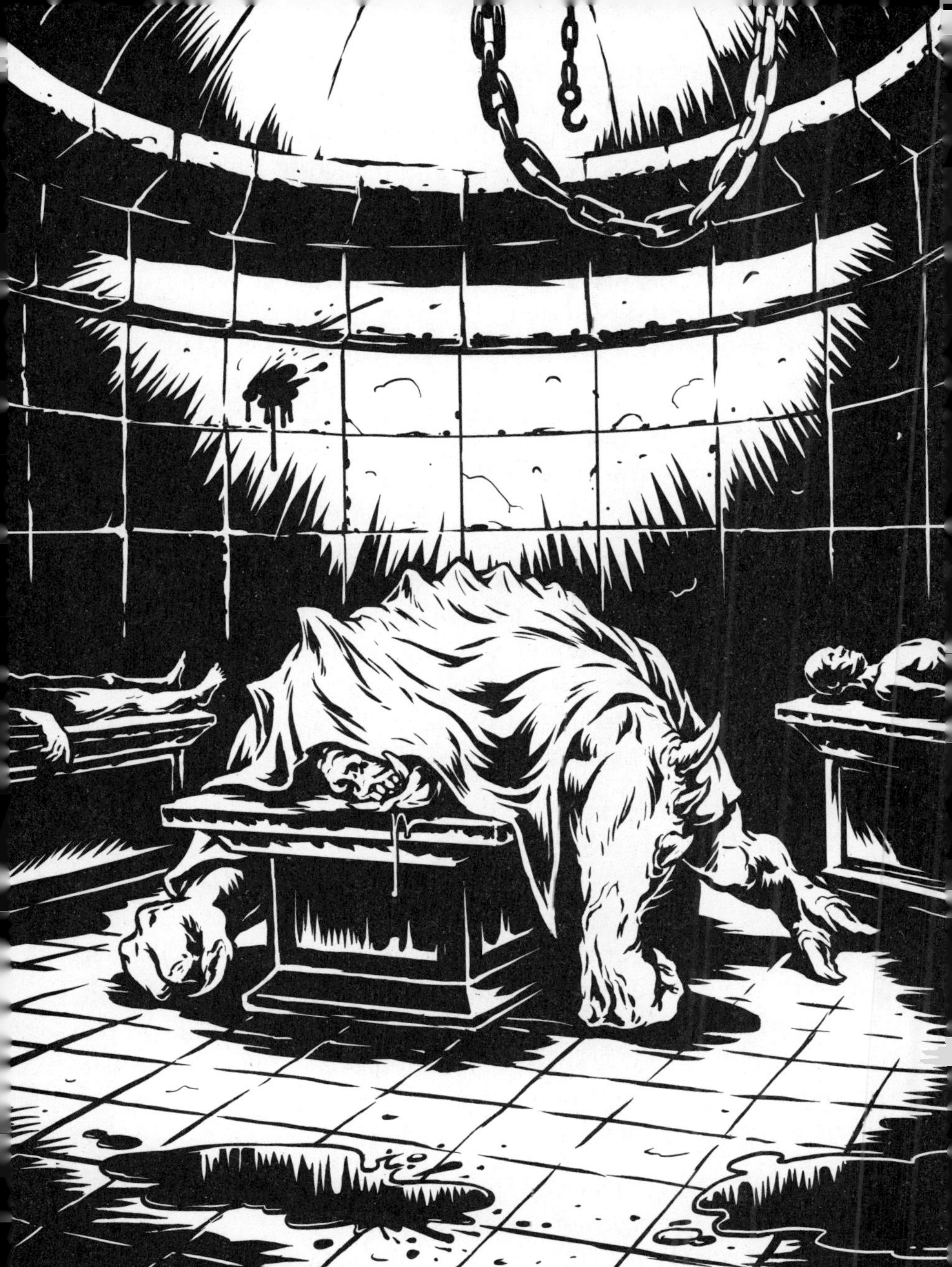

B3 *Als das magische Farbspiel verflogen ist und du wieder aufblickst, bist du irritiert. Der Krollriese auf dem Tisch wirkt seltsam verändert. Hat er sich etwa bewegt?*

B5 Aus Angst, der Ugar-Priester könnte dir ein Leid antun, schluckst du den Stein hinunter und die Kraft der Sterne durchströmt deinen Körper!
Dumpf vernimmst du Calderels Worte, als spräche er durch eine dicke Mauer: „Ja, dieser gefallene Stern wird dich weiter stählen, mein Kind. Und die Bindung zu unserem Gott weiter festigen.“
Kommentarlos verlässt dich der Schattenmeister. Er bleibt dir ein Rätsel.

Deine STÄRKE steigt um einen Punkt!
Schreibe dir außerdem den 5. SCHICKSALSPUNKT gut!

*Lies weiter im 2. Kapitel bei **336**.*

B6 Irritiert starrst du auf die Narben deines linken Klauenrückens. Dein Gefühl gibt dem Zarlik Recht: Es ist ein magisches Siegel – zu mächtig, um es unkompliziert zu brechen. Es wird seine Zeit brauchen, sein Geheimnis zu lüften.
Du bist einen weiteren Schritt zur Selbsterkenntnis gegangen! Vielleicht den größten Schritt seit deinem Erwachen.

Dein GESCHICK steigt um einen Punkt!
Und du erhältst den 6. SCHICKSALSPUNKT!

*Lies weiter im 3. Kapitel bei **535**.*

B7 Du hast in unvergleichlicher Vorausschau gehandelt. Die Sprengung des Venizer Damms oder das Zerstören der Schleusenmechanik, ohne sie zuvor zu öffnen, hätten eine Katastrophe herbeigeführt: Die Staumauer wäre gebrochen, Leenhaven überflutet und Tausende Unschuldige wären dem Tod geweiht gewesen. Göttliches Wohlwollen streift dich.

Deine STÄRKE steigt um einen Punkt!
*Deine VITALITÄT regeneriert sich auf **normal**.*
Zudem erhältst du den 7. SCHICKSALSPUNKT!

*Lies weiter im 3. Kapitel bei **457**.*

B8 Ungeachtet von dir, derweil die Alte eine weitere seltsame Erzählung beginnt, kriecht der finstere Nebel auf dich zu, wabert an deinen Beinen empor und sickert in deinen Körper ein.
Du verspürst wieder eine Veränderung in deinem Wesen, in deinem Sein: Eine neue Gabe breitet sich in deinen Adern aus. Du bist nun ein Teil der Schattenwelt!

*Notiere dir die Fähigkeit **Schattenlauf** in Feld 10 auf dem Abenteuerblatt. Umkreise dort zudem die Zahl B8, die Nummer dieser Sektion, damit du bei Bedarf etwas nachlesen kannst.*

Außerdem erhältst du den 8. SCHICKSALSPUNKT!

Lies weiter im 4. Kapitel bei **572**.

B9 Gleißende Blitze zucken an der heiligen Klinge entlang, breiten sich über deinen Arm aus und erfassen schließlich deinen ganzen Körper. Im Taumel der Macht ballst du die Fäuste, wirfst den Kopf zurück und reckst die Mondsichel empor.

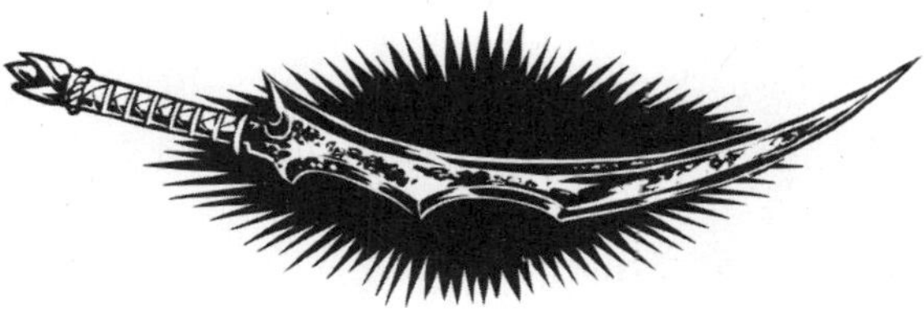

› *… diese Kraft … diese Aura! Vater … Mutter … ich spüre euch!* ‹
Sowohl Ugar als auch Kar sind in diesem Moment bei dir, nein, sie sind in dir! Und es manifestiert sich ein einziger Gedanke:
› *Ich bin Keşra … Kind der Gestirne!* ‹
Zitternd vor Ehrfurcht sinkst du auf die Knie. Die göttliche Verantwortung, die auf deinem ganzen Sein lastet, drückt dich regelrecht zu Boden.

*Notiere dir die **Mondsichel des Keşra** (Waffe, Treffer +2 … +6 passt sich stets dem Wert der aktuellen Mondphase auf dem MONDKALENDER bei Sektion 600 an).*

Spezial: Immer dann, wenn du die Mondsichel ziehst, kannst du ihre heiligen Fähigkeiten einsetzen, indem du zur mit einem Halbmond ◗ markierten Sektionsnummer 20 addierst!
*Beispiel: Willst du die Fähigkeiten der Mondsichel einsetzen und der Sektionsverweis lautet **653◗**, dann musst du also bei **673** weiterlesen.*
Es bedeutet aber auch, dass du dich in diesem Moment als Keşra zu erkennen gibst, was unter Umständen sehr gefährlich sein kann.

Die heilige Klinge verleiht dir außerdem die Gabe, während Kämpfen …
a) … deinen ANGRIFF automatisch gelingen zu lassen. Dies kostet 1 KARMA-Punkt in jeder KAMPFRUNDE, in der du diese Gabe einsetzt.
b) … deinen ANGRIFF automatisch gelingen zu lassen und zudem einen zusätzlichen Punkt RESISTENZ-Abzug zu verursachen. Dies kostet 2 KARMA-Punkte in jeder KAMPFRUNDE, in der du diese Gabe einsetzt.

Dein GESCHICK steigt um einen Punkt!
*Deine VITALITÄT steigt auf **fit**.*
Schreibe dir außerdem den 9. SCHICKSALSPUNKT gut!

*Lies weiter im 4. Kapitel bei **626**.*

B10 Dann herrscht Stille. Obwohl sich der gigantische Sturm mit seinem alles verschlingenden, grauen Trichter weiter über das Land frisst, geschieht euch nichts. Ihr seid im Auge des Zyklons! Du lachst lauthals, fast irre, um schließlich schluchzend auf Kyrnas Rücken zusammenzusacken.
„Verliere nicht den Mut, Keşra! Gemeinsam schaffen wir es!“
Überrascht von den Worten in deinem Kopf schreckst du auf. Verwirrt wischst du die Tränen ab. Kyrna hält mit ruhigen Flügelschlägen die Höhe.
Schließlich verlierst du dich in ihren goldenen Echsenaugen. Sie erwidert deinen Blick vielsagend und neigt den Kopf zur Seite.

Da verspürst du nicht nur tiefe Zuneigung, sondern auch geschwisterliche Bande Kyrna gegenüber.

Dein Geschick *steigt um einen Punkt!*
Dein Reiterrang *steigt auf* ***Drachengefährte****!*
Außerdem gibt es für dich den 10. Schicksalspunkt*!*

Lies weiter im 5. Kapitel bei ***739****.*

B11 Die Alte betastet deine Rüstung und zieht dich zu sich hinunter, um dir gegen den Applaus der Flüchtlinge etwas ins

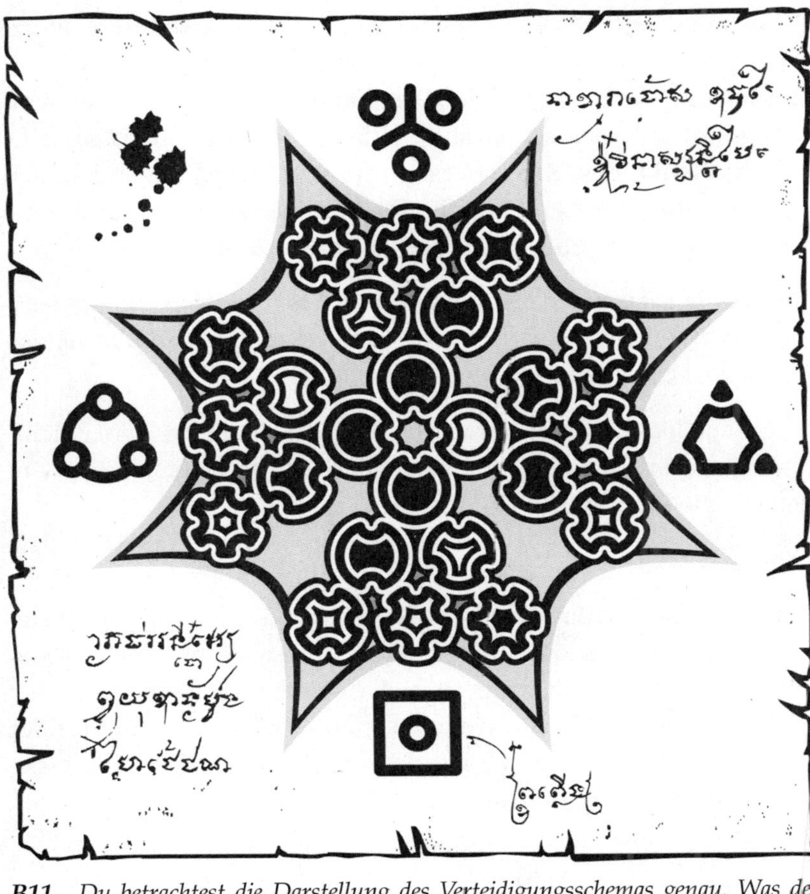

B11 *Du betrachtest die Darstellung des Verteidigungsschemas genau. Was der Kar-Tempel für dich bereithält, scheint im seltsamen Muster der Symbole verschlüsselt zu sein. Was die Kerben der Kreissymbole wohl zu bedeuten haben?*

Ohr flüstern zu können: „Der Kar-Tempel im Aschesee ist mit einem uralten Schutzzauber belegt. Doch niemand weiß ihn zu überwinden. Die Schergen des Schattenmeisters verzweifeln in aller Regelmäßigkeit daran."
Erst jetzt bemerkst du, dass die blinde Frau deine beiden Klauen in ihre Hände gelegt hat. Sanft streicht sie mit ihren Daumen über deine schroffe Haut.
„Oh ja", murmelt sie, „die Hoffnung ist zurückgekehrt und die Kinder Rigems werden in Zukunft in Freiheit leben", wahrsagt sie mit Tränen in den verschleierten Augen.
Dann fängt sich die Alte wieder und lässt eine schlichte Holzschatulle aus ihrem persönlichen Besitz heranschaffen.
Daraus überreicht sie dir ein Pergament, auf dem seltsame Symbole inmitten eines achtstrahligen Sterns eingezeichnet sind. Es sei ein Relikt des Rigem-Urstamms und zeige angeblich den Schutzzauber des Kar-Tempels. Die Stammesälteste kann dir das Schriftstück nicht überlassen, daher prägst du es dir ein.

Notiere dir dazu unter Notizen auf dem Abenteuerblatt die Sektionsnummer B11, damit du das Muster bei Bedarf wieder studieren kannst. Du erhältst zudem den 11. SCHICKSALSPUNKT!

In großer Dankbarkeit verabschiedest du dich von den Flüchtlingen und erhebst dich mit Kyrna in die Lüfte. Noch lange winken dir die Frauen und Kinder nach.

B

*Lies weiter im 6. Kapitel bei **810**.*

B12 Kaum berührt dein Gesicht die Maske, spürst du ein Kribbeln und Brennen auf deiner versteinerten Haut. Erschrocken willst du das Artefakt wieder lösen, doch es sitzt fest!
Während du immer verzweifelter ziehst, wird das Gold heißer und heißer. Die Schmerzen werden unerträglich, aber die Maske liegt bereits so eng an, dass sie dir die Luft abschneidet. Panik überkommt dich.

› *Dies ist mein Ende!* ‹

Du windest dich in einem letzten Überlebenskampf, als das Metall schmilzt und sich in dein Fleisch frisst. Dabei rauben dir die Qualen fast den Verstand, aber dann, von einem Moment auf den anderen, ist aller Schmerz vergangen. Ungläubig tastest du dein Gesicht ab – die Maske ist verschwunden! Dennoch: Du hast dich verändert …

*Notiere die **Sonnenmaske des Keşra** (Kleidung, Kopf, Schutz +2) auf dem Abenteuerblatt.*
Spezial: Die wahre Maske ist ein Artefakt aus dem Hort von Calis dem Vergelter. Sie hat im Laufe der Zeit einen Teil der Macht ihres Hüters in sich aufgenommen, weshalb sie dir während eines Kampfes die Gaben verleiht …
a) … deine VERTEIDIGUNG automatisch gelingen zu lassen. Dies kostet 1 KARMA-Punkt in jeder KAMPFRUNDE, in der du diese Gabe einsetzt.
b) … deine VERTEIDIGUNG automatisch gelingen zu lassen und zudem eine Stufe deiner VITALITÄT zu regenerieren. Dies kostet 2 KARMA-Punkte in jeder KAMPFRUNDE, in der du diese Gabe einsetzt.
Notiere sie auf dem Abenteuerblatt! Die Maske hat sich mit deinem Kopf verbunden und ist dennoch für andere unsichtbar.

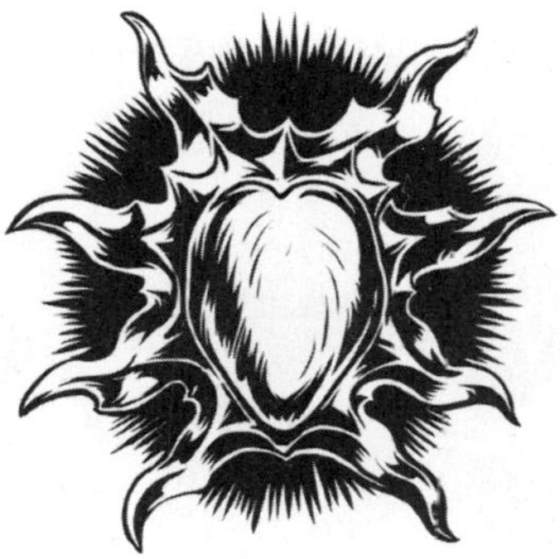

Deine STÄRKE steigt um einen Punkt!
Schreibe dir außerdem den 12. SCHICKSALSPUNKT gut!

*Lies weiter im 6. Kapitel bei **850**.*

B

B13 „Schaffe ihn hier weg!“, forderst du augenblicklich von deiner Begleiterin, während du den verunsicherten Kathum auf den Sattel hievst. Du zurrst die Gurte fest und flüsterst Kyrna eine letzte Anweisung ins Ohr: Solltest du binnen der nächsten Stunde nicht ins Horn stoßen, soll sie sich in Sicherheit bringen und in zwei Tagen zur Mittagsstunde über der Pyramide kreisen und erneut auf das Hornsignal warten, um dich aufzunehmen.

Denn du weißt, dass der Kar-Tempel im Zentrum des Parks eine maßgebende Rolle spielen wird und nicht nur in dieser Nacht! Kathums Körper wird demnächst bestattet. Du musst also nur abwarten, bis der Hierarch in die Krypta gebracht wird. Womöglich die schnellste und sicherste Methode, unbemerkt an dessen unversehrten Körper zu gelangen.

Wehmütig klopfst du deinem Drachen auf die geschuppte Flanke, woraufhin er die Flügel ausbreitet und von der Spitze der Stadtpyramide in die Dunkelheit davongleitet.

Mit einem unmenschlichen Satz springst du vom Dach des Palasts auf einen der benachbarten Bäume, kletterst dessen Stamm hinab und läufst mit eingezogenem Kopf zum Tempel hinüber. Im Park sind zahlreiche Wachen unterwegs, die nach dem Attentäter suchen, doch du entziehst dich geschickt allen Blicken. Selbst das Erklettern der grob behauenen Granitmauer bemerkt niemand.

Notiere dir den 13. SCHICKSALSPUNKT!

B

Lies weiter im 7. Kapitel bei ***935****.*

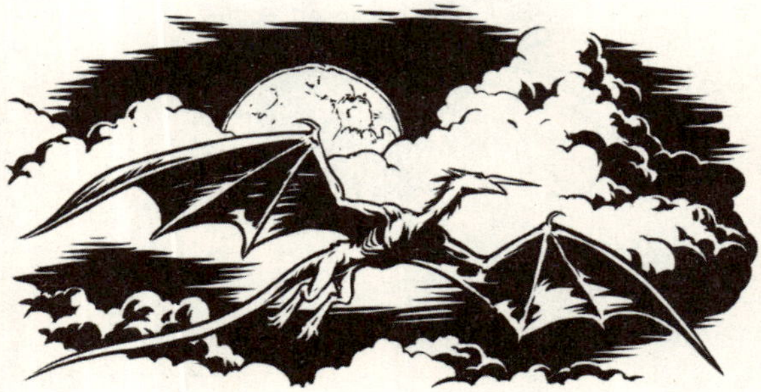

B14 „Ich bin so verdammt stolz auf dich, Kyrna!“, platzt es aus dir hervor und streichst über ihr Halsgefieder.
Dein Drache hat wahrlich Großes geleistet, indem er im Alleingang das Lager der Schwarzen Armee in Schutt und Asche gelegt hat. Aber auch dein Drache weiß um deinen Anteil bei dieser Mission. Das unsichtbare Band der Vertrautheit zwischen euch erreicht seine höchste Stufe.

Dein REITERRANG *steigt auf* ***Drachenmeister****!*

Lies weiter im Zusatzkapitel bei ***Z41****.*

B15 Die beiden Bewahrer können zwar ihre Neugier nicht verbergen, doch sie fragen nicht nach dem Inhalt von Tarus' Schreiben. Schließlich zückt der Alte eine Schatulle und überreicht sie dir mit achtsamem Blick: „Auch dies soll ich dir in seinem Auftrag geben.“
Mit einem leisen Quietschen drückst du den schlichten Deckel zurück und bist überrascht, die kleine Statue wiederzusehen. Fast wäre dir entfallen, wie du sie in der zukunftsweisenden Nacht in der Krypta des Kar-Tempels im Sarkophag des ersten Ahnen entdeckt hast. Tarus hat sie also aus deinem Hab und Gut an sich genommen, als Aonus dich in den schwarzen Turm verschleppte.
› Ob er mich damit schützen wollte? ‹

Besitzt du den ***Stern von Feymar****, lies weiter bei* ***B17****.*
Andernfalls lies weiter bei ***B16****.*

B

B16 Mit einem unguten Gefühl steckst du das bemerkenswerte Kunstobjekt ein.
Radiere das Kreuz im Quadrat ☒ aus als Zeichen dafür, dass du die ***Statuette der Ahnen*** *(Besonderer Gegenstand, Feld 1) wieder besitzt.*

Lies weiter im 3. Kapitel bei ***483****.*

B17 Als du die Statuette eingehender betrachtest, fällt dir auf, dass der Kristall deines Ringes eventuell in die rundliche Aus-

sparung passen könnte. Und tatsächlich, der Stern von Feymar passt lückenlos in die Bauchhöhle der Statuette.
Der Edelstein glimmt auf, dupliziert sich und erweckt die Figur! Ihre Arme legen sich schützend über die entstandene Kristallkugel – ihren neuen Unterleib. Die Statuette erinnert somit an eine hochschwangere Frau, die ihr Ungeborenes schützt.

*Streiche die **Statuette der Ahnen** und notiere dir dafür das **Idol des Hierarchen** (Besonderer Gegenstand) in Feld 1 auf dem Abenteuerblatt.*

*Lies weiter im 3. Kapitel bei **483**.*

B18 Du überfliegst das mit dem Wasserzeichen des Empires markierte Schreiben und bist überzeugt, die Handschrift deines Lehrmeisters vor dir zu haben:

Mein lieber Schüler,

wenn du diese Zeilen liest, darf ich mich glücklich schätzen, denn du bist in Sicherheit, insbesondere da die letzte Zeit für dich verwirrend und gefährlich gewesen sein muss.
Ich will dir helfen, aber wie dir Meister Gonru sicherlich dargelegt hat, sind alle Bewahrer verpflichtet, den Lauf der Dinge nicht zu beeinflussen. Mit diesem Brief werde ich – mögen mir die Ahnen vergeben – mein Gelübde zum ersten Mal willentlich brechen!
Der Schattenmeister ist getrieben von Wahn und Machtgelüsten. Seine Kriegstreiberei verbirgt er unter dem Deckmantel des Glaubens. Doch ich fürchte, dies ist nur die halbe Wahrheit.
Er ist ein gefährlicher Mann, der es versteht, ganze Völker für seine Zwecke zu missbrauchen. Ebenso manipulierte er dich in den letzten Jahren mit dem Ziel, den Kontinent mit Tod zu überziehen.
Vielleicht ahnst du um deine Rolle auf dieser Welt. Zumindest bin ich mir sicher, dass du nicht mehr bereitwillig Calderels Befehlen gehorchst, denn du bist kein Schattenkrieger – noch nie gewesen – und tief in deinem Herzen weißt du das.

B

Deine Abstammung ist zugleich dein Schicksal. Eine göttliche Bürde, die du niemals leugnen darfst!
Damit du verstehst, bitte ich dich, den heiligen Varoon am Nordhang des Sendul-Gletschers zu besteigen und den Uaar-Tempel aufzusuchen. Dort wirst du dein Sein entdecken und die Weisheit erfahren, diesen Krieg zu beenden.

Gebete und Segen der göttlichen Geschwister, entsendet **Tarus.**

P. S.: Es ist ein langer, beschwerlicher Weg durch Empire-Gebiet. Zudem ist der letzte Marsch zum Varoon selbst eine Prüfung! Der Tempel ist einzig zu Fuß über einen schmalen Pfad erreichbar. Sei fest im Glauben und es wird dir gelingen!

Kontrolliere nun Feld 1 der Besonderen Gegenstände. Sollte er mit einem Kreuz im Quadrat ☒ markiert sein, lies weiter bei ***B15****.*
Andernfalls lies weiter im 3. Kapitel bei ***483****.*

B19 Es entsteht ein kurzer, gepresst geflüsterter Disput zwischen den Bewahrern, in dem es offensichtlich darum geht, ob man dir mehr anvertrauen darf oder nicht. Sie benutzen dabei eine skurrile Geheimsprache, die dich eher an Tierstimmen als an menschliche Laute erinnert.

Besitzt du die ***Perle der Verständigung*** *oder die Fähigkeit* ***Diplomatie****, lies weiter bei* ***B20****.*
Ansonsten lies weiter bei ***B21****.*

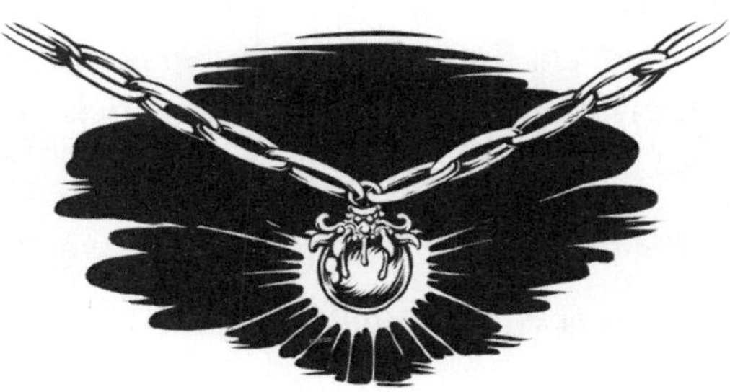

B20 Du verstehst die Geheimsprache der Bewahrer!
„Wir müssen ihn auf den rechten Pfad führen", fordert die Rothaarige energisch. „Wohlwissend, dass er vom Schattenmeister manipuliert wurde."
„Das spielt keine Rolle", hält der Greis entgegen. „Etwas ist bereits geschehen. Die Götter haben das Keşra gereinigt."
„Aber es könnte ein Risiko sein, ihm blind zu vertrauen."
„Deine Zweifel sind beschämend für eine Rohja-Absolventin! Gelten sie womöglich ebenso den göttlichen Geschwistern?"
Die Frau verstummt zerknirscht.

*Lies weiter bei **B21**.*

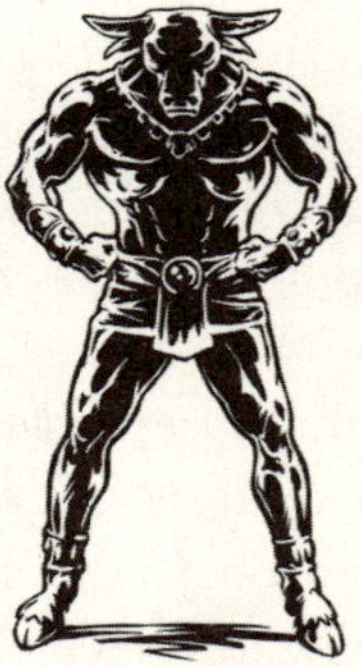

B21 Am Ende der Diskussion setzt sich der Alte durch und wendet sich wieder dir in verständlicher Sprache zu: „Die Bewahrer sind neutral. Wir mischen uns nicht ein. Einzig Tarus' Bitte, dich zu finden, war der Grund für dieses Treffen. Zudem bat er mich, dir dies zu geben. Er wird sich zu gegebener Zeit melden."
Der alte Bewahrer überreicht dir ein Schriftstück mit dem Siegel des Empires, auf dem steht:

Zu öffnen durch die Hände des Schattenkindes.

Du zitterst, als du das Wachssiegel von Tarus' Brief brichst.

*Lies weiter bei **B18**.*

B22 Calderels toter Körper liegt vor dir und sein einst selbstsicheres Antlitz ist zu einer jämmerlichen Fratze verkommen. Du bist übermannt von blindem Hass auf all seine Gräueltaten und Kriegstreiberei, die so viel Kummer und Tod über das Land brachten.

Die Luft vibriert von der zügellosen Macht, die sich in deinen Adern sammelt, mit der Absicht, dem dunklen Herrscher ein für alle Mal von dieser Welt zu tilgen.

Doch dein grenzenloser Hass auf den Schattenmeister verwandelt sich in bitteren Zorn über den Verlust von Freunden und Familie, gefolgt von Wut auf dich und deine Dummheit, dies alles blindlings zugelassen zu haben, dann in Abneigung all jenen gegenüber, die so machthungrig waren, sich dieser falschen Sache hinzugeben, und verblasst schließlich mit der Ablehnung für die, die nur weggeschaut haben, anstelle sich zu erheben.

Schlussendlich ist auch dieser letzte negative Gedanke gewichen und macht einer befreienden – von zwei Seelen gleichzeitig erfahrenen – Klarheit Platz:

› *Wir sind Keşra, Zwilling der Götter, das unerschütterliche kosmische Gleichgewicht von Kar und Ugar!* ‹

Du wendest dich ab vom Schattenmeister und blickst zu den Göttergeschwister hinauf, die sich wieder voneinander getrennt haben. Der flüchtige Moment der schwarzen Sonne ist vorüber.

Unter das Pfeifen des Windes mischt sich aus der Ferne ein sanfter Klang, der nach und nach die Weite des Himmels als betörenden Choral erfüllt.

Aus dem Gleißen der Sonne erscheinen drei gigantische Drachen. Gebannt verfolgst du ihre anmutigen Bewegungen von Schwanz und Hals sowie dem sanften Flügelschlag. Ihre geschuppten Leiber funkeln majestätisch in Gold, Silber und Weiß.

Auf ihren Rücken sitzen die Sänger dieser himmlischen Melodie, die kindlichen Botschafter der Götter. Seren, die mit ihrem weißen Drachen die Formation anführt, umkreist zunächst die Spitze des Ningal-Towers, um unweit entfernt die Position zu halten. Freudestrahlend winkt sie euch zu.

„Wir sind gekommen, dem Keşra den Tribut der Götter darzubringen!“

Serens Stimme wird getragen von Freude und Friedlichkeit und übertönt selbst den Widerhall der Flügelschläge. „Ihr habt vollbracht, was euch aufgetragen …“

Ehrfürchtig empfängst du das Lob mit einer tiefen Verbeugung, während hinter dir Kyrna auf dem Schlachtfeld landet.

Aus ihrem Sattel gleitet Nephatari, schwer gezeichnet von der Marter des Schwarzen Tores, und sinkt in deine Arme. Tränen der Freude rollen ihr übers Gesicht.

„… und eure gemeinsame Reise findet nun ihr Ende!“, rahmt Seren das große Wiedersehen ein. „Zunächst jedoch soll die *schwarze Sonne* ihren verdienten Lohn erhalten!“

Kyrnas inbrünstiger Schrei hallt stolz über den Horizont, als ihre Flügel und ihr Schuppenkleid in astralem Licht erglühen. Geblendet wendest du dich ab und hörst, wie Lederriemen peitschend zerreißen und das Rauschen ihrer Schwingen mit jedem Schlag tiefer und tiefer wird.

Als du die Augen wieder auf Kyrna richten kannst, hat sich ihre Spannweite verdoppelt! Zudem strahlen ihr Halsgefieder nun in Wolkenweiß und ihre Schuppen wie Perlmutt in der Sonne. Einzig die treuen goldenen Augen und das unverwechselbare Stirnhorn lassen erahnen, dass dies der Drache ist, mit dem du so viel durchlebt hast.

B

„Aus Kyrna der schwarzen Sonne … wird Karÿll die Strahlende, Wächterin des Lengal-Towers!“, erhebt Seren deine Weggefährtin zu ihrer neuen Aufgabe.

Erhaben senkt Karÿll das Haupt und gewährt dir und Nephatari einen Platz auf ihrem mächtigen Rücken. *„Ich danke dir, Keşra. Ich stehe für immer in deiner Schuld!“*, bedankt sich der Drache artig.

„O nein, Kyrna!“, entgegnest du gerührt und in alter Gewohnheit. *„Du schuldest mir nicht das Geringste!“*
Dein Kopf schmerzt heftiger.
„Geist des Keşra …“, erklingt Serens telepathische Stimme unerwartet ernst. *„… es ist Zeit für dich zu gehen. Gib ihn frei!“*
Du spürst die Entschlossenheit in ihren Worten, die einem Befehl gleichen. Und dich durchzuckt ein stechender Schmerz, als explodiere ein Stern in deinem Kopf! Es ist der gleiche Schmerz, wie du ihn in der schicksalhaften Nacht von Kathums Tod ertragen musstest.
› Argh! Dieses Licht … oh nein, es geschieht wieder! ‹
Du fichtst einen aussichtslosen Kampf um den Ugarith und kannst nicht verhindern, dass sich dein Geist von seinem Körper trennt. Langsam, Faser um Faser, Erinnerung um Erinnerung, löst du dich von ihm und entschwebst. Es scheint, als würde dem Ugarith, der sich weiterhin an Karÿlls Rücken festkrallt, ebenfalls bewusst, was euch gerade widerfährt.
„Kehre nun zurück in deine Welt, fremder Geist!“

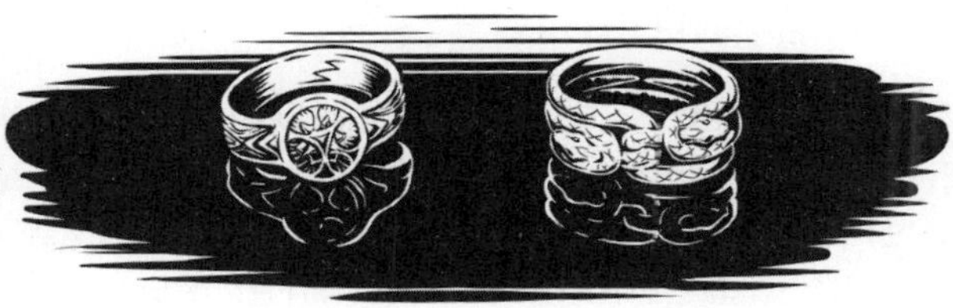

Körperlos starrst du zum Ugarith hinab, auf dessen Kopf sich schemenhaft die lodernde Maske der Wahrheit zeigt, und fürchtest gar ihren tödlichen Zorn, doch augenblicklich verstehst du die Weisheit und die Klarheit ihres Spiegelbilds.

Trägt der Ugarith auf Karÿlls Rücken einen ***Siegelring****,*
lies weiter bei ***B23****.*
Trägt er einen ***Schlangenring****, lies weiter bei* ***B24****.*

B23 Obwohl Nephatari die Marter der vergangenen Tage ins Gesicht geschrieben steht, kann sie noch immer nicht ruhen: „Sag, dieser Geist, der in dir war, wer war das?“

„Ich glaube, es war der Geist eines weisen und mutigen Menschen-Mannes von einer anderen Welt.“

"Von einer anderen Welt?“

„Ja. Er nannte sie Erde.“

„Erde … das klingt geheimnisvoll.“

Verabschiede dich nun bei ***B25****.*

B24 Gedankenverloren und mit müdem Blick schaut Nephatari in die Wolken: „Sag mal, dieser Geist in dir, wer war das?“

„Es war der Geist einer unerschrockenen und klugen Frau.“

„Einer Frau?“, fragt Nephatari überrascht.

„Ja, einer Menschen-Frau. Sie kam von einer anderen Welt!“

„Welcher Welt?“

„Ich glaube, sie nannte sie Erde.“

Verabschiede dich nun bei ***B25****.*

B25 Mit einem kräftigen Satz von der Kante des Schattenturms breitet die weiße Karÿll die Schwingen aus und gleitet mit Nephatari und dem Ugarith auf ihrem Rücken über die sanften Wogen der Kristallsee. Endlich können sie die Finsternis der letzten Tage hinter sich lassen und Nephatari lehnt sich erschöpft an die Schultern ihres Retters.

„Gute Reise, du mein spirituelles Gewissen!“, flüstert der Ugarith in den Wind. „Du warst mir stets ein verlässlicher Begleiter in den Wirrungen des Weltenflusses! Dank dir entrann ich sowohl Tod wie Verdammnis und entdeckte zudem die Verbindung zu einer Priesterin der Sonne. Mögen die Göttergeschwister mit dir sein, wo auch immer deine Heimat ist!“

› *Lebe wohl, mein Freund!* ‹

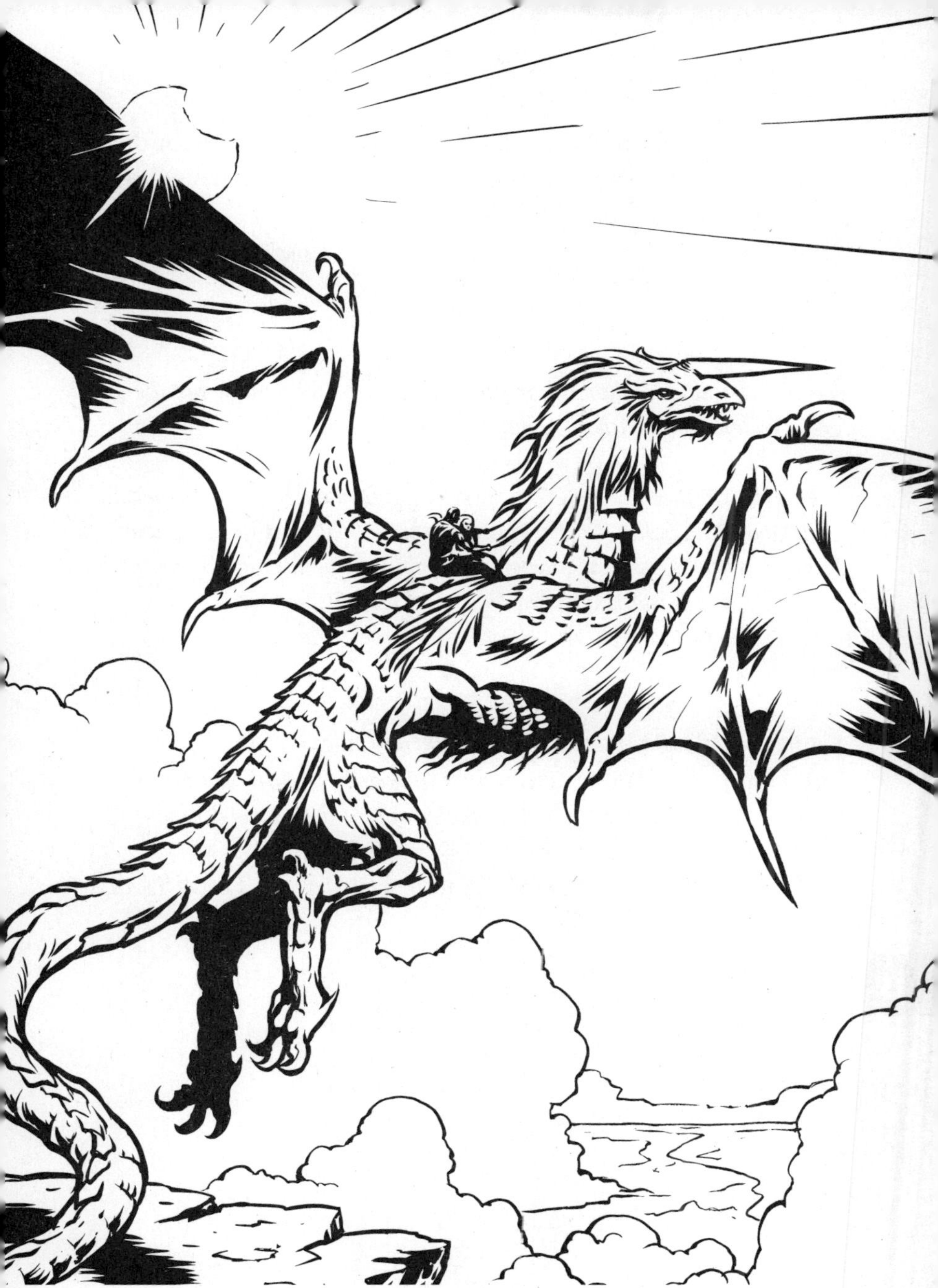

B25 *Mit einem kräftigen Satz von der Kante des Schattenturms breitet Karÿll die Schwingen aus und gleitet mit Nephatari und dem Ugarith auf ihrem Rücken über die sanften Wogen der Kristallsee.*

So trennten sich die Wege der beiden Wesen, die vereint das Geschöpf bildeten, über das man noch in Generationen als das heilige Keşra, Rächer der Götter, sprechen wird.

ENDE ★★★★★

Notiere dir den finalen 14. SCHICKSALSPUNKT als Beweis für die glückvolle Vollendung deines großen Abenteuers!

Wenn du sämtliche SCHICKSALSPUNKTE gefunden hast, dann herzlichen Glückwunsch! Sollte dir der ein oder andere fehlen, nun ja, so war deine Reise zwar erfolgreich, aber eben nicht vollkommen. Und Vollkommenheit ist einzig den Göttern vorbehalten, nicht wahr?

★

Fantastisch! Du hast das perfekte 5-Sterne-Ende erreicht!
Eine abschließende Bewertung deiner langen Reise in Form des Sternen-Ratings kannst du am Ende des Finales auf Seite 638 vornehmen!

Danach lies weiter im EPILOG **„FERNE TRÄUME"**.

B

TARAHS KAPITEL

BEWAHRE UND BEGRABE

ACHTUNG! Du darfst dieses Zusatzkapitel nur lesen, wenn du beim zweiten Durchspielen des Buchs in Kapitel 3 dazu aufgefordert wurdest!

Du bist Tarah, eine junge, aufstrebende Bewahrerin aus Leenhaven mit großem Einfluss innerhalb des weit gesponnenen Netzes dieses uralten Geheimbundes.
Deinen rasanten Aufstieg hast du jedoch nicht nur deiner außerordentlichen Intelligenz und Neugier oder gar deinen exotischen Nahkampfkünsten zu verdanken, nein, du trägst als eine der auserwählten Menschen den magischen Funken in dir!
Du verstehst dich sowohl in der Manipulation des Geistes als auch – zumindest in Grundzügen – die Beherrschung des Elements Feuer.

Du besitzt 5 FUNKEN, die du während dieses Bonuskapitels einsetzen darfst. Immer dann, wenn du einen Zauber anwenden könntest, müsstest du dafür mindestens einen FUNKEN verwenden.
Ein solcher Sektionsverweis ist mit einem Funken-Symbol ✦ versehen. Besitzt du keinen FUNKEN mehr, musst du eine Option wählen, die kein solches Symbol zeigt.

Diese speziellen Punkte sind auf der dritten Seite des Abenteuerblatts unter Tarahs Notizen vermerkt. Trage dort also jetzt 5 FUNKEN ein!

T

Seit dem Ausbruch deines einzigartigen Talents stehst du unter der Obhut der Bewahrer. Du warst noch ein kleines Mädchen, als dich deine Eltern nach einem unschönen arkanen Zwischenfall, dem ein Nachbarsjunge, der dir deine roten Haare abschneiden wollte, fast zum Opfer fiel, schweren Herzens in die Schule der Sehenden nach Leenhaven brachten.

Dennoch brachen deine Kräfte weiterhin aus. Immer unkontrollierter, immer wilder.
So sah sich Meister Gonru – wie du später erfahren solltest, einer der mächtigsten Bewahrer – genötigt, dich unter seine Fittiche zu nehmen. Er half dir deine Magie zu bändigen, sie zu begreifen und zu formen. Zudem verschaffte er dir Zugang zu nahezu unbegrenztem Wissen. Spezialisierte Lehrer vermittelten dir Geheimes, Vergessenes, Verbotenes. Ja, bis zum heutigen Tag scheint dir die Welt der Bewahrer grenzenlos und klar, faszinierend und weise.

Das Orakel von Kabeth: „Nichts existiert aus dem Einen allein. Es sind sie, die ursprünglichste Energie, die Geschwister der Schöpfung, die gemeinsam erschaffen, bewahren und zerstören."

T1 Ungeduldig wartest du auf Meister Gonru, wohlwissend, dass er schwer krank und nicht mehr gut zu Fuß ist. Es scheint nur eine Frage der Zeit, bis die Göttergeschwister deinen greisen Ziehvater zu sich holen werden. So schließt du ihn jeden Abend in deine Gebete ein, dass er seine letzten Tage in Frieden verbringen darf. Doch nach all den endlosen Jahren sinnlosen Krieges hast du die Hoffnung daran fast aufgegeben.
Du kennst es kaum anders. Seit deiner Kindheit lebst du in der Angst, Leenhaven, deine Heimat, könnte vom Empire angegriffen und zerstört werden. Tatsächlich scheint sich diese Befürchtung just in diesen Stunden zu bewahrheiten. So habt ihr mit Sorge Kunde vom missglückten Attentat auf Empire-Führer Calderel und seine Ugar-Priesterschaft vernommen.
Der kyphische Alleingang, angeführt von Sonnentochter Nephatari, der Tochter des getöteten Kar-Priesterkaisers, dürfte jegliche Friedensbemühungen zunichtegemacht haben. Wobei das Empire noch nie den Anschein erweckte, Frieden anzustreben. Selbst in bereits eroberten Regionen werden weiterhin Menschen verschleppt, ja, ganze Dörfer ausradiert.

T

Insofern kannst du das Handeln der Sonnentochter verstehen. Das Lodern von Zorn kann zu einem mächtigen, unkontrollierbaren Feuer der Rache werden.
Doch Nephataris Schicksal liegt im Dunkeln. Bis heute ist sie nicht von den einsamen Felsen des Schwarzen Turms zurückgekehrt. Allerdings, laut deinen Spitzeln im Hafen, befinden sich die drei Kyphiser, die das Himmelfahrtskommando überlebt haben und Calderels Jägern entkommen konnten, wieder in Leenhaven.
Mit einer tiefen Verbeugung hält ein Laufbursche die Tür auf und Meister Gonru schlurft mit rasselndem Atem zu dir an den Tisch des Besprechungszimmers. Obwohl er sich ungern stützen lässt, hilfst du ihm, Platz zu nehmen.
„Ich habe Neuigkeiten, Tarah!", eröffnet er mit schwacher Stimme. „Die Flotte des Empires wird voraussichtlich morgen hier eintreffen!"
„Entschuldigt, Meister, jedoch was ist neu daran?"
„Geduld, meine Tarah", hustet der Alte. „Man flüsterte uns, dass ein geheimes, diplomatisches Treffen zwischen dem Leenhavener Militärattaché Brogat und einem ranghohen Menoken-Offizier stattfinden soll."
„Interessant …", murmelst du. Was wohl die Menoken, jahrelanger Verbündeter des Empires, einen Tag vor dem großen Angriff hier besprechen wollen?
„Eine berechtigte Frage, Tarah", liest Gonru deine Gedanken, „und ich möchte, dass du dich darum kümmerst. Bringe so viel wie möglich darüber in Erfahrung."
„Wird erledigt!" Mit einer Verbeugung willst du dich von Gonru verabschieden, als er noch einmal seinen dürren Arm hebt.
Du setzt dich wieder ab und schnaufst ungeduldig.
„Ich weiß, es bleibt wenig Zeit. Jedoch gibt es einen weiteren Schauplatz der ebenso den Weltenfluss zu lenken vermag!"

T

„Meister, Ihr meint sicher die Kyphiser, die vorgestern angekommen sind."

Gonru nickt lächelnd.

„Eine interessante Aufgabe. Gerne werde ich mich darum kümmern." – „Oh, Tarah, ich zweifle nicht an deinem Tatendrang, sehr wohl aber an deiner Fähigkeit, dich zweizuteilen."

Erneut erhebst du dich und gehst zur Tür, um dich mit einem feixen Lächeln zu verabschieden: „Lasst das ruhig meine Sorge sein, Meister Gonru!"

Was willst du nun tun?

Die Bibliothek aufsuchen und Informationen über Menoken, Empire und Kyphi zusammentragen, lies weiter bei ***T6****.*

Sofort deine Spitzel auf den Straßen zusammentrommeln, ob sie etwas Ungewöhnliches bemerkt haben, das dich auf die richtige Fährte führt, lies weiter bei ***T17****.*

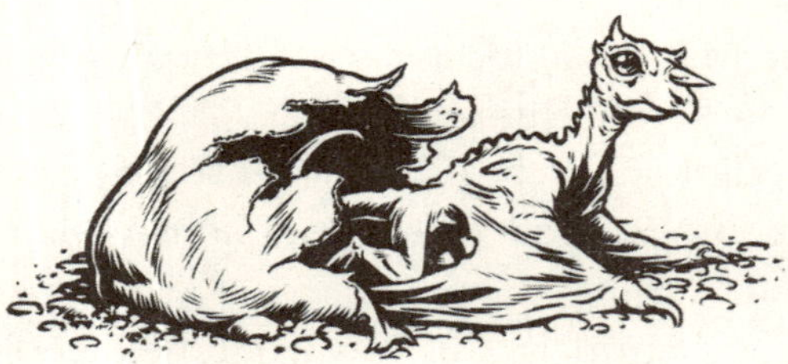

T2 Du legst dein Ohr an die Tür und vernimmst ein paar dumpfe Begrüßungsfloskeln zwischen den menokischen Kriegerinnen und Militärattaché Brogat.

T

„Darf ich fragen, was Sie hier tun, meine Liebe?"

Ertappt zuckst du zusammen und erblickst den Kopf einer Hausdame, die dich vom Fuße der Treppe aus anblickt. Zugleich bemerkst du, dass die Unterhaltung des Geheimtreffens ins Stocken geraten ist.

Du überlegst nicht lange, eilst die Stufen hinunter, drückst dich an der verschreckten Haushälterin vorbei ins Freie. Verärgert über deine eigene Unachtsamkeit verdrückst du dich in eine dunkle Gasse und beobachtest von dort den Gasthof, in der Hoffnung, dein Handeln hat den Gesprächen keinen Abbruch getan.

Weiter bei ***T12***.

T3 Eiligen Schrittes suchst du nach Hinweisen auf den Verbleib der Männer. Du willst schon die Suche abbrechen, als du hinter dir ein Geräusch aus dem Halbschatten eines Hinterhofes vernimmst.

Du wendest dich um und schon funkelt die Spitze eines Säbels unter deinem Kinn. Vor dir steht der Anführer der mittlerweile vierköpfigen Spiontruppe, der mit grimmiger Stimme droht: „Seht, eine rote Schlange! Und ich frage mich … warum windet sie sich hinter uns her?"

Du schweigst ob seiner Entschlossenheit und dem Stahl an deiner Kehle und versuchst aus den Augenwinkeln einen Ausweg zu erkennen. Doch angesichts der Überlegenheit bleibt dir nichts anderes übrig, als ruhig zu verharren.

Durch das jahrelange Studium des Geistes bekommst du für einen flüchtigen Moment Einblick ins Vorhaben des Mannes und die Angst springt dich an wie ein wildes Tier: Du erkennst ein winziges, kaltes Nicken, als wolle er die Konsequenzen des eigenen Entschlusses gutheißen.

Doch ehe sein todbringender Hieb deinen Hals treffen kann, bist du unter der Klinge hinweggetaucht. Einzig eine abgehauene Strähne deines roten Schopfs wirbelt durch die Luft.

Du ahnst was geschieht, rollst dich ab und verbirgst dein Gesicht, gerade rechtzeitig, bevor sich die Zauberkraft der abgetrennten Locke in einem grellen Blitz entlädt und die drei Männer geblendet umhertaumeln lässt. Entschlossen springst du auf, stößt den Anführer gegen die Wand eines Hauses und sprintest davon.

Streiche 1 Funken auf dem Abenteuerblatt ab!

Lies weiter bei ***T37***.

T4 Du willst dich bereits enttäuscht abwenden, als du eine graue Silhouette vor einer kaum unterscheidbaren Hauswand entdeckst. Da ist er!
Besonnen forderst du den Ugarith auf vorzutreten: „Ich stehe auf Eurer Seite, auch wenn Ihr es vielleicht noch nicht wisst."
Der Entdeckte verharrt zunächst und beäugt misstrauisch jede deiner Bewegungen.
„Bitte folgt mir", redest du weiter auf ihn ein. „Wir müssen runter von der Straße, bevor wir noch mehr Aufmerksamkeit erregen. Außerdem kann der Luftangriff jeden Moment beginnen."
Der Ugarith nickt zustimmend und du geleitest ihn zu den beiden Bewahrer-Beobachtern mit ihrem Karren. Trotz seiner Kooperationsbereitschaft stülpst du ihm mit den Worten „Entschuldigt, aber es ist zu unser aller Sicherheit" einen Sack grob über den Kopf und versteckst ihn zwischen Kartoffelsäcken und unter einer alten Decke auf der Ladefläche.

Weiter bei ***T14****.*

T5 „Was tut eine junge Frau trotz Ausgangssperre hier auf den Straßen Leenhavens?", brummt dich eine tiefe Männerstimme an. Ein kräftig gebauter Endfünfziger, mit glattem, schwarzgrauem Haar, in Lederwams und mit einer goldenen Brosche in Form zwei gekreuzter Schwerter, tritt selbstsicher aus dem Schatten der Gasse. Anstelle seines linken Unterschenkels befindet sich ein Stück lackiertes Raanholz.
Du weißt, wer vor dir steht: Es ist Militärattaché Brogat – vermutlich in geheimer Mission – so ganz ohne Wachleute um sich herum.
„Nun?", setzt er nach.

Willst du wortlos weitergehen, lies weiter bei ***T15****.*
Oder ihm mittels eines Zaubers in Tiefschlaf versetzen und ihm zudem die Erinnerung an die letzten Minuten rauben?
Lies weiter bei ***✦T43****.*

T

T6 Nur auserwählte Bewahrer haben Zutritt zu den geheimen Büchern der Bibliothek. Und es erfüllt dich jedes Mal mit Ehrfurcht und Stolz, wenn du die Tür entriegelst, um diesen altehrwürdigen Raum zu betreten.
Als du deinen Blick über die Regale schweifen lässt, fallen dir einige Lücken auf. Offenbar hat sich jemand mit „Vom Wesen der Ugarith" eines der drei verbotenen Ugarith-Werke ausgeliehen. Die beiden Bände „Vom Körper der Ugarith" und „Vom Glauben der Ugarith" flankieren die Lücke. Gedankenverloren ziehst du einen der in schwarzem Leder eingeschlagenen Bücher heraus und blätterst darin. Ihr Inhalt hat dich schon immer fasziniert.
Insbesondere die Kupferstiche mit den Darstellungen ihrer kräftigen Körper, ihrer nachtschwarzen Haut sowie ihren pupillenlosen, weißen Augen haben es dir angetan.
Einen leibhaftigen Ugarith hast du freilich noch nie zu Gesicht bekommen. Angeblich sollen nur noch wenige hundert der alten Herrscherrasse existieren. Die letzten ihrer Art leben wohl in Alonia und im Ningal Tower.
Der anonyme Autor gilt als Ugarith-Koryphäe. Zeit seines Lebens hat er unter ihnen gedient, sie heimlich erforscht und so das Wissen über sie festgehalten. Nur deshalb weiß man von der Faszination der Ugarith zu Feuer sowie ihrer Verabscheuung der menschgemachten Musik.
Meister Gonru ist derweil durch die Geheimtür aus seinem Studierzimmer in die Bibliothek getreten und stellt zitternd den zweiten Band zurück ins Regal: „In Zukunft werden wir diese Werke wohl leider unter ‚Geschichte' einordnen, Tarah."
„Was heißt hier ‚leider'?", echauffierst du dich. „Die Ugarith waren es, die diesen Krieg begannen! Sie verdienen ihr Schicksal."
„Das Volk der Ugarith hat in diesen Jahren selbst am meisten gelitten. Es scheint nur eine Frage der Zeit, bis es vom Antlitz der Welt getilgt sein wird."

„Gut“, knurrst du sarkastisch, „dann folgen sie eben ihren alten Freunden, den Skÿll.“

„Tarah, da magst du recht haben“, bleibt Gonru gelassen. „Ja, vielleicht ist dies ein Fragment des Plans der Göttergeschwister. Aber nun geh, wir haben wahrlich keine Muße für theologische Diskussionen!“

Du verbeugst dich knapp, eilst durch finstere, verwinkelte Geheimgänge und betrittst über eine kleine Lagerhalle das Hafenviertel Leenhavens.

Weiter bei ***T17****.*

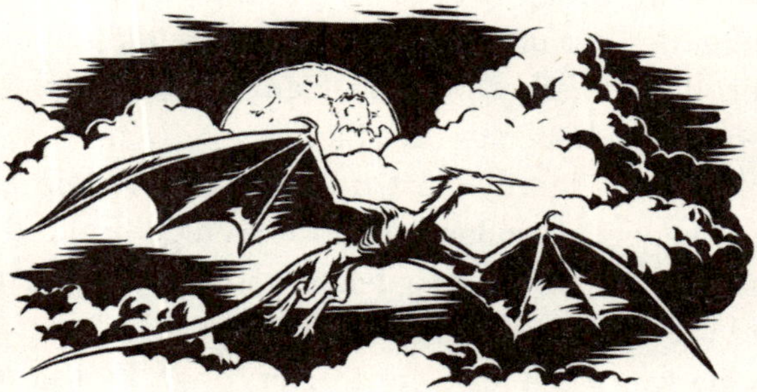

T7 Nach einem kurzen Zauber und der belanglosen Frage, wie er sich fühle, bist du sicher, dass der Ugarith dir keinen Bären aufbindet. Du würdest sogar so weit gehen, zu sagen, dass das Konzept des Lügens ihm zuwider ist. Insofern ist seine Zurückhaltung nicht gespielt.

T *Streiche 1 Funken auf dem Abenteuerblatt ab!*

Weiter bei ***T24****.*

T8 Du folgst dem konkreten Hinweis deines Informanten tiefer ins Hafenviertel mit all seinen verdreckten Ecken und dunklen Gassen. Beiläufig grüßt du die wenigen Händler, Handwerker und Hafenarbeiter, die sich noch auf die Straße trauen.

Die Lage scheint hoffnungslos, insofern bist du umso überraschter, wie gut die Spelunke besucht ist, die dir als Treffpunkt genannt wurde. Entweder wollen die Bewohner, die ihrer Heimat noch nicht den Rücken gekehrt haben, ihren letzten Tag auf dieser Welt ausgiebig feiern oder den Kummer darüber fortspülen.
Am Tresen steht dein Spitzel, ein verhärmter Hafenjunge mit fettigen Haaren, der verborgen auf einen Tisch deutet. Zufrieden steckst du ihm eine Münze zu und beobachtest an besagter Stelle drei südländische Männer, wie sie mit hochroten Köpfen und einer Karaffe Wein diskutieren. Offen auf dem Tisch liegen ihre Krummsäbel.

Willst du dich an den Nachbartisch setzen, lies weiter bei **T25**.
Willst du sie weiterhin aus sicherer Distanz vom Tresen aus beobachten, lies weiter bei **T33**.

T9 „Ich bin sicher, Ihr könnt jede Hilfe gebrauchen, diesen schrecklichen Krieg endlich zu beenden, nicht wahr?“
Der Ugarith neigt den Kopf zur Seite und kratzt sich beiläufig den Rücken seiner linken Klaue. „Ihr braucht das nicht tun“, meint er ruhig. „Ich weiß, dass Ihr Euch damit nur in Schwierigkeiten bringt.“
„Schwierigkeiten?“, stößt du hervor. „Wenn die schwarze Armee morgen meine Heimat in Schutt und Asche gelegt hat, dann reden wir über Schwierigkeiten!“
Du schnaubst, öffnest die Riemen deiner Armschienen und überreichst ihm die Rüstungsteile.

T

Wenn der Ugarith die ***Schienen der Bewahrerin*** *(Kleidung, Arme, Schutz +1) annehmen soll, notiere sie auf dem Abenteuerblatt.*
Wie viele FUNKEN *stehen dir derzeit noch zur Verfügung?*

Keinen, weiter bei **T19**.
1 oder 2, weiter bei **T26**.
3 oder 4, weiter bei **T31**.
5 oder 6, weiter bei **T45**.

T10 Nach kurzen Einblicken in die Gedankenwelt deiner Spitzel hast du dir ein Bild von ihren Berichten gemacht. Vier entsprechen sicher der Wahrheit und wären es wert, genauer untersucht zu werden. Bei einer Ausführung, nämlich die des Dvorak in der Lagerhalle bleiben Zweifel. Doch dir fehlt die Zeit, deinem Spitzel genauer auf den Zahn zu fühlen.

Doch bei zwei Beobachtungen bist du dir sicher, dass sie tatsächlich bedeutend sein könnten: So müssten die zwei tätowierten Frauen aus Menokien stammen. Die eigentlichen Anführer des Seefahrervolks verlassen nur in besonderen Ausnahmefällen die schützenden Palisaden ihrer Sippen.

Des Weiteren müssen die drei Südländer aus dem anderen Bericht, der klägliche Rest des Kyphiser Angriffs auf den Ningal Tower sein.

Streiche 1 Funken auf dem Abenteuerblatt ab!

Mit diesem Wissen kehre zurück nach **T17** *und triff deine Wahl!*

T11 Aufgeregt gehst du ins unbezogene Nachbarzimmer und lauschst ungestört den dumpfen Stimmen durch die Wand …

Ohne Umschweife kommen die drei zum eigentlichen Sinn ihres Treffens.

Eine raue Frauenstimme: „Unser letztes Angebot: Wir sichern euch die Unterstützung unserer kompletten Kristallsee-Flotte zu und wir erhalten im Gegenzug geleitfreie Fahrt und zollfreien Handel in allen Häfen der Freien Lande.“

„Das ist akzeptabel“, raunt ein Mann.

„Gut, dann wäre das geklärt. Aber sagt, wie steht es um den Damm? Wir haben gehört, das Empire kontrolliere ihn.“

Die störrische Antwort des Attachés, ein bejahendes Brummen, ist selbst bei dir im Zimmer deutlich zu vernehmen: „Wir werden uns zu gegebener Zeit darum kümmern. Der Stausee steht mittlerweile so hoch … das Empire wird in den nächsten Tagen die Schleuse öffnen müssen! Dann bekommt die Stadt wieder Wasser.“

Die Stimmen verstummen, eine Tür wird geöffnet und fällt sogleich ins Schloss. Wenig später verfolgst du durch das Fenster den Abgang des Militärattachés.

Notiere auf der dritten Seite des Abenteuerblatts, „Pfad der Weisheit“, unter „B“ die Nummern 389 (oberes Kästchen) sowie 450 (unteres).

Weiter bei ***T32****.*

T12 Du hast zwar nur eine grobe Vorstellung, was der Militärattaché im Gasthaus mit den Menokinnen bespricht, doch als nach wenigen Minuten Brogat wieder auf die Straße tritt, glaubst du an seiner zufriedenen Miene ablesen zu können, dass er seine Ziele erreicht hat.
Doch was plant er mit dem Feind? Grübelnd gehst du durch die schmalen Gassen zurück gen Hafenviertel.

Streiche einen Punkt unter „Zeit“ auf der dritten Seite des Abenteuerblatts ab!

Hast du noch nicht alle drei Punkte abgestrichen,
kehre zurück nach ***T17*** *und triff eine neue Wahl.*
Andernfalls lies weiter bei ***T30****.*

T13 Du konzentrierst dich auf einen ergrauten Seefahrer, der in Gedanken versunken am Rand seines leeren Zinnbechers kratzt. Ohne Probleme dringst du in sein Gedankengebäude ein und vermittelst ihm das drängende Gefühl schleunigst die Latrine aufsuchen zu müssen.
Mit einem verschmitzten Lächeln setzt du dich auf den freigewordenen Platz und schiebst selbstbewusst den leeren Krug des Seefahrers beiseite, ehe du dich auf die Männer neben dir konzentrierst.

Streiche 1 FUNKEN auf dem Abenteuerblatt ab!

Weiter bei ***T23****.*

T14 Du hast – so wie die allermeisten Bewohner Pakonias – noch nie einen Ugarith zu Gesicht bekommen. Wenig verwunderlich, schließlich existieren nur noch wenige von ihnen.

Vor etlichen Jahren überließ dir Meister Gonru mal ein Buch zu Studienzwecken mit wenigen anatomischen Zeichnungen darin, doch einem leibhaftigen Meister der Nacht oder Schatten, wie sie ehrfürchtig genannt werden, kommen sie nicht nah.

Wenn du den Ugarith so ruhig, ja regelrecht versteinert, unter der Decke verborgen auf dem Karren liegen siehst, keimen in dir Zweifel, ob es tatsächlich der richtige ist. Freilich, er ist von stattlicher Figur, doch trägt er die Uniform eines einfachen Soldaten sowie profane Ausrüstung und Bewaffnung. Kaum zu glauben, dass dieser junge Kämpfer das besungene Schattenkind sein soll.

Dennoch: Dein astrales Inneres, dein magischer Funke, wird von der Aura dieses Wesens angeregt. Es ist wie das wärmende Feuer eines der weltumspannenden Zauberbänder.

Willst du deiner Neugier nachgeben und den Körper des Ugarith berühren, lies weiter bei ***T34****.*

Willst du ihn ansprechen, lies weiter bei ***T16****.*

Willst du hingegen schweigend weitergehen, lies weiter bei ***T24****.*

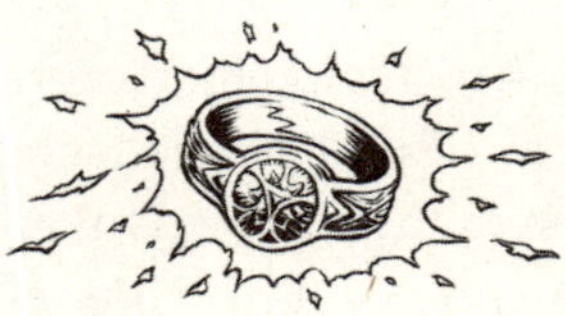

T15 Du wendest dich ab von der Gasse und siehst Leenhavens berühmten Militärattaché Brogat auf seinem Holzbein hinter dir ins Licht treten. Er mustert dich streng, wendet sich dann kopfschüttelnd ab und betritt zielsicher das Gasthaus Schotbruch.

Willst du Brogat ins Gasthaus folgen, lies weiter bei ***T22****.*

Willst du auf der Straße abwarten, lies weiter bei ***T12****.*

T16 Du entschließt dich, deinem Fang ein wenig auszufragen: „Hey, Schatten, woher kommst du eigentlich?"
„Nun", beginnt der Angesprochene langsam, noch träge aus seiner Starre erwachend. „Alonia … vermute ich."
„Sehr witzig. Das dachte ich mir schon, dass du von der anderen Seite kommst. Ich meinte eigentlich die Stadt, Dorf oder von wo auch sonst deine Sippe herstammt."
Schweigen.
Nun, eigentlich hast du nicht erwartet, dass der Ugarith sehr gesprächig sein würde. „Verstehe", raunst du und versuchst es mit etwas Einfacherem. „Wie lautet dein Name?"
Wieder schweigt der schwarzhäutige Unbekannte. Du spürst jedoch, dass er nicht aus Bosheit oder Stolz eine Antwort verweigert, sondern im Gegenteil, deine Fragen scheinen ihn sogar mehr zu beschäftigen, als dich.

Willst du einen Zauber der Hellsicht anwenden, lies weiter bei ✦**T7**.
Willst du einen Zauber des Geistes anwenden, lies weiter bei ✦**T21**.
Willst du hingegen ruhig weitergehen, lies weiter bei **T24**.

T17 Du versuchst zu verdrängen, wie es morgen in den Straßen Leenhavens aussehen könnte. Die wenigen verbliebenen Luftkundschafter prognostizieren die Ankunft der Empire Flotte nämlich binnen der nächsten 24 Stunden.
Daher: Jede übersehene Feindbewegung wäre fatal. Und als eine Bewahrerin der oberen Hierarchieebene weißt du freilich, dass die letzte freie Hafenstadt an der Küste zur Kristallsee durchdrungen von feindlichen Häschern, Spionen und Sympathisanten ist.
Binnen weniger Minuten hat sich deine Anfrage über ein Netz aus Handlangern und Spitzeln wie ein Lauffeuer verbreitet und so wartest du am ausgetrockneten Brunnen des Fischmarkts darauf, dass sich ein Informant mit wichtigen Neuigkeiten zu erkennen gibt. Schließlich bekommst du fünf interessante Begebenheiten der letzten Tage mitgeteilt …

T

Ⓐ „Drei südländisch aussehende Kerle haben sich hier im Hafen umgetan. Sie suchten einen Führer nach Veniz."

Ⓑ „Ein älterer Mann erkundigte sich auf dem Schwarzmarkt nach menokischen Waffen. Er sprach mit gebrochenem Akzent."

Ⓒ „Zwei Frauen haben sich in einem Gasthaus in der Wagengasse niedergelassen. Sie seien seltsam tätowiert."

Ⓓ „Ein schwarzhäutiger Mann wollte wissen wo das Waisenhaus ist. Er trug einen purpurnen Umhang und einen knorrigen Stock."

Ⓔ „Ein wandelndes Skelett sei in einer verlassenen Lagerhalle im Hafen gesichtet worden. War sicher ein Dvorak."

Welcher Spur willst du zuerst folgen?

Ⓐ ***T8***, Ⓑ ***T18***, Ⓒ ***T28***, Ⓓ ***T38***, Ⓔ ***T48***

Willst du jedoch in den Geist deiner Spitzel eindringen, um durch ihre Augen die Gesichter der Verdächtigen sehen zu können, um womöglich deine Entscheidung zu erleichtern, lies weiter bei ✦***T10***.

T18 Du benötigst einige Zeit und ein paar Münzen, um den Händler ausfindig und gesprächig zu machen. Der Sohn eines Waffenschmieds erzählt von einem Mann aus dem Norden, womöglich ein Flüchtling aus Geta, der unbedingt einen menokischen Dolch erstehen wollte, um seine getötete Frau standesgemäß zu rächen.

„Natürlich hab ich den Ollen wieder weggeschickt! Die schneid'n mir doch beide Daum'n ab, wenn ich'n edl'n Sternen-Stahl verkauf'n tu!"

Du verabschiedest dich von dem Händler und ärgerst dich über die vergeudete Zeit.

Streiche einen Punkt unter „Zeit" auf der dritten Seite des Abenteuerblatts ab!

Hast du noch nicht alle drei Punkte abgestrichen, kehre zurück nach ***T17*** *und triff eine neue Wahl. Andernfalls lies weiter bei* ***T30***.

T

T19 Du greifst in die Geheimtasche deines Umhangs und holst ein kleines Zinnfläschchen hervor, die du dem überraschten Ugarith überreichst.

Notiere den ***schwachen Heiltrank*** *(Utensil, spendet einmalig zwei Stufen* VITALITÄT*, eventuell sogar auf* ***fit****) auf dem Abenteuerblatt.*

Trägt der Ugarith den ***Stern von Feymar*** *an seiner Klaue?*

Ja, er trägt diesen Ring, lies weiter bei ***T36****.*
Nein, er besitzt keinen solchen Schmuck, lies weiter bei ***T29****.*

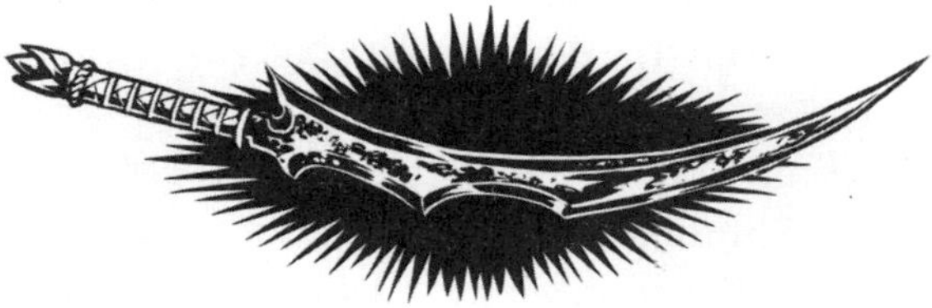

T20 Du weißt, dass dir nur knapp eine Viertelstunde bleibt, bis Brogat wieder aus deinem Zauberschlaf erwacht. So trittst du zielsicher durch die Holztür in den verlassenen Schankraum. Einzig eine ältere Frau mit einem um die Stirn geknoteten Tuch wischt den Treppenaufgang.
„Hör, Muttchen", sprichst du sie in Leenhavener Mundart an, „ich bin auf der Suche nach zwei kräftigen Weibsbildern, die bei euch untergekommen sein sollen."
Die Alte tut erst so, als hätte sie nichts gehört, murmelt dann aber etwas Unverständliches und deutet mit ihrem Schrubber die Treppe hinauf. Wenig später stehst du vor dem Zimmer der Menoken-Kriegerinnen.
Du willst dir gerade über dein weiteres Vorgehen im Klaren werden, als sich die Tür einen Spalt öffnet und dich ein paar schwarze Augen verkniffen mustern. Selbstbewusst zeigst du Brogats Brosche vor.

T

„Wurde auch Zeit", murrt die Kriegerin in gebrochenem Dialekt und lässt dich ins Zimmer. Die eine Kriegerin am Tisch stößt dir mit dem Fuß den Stuhl entgegen und klopft auf dessen Sitzfläche. Ehe du dich setzen kannst, sagt die ältere in fast perfekter Aussprache: „Ihr kennt unsere Bedingungen, ihr erhaltet unsere gesamte Flotte zur Unterstützung, wenn ihr uns ab sofort uneingeschränkten, zollfreien Handel auf allen Routen der Kristallsee zusichert."

Du bleibst in deiner Rolle als Unterhändler: „Wie viele Schiffe?"

Die beiden blicken sich an und sagen fast unisono: „Zwölf." Und die Anführerin ergänzt: „Wir werden bis zum Schluss mit dem Überlaufen warten, also bleibt geduldig."

„So sei es!", stimmst du zu und erhebst dich. „Mögen die Götter in den nächsten Stunden mit uns sein."

Willst du die beiden Kriegerinnen wie Brogat schlafen schicken und ihre Erinnerungen an dich vergessen machen, lies weiter bei ✦**T46**.

Ansonsten lies weiter bei **T41**.

T21 Du konzentrierst dich auf das feine Muster der astralen Matrix und projizierst deinen Geist auf den des Ugarith vor dir, in der Hoffnung eine Verbindung herstellen zu können. Doch du musst erkennen, wie sich plötzlich eine weitere Barriere vor dir auftut.

Es handelt sich aber nicht um einen Schutzzauber oder einen natürlichen Widerstand, als vielmehr um die unerwartete Komplexität eines zweiten Verstands! Wenn du es nicht besser wüsstest, würdest du sagen, dass zwei Geister parallel im Kopf dieses Ugarith existieren!

T

Vielleicht ist seine Verwirrtheit auf diesen Zustand zurückzuführen. Leidet er womöglich an Amnesie oder Schizophrenie? Oder ist es bei einem Ugarith gar Normalität?

Streiche 1 Funken auf dem Abenteuerblatt ab!

Weiter bei **T24**.

T22 Dein Magen brennt vor Ungewissheit, als du die Tür des Gasthauses zurückdrückst. Der leere Schankraum liegt im Dunkeln, dennoch entgeht dir nicht, dass der Treppenaufgang gerade frisch gewischt wurde. Brogats unverkennbare Stiefel- und Krückenabdrücke sind noch deutlich sichtbar.
Als du zudem ein Plätschern und Klirren aus der Küche hörst, eilst du behände die Stufen ins Obergeschoss hinauf.
Du musst nur den nassen Abdrücken auf den Dielen folgen, bis du schließlich vor einer geschlossenen Zimmertüre stehst.

Willst du lauschen, lies weiter bei ***T2****.*

Willst du ins Nachbarzimmer eindringen, lies weiter bei ***T11****.*

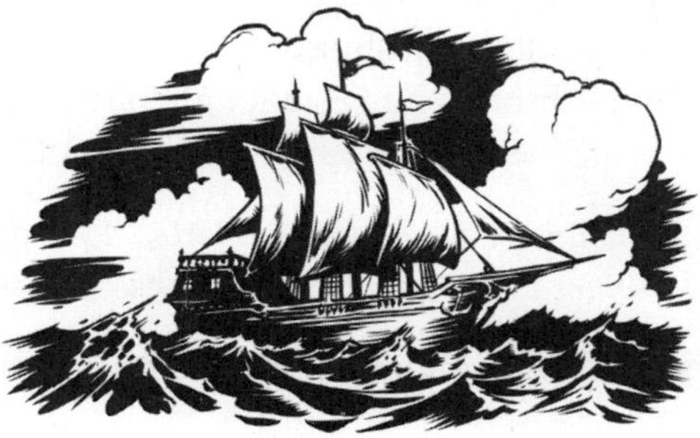

T23 Schweigend nippst du an deinem schalen Bier und blickst gelegentlich wie beiläufig zu den Zielpersonen. Die drei Männer aus dem Wüstenreich sprechen in einem Dialekt des Rhelih, einer melodiösen, bildreichen Sprache. Die Herrschaften scheint es nicht zu scheren, ob sie belauscht werden könnten und diskutieren mit stolzen Gesten. Wer sollte sie hier verstehen?
Es gibt keine unter den sechs pakonischen Hauptsprachen, die du nicht fließend beherrschst. Insofern ist es für dich ein Leichtes den Ausführungen zu folgen, selbst wenn ihr Dialekt wahrlich anspruchsvoll ist.

„Wir sollen also wirklich den Damm zerstören … Aber wie?“, will der Drahtige wissen.
Der Jüngste zieht den Splint eines Sprengsatzes aus der Manteltasche und lässt ihn zwischen den Fingern wandern: „Pffft! Wir jagen einfach ein riesiges Loch in die Mauer und fertig!“
„Idiot!“, donnert der Älteste die Faust auf den Tisch, „das bringt nichts. Und von außen schon mal gar nicht. Wir müssen rein!“
Die beiden anderen zucken mit den Achseln.
„Wir können das Problem nur von drinnen lösen. Dort gibt es nämlich einen Wartungsbereich mit einer Schleuse, die den Abfluss des Sees in den Kanal nach Leenhaven reguliert. Wenn wir es richtig anstellen“, grinst der Anführer, „brauchen wir nicht mal dein kleines Schmuckstück, Dshogu.“
Der Drahtige deutet hinaus zur Straße, als hätte er jemanden gesehen, woraufhin sie ihre Krüge leeren und die Schenke verlassen.

Notiere auf der dritten Seite des Abenteuerblatts, „Pfad der Weisheit“, unter „A“ die Nummern 504 (oberes Kästchen) sowie 400 (unteres).

Willst du den Männern weiterhin auf den Fersen bleiben, lies weiter bei ***T42****.*

Willst du deinem Spitzel deuten, er solle die Beschattung fortsetzen, damit du dich anderen Aufgaben widmen kannst, lies weiter bei ***T37****.*

T24 Obwohl du ahnst, wie wichtig dieser Ugarith in den kommenden Stunden und Tagen für den Fortgang des Krieges werden könnte, unterdrückst du den Drang, den Ugarith weiter zu begutachten und trottest dem Karren und deinen beiden Helfern in sicherem Abstand hinterher.
„Welch Ironie“, entkommt ein Gedanke deinem Mund. Kann es sein, dass die Zukunft der Allianz der freien Lande tatsächlichen einem Wesen obliegt, dass zu der Rasse gehört, die dies alles zu verantworten hat?

Als ihr ankommt, werden die Wunden des Ugarith erst einmal versorgt, bevor er Meister Gonru vorgestellt wird. Der Austausch mit dem Schattenkind verläuft hingegen so, wie die meisten Bewahrer-Gespräche: Meister Gonru besteht auf Einhaltung von Neutralität und Verschwiegenheit und bleibt entsprechend vage in seinen Aussagen. Du hingegen stehst zwar für deine eigenen, modernen Einsichten ein, doch Gonru bleibt hart und weist dich zurecht.
Du sollst den Ugarith ohne weitere Hilfe sofort zum östlichen Geheimtunnel überführen. Ehrlich gesagt, ärgerst du dich darüber, dass das Gespräch nur wenig einbrachte, schließlich hast du dein Leben riskiert, um das Schattenkind ins Hauptquartier zu bringen.

*Weiter bei **T40**.*

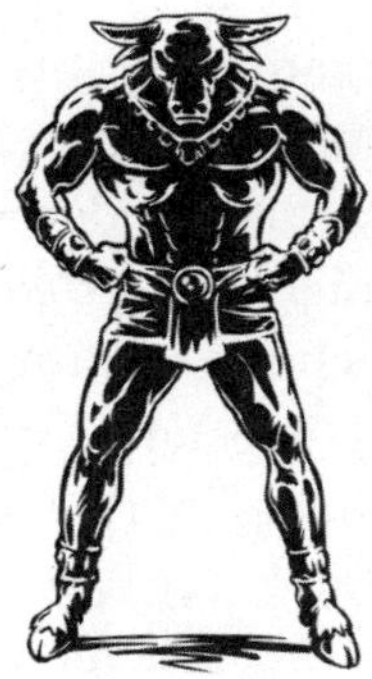

T25 Als du dich durch die Menge drängst, um die Tischgruppe in der Ecke der Schenke zu erreichen, stellst du fest, dass es keinen Sitzplatz mehr neben den Kyphisern gibt.

*Willst du einen Zauber anwenden, um einen Gast so zu manipulieren, dass er dir Platz macht, lies weiter bei ✦**T13**.*

*Willst du einfach stehenbleiben und dennoch versuchen, dem Gespräch zu folgen, lies weiter bei **T23**.*

*Oder willst du zurück an den Tresen und von dort beobachten, lies weiter bei **T33**.*

T

T26 Wohlwissend, dass dieser Ugarith jede Hilfe brauchen kann, greifst du in die Innentasche deines Umhangs und holst ein kleines Kristallfläschchen hervor und überreichst sie ihm.

*Notiere das **Aufputschmittel** (Utensil, spendet einmalig +3 ANGRIFF für 3 KAMPFRUNDEN) auf dem Abenteuerblatt.*

*Trägt der Ugarith den **Stern von Feymar** an seiner Klaue?*

*Ja, er trägt diesen Ring, lies weiter bei **T36**.*

*Nein, er besitzt keinen solchen Schmuck, lies weiter bei **T29**.*

T27 Deine Suche der vergangenen Stunden hat sich als fruchtlos erwiesen. Während du immer verzweifelter nach Hinweisen nach dem Aufenthaltsort des Ugarith gesucht hast, hat der Angriff Leenhaven wie eine gigantische Sturmwoge überrollt. Seit Stunden kämpfst du dich nunmehr durch die brennenden Straßen deiner Heimatstadt – weiterhin auf der Suche nach dem Ugarith – und hast dabei schon einige Male deinen Bewahrer-Eid gebrochen, dich eingemischt, dich sowohl um Verletzte gekümmert als auch Hilflosen im Kampf beigestanden.

Laut deiner letzten Information sei tatsächlich ein Stoßtrupp aus sechs Ugarith mittels Beiboots an Land gegangen. Unvorstellbar für wie viel Verderben die Elitekrieger sorgen könnten.

Du willst gerade einen herrenlosen, blutverschmierten Säbel vom Pflaster aufheben, als über dich ein Drache hinwegfegt. Sein bebender Odem ergießt sich über die Straße, an Häuserwände entlang, entzündet Karren und Fässer. Dann schlägt das rotgeschuppte Monstrum seine Pranken in den Dachstuhl des Hauses vor dir und reißt unter heftigen Flügelschlägen daran. Funken stieben, Holz und Schindeln krachen auf das Pflaster. Ein Reiter in rotglühendem Vollharnisch zerrt an den Zügelketten.

Plötzlich donnert ein weiterer Balken nur wenige Schritt von dir zu Boden und eine Welle aus sengender Hitze und Rauch umfängt dich. Du jedoch genießt den chaotischen Tanz der Flammen,

streichst dir über dein glimmendes Haar und nimmst mit ihnen die elementare Energie des Feuers auf.
Da erblickst du einen Mann, der nur wenige Schritte vor dir aus dem Inferno taumelt und zu Boden stürzt.

Willst du dem Reiter per Zauber befehligen abzudrehen, lies weiter bei ✦**T44**.

Willst du dem Drachen zwingen sich den Befehlen seines Reiters zu widersetzen, lies weiter bei ✦**T49**.

Oder möchtest du dem Mann zur Hilfe eilen, weiter bei **T35**.

T28 Du läufst auf direktem Wege zur Wagengasse und bringst dich in einer Seitengasse gegenüber dem Gasthaus „Schotbruch" in Stellung.
Knapp zwei Stunden vergehen, bis sich endlich etwas tut: Im Obergeschoss öffnet sich ein Fenster und eine Frau mit breiten Wangen schaut mit kalter Miene hinab auf die Straße. Ihr muskulöser Oberkörper sowie ihre Arme sind über und über mit Tätowierungen verziert. Eindeutig eine Menoken-Kriegerin. Mit einem letzten prüfenden Blick verschließt sie wieder den Verschlag.
Du bewunderst noch gedanklich die Kunstfertigkeit ihrer Hautbemalung, als hinter dir etwas klappert.

Willst du nachsehen, wer oder was das Geräusch verursacht hat, lies weiter bei **T5**.

Willst du unauffällig die Hauptstraße betreten, als hättest du nichts bemerkt, lies weiter bei **T15**.

T29 „Folgt diesem Gang", erklärst du und klopfst ihm zum Abschied aufmunternd auf die Schulter. „Er führt Euch unter den Ostmauern Leenhavens in die Freiheit! Viel Glück!"
Hier endet der kurze Ausflug ins Leben der Bewahrerin Tarah. Von nun an sind es wieder die Geschicke des Ugarith, die du lenkst.

Weiter bei **T50**.

T30 Erschöpft von den spannenden Begegnungen und zurückgelegten Meilen, kehrst du ins Hauptquartier zurück, um Meister Gonru Bericht zu erstatten. Er stimmt deinen Erkenntnissen und Schlussfolgerungen in weiten Teilen zu, ist dabei jedoch ungewohnt zerstreut.

Schließlich flüstert er: „Tarah, ich möchte dich nun in ein Geheimnis unseres Bundes einweihen." Gonru winkt dich näher zu sich heran und legt seine zittrige Hand auf die deine. „Wie du vielleicht weißt, weißsagte vor 20 Jahren das Orakel von Kabeth die Wiedergeburt des Keşra, dem Rächer der Göttergeschwister zur Erneuerung des Gleichgewichts der Schöpfung. Doch es verschwieg, wie und wo sich der Gesandte manifestieren sollte. Und so gilt dieses Orakel bis heute als ungewiss und ist Grundlage theologischer Debatten."

„Ihr meint, das Keşra sei nie erschienen?"

„Oh doch! Wir wissen sehr wohl, wer das Keşra ist und wo es sich aufhält."

„Wirklich?!", entfährt es dir.

„Ja, es wurde im Körper eines männlichen Ugarith geboren! Calderel fand und verschleppte ihn im Kindesalter und zog ihn unter seinesgleichen auf. Heute ist er ein privilegierter Soldat, ausgebildeter Drachenreiter und neuerdings das geweihte Schattenkind."

„Dann wurde das Keşra also korrumpiert."

„Nicht in dem Umfang, den Calderel plante. Bruder Tarus hat sich seiner angenommen und dafür gesorgt, dass Calderels Manipulationen in vielerlei Hinsicht ins Leere liefen."

„Bruder Tarus? Ihr meint, den Bewahrer, der die Ugarith-Enzyklopädie verfasste?"

„Ganz recht. Sein ganzes Leben hat er der Ugarith-Forschung gewidmet."

„Ein gefährlicher Zeitvertreib, will ich meinen."

„Oh, Tarah, du hast keine Vorstellung! Ich fürchte mehr denn je um Tarus' Leben. Er hat sich in große Gefahr begeben, um uns mitzuteilen, dass das Schattenkind auf dem Weg nach Leenhaven ist, als Soldat der Angriffsflotte."

„Mutig", grübelst du. „Was soll ich tun?"

„Tarah, dein Auftrag lautet: Finde das Schattenkind und bringe es hierher! Wir müssen mit ihm sprechen, selbst wenn dies unser Gelübde und heiligen Ziele in Frage stellt."

Wenige Minuten später streifst du wieder über die Straßen Leenhavens. Du hättest noch so viele Fragen an Gonru gehabt, doch dafür bleibt keine Zeit.

Da du keine weiteren Informationen darüber hast, wo und wann du den Ugarith in Leenhaven erwarten darfst, hältst du es für das Beste, dich in der Nähe der Wehrmauern, die den Hafen umgeben, umzusehen.

Kontrolliere bitte den Kreis neben der Sektionsnummer 446, Kapitel 3.

Sollte er markiert sein, lies weiter bei **T27**.

Ansonsten, lies weiter bei **T47**.

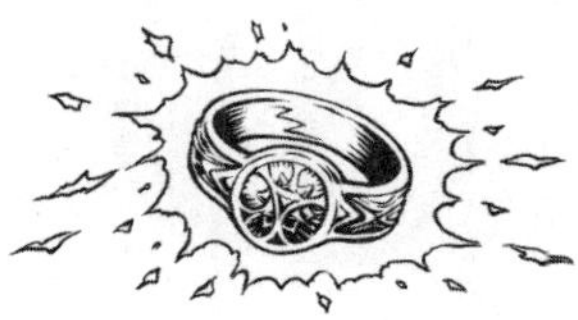

T31 Schweren Herzens, aber wissend das richtige zu tun, greifst du dir in den Nacken, öffnest das Häkchen deines Amuletts und legst die Kette in die geöffnete Klaue des erstaunten Ugarith.

Notiere das ***Amulett der Bewahrerin*** *(Utensil) auf dem Abenteuerblatt! Das Amulett bringt seinem Träger Glück. Immer dann, wenn der Basiswürfel eine ⚀ zeigt, darfst du das Ergebnis des gesamten Wurfs ignorieren und erneut würfeln!*

Trägt der Ugarith den ***Stern von Feymar*** *an seiner Klaue?*

Ja, er trägt diesen Ring, lies weiter bei **T36**.

Nein, er besitzt keinen solchen Schmuck, lies weiter bei **T29**.

T32 Als das Adrenalin langsam aus deinen Adern weicht, wird dir bewusst, was du in den vergangenen Minuten in Erfahrung bringen konntest: Die Menoken – langjährige Verbündete des Empires – wollen während der morgigen entscheidenden Schlacht die Fronten wechseln!
Die Freude, die du in dir spürst, ist zwar einer Bewahrerin nicht würdig, dennoch kannst du dich der Vorstellung eines Kriegsendes zugunsten deiner Heimat nicht entziehen und blickst zuversichtlich zum großen Zeitturm inmitten des Stadtzentrums.

Streiche einen Punkt unter „Zeit" auf der dritten Seite des Abenteuerblatts ab!

Hast du noch nicht alle drei Punkte abgestrichen, kehre zurück nach ***T17*** *und triff eine neue Wahl. Andernfalls lies weiter bei* ***T30****.*

T33 Routiniert beschattest du das Trio aus Kyphi und wehrst nebenbei die ein oder andere plumpe Avance angetrunkener Seeleute ab. Im stickigen Schankraum ist es allerdings dermaßen laut, dass du vom Gespräch der Männer außer gelegentlichem lautem Lachen nichts mitbekommst.
Nach knapp einer halben Stunde erheben sie sich und verlassen die Schenke.

Willst du den Männern weiterhin auf den Fersen bleiben, lies weiter bei ***T42****.*
Willst du deinem Spitzel ein Zeichen geben, er sollte die Beschattung für dich fortsetzen und dich selbst anderen Aufgaben widmen, lies weiter bei ***T37****.*

T34 Vorsichtig schlägst du eine Ecke der Decke zurück und streckst deine Finger der nachtschwarzen, runzeligen Haut seines linken Klauenrückens entgegen, als plötzlich dein Geist erlischt. Von einem Moment auf den nächsten, sind all deine Gedanken, dein Bewusstsein in einem Gewitter fremder Bilder ausgelöscht. Als du die Augen wieder öffnest, benötigst du einen Moment, um zu realisieren, wo du dich überhaupt befindest. Stöhnend streichst du deine wirren feuerroten Strähnen zurecht und lässt dir von den beiden Bewahrer-Kollegen wieder auf die Beine helfen.

Du erhältst 1 Funken!

Der Ugarith selbst scheint von alledem nichts mitbekommen zu haben. Im Gegenteil, er verharrt weiterhin in seiner Ruhestarre. Irritiert betrachtest du noch einmal seine Klaue. Ein schwaches magisches Leuchten, ähnlich einem Schutzzauber oder Siegel umspielt als Geflecht aus feinen Adern seine schwarze Haut. Das Muster erinnert dich an die Zauberkunst der Zarlik. Womöglich wäre ein Meister der Echsenmagier dazu in der Lage, dieses Phänomen zu erläutern.

Willst du den Ugarith jetzt ansprechen, lies weiter bei ***T16****.*
Willst du hingegen schweigend weitergehen, lies weiter bei ***T24****.*

T35 Du eilst dem Unbekannten zu Hilfe und zerrst ihm aus Glut und Flammen. Als du ihn auf den Rücken drehst und vergeblich versuchst, ihm den Ruß aus dem Gesicht zu wischen, wird dir bewusst, dass es sich um den natürlichen Farbton seiner Haut handelt. Ist es womöglich der Ugarith, den du suchst?
Offensichtlich hat der ein Meister der Nacht versucht, sich mit einem einfachen Fischersmantel zu tarnen, doch haben die Flammen ihn teilweise dermaßen verzehrt, dass seine Empire-Uniform darunter sichtbar wird.
Mit letzter Kraft zerrst du den schweren Körper des Ugarith in ein schützendes Kellergewölbe und hoffst darauf, dass die Feuerkraft

der Drachen bald erschöpft ist. Denn auch ihre Macht, in Form ihres hochentzündlichen Speichels, ist endlich. Er wird unter Alchemisten als extrem seltene Komponente für mächtige Mixturen gehandelt.
Entkräftet von den Strapazen der letzten Tage lehnst du dich an einen Steinbogen des Gewölbes und forderst Hilfe aus dem Hauptquartier mittels eines Kontaktquarzes an. Zwei Brüder samt Karren seien unterwegs.

Weiter bei ***T14****.*

T36 Fasziniert vom Schmuckstück an der Klaue des Ugarith, bittest du darum, einen genaueren Blick darauf werfen zu dürfen. Der Ring, ein uraltes Artefakt der Skÿll, vibriert und bitzelt auf der Haut, und dir wird bewusst, dass er sich gerade mit deiner magischen Energie auflädt! Schweren Herzens händigst du ihn wieder aus: „Folgt dem Gang. Er führt Euch unter den Ostmauern Leenhavens in die Freiheit … Viel Glück!"

Sollte der Ugarith in Zukunft mit dem ***Stern von Feymar*** *an der Klaue* ***Extra-Schaden*** *verursachen, erhöht sich dieser um 1 Punkt. Markiere daher das Feld +1 unter* ***Extra-Schaden*** *auf dem Abenteuerblatt.*
Hier endet der kurze Ausflug ins Leben der Bewahrerin Tarah. Von nun an sind es wieder die Geschicke des Ugarith, die du lenkst.

Weiter bei ***T50****.*

T37 Wehmut ergreift dich, als du über die leeren Straßen und Seitengassen Leenhavens blickst. Eine gespenstige Ruhe hat sich mittlerweile breitgemacht. Vereinzelt hämmern Bürger Verschläge an Fenster und Türen, in der vagen Hoffnung, dies könnte ihr Hab und Gut vor den Angreifern schützen.
Es ist ein offenes Geheimnis: Leenhaven ist der Schlüssel in diesem Krieg. Strategisch wie moralisch von außerordentlicher Wichtigkeit. Denn sollte das Empire tatsächlich die Hafenstadt einnehmen, wäre Versorgung und Nachschub für die schwarze Armee

bei Fort Sin gesichert und ihrem Einmarsch nach Rhenus stünde nichts mehr entgegen.
Du blickst zum Himmel empor und dir wird bewusst, dass in wenigen Stunden feuerspeiende Drachen hier ihre Kreise ziehen und unzählige Frauen und Männer in der Kanderhagener Bucht ihr Leben lassen werden. Du schließt die Augen und versuchst die schwarzen Gedanken aus deinem Kopf zu schütteln.

Streiche einen Punkt unter „Zeit“ auf der dritten Seite des Abenteuerblatts ab!

Hast du noch nicht alle drei Punkte abgestrichen,
kehre zurück nach **T17** *und triff eine neue Wahl.*
Andernfalls lies weiter bei **T30**.

T38 Das Waisenhaus liegt am nördlichen Stadtrand Leenhavens mit Blick zu den Windbergen und ist in einem jämmerlichen Zustand.
Als du das quietschende Eisengatter zum Hof zurückdrückst, wirst du sofort von über einem Dutzend abgemagerter Kinder umringt. Mit brennendem Herzen greifst du in deinen Umhang und verteilst das Fladenbrot, das du eigentlich für dich auf dem Markt gekauft hattest.
Schließlich tritt eine ältere Frau heran, streicht einem Kind über den Schopf und löst so das Toben um dich herum auf. „Was führt Euch zu uns?“, flüstert sie leise.
Du spendest ihr ein paar Münzen und fragst unverblümt, ob ein schwarzhäutiger Mann vor kurzem hier gewesen sei.
„Tatsächlich!“, erinnert sie sich. „Gestern beehrte uns ein Magier aus den Hohen Arcaden. Ihm sei zu Ohren gekommen, Horus, eines meiner Kinder, hätte besondere Talente.“
Sie erzählt von einigen unerklärlichen Zwischenfällen, wie fliegende Teller oder spontan aufflackernde Kerzen – und dass er bereits perfekt lesen und schreiben könne – jedoch nur spiegelverkehrt!

„Ich überließ meinen kleinen Horus also dem Diener von Naolis", schluchzt sie wehmütig. „Oh, ich wünschte mir, alle meine Kinder würden den Segen des magischen Funkens in sich tragen."
Du verabschiedest dich von der Rektorin – nicht ohne ihr eine weitere Spende zuzustecken – und eilst zurück Richtung Hafenviertel, im Wissen, dass dich diese Spur kaum weitergebracht hat.

Notiere auf der dritten Seite des Abenteuerblatts, „Pfad der Weisheit" ↵, im Kästchen bei „D" die Nummer 685.
Streiche dort zudem einen Punkt unter „Zeit" ab!

*Hast du noch nicht alle drei Punkte abgestrichen, kehre zurück nach **T17** und triff eine neue Wahl.*
*Andernfalls lies weiter bei **T30**.*

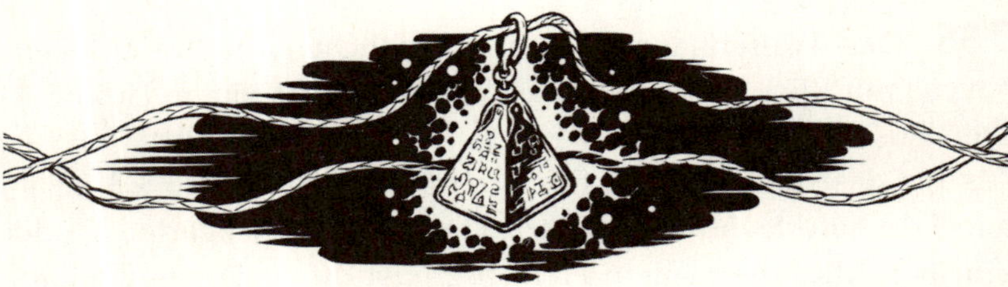

T39 Du willst dich bereits enttäuscht abwenden, als plötzlich eine graue Silhouette aus dem Schatten eines Hauses springt und dich hinterrücks angreift. Mit einer flinken Seitwärtsrolle und einer geschmeidigen Drehbewegung windest du dich elegant aus den Attacken des Ugarith heraus und treibst ihm den Absatz deines Lederstiefels in die Hüfte!
Noch bevor er sich wieder aufrappeln kann, eilen dir deine Bewahrer-Freunde zu Hilfe. Gemeinsam fesselt und knebelt ihr den Schatten und stülpt ihm zudem einen Sack über den Kopf.
„Mach keinen Ärger!", raunst du verärgert und wirfst ihn auf den Karren. „Es wird für alle Beteiligten angenehmer sein, wenn du dich von nun an still verhältst."

*Weiter bei **T14**.*

T40 „Ihr solltet Euch sputen, wenn Ihr die Verfolgung der Kyphiser aufnehmen wollt“, flüsterst du dem Ugarith zu. „Ich zeige Euch, wie Ihr Leenhaven auf schnellstem Wege verlassen könnt.“

Daraufhin führst du ihn durch die wirren Gänge eures unterirdischen Verstecks, schiebst in einer dunklen Ecke mehrere Kisten zur Seite und legst eine unscheinbare Luke frei. Du überreichst dem Ugarith eine Laterne und streichst gedankenverloren über das Leder deiner Armschienen, als dich jäh ein Strahl göttlicher Gegenwart streift!

Starr vor Schreck glotzt du den Ugarith an. Deine Gedanken drehen sich nur noch darum, wie wichtig seine bevorstehende Mission für den Fortgang des Krieges ist. Dann kämpfen sich dein Pflichtbewusstsein und dein Eid wieder an die Oberfläche deines Geistes, die es dir untersagen, deine Ziele mit dem Lauf des göttlichen Wirkens zu verflechten.

*Willst du deinem Gelübde folgen und dem Ugarith einfach nur Lebewohl wünschen, lies weiter bei **T29**.*

*Oder der Eingebung folgen, deinen Eid brechen und ihn bestmöglich unterstützen, lies weiter bei **T9**.*

T41 Ungesehen verschwindest du wieder in den Seitengassen Leenhavens und machst dich auf, Meister Gonru von deinen Erkenntnissen zu berichten.

Derweil jedoch war Militärattaché Brogat wieder erwacht und versuchte seinerseits mit den Abgesandten der Menoken in Kontakt zu treten. Die stolzen Kriegerinnen zeigten sich wenig erfreut über das doppelte Spielchen der unfähigen Leenhavener und schlugen kurzerhand das Paktangebot aus.

Die Schlacht um Leenhaven nimmt somit ein weitaus schrecklicheres Ende.

Deine Mission und die des Ugarith sind somit gescheitert. ■

T42 Entschlossen zu erfahren, was die Kyphiser vorhaben, beschattest du sie weiterhin. Da sich jedoch inzwischen viele Menschen von den Straßen Leenhavens zurückgezogen und sich in ihren Häusern verschanzt haben, musst du immer mehr Abstand wahren, um nicht aufzufliegen. Schließlich ist das Trio hinter der nächsten Häuserecke verschwunden.

Willst du versuchen die Fährte wieder aufzunehmen, indem du eilig die nahegelegenen Seitengassen absuchst, lies weiter bei ***T3****.*

Willst du dich nun lieber anderen Aufgaben widmen, lies weiter bei ***T37****.*

T43 Binnen eines Augenblicks sinkt der hochdekorierte, ehemalige Soldat bewusstlos danieder. Mit großer Mühe schleifst du ihn hinter ein paar Kisten, nimmst seine Brosche an dich und betrittst das Gasthaus gegenüber.

Streiche 1 Funken auf dem Abenteuerblatt ab!

Weiter bei ***T20****.*

T44 Meterhoch schlagen Rauch und Flammen empor und lassen die nächtlichen Schatten tanzen. Das Gesicht des Reiters verschwimmt bis zur Unkenntlichkeit, entsprechend schwer fällt es dir, dich auf seinen Geist zu fokussieren.
Sein mentaler Schutz ist ein breiter Graben, mit steil abfallenden Klippen ohne Boden. Du lächelst überlegen, lässt deinem imaginären Ich kurzerhand Flügel wachsen und fliegst über die schwarze Leere hinweg.
So in die Gedankenwelt des Reiters eingedrungen, befiehlst du ihm, die Zügel loszulassen … Zurück in der Realität siehst du zufrieden, wie der Reiter desorientiert aus dem Sattel rutscht und nur noch an den Sicherheitsriemen hängend an der Flanke seines Drachen baumelt. Dabei löst sich seine Satteltasche, die über das Ziegeldach des brennenden Hauses poltert und vor dir auf die Straße stürzt.

Während der Drache samt kreischendem Reiter davonflattert, greifst du dir die schwere Ledertasche. Du schüttelst ihren Inhalt aus und entdeckst unter anderem Befehlsschreiben mit dem Siegel des Empire-Kommandos! Es handelt sich um Karten mit Flugbewegungen ihrer Drachen, sowie über ihre stationierten Einheiten bei Fort Sin – der schwarzen Armee unter der Führung von Slaht dem Blutigen.
Erst jetzt realisierst du, dass du trotz der eingesetzten Magie, keinen Schwund deiner Energie erleiden musstest. Es sind wohl die euphorisierten Elementare, die, dank des entfesselten Flammenmeers um dich herum, deine Kräfte aufrechterhalten.

Notiere auf der dritten Seite des Abenteuerblatts, „Pfad der Weisheit“, im Kästchen bei „E“ die Nummer Z3.

Weiter bei ***T35****.*

T45 Entschlossen zückst du deinen Dolch und der Ugarith beobachtet verwundert, wie du eine deiner feurig-roten Locken abschneidest, ihre Kraft mit einem Knoten versiegelst und ihm schenkst.
Notiere die ***Feuerlocke der Bewahrerin*** *(Utensil) auf dem Abenteuerblatt! Wirfst du sie vor Beginn eines Kampfes in die Luft, stehen dir für die restliche Auseinandersetzung Elementare aus der Feuersphäre zur Seite, die in jeder KAMPFRUNDE, wenn der Basiswürfel eine ungerade Zahl zeigt (also bei ⚀, ⚂ oder ⚄), automatisch einen zusätzlichen Punkt RESISTENZ-Abzug bei deinem Gegner verursachen!*

Trägt der Ugarith den ***Stern von Feymar*** *an seiner Klaue?*

Ja, er trägt diesen Ring, lies weiter bei ***T36****.*
Nein, er besitzt keinen solchen Schmuck, lies weiter bei ***T29****.*

T46 Dir ist klar, dass du ebenso die beiden Kriegerinnen manipulieren musst, willst du das falsche Spiel mit Brogat aufrechterhalten. Und so tust du es erneut: Auch die beiden mächtigen

Menokinnen sinken hilflos zusammen, als du ihre Seele mit deinem hypnotischen Blick in den Schlaf schickst.
Vorsichtshalber wuchtest du eine ins Bett und die andere auf den Stuhl am Tisch. Eine reine Vorsichtsmaßnahme. Denn wenn beide in einigen Minuten wieder erwachen, werden sie sich erheben, auf ihre letzte Position vor der Verzauberung wandeln im Glauben, es sei nichts geschehen.

Streiche 1 FUNKEN auf dem Abenteuerblatt ab!

Weiter bei ***T32****.*

T47 Angespannt blickst du über das Hafenbecken gen Horizont und streichst dir eine rote Haarsträhne aus dem Gesicht, als ein verhärmter Junge hinter ein paar gestapelten Kisten hervortritt. „Herrin“, beginnt dein Späher flüsternd, „ich habe in der Nähe der Wagengasse einen eigenartigen Mann gesehen. Seine Haut war schwarz wie die Nacht und seine Augen fahl und kalt wie der Mond.“
Du dankst dem Kleinen, steckst ihm eine Münze in die Tasche seines Hemds und befiehlst ihm, in einem Schutzkeller Zuflucht zu suchen.
Wenige Minuten später hast du dich auf die Fersen des Verdächtigen geheftet. Getarnt in einem schlechtsitzenden Fischersmantel, durchstreift er die Gassen und gerät prompt in eine Kontrolle. Die beiden Wachmänner sind sofort misstrauisch und wollen den Verdächtigen kontrollieren, als die Lage eskaliert. Im letzten Moment türmt der Ugarith und hängt seine Verfolger ab. Du hingegen hast das Glück, dass dir zwei Beobachter der Bewahrer, die als Bauersleute getarnt wie zufällig ihren Rundgang laufen, einen Fingerzeig geben.
Der Schatten ist offenbar in einem der Hinterhöfe geflüchtet und du eilst hinterher, um ihn noch einzuholen – doch kaum bist du durch den Torbogen gelaufen, scheint der Ugarith wie vom Erdboden verschluckt.

Dennoch spürst du seine Präsenz, fokussierst dich auf deine innere Mitte und durchleuchtest mit deinem dritten Auge die zahlreichen Versteckmöglichkeiten des Hinterhofs. Die Umgebung leuchtet nun in Grau und Rot. Jedes Wesen, dessen Lebensfunke brennt, sei es auch noch so klein, glüht rötlich warm, alle toten Dinge hingegen zeigen sich in fahlen, kühlen Grautönen.

Kontrolliere bitte den Kreis neben der Sektionsnummer 423, Kapitel 3.

Sollte er markiert sein, lies weiter bei ***T4****.*

Ansonsten, lies weiter bei ***T39****.*

T48 Du kannst kaum glauben, dass es einen Dvorak tatsächlich nach Leenhaven verschlagen haben sollte. Die loyalen Alliierten des Empires können unmöglich sicher sein, sich unerkannt durch die Stadt zu bewegen, so auffällig ist ihre Erscheinung.
Als du ein loses Brett zur Seite drückst und so durch die Wand in die Dunkelheit der besagten Lagerhalle schlüpfst, beschleicht dich ein ungutes Gefühl. Hier stimmt etwas nicht!
Ein leises Klacken, ein metallisches Rattern und du spürst einen dumpfen Aufprall auf deinem Kopf …
Als du wieder erwachst, müssen Stunden vergangen sein. Stöhnend erhebst du dich und reibst dir die Beule. Dein Geldbeutel wurde gestohlen, doch neben dir bemerkst du einen großen Rußfleck, in dessen Mitte ein aufgeplatzter Mehlsack samt verknüpftem Seil und ein verkohlter Dolch liegen. Ahnend, was geschehen ist, schmunzelst du kopfschüttelnd und streichst dir über die abgeschnittene Strähne deines feuerroten Schopfes.
Benommen trittst du in die Hafengasse zurück und überlegst, was dir nach dem Zeitverlust nun noch zu tun bleibt.

Streiche zwei Punkte (sofern noch möglich) unter „Zeit" und 1 Funken auf der dritten Seite des Abenteuerblatts ab!

Hast du noch nicht alle drei Punkte abgestrichen, kehre zurück nach ***T17*** *und triff eine neue Wahl.*

Andernfalls lies weiter bei ***T30****.*

T

T49 Vor deinem inneren Auge schwebst du über einen See gluckernder Lava, aus dessen Mitte sich etliche schroffe Felsen emporwinden. Ein dir fremdes Szenario – schließlich hast du noch nie versucht, den Geist eines Drachen zu erreichen, geschweige denn zu überwinden.

Nirgendwo eine Mauer, eine Wehr, die den Geist des Drachen zu schützen scheint. Irritiert blickst du dich um und entdeckst ihn schließlich lauernd auf einer Felsspitze.

Du nutzt die Gelegenheit und attackierst. Die Echse jedoch knurrt wütend und richtet augenblicklich einen Gegenschlag in Form eines Lavaschwalls in deine Richtung. Während dein astraler Körper vom glühenden Gestein umhüllt wird, stürzt in der realen Welt ein brennendes Haus über deinem paralysierten Körper zusammen.

Dein Leben endet hier. ■

T50 Als du Tarah betrachtest, um der Bewahrerin für all ihre aufopferungswillige Hilfe zu danken, verharrst du in Starre, denn erneut überkommt dich das Gefühl göttlicher Bestimmung. Du glaubst diesen Moment des Abschieds mit Tarah schon einmal erlebt zu haben …

Diesmal jedoch – bei den Göttern – lodert ein magischer Funke in ihren Pupillen! Für diesen flüchtigen Augenblick erhältst du eine Vision ihrer Gedanken und schöpfst daraus weise Hinweise über deinen zukünftigen Pfad.

Noch gefangen im Versuch, diesen Moment im großen Meer deiner vergangenen, gegenwärtigen als auch zukünftigen Erinnerungen einzuordnen, erfasst dich erneut der reißende Weltenfluss. Überwältigt von seiner tobenden Kraft, lässt du dich wieder von seinem temporalen Strom erfassen. Geistesabwesend verabschiedest du dich mit einer angedeuteten Verbeugung von Tarah.

Lies weiter im 3. Kapitel bei ***384****!*

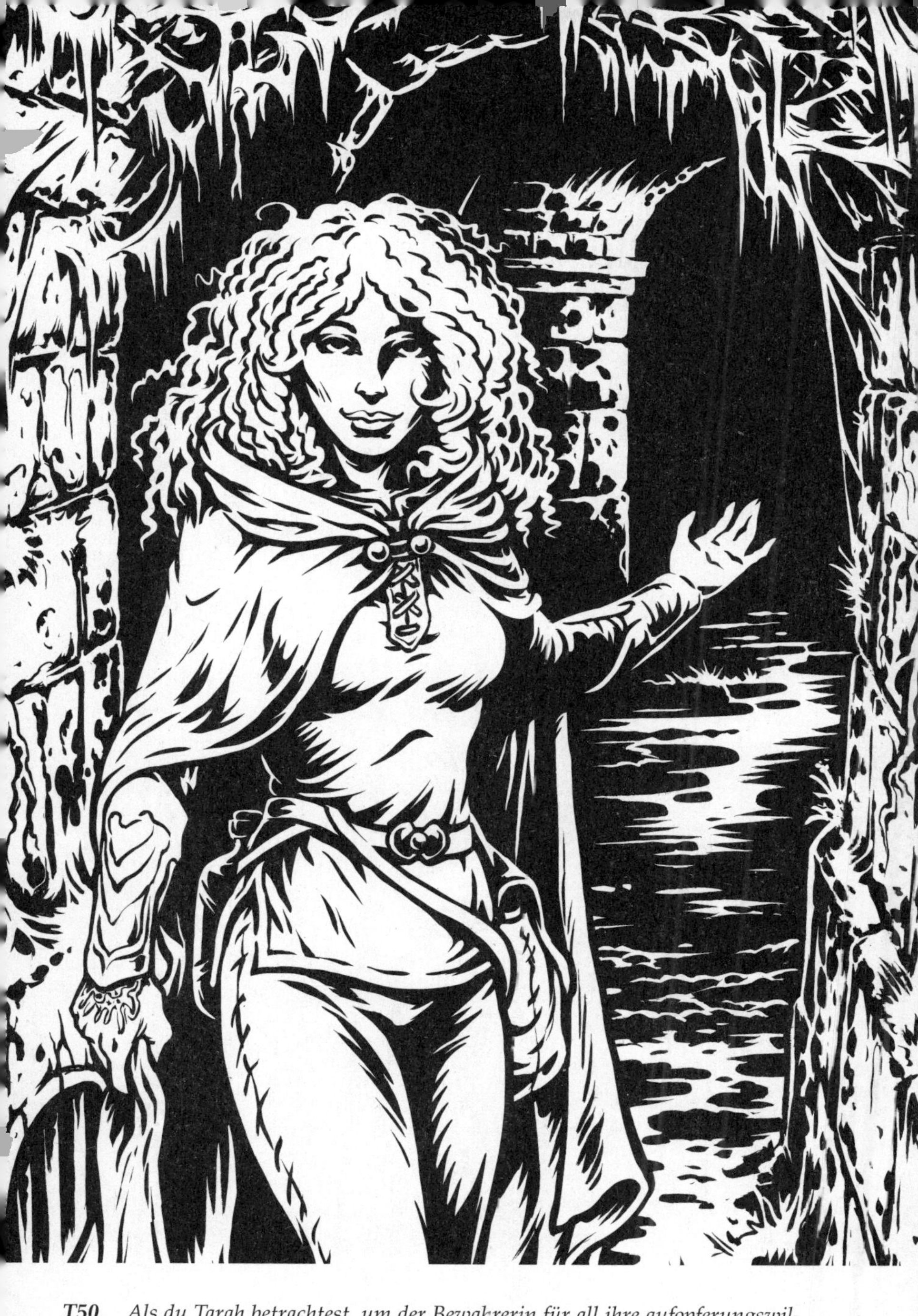

T50 *Als du Tarah betrachtest, um der Bewahrerin für all ihre aufopferungswillige Hilfe zu danken, verharrst du in Starre, denn erneut überkommt dich das Gefühl göttlicher Bestimmung.*

T?? Der Angriff des Empires war verheerend. Unzählige Menschen sind tot. Und dennoch: Deine Familie und die Bewahrer haben überlebt und nach dem Überlaufen der Menoken zur Allianz der Freien Lande scheint der Ausgang des Krieges offener denn je.

Trotz aller Zuversicht machst du dir große Sorgen um Meister Gonru. Seit Tagen muss er das Bett hüten. Zudem verbittet er sich jeden persönlichen Kontakt, was dich als seine engste Vertraute kränkt.

So lässt du – wie jeden Tag – deinen Geist in meditativem Einklang mit der Welt umherstreifen. Eigentlich hast du nicht erwartet auf etwas zu stoßen, und bist verblüfft, als du die geistige Barriere deines Meisters im fernen Nebel deines Verstandes erblickst.

Du erkennst seine Mauer sofort: steil, glatt, unüberwindlich. Während deiner Ausbildung hat Gonru dich einmal zu Übungszwecken durch ein freiwillig geschaffenes Tor am Fuße des Bollwerks aus poliertem, weißem Marmor in seinen einzigartigen Verstand vordringen lassen.

Neugierig eilst du mit deinem astralen Körper auf die Festung zu und erkennst zu deinem Erstaunen, dass sich wieder das Tor von damals in der Mauer zeigt! Diesmal jedoch hockt im Schneidersitz davor ein fescher Jüngling. Er verfolgt dich mit wachem, freundlichem Blick.

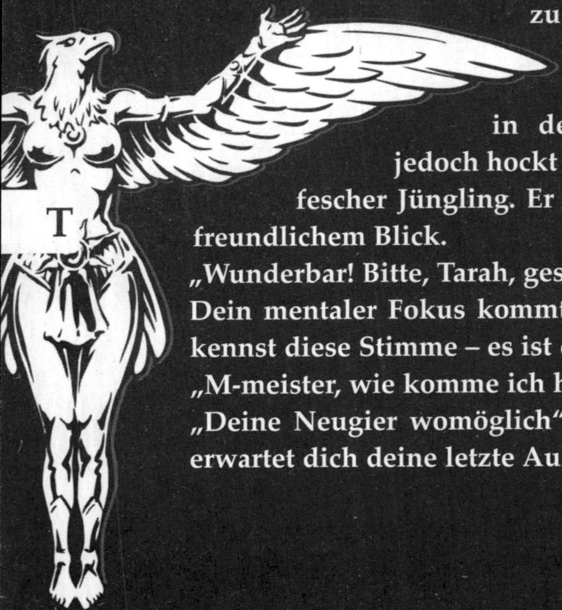

„Wunderbar! Bitte, Tarah, gesell dich zu mir.“

Dein mentaler Fokus kommt ins Wanken, denn du erkennst diese Stimme – es ist der junge Gonru!

„M-meister, wie komme ich hierher?“, stammelst du.

„Deine Neugier womöglich“, lacht er auf. „Außerdem erwartet dich deine letzte Aufgabe.“

Gonru deutet auf das Steinportal hinter sich.
„Ich soll euren Geist ergründen, Meister?“
Gonru hebt den Blick und lächelt sanft. „Ehe mich die Göttergeschwister zu sich holen, möchte ich, dass mein Vermächtnis in guten Händen ist.“
Tränen aus Kummer und Stolz rollen dir über die Wange. Gonru hingegen fährt unbeirrt fort: „Wie du, Tarah, gibt es Wesen, die tragen den arkanen Funken in sich. Nun, es gibt aber auch Wesen, die tragen etwas viel selteneres, mächtigeres in sich …“
„Noch mächtigeres?“
„Sei unbesorgt. Das findest du am besten selbst heraus.“
Mit einem steten Schaben öffnet sich das Portal und Gonru nickt zufrieden: „Tarah, meine Reise auf dieser Ebene endet nun, doch die deine beginnt hier und jetzt.“
Ein letztes Mal wendest du dich Gonru zu, der noch immer im Schneidersitz verharrt und dir in sich ruhend hinterherblickt. Seine Silhouette ist nahezu im Nebel des Vergessens verschwunden, als er ruft: „Liebe Tarah … Lebe und bewahre!“

Notiere auf der dritten Seite des Abenteuerblatts, „Pfad der Weisheit“ ⇄, im Kästchen bei „C“ die Nummer 481.

Lies dort weiter, wo auch immer du hergekommen bist!

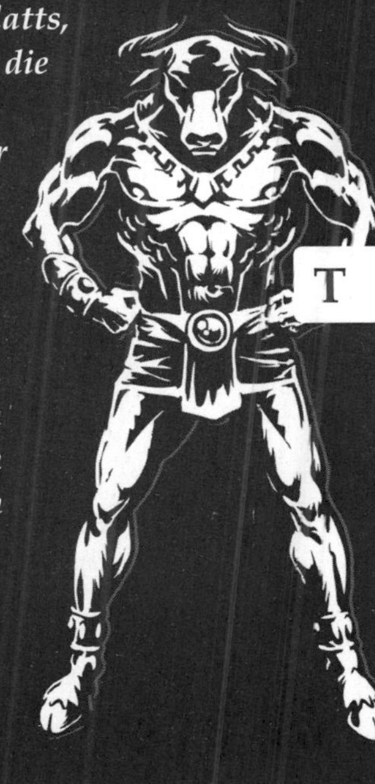

◆ ◆ ◆

In Tarahs Kapitel gab es weder einen Schicksalspunkt *noch einen* Reiterrang *zu entdecken. Dafür die Weisheit, dir den richtigen Pfad in zukünftigen, brenzligen Situationen aufzuzeigen.*

EPILOG

FERNE TRÄUME

Bitte lies den EPILOG erst, wenn es dir gelungen ist, das perfekte Ende (mit 5 Sternen) bei Sektion B25 zu erreichen.

Seit knapp einer Meile zieht der alte Frewin den Schleifstein über das fleckige Beil. Gelegentlich unterbricht er seine gleichbleibende Bewegung; prüft die Schärfe der Schneide mit dem Daumen, um dann stoisch seine Arbeit fortzusetzen.

Der Junge, der sich auf der Ladefläche des vorausfahrenden Planwagens zwischen Fellen und Gemüsesäcken lümmelt, betrachtet Frewin über die rückwärtige Klappe mit feuchten Augen und er ahnt, dass der alte Hirte die treuen Toka schlachten wird. Schließlich sagen die Erwachsenen, dass sich in ein, zwei Tagen der Weg durch das Gebirge in einen steinigen Pfad verwandeln und für den Tross unpassierbar sein wird. Spätestens dann müsste man die massigen Zugtiere zurücklassen.

Der Junge wendet sich ab und drückt sein Kuscheltier fester gegen die Brust. Den Stoffdrachen, aus zahllosen, schwarzen und

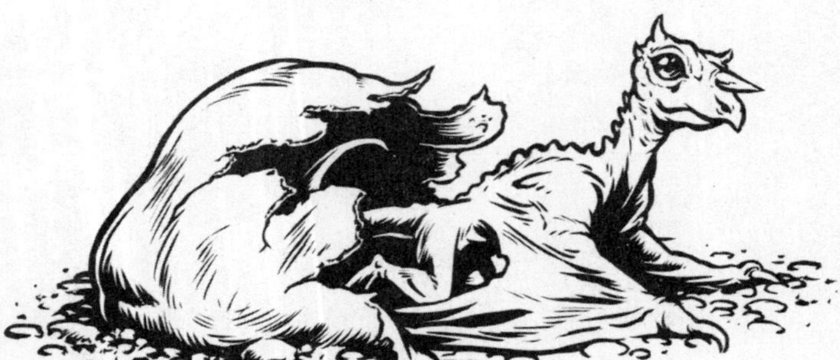

E

blauen Flicken zusammengenäht, machte ihm seine Mutter vor wenigen Tagen zum Geschenk. Ihr Sohn vollendete die liebevolle Handarbeit mit zwei unterschiedlichen Messingknöpfen, die den Kopf des Drachen nun etwas schief zieren.

Mittlerweile vermag der weiche Spielkamerad den Rigem Nachwuchs nicht mehr zu trösten. Die Gegend, durch die sich die Wagen zur Stunde hindurchkämpfen, ist nicht bloß für ein Kind angsteinflößend. Auch die Erwachsenen sind erfüllt von Furcht. Unterdrücken diese jedoch in Schweigen.

Einzig energische Kommandos an die Tokas durchdringen das monotone Quietschen der Achsen und das Jammern des Windes, der unaufhörlich graue Asche und totes Gestrüpp durch die Klamm treibt.

Zwischen den schroffen Steilhängen der Gipfel fallen die letzten Strahlen der untergehenden Kar-Scheibe auf die eingefallenen Wangen des Burschen. „Genieße die Wärme Kars, kleiner Mann", flüstert seine Mutter wehmütig. „Vielleicht sehen wir sie erst wieder, wenn wir die Berge überwunden haben."
Erschöpft verkriecht sich der Rigem-Junge in sein Nachtlager aus Decken und Fellen und seine Gedanken schweifen ab. Erneut erinnert er sich an den schwarzhäutigen Soldaten, diesen Ugarith, wie ihn die Älteste nannte, der den Stamm vor wenigen Tagen in der Wüste aufsuchte.

Und natürlich an dessen Drachen, mit seinen breiten, wulstigen Tatzen, die eine Armlänge im Sand der Gawana eingesunken waren, so mächtig und schwer war er!

Kaum sind dem Kleinen die Lider zugefallen, sieht er die imposante schwarze Kreatur vor sich – die Flügel weit ausgebreitet gleitet sie über seinen Kopf hinweg. Staub wirbelt auf, als sie direkt neben ihm landet. Ohne Furcht streicht er dem Wesen Schuppen und Gefieder, das die Liebkosung mit einem sonoren

Knurren erwidert. Bisweilen glaubt der mutige Rigem, gar den Drachen zu verstehen. Der Klang der Stimmen in seinem Kopf ist mütterlich vertraut, beruhigend, liebevoll.

Geweckt vom unsanften Holpern der Räder hebt der Junge eine Ecke der Wagenplane an und blickt verkniffen nach draußen. Der steile Pfad voller Geröll, der sich an der schroffen Flanke des Berges emporwindet, wird nur spärlich von den verbliebenen Laternen, in denen sich noch Petroleum befindet, beschienen.

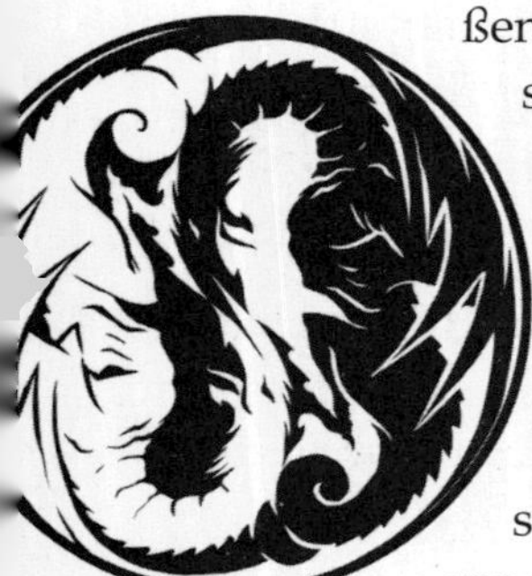

Verwirrt reibt sich der Junge den Schlaf aus den Augen und schaut getäuscht von seiner inneren Uhr gen Himmel. Müsste die Sonne nicht zu sehen sein? Einzig tiefschwarze Wolken mit pulsierenden, widernatürlichen Formen umschließen den Flüchtlingszug. Furchterregende, blaue Blitze ohne Anfang, ohne Ende durchschlagen die Dunkelheit. Aber weder ist Donner zu hören, noch fällt Regen.

Zum ersten Mal in seinem Leben versteht der Rigem-Junge, warum selbst Veteranen des Stammes in Ehrfurcht zu Flüstern beginnen, wenn sie über diese entfesselten Sturmgewalten, die die Alten als „Große Barriere" bezeichnen, sprechen. Die Grenze zwischen dem Goldenen Reich am Rhenus und dem sagenhaften Kurnugia wurde wahrlich von den Allmächtigen erschaffen.

Neugier und Entdeckerdrang, beides ureigene Wesenszüge der Rigem, sind längst einem urtümlichen Fluchtinstinkt gewichen. Doch für eine Umkehr ist es zu spät. Das Volk ist überzeugt, dass seine Zukunft hinter dieser entfesselten Naturgewalt liegt.

Von einem Moment auf den anderen, schweigt der Sturm. Die finsteren Wolken reißen auf, vertrieben von einem göttlichen Licht, das sich wie ein pulsierendes Herz aus wärmender Energie über das gesamte Plateau, ergießt.

Gebannt schauen die Menschen aus ihren in einem Halbrund zur Rast stehen Wagen zur Quelle der Erscheinung und harren dessen, was sich darin verbergen mag. Der Junge wendet sich als Einziger ab, möchte zu seiner Mutter laufen, die jedoch – wie die anderen Erwachsenen – apathisch ins Licht starrt.

Da erscheint eine Silhouette im gleißenden Riss zwischen den Wolken. Ein langer, verzerrter Schatten fällt auf die Felsen und eine großgewachsene, makellose Skÿll tritt aus der Lichterscheinung. Kraftvolle Beine zeichnen sich unter dem Stoff ihres schillernden Gewands ab, während ihre katzenhaften Augen die Umgebung durchleuchten.

Als die Gesandte den Knaben erblickt, lodern ihre kristallklaren Pupillen für einen Herzschlag auf. Mit geneigtem Kopf und einem Lächeln schreitet sie auf ihn zu.

Der Junge umklammert fester seinen Drachen, denn er spürt, dass die seltsame Frau einzig wegen ihm gekommen ist. Für einen flüchtigen Moment denkt er darüber nach fortzulaufen, doch ihre sanftmütige Aura hält ihn davon ab – schließlich hat sie den Sturm zum Schweigen gebracht.

„Was wollt Ihr von uns, Skÿll?", durchbricht die brüchige Stimme der greisen Stammesanführerin die widernatürliche Stille. Die Gesandte stutzt und wendet sich vom Jungen ab. Die Alte wagt sich zwischen zwei Wagen auf ihren Stab gestützt nach vorne, während die anderen Rigem weiterhin ungebrochen ins Lichtermeer jenseits der Skÿll starren.

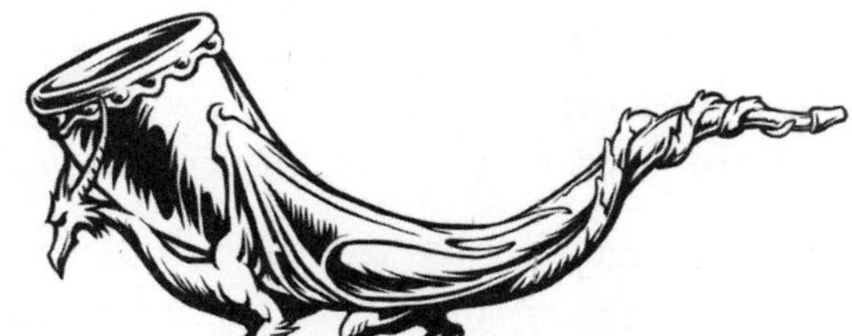

„Ich bedauere, werte Abgesandte“, ruft die Alte ironisch. „Doch Eure Zauberkunst vermag eine Erblindete nicht zu blenden.“
„Offensichtlich“, entgegnet die Skÿll ruhig.
„Also, was wollt Ihr?“, wiederholt die Alte forsch. „Falls Ihr diesen verwirrten Ugarith und seinen schwarzen Drachen sucht ... sie sind nicht hier. Wir trafen beide vor Kurzem inmitten der Gawana und sie waren dort allein für eine Nacht unsere Gäste.“

„Das ist uns bekannt.“ Stellt die Skÿll teilnahmslos fest und ergänzt: „Das Keşra hat seine Aufgabe erfüllt.“
„Erstaunlich ...“, brabbelt die Greisin erfreut, „Nichtempire, ihr habt es tatsächlich vollbracht.“
Eine Pause entsteht, in der die Alte überlegt, ob sie ihre ursprüngliche Frage ein weiteres Mal wiederholen soll. Dann erhebt die Skÿll ihre Stimme in einem seltsam melodischen Ton, wie aus mehreren Kehlen gleichzeitig gerufen: „Volk der Rigem, eure lange Reise endet hier und heute!“

Ein Lächeln der Hoffnung zeichnet sich auf den faltigen Wangen der blinden Anführerin ab. Ihre Visionen und Träume, die sie seit Monaten heimsuchen, Visionen von der Großen Barriere und den Blick auf den Sonnenaufgang in einem unbekannten Land, verheißen sich zu bewahrheiten!

Sie war mit ihrem Befehl, alle Zelte in ihrer Heimat hinter den Rotfelsen abzubrechen und durch die unwirtlichen Ländereien und Wüsten ins Massiv der Großen Barriere zu ziehen, ein enormes Risiko eingegangen. Viele Rigem ließen bei diesem Wagnis ihr Leben. Aber wenn es ein Wesen gibt, das die Macht besitzt, den verbliebenen Familien ihres Stammes eine sichere Passage durch diese verwunschene Finsternis zu gewähren, dann ist es eine Abgesandte der Urrasse jenseits der verhüllten Berge.

Ohne die Alte weiter zu beachten wendet sich die mysteriöse Gesandte wieder dem Jungen zu, der, hinter einem Wagenrad versteckt, das Gespräch der beiden verfolgte.

Anmutig sinkt die Skÿll vor ihm auf die Knie, umfasst seine Schultern mit ihren feingliedrigen Händen und schaut ihm dabei tief in die Augen, als ohne Vorwarnung das güldene Licht erlischt und der Sturm von einem Moment auf den anderen wieder wütet.

„Du musst nun stark sein, kleiner Mann", spricht sie energisch, im Tonfall und der Stimme seiner Mutter, während hinter ihr eine Woge dunkler Wolken über den Gebirgsrücken schwappt, den steilen Grat hinunterfällt und als Lawine aus undurchdringlichem schwarzem Rauch den Tross der Rigem unter sich begräbt. „Der ... der Sturm soll sofort aufhör'n!", brüllt der Junge in einer unreifen Mischung aus Angst und Wut und reißt dabei am Umhang der Frau. Tränen kullern über seine Wangen und tropfen auf ihre nackten Füße.

Unaufhörlich schreit er: „Aufhör'n, aufhör'n!" Sein Flehen wird schriller und fordernder. Voller Neugier verharrt die Skÿll und beobachtet den Knaben, als erwarte sie das Unerwartbare.

Die Rigem flehen nach ihren Göttern. Einige stürzen zu Boden und werden vom Rüssel des Sturms wie ein Bündel Stroh in die Schwärze der Wolken hineingesogen. Zitternd verbirgt der Junge sein Gesicht im Umhang der Gesandten. Zu groß ist seine Furcht, die Bilder zu den Todesschreien sehen zu müssen.

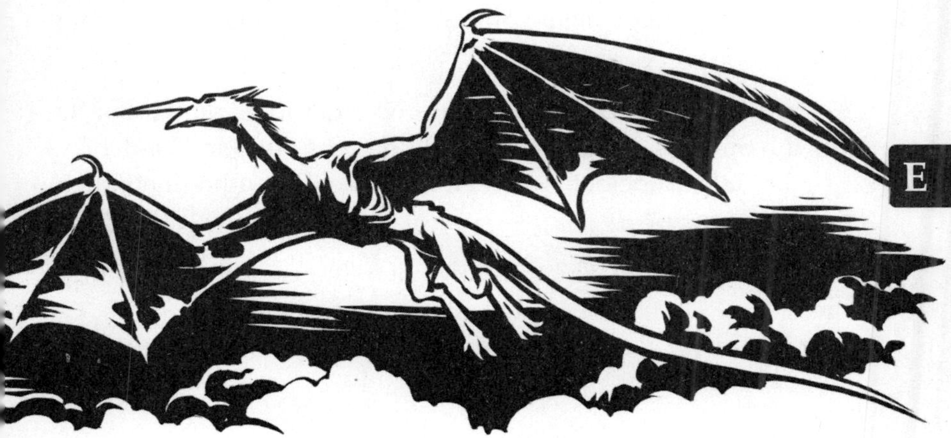

Als jedoch eine weitere Windböe den seidigen Stoff der Skÿll aufwirbelt, erhascht er unfreiwillig einen Blick auf das Grauen: Blitze krachen aus den Wolken, wie von einer überirdischen Macht gelenkt, auf die verbliebenen Wagen. Ein Stakkato aus Entladungen entzündet die Planen und Achsen, verkohlte Körper werden von den Ladeflächen geschleudert und stürzen zuckend zu Boden.

Als der Wagen, hinter dem sich der Kleine unlängst verkroch, von einem der zahlreichen schwarzen Rüssel des magischen Sturms in die Luft gehoben wird und an einem der Felsvorsprünge zerschellt, verschwimmt der Schrecken für ihn in einem Schleier aus Tränen.

„Ihr habt euren Samen gepflanzt, Volk der Rigem, nun ist es an uns, ihn bei seinem Wachstum zu helfen. Auf dass der Spross umso kräftiger gedeihen und seine ihm aufgetragene Aufgabe erfüllen möge", flüstert die Skÿll, als wolle sie eine letzte Botschaft, eine Rechtfertigung oder gar eine Entschuldigung an den Stamm der Rigem richten.

Minuten vergehen, bis der Junge begreift, dass es wieder still geworden ist. Sein pochendes Herz lässt ihn noch immer zittern und er spürt, wie die mächtige Frau weiterhin direkt hinter ihm harrt, ihn betrachtet und einzig auf ihn wartet ...

Als er ihre warmen Finger spürt, macht sich Entspannung in ihm breit.

„Komm, junger Krieger. Es ist vorbei!", beruhigt die Gesandte Kars ihn mit glasklarer Stimme und umgreift fest sein Händchen. „Es gibt viele, in deiner neuen Heimat, die darauf brennen, dich kennenzulernen."

Sanft, aber bestimmt, zieht die Skÿll den Jungen, den letzten aller Rigem, fort.

ENDE

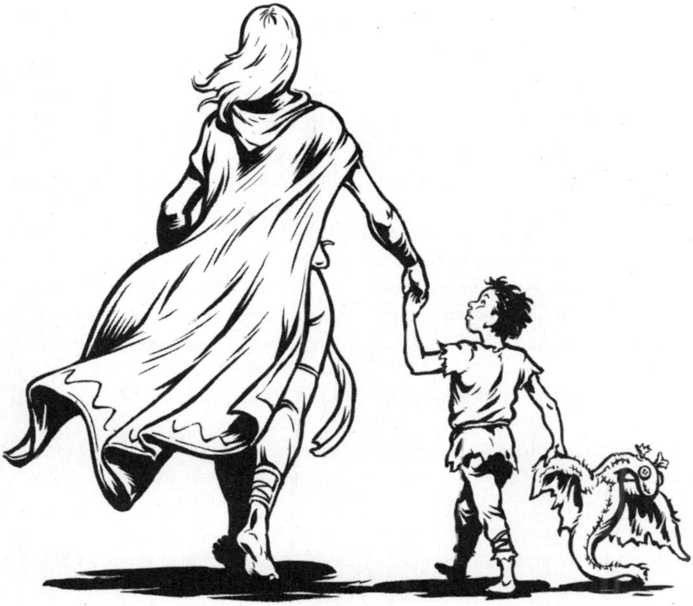

ANHANG

GLOSSAR

Die folgenden Seiten erklären in alphabetischer Reihenfolge wichtige Orte und Personen. Solltest du noch nicht mit deinem Abenteuer begonnen haben, ist es besser, das Glossar zunächst unbeachtet zu lassen. Stößt du allerdings auf einen unbekannten Begriff, kannst du gerne hier nachschlagen.

ALLIANZ · Militärischer Zusammenschluss aus den pakonischen Reichen Rhenus↗, Trachter Inselbund↗ und den Freien Landen↗. Auch als Roburger Vertrag bekannt, benannt nach der Stadt, wo er vor fünf Jahren ratifiziert wurde.

ALONIA · Weitestgehend unbekannter Kontinent. Wird im Osten von der Kristallsee↗ begrenzt. Liegt westlich von Pakonia↗ und soll nur etwa die Hälfte dessen Landmasse besitzen. Wird vom Empire↗ beherrscht. Einzig bekannte Siedlung: Greydeyk↗ an der Ostküste.

ARCADEN · Hochgebirge im Nordosten Pakonias↗. Besteht aus drei Gebirgszügen: Hohe Arcaden im Norden, Nahe Arcaden im Westen und Ferne Arcaden im Osten. Dazwischen fließt der Riesstrom in das Weiße Meer↗.
Trotz etlicher Siedlungsbemühungen bislang keine nennenswerten Städte. Heimat vieler wilder Tiere und Kreaturen wie der Krollriesen↗.

ASCHESEE · Unwirklicher, extrem lebensfeindlicher Landstrich jenseits der Gawana↗-Wüste und der Feuerfelder↗. Die graue Asche, die dem See seinen Namen gab, wird von der Großen Barriere↗ herangetragen, die ihn im Osten begrenzt.

BARONYAK · Jägervolk aus den weiten Steppen Alonias↗ mit bemerkenswerten empathischen Fähigkeiten. Einige Stämme haben sich als Söldner dem Empire↗ angeschlossen.
Merkmale: gedrungener Körperbau, zumeist schwarze, zu engen Zöpfen geflochtene Haare, dunkle Haut.

BENTHOS · Kurzform für Benthenos II. (genannt Benthenos der Kühle)
9. Seekönig des frühzeitlichen Menoken↗-Reichs. Größter Seefahrer und Eroberer seiner Zeit. Herrschte interkontinental im nördlichen Pakonia↗ und Alonia↗.
Legenden sprechen davon, er habe mit seinen Zauberkräften die Ungeheuer der Kristallsee↗ befehligt. [·3·]

BURAN, FREISTADT · Freie Handelsstadt im Hoheitsgebiet Rhenus'↗ an der Mündung des Inoth↗ zum Weißen Meer↗.
Trotz offizieller Unabhängigkeit enge wirtschaftliche und gesellschaftliche Verflechtungen mit Rhenus.
Bewohner: 15.000.

CALDEREL · Höchster Ugarith[a], Abgesandter und Hierarch des Ugar[a], Alleinherrscher des Empires[a]. Residiert im Ningal-Tower[a]. Als Oberbefehlshaber führte er das Empire vor sechs Jahren in den Krieg gegen die Völker Pakonias[a].

DELSI · Größte Siedlung der Netani[a] im Jengal[a]-Dschungel. Liegt versteckt und unzugänglich in den Mangroven des Jengal-Unterlaufs.
Handelsplatz für exotische Kräuter und Gewürze sowie Getier aller Art.
Bewohner: 2.100 Netani.

DRACHEN · Selten gewordene echsenartige, extrem robuste und intelligente Flugkreaturen mit ausgeprägter Panzerung. Besonders mächtige Exemplare zeichnen sich durch prächtig gewachsene Hörner aus. Einige Arten werden als Flugtiere gezähmt und ausgebildet. Militärische Nutzung durch das Empire[a].

DRACHEN DER UNTERWELT · Sechs gottgleiche Kreaturen, die über die Unterwelt herrschen. Nergal[a], der Fürst der Unterwelt, entscheidet über den Zugang zur Geisterwelt, dem Jenseits.
Seine fünf Untergebenen sind:
Calis der Vergelter, Komar der Frevler, Loth der Verführer, Nosis der Schänder und Torn der Blender.

DVORAK · Humanoide Rasse aus Alonia[a] mit hoher Lebenserwartung. Teil des Empires[a]. Dank ihrer außerordentlichen Intelligenz ist ihre Gesellschaft kulturell und wissenschaftlich hoch entwickelt.
Merkmale: kräftiger Körperbau, langgezogener Schädelknochen, fahle Haut, kristallklare Augen.

EMPIRE · Politischer und militärischer Bund aus zwölf Völkern. Führt Krieg gegen die Allianz[a]. Das Herrschaftsgebiet des Empires erstreckt sich über Alonia[a] und den Norden Pakonias[a], der erst in den letzten Jahren befreit wurde.
Trotz ihres geringen Bevölkerungsanteils von unter 1% stellen die Ugarith[a] die gesellschaftliche und kulturelle Elite.
Sonstige Rassen und Völker (in absteigender Reihenfolge ihrer Größe): Nolem, Dvorak[a], Gartak[a], Hetonen, Menoken[a], Baronyak[a], Zarlik[a].

EYRI · Inselreich im Weißen Meer[a]. Seit dem gescheiterten Überfall Rhenus'[a] vor 17 Jahren auf die Hauptstadt Ravijk[a] gilt das Kriegsrecht. Seit sechs Jahren Waffenstillstand.

FEUERFELDER · Extrem Lebensfeindlicher Landstrich zwischen Gawana[a]-Wüste und Aschesee[a]. Der Boden ist durch unzählige Schwefelquellen vergiftet.

FORT SIN · Ehemalige Bastion und wichtiger Handelsplatz zwischen Windbergen und Sonnenhöhen am südlichsten Rand der Guanoko[a]-Ebene. Heute in erster Linie bekannt durch die Große Mauer[a].

FREIEN LANDE · Loser Zusammenschluss etlicher Herzogtümer. Seit der Absetzung des Kaisers vor 124 Jahren ohne Führung. Erst nach der Eroberung der Guanoko[a]-Ebene durch das Empire[a] schlossen sich die Freien Lande der Allianz[a] an. Heute sind die nördlichen Länder bereits an das Empire gefallen. Größte Stadt: Roburg.

GARTAK · Dumpfe, animalische Kriegerrasse, von den Zarlik[a] gezüchtet. Äußerst widerstandsfähig und aggressiv. Intuitiv unterwürfiges Verhalten den Ugarith gegenüber.
Merkmale: wildschweinartiger Schädel mit scharfen Hauern.

G

[a] *Diese kleinen Pfeile markieren Querverweise innerhalb des Glossars.*

Gawana · Große, unwirtliche Wüste im Osten Pakonias↗. Kaum besiedelt, da es bis auf das fruchtbare Ufer des Gelben Rhenus'↗ und wenige Oasen keine Nahrungsgrundlage gibt.

Gelber Rhenus · Östlicher Seitenarm des Rhenus'. Fließt in seinem Oberlauf durch die Gawana↗ und hat seinen Namen durch die gelben Sandsedimente erhalten. Sorgt in der Regenzeit mit Überschwemmungen für fruchtbaren Boden. Überlebenswichtig für die Bewohner der Wüstenmetropole Kyphi↗.

Geta · Ehemalige Handelsstadt im Zentrum der Guanoko↗-Ebene. Seit der Besetzung durch das Empire↗ veränderte Gewichtung der Handelsgüter (nun verstärkt Kriegsgerät).
Bewohner: 5.000 (sowie 2.000 Flüchtlinge aus dem Umland).

Greydeyk · Großer Empire↗-Hafen an der Ostküste Alonias↗. Wichtiger Militärstützpunkt. Die vorgelagerten Inseln waren im Jahre 127 (8. Dyn.) Schauplatz der ersten Seeschlacht zwischen Empire↗ und der alliierten Flotte.
Bewohner: ca. 8.000 (geschätzt).

Große Barriere · Schier unüberwindliches Hochgebirge am östlichen Rand Pakonias↗. Seine Gipfel und Hänge sind verhüllt in einem ewigen Sturm aus schwarzen Wolken, erfüllt von Blitz und Donner. Hinter der Barriere soll das Sagenland Kurnugia↗, das Reich der Skÿll↗, liegen.

Große Mauer · Künstlicher Schutzwall, der die drei Meilen breite Klamm zwischen Windbergen und Sonnenhöhen versperrt.
Die ehemalige Bastion Fort Sin↗ wurde vom Empire↗ zu einem monumentalen Bollwerk ausgebaut, um die befreite Guanoko↗-Ebene abzuriegeln.

Guanoko · Drittgrößter Strom Pakonias↗, der durch die gleichnamige Ebene inmitten des Kontinents fließt.

Halret · Elitäre Ugarith↗, die in direkter Verbindung zur Unterwelt↗ stehen. Gelten als herausragende Drachenreiter, die dank einer Spezialrüstung auch am Tage fliegen können.

Horath Pyramiden · Drei heilige Pyramiden aus der Dynastie der alten Hierarchen. Sie dienten als Grabstätte für die Herrschergeschlechter Rhenus'↗ und dürfen nur von Priestern betreten werden. Sie gelten als Tor zur versunkenen Nekropole Aritut.

Inoth · Einziger großer Strom Rhenus'↗, der im Gebirge der Großen Barriere↗ entspringt. Mündet bei Buran↗ ins Weiße Meer↗.

Jengal · Weitläufiges Dschungelgebiet im Herzen Pakonias↗. Benannt nach dem gleichnamigen Strom, der durch die dichten Wälder fließt. Der Jengal mündet in einem großen Flussdelta in die Kristallsee↗.

Kar · Sonnengöttin. Wird mit der himmlischen Sonne gleichgesetzt.
Attribute: Leben, Stärke, Feuer, Reinheit. Wird in ganz Pakonia↗, aber besonders in Rhenus↗ verehrt. Gilt als Widersacherin zu Ugar↗. Zeitgenössisch als nackte Frau mit gespreizten Adlerschwingen dargestellt.

Kathum · Abgesandter Kars↗ und Hierarch Rhenus'↗. Oberhaupt des Kar-

Glaubens. Residiert in Kyphi↗.
Wurde nach dem Tod seiner Mutter vor 117 Jahren eingesetzt infolge Geburtsrechts.

KEŞRA [ˈkeʃra:] · Heilige Wesenheit. Religiöse Schriften bezeichnen es unter anderem als Geschöpf oder sogar Kind bzw. Rächer der Gottgeschwister, das zur Ausführung ihres Willens auf der Welt dient.

KRISTALLSEE · Großer Ozean zwischen Alonia↗ und Pakonia↗.

KROLLRIESEN · Riesenhafte Rasse aus dem Tal der Arcaden↗. Leben zurückgezogen in kleinen Sippen in schroffen, schwer zugänglichen Felshängen.

KURNUGIA · Sagenumwobenes Land östlich der Großen Barriere↗. Heimat der Skÿll↗.

KYPHI [ˈkyvi] · Hauptstadt Rhenus'↗. Residenz des Kar↗-Abgesandten (vgl. Kathum↗). Die meisten Bewohner leben auf den Stufen der riesigen Stadtpyramide↗. Bewohner: ca. 32.000.

LEENHAVEN · Hafenstadt an der Westküste Pakonias↗. Größte Siedlung des Trachter Inselbundes↗. Militärisch schwer umkämpft, da es eine strategische Schlüsselrolle im Krieg mit dem Empire↗ innehat.
Bewohner: ca. 8.500.

MENOKEN · Barbarisches, rituell geprägtes Seefahrervolk. Legendäre Schmiedekunst. Ihr Glaube basiert auf diversen Naturgöttern.
Merkmale: Kräftiger Körperbau, Krieger tragen Ganzkörpertätowierungen und Knochenschmuck im Haar.

MENOKIEN · Nördlichstes Reich Pakonias↗ im Ewigen Eis.
Bevölkerung: ca. 50.000 Menoken↗.
Größte Siedlung: Lenskaia.

MUNGOL · Zwergwüchsige Rasse, die sich unter Tage entwickelt hat. Besitzt sechs Extremitäten (vier Arme, zwei Beine). Gilt als geschäftstüchtig, bisweilen hinterhältig.

NANUTIKULL · Aktiver Vulkan auf der Hauptinsel des Inselreichs Eyri↗. Spuckt seit Generationen Feuer und Asche.

NERGAL · Halbgott. Mächtigster Drache der Unterwelt↗. Herrscher über die Toten. Auch bekannt als Fürst oder Henker der Unterwelt.

NETANI · Naturvolk aus dem Jengal↗-Dschungel. Leben zumeist in kleinen Sippen von den Früchten des Urwalds. Werden nicht nur wegen ihrer schwarzen Hautfarbe von der Ugarith↗ als Sklaven bevorzugt.

NINGAL-TOWER · Berühmtes Heiligtum des Ugar↗. Eine mehrere Hundert Fuß hohe Felsnadel inmitten der Kristallsee↗. Wird heute vom Empire↗ als Stützpunkt ihrer Seestreitmacht und vom Ugar-Hierarchen (vgl. Calderel↗) als Hauptquartier genutzt.

ORAKEL VON KABETH · Heiligster Ort des Kar↗-Kultes auf dem Berg Karith. Große Opferschale aus purem Gold, umgeben von einem Steinkreis.
Etliche Visionen und Wunder wurden durch Priester belegt. Nächstgelegene Stadt: Seraph↗.

G

↗ Diese kleinen Pfeile markieren Querverweise innerhalb des Glossars.

Pakonia · Der größte der drei Kontinente der bekannten Welt mit ausgedehnten Ebenen, Wüsten und schroffen Gebirgszügen neben fruchtbaren Tälern. Das Klima ist weitgehend gemäßigt.
Im hohen Norden grenzt die Landmasse ans ewige Eis Menokiens↗, das somit geologisch nicht zu Pakonia gehört.
Nur in wenigen Wochen im Jahr zieht sich das Eis an der ganzen Nordküste zurück und ein schmaler Seeweg, die Sternen-Passage, zwischen der Kristallsee↗ und dem Weißen Meer↗, reißt auf.
Obwohl Pakonia von etlichen Rassen und Völkern besiedelt wurde, sind weite Teile des Kontinents noch immer unerforscht. Dies gilt insbesondere für den tiefen Süden mit seiner dichten Vegetation und dem Osten, wo die steilen Berggipfel der Großen Barriere↗ eine schier unüberwindbare Grenze bilden.

Ravijk [ra:vIk] · Hauptstadt Eyris↗.
Größter Hafen im Weißen Meer↗. Ausgeprägte Hochseefischerei und Walfang.
Bewohner: 3.500.

Rhenus · Größtes Reich auf Pakonia↗. Auch als Goldenes oder Ewiges Reich bzw. Goldenes Rhenus bekannt. Seine beiden größten Städte Seraph↗ und Kyphi↗ liegen am Ufer des Roten bzw. Gelben Rhenus'↗, die dem Reich seinen Namen gaben. Über die Hälfte des Landes wird von den Dünen der Gawana↗ bedeckt.

Rigem · Nomadenvolk am Ostrand der Gawana↗-Wüste. Versucht sich jedem politischen Einfluss zu entziehen.

Riujem · Todesboten aus der Unterwelt↗. Werden von den Drachen der Unterwelt↗ rekrutiert und entsendet, um ihren Willen den Sterblichen aufzuzwingen.

Rohja · Alte Hafen- und Handelsstadt an der Mündung des Weißen Rhenus' ins Weiße Meer. Berühmte Halle der Magie: „Apertis oculis".
Bewohner: 5.000.

Roter Rhenus · Westlicher Seitenarm des Rhenus'. Entspringt im Rotfels-Gebirge. Seinen Name erhielt der Fluss durch die rote Färbung des Wassers vom ausgewaschenen Sandstein.
Versorgt die Großstadt Seraph↗ mit Trinkwasser.

Schatten · Ugs. für Ugarith↗.

Schattenkind · Auserwählte des Mondgotts Ugar↗. Bringer des Glaubens.

Schattenmeister · Ugs. Bezeichnung für den Abgesandten des Ugar↗ (vgl. Calderel↗).

Schattenturm · Ugs. für Ningal-Tower↗.

Seraph · Große Handelsstadt am Ufer des Roten Rhenus'↗ gelegen. Zweitgrößte Stadt des Goldenen Reichs Rhenus'↗.
Berühmtes Heiligtum des Kar↗-Kultes: Orakel von Kabeth↗.
Bewohner: ca. 10.000.

Skÿll · Sagenumwobene Urrasse Pakonias↗. Imposante Erscheinungen von makelloser Schönheit. Gelten als Erschaffer von Handwerk, Gesellschaft, Kultur, Wissenschaft und Magie.
Ihre Nachkommen leben angeblich hinter der Großen Barriere↗. Der Legende nach formte Kar↗ die Skÿll↗ nach ihrem Abbild.

Stadtpyramide zu Kyphi · Eine gigantische Stufenpyramide mit 88 Ebenen und einer Höhe von einer halben Meile. Hauptstadt Rhenus'[a].
Ihr Inneres soll durchzogen von Gängen und Schatzkammern sein. Das Herrschaftszeichen des Kar[a]-Abgesandten, die achtstrahlige Sonne, ziert die Spitze. Die Pyramide gilt als Schmelztiegel zahlloser Kulturen und Völker.
Bewohner: etwa 12.000 (Pyramide), mehr als 20.000 (Umland).

Trachter Inselbund · Ursprünglich eine See- und Handelsgemeinschaft vor der Westküste Pakonias[a].
Besteht neben den beiden Hafenstädten Leenhaven[a] und Kandahagen aus den sieben Inseln Grotracht, Kletracht, Obtracht, Leetracht, Ritracht, Beentracht und Votracht (vom Empire[a] besetzt). Verbündeter der Allianz[a].

Ugar · Mondgott. Wird mit dem himmlischen Mond gleichgesetzt.
Attribute: Geschick, Kälte, Erkenntnis, Tod. Wird in ganz Pakonia[a] und Alonia[a], besonders in den vom Empire[a] dominierten Regionen, verehrt. Gilt als Widersacher zu Kar[a].
Zeitgenössisch als nackter, muskulöser Mann mit Klauen und Stierhörnern dargestellt.

Ugarith · Göttliche, fast ausgestorbene Rasse des Ugar[a]. Werden von vielen Völkern in Legenden verehrt, da nur die wenigsten jemals einen Ugarith zu Gesicht bekommen haben.
Schwarze, schroffe Haut, klauenartige Extremitäten. Schneeweiße Behaarung, Männer meist glatzköpfig. Sind über weite Teile des nördlichen Pakonia[a] und Alonias[a] verstreut. Führende Rasse des Empires[a].

Unterwelt · Übergang zwischen den Reichen der Lebenden und der Toten. Wird von Nergal[a], dem Fürst der Unterwelt, beherrscht.

Varoon · Schlafender Vulkan und höchster Berg im Tamoloka-Massiv, einem Hochgebirge im Norden Pakonias[a]. Wird von den Menoken[a] als Heiligtum verehrt.

Veniz · Kleine Stadt am Fuße der Windberge an der Westküste Pekonias[a]. War ursprünglich eine reiche Bergbausiedlung. Berühmt durch seinen Stausee, der die Hafenmetropole Leenhaven[a] mit Trinkwasser versorgt. Wird seit Kurzem vom Empire[a] besetzt.

Weißer Rhenus · Großer Strom aus Gelber[a] und Roter Rhenus[a]. Mündet bei Rohja[a] mit mehreren Seitenarmen in das Weiße Meer[a]. An seinen Ufern sehr fruchtbar.

Weißes Meer · Meer an der Ostküste Pakonias[a]. Bis auf die Winterzeit recht ruhige See. Sehr fischreich.

Wilden Reiche, die · Spärlich besiedelte Landstriche im Südwesten Pakonias[a]. Umfasst auch den Jengal[a]-Dschungel. Größte bekannte Siedlung Delsi[a].

Zarlik · Humanoide Echsenrasse aus dem Dschungelreich Sal-Mur-Zar im südlichen Alonia[a]. Eine starke Magiebegabung ist weit verbreitet, insbesondere unter den weiblichen Zarlik. Die Geschlechter lassen sich kaum unterscheiden.

G

[a] *Diese kleinen Pfeile markieren Querverweise innerhalb des Glossars.*